lonely planet

Languedoc-Roussillon

Nicola Williams
Miles Roddis

Dordogne
Cadouin
Mouzens
St-Céré
Belvès
Leyme
Gramat
Gourdon
Monpazier
Figeac
Mercuès
Fumel
Castelfranc
Célé
Cajarc
Cahors
Villeneuve-sur-Lot
Aveyron
Villefranche-de-Rouergue
Rodez
GORGES DU TARN (S. 177)
Die dramatischste der tief eingeschnittenen und gewundenen Schluchten des Haut-Languedoc
Agen
Lac Pare
Caussade
Moissac
Gers
Cordes-sur-Ciel
Carmaux
Castelsarrasin
Montauban
Lectoure
N113
Albi
Tarn
Gaillac
Quercy
A88
N112
Save
L'Union
Auch
Toulouse
Castres
La Salvetat-sur-Agout
CANAL DU MIDI (S. 151)
Das Meisterwerk der Kanalbaukunst des 17. Jhs. zieht sich über die sanften Ebenen des Languedoc
Ramonville St-Agne
Lac de la Raviège
Bouisset
Le Rialet
Angles
La Lixir
N126
Mazamet
Villefranche de Lauragais
Muret
Rieumes
N20
A64
Auterive
Canal du Midi
Seuil de Naurouze
Miravel-Cabardes
Mas Cabardes
Saissac
D103
Gratens
Garonne
Brousses
Lastours
Caunes-Minerv
St-Papoul
Castelnaudary
Montolieu
Villeneuve-Minervois
Rieux-Minervois
Mas Saintes-Puelles
Carbonne
Ariège
D6113
Pezens
Pennautier
LA CITÉ (S. 192)
Spektakuläre Rekonstruktion (19. Jh.) der Stadtbefestigung von Carcassonne – vier Millionen Besucher pro Jahr können sich nicht irren
Rieux
Bram
Carcassonne
Montredon
Trèbes
Cavanac
Cazilhac
Preixan
Artigat
D119
Pamiers
Hers
Ladern-sur-Lauquet
Villefloure
Mirepoix
Le Mas d'Azil
Sabarat
Lagrasse
Greffeil
Prat
Allières
Aigues-Juntes
Unjat
Limoux
St-Laure la Cabr
Mayronnes
St-Lizier
Lescure
D119
D118
St-Girons
Villero Terme
Vernajoul
Castelnau-Durban
Foix
Alet-les-Bains
Valmigere
Cierp Gaud
Cadirac
Luc-sur-Aude
Arques
St-Béat
Castillon-en-Couserans
Montgaillard
D117
Puivert
Espéraza
Serres
Roussillon
Fos
Rennes-le-Château
Rennes-les-Bains
Pic de Bacanère
Pic de Maubermé
Biert
Espies
Bugarach
Soulatgé
Saurat
Quillan
Duilhac
Pont de la Taule
Seix
Amave
Caenave
Belviane
Cubières-sur-Cinoble
Cucugnan
Les
Tarascon
Mt Valier
Niaux
Ussat-les-Bains
Appy
St-Martin-de-Lys
Axat
Bossòst
Le Trein d'Ustou
Aulus-les-Bains
Caussou
St-Paul-de-Fenouillet
Maury
Estagel
Guzet Neige
Vicdessos
Luzenac
Le Bousquet
Agly
Vielha
Salardú
Pic Rouge de Bassiès
Roquefort de Sault
Sournia
Mt Rouch
Ax-les-Thermes
Escouloubre-les-Bains
Ille-sur-Têt
LE TRAIN JAUNE (S. 256)
Schmucke Dörfer, Pyrenäengipfel und eine abenteuerliche Schluchtwanderung erschließt dieses malerische, gelbe Bergbähnchen
Pyrenäen
Oriège
Mosset
Molitg-les-Bains
Vinça
N20
Puyvalador
Eus
Prades
Los Masos
Castelnou
Formiguères
Villerach
ANDORRA
Les Angles
Villefranche-de-Conflent
Cornelia-de-Conflent
Pic Carlit
Fillols
Boule d'Amont
SPANIEN
Andorra la Vella
Font-Romeu
Mont-Louis
Olette
Vernet-les-Bains
Oms
Vilaller
E9
N116
Casteil
La Bastide
D618
Planès
Col de Jou
Pic du Canigou
Llivia
Saillagouse
Amélie-les-Bains
ABBAYE ST-MARTIN-DU-CANIGOU (S. 257)
Wandern, Mountainbiken und Allradsafaris in den Buchenwäldern und Kastanienhainen um diese romantische Abtei
Llo
Err
La Preste-les-Bains
Prats-de-Mollo
Mas Pagris
El Pont de Suert
Latour-de-Carol
Puigcerdà
Coustouges

Provence
Languedoc
MITTELMEER
Golfe du Lion
St-Chély-d'Apcher
Grandrieu
Ste-Eulalie
St-Alban-sur-Limagnole
Le Viala
Baraque de Bouviers
Aumont-Aubrac
Langogne
Serverette
St-Amans
Privas
Aubenas
Ste-Lucie
D806
La Bastide Puylaurent
Montélimar
A75
Marvejols
Mende
Chabrits
Le Monastier
Bellevue
Le Bleynard
Lanuéjols
Altier
Barrage de Villefort
Villefort
N106
Sauveterre
Mt Lozère
Le Pont de Montvert
Ste-Énimie
Ispagnac
Bédoues
Quézac
Cocurès
Florac
La Salle Prunet
Maison Neuve
LE PONT DU GARD (S. 96)
Der Gard fließt gemächlich unter dem höchsten Aquädukt des gesamten Römischen Reiches hindurch
La Malène
Castelbouc
D998
Castagnol
D995
D986
Les Vignes
Racoules
Vebron
St-Laurent-de-Trèves
St-Martin-de-Lansuscle
D128
D59
St-Florent-sur-Auzonnet
St-Martin-d'Ardèche
St-Paul Trois Château
N106
La Grand'Combe
D906
St-Laurent-de-Carnols
St-Léons
Boyne
Le Truel
Hyelzas
Aven Armand
Fraissinet de Fourques
D996
Le Rozier
Meyrueis
Ribevenes
Cabrillac
Cendras
Alès
Orange
Mt Aigoual (1567m)
Prat Peyrot
D907
Mialet
Tresques
Laudun
Millau
Creissels
L'Espérou
Valleraugue
St-Jean-du-Gard
Le Mas Soubeyran
Générargues
St-Quentin-la-Poterie
Anduze
D981
Lirac
Roquemaure
Sauveterre
Uzès
D982
Tavel
Pujaut
La Cavalerie
Nant
St-Jean-du-Bruel
Pont de l'Hérault
Sumene
St-Hippolyte-du-Fort
Roquefort
Affrique
Cernon
Le Vigan
Cézas
Durfort
Canaules-et-Argentieres
Russan
Collias
La Begude
Avignon
Ste-Eulalie-de-Cernon
Viala du Pas de Jaux
D999
Moulès et Baucels
Ganges
Laroque
Montoulieu
Savignargues
Montagnac
Poulx
Remoulins
Cabrieres
Aramon
Durance
Brissac
St-Bauzille de Putois
D6110
Théziers
St-André-de-Buèges
St-Jean-de-Buèges
D986
D17
D999
Nîmes
D986
Graveson
A75
Causse de la Selle
St-Martin-de-Londres
Pic St-Loup
Sommières
Beaucaire
Tarascon
E11
Les Lavagnes
Mas de Londres
Junas
Cazevieille
Aubois
Bellegarde
St-Guilhem-le-Désert
D32
Lodève
Vergèze
Générac
Montpeyroux
Jonquières
Les Matelles
Assas
Castries
N113
St-Gilles
Arles
Le Péras
Andabre
Le Mas Blanc
Aniane
Lac de Salagou
Ceyras
Gignac
Clermont l'Hérault
A75
E11
Étang de Mauguio ou de l'Or
Albaron
Lamalou-les-Bains
Salasc
Montpellier
La Grande Motte
Canal du Rhône à Sète
Aigues-Mortes
Petit Rhône
Villeneuve
Grand Rhône
Canal d'Arles
Miramas
Tarassac
Bédarieux
Hérépian
D2
Lattes
Pérols
Carnon
Villeneuve-lès-Maguelone
Étang de Vaccarès
Istres
Vieussan
Palavas-les-Flots
Le Grau du Roi
Canal de Sylvéréal
Ceps
D13
Roquebrun
Villeveyrac
Étang de Pérols
D5
Bouzigues
Frontignan
Orb
D909A
Pézenas
D613
Cessenon
Cazouls-lès-Béziers
Balaruc-les-Bains
Les Ste-Maries-de-la-Mer
Port St-Louis du Rhône
Bassin de Thau
Sète
N9
D14
Marseillan
Argeliers
Béziers
Cers
D51
MONTPELLIER (S. 109)
Eine reizvolle Altstadt, stille Plätze, pulsierende Cafés und ein fantastischer Radweg ans Meer
Canal du Midi
Agde
Marseillan Plage
Sallèles d'Aude
A9
Le Grau d'Agde
Le Cap d'Agde
Narbonne
Aude
CATHÉDRALE DE MAGUELONE (S. 118)
Bewegende Abgeklärtheit zwischen sinnebetörenden Sandstränden und Salzmarschen auf einer heiligen Insel aus dem 6. Jh.
AIGUES-MORTES (S. 90)
Eine perfekt erhaltene Zinnenmauer umschließt diese Perle von einer mittelalterlichen Hafenstadt, die das Meer im Stich gelassen hat
Étang de Mateille
Gruissan
Sigean
Port-la-Nouvelle
Étang de Lapalme
La Franqui
CAP LEUCATE (S. 242)
Köstliche Meeresfrüchte und Winde zum Abheben im speedigen Kitesurfer-Paradies La Franqui
D900
Port Leucate
Étang de Leucate
Port Barcarès
CHÂTEAU DE PEYREPERTUSE (S. 216)
Die imposanteste der auf hohen Felsen thronenden Katharerburgen, die einst über Frankreichs Grenzen wachten
Rivesaltes
Torreilles Plage
Canet-en-Roussillon
Canet Plage
Étang de Canet et deSt-Nazaire
St-Cyprien Plage
Elne
St-Cyprien
D914
St-Genis-des-Fontaines
Argelès Plage
Argelès-sur-Mer
Collioure
Laroque des Albères
Port-Vendres
Paulilles
Puig Neulós
Col de Mollo
Banyuls-sur-Mer
Le Perthus
Cerbère
Portbou
Colera
La Jonquera
CÔTE VERMEILLE (S. 243)
Kunst in Collioure und Anchovis, Weinproben und Panoramastraßen zwischen Weinbergen, Felsbuchten und Traumstränden von Banyuls
LEGENDE
Autobahn
Hauptstraße
Landstraße
Verbindungsstraße
0
100 km
HÖHE ÜBER NN
3000 m
2400 m
1800 m
1200 m
600 m
300 m
Meeres-niveau

Unterwegs

NICOLA WILLIAMS Hauptautorin

Das Panorama sattgrüner Weinberge, die bis zum tiefblau glitzernden Meer hinunterreichen, ist einfach göttlich (und verleitet zu viele Autofahrer dazu, unbedacht rechts ranzufahren). Besonders beeindruckend ist jedoch, wie steil und schwierig die Hänge sind, an denen sich die Weinberge scheinbar endlos entlang der D86 (S. 247) von Banyuls-sur-Mer bis Collioure erstrecken.

MILES RODDIS

Als ich über die abgenutzten Trittsteine bei Moulins de la Foux (S. 125) ging, fühlte ich mich für einen Moment als Teil einer langen Geschichte. Jahrhundertelang haben Menschen aus vier Dörfern sie benutzt, um ihr Korn in diese Mühle zu bringen und von der Wasserkraft des Flusses Vis mahlen zu lassen, der hier aus dem Berg strömt.

Autorenbiografien auf S. 308.

Highlights

Für viele Urlauber ist es ein Badetag unter einem römischen Aquädukt, ein dampfender Topf Cassoulet oder der Blick auf die Cité von Carcassonne, was sie hierher lockt. Doch eine Wanderung auf einem rauen Katharer-Pfad, ein Glas Wein auf einem Weingut des Languedoc oder eine Kostprobe des cremigen Roquefort in der Höhle, in der er reift, machen rasch klar, dass diese Mittelmeerregion weit mehr zu bieten hat und voll außergewöhnlicher Möglichkeiten steckt. Hier einige Tipps unserer Autoren, Mitarbeiter und Leser.

DALLAS STRIBLEY

1 DIE CITÉ IN DER ABENDDÄMMERUNG

Ich habe den Tag damit verbracht, durch die Cité von Carcassonne (S. 192) zu schlendern, die mittelalterliche Zugbrücke zu überqueren und die fahnengeschmückten Türme zu bewundern. Das hat mich beeindruckt. Aber als ich später das Hotel zum Abendessen verließ und den Hügel hinaufblickte, kam die Ehrfurcht gebietende Schönheit der Zitadelle erst richtig zur Geltung. Im rosafarbenen Abendlicht schien sie regelrecht zu leuchten wie ein geheimnisvolles Märchenschloss.

James McMurray, Reisender, Kapstadt, Südafrika

OLIVER S

2 WEINPROBE

Erwartungsvoll, aufgeregt und kichernd wie Teenies kurvten wir über die gewundene Landstraße. Ringsum dehnten sich leuchtend gelbe Felder bis zum Horizont. Wir suchten ein kleines, familienbetriebenes Weingut inmitten der französischen Hügellandschaft, wo wir einige der edlen Tropfen kosten wollten (S. 52). Nach einigen Kilometern auf der Holperstraße hatten uns handgeschriebene Schilder zum Ziel geführt. Was folgte, war eines meiner eindrucksvollsten Erlebnisse. Zuerst suchten wir nach dem Winzer, klopften an schwere, alte Holztüren und riefen über den Hinterhof, auf dem zahlreiche Katzen dösten. Schließlich tauchte ein wettergegerbter, aber attraktiver und sehr herzlicher Mann auf. Während er uns Kostproben seiner bevorzugten Jahrgänge servierte, lauschte ich gebannt seinen fesselnden Geschichten über das Weingut der Familie. Qualität und Aroma der fruchtigen, goldenen Weine waren erstaunlich. Anschließend saßen wir auf einer Blumenwiese nahe dem Weingut beim Picknick in der Sonne und waren glücklich wie die Kinder. Schließlich kaufte ich zwölf Flaschen Wein – von dem ich später einen ganzen Koffer voll durch den Flughafen Heathrow schleppte.

Caroline Thresher, Reisende, Oxford

DALLAS S

3 DIE MÄRKTE DER VILLE BASSE

Der Höhepunkt unseres Besuchs im Languedoc-Roussillon war ein morgendlicher Bummel über die Märkte und durch die Markthallen in der Ville Basse (S. 200) von Carcassonne – fernab der Touristenmassen, die sich in der mittelalterlichen Cité drängen. An der Place Carnot kauften wir ein Baguette und Imkerhonig, füllten unsere Taschen mit Gemüse, das sorgfältig aufgetürmt in der Sonne glänzte, und hielten an, um ein paar Bläsern zu lauschen, die musizierend quer über den Platz marschierten. Anschließend ging's ein paar Blocks weiter in die Markthalle, wo wir Unmengen perfekt gereiften Käse kauften und an einer Theke einen kühlen Corbières Rosé der Region schlürften. Einfach himmlisch.

Caroline Sieg, Lonely Planet Mitarbeiterin, London

BADEFREUDEN AM PONT DU GARD

Bloß nicht die Badehose vergessen, wenn's zum Pont du Gard (S. 96) geht. Die historische Aquäduktbrücke ist der ideale Spielplatz für Junggebliebene. Das Wasser des Gard ist ein Traum für gewagte Sprünge von den Felsen unterhalb des *pont*. Und ein tollkühner Sprung in die Tiefe wird selbst den zurückhaltendsten Junghistoriker begeistern.

Tom Hall, Lonely Planet Mitarbeiter, London

4

BILL WASSMAN

COLLIOURE

Es war ein typischer Tag in Collioure (S. 244): Wir parkten den Wagen, schlenderten am Hafen entlang und am Schloss vorbei, genossen ein Mittagessen in einem der Restaurants am Ufer und beschlossen, über Nacht zu bleiben. Am nächsten Morgen entdeckte ich in der kleinen Bucht vor unserem Hotel

5

MAISON CARRÉE

Mitten auf einem belebten Platz in Nîmes steht dieser römische Tempel, dessen Dach und Innenraum vollständig erhalten sind. Das Besondere an der Maison Carrée (S. 79) ist, dass jeder den gesamten Bau nach Lust und Laune erkunden kann.

Denise Reich, Reisende, USA

6

Leute im Wasser, ich ging zum Strand hinunter und schwamm auch los. Als ich auf der anderen Seite beim Schloss aus dem Wasser stieg und zurück aufs Hotel blickte, winkte mir meine Frau Maureen aus dem Fenster zu. So sollte jeder Tag beginnen!

Tony Wheeler, Reisender, Melbourne, Australien

TONY WHEELER

SCHIPPERN AUF DEM CANAL DU MIDI

Ein phantastisches Erlebnis. Die Fahrt durch die Schleusen des Kanals (S. 33) ist immer ein Abenteuer und man weiß nie, was einen erwartet.

tinatoad, Reisende

7

JOHN ELK III

8 SCHIMMEL FÜR FEINSCHMECKER

Roquefort ist der berühmteste Blauschimmelkäse überhaupt. In Roquefort-sur-Soulzon (S. 185) kann man zusehen, wie er hergestellt wird, und die Naturkeller besuchen, in denen er reift und seinen blauen Schimmel ansetzt. Und schließlich kann man seine Geschmacksnerven mit dem meisterlichen Endergebnis verwöhnen.

Elizabeth Soumya, Reisende, Indien

9 FRANZÖSISCHSTUDIUM ... IM MITTELMEERKLIMA VON MONTPELLIER

Weil Montpellier (S. 109) alle Vorzüge der Großstadt bietet, aber ohne den Stress, lockt die Stadt viele gewiefte Studenten aus ganz Europa in seine Französischkurse. In den Unterrichtspausen habe ich mit den Einheimischen Wein geschlürft, mich am Meer entspannt und römische oder mittelalterliche Ruinen besichtigt.

dothings, Reisender

PONT DE MILLAU

Von nur sieben nadelschlanken Hohlpfeilern getragen, ist Sir Norman Fosters Mautbrücke (S. 182) ein faszinierendes Symbol des 21. Jhs. Wenn ich sehe, wie sie bei den wilden Grands Causses das weite Tal des Tarn überspannt, bekomme ich jedes Mal eine Gänsehaut.

Nicola Williams, Lonely Planet Autorin, Frankreich

10

PHOTOLIBRARY

DAS LEBEN IST EIN BADESTRAND

Ich habe mehrere Wochen lang die Mittelmeerstrände abgeklappert und meine Sonnenbräune gepflegt. Nachdem ich ein paar Tage lang das hektische Treiben von La Grande-Motte (S. 119), Palavas-les-Flots (S. 118) und Cap d'Agde (S. 148) beobachtet hatte, erholte ich mich an den ruhigen Sandstränden des Roussillon und in den Felsbuchten der Côte Vermeille (S. 243).

Paul Schindler, Reisender, New York, USA

11

JUPITERIMAGES/ AGENCE IMAGES / ALAMY

12 IN DER PERLE VON GRUISSAN

Wir schlenderten an der Sandbank von Gruissan entlang – das offene Meer auf der einen, eine Salzwasserlagune auf der anderen Seite. An ihrem Ende entdeckten wir vor einem einfachen, fabrikähnlichen Gebäude eine gut gelaunte Menschenmenge. Alle saßen auf schlichten Holzbänken und genossen riesige Teller voller Meeresfrüchte. Wir gingen in den Schuppen hinein, wählten lebende Austern und Venusmuscheln aus, schnitten zwei Zitronen auf, pressten den Saft darüber, bestellten eine Karaffe kühlen Weißwein und setzten uns zu den andern. La Perle Gruissanaise (Die Perle von Gruissan; S. 138) ist eines der schlichtesten und überzeugendsten Restaurants, in denen wir je gegessen haben – und die tolle Aussicht hat den Genuss noch gesteigert.

Miles Roddis, Lonely Planet Autor, Spanien

13 LA PETITE CAMARGUE

Die dünn besiedelte Petite Camargue (S. 90) im Rhone-Delta ist berühmt für die Schönheit ihrer einsamen Landschaften sowie für ihre weißen Pferde und schwarzen Stiere, die zwischen den Reisfeldern grasen. Sie ist die kleinere Schwester der Camargue, die zur Provence gehört.

anpl, Reisende

Inhalt

Regionalkarten

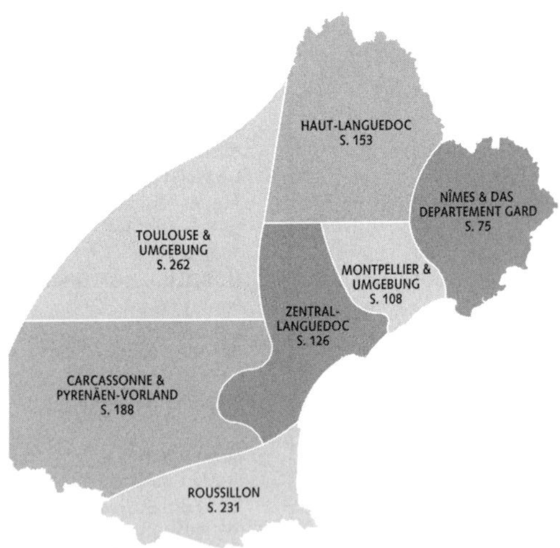

Reiseziel Languedoc-Roussillon

Die Region Languedoc-Roussillon wird bereits als die „neue Provence" gehandelt. Sehr zur Freude der englischsprachigen Immobilienmakler, die hier auf Kunden warten: mit einem Portfolio traumhafter, alter Naturstein-Bauernhäuser *(mas)* zwischen Rebhängen, terrassenförmig angelegter *maisons de village* mit von der Mittelmeersonne ausgebleichten Fensterläden und wahren Perlen von Strandappartements. Und das alles zu einem Bruchteil der in St-Tropez, Brighton oder der Toskana üblichen Preise.

Doch wo dieser bescheidenere Nachbar der pompösen Provence genau liegt, scheinen viele gar nicht zu wissen: zwischen dem von Flamingos und Cowboys bevölkerten Rhone-Delta im Osten und den bis Andorra und Spanien reichenden Pyrenäen im Westen. Diese südfranzösische Mittelmeerregion steht der weiter östlich gelegenen Riviera in nichts nach. Nur fehlen hier der Glamour, der Paparazzirummel und – am allerbesten – das Gedränge.

Es ist das sengend heiße Hinterland Südfrankreichs – mit staubigen Parkplätzen zwischen dürrem Buschland und Felsen am Fuß alter Burgruinen. Sie wurden an den unmöglichsten Stellen auf windgepeitschten Felsen erbaut, um die mittelalterliche Grenze zum Königreich Aragon zu sichern. In dieser wilden, dünn besiedelten Landschaft massakrierten im 13. Jh. Kreuzritter die katharischen Ketzer. Dessen sollte man sich bewusst sein, wenn man zu den eindrucksvollen Ruinen emporsteigt und dabei dem Himmel in jeder Hinsicht ein Stückchen näher kommt.

Spektakuläre, unterirdische Galerien und drei Flusscanyons durchbrechen das hohe Kalksteinplateau und manchen das Haut-Languedoc zum idealen Ziel für Outdoorfans. Ganz in der Nähe liegt Frankreichs größter Nationalpark: ein bergiges, dicht mit Kastanienbäumen bestandenes Schutzgebiet, durchzogen von zahlreichen Wanderwegen, an denen süße Maulbeeren reifen. (Als Robert Louis Stevenson das Gebiet im 18. Jh. mit einem Esel namens Modestine durchwanderte, wurde er für verrückt erklärt.) In diesem von Natur aus reizvollen Teil des Languedoc heißt es noch immer „friss oder stirb". Die Bauern stehen hier ständig vor dem Problem, ihren Lebensunterhalt verdienen und zugleich möglichst umweltbewusst wirtschaften zu müssen. Sie sind mutig und entschlossen, aber 2008 machten die steigenden Kraftstoffpreise einigen der Schaf- und Ziegenzüchter in diesem rauen Land dennoch den Garaus.

Die am Rande des Ruins wirtschaftenden Weinbauern im rebenreichen unteren Languedoc – Frankreichs größter Weinbauregion – fordern mehr staatliche Unterstützung. Sie kämpfen mit einer dreifachen Belastung: Billigimporte, rückläufiger Konsum (50 % weniger als 1980) und steigende Produktionskosten. Im Juli 2008 führte ein Protest von 4000 *vignerons* (Winzern), die in Montpellier zunächst friedlich für mehr Subventionen demonstrierten, zu heftigen Ausschreitungen, bei denen die Demonstranten Molotowcocktails warfen und die Bereitschaftspolizei angefordert werden musste. Innerhalb von Tagen schwappte eine Gewaltwelle auch über andere Städte im Languedoc hinweg: Randalierer kippten Autos um, demolierten Bankgebäude, sabotierten die Lager von Weinhändlern, entleerten ihre Fässer und zogen randalierend durch die Supermärkte. Sie folgten dem Vorbild der mit Skimützen vermummten, Flaschen zerschlagenden,

KURZINFOS

Bevölkerung (2007): 2,5 Mio.

BIP: 53 Mio. €

Inflationsrate: 1,6 %

Arbeitslosenquote: 10,8 %

Gesamtlänge der Küste: 220 km

Sonnentage im Jahr: 300

Fläche: 27 376 km^2

Weinbaufläche: 2900 km^2

Weinproduktion: 16 Mio. hl (33 % der französischen Gesamtmenge)

Jährlicher Weinkonsum pro Person: 55 l

militanten CRAV (S. 35), der es 1976 gelungen war, die Regierung zu einem besseren Schutz kleiner Weinbauern gegen die Globalisierung zu bewegen. Tatsächlich versprach die Regierung – nachdem die Ruhe wieder hergestellt war – den Weinbauern im Juli 2008 ein Hilfspaket von mehreren Millionen Euro. Vermutlich stand den Politikern das CRAV-Video vor Augen, das zwölf Monate zuvor gewarnt hatte, es werde „Blut fließen", wenn sie den Winzern des Languedoc nicht helfen.

Das ist natürlich dramatisch. Aber in Südfrankreich, nahe der spanischen Grenze, kann die Stimmung schon einmal überkochen. Man denke nur an den französischen Soldaten, der im Juli 2008 bei einer Militärvorführung nahe Carcassonne mit scharfer Munition anstatt mit Platzpatronen gefeuert hat. Damals musste der Armeechef zurücktreten und das ganze Land war in Aufruhr.

„Hier in Südfrankreich, nahe der spanischen Grenze, kann die Stimmung schon mal überkochen."

Ein weiteres Beispiel sind die *corridas* (Stierkämpfe), die die Arenen in Nîmes, Béziers und Céret füllen. Und das, obwohl leidenschaftliche Gegner der Stierkämpfe jede Saison protestieren und 2008 immerhin erreicht haben, dass ein zehnjähriger mexikanischer Matador (der schon 56 Bullen getötet hatte) in Nîmes nicht auftreten durfte. In der Camargue werden die besiegten Bullen lebendig aus der Arena entlassen (S. 39), aber im spanisch geprägten Roussillon – das lange zu Katalonien gehört hat – würden sich die Zuschauer nie mit weniger als dem Tod des Bullen zufrieden geben. Für sie ist das ebenso Teil ihres Kulturerbes wie Sangria, *sardane* (S. 43) und die mythische Bergspitze Canigou (S. 254), die Katalanen beiderseits der Grenze heilig ist.

Montpellier, das Herzstück der Region, mit der ältesten französischen Universität, vermittelt als einzige Stadt eine etwas urbane Atmosphäre. Sonst ist diese Gegend, in der Schilder mit der Aufschrift *„fruits et legumes ventes"* (Obst und Gemüseverkauf) alle Naselang die Straßen säumen, stark ländlich geprägt. Keine andere südfranzösische Stadt wächst schneller oder pflegt eine lebendigere Kultur als diese innovative, selbstbewusste Studentenhochburg (Studenten machen ein Drittel der Einwohnerzahl aus). Zeugnis hierfür sind das jüngst umgestaltete Musée Fabre (S. 110) mit dem bemerkenswerten Eingang, der von Daniel Buren gestaltet wurde, sowie die 7 Mio. € teure Cité des Artistes mit Kunstwerkstätten, Galerien und Aufnahmestudios, die 2010 in der alten pharmazeutischen Fakultät La Panacée im historischen Zentrum der Stadt eröffnet werden soll.

Ein kultureller Meilenstein wurde 2008 gelegt, als zahlreiche Vauban-Zitadellen der Region sowie die höchste Brücke des Römischen Reiches (S. 96) und das Meisterwerk der Baukunst des 17. Jhs., der Canal du Midi, zum Unesco-Weltkulturerbe erklärt wurden. Während der meditativen Momente auf diesem anmutigen Kanal scheint sich die Welt plötzlich langsamer zu drehen. Und wenn man eine Flasche Rosé aus dem Pays de Vin d'Oc entkorkt, auf dem Treidelweg zur nächsten Schleuse radelt oder den Ausblick von einem der Türme von Carcasonne genießt, dann wird klar: Genau solche zeitlosen Augenblicke der Gelassenheit sind es, die diesen stillen Teil Südfrankreichs ausmachen.

Bevor es losgeht

Teile der Region – wie Carcassonne mit seinen Spitztürmen oder die Weingegend Côte Vermeille – sind erklärte Traumreiseziele, bei denen man monatelange im Voraus reservieren muss, um das beste Zimmer zu ergattern. Es gibt aber auch Dutzende wenig bekannter Winkel – ideal für alle, die ohne großartige Planung durchstarten wollen. Wie überall sind die Preise steigend, aber derzeit ist die Region Languedoc-Roussillon noch für jeden Geldbeutel erschwinglich.

REISEZEIT

Ein Besuch im Languedoc lohnt sich das ganze Jahr, doch viele favorisieren den Frühling, wenn die rosafarbenen Blüten der Pfirsich- und Mandelbäume vor der Kulisse der schneebedeckten Pyrenäen-Gipfel leuchten. Zweitbeste Wahl ist der September, wenn sich die Reben unter den schweren, sonnengereiften Trauben biegen. An der Küste lassen sich Sonnenanbeter von Juni bis Anfang September braten. Festivals (am Anfang jedes Regionenkapitels) und gastronomische Genüsse (s. S. 46) locken ebenfalls das ganze Jahr über.

Detaillierte Infos siehe Klimatabellen (S. 282).

Zur heißen Hauptsaison im Juli und August zieht es scharenweise französische Familien in die Region, was Staus (Samstag ist traditioneller An-/Abreisetag – also nach Möglichkeit meiden), überhöhte Hotelpreise und überfüllte Strände zur Folge hat. Viele Geschäfte legen ihren *congé annuel* (Betriebsferien) auf den August. An Sonn- und Feiertagen (S. 280) ist grundsätzlich alles zu.

Die Sommer in dieser Mittelmeerregion sind heiß, die Winter recht mild.

PREISE

Das größte Loch reißen die teuren Unterkünfte in die Reisekasse: Im Mittelklassehotel oder chambre d'hôtes zahlt man für ein Doppelzimmer mit Bad mindestens 60 €, und für ein 4-Bett-Zimmer rund 80 €. Backpacker, die in Hostels schlafen und sich von Baguette und Käse ernähren, können pro Tag locker mit 40 € auskommen. Wer Mittelklassehotel, Restaurant- und Museumsbesuche einkalkulieren will, sollte schon 110 € ansetzen. Es gibt diverse Pässe (S. 279), um bei Eintrittsgeldern für Museen und kulturelle Sehenswürdigkeiten sowie bei öffentlichen Verkehrsmitteln zu sparen.

WAS KOSTET WIE VIEL?

Belegtes Baguette 4 €

Eine Tasse Kaffee 1,40 €

Ein Glas Wein/ Sangria 2/3 €

Lokale/ausländische Zeitung 1/3 €

Fahrradmiete halber/ ganzer Tag 10/15 €

Kanu-Flussfahrt (12 km) für eine/zwei Person/en 30/45 €

UMWELTBEWUSST REISEN

Seit seiner Gründung 1973 hält Lonely Planet alle Leser an, ihre Spuren möglichst gering zu halten und den Reiz eines Individualurlaubs zu genießen. Die Zahl internationaler Reisen steigt ins Unermessliche. Wir glauben nach wie vor an deren Nutzen, wollen aber gleichzeitig zu bedenken geben, dass jede Reise Einfluss hat – auf die globale Umwelt ebenso wie auf Wirtschaft, Kultur und Ökosystem des Ziellandes.

AN ALLES GEDACHT?

- Gültige Reiseversicherung (S. 288), Personalausweis oder Reisepass
- Führerschein, KFZ-Papiere, Warndreieck und Sicherheitsweste (S. 292)
- Sonnenbrille, Sonnencreme, Hut, Fernglas und Insektenschutzmittel für die Camargue (S. 90)
- Lust an Gaumenfreuden und Durst auf ausgezeichneten Wein (S. 46)
- Trainierte Radlerwaden und festes Schuhwerk (S. 69)

TOP-PICKS

EINDRUCKSVOLLE AUTOROUTEN & BAHNSTRECKEN

- Vallée de l'Hérault & Vallée de la Buèges (S. 122)
- Die Küstenstraße an der Côte Vermeille (D914) und die nervenaufreibende Binnenland-Hochstraße durch die Weinberge von Banyuls (S. 243)
- Das Trio der Bergpässe *(cols)* der Vallée du Tech von Prats-de-Mollo nach Spanien (S. 250)
- Der Pic du Canigou (S. 254): entweder über die 22 km lange Holperstraße zwischen Villerach und Chalet des Cortalets oder mit Allrad ab Fillols
- Die romantische Bergbahn Le Train Jaune (S. 256) von Villefranche de Conflent nach Latour-de-Carol
- Von Rivesaltes nach Axet im jahrhundertealten Schmalspur-Touristenzug Train du Pays Cathare et du Fenouillèdes (S. 260)
- Die Gorges de Galamus (S. 261) und die Katharerburgen (S. 215)
- Die Küstenstraße Corniche des Cévennes (S. 174)
- Die steile Abfahrt in den Cirque de Navacelles (S. 124)
- Die Fahrt über den Mont Aigoual (S. 173)
- Die Straße von Roquefort via Causse du Larzac nach Ste-Eulalie-de-Cernon (S. 179)
- Die D117 von Foix durch den wilden Pays de Sault und hinunter in die Vallée de l'Aude (S. 217)

SÜSSE TRÄUME AUF BAUERNHÖFEN & WEINGÜTERN

Ob Wein, Foie gras oder frischer Obstkuchen – die *dégustation* (Verkostung) ist ein wesentlicher Teil des Vergnügens bei Übernachtungen in einer *chambre d'hôtes* (B&B) mit traumhafter Lage auf einem Bauernhof oder Weingut.

- Domaine Verchant, Castelnau-le-Lez, nahe Montpellier (S. 115)
- Château de Jonquières, Jonquières (S. 123)
- Domaine de Blancardy, nahe Ganges (S. 124)
- Ferme Auberge La Costa de Dalt (S. 252)
- L'Orri de Planès, nahe Mont-Louis (S. 259)
- La Ferme de la Borie (S. 163)
- Ferme de Caussou, Foix (S. 220)
- Château de Mayragues, Castelnau-de-Montmiral (S. 277)

OUTDOOR-AKTIVITÄTEN

- Mit dem Strandrad von Montpellier an die Küste zum Wasserwettkampf in Palavas-les-Flots (S. 118) oder Sète (S. 119)
- Über grünes Wasser zur Klosterstadt St-Guilhem-le-Désert paddeln und dann zum „Ende der Welt" spazieren (S. 122)
- Mit dem Segelflugzeug Weinberge und das duftende Buschland des Pic St-Loup aus der Vogelperspektive bewundern (S. 125)
- Segeln, Windsurfen oder Kitesurf-Unterricht bei einem Weltmeister in La Franquis am windigen Cap Leucate (S. 242)
- Auf dem abenteuerlichen Küstenpfad der Côte Vermeille vom Leuchtturm zur Dynamitfabrik wandern (S. 243)
- Kataloniens heiligsten Berg mit dem Mountainbike oder zu Fuß erklimmen (S. 254)
- Den Vélorail du Larzac entlangstrampeln (S. 186) oder mit dem Kanu auf dem Orb schippern (S. 145)
- Am Cap d'Agdes durch den Sentier sous-marin (Unterwasserweg; S. 149) schwimmen
- Per Fahrrad den steilen Hang des Causse Méjean hinuntersausen (S. 176)
- Zwischen den Schlössern am dramatischen Sentier Cathare herumspazieren (S. 216) oder mit einem Esel durch die Cevennen wandern (S. 161)

Um seine Spuren zu minimieren, kann man z. B. auf örtlichen Lebensmittelmärkten einkaufen (jede Stadt und jedes Dorf hat zumindest einen Wochenmarkt) und in *chambres d'hôtes* (B&Bs) oder *fermes auberges* (Bauernhöfe; S. 286) übernachten. Außerdem bieten Nationalparks und Schutzgebiete Unterkünfte (S. 287). Anstatt mit dem Nachwuchs große Themenparks zu besuchen, kann man eine Kanu- oder Schnorcheltour (S. 67) unternehmen, eine Höhle erkunden oder der Frage nachgehen, wie aus Pferdeäpfeln Papier wird (S. 204). Statt Auto zu fahren bietet sich das Rad an (S. 294), die kanariengelbe Bergbahn (S. 256) oder der gute alte Fußmarsch (S. 69). Das alles sind Möglichkeiten, die Umwelt zu schonen und die Region Languedoc-Roussillon „grün" zu bereisen.

REISELEKTÜRE

Buchtipps zum Thema Essen und Trinken finden sich auf S. 46.

Alle Leinen los: Mit Hund und Hausboot nach Carcassonne (Terry Darlington; www.narrowdog.com, Covadonga) Ein amüsanter Reisebericht: Der Waliser Terry und seine Frau Monica, beide begeisterte, aber absolute unerfahrene Skipper, schippern mit ihrem Hund Jim über den Canal du Midi.

Das verlorene Labyrinth (Kate Mosse) Der historische Roman, der im Languedoc des 13. Jhs. spielt, erfordert mit über 500 Seiten schon etwas Ausdauer. Knapper, aber derzeit nur auf Englisch erhältlich ist ihre Kurzgeschichte *The Cave* (2009). Zahlreiche Geschichten, Anekdoten und Betrachtungen über einzelne Orte, Legenden und Charaktere findet man im digitalen Archiv von Kate Mosse (www.sepulchre.co.uk).

Die wahrhafte Geschichte von der Wiederkehr des Martin Guerre Die renommierte kanadische Geschichtswissenschaftlerin Natalie Zemon zeichnet in ihrem historischen Krimi – nach einem realen, bis heute rätselhaften Justizfall – ein anschauliches Bild vom ländlichen Leben im Languedoc des 16. Jhs. Für die amerikanische Filmversion Sommersby (mit Jodie Foster und Richard Gere) wurde das Geschehen allerdings ins Bürgerkriegsamerika verlegt.

Erzähl' mir vom Süden ...: Eine literarische Reise durch Languedoc-Roussillon, Provence und Côte d'Azur von Manfred Hammes. Eine Reise durch vierhundert Jahre Literatur- und Kulturgeschichte: von Daudets Geschichten aus der Mühle und Dumas' Graf von Monte Christo bis zum Marquis de Sade und Briefen von van Gogh schrieb an Gauguin, Cézanne an Zola.

Bardou: Ein Pionierleben im Haut-Languedoc von Klaus Erhardt. Abenteuerliche Geschichte über die Rettung eines alten, südfranzösischen Bergdorfes im Haut-Languedoc nördlich von Béziers.

INFOS IM INTERNET

Comité Régional de Tourisme Languedoc-Roussillon (www.sunfrance.com, auch auf Deutsch) Fabelhafte regionale Seite des Fremdenverkehrsamtes.

Frankreich-Info (www.frankreich-info.de/reisen/languedoc-rousillon, auf Deutsch) Umfassende Infos über die Region.

Languedoc-Wines (www.languedoc-wines.com, auch auf Deutsch) Ausführliche Infos über die Weine der Region und vieles mehr.

Ferienhäuser (www.languedoc-maison.com, auch auf Deutsch).

French Entrée Languedoc-Roussillon (www.frenchentree.com/languedoc, auf Englisch) Allerhand praktische Infos zum Leben, Arbeiten und Ferienmachen im Languedoc-Roussillon.

Languedoc Page (http://the-languedoc-page.com, auf Englisch) Staatliche Website zu Geschichte, Aktivitäten und Sehenswürdigkeiten. Außerdem allerhand Lokalklatsch und tolle Links zu Languedoc-Roussillon-bezogenen Blogs und Büchern, online sowie auf Papier.

Lonely Planet (www.lonelyplanet.com, auch auf Deutsch) Hinweise und Postings zum Reisen in Frankreich und das Thorn Tree Forum.

OCdiovisuel TV (http://ocdiovisuel.midiblogs.com, auf Französisch) Partnerkanal des regionalen Zeitungsverlags mit Dutzenden Kurzfilmen und Videos der letzten Festivals, Theater-, Tanz- und Straßenkunstaufführung sowie diverser anderer Kulturereignisse im Languedoc.

TER-SNCF (www.ter-sncf.com/languedoc, auf Französisch) Regionale Zugtickets, Fahrpläne und Preise.

Reiserouten

KLASSISCHE ROUTEN

Von den berauschend duftenden, wilden *garrigue*-Landschaften des Haut-Languedoc bis zum glitzernd blauen Meer – diese 1000 km sind genau das Richtige für Reisende mit wenig Zeit und noch weniger Lust, den ganzen Tag hinterm Steuer zu sitzen.

NUR DAS BESTE

Zehn Tage/Toulouse Flughafen Rundtrip

Nach der Landung am Flughafen Toulouse geht's zur exquisiten Weinprobe nach **Gaillac** (S. 277), wo das Kloster St-Michel einen der berühmtesten französischen Weine und das Restaurant Les Sarments ein ebenso köstliches Mittagessen serviert. **St-Affrique** (S. 186) bietet sich für eine Übernachtung – mit obligatorischer Roquefort-Verkostung – an und ist ein guter Ausgangspunkt, um am folgenden Tag **Millau** (S. 180) und den **Pont de Millau** (S. 182) zu sehen. Wer sich dafür nicht interessiert, kann beides überspringen und 30 Autominuten weiter das reizvolle **Nant** (S. 181) und den **Parc National des Cévennes** (S. 160) ansteuern. Bei der Erkundung der Gegend dürfen eine Tageswanderung auf den **Mont Aigoual** (S. 173) und eine **Eseltour** (S. 161) nicht fehlen. Am vierten oder fünften Tag geht's auf der dramatischen **Corniche des Cévennes** (S. 174) nach **St-Jean-du-Gard** (S. 103), dann in Richtung Osten zum **Pont du Gard** (S. 96) und ins Großstadtgewühl der alten Römerstadt **Nîmes** (S. 76). In **Sète** (S. 119) kann man Seeluft schnuppern und Wasserwettkämpfe erleben und dann weiter nach **Pézenas** (S. 144) im Landesinneren fahren. Zum Ausklang der Reise empfiehlt sich ein Bummel durch die turmreiche Stadt **Carcassonne** (S. 190) und eine Schale cassoulet in **Castelnaudary** (S. 202) auf der Rückfahrt nach Westen entlang dem **Canal du Midi** (s. Kasten S. 206) zum Flughafen.

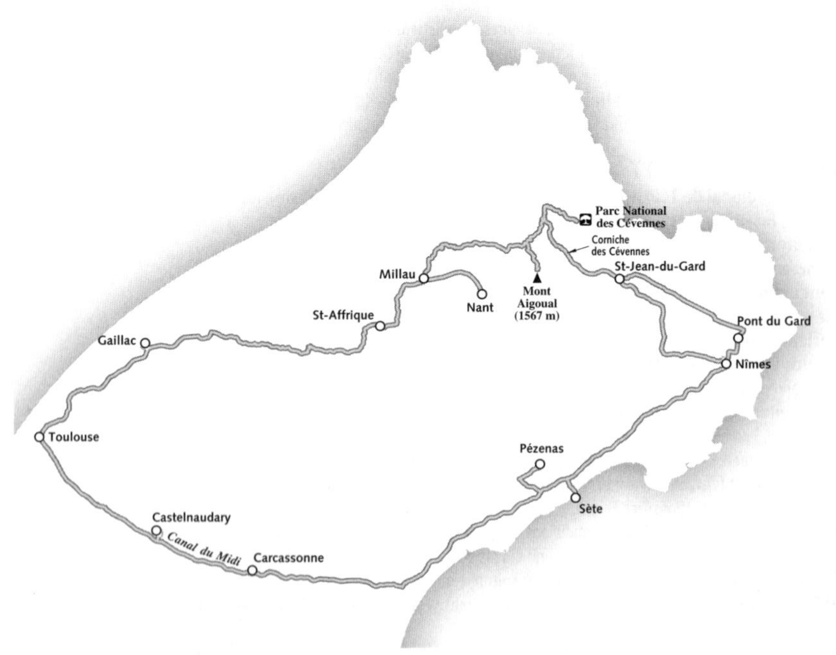

GERUHSAM UND UMWELTFREUNDLICH

Drei Wochen/von Perpignan oder Girona nach Nîmes

Massenhaft Zeit zum Relaxen, Wandern, Radfahren und für süße Träume in netten chambres d'hôtes lässt einem diese schöne Fahrt ab Perpignan oder Girona. Zur Erkundung der Weinberge und Felsbuchten geht's an Roussillons eindrucksvolle **Côte Vermeille** (S. 243) und für eine gigantische Aussicht über die **Kammstraße** (s. Kasten S. 247). Im Meeresschutzgebiet lässt es sich phantastisch schnorcheln und rund um **Banyuls-sur-Mer** (S. 247) kann man mit dem Seekajak paddeln. Zum Übernachten im Wald bietet sich die **Ermitage Notre Dame de Consolation** (S. 245) an. Danach geht's entlang der Vallée du Tech westwärts bis **Céret** (S. 250) und von dort aus weiter nach **Prats-de-Mollo** (S. 251), wo man nicht nur in den Bäumen herumklettern, sondern sogar in einem Baumhaus übernachten kann. Alternative Übernachtungsmöglichkeiten bieten die zwischen Pyrenäen-Gipfeln gelegenen Orte **St-Marsal** und **La Bastide** (S. 255), die Richtung Norden über zahllose Haarnadelkurven zu erreichen sind. Der nächste Tag bringt mit dem **Pic du Canigou** (s. Kasten S. 254) eine Herausforderung. Davon kann man sich dann im geruhsamen **Llo** (s. Kasten S. 258) einige Tage erholen. Wer das nicht nötig hat, folgt der D7 um unzählige weitere Kurven bis zu den **Gorges de Galamus** (S. 261) und **Katharerburgen** (S. 215).

Der zweite Teil der Reise führt ins Haut-Languedoc. Östlich von **Béziers** (Ausfahrt 34; S. 139) von der A9 abfahren und auf der A75 nordwärts nach Clermont l'Hérault steuern, von wo es auf Landstraßen weiter Richtung Osten geht. Hier locken reizvolle B&B-Chateaus zwischen den Reben um **St-Guilhem-le-Désert** (S. 122). Die Höhlen und Schluchten des Umlandes eignen sich bestens für Wanderungen oder Kanufahrten (Übernachtung in

1000 km in drei Wochen klingt vielleicht nicht nach viel, aber diese traumhafte Strecke über die hohen Berge der Pyrenäen und von Schluchten zerrissene Plateaus ist gespickt mit engen Haarnadelkurven, Pässen und schmalen Bergsträßchen. Also: schön langsam fahren und genießen.

Domaine de Blancardy). Dann fährt man gemütlich in Richtung Norden zum **Cirque de Navacelles** (S. 124) und dahinter zum **Parc Naturel Régional des Grands Causses** (S. 174). Auf der Hochebene von **Causse Méjean** (s. Kasten S. 176) kann man mit Glück ein seltenes Wildpferd beobachten, das über die Straße galoppiert, und auf der Fahrt durch die **Gorges du Tarn** (S. 177) wird man vielleicht Schmetterlinge im Bauch spüren.

Zum Finale gibt's ein Bauernfest auf der ferme in la Borie und einer Mountainbiketour um **Florac** (S. 161). Dann geht's nach Süden in die **Petite Camargue** (S. 90) vor den Toren von **Nîmes** (S. 76), wo einen Salzsümpfe, Ausritte und eine reiche Vogelwelt erwarten.

MASSGESCHNEIDERTE TOUREN

FÜR DIE GANZE FAMILIE

Spaß *en famille* kennt in dieser kinderfreundlichen Region keine Grenzen. Hier können kleine Gourmands die Fischer von **Cap Leucate** kennenlernen (S. 242), in **Sète** eine **Muschelzucht** besuchen (S. 120), sich in Narbonnes **Cafétéria Liberté** (S. 132) am längsten Buffet Frankreichs satt essen oder im **Musée du Bonbon** von Uzès (S. 98) Gummibärchen und Lakritze naschen.

Ebenfalls interessant für Kids sind das **Musée des Automates** (S. 208) von Limoux, das **Musée de la Mine** (s. Kasten S. 274) in Cagnac-les-Mines, das **Noria Wassermuseum** (S. 186) in St-Jean-du-Bruel und in Toulouses die **Cité de l'Espace** (S. 267). Tierische Angeboten sind Espérazas **Dinosauria** (S. 211), der **Parc de la Préhistoire** (S. 223) bei Foix, die **Réserve Africaine de Sigean** (S. 139) in der Nähe von Narbonne sowie die **Wolfsreservate** bei Mende (S. 158) und in der Vallée d'Orlu (S. 226). Montpelliers **La Serre Amazonienne** (S. 111) begeistert mit üppigen Dschungelpflanzen.

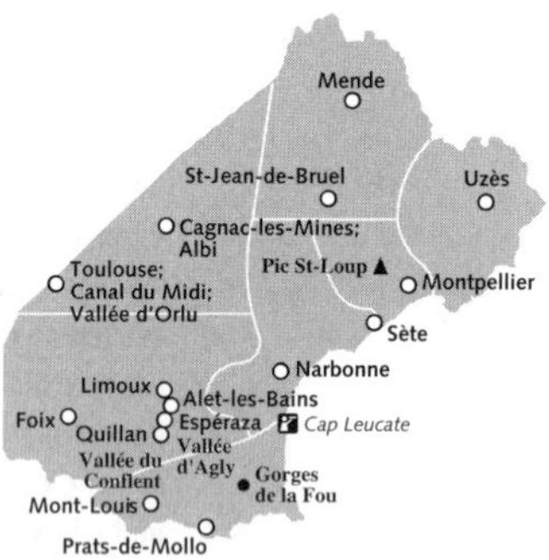

Sportliche Highlights sind der Aufstieg zum **Fort Lagarde** (S. 251) von Prats-de-Mollo, um Ritterturniere zu erleben; Radtouren am **Cap Découverte** (S. 274) nahe Albi; Bootfahren auf dem **Canal du Midi** (S. 68); Reiten um den **Pic St-Loup** (S. 125); Wandern in den **Gorges de la Fou** (S. 251); **Baumklettern** in Prats-de-Mollo (S. 251), Alet-les-Bains (S. 210) und Quillan (S. 212) sowie Exkursionen per **Seekajak** oder **Kanu** (S. 67).

Ausgefallene Attraktionen, die man sich nicht entgehen lassen sollte, sind die **Airbus-Fabrikführung** in Toulouse (S. 268), eine Fahrt mit dem **Train Jaune** (S. 256) in der Vallée du Conflent oder mit dem **Train du Pays Cathare et du Fenouillèdes** (S. 260) in der Vallée de l'Agly sowie die Solarforschungsanlage von **Mont-Louis** (S. 258) und eine Höhlentour (S. 74).

WELTKULTURERBE

Languedoc-Roussillon scheint unverhältnismäßig viele der von der Unesco als schützenswert erachteten Kulturschätze zu besitzen.

Der berühmteste ist **Carcassonne** (S. 190), eine mittelalterliche, befestigte Stadt mit prachtvollen Spitzdachtürmen und den dritthöchsten Besucherzahlen aller französischen Sehenswürdigkeiten. Fast genauso bekannt ist der **Pont du Gard** (S. 96), ein gigantischer römischer Aquädukt mit drei Etagen, der 50 m hoch über den Fluss Gard führt.

Ähnlich imposante Dimensionen besitzt die neueste Eintragung auf der Unesco-Liste: Frankreichs **Vauban-Festungen** (S. 43) aus dem 17. Jh. Dazu gehören **Fort de Bellegarde** (S. 249) an der Grenze zu Spanien, **Prats-de-Molló** (S. 251), **Mont-Louis** (S. 258), **Perpignan** (S. 233), **Collioure** (S. 244) und – besonders malerisch – **Villefranche-de-Conflent** (S. 256). Man kann entweder auf dem Chemin Vauban (S. 44) von Zitadelle zu Zitadelle wandern oder – wenn man eine größere Herausforderung nicht scheut – den Pilgern auf dem **Chemin de St-Jacques** (s. Kasten S. 70) bis Spanien folgen. Die vier Wanderrouten quer durch Frankreich zählen schon seit 1998 zum Unesco-Weltkulturerbe.

Genauso verlockend ist eine Reise auf dem im 17. Jh. angelegten **Canal du Midi** (s. Kasten S. 33), der als außerordentliches Bauwerk und bedeutendes Kulturgut gilt. Im Haut-Languedoc steht der **Parc National des Cévennes** (S. 160) als Unesco-Biosphärenreservat gleich unter doppeltem Schutz.

WEIN & TRADITION

In Gruissans **Cité de la Vigne et du Vin** (S. 138) kann man sich in einem Labyrinth aus Weinreben verlieren, vergessene Sinne neu beleben und sich über die Weinbaukultur schlau machen. Nach diesen Lektionen geht's per Auto oder Fahrrad zu einer Tour durch die Weinberge: Die D86 von/nach **Banyuls-sur-Mer** (S. 247) eröffnet ein atemberaubendes Panorama sattgrüner Reben an steilen, mit Bruchsteinmauern terrassierten Hängen. In der Stadt selbst laden zahllose *caves* (Keller) zur *dégustation* (Weinprobe) ein. Daneben bietet das Roussillon eine Tour durch die **Caves Byrrh** (S. 241) in Thuir; die Verkostung von süßem Muscatwein der **Domaine Cazes** von Rivesaltes (S. 243) und ein Weindinner mit unvergesslichem Ambiente im **Les Clos de Paulilles** (S. 247) in Paulilles, im **Château de Jau** (s. Kasten S. 260) von Rivesaltes oder im **Le Pichenouille** in Maury (s. Kasten S. 260).

In Narbonne hält das **Palais du Vin** (S. 134) über 1000 Weine unabhängiger Winzer der Region Languedoc-Roussillon auf Lager. Wichtige Adressen in Montpellier sind **Maison Régionale des Vins et des Produits du Terroir** und **Château de Flaugergues** (beide s. Kasten S. 116). Im nahe gelegenen Villeveyrac lohnt die **Abbaye de Valmagne** (S. 122) aus dem 12. Jh. einen Besuch und in Aniane das berühmte Weingut **Mas de Daumas Gassac** (s. Kasten S. 123). Ganz in der Nähe in Jonquière liegt eine phantastische *chambre d'hôtes* mit eigener Weinproduktion: das **Château de Jonquières** (S. 123).

Richtung Carcassonne gibt es folgende Tipps: in Pennautier **Les Chais du Château de Pennautier** (s. Kasten S. 199) mit traumhaftem Mittagessen und dazu passenden Weinen; in St-Hilaire die **Caves Anne de Joyeuse** (S. 210), die für langjähriges Engagement in Sachen nachhaltiger Agrarwirtschaft und biologischer Vielfalt bekannt sind; die berühmte **Weinbaugegend Minervois** (S. 204) und natürlich der wunderbare Schaumwein **Blanquette de Limoux** (s. Kasten S. 209).

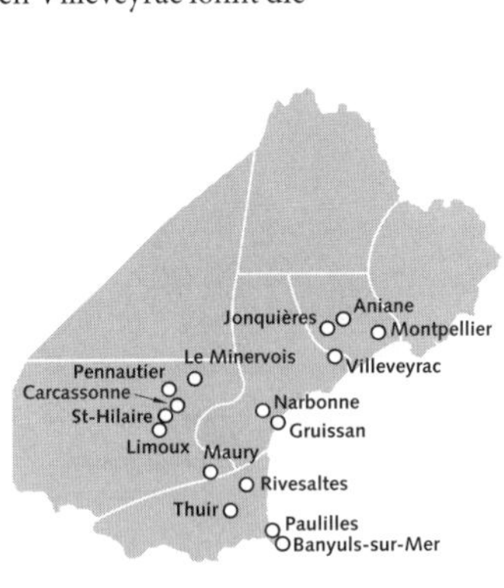

HERVORRAGEND SPEISEN

Der *plat de résistance* ist eigentlich cassoulet, nur dass bezüglich der Zutaten allgemeine Uneinigkeit herrscht. Am besten probiert man es selbst – im Hôtel de France et Notre Dame in **Castelnaudary** (S. 203); im Restaurant Château St-Martin Trencavel bei **Carcassonne** (S. 199) und im Emile in **Toulouse** (S. 270) –, um zu entscheiden, welche Stadt richtig liegt.

Gänse- oder Entenstopfleber sind ein Leckerbissen der Gegend entlang dem **Fluss Hérault** (S. 122) und in der **Vallée de l'Ariège** (S. 218) genauso wie *confit de canard*. Zu den Spezialitäten der **Vallée de l'Ariège** zählen zudem alle Gerichte, die weiße *lingots* (Bohnen) aus dem eigenen Gemüsegarten enthalten sowie Würstchen oder pâtés. In den Pyrenäen serviert das L'Hostalet de Vivès im **Massif des Albères** (S. 249) die berühmten *boles de picolat* (würzige Schweinefleischbällchen) und Schnecken, in **Céret** (S. 250) gibt's köstliche Kirschen, einmalige Fischgerichte bietet L'Unique in **Prats-de-Molló** (S. 251), für Anchovis ist **Collioure** (S. 244) berühmt, für Sardinen **Port Vendres** (S. 246) und für himmlisch frische Schalentiere das **Cap Leucate** (S. 242) sowie das weiter nördlich gelegene **Bouzigues** (S. 152). Auch in **Sète** (S. 119) wird vorzugsweise Fisch aufgetischt.

Die Spezialität von **Nîmes** (S. 76) ist *brandade de Nîmes* und in der **Petite Camargue** (S. 90) ist Stier an der Tagesordnung, am besten mit rotem Camargue-Reis. Im Norden, in den **Grands Causses** (S. 174), rangieren Lamm und Roquefort an erster Stelle und in **Millau** (S. 180) sind es *trenels* (gekochte Kutteln) und käsehaltiges *aligot*.

DIE KATHARER

Der Albigenserkreuzzug gegen die katharischen Ketzer ging 1209 von **Béziers** (S. 139) aus. Es folgten **Carcassonne** (S. 190) und 1210 **Minerve** (S. 204), **Puivert** (S. 217) und **Termes** (S. 137). Dreimal belagerten die Kreuzritter auch **Toulouse** (S. 263), konnten es jedoch nicht einnehmen und verloren 1218 außerdem ihren Anführer vor seinen Stadtmauern.

Das beherzte **Château de Montségur** (S. 217) leistete auf seiner Bergspitze ein Jahr lang Widerstand, ehe es 1244 kapitulierte. Die Aufrührer wurden auf dem **Prat dels Cremats** (Feld der Verbrannten; S. 218) verbrannt. 1321 wurde der „letzte Katharer", der fleischlos und enthaltsam lebende *parfait*, in **Villerouge-Termenès** (S. 136) am Schandpfahl verbrannt. Keine Kirche steht so beispielhaft für den Triumph des orthodoxen Katholizismus wie die **Cathédrale Ste-Cécile** (S. 273) in Albi.

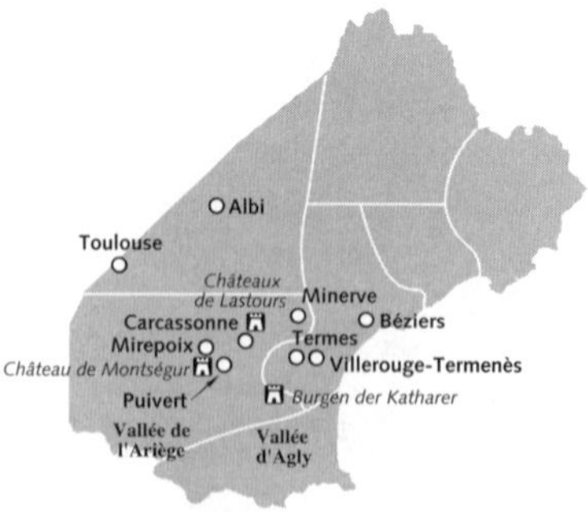

Languedocs meistbesuchte Katharerburgen – **Peyrepertuse** (S. 216), **Quéribus** (S. 216), **Aguilar** (S. 216) und **Puilaurens** (S. 216) – thronen auf Felsen südlich von Carcassonne. Es ist möglich, alle an einem Tag zu besichtigen (S. 197), doch man sollte mehr Zeit einplanen. Im Roussillon tuckert eine Schmalspurbahn mit offenen Waggons durch das **Vallée de l'Agly** (S. 260) nach Puilarens.

Am wenigsten besucht sind die Ruinen des romantischen **Châteaux de Lastours** (S. 205), dessen spektakuläre Silhouette sich über der Montagne Noire erhebt. Nach der Wanderung hinauf kann man im **Le Puits du Trésor** (S. 205) essen. In Carcassonne verkauft die **Galerie Gérard Sioen** (S. 201) aufrüttelnde Bilder des wilden, ungezähmten *pays Cathare* (Katharerland). Da es im Sommer sehr heiß wird, wandert man den **Sentier Cathare** (S. 216) entlang den Katharerfestungen am besten im Frühjahr oder Herbst. Er beginnt in der **Vallée de l'Ariège** (S. 218), unweit von **Mirepoix** (S. 229), einer der schönsten katharischen *bastides.*

SCHÖNE KÜNSTE

Die Region ist ein lebendiges Kunstmuseum: Matisse und andere Maler des Fauvismus haben den Fischereihafen **Collioure** (S. 244) in das St-Tropez der Region verwandelt; Aristide Maillol lebte in **Banyuls-sur-Mer** (S. 247), wo seine üppigen Skulpturen heute in seinem zum Museum umgestalteten Haus bewundert werden können, und das Musée d'Art Moderne in **Céret** (S. 250) – eines der landesweit besten – bietet zahlreiche Gemälde von Picasso und Braque. Abgerundet wird die eindrucksvolle Avantgarde-Komposition von weiteren Kunstmuseen in **Nîmes** (S. 81), **Montpellier** (S. 110) und **Toulouse** (S. 265).

Die führenden Insideradressen für Fans zeitgenössischer und Installationskunst sind **Château de Jau** (S. 260), wo Wein und Kunst brillant harmonieren; Domaine de Verchant in **Castelnau-le-Nez** (s. Kasten S. 115), wo Wein und Design um die Besuchergunst konkurrieren; Le Jardin des Sens in **Montpellier** (S. 114), wo die private Kunstsammlung des Küchenchefs ausgestellt ist; der Friedhof in **Portbou,** dominiert von Dani Karavan's *Passage* (s. Kasten S. 248); und – mal etwas ganz anderes – das Musée des Automates in **Limoux** (S. 208).

Freunden mittelalterlicher Kunst bietet das **Massif des Albères** (S. 249) eine wahre Fundgrube romanischer Kapellen. Im Museum romanischer Kunst von **Cabestany** (S. 233) und in mehreren Kirchen bei **Limoux** (S. 210), **La Montagne Noire** (s. Kasten S. 202), **Rieux-Minervois** (S. 207) und **Lagrasse** (S. 135) sind die die Arbeiten eines unbekannten Meisters zu bestaunen.

Noch älter sind die prähistorischen Felsbilder in der **Vallée de l'Ariège** (S. 218). Erläutert werden die damaligen Techniken im **Parc de la Préhistoire** (S. 223) nahe Tarascon.

Geschichte

PRÄHISTORISCHE MENSCHEN

Die Region wird schon seit etwa 1 Mio. Jahren von Menschen bewohnt. Um 450 000 v. Chr. siedelten Menschen in Tautavel in der Nähe von Perpignan: Archäologen entdeckten hier 1971 in der Arago-Höhle *l'homme de Tautavel* (den Tautavel-Menschen) – den Schädel eines Homo erectus mit großen Augenhöhlen und fliehendem Kinn. Er gehört zu Europas ältesten menschlichen Skelettfunden. Im Musée de la Préhistoire (S. 260) von Tautavel können Besucher den Archäologen bei den fortlaufenden Ausgrabungen zusehen.

Faszinierende Bilder der Dolmen und Menhire, die zu Dutzenden im Languedoc verstreut stehen und liegen, und Hintergrundinfos zu diesen imposanten Steinbrocken gibt es unter http://dolmen.wordpress.com (auf Englisch) und http://dolmen2.free.fr/oc2/ sowie http://prehist.free.fr/dolmen/ (beide auf Englisch und Französisch).

Im mittleren Paläolithikum (ca. 90 000–40 000 v. Chr.) lebten und jagten Neandertaler entlang der Mittelmeerküste. Das bedeutendste vorgeschichtliche Museum des Languedoc, der Parc de la Préhistoire (S. 223) bei Foix, erlaubt faszinierende Einblicke in das Leben der Altsteinzeit. Sein Besuch ist die ideale Vorbereitung auf eine Erkundung der Grotte de Niaux (S. 222), deren Höhlenmalereien von Hirschen, Fischen und anderen Tieren einem Vergleich mit denen von Lascaux in der Dordogne durchaus standhalten. Beispiele für noch mehr prähistorische Höhlenkunst der Region sind die Grotte de Bédeilhac und die Grotte de la Vache (S. 223).

Mit schierer Muskelkraft wuchteten Menschen der vorgeschichtlichen Ära in La Cham des Bondons (S. 164) Europas zweitgrößte Ansammlung von Menhiren an Ort und Stelle, übertroffen nur noch von Carnac in der Bretagne.

Um diese Zeit, vor etwa 4000 Jahren, wurde das Wetter allmählich wärmer. Damit begann die Zeit des Ackerbaus und der Viehzucht. Die Menschen bauten Getreide, Erbsen, Bohnen und Linsen an, gingen mit Harpunen auf Fischfang und gründeten erste Dörfer. Verzierte Keramik, Webstoffe und polierte Steinwerkzeuge wurden zu alltäglichen Haushaltsgegenständen.

GRIECHEN & RÖMER

Um 560 v. Chr. kolonisierten Griechen aus Phokäa in Kleinasien Agathé Tyché (Agde) und gründeten weitere Handelsposten entlang der Küste. Sie brachten Oliven, Weinstöcke und das allgemeinmenschliche Bedürfnis nach festen Bauten und Verteidigung ihres Besitzes mit: So entstanden bald die oppida (Hügelsiedlungen) von Ucetia (Uzès), Carsac (Carcassonne) und Montlaurès (4 km nordwestlich von Narbonne). Das Oppidum d'Ensérune (S. 147) auf einem Hügel im zentralen Languedoc war bis zum 1. Jh. n. Chr. durchgehend besiedelt; dann zogen seine Bewohner in die Ebene um.

Nur einer von Hannibals Elefanten überlebte; die übrigen sollen die Karthager aufgegessen haben.

Im 2. Punischen Krieg (218–201 v. Chr.) zwischen Rom und Karthago (einer bedeutenden Handelsmacht im heutigen Tunesien) erwiesen sich die Pyrenäen als mächtiger Feind. Der karthagische Feldherr Hannibal

ZEITACHSE

450 000 v. Chr.

Prähistorische Menschen siedeln in Tautavel in der Nähe von Perpignan, wo Archäologen 1971 Überreste des Tautavel-Menschen entdecken.

90 000–40 000 v. Chr.

Neandertaler leben und jagen entlang der Mittelmeerküste.

14 000–7500 v. Chr.

Menschen beginnen, mit Holzkohle und Mangan Tierbilder auf Höhlenwände zu malen.

überquerte das Mittelmeer und marschierte dann mit 100 000 Männern und 37 Elefanten über die Pyrenäen und an der Küste des Languedoc entlang nordwärts bis über die Alpen in Richtung Rom. Schon beim Anblick der schneegekrönten Berge ergriffen 11 000 Soldaten die Flucht, was Hannibals Armee auf einen Schlag erheblich dezimierte.

In Hannibals Fußstapfen durchs Languedoc traten später die römischen Eroberer: Nachdem sie bis 122 v. Chr. die ganze Region eingenommen hatten, bauten sie hier die Via Domitia (S. 128). Die 500 km lange Straße verband Rom mit seinen Besitzungen in Spanien. Ein Stück von ihr ist noch heute in Narbo Martius (Narbonne) zu bewundern. Diese bedeutendste römische Hafenstadt im Languedoc wurde 118 v. Chr. gegründet und später zur Hauptstadt der Provincia Gallia Narbonensis befördert. Sie erlebte ihre Blütezeit, nachdem Julius Cäsar ganz Gallien erobert (58–51 v. Chr.) und dem römischen Imperium einverleibt hatte. Heutige Besucher von Narbonne können römische Schätze im Musée Archéologique bewundern, überdimensioniertes römisches Mauerwerk im Musée Lapidaire bestaunen und im Horreum (S. 131) das hektische Treiben gallorömischer Geschäfte und Lagerhäuser live erleben. Nicht weit von Narbonne verwandelten die Römer Sallèles d'Aude (S. 136) in ein Zentrum des Weinbaus und der Töpferei.

Die riesige römische Provincia Gallia Narbonensis, ursprünglich Provincia Gallia Transalpina genannt, umfasste den ganzen Süden Frankreichs – von den Alpen bis zum Mittelmeer und westwärts bis zu den Pyrenäen.

Baeterrae (Béziers), wo die Römer ebenfalls Weinbau trieben, war eine wichtige Garnisonsstadt und Station an der Via Domitia. La Graufesenque im Haut-Languedoc beherbergte die größten Töpferwerkstätten des westlichen Römerreichs. Nemausus (Nîmes) schließlich war die Stadt, in der der römische Kaiser Augustus mit den klotzigsten Monumentalbauten auftrumpfte: Außer der Maison Carrée entstanden hier ein Amphitheater, in dem sich die Patrizier an Gladiatorenkämpfen ergötzten, und der Aquädukt Pont du Gard (S. 96). Er war Teil eines 50 km langen Kanalnetzes, das um 19 v. Chr. angelegt wurde, um Wasser von Uzès nach Nîmes zu leiten.

284 n. Chr. wurde die Provincia Gallia Narbonensis in zwei Provinzen aufgeteilt: Die Landschaft am rechten Ufer der Rhône (Languedoc-Roussillon) blieb Narbonensis, die am linken Ufer wurde zur Provincia Viennoise (Provence). Um dieselbe Zeit kam auch das Christentum in diese Gegend.

OKZITANIEN

Ganz Südfrankreich bis zum Limousin, der Auvergne und den südlichen Ausläufern der französischen Alpen hinauf gehörte zum alten Okzitanien, das die Römer Aquitania nannten. Die Region bildete keine politische, sondern eine kulturelle Einheit: Das mittelalterliche Okzitanien wurde durch seine gemeinsame Sprache, das Okzitanische oder die *langue d'oc*, geeint. Die ersten Schriftzeugnisse in dieser Sprache stammen aus dem 9. Jh; im 12. und 13. Jh. diente sie als Literatursprache der Troubadoure (S. 41).

560 v. Chr.

Griechen kolonisieren Agde und gründen weitere Handelsposten an der Küste. Sie bringen Oliven und Weinstöcke mit.

118 v. Chr.

Narbonne wird Hauptstadt der römischen Provincia Gallia Narbonensis.

284 n. Chr.

Die Provincia Gallia Narbonesis wird in zwei Provinzen aufgeteilt: Narbonensis (das heutige Languedoc-Roussillon) und Provincia Viennoise (die Provence).

ICH SEHE WAS ...

... und das sind die letzten drei Katharer, die von der Nordseite der A61, östlich der Ausfahrt 25 nach Lagrasse und Lézignan-Corbières, wehmütig auf ihr gebeuteltes Land schauen. Das unübersehbare Trio aus 10 m hohen Figuren wurde 1980 von dem Bildhauer Jacques Tissinier (geb. 1936) aus der nahen Lauragais-Region in Zement gegossen und inspirierte den französischen Chansonnier Francis Cabrel (geb. 1953) – der in Toulouse aufwuchs – drei Jahre später zu dem Lied „Les Chevaliers Cathares" (1983; Die Katharerritter); die schwermütige Ballade ist auf YouTube zu hören.

MACHTSPIELE DES MITTELALTERS

In den folgenden Jahrhunderten kamen verschiedene Stämme auf die Idee, sich das Languedoc anzueignen. Erst kreuzten die germanischen Vandalen auf, die ihrem Namen alle Ehre machten, dann die Westgoten (aus der Region nördlich der Donau). Sie machten Tolosa (Toulouse) zur Hauptstadt ihres Königreichs Septimanien, das von 419 bis 507 bestand. Seinen Namen verdankte es wohl den sieben bedeutenden Städten des Languedoc, die zu seinem Hoheitsgebiet gehörten.

Der Held in Paul Löwingers historischem Roman *Das Lied des Troubadours* erlebt zwischen Kreuzzügen und höfischer Liebe alles, was das Mittelalter auszeichnet.

Im 8. Jh. wurden Narbonne und Carcassonne von Sarazenen (muslimische Eroberer wie die Türken, Mauren und Araber) eingenommen und geplündert. Karl Martell (688–741) stoppte das muslimische Vordringen nach Frankreich 732 mit der Schlacht von Poitiers. Doch erst als sein Sohn Pippin der Kurze, der erste karolingische König (reg. 751–68), die Sarazenen 759 aus Narbonne und 767 aus Toulouse hinauswarf, verabschiedeten sich die muslimischen Krieger endgültig aus der Region.

In ihrem zum Bestseller avancierten historischen Roman *Die Päpstin* verarbeitet Donna Woolfolk Cross die Geschichte der legendären Päpstin Johanna.

Nun fiel die gesamte Languedoc-Region an die germanischen Franken. Unter Karl Martells Enkel, Karl dem Großen (747–814), dehnte sich das Fränkische Reich immer weiter aus. 778 stieß er auf die Iberische Halbinsel vor und gründete einige Jahre später die Spanische Mark (Marca Hispanica) – vom heutigen Roussillon bis nach Barcelona hinunter – als Pufferzone zwischen zwei Königreichen. Nach seinem Tod zerfiel die Einheit der Region: Die Grafen von Toulouse, Roussillon und Barcelona zogen immer mehr Macht an sich, bis die Region zu einem Flickenteppich fränkischer Lehen und erblicher Grafschaften verkam.

RELIGIÖSE VERFOLGUNG

Es war der Mord an einem einzigen Mann, der das barbarische Blutbad auslöste: Am 14. Januar 1208 traf sich der päpstliche Gesandte Pierre de Castelnau in St-Gilles, La Petite Camargue (S. 90), mit Raimund VI. von Toulouse (1156–1222), um mit ihm über die Häresie in der Grafschaft Toulouse zu diskutieren. Die beiden kamen jedoch zu keiner Einigung und der päpstliche Gesandte wurde auf seiner Heimreise ermordet. Das

419–507

Die Westgoten machen Toulouse zur Hauptstadt ihres Königreichs Septimanien.

795

Karl der Große dehnt die Grenzen des Fränkischen Reichs erheblich aus und gründet die Spanische Mark (Marca Hispanica), die südwärts bis nach Barcelona reicht.

9. Jh.

Nach der Zeit Karls des Großen übernehmen die Grafen von Barcelona und Toulouse die Macht im Süden Frankreichs und die Region erlebt einen wirtschaftlichen Aufschwung.

verschaffte Papst Innozenz III. den perfekten Vorwand, einen Kreuzzug gegen die Katharer (auch Albigenser genannt) und ihre dualistische Version des christlichen Glaubens (S. 215) auszurufen. Er beauftragte Arnaud-Amaury, Abt der Abtei Cîteaux in der Nähe des nordfranzösischen Dijon, ein bewaffnetes Heer aufzustellen. Am 24. Juni 1209 marschierte der *ost* (die Kreuzzugsarmee) durch das Rhonetal südwärts Richtung Languedoc.

Am 21. Juli klopften die Kreuzritter an die Tore von Béziers. Weil die Katharer nicht ausgeliefert wurden, brannten sie die Stadt kurzerhand nieder und schlachteten ihre 20 000 Einwohner ab. Anfang August belagerte der *ost* Carcassonne und zwang die Stadt zur Kapitulation. Simon IV. de Montfort erhielt beide Städte als Lehen und agierte fortan als Anführer der Kreuzritter. Von 1209 bis 1211 fielen die Katharerfestungen wie Dominosteine. Besonders grausam ging Montfort in Bram, 25 km westlich von Carcassonne, zu Werke: Er ließ 100 Gefangenen die Augen ausstechen, Ohren, Nase und Oberlippe abschneiden und schickte sie dann, geführt von einem Gefangenen mit einem verbliebenen Auge, zu den noch unbesiegten Châteaux de Lastours (S. 205) – als Warnung. Dieser Akt der Barbarei spornte die Verteidiger aber nur zu noch hartnäckigerem Widerstand an, sodass es ein weiteres Jahr dauerte, bis auch sie Montforts Katharerhass zum Opfer fielen.

Katharer gab es nicht nur im Languedoc: Solche „ketzerischen" Bewegungen florierten in Westeuropa schon seit Beginn des 11. Jhs. Glaubensabweichler, die sich selbst *katharos* („die Reinen") nannten, wurden schon 1143 in Köln und 1144 in Lüttich auf dem Scheiterhaufen verbrannt. Doch die explosive südfranzösische Region mit ihren mächtigen Adeligen bot dank ihrer Gesellschaftsstruktur einen besonders fruchtbaren Boden für die Lehre der Katharer.

Doch bei dem blutigen Kreuzzug ging es keineswegs bloß um Religion. Er bot Fürsten aus Nordfrankreich, wie Simon de Montfort, die willkommene Gelegenheit, ihre Herrschaftsbereiche nach Süden auszudehnen – und diese

Jörg Oberste liefert in *Der Kreuzzug gegen die Albigenser. Ketzerei und Machtpolitik im Mittelalter* (2003) eine fesselnde und historisch genaue Darstellung des knallharten politischen Kalküls hinter dem angeblich religiös motivierten Gemetzel des Katharerkreuzzugs.

DER WEG NACH SPANIEN

Der Jakobsweg besteht in Frankreich aus vier verschiedenen Routen: Sie führten an Abteien, Kirchen, Klöstern und Brunnen vorbei, damit die Pilger auf ihrem langen Weg nach Südwesten beten und ihren Durst löschen konnten.

Heute machen sich nicht nur religiöse Pilger, sondern auch viele Wanderlustige per pedes, auf dem Drahtesel oder hoch zu Ross nach Santiago de Compostela in Spanien auf, wo 830 n. Chr. das Grab des Apostels Jakobus entdeckt wurde. Das war der Beginn der Wallfahrten auf den Chemins de St Jacques, bei uns als Jakobsweg bekannt (s. S. 70). Eine der Routen, der Chemin d'Arles, beginnt in St-Gilles (S. 94), 20 km südlich von Nîmes, und schlängelt sich über St-Guilhem-le-Désert (S. 122) und Toulouse (S. 263) westwärts durchs Languedoc.

1137

Durch die Hochzeit Raimund Berengars IV. und Petronella von Aragonien fällt den Grafen von Barcelona die Herrschaft über das Königreich Aragon zu.

1208

Papst Innozenz III. ruft zum Kreuzzug gegen die „ketzerischen" Katharer auf. Die Katharerverfolgung dauert an, bis das Languedoc 1271 dem Königreich Frankreich einverleibt wird.

1276–1344

Durch Erbteilung Aragons entsteht das Königreich Mallorca mit der Hauptstadt Perpignan. Im Zuge der Wiedervereinigung fällt Montpellier an die französische Krone.

SÜDFRANZÖSISCHES SCHLARAFFENLAND

Die Kaufleute von Toulouse, Albi und Carcassonne häuften vom 14. bis zum 16. Jh. durch den Handel mit Färberwaid solchen Reichtum an, dass das Dreieck dieser drei Städte bald *le pays de cocagne* (Schlaraffenland) genannt wurde – ein sagenhaftes, unermesslich reiches Land des Überflusses.

Der blaue Farbstoff der Färberwaid-Pflanze war damals die einzig bekannte Alternative zum seltenen und teuren Indigo. Der Färberwaid-Handel boomte, bis Portugal im 17. Jh. begann, Indigo aus China zu importieren.

Rechnung ging im November 1215 genau auf. Nachdem die Armee von Raimunds VI. (und des Königs von Aragonien) 1213 in der Schlacht von Muret durch Simon de Montfort besiegt worden war, floh Raimund nach England. In seiner Abwesenheit entzog ihm das Laterankonzil sein Land und seinen Titel und machte stattdessen Montfort zum Grafen von Toulouse – obwohl die Stadt Toulouse gar nicht erobert worden war. 1217 kehrte Raimund VI. nach Frankreich zurück, verschanzte sich in Toulouse und kam nach zehn Monaten der Belagerung als Sieger wieder heraus, nachdem seine Männer Montfort am 25. Juni 1218 vor der Stadtmauer getötet hatten.

Die Welt ist des Teufels (2001) von René Weis ist die detailliert recherchierte und packend erzählte Geschichte der allerletzten Katharer – noch nach dem Fall der Festung Montségur.

Die Verfolgung der Katharer dauerte bis 1271 an. Dann wurde das Languedoc endgültig dem französischen Königreich einverleibt. Der letzte *parfait* der Katharer wanderte 1321 auf den Scheiterhaufen. König Ludwig VIII. von Frankreich (reg. 1223–26) rief 1226 einen königlichen Kreuzzug aus und Papst Gregor IX. gründete 1232 die Inquisition, um die Region von den letzten Ketzern zu säubern. Katharer, die nicht in den Verliesen der Inquisition schmachten und ein gelbes Kreuz als Buße tragen wollten, landeten auf dem Scheiterhaufen. Ab 1252 genehmigte Papst Innozenz IV. die Anwendung von Folter in den Inquisitionsprozessen.

IM HAUSE ARAGON

Während die religiöse Verfolgung *le pays Cathare* (das Katharerland) ausblutete, war das Roussillon fleißig dabei, sich eine katalanische Identität zuzulegen. Nach der Zeit Karls des Großen hatten im 9. Jh. die Grafen von Roussillon die Macht über das östliche Roussillon übernommen. Gleichzeitig etablierten sich die Grafen von Cerdagne im Westen und die Grafen von Barcelona weiter südlich auf der Iberischen Halbinsel.

Mit Hugo Capets Krönung zum König von Frankreich 987 wurden diese Grafen Vasallen der französischen Krone. Aber die Grafen von Barcelona weigerten sich, den französischen König und seine neue Kapetingerdynastie anzuerkennen und schlossen sich lieber dem Hause Aragon an, was sie 1137 mit der Hochzeit von Raimund Berengar IV. und Petronella von Aragonien besiegelten. Dieses dynastische Bündnis war ein solcher Machtfaktor, dass

1337–1453

Der Hundertjährige Krieg zwischen Frankreich und England verwüstet weite Teile des Landes, auch das Languedoc.

Mitte des 14. Jhs.

Europas erste Pest-Epidemie lähmt die Region und tötet nach vorsichtigen Schätzungen bis zu 40 % der Bevölkerung.

1379

Bauernaufstand in Montpellier, Béziers, Lodève und Alès gegen die Herdsteuern, die zur Finanzierung des Hundertjährige Krieges dienen.

dem Grafen von Roussillon gar nichts anderes übrig blieb, als Aragonien Gefolgschaft zu schwören. Als der letzte Graf, Gerard II., 1172 ohne Erben starb, vermachte er die Grafschaft Roussillon der Krone von Aragon.

Jakob I. von Aragonien (1208–76) kam in Montpellier zur Welt und betätigte sich später als großzügiger Gönner der dortigen Universität, die damals gerade aufblühte. Nach dem gescheiterten Versuch seines Vaters, während des Albigenserkreuzzugs (S. 28) eine Ehe zwischen ihm und Simon de Montforts Tochter zu arrangieren, heiratete der leichtlebige König dreimal und zeugte 13 eheliche Kinder und drei weitere mit drei verschiedenen Geliebten. Nach dem vorzeitigen Tod seines ältesten Sohns und Erben Alonso (1229–60) teilte er sein weitläufiges Königreich zwischen seinen beiden nachfolgenden Söhnen auf. So entstand 1262 das Königreich Mallorca – eine mediterrane Macht, die von Montpellier im Norden bis hinunter zu den Balearen reichte – für seinen dritten Sohn Jakob II. (1243–1311). Der größere Teil seiner Ländereien, einschließlich Aragonien, ging an seinen zweiten Sohn Peter III. (1240–85).

Als Hauptstadt des Königreichs Mallorca erlebte die Stadt Perpignan von 1276 bis 1344 eine Blütezeit und wurde für ihre talentierten Goldschmiede und anderen Handwerker berühmt. Doch 1344 griff Peter IV. von Aragonien das Nachbarreich an, entthronte Jakob III. und krönte sich selbst zum König von Mallorca. Das Roussillon blieb für den größeren Teil des späten Mittelalters unter aragonischer Fremdherrschaft. Montpellier dagegen wurde 1349 gegen die stolze Summe von 120 000 *écus d'or* (Goldtalern) an die französische Krone verkauft.

1640 erhoben sich die Katalanen auf beiden Seiten der Pyrenäen gegen die kastilischen Könige im fernen Madrid, die Aragonien ihrem Reich einverleibt hatten. Perpignan musste eine zweijährige Belagerung überstehen, die erst mit Unterstützung aus dem französischen Norden gebrochen werden konnte. 1659 wurde im Pyrenäenfrieden die bis heute gültige Grenze zwischen Spanien und Frankreich gezogen, wobei Spanien das Roussillon (den Nordteil von Katalonien) und 33 Dörfer in der Cerdagne an die Franzosen abtrat. Allerdings schuf der Vertrag auch eine spanische Insel in Frankreich (S. 259).

HADER & ZWIETRACHT

Während des Hundertjährigen Krieges (1337–1453) ging es zwischen Frankreich und England richtig zur Sache. Weite Teile des Landes wurden verwüstet, auch das Languedoc. Der Schwarze Prinz – alias Eduard, Prinz von Wales – zerstörte 1355 bei einem besonders brutalen Angriff auf das Tal der Aude Dutzende von Dörfern und brannte Städte wie Castelnaudary komplett nieder. Zwischen 1347 und 1351 lähmte Europas erste Pest-Epidemie die Region. Und die Seuche brach bis weit ins 15. Jh. hinein immer wieder aus.

1598

Das Edikt von Nantes gewährt den Protestanten Glaubensfreiheit und beendet vorübergehend die religiösen Auseinandersetzungen.

1659

Im Pyrenäenfrieden wird die Grenze zwischen Spanien und Frankreich ein für alle Mal festgelegt, wobei das Roussillon (der nördliche Teil von Katalonien) an Frankreich fällt.

1685

Ludwig XIV. widerruft das Edikt von Nantes und die erbitterte Verfolgung der Hugenotten geht erneut los.

Der Krieg kostete natürlich einiges, und als Karl V. (1338–80) in den 1360er-Jahren die jährliche Herdsteuer im Languedoc um 400 % heraufsetzte, um seine militärischen Aktivitäten zu finanzieren, stand das Fass kurz vor dem Überlaufen. 1379 hatten die Bauern in Montpellier, Béziers, Lodève und Alès endgültig die Nase voll und rebellierten. Der Bauernaufstand trug vielleicht dazu bei, dass Karl V. ein Jahr später auf dem Totenbett die verhasste Steuer abschaffte, die der Krone ein Drittel ihrer Einnahmen beschert hatte.

Eine äußerst detaillierte Darstellung des Kamisardenaufstands mit Links zu Texten und Dokumenten, Informationen über Gedenkstätten und Veranstaltungen und vielem mehr bietet www.camisards.net (teils auch auf Deutsch).

Eine frühe Hochburg der Reformation, die in den 1530er-Jahren durch Europa fegte, und der nachfolgenden Hugenottenkriege (1562–98) war Nîmes. Hier waren zur Abwechslung einmal nicht die Protestanten die Opfer: Am 30. September 1567 trieben protestantische Truppen zwischen 24 und 90 katholische Geistliche im Hof des Bischofspalastes zusammen, wo sie sie erstachen oder erschossen und ihre Leichen zum Verrotten in den Brunnen warfen. Das Massaker wurde La Michelade getauft – nach dem zwei Tage später abgehaltenen Michaelismarkt. 1598 gewährte das Edikt von Nantes den Hugenotten viele bürgerliche und politische Rechte und vor allem Glaubensfreiheit und brachte der Region einen wackligen Frieden – bis zu seiner Aufhebung 1685 durch Ludwig XIV. Prompt ging die erbitterte Verfolgung der Hugenotten wieder los. Im Festungsturm Tour de Constance in Aigues-Mortes (S. 91) können Besucher noch heute sehen, wo Hugenotten ermordet oder eingekerkert wurden.

Im Hungerwinter 1709 bewahrten die Kastanien die Bewohner der Cevennen vor dem Verhungern.

Zu Beginn des 18. Jhs. gab es kaum noch Protestanten in Frankreich; die meisten waren entweder konvertiert oder emigriert. Eine kleine Schar klammerte sich an ihren Glauben und zog sich ins *désert* zurück – die wilden, spärlich bevölkerten Cevennen im Haut-Languedoc. Im Kamisardenaufstand (auch Cevennenkrieg genannt, s. Kasten S. 104) von 1702 bis 1704 führten mehrere Tausend protestantische Kamisarden – nach dem okzitanischen Wort *camise* für die Leinenhemden, die sie trugen, wovon sich auch das Wort *camisade* für „Nachtangriff" ableitete – einen erbitterten Partisanenkrieg gegen die königlichen Truppen. Die ganze tragische Geschichte erzählt das Musée du Désert (S. 105) in der Nähe von St-Jean du Gard. Zwischen 1703 und 1712 wurden Hunderte ins katholische Perpignan deportiert (S. 235).

Erst 1787 kehrte die Religionsfreiheit nach Frankreich zurück. Das Jahrhundert endete mit der Französischen Revolution (1789–99). Bei einer Patriotenversammlung in Marseille stimmte ein Arzt und Freiwilliger aus Montpellier namens François Mireur spontan den „Chant de Guerre de l'Armée du Rhin" (Kriegslied für die Rheinarmee) an, eine schmissige Melodie, die mehrere Monate zuvor in Straßburg für den Krieg gegen die Preußen komponiert worden war. Andere Freiwillige trugen die Melodie nach Paris, wo sie als „La Marseillaise" zum Kampflied der Revolution und später zur französischen Nationalhymne avancierte.

1667–81

Bau des Canal Royal entre des Deux Mers (Königlicher Kanal zwischen zwei Meeren) von Toulouse bis zum Bassin de Thau am Mittelmeer. Er wird zur Zeit der Revolution in Canal du Midi umgetauft.

1702–04

Königliche Truppen vertreiben im Cevennenkrieg (auch Kamisardenaufstand genannt) die Hugenotten aus den Cevennen und machen 450 Dörfer dem Erdboden gleich; Hunderte von „Kamisarden" werden deportiert.

1790

Das Languedoc wird in mehrere *départements* (Verwaltungsbezirke) unterteilt; das Roussillon wird zum *département* Pyrénées-Orientales.

EIN KANAL NAMENS MIDI

Der Canal du Midi ist ein technisches Wunderwerk aus dem 17. Jh. und noch heute ein magisches Reiseerlebnis für alle, die seine stillen grünen Wasser befahren.

Im Laufe der Geschichte waren schon viele auf die Idee gekommen, den Atlantik mit dem Mittelmeer zu verbinden – darunter die Römer, Karl der Große, Franz I. und Heinrich IV. Doch erst Pierre-Paul Riquet (1604–80), ein Steuereintreiber aus Béziers, brachte den kreativen Weitblick und Erfindungsreichtum mit, um den Plan zu verwirklichen: Er hatte die Idee, Wasser von Bergquellen aus La Montagne Noire bis zum höchsten Punkt des Kanals bei Narouze (190 m) zu leiten und es von da abwärts fließen zu lassen.

Die Finanzierung des ehrgeizigen Projektes war eine andere Frage. Zum Glück war Riquet ein vermögender Mann und gewillt, sein Vermögen in den Kanal seiner Träume zu investieren. Dafür wurde ihm als Kanalbetreiber das exklusive Recht zugestanden, an den Ufern des Kanals zu bauen, Mautgebühren zu erheben usw.

Die Aushubarbeiten begannen 1667. Rund 12 000 Menschen arbeiteten an dem Kanal, der von Hand gegraben wurde und sich von Toulouse rund 241 km ostwärts durch die Salzlagune des Bassin de Thau ins Mittelmeer erstrecken sollte. Der 19 m breite Kanal führte durch 63 einfache, zehn doppelstufige und vier dreistufige Schleusen sowie eine vierstufige Schleuse. Bei Béziers (S. 139) fiel er sogar eine elegante achtstufige „Wassertreppe" herab. In Paraza, 13 km östlich von Homps (S. 207), verlief er spektakuläre 135 m weit auf einer steinernen Brücke und in der Nähe des hübschen Hafenstädtchens Colombiers versetzte er die Welt in Erstaunen, indem er in einen Tunnel abtauchte. Seine grünen Ufer wurden mit 34 000 Platanen bepflanzt.

Leider starb Riquet nur 4 km vor Fertigstellung des Kanals körperlich erschöpft und finanziell ruiniert. Doch seine Söhne vollendeten sein Meisterwerk, das heute als Unesco-Welterbe geschützt ist. Sieben Monate nach Riquets Tod, im Mai 1681, fuhr zur feierlichen Eröffnungsfeier eine Flotte von 24 Schiffen innerhalb von vier Tagen von Castelnaudary nach Béziers. Damit ging der Canal Royal entre des Deux Mers (Königliche Kanal zwischen zwei Meeren) in Betrieb und die heimische Wirtschaft schwelgte im neuen Handelsverkehr mit Wein, Weizen, Ölen, Gewürzen, Textilien und vielem mehr. All das wurde auf 20 m langen Treidelkähnen mit Pferdegespannen transportiert, die über Nacht an den Gasthäusern am Kanalufer festmachten.

Postboote (ebenfalls von Pferden gezogen) wurden das Personenbeförderungsmittel der Wahl zwischen Toulouse und Sète – viel moderner und komfortabler als die rückständigen Postkutschen. Die Boote wurden immer schneller: 1845 dauerte die 241-km-Fahrt nur noch 36 Stunden. Als der Kanal 1898 in Staatsbesitz überging, wurden die Mautgebühren abgeschafft. Riquets Traum, mit dem Schiff von Meer zu Meer fahren zu können, wurde 1856 Wirklichkeit, als der neue Canal de la Garonne fertig wurde, der von Toulouse westwärts zum Atlantik fließt.

Das Kanalbauwerk galt als Gipfel der Moderne. Doch als 1857 die ersten Eisenbahnzüge von Toulouse nach Sète donnerten, erschien der Kanalverkehr plötzlich schneckenhaft langsam und antiquiert. Der Güter- und Personenverkehr auf der Wasserstraße verlor zunehmend an Bedeutung, bis der Tourismus dem Kanal zu einer Renaissance verhalf und ihn als idyllische Oase für Fahrten mit dem Hausboot entdeckte.

1849

Levi Strauss, ein bayerisch-jüdischer Einwanderer in die USA, beginnt mit dem Import von *serge de Nîmes* – woher wohl? Bald heißt der kräftige, blaue, strapazierfähige Stoff nur noch „Denim".

1850er-Jahre

Die Reblaus frisst sich durch die Weinberge und eine Seidenraupenkrankheit zerstört die blühende Seidenindustrie der Cevennen.

1907

Hunderttausende von Winzern protestieren in Narbonne gegen billige Weinimporte und steigende Kosten. Beim Einsatz der Armee gegen die Randalierer werden sechs Menschen erschossen.

SPRUNG IN DIE MODERNE

Das Languedoc verlor 1790 sein Parlament, gewann dafür aber mehrere *départements* (Verwaltungsbezirke, S. 283). Das Roussillon wurde zum *département* Pyrénées-Orientales. Als der Wiener Kongress (1814–15) das Haus der Bourbonen auf den französischen Thron zurückhievte, wurde der Katholizismus zur Staatsreligion erklärt. Zwar galt grundsätzlich Glaubensfreiheit, aber die Zeit des „Weißen Schreckens" brachte 1815 erneut blutige Übergriffe gegen Protestanten in Nîmes und in den Cevennen mit sich. Von solchen Rückfällen in die alte Unsitte der religiösen Verfolgung abgesehen, modernisierte sich die Region im Eiltempo. Alès wurde zur bedeutenden Kohlenbergbaustadt. In den Pyrenäen entstanden diverse Heilbäder, nachdem die Bewohner die wohltuende Wirkung ihrer Bergquellen erkannt hatten. 1839 erreichte die Eisenbahn den Mittelmeerhafen Sète und anderthalb Jahrzehnte später wurde die Gare Matabiau als Hauptbahnhof von Toulouse mit großem Pomp feierlich eingeweiht.

Aktuelle Informationen über Politik, Wirtschaft und das öffentliche Leben der Region liefert die Website des Conseil Régional Languedoc-Roussillon, www.cr-languedoc roussillon.fr (auf Französisch).

Im wilden Hinterland des Languedoc, den Cevennen, löschte 1850 eine Seidenraupenkrankheit die seit Mitte des 17. Jhs. florierende Seidenraupenzucht der Region quasi über Nacht aus. Hintergrundinformationen über dieses faszinierende Gewerbe liefert das Musée de la Soie in St-Hippolyte du Fort (s. S. 106). Sogar Louis Pasteur besuchte Alès 1865, um die Krankheit der Seidenraupen näher zu erforschen.

Zwei Jahrzehnte später wurden die Kastanienhaine der Cevennen von der Tintenkrankheit heimgesucht. Und noch viel schlimmer: Die gesamten Weinberge des Languedoc, die noch auf griechische und römische Pflanzungen zurückgingen, wurden von Rebläusen befallen, die sich durch nahezu alle Weinstockwurzeln Frankreichs knabberten. Allein die Region Hérault verlor innerhalb eines Jahrzehnts 173 000 von 220 000 ha Rebenanbaufläche. Bis zur Jahrhundertwende wurden auf einer entsprechenden Fläche eifrig Rebstöcke nachgepflanzt, allerdings von minderer Qualität – eine der Ursachen des gewalttätigen Winzeraufstands von 1907 (s. S. 133).

Während des Spanischen Bürgerkriegs (1936–39) schwappte eine Welle spanischer Flüchtlinge ins Roussillon. Viele davon landeten im Internierungslager von Rivesaltes (S. 242). Dann kam der Zweite Weltkrieg: Am 3. September 1939 erklärten Frankreich und Großbritannien Deutschland den Krieg. Südfrankreich lag zunächst in der „freien" Zone des Vichy-Regimes, aber im November 1942 besetzten die Deutschen auch diesen Teil Frankreichs. Die Résistance war im Languedoc und Roussillon und in der benachbarten Provence besonders stark. Hier hieß die Widerstandsbewegung *maquis*, nach dem mediterranen Buschland, in dem sich die Partisanen versteckten.

Nach dem Zweiten Weltkrieg wurde Toulouse zum Nabel der französischen Luftfahrtindustrie und zur Zentrale des europäischen Luftfahrtkonsortiums

1920er-Jahre

Antoine de St-Exupéry, Verfasser des Klassikers *Le Petit Prince* (Der kleine Prinz), und andere Piloten unternehmen die ersten Postflüge nach Nordwestafrika und Südamerika und wohnen zwischen ihren Einsätzen in Toulouse oder Perpignan.

1962

Montpelliers Bevölkerung wächst innerhalb weniger Tage um 10 %, als Tausende algerischer Franzosen aus dem kriegsgeschüttelten Algerien hierher fliehen.

1969

Das erste Überschall-Verkehrsflugzeug der Welt, die Concorde 001, verlässt das Fertigungswerk in Toulouse und erhebt sich in die Lüfte.

EADS. 1962 rang die Kolonie Algerien dem französischen Präsidenten Charles de Gaulle ihre Unabhängigkeit ab. Scharen von *pieds noirs* („Schwarzfüßen", wie die französischen Rückwanderer aus Algerien in Frankreich genannt werden) suchten Zuflucht in Städten wie Montpellier, Narbonne und Perpignan. Diejenigen ohne Bleibe landeten wiederum im Lager von Rivesaltes (S. 242).

Bei den Winzern gärte auch in den 70er- und 80er-Jahren die wirtschaftliche Unzufriedenheit weiter. Billige Weinimporte, steigende Produktionskosten und der stetige Rückgang des französischen Weinkonsums brachten die leidenschaftlichen *vignerons* auf die Palme. Zusammenstöße zwischen Winzern und Polizisten in Narbonne 1976 wurden dem Comité Régional d'Action Viticole (CRAV; Regionales Weinbau-Aktionskomitee) angekreidet. Diese gewaltbereite Splittergruppe mit rund 1000 Mitgliedern machte mit ihrem „Weinterrorismus" (S. 15) schon öfter Schlagzeilen.

2004

Einweihung eines neuen Symbols des 21. Jhs.: Das erste Fahrzeug fährt über den Pont de Millau, die höchste Straßenbrücke der Welt, deren höchster Pfeiler mit 343 m selbst den Eiffelturm überragt.

2005

Ein maskiertes Kommando des CRAV (Regionales Weinbau-Aktionskomitee) stoppt einen Lastwagen mit spanischem Wein und zwingt den Fahrer, seine 25 000 l Rotwein auf die Straße auslaufen zu lassen.

2009

Eine neue TGV-Strecke verkürzt die Fahrtdauer zwischen Perpignan, der Hauptstadt des Roussillon, und Barcelona auf 55 Minuten.

Kultur

MENTALITÄT

Natürlich spielt die Verbundenheit zur Region eine Rolle, aber angesichts der turbulenten Geschichte mit religiöser Verfolgung, ständig wechselndem Grenzverlauf und entsprechend wechselnder Nationalität ist das *terroir* (Land) direkt vor der Türschwelle viel wichtiger: Dem Weiler, dem Dorf oder dem Städtchen, wo die Menschen geboren und aufgewachsen sind, fühlen sie sich am innigsten verbunden.

Ausgehend von der Seidenraupenzucht 1861 im Languedoc gelang Alessandro Baricco mit *Seide* ein wunderschöner, poetischer und doch sehr zeitgemäßer Roman.

Dafür gibt es keinen besseren Beweis als die Leidenschaft, mit der die lokalen Feste gefeiert werden. Von den wilden Tänzen des Karnevals in Limoux, dem die Stadt monatelang entgegenfiebert, bis zum Babau von Rivesaltes, einer aus Drachen- und Eidechsengenen entstandenen monströsen Missgeburt mit furchterregenden Klauen und einer Vorliebe für kleine Kinder, bezeugen und zementieren diese skurrilen Bräuche ein tief verwurzeltes Heimatverständnis.

In ländlichen Gegenden wie dem Haut-Languedoc, wo Familienstammbäume über mehrere Generationen zurückverfolgt werden können und die beruflichen Karrieren fest in der Landwirtschaft verankert sind, ist die bäuerliche Tradition noch sehr lebendig. In den Cevennen – und das ist mittlerweile eine Seltenheit in Europa – ziehen die Schäfer mit Beginn der wärmeren Jahreszeit zu Fuß mit ihren Herden von ihren abgelegenen Gehöften irgendwo in der öden Pampa hinauf zu den grünen Weiden, so wie es auch schon ihre Großväter taten. Und im Oktober oder November, wenn die ersten Fröste zwicken, treiben sie die Tiere – bunt geschmückt mit Glocken, Fähnchen, Blumen und Schleifen – wieder in tiefere Lagen zurück.

Der Ausverkauf an gut betuchte Städter hat in vielen Gemeinden einen Denkprozess angestoßen. Die Grundstückspreise steigen in für Einheimische unerreichbare Höhen, den Bauern wird ihre Lebensgrundlage entzogen, ausländisches Sprachgewirr verdrängt Französisch – diese Symptome fremder Invasion wurden in den letzten Jahren immer offensichtlicher. Im rauen Parc National des Cevennes, wo jemand schon sehr phantasievoll und zäh sein muss, um zu überleben, sind ganze Dörfer verwaist und mittlerweile fest in der Hand von reichen Parisern und Ausländern.

Das englische Künstlerpaar Jan und Cora Gordon verbrachte den Sommer 1923 malend und zeichnend im Languedoc und hat seine gesammelten Eindrücke vom dörflichen Leben dort in einem Buch festgehalten: *Two Vagabonds in Languedoc: Classic Portrait of a French Village* (auf Englisch).

Obwohl die Gegend im Vergleich zu anderen Regionen Südfrankreichs noch lange nicht überfremdet ist, macht sich die Präsenz von Deutschen, Belgiern, Schweizern und vor allem Briten schon deutlich bemerkbar: 10 % der *résidences secondaires* (Ferienhäuser und -wohnungen) im Languedoc-Roussillon – das sind rund 28 000 Immobilien – sind im Besitz ausländischer Eigentümer.

LEBENSART

Der vom Wetter gegerbte Fischer in Sète, der morgens beim ersten Möwenschrei seine Netze auslegt, damit die verwöhnten Touristen zum Mittag Austern schlürfen können; der Bauer im Roussillon, der mit der Leiter auf Bäume steigt, um vollreife Aprikosen und Pfirsiche zu pflücken; Christine, die sich um die Mandelbäume kümmert, die ihr Vater im Massif des Albères gepflanzt hat; Schäfer in Florac; *vignerons*, die es sich zur Lebensaufgabe gemacht haben, die seit 1947 im Familienbesitz befindlichen Reben zu bearbeiten; die Schickeria, die bei der Vernissage einer angesagten Galerie in der Rue de l'Ancien Courrier in Montpellier die Champagnerkorken knallen lässt; 15 wütende Fernfahrer, die die Straße nach Spanien blockieren; der Typ im Centre Cultural Català in Perpignan, der seinen PC mit katalanischen Wörtern füttert ...

So viele Menschen, so viele Lebensstile – und doch scheint es bestimmte Dinge zu geben, die allen gemein sind in diesem südlichen Teil Frankreichs, wo mehr Wein als in jeder anderen Region produziert wird: Eine Vorliebe für gutes Essen – möglichst mit gutem Wein, unter freiem Himmel und ziemlich spät (21 Uhr), nach einer ausgedehnten Apéritifrunde (S. 51). In Montpellier – der einzigen kosmopolitisch angehauchten Stadt – hat der Lebensrhythmus schon etwas angezogen; die modernen Eltern fahren ihre Kids zur Schule, die um 8.20 beginnt (mittwochs haben sie frei), kippen *un café* an der Place de la Comédie und hetzen um Punkt neun Uhr durch die Bürotür. In der Mittagspause gehen sie natürlich essen und der Feierabend wird mit einem Drink in den vielen Bars und Cafés (möglichst auf der Terrasse) eingeläutet. Die Rauchergemeinde – die seit dem landesweiten Rauchverbot in öffentlichen Gebäuden und Gaststätten ständig abnimmt – trifft sich in gierig paffenden Grüppchen vor der Eingangstür. Am Freitagabend zieht es alle zur Küste, wo Strände, Wassersport und Radtouren locken, oder in die Berge mit ihren Wanderwegen und Thermalquellen. Die Lebensqualität in dieser Stadt kann sich also sehen lassen.

In ländlichen Gebieten bestimmen verschworene Dorfgemeinschaften und ihr Überlebenskampf den Alltag. Für die kleinen Familienbetriebe ist die Gesundheit ihrer Reben, ihrer Kastanienplantage oder ihres Schäferhundes weit wichtiger als nationale oder internationale Angelegenheiten. Jeder kennt jeden (manchmal fast zu gut) und Fremde haben es schwer, sich zu integrieren. Die Landwirtschaft ist hier Lebensgrundlage, und zwar eine ziemlich harte: Im Musée des Vallées Cévenoles in St-Jean-du-Gard (S. 103) stellen Besucher beeindruckt und betroffen fest, wie karg die Landschaft des Languedoc ist und welche Anstrengungen die Bauern unternehmen, um einigermaßen über die Runden zu kommen. Bestes Beispiel dafür ist

Ein Drittel des Bio-Obstes in Frankreich kommt aus dem Languedoc-Roussillon.

KATALANISCHE KULTUR

Wer ins Roussillon – oder besser gesagt: nach Nord-Catalunya – kommt, merkt sofort: Hier spielt die regionale Identität noch eine überaus lebendige, wichtige Rolle. Perpignan heißt auf Straßenschildern und in Touristenbroschüren plötzlich Perpinyà, die Einheimischen plaudern ebenso selbstverständlich Katalanisch wie Französisch und fühlen sich genauso katalanisch wie ihre Nachbarn im spanischen Katalonien.

In heißen Sommernächten ist auf den Dorfplätzen das rhythmische Klappern einer *soirée flamenco* zu hören oder eine *soirée paëlla* verströmt ihren köstlichen Duft. Viele Fliegengitter vor den Eingängen sind mit lebensgroßen *sardane*-Tänzern bedruckt. Das Roussillon wurde 1659 französisch, aber in den Herzen seiner Bewohner lodert bis heute eine leidenschaftliche, katalanische Flamme.

Rund 25 % der Einheimischen sprechen Katalanisch, das im Dezember 2007 schließlich vom Conseil Général des Pyrénées-Orientales neben Französisch als zweite offizielle Sprache des Departements anerkannt wurde und nun ebenfalls in Schulen unterrichtet wird. An der Uni von Perpignan gibt's schon seit den 1980er-Jahren rein katalanische Studiengänge, die Universitat Catalana d'Estiu (www.uce.cat, auf Katalanisch) in Barcelona hält seit Jahrzehnten ihre Sommeruniversität in Prades ab, und seit 1980 geht Ràdio Arrels (www.arrels.net) in seinem Studio in Perpignan ausschließlich in Katalanisch auf Sendung.

Ob auf der französischen oder spanischen Seite, allen Katalanen ist der Pic du Canigou (S. 254) fast heilig. Am 23. Juni wird auf seinem Gipfel Rebholz zu einem riesigen Scheiterhaufen geschichtet, an seinen Flammen entzünden Staffelläufer ihre Fackel und bringen sie in ihr Dorf, um dort *les feux de la Saint-Jean* (Johannisfeuer) am 24. Juni zu anzufachen – eine Tradition, mit der ganz Nordkatalonien die Sommersonnwende feiert.

UNTER UNS GESAGT

Über ihren Alltag und ihre ganz persönlichen Erfahrungen im Languedoc-Roussillon berichten einige Blogger (auf Französisch und Englisch):

- www.helenafrithpowell.com (die berühmte britische Schriftstellerin lebte im Languedoc, jetzt wohnt sie in Abu Dhabi)
- http://londonlanguedoc.blogspot.com
- http://sarahhague.blogspot.com
- http://245andcounting.blogspot.com
- http://quotidiennement.blogspot.com
- http://cafeandmarmite.blogspot.com
- http://languedoc-roussillon-travel.blogspot.com

Jean-Christophe Barthes, der sein spärliches Einkommen aus den Bioprodukten seiner Ziegen, Schafe und Schweine aufbessert, indem er erfolgreich *chambres d'hôtes* vermietet (S. 162).

Geschätzte 300 000 Zuwanderer erwartet das Languedoc-Roussillon bis 2015, da die Region vielversprechende Zukunftsperspektiven bietet und damit zu Frankreichs attraktivsten Lebens- und Arbeitsräumen gehört – vor allem für die Franzosen selbst. Schon für 86 000 € ist eine (renovierungsbedürftige) *maison de village* aus dem 19. Jh. bei Uzès zu haben, mit dicken Natursteinmauern, 100 m² Wohnfläche und schnuckligem Innenhof. Ein Zwei-Zimmer-Appartement in einem Fischerhäuschen in Collioure kostet rund 190 000 € und eine Traumvilla an der Küste mit 240 m², Pool und Panoramablick auf Berge, Meer und Rebgärten ist für 1,47 Mio. € doch wirklich ein Schnäppchen. Die Immobilienabteilung des berühmten Auktionshauses Sotheby's hat eine Filiale in Montpellier, die ausschließlich Luxusanwesen verkauft, von denen Kunden andernorts nur träumen können: Ein Loft mit fünf Schlafzimmern und Terrasse in einer *ancienne demeure* (ehemalige Villa oder Herrschaftssitz) für 480 000 € oder eine 900 m² große *bastide* (Festung) im Gard mit golden schimmernden Steinmauern und 9 800 m² gepflegtem Grundstück für 3,12 Mio. € …

WIRTSCHAFT

Während alte Gewerbe wie Seidenraupenzucht, Gerben, Anbau von Färberwaid (zum Blaufärben von Stoffen), Kupferschmieden und katalanisches Kunstschmieden fast ausgestorben sind, konnten sich die traditionellen Industriezweige Fischerei, Obst- und Weinanbau behaupten und mancherorts sogar zu Hochform auflaufen: Port Vendres ist der drittgrößte Obst- und zweitgrößte Sardinenumschlaghafen am Mittelmeer; 2007 wurden 295 000 t Früchte und 2975 t der Minifische verschifft.

Aktuelle Daten über Industrie, Wirtschaft und Innovationen in und um Montpellier veröffentlicht Montpellier Méditerranée Technopole auf ihrer Webseite http://eco.montpellier-agglo.com auf Deutsch; ihren Newsletter *Éco Infos* gibt's dreimal jährlich auf Englisch als Download.

Dank seiner privilegierten, von der Sonne verwöhnten Küstenlage steht das Languedoc-Roussillon als eine der wirtschaftlich gesündesten Regionen Frankreichs da. 2007 hielt es Platz 1 beim Bruttoinlandsprodukt (das zwischen 2004 und 2007 um 10,2 % gestiegen war), konnte doppelt so viele Arbeitsplätze schaffen wie im nationalen Durchschnitt (2,7 % im Vergleich zu landesweiten 1,3 %) und die Arbeitslosenquote fiel kontinuierlich auf die momentanen 10,8 % (2008). In einer Analyse von KMPG 2006 machte Montpellier das Rennen als billigste Stadt Europas, um ein Geschäft zu eröffnen.

Auch der Tourismus bringt jede Menge Cash: 10 Mio. Franzosen und 5 Mio. Ausländer (das sind 8 % aller Frankreichbesucher) schaffen jährlich

Arbeit für 46 000 Vollzeitbeschäftigte (30 000 im Januar und 74 000 im Juli) und steuern damit 15 % (7 Mio. €) zum regionalen BIP bei (landesweit macht Tourismus 6,1 % aus).

BEVÖLKERUNG

Das Languedoc-Roussillon ist nicht besonders dicht besiedelt: 84 Einwohner pro km² (Durchschnittszahl landesweit 107, in Deutschland 230, in Österreich 99,5 und in der Schweiz 184), wobei es in Gegenden wie dem Haut-Languedoc oder der Lozère1 besonders einsam ist – nur 14 Einwohner pro km².

Die größte Stadt ist Montpellier, gefolgt von Nîmes, Perpignan, Béziers, Narbonne und Carcassonne. Seit Anfang der 90er-Jahre gehört das Languedoc-Roussillon zu Frankreichs agilsten, am schnellsten wachsenden Regionen: Von 1990 bis 2020 soll die Bevölkerung um 37 % steigen (in der benachbarten Region Provence-Alpes-Côte-d'Azur um 30 %, in der von Paris dominierten Region Île-de-France um 16 %).

Der ausländische Bevölkerungsanteil liegt bei 9 %, davon sind die Hälfte Europäer (Spanier 30 %), rund 20 % Marokkaner und 8 % Algerier und Tunesier.

Die New Yorker Journalistin Fernanda Eberstadt besuchte 1998 die rund 5000 Mitglieder starke Roma-Gemeinde in Perpignan. Was sie über deren Sitten, Traditionen und Musik erfuhr, erzählt sie in *Little Money Street: In Search of Gypsies & Their Music in the South of France* (auf Englisch).

SPORT

Ob Stierkämpfe, Boules, Lanzenstechen vom Boot aus oder Beach-Volleyball (S. 111), Sport ist im Languedoc-Roussillon die aufregendste Nebensache der Welt und zugleich Regionalkultur in Reinform.

Stierkampf

Nicht der Sommer steht im Zeichen der Bullenhitze, sondern das späte Frühjahr, wenn in den Stierkampfzentren Nîmes, Béziers und Céret das *féria*-Fieber ausbricht, das oft in blutigen Orgien endet. Pomp, zeremonielles Gehabe, eine perfekte Choreographie und üppig bestickte Gewänder bilden die Kulisse der *corrida*, wie die tödlichste Form der Tauromachie (Kunst des Stierkampfs) heißt. Sie dauert so lange, bis der Matador den ausgewachsenen Stier abgemurkst hat. Obwohl Matadore unter 16 Jahren laut Gesetz in der Arena nichts zu suchen haben, gibt es doch gelegentlich auch *novilladas*, bei denen Nachwuchsmatadoren gegen Nachwuchsstiere (unter vier Jahre alt) antreten.

Die Féderation Française de la Course Camarguaise (Französische Föderation der Stierkämpfe in der Camargue) stellt unter www.ffcc.info den Terminkalender der *courses Camarguaises* ins Netz.

KEIN SPORT, SONDERN EINE TRAGÖDIE

So kommentierte Ernest Hemingway die hohe „Kunst" des Stierkampfs und fügte in gewohnt lyrischer Manier hinzu, dies sei die einzige Kunstform, die den Menschen in Todesgefahr versetze. Wie wahr.

Die kontroverse Diskussion um den Stierkampf tobt schon seit 1850, als Frankreich das erste Tierschutzgesetz erließ und damit hitzige Debatten und Protestaktionen entfesselte. *„Non aux corridas!"* („Nein zu *corridas*!") heißt die Parole der in Nîmes ansässigen **Alliance Anticorrida** (Allianz gegen Stierkampf; www.anticorrida.org, auch auf Englisch), jede neue Stierkampfsaison mit Plakaten begrüßt, auf denen ein toter Stier abgebildet ist. Häufig koordiniert sie ihre Aktionen mit **PETA** (People for the Ethical Treatment of Animals/Menschen für den ethischen Umgang mit Tieren; www.peta.de), die ihren Standpunkt mit den berühmten „Nacktkonferenzen" deutlich machte: Im Juli 2008 legten sich nur mit schwarzen Slips oder eng anliegenden Shorts bekleidete Demonstranten in die Arena von Nîmes; falsches Blut markierte die Stellen ihres Körpers, in die sich die imaginären *banderillas* (die in *corridas* eingesetzen Speere mit Widerhaken) gebohrt hatten.

Im Sommer davor machte PETA Touristen auf das Drama aufmerksam, indem sie Flugzeuge Transparente mit der Aufschrift *„Fuyons les corridas!"* („Boykott den Stierkämpfen!") von Cerbère an der Roussillon-Küste über das Languedoc bis zur Côte d'Azur ziehen ließen.

Unblutige *courses Camarguaises,* die auch *courses libres* heißen, kommen ursprünglich aus der Camargue. Hier pflücken wendige *raseteurs* in eng anliegenden weißen Hemden und Hosen dem Stier mit dem *crochet* (einem rasiermesserscharfen, gebogenen Kamm) Bänder und Schleifen von den Hörnern. Eröffnet werden die *férias* oft mit einem *abrivado* (Bullenrennen), bei dem berittene *gardians* (Cowboys) die Tiere von der Ranch – in Palavas-les-Flots vom Strand – in die Arena treiben. Die Vorstellung endet mit dem *bandido,* bei dem die Stiere wieder zurückeskortiert werden.

Die Tradition des Stierkampfs geht auf die Römer zurück. Damals hetzten die Gladiatoren alle möglichen Tiere (darunter Bären, Löwen und Hunde) auf die Stiere. Wer mehr darüber wissen will, liest auf S. 91 weiter oder besucht das Musée des Cultures Taurines (Museum für Stierkultur; S. 81) in Nîmes. Die Stierkampfsaison geht von Ostern bis Oktober; Höhepunkte sind Christi Himmelfahrt (Mai) und Pfingsten (Mai/Juni). Im Juli und August werben Plakate in den Badeorten für *toro-piscine*-Veranstaltugen, bei denen die Bullen unter Gejohle in einem in der Arena aufgestellten Wasserbecken landen. Viele Kritiker finden das noch abstoßender als die regulären Stierkämpfe.

Fischerstechen

An der Küste sorgen die hochdramatischen *joutes nautiques* für erhöhten Blutdruck. Dabei versuchen die (meist männlichen und traditionell weiß gekleideten) Teilnehmer auf rivalisierenden Booten (eines rot, das andere blau), sich gegenseitig mit Hilfe von 2,8 m langen Holzstangen mit Stahlspitze ins Wasser zu stoßen. Mit seinem Holzschild eng an die Brust gepresst steht der Stecher auf der *tintaine,* einem Holzsteg, der über das Bootsheck hinausragt. Seine Teamkollegen rudern und feuern ihn mit traditionellen Kampfliedern an, die von einer Oboe und einer Trommel unterstützt werden. Das Publikum am Ufer wird von der Fanfare einer Blaskapelle bei Laune gehalten. Ursprünglich traten beim Fischerstechen (im 17. Jh.) eine Crew verheirateter Männer (im roten Boot) gegen Junggesellen an (im blauen Boot). Später kämpften rivalisierende Distrikte gegeneinander.

Fischerstechen gibt's in Sète, Palavas-les-Flots, Agde und Aigues-Mortes. Entsprechende Festivals und Clubs (die einem Gelegenheit geben, es selbst einmal zu versuchen) stehen auf S. 119. Bilder liefert die Webseite www.lesjouteurs.com.

Tamburello

Weitere Infos zum traditionsreichsten Ballspiel der Region sowie aktuelle Tabellenstände der Regionalliga bietet die Französische Tamburello-Föderation unter www.sport-tambourin-ffjbt.com.

Das Ballspiel entwickelte sich im 12. Jh. als Ableger des Tennisvorläufers *longue paume* (der Outdoorversion des Lieblingsspiels französischer Könige, dem *jeu de paume*), hat sich aber seit 1870 kaum noch verändert. Tamburello wird sowohl in der Halle wie auch im Freien gespielt. Dabei treten zwei Mannschaften mit je fünf (in der Halle drei) Spielern gegeneinander an. Mit einem Tamburin (sieht wirklich genauso aus wie das Musikinstrument) schlagen sie einen roten oder weißen, 78 g schweren Gummiball über die Mittellinie ins gegnerische Feld. Das Tamburin war früher aus Holz und mit Ziegenhaut bespannt; heute besteht es aus einem Plastikrahmen von 28 cm Durchmesser, Synthetikstoff und einem Ledergriff. Geübte Schläger schicken den Ball mit bis zu 250 km/h zum Gegner hinüber. Die Sportart wird fast ausschließlich im Hérault praktiziert.

Pétanque

Zwar denkt dabei jeder an ein paar tattrige Rentner, die im Schatten von Bäumen eine ruhige Kugel schieben, aber in Frankreich ist *pétanque* (Boules) eine ernst zu nehmende Sportart mit nationalen Meisterschaften, die im

PÉTANQUE – DIE SPIELREGELN

Zwei bis sechs Spieler verteilen sich auf zwei Mannschaften. Jeder Spieler hat drei (bei sechs Spielern zwei) massive Metallkugeln, *boules*, die zwischen 650 und 800 g wiegen und den Stempel eines lizenzierten Boule-Herstellers tragen. Manche Spieler haben speziell für sie angefertigte Kugeln, in die ihre Initialen, ihr Name oder ihr Familienwappen eingeprägt sind. Die ersten *boules* wurden 1930 aus Holz gefertigt und mit Hunderten von Stahlnägeln gespickt.

Abwechselnd versuchen die Teams, ihre *boules* so nah wie möglich an die kleine, hölzerne Zielkugel, das *cochonnet* (Schweinchen) zu werfen. Wer am dichtesten dran ist, gewinnt die Runde. Für jede Kugel des Gewinnerteams, die näher am Schweinchen liegt als die beste Kugel des Verliererteams, gibt's einen Punkt. Die Mannschaft, die zuerst 13 Punkte erreicht hat, gewinnt das Spiel.

Der Spieler des Teams, das das *cochonnet* wirft (wurde früher durch das Werfen einer Münze entschieden), steht in einem Wurfkreis von 30 bis 50 cm Durchmesser, der in den Sand gezeichnet wird. Er muss es zwischen 6 und 10 m weit werfen. Auch für die folgenden Würfe stehen die Spieler in dem Kreis, beide Füße müssen Bodenkontakt haben. Am Ende jeder Runde wird um die Stelle, wo das Schweinchen lag, der Wurfkreis für die nächste Runde gezogen.

Die Wurfhand darf nicht über Schulterhöhe gehen. Ansonsten bleibt es den Spielern überlassen, ob sie die Kugel lieber über den Boden rollen (Fachausdruck: pointer, legen) oder hoch in die Luft schleudern, in der Hoffnung, die gegnerische Kugel abzuschießen. Diese „Rausschmeißtaktik" heißt *tirer* und kann ein Spiel in Sekundenschnelle total auf den Kopf stellen.

Während des Spiels werden die *boules* ständig mit einem weichen Tuch poliert. Spieler, die zu faul zum Bücken sind, heben ihre Kugeln mit Hilfe eines Magnets auf, der an einer Schnur hängt.

Juli in Lodève ausgetragen werden, und einer Weltmeisterschaft, die einen Monat später in Millau (S. 180) stattfindet. Wer Lust bekommt, selbst ein paar Kugeln in den Sand zu setzen, tut das am besten (und schönsten) unter den altehrwürdigen Bögen des Aquädukts St-Clément (S. 111) in Montpellier oder auf dem Kiesplatz vor den Mauern von Prats-de-Molló.

Spielersteckbriefe, Fotos, Matchprognosen und -berichte, Interviews, Podcasts und, und, und stehen auf www.catalansdragons.fr (auf Französisch) und www.sang-et-or.net (auf Englisch).

Rugby

Rugby League (www.francerugby.fr, auf Französisch) hat im temperamentvollen Süden fast den Status einer Religion und Heerscharen von Fans. Die Catalans Dragons (www.catalansdragons.com, auch auf Englisch) aus Perpignan sind genauso feurig und gefährlich, wie es ihr Name vermuten lässt, spielen seit 2006 in der europäischen Super League und standen als erste nicht britische Mannschaft 2007 im Finale des Challenge Cup. Davon kann Toulouse, der zweite starke Verein der Region, nur träumen – 2008 hat er den Einzug in die Super League jedenfalls verpasst.

Dafür hat Toulouse im Rugby Union die Oberhand: Stade Toulousain wurde 2008 zum 17. Mal französischer Meister und gewann 1996, 2003 und 2005 den Heineken Cup.

KUNST

Literatur

Im Mittelalter bestand die Literatur vor allem aus lyrischen Gedichten, die schmachtende Troubadoure für das höfische Liebeswerben auf Okzitanisch, in der *langue d'oc* (S. 27) verfassten. Doch mit den Kreuzzügen gegen die Katharer im 13. Jh. änderten sich Stil und Inhalt. Gedichte wie der Canzo de la Crosada (Lied des Kreuzzugs) erzählten von Ehre und Verfolgung in einer Form, die auch für Menschen verständlich war, die nicht bei Hof ein- und ausgingen. Raimon de Miraval (ca. 1180–1215) schrieb als verarmter Ritter und Troubadour aus Carcassonne mindestens 48 Gedichte, von denen

22 auch vertont wurden (s. u.). Ein weiterer produktiver Minnesänger, dessen Werk überliefert ist, war Guiraut Riquier (ca. 1230–92). Er war in Narbonne und Rodez aktiv und gilt vielen als der letzte klassische Troubadour.

1530 kam der junge Rabelais nach Montpellier, um dort Medizin zu studieren. Ein Kommilitone von ihm war übrigens der provenzalische Philosoph und Visionär Nostradamus. Rabelais schrieb französische Prosa und versuchte sich auch als Schauspieler, z. B. in der Aufführung von *La Femme Muette* (Die stumme Frau). Das beschrieb er in seinem Roman *Pantagruel* (1832), der ein Jahr, nachdem er Montpellier verlassen hatte, veröffentlicht wurde und mit Ausdrücken aus der *langue d'oc* gespickt ist, die er dort aufgeschnappt hatte. 1537 und 1538 kehrte Rabelais an die Universität von Montpellier zurück und hielt dort Vorlesungen über Hippokrates' *Prognostikon.*

Ungefähr zeitgleich hielt sich auch Stendhal in Montpellier auf und beschimpfte die Cafés der Stadt in seinen *Reisen in Südfrankreich* als provinziell und mit „barbarischem Service". Henry James zeichnete (nach seinem Besuch 1882 in Carcassonne) in *Eine kleine Frankreichtour* ein freundlicheres Bild des Languedoc.

Der Schriftsteller Alphonse Daudet (1840–97) aus Nîmes, oft auch der französische Dickens genannt, arbeitete eine Zeit lang als Lehrer in Alès. Da er mit seinen Schülern nicht zurechtkam, ging er 1857 nach Paris und begann zu schreiben. Zu seinen bekanntesten Werken zählt die Tartarin-Trilogie, die im provenzalischen Städtchen Tarascon an der Rhone, gegenüber von Beaucaire (S. 86), spielt. Daudet starb übrigens an Syphilis.

Komplett übergeschnappt – das dachten wohl die meisten von Robert Louis Stevenson (1850–94), als er 1878 nur in Begleitung einer Eselin zu Fuß in die Cevennen aufbrach (S. 161). Der neoromantische, schottische Schriftsteller verarbeitete die Erlebnisse seiner zwölftägigen Trekkingtour in der *Reise mit dem Esel durch die Cevennen* (1879). Als Pionier der Outdoor-Reiseliteratur zeichnet er ein ungeschminktes Bild der rauen Landschaft des Languedoc.

Jean-Jacques Beineix' Kultfilm *Betty Blue – 37,2 Grad am Morgen* (1986) wurde in Gruissan gedreht, dessen Sandstrand von bonbonfarbenen Strandhütten auf Stelzen gesprenkelt ist.

Auch der Symbolismus ist im Languedoc vertreten: Paul Valéry (1871–1945) kam in Sète zur Welt und studierte ebenfalls in Montpellier. Der *cimetière marin* (Marinefriedhof), wo der Poet begraben liegt, hatte ihn 1920 zu seinem berühmtesten Gedicht inspiriert. Seine Geburtsstadt hat ihm ein Museum gewidmet (S. 120) ebenso wie einem weiteren berühmten Sohn der Stadt – dem Sänger Georges Brassens (1921–81) (S. 120).

Lawrence Durrell lebte von 1957 bis zu seinem Tod in Sommières (S. 87) und sammelte dort Material für *In der Provence* (1990).

Musik & Tanz

Einfach unglaublich schön (bei YouTube reinhören) sind Raimon de Miravals mittelalterliche Liebeslieder, z. B. die zu Herzen gehende Chansonetta Farai Vencut , die als Soundtrack für Ridley Scotts Kinoerfolg *Königreich der Himmel* (2005) wieder ausgegraben und zum Tophit wurde.

Die katalanische Band Tekameli aus Perpignan macht mit die beste Roma-Musik Europas, was ihr sehr beachtliches Debutalbum *Ida y Vuelta* (1999) sowie ihr weltweiter Herzensbrecher *Escolteu* (2008) beweisen. Auf dieser Scheibe kombinieren sie die religiösen Lieder ihrer Roma-Community in Perpignan mit katalanischer Rumba flamenca (Flamenco mit lateinamerikanischen Rhythmen) und geben damit den Kritikern Recht, die meinten: „Tekameli sind die neuen Gipsy Kings" (die übrigens aus der Camargue, gleich um die Ecke, stammten).

An Folkmusik kommt hier keiner vorbei, schon allein, weil sie zu den Volkstänzen gehört, die des öfteren einen Dorfplatz in ein zappelndes

Chaos verwandeln. Der Paartanz l*a treille* ist dem Weinanbau gewidmet; im Frühling wird er getanzt, um den jungen Reben Kraft zu geben, im Herbst zur Feier der Weinlese. Bei der *farandole* nehmen Männer und Frauen ihren Partner bei der Hand (oder halten über eine Schnur oder ein Taschentuch Verbindung) und hüpfen munter im Kreis, begleitet von einem Tamburin und einem *galoubet* (eine schrill klingende Flöte mit drei Löchern). Tücher sind für die Percussion bei der *buffetière* oder *danse du soufflet* verantwortlich. Für diesen mittelalterliche Karnevalstanz stecken die Männer in höchst uncoolen weißen Nachthemden und Hauben, tanzen im Kreis und wedeln mit den Tüchern.

Dann ist da natürlich noch die *sardane,* die Inkarnation katalanischer Kultur im Roussillon. Dazu stellen sich Männer (schwarzer Anzug, weißes Hemd, rote Schärpe) und Frauen (weiße Bluse, roter Rock, schwarze Schürze) abwechselnd im Kreis auf. Die *flaviol* (kleine Flöte, die einhändig zur Eröffnung eines Tanzes gespielt wird), die *tambori* (kleine Trommel), die *tenora* und der *tible* (Oboenarten) gehören zur traditionellen zwölfköpfigen Orchesterformation *cobla*, die die *sardane* begleitet. Beim Festival de Sardane im Juli in Céret (S. 237) treten echte Könner auf – eine optimale Gelegenheit, um den Tanz kennenzulernen. Der *contrapàs* sieht ganz ähnlich aus, wird aber nur von Frauen getanzt.

Mutige schnappen sich ihren Partner und tanzen den katalanischen *sardane* auf dem Workshop (20 €), den die Touristeninformation in Prats-de-Molló (S. 252) im August organisiert.

Montpelliers Festival de Radio France et Montpellier (S. 111) findet immer im Juli statt und bietet einen Querschnitt dessen, was in der modernen Musikszene gerade groovt.

Architektur

Von den prähistorischen Megalithen in La Cham des Bondons (S. 164), die nur von denen in Carnac übertroffen werden, bis hin zu Vaubans gigantischen Befestigungsanlagen aus dem 17. Jh. scheint die Architektur der Gegend einer Maxime zu folgen: Klotzen, nicht kleckern!

Die gallorömische Epoche wird vom Amphitheater und der Maison Carrée in Nîmes (S. 79) grandios vertreten, unterstützt vom Pont du Gard (S. 96) ganz in der Nähe.

Ein paar Hundert Jahre später übernahmen Architekten einige gallorömische Elemente und entwickelten daraus ihre romanischen Meisterwerke wie z. B. die Basilique St-Sernin in Toulouse (S. 265), die Kathedrale in Elne (S. 240) mit ihrem hübschen Kreuzgang sowie das Abteien-Trio St-Michel-de-Cuxa, St-Martin-de-Canigou und Serrabone im Roussillon. Dazu gesellt sich eine Handvoll schmucker Kapellen im Massif des Albères (S. 249).

ÖKOARCHITEKTUR

Ökoarchitektur ist momentan schwer angesagt, da die Region verstärkt auf ihre natürlichen Ressourcen setzt. Ein ganzes Heer von Kränen ragt aus Montpelliers modernem Universitätsviertel Port Marianne, wo Stahl und Glas sowieso schon dominieren. Jetzt entsteht hier Jean Nouvels superschickes **Hôtel de Ville** (Rathaus; rue du Chelia), das 2011 fertig sein soll. Das 116 Mio. € teure Projekt wird eine Solaranlage mit 1400 m² Kollektorenfläche auf Dach und Glasfronten haben.

Dasselbe französische Architekturgenie entwarf für Perpignan das Théâtre de l'Archipel, das dem Guggenheim-Museum in Bilbao ernsthaft Konkurrenz macht. Dabei ließ sich Nouvel von einem lokalen Rohstoff – Granat, der in den nahe gelegenen Pyrenäen vorkommt – inspirieren und die Energieversorgung seiner – salopp ausgedrückt – braunroten Riesenblase basiert auf Erdwärme.

Weitere Paradebeispiele zeitgenössischer Architektur (wenn auch nicht immer öko) sind Sir Norman Fosters Carrée d'Art (S. 79) in Nîmes und sein technisches Meisterwerk Pont de Millau (S. 182) sowie Rudy Ricciottis Gedenkstätte Rivesaltes (S. 242).

Wie Maulwurfshügel tauchten ab dem 13. Jh. in ländlichen Gegenden die *bastides* auf. So heißen die befestigten kleinen Dörfer, die bevorzugt auf Hügelkuppen thronen und der bis dahin verstreut lebenden Bevölkerung größtmöglichen Schutz boten. Klassische Beispiele für diese mittlerweile zu Frankreichs *plus beaux villages* (schönsten Dörfern) mutierten Hochsicherheitstrakte sind Cordes-sur-Ciel (S. 276), Eus (S. 255) und Castelnou (S. 242). Die Unterstadt von Carcassonne stammt aus derselben Epoche und gilt mit ihren rasterförmig angelegten Straßen und Befestigungsanlagen ebenfalls als *bastide*.

Später spickte der Militärarchitekt Sébastien le Prestre de Vauban (1633–1707) Frankreichs Grenzen mit seinen gigantischen, sternförmigen Zitadellen und Befestigungsanlagen, die heute noch anzeigen, wo das Roussillon endet und Spanien beginnt: Bellegarde (S. 249), Prats-de-Molló (S. 251) und Mont-Louis (S. 258). Auch Perpignan, Collioure und Villefranche-de-Conflent tragen seine Handschrift. Die alten Maultierpfade, über die der Nachschub an Lebensmitteln, Kriegsgerät und Menschenmaterial transportiert wurde, bilden nun den 95 km langen Fernwanderweg Chemin Vauban.

Im Landesinneren, auf den Besitzungen der Adligen, kamen die quadratischen oder vieleckigen *pigeonniers* erstmals in Mode. Die fotogenen Taubenschläge aus rotem Backstein, oft mit Fachwerk, thronen elegant auf Steinsäulen und werden von einem pyramidenförmigen Dach gekrönt; ein Paradebeispiel dafür steht auf dem Gelände des Château de Mayragues (S. 277).

Malerei & Bildhauerei

Die Tiere, die zwischen 13 900 und 12 900 v. Chr. an die Wände der Grotte de Niaux in der Vallée de l'Ariège gepinselt wurden, stehen denen von Lascaux in der Dordogne oder im nordspanischen Altamira in nichts nach – und können außerdem im Original besichtigt werden (S. 222). Höhlenmalereien aus der Altsteinzeit, genauer gesagt aus dem Magdalénien (15 000 v. Chr.), finden sich ganz in der Nähe in der Grotte de Bédeilhac (S. 223). Der Parc de la Préhistoire (S. 223) bietet einen faszinierenden Überblick über die prähistorischen Kunstformen und -techniken.

Die Kunst des Mittelalters erreichte ihren Zenit mit dem unbekannten Meister von Cabestany, der sein Pseudonym dem herrlichen Tympanon über dem Eingang der Église de Notre-Dame-des-Anges in Cabestany bei Perpignan verdankt. Der namenlose franko-katalanische Bildhauer war in ganz Katalonien und der Toskana aktiv; seine Werke im Languedoc-Roussillon entstanden zwischen 1130 und 1180. Die im Centre de Sculpture Roman (S. 233) in Cabestany ausgestellten Formen demonstrieren seine Vorliebe für kinnlose, dreieckige Gesichter, mandelförmige Augen und überproportional große, langfingrige Hände. Außerdem hat der Meister von Cabestany den wunderschönen Sarkophag von St-Sernin in der Abbaye de St-Hilaire (S. 210) bei Limoux und einige nur noch in Fragmenten erhaltene Werke in Lagrasse (S. 135), der Montagne Noire (S. 201) und Rieux-Minervois (S. 207) hinterlassen.

Realismus prägt das Werk des Malers und Kupferstechers Jacques Gamelin (1738–1803) aus Carcassonne. Seine Schlachtszenen (offensichtlich ein Lieblingsmotiv) stehen im Mittelpunkt eines der Säle im Musée des Beaux Arts (S. 193) in Carcassonne. Mit der großzügigen Schenkung einiger Werke an die Stadt Montpellier legte der Maler François-Xavier Fabre (1766–1837) 1825 den Grundstein für das erste Kunstmuseum des Languedoc. Er hatte bei Jacques Louis David Bildhauerei studiert und war 1787 mit dem Prix de Rome ausgezeichnet worden. Da er keine Erben hatte, vermachte er seine

MALER, LITOGRAPH, PLAKATGESTALTER

Henri de Toulouse-Lautrec (1864–1901), der berühmteste Sohn der Stadt Albi, war bekanntermaßen ein Zwerg. Als Teenie brach er sich bei Unfällen beide Beine, was zu Wachstumsstörungen führte und ihn später von seinem berühmten Stock abhängig machte.

Mit Anfang zwanzig begann er sein Malereistudium in Paris, aber noch intensiver studierte er die Künstlerszene und traf Kollegen wie z. B. van Gogh. 1890, zur Blütezeit der Belle Époque, wandte er sich vom Impressionismus ab und stürzte sich mit gezücktem Zeichenstift in das Pariser Nachtleben. Zu seinen Lieblingsmotiven gehörten der Kabarettsänger Aristide Bruant, die Can-Can-Tänzerinnen des Moulin Rouge und die Dirnen aus der Rue des Moulins, denen er mit ein paar genialen Linien Leben und Ausdruck verlieh.

Mit schnellen, sicheren Strichen zeichnete er auf allem, was ihm unterkam – ein Notizzettel, ein Stück Papiertischdecke, Packpapier oder brauner Pappkarton. Auch als Lithograf und Plakatmaler war er äußerst gefragt. Da er alle Laster, mit denen das nächtliche Paris lockte, bis zum Exzess auskostete, fand sein Leben 1901 ein viel zu frühes Ende.

gesamte Kunstsammlung der Stadt Montpellier. Darunter befanden sich auch Gemälde von Sébastien Bourdon (1616–71), einem der kreativsten und vielfältigsten Künstler seiner Zeit. Er stammte ebenfalls aus Montpellier und sein aufwühlendes, monumentales Meisterwerk *Die Kreuzigung des Hl. Petrus* (1643) für die Kathedrale Notre-Dame in Paris hängt heute im Louvre.

Rund hundert Jahre später sorgte ein Künstler aus Banyuls-sur-Mer für eine stilistische Revolution: Aristide Maillol (1861–1944) pfiff auf den damals angesagten Symbolismus und suchte mit seinen Tapisserien und Skulpturen nach der reinen Form. Seine harmonisch gerundeten, klassischen Frauenplastiken haben die ganze Welt erobert und stehen in Paris ebenso wie in New York, St. Petersburg und dem Familiensitz des Künstlers (S. 247), wo er aufwuchs.

Jean-Antoine Injalbert (S. 141), ein Zeitgenosse Maillols, war im Landesinneren ein gefragter Bildhauer und lebte in Béziers.

Die französische Malerei des 20. Jhs. wurde von einer unglaublichen Stilvielfalt geprägt. Dazu gehörte neben dem Kubismus auch der Fauvismus, dessen Name auf einen Kunstkritiker zurückgeht: Die grellen Farben der Gemälde auf der Herbstausstellung 1906 in Paris fand er so ätzend, dass er die betreffenden Künstler mit *fauves* (wilden Tieren) verglich. Henri Matisse (1869–1954) war einer der Pioniere dieser Bewegung und wer dem „Fauvisten-Weg" im höchst malerischen Collioure (S. 244) folgt, kann in natura erleben, was der Künstler 1905 so genial auf Leinwand umgesetzt hat.

Auch in den folgenden Jahrzehnten verfielen Dutzende von Kreativen dem Charme des Roussillon – von Charles Rennie Mackintosh (S. 246) über Juan Gris und Moise Kisling bis Manolo und weiteren berühmten Namen. Licht und Landschaft waren magisch – und im Vergleich zu Paris kostete das Leben hier so gut wie nichts. 1911 mieteten sich Picasso und Braque ein Haus in Céret, wo sie mit dem Kubismus experimentierten und dabei das örtliche Musée d'Art Moderne (S. 250) großzügig bedachten. Kein Wunder, dass es heute zu Frankreichs Vorzeigemuseen für moderne Kunst gehört.

Seit sich das Musée Fabre in Montpellier (S. 110) für das neue Jahrtausend einer Verjüngungskur mit spektakulärem Ergebnis unterzogen hat, ist die zeitgenössische Kunst dort plötzlich zur Hauptattraktion avanciert. Das liegt vor allem an Daniel Burens kühnem Marmorfußboden im Eingangsbereich und den 20 schwarzen Leinwänden von Pierre Soulages, wirkungsvoll mit Glas in Szene gesetzt. Der Künstler wurde 1919 in Rodez geboren und arbeitet in Paris und Sète.

Essen & Trinken

Kein Gericht repräsentiert die Küche des Languedoc besser als das Cassoulet, ein deftiger Eintopf aus weißen Bohnen und Fleisch, der oft leidenschaftliche Diskussionen auslöst: Jeder meint, am besten zu wissen, was für Fleischstücke und welche Bohnen genau in die *cassole* (katalanisch: *caçolet*) gehören, die traditionelle Tonform, in der das Gericht gekocht und serviert wird; Näheres dazu siehe Kasten 47.

Aber die *cuisine campagnarde* (ländliche Küche) hat noch viel mehr drauf als sättigende Bohneneintöpfe, die den Magen wärmen, wenn draußen der Wind pfeift. Geographische Unterschiede manifestieren sich auch kulinarisch; an der Küste ragen Austernbänke aus dem Wasser, in den sanften Hügeln des Hinterlandes liefern Oliven köstliches Öl, in der Camargue weiden Rinder zwischen Reisfeldern und Salzpfannen, in den Höhlen von Roquefort reift Blauschimmelkäse, rund um Toulouse schnattern fette Gänse und Enten, um Montpellier grasen Schafe auf Salzwiesen und in den Wäldern des Haut-Languedoc sprießen Pilze. In Nîmes machen sich provenzalische Einflüsse bemerkbar und das Roussillon verrät mit seinen katalanischen Rezepten spanisches Temperament.

Dazu kommen natürlich die vielen Weine der Region, dem weltgrößten Weinanbaugebiet. Hier wird längst kein Fusel mehr produziert; moderne Anbaumethoden und Kellertechnologie haben das Angebot auf ein respektables Niveau gebracht.

TYPISCHES & SPEZIALITÄTEN

Viele Zutaten werden im Languedoc ebenso benutzt wie im Roussillon, aber ihre Zubereitung ist unterschiedlich: Im Languedoc macht Gänseschmalz sie zu Gaumenkitzlern, während das Roussillon – in Anlehnung an Spanien – mit Olivenöl kocht. Fleisch schmurgelt stundenlang in den Kochtöpfen des Languedoc, wohingegen die Gourmets im Roussillon ungeduldiger sind und es nach wenigen Minuten *à la plancha* (auf dem Grill) verzehren, natürlich mit ein paar Tapas vorneweg.

Seit 40 Jahren verbringt Julie Landis den Sommer in ihrem Ferienhaus im Languedoc. Ihre gesammelten Erfahrungen mit Land und Leuten sowie ihre Lieblingsrezepte verrät sie in *La Cuisine du Soleil: Rezepte und Geschichten aus meiner Küche in Südfrankreich.*

Fleisch & Geflügel

Der Speisezettel ist sehr fleischlastig, enthält dabei aber einige ungewöhnliche Spezialitäten: Die fetten Enten und Gänse des Languedoc liefern die begehrte, butterzarte Stopfleber (*foie gras*), die entweder *à poêle* (kurz gebraten) oder als schmelzende *pâté* auf den Tisch kommt. Letztere wird gelegentlich mit Ingwer, Pfirsichen, Knoblauch oder sogar – wie auf der Domaine de Blancardy (S. 124) – mit Schokolade veredelt.

Die leberlosen Vögel werden anschließend als *confit* haltbar gemacht: Mit Salz und Gewürzen eingerieben, marinieren sie über Nacht und simmern dann stundenlang im eigenen Fett vor sich hin. *Confit de canard* ist mittlerweile ein Massenprodukt, das sich in Gläser abgefüllt in den Regalen der Supermärkte stapelt. Meist werden für diese ländliche Konserve Entenschenkel verarbeitet, aber auch Brust, Flügel und Hals landen gelegentlich im Glas. In und um Toulouse gehört *confit de canard* auch in ein Cassoulet.

Zartes Milchlamm steuert der Nationalpark (S. 163) als Delikatesse bei. Hammel, der in Toulouse wie auch in Carcassonne ins Cassoulet wandert, konnte sich auf Bergwiesen satt fressen und bereichert auch den *pot au feu* (Fleischeintopf), in dem außerdem noch Rindfleisch, Karotten, Zwiebeln, Lauch, Rüben und andere Gemüse schwimmen. Zum *pot au feu à la Langue-*

CASSOULET

Wer ins Languedoc-Roussillon fährt und dort nicht mindestens einmal ein Cassoulet probiert, ist selbst schuld. Und wer es tatsächlich isst, sollte das mit der gebührenden Andacht tun. Denn immerhin hat diese unvergleichliche Kombination der simplen Zutaten Fleisch, weiße Bohnen und (meistens) Geflügel zur Gründung einer Institution mit dem hochtrabenden Namen **Académie Universelle du Cassoulet** (www.routedescassoulets.com, auf Französisch) geführt. Initiator Jean-Claude Rodriguez, der Besitzer des Restaurants Château St-Martin Trencavel (S. 199) bei Carcassonne, will damit nicht nur das Gericht und seine Zubereitung, sondern gleichzeitig „die kulinarische Kreativität, Traditionen, Sprache, menschlichen Werte und Freundlichkeit, die allen Bewohnern im Süden Frankreichs eigen sind", weltweit bekannt machen. Das klingt hochgestochen, ist aber so ehrlich und bodenständig gemeint, wie das Cassoulet schmeckt.

Neben hehren Zielen denkt die Akademie aber auch praktisch und hat die *route des cassoulets* ins Leben gerufen. Das Cassoulet in den Restaurants entlang dieser Route von Lézignan Corbières östlich von Carcassonne bis nach Toulouse ist garantiert authentisch!

Etwas bescheidener, aber trotzdem ambitioniert zeigen sich die Mitglieder der Grande Confrérie du Cassoulet von Castelnaudary und schwören, „den Ruf des Cassoulet von Castelnaudary zu verteidigen und fördern und seinen Ruhm zu steigern." Und das tun sie in großem Stil: Im August füttert die Stadt auf der dreitätigen Fête du Cassoulet über 70 000 Besucher ab.

Wir möchten ja nicht übertreiben, aber wer einmal ein Cassoulet probiert, wird garantiert süchtig (oft schon nach dem ersten Löffel) und versteht, warum diese deftige Spezialität (ursprünglich ein Restegericht) fast Kultstatus genießt.

Kult ist der richtige Ausdruck: Der oft zitierte Schriftsteller Prosper Montagné schrieb 1929 „Das Cassoulet ist der Gott der okzitanischen Küche; die Version von Castelnaudary verkörpert Gottvater, die von Carcassonne Gottes Sohn und die von Toulouse den Heiligen Geist."

Da grenzt es fast schon an Blasphemie, wenn Ignoranten es als „weiße Bohnen mit ein paar Fleisch- und Geflügelstückchen" abtun. Denn die Zubereitung des Cassoulet ist eine hohe Kunst: Die Bohnen müssen eingeweicht werden, bis sie zu Keimen beginnen und dadurch leicht süßlich schmecken. Und dann gart das Ganze lange bei niedriger Temperatur vor sich hin, damit die Zutaten zu einer unvergleichlichen Geschmacksharmonie verschmelzen können.

Das Cassoulet, das immer kochend heiß auf den Tisch kommt, steht und fällt mit den *lingots,* der für die Region typischen Bohnensorte. Sie werden begleitet von saftigen Schweinefleischbrocken und noch größeren Wurststücken. Meistens gesellt sich noch ein Stück Ente oder, je nach Saison, Rebhuhn dazu. Aber jeder Ort – und jeder Küchenchef, der etwas auf sich hält – hat da sein Spezialrezept. In Castelnaudary wird meist nur Schweinefleisch verwendet, in Carcassonne kommt auch Hammel dazu. Und die Gourmets in Toulouse nehmen beides sowie eine großzügige Portion ihrer speziellen *saucisse de Toulouse.* Manche schwören auf Gänsefleisch oder -fett, Schweinefüße, Schwarte oder ein Stück Schinken. Aber alle servieren dieses Schlemmermahl in der typischen, glasierten Tonform, die auf okzitanisch *caçolet* heißt und ihm seinen Namen gab.

docienne gehört gepökeltes Schweinefleisch, während sich der *pot au feu à l'albigeoise* (aus Albi) mit gefülltem Gänsehals hervortut. Italienische Fischer brachten im 18. Jh. die *macaronade* nach Sète: Das im Ofen gegarte Nudelgericht wird durch Tomaten und Rindfleisch so richtig herzhaft. Die bekannteste Wurst der Region heißt *saucisse de Toulouse,* eine deftige Spezialität aus Schweinefleisch. In Gänseschmalz gebraten und mit Tomaten, Petersilie und Kapern garniert wird sie zur *saucisse à la languedocienne.*

Stiere aus der Camargue, die in der Arena (S. 39) versagen, landen beim Schlachter und anschließend in der *guardianne de taureau* (Rindfleischeintopf).

Pilze, Tomaten, Chilischoten und Oliven peppen die Tomatensauce auf, in der die *boles de picolat* (würzige Schweinehackbällchen) baden – ein Traditionsgericht des Roussillon. Und nicht zu vergessen eine weitere regionale Spezialität: Schnecken (S. 48).

ROTER REIS

Feinschmecker schwärmen von dem roten Reis, der im September in Europas nördlichstem Reisanbaugebiet, der Camargue (S. 90), geerntet wird. Die rostroten, nussig schmeckenden Körner sind das Produkt einer Kreuzung aus Wild- und Rundkornreis. Als Salat oder Risotto, aber auch einfach mit Olivenöl, Salz und Kräutern oder Mandeln oder als Beilage zu Ochsenfleisch machen sie sich besonders gut.

Fisch & Meeresfrüchte

Les Halles Laissac (S. 116), die Markthalle von Montpellier, machen als lieblos hochgezogene Betonkonstruktion von außen nicht viel her. Aber angesichts der Auswahl an fangfrischen Meeresbewohnern gehen einem die Augen über: Miesmuscheln, Kammmuscheln, Schwertmuscheln, stachelige Seeschnecken, Austern, Rochen, Meeräschen, Merlane, Sardinen, Sardellen, Meeraale, Kraken, *tellines* (winzige Tellmuscheln) und dazu jede Menge Tintenfische (ganz oder in Ringen). Schlemmereien an der Küste sind *rouille à la sétoise* (Tintenfischeintopf mit Tomaten und Safran) und *bourride de Sète* (Eintopf mit Seeteufel und Knoblauch) in Sète, Austern und Muscheln aus den Lagunen von Bouzigues und Cap Leucate sowie die allgegenwärtige *soupe de poisson* (Fischsuppe; s. u.).

Über ihr Sprachstudium kam Cornelia Schinharl auch kulinarisch auf den blau-weiß-roten Geschmack. Wer am Strand *in Südfrankreich: Küche und Kultur* schmökert, wird die Zeit bis zum Abendessen kaum noch abwarten können.

Einen Versuch wert ist das jodhaltige, gelbe Fleisch der *violets* (essbare Seescheidenart); auch gefüllte Babytintenfische *(encornets farcis)* und Seeigel *(oursins)*, deren zart oranger salzig-süßlicher Rogen zu den lokalen Delikatessen zählt, schmecken aufregend exotisch. *Tielles,* kleine Törtchen mit Meeresfrüchtefüllung, sind ein optimaler Picknicksnack.

Das bekannteste Fischgericht im Roussillon heißt *parillada* – dafür werden verschiedene Mittelmeerfische filetiert, gegrillt und *à la plancha* (auf der heißen Stein- oder Eisenplatte) serviert. *Bullinada* ist ein Fischeintopf mit Kartoffeln und für die *morue catalane* wird Stockfisch mit Tomaten und Paprikaschoten gekocht. Als Tapas, die hier so gern gegessen werden wie in Spanien, sind vor allem die pikanten Sardellen aus Collioures (frisch oder eingelegt) beliebt. Wer sich für Verkostungen oder Betriebsbesichtigungen interessiert, liest auf S. 245 nach.

Knoblauch, Essig & Olivenöl

Als Zutat vieler pikanter Saucen und Dips, die Suppen und Fischgerichte begleiten, gibt Knoblauch der Regionalküche den gewissen Kick. *Anchoïade* heißt die würzige Paste aus Sardellen, Knoblauch und Olivenöl (besonders gut in Collioure, wo die Sardellen herkommen; S. 244), *brandade de morue* ist eine geniale Mischung aus zerstoßenem Stockfisch, Knoblauch und Olivenöl, die aus Nîmes (S. 76) stammt. Und *tapenade* besteht aus pürierten Oliven, die mit Knoblauch, Kapern, Sardellen und Olivenöl abgeschmeckt wurden. Auch das *aligot de Lozère,* eine Art Kartoffelpüree mit viel Käse, verströmt ein starkes Knoblaucharoma.

Rund 16 % des Olivenöls und 45 % der Speiseoliven französischer Produktion stammen aus dem Languedoc-Roussillon.

An der Küste veredelt die *aioli* (Knoblauchmayonnaise) viele Fischgerichte, sowohl als Kochzutat als auch als Dip. Die leuchtend orange *rouille* (Knoblauchmayonnaise mit Semmelbröseln und Chilipulver) gehört zur *soupe de poisson* (Fischsuppe), zusammen mit gerösteten Weißbrotwürfeln und einer Knoblauchzehe: Brotwürfel mit der Knoblauchzehe einreiben, *rouille* darauf streichen, reinbeißen – und Feuer spucken!

Ein Traumpartner für das Olivenöl der Region ist grüner Spargel im Frühling: Die zarten Stangen werden kurz gedämpft, mit *fleur de sel* (Salzkristallen) aus der Camargue bestreut und mit etwas Öl übergossen. Interessante Varianten sind Olivenöl mit Minze, Safran, Limone, Rose und anderen Aromen, die einer der originellsten lokalen Olivenölproduzenten anbietet: der Familienbetrieb **Domaine de l'Olivie** (www.olivie.eu) in Combaillaux, 15 km nördlich von Montpellier.

Der Süßwein Banyuls ist nicht das einzige flüssige Souvenir an der Küste des Roussillon. Mindestens ebenso begehrt sind die Bio-Essige der *vinaigrerie artisanale* **Le Guinelle** (www.leguinelle.com), die zwölf Monate lang in Eichenholzfässern in der prallen Sonne reifen.

Wer zuschauen will, wie Oliven geerntet, Sardinen in Weißwein eingelegt oder Käse gelagert werden, klickt auf die Webseite von Fenêtre sur le Sud (Fenster zum Süden; www.fenetresurlesud.org, auf Französisch), deren Videoclips die Geheimnisse der reichen regionalen Küchentraditionen enthüllen.

Obst, Gemüse & Kräuter

Die Wochenmärkte sind im Frühling und Frühsommer ein Fest fürs Auge. Im März locken die zarten, grünen Spargelstangen aus dem Hérault, gefolgt von Erdbeeren im April, knubbeligen roten und schwarzen Kirschen im Juni und Babyartischocken, rotwangigen Aprikosen, Pfirsichen, Melonen, frischen Mandeln und den ersten fleischigen, auberginefarbenen Feigen im Juli. Mit dem Herbst kommen süßliche Gemüsezwiebeln *(oignons doux)* und Esskastanien aus den Cevennen (S. 160) und die Wälder liefern ein Riesenangebot an Pilzen. Leckerbissen im Winter sind die schwarzen Speiserüben aus dem Haut-Languedoc.

Alle Gemüsearten, die unter der Sonne des Languedoc reifen, treffen sich in einem *tian* (Gemüsegratin, oft mit Reis) wieder, dem die Wildkräuter aus der üppig wuchernden *garrigue* (Strauchheide) – Rosmarin, Thymian, Salbei, Fenchel, Wachholder – sein wunderbar würziges Aroma geben. Gerichte mit dem Zusatz *à la languedocienne* werden normalerweise mit Knoblauch, Tomaten, Auberginen und *cèpes* (Steinpilzen) zubereitet.

Im Roussillon ist die *escalivada* ein vegetarischer Leckerbissen, der aus gegrilltem oder gebratenem Saisongemüse besteht. *Ouillada* heißt der Eintopf aus Gemüse, Bohnen und Schweinefleisch.

Käse & Nachtisch

Käse kommt in der Menüfolge vor dem Nachtisch und dabei darf der blaugrün geäderte Roquefort nicht fehlen. Er gehört zu den teuersten und edelsten französischen Käsesorten und reift in den Höhlen von Roquefort-sur-Soulzon

ESSEN, WAS MAN RETTEN WILL

Wer auf der Jagd nach authentischen Genüssen ist, sollte die Passagiere der Arche des Geschmacks von Slowfood (www.slowfood.de, auf Deutsch) ins Visier nehmen. Der Verein hat eine Liste von Nahrungsmitteln erstellt, die durch Industrialisierung, Globalisierung, Hygienegesetze und Umweltverschmutzung vom Aussterben bedroht sind. Von den 20 gelisteten französischen Arche-Passagieren stammen vier aus dem Languedoc-Roussillon.

Da wäre das Barèges-Gavarnie-Schaf aus den Bergen der Midi-Pyrénées, das auf über 2000 m weidet und nach zwei Jahren ein geschmacksintensives, rötliches Fleisch liefert. Leider ziehen viele das wässrige Lammfleisch aus Massenzuchtbetrieben vor. Das schwarze Bigorre-Schwein wird in seinem ursprünglichen Lebensraum am Fuße der Pyrenäen ebenfalls immer seltener. Dabei schmeckt es als Braten oder Schinken einfach köstlich (erscheint auf den Speisekarten als *noir de bigorre*).

Pélardon, einer von Frankreichs 13 Ziegenkäsen mit Herkunftsbezeichnung, ist als Frischkäse noch häufig zu finden. Schwierig wird's dagegen bei seiner gereiften, von Schimmel über-zogenen Variante *pélardon sec* oder *affiné*, die nach einmonatiger Reifezeit einen ausgeprägten Ziegengeschmack hat. Beide Sorten kommen als Zylinder von 6,7 cm Durchmesser in den Handel und schmecken deutlich nach den mediterranen Kräutern, die in den Cevennen und der Montagne Noire wachsen.

Im Roussillon vergären einige wenige Weinbauern den Most noch zu *rancio*, dessen Jahresproduktion bei nur 15 000 l liegt. Während der Reifung in offenen Holzfässern entwickeln sich Vanille-, Lakritze- und Röstaromen. Da das an Madeira oder Sherry erinnernde Getränk als Essensbegleiter zu stark ist, wird es gerne als Apéritif (zu Sardellen) oder Digestif getrunken.

SCHWARZE DIAMANTEN

Geradezu ekstatisch werden Gourmets, wenn von Trüffeln *(tuber melanosporum)* die Rede ist. Die teuerste, köstlichste und seltenste regionale Spezialität bildet ein unterirdisches Myzel aus, meist in der Nähe von Ulmen- oder Eichenwurzeln. In den Departements Hérault, Gard und Aude erschnüffeln Hunde die potthässliche Knolle, die von November bis März Saison hat. Eine optimale Gelegenheit, sich ein paar hauchdünne Raspel dieses Geschmackswunders auf der Zunge zergehen zu lassen (am besten mit einer Omelette), sind *fêtes de la truffe* (Trüffelmessen), z. B. in Clermont l'Hérault (zweiter Sonntag im Januar), Uzès (dritter Sonntag im Januar) und St-Jean-de-Buèges (zweiter Sonntag im Februar).

(S. 185). Weitere regionale Spezialitäten sind Fédou (aus der Lozère) und Le Pérail (aus dem Gard) aus Schafsmilch sowie der Pélardon aus Ziegenmilch, der frisch und gereift angeboten wird (s. S. 49).

Crème Catalane – eine mit Zimt veredelte Crème brûlée – steht auf den meisten Dessertkarten im Roussillon. Besonders lecker schmeckt sie im katalanisch inspirierten L'Hostalet de Vivès im Massif des Albères (S. 249), wo sie in einer Melonenhälfte serviert wird. *Berlingots* (bunte Zuckerbonbons) und *petits pâtés de Pézenas* (mit Lammhack gefülltes Gebäck, für das ein englischer Lord Pate stand; die Geschichte steht auf S. 146) sind typisch für Pézenas und im nahe gelegenen Narbonne werden Süßschnäbel mit *croquettes au miel* (Honiggebäck) glücklich. In Sète an der Küste locken *navettes cettoises* (knusprige, bootsförmige Kekse mit Zitronen-, Vanille-, Orangen- oder Anisgeschmack), während Mende mit den fingerförmigen und mit Nüssen bestreuten *croquants de Mende* (S. 156) punktet.

Bücher über die Weine des Languedoc-Roussillon sind rar. Rolf Bichsel hat fast alle Weinregionen Frankreichs abgeklappert. Was er an Wissenswertem über Weine und deren Erzeuger im Languedoc-Roussillon herausfand, steht in *Vinoteca: Die Weine des Languedoc-Roussillon*.

WEIN

Wein spielt in dieser Region eine so wichtige Rolle, dass er locker zum Leitmotiv für die gesamte Reise werden könnte (eine empfohlene Weintour steht auf S. 23). Und im Moment erlebt der Weinanbau im Languedoc-Roussillon eine Renaissance. Nachdem die Winzer Mitte der 70er-Jahre lautstark gegen die italienischen Importe protestiert hatten, bekamen sie Subventionen, um die alten Rebanlagen zu roden und bessere, den AOC-Bestimmungen entsprechende Sorten anzupflanzen. Damit begann die Erfolgsstory der Languedoc-Weine.

Vor allem die modernen Tafelweine, die unter der Bezeichnung **Vin de Pays d'Oc** (www.vindepaysdoc.com, auf Französisch) im Handel sind, stoßen auf steigendes Interesse. Da sie nicht den AOC-Bestimmungen (S. 51) unterliegen, können sich die Winzer von alten Traditionen lösen, andere Wege einschlagen und mit neuen Traubensorten experimentieren. Dabei kommen kreative, spannende und preislich moderate Weine heraus, deren funkige Namen und Designeretiketten (plus neonrosa Plastikkorken bei den Rosés) den Zeitgeist widerspiegeln.

In die Welt des Weins eintauchen, alles über die AOC-Weine des Languedoc und ihre wirtschaftliche Bedeutung erfahren und die Weinstraßen der Region kennenlernen: Das alles bietet die Webseite www.languedoc-wines.com (auch auf Deutsch).

Auslöser der Weinrevolution war die berühmte Domaine Mas de Daumas Gassac (S. 123), die 1978 mit ihrem Rotwein ohne AOC-Label den teuren AOC-Bordeaux die Show stahl. Ähnlichen Pioniergeist beweist der Winzer **Sacha Lichine** (www.sachalichine.com, auch auf Englisch) mit seinen „Hühnerweinen": Le Coq Rouge (der rote Hahn) und La Poule Blanche (die weiße Henne) sind Cuvées aus den Traubensorten Thézan, Corbières Maraussan, Minervois, Béziers und Puichéric; aus den Sorten Grenache und Carignan aus der Camargue keltert er Le Poussin Rosé (das rosa Küken). Auch die innovativen Weinmacher von der Côtes du Thongues westlich von Pézenas zeigen mit ihren *vins d'auteur* Mut zur eigenen Handschrift.

Mit griffigen Namen hat das Languedoc vor allem den Markt in den USA erobert: **Red Bicyclette** (www.redbicyclette.com, auf Englisch) und **Fat Bastard** (www.fatbastard.com, auf Englisch) von Thierry Boudinaud sind dort sprichwörtlich in aller Munde. In Deutschland macht sich die Region erst nach und nach einen Namen – und damit umso mehr Lust auf eigene Entdeckungs- wenn nicht sogar Schnäppchenreisen.

Ein Weingut im Languedoc zu besitzen gilt zurzeit als unheimlich schick – ein Trend, den französische Stars wie Gérard Depardieu, Luc Besson und Johnny Hallyday losgetreten haben.

Appellationen

Die Bestimmungen, die die Herkunftsbezeichnung *appellation d'origine controlée* (AOC) regeln, berücksichtigen Traditionen, stellen aber auch einige knallharte Anforderungen an geographische Gegebenheiten, Traubensorten, Bodenzusammensetzung, Besatzdichte, Lesemethoden und vieles mehr. Momentan tragen 15 Weine aus dem Languedoc und drei aus dem Roussillon das AOC-Label.

Am bekanntesten davon ist wahrscheinlich der Minervois (der weiße zu Sardinen, ein Gedicht!), dessen Trauben auf 18 000 ha zwischen Carcassonne, Narbonne und Béziers wachsen. Corbières ist mit seinen 19 000 ha südlich und westlich von Narbonne die flächenmäßig größte Appellation. Beide tragen das AOC-Etikett seit 1985 und sind berühmt für ihre harmonischen Rotweine. Eine Enklave aus sechs Dörfern mitten im Minervois stellt den Minvervois La Livinière her, einen typischen *vin de garde* (Lagerwein). Fitou, der Methusalem unter den roten AOC-Weinen der Region (seit 1948), braucht ebenfalls mindestens vier bis fünf Jahre im Keller, bis er trinkreif ist.

DIE BESTEN APÉRITIFS & DIGESTIFS

Im Freien genüsslich ein Gläschen vor oder nach dem Essen zu schlürfen – das ist eines dieser sinnlichen Erlebnisse, wie sie nur das Languedoc-Roussillon bietet.

- Blanquette und Crémant de Limoux (S. 209) – So heißen die beiden Sekte des Languedoc, die schon prickelten, bevor jemand an Champagner überhaupt nur dachte.
- Byrrh – Aus Rotwein, Chinarinde, Tonic und Gewürzen mixt die gleichnamige Brauerei in Thuir (S. 241) diesen lieblichen Appetitanreger.
- Cartagène – Dafür lassen Winzer Trauben erst ein Jahr lang in Alkohol ziehen, bevor sie sie pressen – und trinken das Ergebnis am liebsten selbst.
- Hypocras (S. 222) – Das Labsal der Kreuzritter.
- Kir – Der Klassiker aus Weißwein und *crème de cassis* (Likör aus schwarzen Johannisbeeren) wird im Languedoc auch gerne mit Himbeer-, Kastanien- oder sonstigen aromatischen Likören zubereitet und schmeckt dann noch aparter.
- Muscat de Frontignan, Muscat de Rivesaltes, Banyuls und Maury – Schwere, dunkle Süßweine aus Muskattrauben, die vorneweg Laune machen, aber auch das Dessert begleiten oder ersetzen können.
- Noilly Prat (S. 150) – Der Inbegriff des französischen Wermuts kommt aus einem Städtchen am Ufer des Bassin de Thau.
- *Pipi d'ange* – Eine trockene Cuvée aus Muscat und weiteren Weißweinsorten; der Name bedeutet „Engelspisse" und die schmeckt am besten im Au Remp'Arts in Elne (S. 241).
- Rivesaltes Ambré – Noch ein *vin doux naturel* (Wein mit natürlicher Süße), der bernsteinfarben im Glas funkelt.
- *Rancios* (Kasten S. 50) – Trockene, sherryähnliche Weine aus dem Roussillon.
- Sangria – Ein Allrounder aus Rot- oder Weißwein, Weinbrand, Säften und Wasser, der vom Apéritif bis zum Absacker einfach immer passt und aus Spanien herüberkam.

EINE GRÜNE ZUKUNFT

Zurück zur Natur heißt die neueste Devise der Winzer im Languedoc, die ihre Betriebe überall auf Vordermann bringen. Der Ökobilanz zuliebe schicken sie ihre Flaschen teilweise wie im 19. Jh. wieder per Schiff auf die Reise anstatt im Flieger. 2008 tuckerten 60 000 Flaschen an Bord eines Lastkahns über den Canal du Midi und den Canal de Garonne bis nach Bordeaux, wo sie auf den mindestens hundert Jahre alten Dreimaster *Kathleen & May* umgeladen wurden, der sie nach Dublin in Irland brachte. Das dauerte nur eine Woche länger als per Luftfracht, sparte aber 8350 kg Kohlenmonoxid – das macht 140 g pro Flasche.

Das Ökolabel Sud de France, mit dem die Biobauern ihre Verkäufe ankurbeln wollen, unterstützte diese neue, alte Frachtmethode und machte ein Langzeitprojekt daraus. Nun segelt der Dreimaster *Bolem* ins kanadische Quebec und die Großreederei **Compagne de Transport Maritime à la Voile** (CMTV; www.ctmv.eu) will demnächst noch weitere Weinlinien anbieten. Auf ihrem Rückweg laden die Schiffe Glasbruch, den Fabriken in Bordeaux und Béziers zu Flaschen recyceln.

Der weiße Clairette du Languedoc passt mit seinen Pfirsich- und Honignoten perfekt zu Fisch und Meeresfrüchten. Die weißen *vins doux naturels* aus der Muscat-Traube (Frontignan, Mireval, Lunel und St-Jean-de-Minervois) betören mit natürlicher Süße und einem unglaublich intensiven Traubenaroma. Alle vier wurden mit Alkohol aufgespritet, gehören zu den ältesten AOC-Weinen der Region und sind ideale Begleiter für Foie Gras, Roquefort, Melone und die meisten Desserts. Dasselbe gilt auch für das berühmte Dreigestirn Banyuls, Muscat de Rivesaltes und Maury aus dem Roussillon.

Die Produkte der Region kaufen, dabei alles über ihren Background erfahren, die kulinarischen Traditionen entdecken und beim Apéritif oder Winzervesper unter Platanen *moments gourmands* (lukullische Momente) erleben – das alles geht mit ein paar Mausklicks auf www.tablesud.fr.

Wein probieren & kaufen

Natürlich macht es am meisten Laune, den Wein direkt beim *producteur* (Erzeuger) oder *vigneron* (Winzer) auf einer *domaine* (Weingut) zu kaufen. Fast alle bieten in ihrer *cave* (Keller) eine kostenlose *dégustation* (Weinprobe) von zwei oder drei Sorten an, ohne Kaufzwang. Wer einen einfachen Tischwein sucht (*vin de table*; ca. 1,50 € pro Liter), lässt sich seinen Kanister bei der örtlichen Winzergenossenschaft oder auf dem Markt füllen. In Montpellier lädt die Maison Régionale des Vins et des Produits du Terroir (S. 116) zu einer Weinodyssee mit 1200 Stationen ein.

In Nobelrestaurants empfiehlt ein Sommelier die passenden Weine zum Essen. Bei manchen Menüs werden die einzelnen Gänge von einem darauf abgestimmten Glas Wein begleitet, das im Preis inbegriffen ist. Viele Weingüter bieten neben Weinproben auch *chambres d'hôtes* an (s. S. 18) – sehr praktisch!

KURSE

Touristeninformationen und der **Conseil Interprofessionnel des Vins du Languedoc** (☎ 04 68 90 38 30; www.languedoc-wines.com, auch auf Deutsch; 6 place des Jacobins, Narbonne) haben Listen von *écoles du vin* (Weinakademien) wie z. B.:

École du Vin Wineware (☎ 03 20 09 43 11; www.edvwineware.com, auf Französisch) Weinseminare (drei Stunden, 1/2 Pers. 150/180 €) und Kurse zum Thema *dégustation* (45 € pro Stunde) finden im Château de Flaugergues (S. 116) in Montpellier statt; zusätzlich auch Kurse in Béziers, Nîmes, Carcassonne, Narbonne und Toulouse.

La Cité de la Vigne et du Vin (S. 138) Sollte die faszinierende, interaktive Ausstellung noch Fragen zum Thema Wein und seine Entstehung offen lassen, bietet die angeschlossene École du Vin zweistündige Verkostungsworkshops (9 €) sowie geführte Spaziergänge (8 €) an.

Ludivinum (☎ 04 67 44 10 80; www.ludivinum.com, auf Französisch) Die in Montpellier ansässige Schule organisiert abendliche Weinproben (55 €), Besuche von Weingütern und ein-/zweitägige Kurse (160/290 €) über Verkostung, Beurteilung und Lagerung von Wein sowie zu anderen önologischen Themen.

FESTE

Egal, ob Trauben-, Oliven- oder Mandelernte, eine Hochzeit, Geburt oder der Tag des Schutzheiligen eines Dorfes – jeder festliche Anlass ist eng mit der regionalen Esskultur verwoben. Und auch fast alle Gaben der Natur, die in der Region gedeihen, werden mit einem eigenen Fest geehrt. In Bouzigues sind das die Austern (erstes Augustwochenende), in Uzès der Knoblauch (24. Juni), in St-Pons-de-Thomières im Hérault die Schweine (Februar) und in Florac findet im November ein Suppenwettbewerb statt (S. 155).

Eine nach Safran duftende und von Riesengarnelen gekrönte Paella macht auf Dorffesten im Roussillon ganze Völkerstämme satt und wird mit Unmengen von Sangria heruntergespült. Mit Zucker bestreute *bunyettes* (Schmalzgebäck) waren früher eine österliche Leckerei, schmecken aber mittlerweile das ganze Jahr über, und die *cargolada* oder *escargots à la catalane* – Schnecken, die in ihren Häuschen über offenem Feuer gegrillt werden – sind ebenfalls ein kulinarisches Festvergnügen. Bei einer *sardinade* im Languedoc brutzeln dafür Sardinen über der Glut.

WOHIN ZUM ESSEN & TRINKEN

Essen gehen lässt einem hier sämtliche Optionen offen, von der deftigen Mahlzeit im Dorfbistro für 10 € bis zum Feinschmeckermenü ab 75 € aufwärts im Michelin-besternten Gastrotempel. Zum Glück hängt bei fast allen Lokalen, egal welcher Preisklasse, eine Karte am Eingang, sodass die potenziellen Gäste wissen, was auf sie zukommt.

Die typischsten Lokale verstecken sich oft in kleinen Weilern abseits der touristischen Trampelpfade und bieten vielleicht nur ein *menu* (zwei oder drei Gänge zu einem Festpreis) an, gelegentlich ist auch der *vin compris* (Wein inbegriffen). Der Kaffee, der eine Mahlzeit traditionell abschließt, ist klein, schwarz und stark. Wer Tee bestellt, bekommt meist eine leere Tasse, heißes Wasser und einen Teebeutel vorgesetzt.

Da sich renommierte Lokale und Restaurants in größeren Städten schnell füllen, ist Vorbestellung ratsam. In ländlichen Gebieten werden oft keine

ESSENSFAHRPLAN

Während für die Städter in Nîmes und Montpellier das *petit déjeuner* (Frühstück) aus einem kleinen, schwarzen *café* (Espresso) oder einem *café au lait* (mit Milch) plus Croissant in einer Bar unterwegs zur Arbeit besteht, kommt beim *petit déj* in ländlicheren Gegenden schon etwas mehr Phantasie ins Spiel. Die stets kalten Zutaten (oft frisch vom Bauernhof) reichen von einer dicken Scheibe Krustenbrot mit Ziegenkäse oder *rillettes de canard* (Aufstrich aus Entenfleisch im eigenen Fett) bis zu frisch gepflückten Aprikosen oder Pfirsichen, saftigen Melonenschnitzen, *saucisson sec* (Dauerwurst) oder selbst gemachtem Schinken.

Das *déjeuner* (Mittagessen) war traditionell die Hauptmahlzeit des Tages. Aber Berufstätige bevorzugen in der Mittagspause einen leichten Snack und heben sich die üppige Tafelei mit Apéritif, warmer Mahlzeit und Wein für den Abend auf, wenn es kühler ist und sie sich dem Genuss nach getaner Arbeit unter schattigen Bäumen ungebremst hingeben können.

Das hat sich mittlerweile in allen größeren Orten durchgesetzt. Um die Mittagszeit füllen sich die Restaurants mit Stammgästen, die dort mit dem (relativ) leichten *plat du jour* (Tagesgericht), *formule menu* (Hauptgang mit Vorspeise oder Dessert) oder *menu* (Mittagsmenü mit zwei Gängen) den ärgsten Hunger stillen und erst abends so richtig zuschlagen. Aber da wird dann richtig aufgefahren: Erst eine *entrée* (Vorspeise), dann ein *plat* (Hauptgang), gefolgt von *fromage* (Käse) und Dessert. Toprestaurants servieren meist auch noch einen leckeren *amuse-bouche* (Gruß aus der Küche) vor oder nach der Vorspeise sowie eine süße Kleinigkeit vor dem eigentlichen Dessert und *mignardises* (Gebäck und Konfekt) zum Kaffee.

Kreditkarten akzeptiert. Zeiten, in denen normalerweise Essen serviert wird, stehen auf S. 282.

Fermes Auberges & Châteaux

Bauernhöfe *(fermes auberges)* und Weingüter *(châteaux)* können echte Schlemmerparadiese sein, wenn sie hausgemachte Produkte und nach alten Familienrezepten gekochte Spezialitäten auffahren. Da geht's meist gemütlich zu, die Portionen machen auch den Hungrigsten satt und oft wird gemeinsam mit anderen Gästen am großen Tisch gegessen, was zu netten Kontakten führen kann. Von den Verbänden Gîtes de France (S. 288) und Bienvenue à la Ferme (S. 286) gibt's Adressenverzeichnisse von Bauernhöfen, die Mittagessen anbieten.

Von der Konditorin zur Kunsthistorikerin und Bloggerin im Minvervois: Was der Amerikanerin zu Essen, Märkten, Restaurants und dem Leben überhaupt einfällt, stellt sie unter Chez Loulou (http://chez loulou france.blogspot. com, auf Englisch) ins Netz.

Cafés

In den Cafés, die gleichzeitig auch Kneipen sind, trifft sich das halbe Dorf. Morgens gibt's dort Frühstück (Kaffee und Croissants) und zu Mittag belegte Baguettes (mit Käse, Schinken oder beidem, ca. 4 €). Viele gehören zum Verband Bistrot de Pays und fühlen sich sozusagen als Botschafter ihres *terroir* (Gebiets), bieten lokale Produkte an und geben Tipps zu Sehenswertem in der Umgebung. Ein Mitgliederverzeichnis kann unter www.bistrotdepays.com (auf Französisch) heruntergeladen werden.

Selbstversorger

Am besten fährt, wer es wie die Einheimischen macht und auf den Wochenmärkten einkauft, die von 7 Uhr bis 12 oder 13 Uhr dauern. Dort türmen sich Gemüse und Obst, dazu Oliven, Olivenöl, Knoblauchzöpfe und nicht selten auch Brot, Fisch usw. Das Angebot auf dem *marché paysan* (Bauernmarkt) stammt aus eigenem Anbau und die Produkte des *marché bio* (Biomarkt) sind ohne chemische Keule groß geworden.

Ansonsten gibt's Brot in der *boulangerie* (Bäckerei), Kuchen und Gebäck in der *pâtisserie*, Käse in der *fromagerie*, Fisch und Meeresfrüchte in der *poissonnerie* (Fischhändler) usw. Auch wenn diese Fachgeschäfte vielleicht etwas teurer sind, macht das Shoppen dort mehr Spaß als *au supermarché* (im Supermarkt).

VEGETARIER & VEGANER

Vegetarische Restaurants sind selten und auch auf der Karte normaler Lokale ist das Angebot an Fleischfreiem eher dürftig. Da aber bei einigen regionalen Spezialitäten Gemüse die Hauptrolle spielt, werden Vegetarier bestimmt nicht verhungern.

Strenge Vegetarier sollten beachten, dass die meisten französischen Käse mit *lactosérum* (Lab), einem Enzym aus dem Magen von Kälbern oder jungen Ziegen, hergestellt werden. Einige Rotweine werden mit Albumin aus Hühnereiweiß geklärt. Weine, bei denen das Albumin durch ein synthe-

NICHTS GEHT ÜBER WASSER

Leitungswasser kann unbedenklich getrunken werden, auch das Wasser von Brunnen mit dem Hinweis *eau potable* (Trinkwasser) ist okay. Steht aber *eau non potable* (kein Trinkwasser) dran, dann Hände weg!

Wer essen geht, kann ein paar Cents sparen, wenn er anstatt der üblichen Flasche *une carafe d'eau* (ein Krug Leitungswasser) bestellt. Wer es sprudelig mag, fragt nach *eau minérale gazeuse* (perlendes Mineralwasser) z. B. von Lokalmatador Perrier, dessen ultramoderne Abfüllanlage in der Nähe von Nîmes besichtigt werden kann (S. 89).

DOS & DON'TS

Wer sich beim Essen nicht total danebenbenehmen will, achtet auf Folgendes:

Todsünden: Das Mittagessen auslassen oder eine *dégustation* (Weinprobe) ablehnen.

- Wer zum Hauptgericht Brot isst, braucht gar nicht erst versuchen, es irgendwo auf dem Teller zu parken (kleine Extrateller sind nur in der vornehmen Sternegastronomie üblich); hier krümelt jeder fröhlich auf die Tischdecke.
- Dasselbe Besteck für Vorspeise und Hauptgericht zu benutzen ist in Bistros und *fermes auberges* absolut üblich. Genauso selbstverständlich kritzeln viele Kellner die *addition* (Rechnung) auf die Papiertischdecke.
- Überall, auch in den schicksten Etablissements, kann *une carafe d'eau* (ein Krug Leitungswasser) bestellt werden, die gratis ist, während die Flasche *eau minérale plate* (still) oder *gazeuse* (perlend) zwischen 5 und 10 € kostet.
- *Santé* (zum Wohl!) heißt das Zauberwort beim Zuprosten; es ist üblich, vor dem ersten Schluck mit seinen Tischnachbarn anzustoßen. Die Mahlzeit beginnt mit einem fröhlichen *bon appetit* (oder kurz *„bon app"* in familiärer Runde).
- Und sie endet mit *un café* (Espresso); alles andere wäre ein Fauxpas.

tisches Mittel ersetzt oder auf Klärung verzichtet wurde, gibt's in dieser Region so gut wie keine. Dafür werden Bioweine, die ohne chemische Hilfsmittel hergestellt und oft in Flaschen aus Recyclingglas angeboten werden, immer populärer.

FÜR KLEINE ESSER

Auch wenn es kaum Kinderhochstühle oder Kinderkarten gibt, sind kleine Esser überall willkommen. Bei den seltenen *menus enfant* (Kindermenü, ca. 5–8 €) handelt es sich meist um *boeuf haché* (Hackfleisch), *frîtes* (Pommes frites) und *glace* (Eiscreme). Aber dafür werden immer öfter *menus* „für den kleinen Hunger" angeboten, die in den schickeren Lokalen um die 15 € kosten. Wer mit kleinen Zappelphilipps unterwegs ist, kehrt am besten in einer *ferme auberge* (S. 54) ein.

Stillende Mütter erregen nirgends Aufsehen. Die französischen Supermärkte bieten das gewohnte Angebot an Babynahrung, Kinderbrei, Soja- und Kuhmilch; auch in Apotheken gibt's diese Produkte. Wer sein zahnendes Baby beruhigen will, drückt ihm das harte Endstück einer Baguette zum Knabbern in die Hand.

KOCHKURSE

Viele Touristeninformationen haben Adressen von Kochschulen und erledigen auch die Buchung von *cours de cuisine* (Kochkursen). Wer in vier Stunden in die Küchengeheimnisse rund um das berühmte Cassoulet eingeweiht werden will, fragt bei der Filiale von Castelnaudary (S. 202) an.

ABM Montpellier (☎ 04 67 02 75 00; www.abm-in-france.com, auch auf Deutsch, 23 av St-Lazare, parc des Roses, 34000 Montpellier) Diese Sprachschule bietet im Sommer auch Sprach- und Kochkurse als Kombipaket. Eine Woche kostet 527 €, zwei Wochen 867 €.

Ateliers de Cuisine Catalane (☎ 04 68 55 36 49; www.cuisine-catalane.com, auf Französisch; 10 rue de l'Hôpital, Ille sur Têt) Die berühmte Köchin, Journalistin und Autorin Eliane Thibaut Comelade gibt Kurse über katalanische Küche; eine/sechs zweistündige Lektionen 16/80 €.

Domaine de la Bonde (☎ 04 68 26 57 16; www.labonde-cuxac.com, auch auf Deutsch; 1 route de Caudebronde, 11390 Cuxac-Cabardès, bei Carcassonne) Eine ehemalige Stoffmanufaktur aus dem 17. Jh. liefert das stimmungsvolle Ambiente für die nachmittäglichen Kochkurse (55 €), und wer mag, mietet sich gleich noch im Hotel ein.

Le Jardin des Sens (S. 114) Zwei Brüder haben mit ihrem „Garten der Sinne" in Montpellier schon Michelinsterne erkocht und geben ihr Wissen gerne weiter.

Le Manoir de Raynaudes (☎ 05 63 36 91 90; www.raynaudes.com, auf Englisch; Monestiès) Fünftägige Kochkurse in einer traumhaft schönen Villa 22 km nördlich von Albi. Preis inklusive Unterkunft im luxuriösen *maison d'hôtes*, die die britischen Gastgeber Orlando und Peter mit Geschmack und Schick eingerichtet haben: 1530 €.

L'Office (☎ 05 61 47 71 23; www.loffice-cuisine.com, auf Französisch; 5 rue Idrac, Toulouse) Preisbeispiele aus dem vielfältigen Angebot: einstündiger Kurs für Kinder 10 €, für Kinder & Eltern 25 €, 40-minütiger Kurs in der Mittagspause 14 € (Essen inklusive), zweistündige, themenbezogene Workshops 50 €.

Villa Plaisance (☎ 04 67 53 24 20; 300 chemin de l'Equinoxe, 34200 Sète) Kochen und gleichzeitig Französisch lernen: das bietet dieses ansprechende Haus unter deutscher Führung. Fünftägiger Kurs inklusive Essen und Exkursionen 500 €.

SPRACHFÜHRER ESSEN & TRINKEN

Hinweise zur Aussprache stehen auf S. 299.

Was heißt ...?

Ich möchte einen Tisch reservieren.
J'aimerais réserver une table. — žä me ree re·ser·wee ün ta·ble

Ein Tisch für zwei, bitte.
Une table pour deux, s''l vous plaît. — ün ta·ble pur dö ßil wu plä

Haben Sie eine Karte auf Deutsch?
Est-ce que vous avez la carte en allemand? — eß·ke wu sa·wee la kart on nall·mong

Ich hätte gerne eine Spezialität dieser Region.
J'aimerais une spécialité de la région. — žä me ree ün ßpe·ßja·li·tee de la re·žjiong

Ich hätte gerne das Menü, bitte.
Je prends le menu, s'il vous plaît. — že prong le me·nü ßil wu plä

Ich hätte gerne das Tagesgericht.
Je voudrais avoir le plat du jour. — že wu·drä a·woar le pla dü žuur

Ich bin Vegetarier/in.
Je suis végétarien/végétarienne. (m/f) — že ßüi we·že·ta·ri·jeng/we·že·ta·ri·jenn

Ich esse kein Fleisch/Fisch/Meeresfrüchte.
Je ne mange pas de viande/poisson/ fruits de mer. — že ne monž pa de wi·ongd/poa·ßong/ früi de mär

Ich möchte gerne ... bestellen.
Je voudrais commander ... — že wu·drä kom·mang·dee ...

Die Rechnung, bitte.
L'addition, s'il vous plaît. — la·di·ßjong ßil wu plä

Was steht auf der Karte?

VORSPEISEN

anchoïade	ang·schwa·jad	Sardellenpaste
brandade de morue	brang·dad de mo·rü	Stockfischpaste
brebis	brö·bi	Käse aus roher Schafsmilch
escalivada	es·ka·li·va·da	gegrillte oder gebackene Gemüse des Roussillon
foie gras frais	foa gra frä	frische (kurz pochierte) Gänse- oder Entenstopfleber
foie gras mi-cuit	foa gra mi·küi	gekochte Gänse- oder Entenstopfleber als Halbkonserve
fromage de chèvre	fro·maž de schä·wre	Ziegenkäse
ouillada	ui·ja·da	Eintopf mit Gemüse, Schweinefleisch und Bohnen aus dem Roussillon
tapenade	ta·pe nad	Olivenpaste

FLEISCH & GEFLÜGEL

à la plancha	a la plan·tscha	gegrilltes Fleisch oder Fisch, auf heißer Stein- oder Eisenplatte serviert
agneau	an·jo	Lamm
bœuf	böff	Rind
boles de picolat	bol de pi·ko·la	würzige Fleischbällchen aus dem Roussillon
canard	ka·nar	Ente
cassoulet	ka·ßu·lee	Bohneneintopf mit Fleisch aus dem Languedoc
chèvre	schä·wre	Ziege
confit de canard	kong·fi de ka·nar	eingemachtes Entenfleisch, meist Schenkel
entrecôte	ong·tre·cot	Zwischenrippenstück (Hochrippe)
estouffade de bœuf	es·tu·fad de böff	Rindfleischragout mit Tomaten und Oliven aus der Camargue
fouet	fue	katalanische Hartwurst
guardianne de taureau	gar·di·ann de to·ro	Ochsenfleischragout
jambon	žam·bong	gekochter Schinken
lardon	lar·dong	Frühstücksspeck (Bauchspeck), meist in Würfeln
macaronade	ma·ka·ro·naad	Ofengericht mit Fleisch, Tomaten und Nudeln
magret de canard	ma·gree de ka·nar	Entenbrust
mouton	mu·tong	Hammel
pot au feu	po·to fö	Rindfleischragout
pot au feu à la Languedocienne	po to fö a la long·do·ßjenn	Eintopf mit Rind- und gepökeltem Schweinefleisch
pot au feu à l'albigeoise	po to fö a lal·bi·žwaas	Ragout mit Rindfleisch und Gänsehals aus Albi
poulet	pu·lee	Huhn
taureau de Camargue	to·ro de ka·marg	Rindfleisch aus der Camargue

FISCH & MEERESFRÜCHTE

anchois de Collioure	ong·schwa de koll·jur	Sardellen aus Collioure
anguille congre	ong·gui kong·gre	Meeraal
anguille sauvage	ong·gui ßo·waž	Süßwasseraal
bourride de Sète	bu·riid de ßett	Seeteufelragout mit Knoblauch
bullinada	bu·li·na·da	Fischragout mit Kartoffeln aus dem Roussillon
congre	kong·gre	Meeraal
coquillages	ko·ki·jaž	Schalentiere
coquille St Jacques	ko·kij sang žak	Jakobsmuschel
crevette grise	krö·wett griis	Krabbe
crevette rose	krö·wett roos	Garnele
encornets	ong·kor·nee	Babytintenfisch
encornets farcies	ong·kor·nee far·ßii	gefüllter Babytintenfisch
escargot de mer	es·kar·goo de mär	Seeschnecke
fruits de mer	früi de mär	Meeresfrüchte
gambas	gom·ba	Riesengarnelen
homard	o·mar	Hummer
huîtres	üi·tre	Austern
langouste	long·gust	Flusskrebs
langouste à la sétoise	long·gust a la ße·twaas	würziges Krebsragout aus Sète
langoustine	long·gu·stin	Kaisergranat

morue catalane	mo·rü ka·ta·lan	Klippfisch mit Tomaten und Paprika
moules	muul	Muscheln
muge	müüž	Meeräsche
oursin	ur·sang	Seeigel
paella	pa·ej·ja	Pfannengericht mit Reis, Safran, Gemüse und Meeresfrüchten
palourde	pa·lurd	Muschel
parillada	pa·ri·ja·da	Fischplatte aus dem Roussillon
poulpe	pulp	Krake, Oktopus
rouget	ru·žee	Seebarbe
rouille à la sétoise	ruij a la ße·twaas	Tintenfischragout mit Tomaten und Safran
soupe de poisson	sup de poa·ßong	Fischsuppe
tielle	tjell	Törtchen mit Füllung aus Meeresfrüchten
violets	wio·lee	Seescheiden

FRÜCHTE, GEMÜSE, KRÄUTER & GEWÜRZE

abricot	a·bri·ko	Aprikose
aïl	aj	Knoblauch
aligot de Lozère	a·li·goo de lo·sär	Kartoffelpüree mit Käse und Knoblauch
amande frais	a·mond frä	frische Mandel
artichaut	ar·ti·schoo	Artischocke
asperge	as·perž	Spargel
cèpe	ßäpp	Steinpilz
cerise	ßö·ris	Kirsche
chataîgne de Cévennes	scha·tän·je de ße·wenn	Esskastanie aus den Cevennen
figue	fiig	Feige
fleur de sel de Camargue	flör de ßel de ka·marg	Meersalzkristalle aus der Camargue
fraise	fräs	Erdbeere
maron	ma·rong	Esskastanie
navet noir	na·wee noar	schwarze Speiserübe
oignons doux des Cévennes	oan·jong du de ße·wenn	Gemüsezwiebeln aus den Cevennen
peche	päsch	Pfirsich
riz de Camargue	ri de ka·marg	Reis aus der Camargue
romarin	ro·ma·rang	Rosmarin
thym	tang	Thymian
tian	tjang	Gemüsegratin, oft mit Reis, im *tian* serviert
truffe	trüff	schwarze Trüffel

WÜRZSAUCEN

aïoli	a·jo·li	Knoblauchmayonnaise
huile d'olive	üil·do·liw	Olivenöl
pistou	pis·tu	Pesto (Paste aus Basilikum, Hartkäse, Olivenöl und Knoblauch)
rouille	ruij	mit Chili gewürzte Knoblauchmayonnaise
vinaigrette	wi·nä·grätt	Salatsauce aus Essig, Öl und Senf
vinaigre de Banyuls	wi·nä·gre de ban·jul	Essig aus Banyuls

GETRÄNKE

café	ka·fee	Espresso
grand café	grong ka·fee	doppelter Espresso
café crème	ka·fee kräm	Espresso mit heißer oder aufgeschäumter Milch

café au lait	ka·fee o lä	viel heiße Milch mit wenig Kaffee in einer Riesentasse (*bol*)
petit crème	pö·ti kräm	kleiner *café crème*
noisette	noa·sett	Espresso mit einem Spritzer Milch (wörtlich: Haselnuss)
café décaféiné	ka·fee de·ka·fe·i·nee	koffeinfreier Kaffee
thé	te	Tee (immer ohne Milch)
tisane	ti·san	Kräutertee
chocolat chaud	scho·ko·la scho	Heiße Schokolade
sirop	ßi·ro	Sirup, meist auf Fruchtbasis
citron pressé	ßi·trong prä·ße	frisch gepresster Zitronensaft mit Wasser, Zucker und Eiswürfeln

Natur & Umwelt

Hinweise zum verantwortungsvollen Reisen stehen auf S. 17.

DIE LANDSCHAFT

Strände und Lagunen, Salzsümpfe und Weinberge, Kanäle und Höhlen, mediterranes Buschland und Pyrenäengipfel: die Landschaft dieser Doppelregion ist erfrischend vielfältig.

Roussillon, der südliche Teil, macht 15 % der geografischen Gesamtregion aus und grenzt an Spanien (im Süden), Andorra (im Westen), Languedoc (im Norden) und das Mittelmeer (im Osten). In den östlichen Pyrenäen erheben sich die höchsten Gipfel des Roussillon: Pic Carlit (2921 m) und Pic du Canigou (2784 m). In der Chaîne des Albéres senken sie sich allmählich zum Meer hin ab. Felsbuchten gliedern die zerklüftete, an Cornwall erinnernde Küste zwischen Kiesstränden und den terrassierten Weinbergen von Banyuls.

Das Languedoc reichte früher im Westen bis nach Toulouse, heute liegt es zwischen drei französischen Regionen: Midi-Pyrénées (im Westen), Auvergne (im Norden) und Provence-Côte-d'Azur (im Osten). Seine Küstenlinie erstreckt sich vom Cap Leucate (Roussillon) nach Norden, über sandige Landzungen und Lagunen *(étangs)* bis zur Rhône und in die Camargue. Das weite Landesinnere prägt ein wildes Bergland: die Cevennen, die Montagne Noire und das dramatische Kalkplateau der Grands Causses (alle drei sind südliche Ausläufer des erdgeschichtlich alten Zentralmassivs) plus das Massif des Corbières. Schluchten und unterirdische Schächte, Höhlen und Ströme charakterisieren die einzigartige Mondlandschaft der Grands Causses.

Zu den Flüssen der Region zählen Rhône (im Osten), Gard, Hérault und Aude. Europas längster schiffbarer unterirdischer Fluss verläuft unter Labouiche bei Foix (S. 218) und der Canal du Midi (S. 33) windet sich gemächlich quer durch die ganze Region: von Toulouse bis Narbonne und zum Mittelmeer.

FLORA & FAUNA

Tiere

89 Säugetierarten sind im Parc National des Cévennes (S. 160) heimisch, darunter Rotwild, Biber, Wildschweine und Fischotter. Insgesamt 45 % aller französischen Wirbeltiere sind hier vertreten. Dazu kommen 208 Vogel-, 18 Amphibien- und 17 Reptilienarten sowie 1824 Insekten- und 53 Spinnenspezies. Ein Paradies für Naturbeobachter.

Über den Klippen kreisen Gänse- und Rabengeier, die so gut wie ausgestorben waren, als man sie hier in den 70er-Jahren wieder ansiedelte. Sie teilen ihr Territorium mit Stein- und Habichtadlern, dem bussardähnlichen

TOP-PICKS: NATURWUNDER

- Cirque de Navacelles (S. 124)
- Gorges du Tarn (S. 177)
- Grotte de Clamouse (S. 122)
- Pic du Canigou (S. 254)
- Causse Noir (S. 179)

LIEBESLIED

Das ohrenbetäubende Zirpen an schönen Sommerabenden ist das „Liebeslied" männlicher Zikaden *(cigales)* – Insekten der Gattung Hautflügler, die vor allem in tropischem oder gemäßigtem Klima vorkommen. Sie stimmen ihr Konzert nur an, wenn die Lufttemperatur über 25 °C liegt. Das schrille Zirpen verursachen sie mit Hilfe der Tymbale, vibrierender Flächen am Unterleib.

Die Lebensdauer der Zikade beträgt drei bis 17 Jahre, von denen sie allerdings nur vier bis sechs Wochen über der Erde lebt. Sobald sie als erwachsenes Insekt aus der Erde gekrochen ist, erklimmt sie einen Baum und beginnt ihr Liebesritual. Wenige Wochen später ist sie tot.

Schlangenadler und dem Wanderfalken. Auf dem kargem Plateau Le Pays de Sault des Zentral-Languedocs leben Steinadler und Schmutzgeier.

Mufflons wurden hier in den 50er Jahren eingeführt. Diese Wildschafe mit schneckenförmigem Gehörn ernähren sich von den üppigen Kastanien der Cevennen (S. 62) und bilden mit 1500 bis 2000 Tieren im Haut-Languedoc den europaweit wichtigsten Bestand. Die milden, schneearmen Winter und trockenen, heißen Sommer bieten den widerstandsfähigen Mufflons optimale Bedingungen.

In den Feuchtgebieten und Lagunen der Küste sieht die Vogelwelt völlig anders aus. Dort leben 400 Arten von Land- und Wasservögeln wie Eisvogel, Bienenfresser, Storch, Mariskenrohrsänger, Silberreiher und Purpurreiher. Zu den rund 200 Zugvogelarten – zu beobachten von Februar bis Mai und von August bis Oktober – gehören Rallenreiher, Bruchwasserläufer und die eleganten Rosaflamingos: 10 % des weltweiten Flamingobestandes sind in der Camargue heimisch, zwischen den für diese Region typischen Pferden und Stieren. Die Miesmuscheln, Austern und Venusmuscheln, die sich im Bassin de Thau und anderen Küstenlagunen üppig vermehren, wurden Anfang des 20. Jhs. angesiedelt.

EINE LIEBESERKLÄRUNG AN MEISTER PETZ

2004 erschoss ein Wildschweinjäger Canelle (Zimt), die letzte Bärin, die (mit sehr viel Glück!) das genetische Überleben der Pyrenäenbären hätte sichern können. „Aus Notwehr", behauptete er und beharrte darauf, das Tier habe ihn angegriffen. Seither sympathisiert das ganze Roussillon mit diesen Tieren. „Les Pyrenées avec l'Ours" (Die Pyrenäen mit Bären) lautet der Slogan an vielen Laternenpfählen und in Infobroschüren, die in der Bergregion kostenlos verteilt werden und in denen u. a. zu lesen ist, dass Wanderer gute Chancen haben, Fußabdrücke, Haare, Kot und sonstige Hinweise auf die Präsenz der Bären zu finden.

Der *ours brun* (Braunbär) ist ein nachtaktiver Einzelgänger, der auf den Hinterbeinen stehend 1,70 bis 2,20 m und auf allen Vieren etwa 1,10 m hoch ist. Seit 1940 waren die Pyrenäen sein einziger Lebensraum in Frankreich und zwischen 1954 und 1990 schrumpfte die Population von 70 auf gerade mal acht Tiere. In den letzten 15 Jahren wurden jedoch im Rahmen eines staatlichen Programms zur Wiederansiedlung der Pyrenäenbären Tiere aus Slowenien eingeführt, ausgewildert und erfolgreich nachgezüchtet. Das Resultat bis 2008: zwei Bären in den östlichen Pyrenäen, sprich den Wäldern des Roussillon, der Haute-Ariège, der Aude und dem benachbarten Andorra; weitere acht bis elf Tiere im Zentrum der Pyrenäen, im Gebiet um Ariège und Foix.

In den westlichen Pyrenäen, wo frei weidende Schafe zur Fleischerzeugung gehalten werden (während sie im Osten als Milchlieferanten für die Käseproduktion auf umzäunten Weiden grasen), sieht man die Ansiedlung von Bären nicht sehr gern. Den Menschen im Roussillon hingegen ist ihr Engagement für die Braunbären heilig. Für sie ist der Bär ein uraltes Symbol der Fruchtbarkeit und es gibt einen Frühlingsritus zu seinen Ehren. Jedes Jahr im Februar hüllen sich gestandene Männer in Bärenfelle und ziehen bei der eindrucksvollen und wilden Fête de l'Ours (http://feteours.free.fr; S. 236) durch die Straßen.

TOP-PICKS: NATURBEOBACHTUNGEN

Hier lassen sich mediterrane Wildtiere aus der Nähe beobachten:

- **Loups du Gévaudan** (S. 158) Infos rund um diese einst in den Wäldern der Lozère heimischen Tiere bietet dieses Wolfsreservat bei Mende, Haut-Languedoc.
- **Maison des Loups und Observatoire de la Montagne** (S. 226) Wölfe und Bergfauna der Pyrenäen in einem Park.
- **Réserve de Bisons d'Europe** (S. 158) Freilaufende Wisente in einem Reservat im Haut-Languedoc.
- **Belvédère des Vautours** (S. 179) Kreisende Geier am Himmel über den Causses, Videoübertragungen aus ihren Felsnestern und halbtägige Beobachtungstouren.
- **Wandern und Eseltrekking im Parc National des Cévennes** (S. 160) Frankreichs größter Nationalpark umfasst rund 20 beschilderte Kurzwanderwege, die allerhand an Flora und Fauna zu bieten haben.
- **Auf den Spuren der Dinosaurier** (S. 160) Ganz wörtlich zu nehmen!
- **Micropolis** (S. 187) Insekten beobachten in der Insektenstadt.
- **Village des Pecheurs, Canet** (S. 239) Dieser Pfad entlang dem Ufer des Étang de Canet et de St-Nazaire im Roussillon zeigt die typischen Bewohner der Lagune.

Zu den gefährdeten Arten gehört die schwarz-gelbe Griechische Landschildkröte. Sie war einst im gesamten europäischen Mittelmeerraum heimisch und kommt heute nur noch im Massif des Albères von Roussillon, im Massif des Maures in der angrenzenden Provence und auf Korsika vor. Das aus der Mongolei stammende Przewalski-Pferd gilt als letzte echte Wildpferderasse und ist im Causse Méjean beheimatet.

Pflanzen

Entlang dem Sentier Cathare oder anderen Wanderwegen im Pays de Sault gibt es unzählige Pflanzenarten zu entdecken; darunter 50 Orchideenspezies und große Bestände natürlich gewachsener Buchen- und Tannenwälder. Um die Sandbuchten an der Küste von Narbonne blüht der Strandflieder und in den Torfmooren der Pyrenäen lauern fleischfressende Pflanzen wie verschiedene Sonnentau-Arten auf arglose Insekten. Die seltenere *Ligularia*

Park	Website	Merkmale
Parc National des Cévennes (1970; 910 km²)	www.pnc.fr	majestätische Gipfel, surreale Mondlandschaft mit Höhlen; Mufflons, Wölfe, Adler & Geier
Parc Naturel Régional de la Narbonnaise en Méditerranée (2003; 800 km²)	www.parc-naturel-narbonnaise.fr	Heimat der Katharer Binnenland & 30 km Küste durch Lagunen und Salzpfannen vom Ozean abgeteilt; Paradies für Strandflieder, Nistplatz für Seeschwalben & Regenpfeifer; Zugvögel
Parc Naturel Régional du Haut-Languedoc (1973; 2600 km²)	www.parc-haut-languedoc.fr	Montagne Noire, Minervois-Weingärten; 70 % bewaldet; Wildziegen & Wildschweine, Greifvögel
Parc Naturel Régional des Pyrénées Catalanes (2004; 1380 km²)	www.parc-pyrenees-catalanes.fr	heilige Gipfel, Bergdörfer & Le Train Jaune (Bergbahn); Adler, Geier, Torfmoore & seltene fleischfressende Pflanzen

GÄRTEN

Angesichts der ungewöhnlichen landschaftlichen Vielfalt dieser häufig übersehenen Region überrascht es kaum, dass das Languedoc-Roussillon auch zahlreiche exotische Gärten besitzt. Hobbygärtner können sich in unzähligen *jardins* die Finger schmutzig machen; u. a. im geheimen Garten eines Boutique-B&Bs in einer alten Poststation (S. 83), in einem mittelalterlichen Garten mit Flachs und Heilpflanzen (S. 97), im Jardin aux Plantes Parfumées von Limoux mit 2500 unterschiedlichen Duftnoten (S. 208), in einem Garten mit 200 Kamelienarten (S. 101), in einer Baumschule für Zitrusfrüchte (S. 255) oder in Frankreichs ältestem Botanischen Garten (S. 111).

Viele Gärten sind im jeweiligen Regionalkapitel dieses Buches aufgeführt. **Le Temps des Jardins** (www.jardinslanguedoc.com) ist eine die ganze Region abdeckende Initiative von 75 vorwiegend privaten Gärten, die zwischen Mai und Oktober öffentlich zugänglich sind. Die meisten bieten während des dreitägigen Rendez-vous aux Jardins zwischen Ende Mai und Anfang Juni zusätzlich Führungen, Gärtnerworkshops usw.

Hidden Gardens (☎ 04 68 91 36 96; www.hiddengardensfrance.com; La Grande Maison, rue des Caves Hautes, 34210 Cesseras) südlich von Minerve ist der örtliche Spezialist für Gartenführungen. Selbst wer kein Französisch versteht, kann mit Louisa Jones' herrlich illustriertem *Almanach des Paysages et Jardins du Sud* (2008) oder *Nouvelles Natures: Jardins du Languedoc Roussillon* (2009) einen verträumten Nachmittag in einer Hängematte im Languedoc verbringen.

Wer morgens gerne in einem blühenden, 100 % natürlichen Garten Eden aufwachen möchte, kann das im **Jardin des Sambucs** (☎ 04 67 82 46 47; www.jardinsambucs.com; Le Villaret, 30570 St-André-de-Majencoules; Erw./unter 10 J. 5 €/frei; Gärten 🕑 Juli & Aug. Di–So 10–19 Uhr, Mai, Juni, Sept. & Okt. Sa & So 10–19 Uhr). Auch wer nicht in der dortigen *chambre d'hôtes* oder dem Selbstversorger-*gîte* übernachtet, sollte die Terrassengärten und Gartenbau-Kulturveranstaltungen unbedingt gesehen haben, die in der ganzen Region unübertroffen sind.

sibirica, deren lange, weinrote Stängel mit sonnenblumengelben Blüten bis zu 1,5 m hoch werden, ist in Höhenlagen von 900 bis 1400 m heimisch.

Die Macchie ist ein dichter, intensiv duftender und bodennah wuchernder Strauch, der in der regionalen Küche zum Einsatz kommt. Zur *garrigue* (Heideland), die auf kalkhaltigen Böden wächst, gehören würzige Mittelmeerpflanzen wie Wacholder, Ginster und Farn.

37 % des Languedoc-Roussillon sind bewaldet; besonders dicht bestanden (v. a. mit Eichen und Pinien) sind die Departements Lozère und Gard. Korkeichen (s. unten), Steineichen und Kastanienbäume dominieren das Landesinnere, wo auch wilde Blau- und Erdbeeren wachsen. Stern-, Aleppo-

Aktivitäten	Besuchszeit	Seite
Wandern, Mountainbiking, Höhlenklettern, Canyoning, Eseltrekking, eingeschränkt Abfahrt- & Langlaufski	Frühling, Sommer & Winter	S. 160
Vogelbeobachtung, Wandern, Schwimmen & Sonnenbaden	Sommer (Aktivitäten im/am Wasser) & Herbst (Vogelbeobachtung)	S. 286
Wandern, Radfahren, Reiten, Weinproben	Frühling & Sommer	S. 201 (La Montagne Noire) & S. 204 (Le Minervois)
Wandern, Mountainbiking, Kajak- & Kanufahren, Canyoning, eingeschränkt Abfahrt- & Langlaufski, Paragliding	Frühling & Sommer	S. 259

WINDKRAFT

Die Tramontana ist ein sehr starker, beißender Nordwestwind – ähnlich dem Mistral in der angrenzenden Provence –, der nie länger als drei Tage am Stück tobt und die Surfer am Cap Leucate (S. 242) regelrecht um den Verstand bringt.

Ist es nicht die Tramontana, die gerade Dampf ablässt, dann garantiert eine ihrer Verwandten. Ein kräftiges Abendrot gilt als Vorbote für den ähnlich heftigen Nordwind Cers, der besonders um Narbonne sehr scharf bläst. Seine Entsprechung an der Küste ist der schwül-warme Südostwind Marin. Außerdem gibt es den von Südwesten her aufziehenden Autan, der seiner Gewalt in plötzlichen Böen Ausdruck verleiht, die seine Durchschnittsgeschwindigkeit teils um das Doppelte übertreffen.

Vorteil all dieser Winde ist ihre *énergie éolienne*, erzeugt in 17 Windparks (mit 64 Turbinen). Damit ist das Languedoc-Roussillon Frankreichs größter Lieferant von Windenergie. Perpignan hat sich sogar zum Ziel gesetzt, seinen Output an erneuerbarer Energie bis 2015 auf mehr als den eigenen Jahresbedarf – 436 000 Megawatt – zu steigern. Möglich machen sollen das 40 neue Windturbinen, drei Solarparks und die Installation von Solarzellen auf öffentlichen Gebäuden. Montpelliers zukünftiges Hôtel de Ville (S. 43) ist mit 1400 m^2 Solarzellen ein klassisches Beispiel für die neue Öko-Architektur.

und Schirmkiefern spenden in Strandnähe Schatten und in den Stadtparks stehen vorwiegend dickstämmige Platanen.

Korkeichen wachsen bereits seit 60 Mio. Jahren im westlichen Mittelmeerraum, aber erst im 17. Jh., als ein Benediktinermönch damit begann, moussierende Weine in Glasflaschen abzufüllen, wurden erstmals zylindrische Stücke aus ihrer wabenartigen Rinde geschnitten und als Flaschenverschluss benutzt. Nach der Ernte, die alle 15 Jahre möglich ist, hat der nackte, feuchtwarme und runzlige Stamm zunächst eine sanfte, rötlich-gelbe Färbung. Nach den ersten Monaten wird er ziegelrot und nach einem Jahr dunkelbraun. Der Anbau der Korkeiche wird in Roussillons Institut Méditerranéen du Liège (Mediterranes Institut für Kork) im Dorf Vivès im Massif des Albères erforscht und weiterentwickelt.

Über 120 verschiedene *chataigniers* (Kastanienbäume) wachsen in den Maronenhainen der Cevennen – neben vereinzelten Maulbeerbäumen, die hier im 16. Jh. als Nahrungsquelle für Seidenraupen gepflanzt wurden; mehr dazu auf S. 173 und S. 106.

NATIONALPARKS

Languedoc-Roussillons einziger Nationalpark – der größte Frankreichs – schützt die gebirgigen und mondähnlichen *causses* (Plateaus) im Norden. Ein weiterer, großer Teil der Region steht unter dem (allerdings geringeren) Schutz von vier *parcs naturels régionaux*, 28 Naturreservaten und einer Unesco-Biosphäre. Dutzende Küstengebiete unterstehen dem Conservatoire du Littoral.

Für Infos zum Unesco-Weltkulturerbe s. S. 22.

UMWELTPROBLEME

„Non à la THT“ ist in dicken weißen Lettern auf den Straßen und *cols* (Bergpässen) zu lesen und soll die klare Ablehnung gegen die hier geplante *ligne THT (très haute tension;* Hochspannungsleitung) zum Ausdruck bringen. Seit den 90er-Jahren, als die Hochspannungsleitung vom Westen Perpignans über die Vallée du Tech bis nach Spanien erstmals diskutiert wurde, kommt es immer wieder zu Demonstrationen, Versammlungen, Anti-THT-Filmen usw. Erst 2008 war die Angelegenheit schließlich (annähernd)

geregelt: das doppelte 400 000-V-Kabel soll nun unterirdisch verlegt werden. Keine wirkliche Lösung für die Umweltschützer.

Waldbrände verwüsten jeden Sommer riesige Gebiete. 2007 wüteten 423 Feuer und vernichteten die Vegetation auf 1608 ha Land – v. a. Eichen-, Pinien- und Macchiewälder. Zwischen dem 1. Juni und dem 30. September sind offene Lagerfeuer in weniger als 200 m Entfernung zu Waldgebieten mittlerweile verboten; melden kann man ein Feuer unter ☎ 18 oder ☎ 112. Einen Waldbrand auszulösen – versehentlich oder nicht – kann eine Geldstrafe von 3750 € und sechs Monate Gefängnis bedeuten.

Solarenergie ist im Roussillon seit 1947 auf dem Vormarsch. Damals hatte man in Mont-Louis mit der Entwicklung des weltweit ersten solarbetriebenen Ofens begonnen (S. 258), der für 15 weitere Geräte weltweit als Prototyp fungierte; u. a. für den leistungsstärkeren Grand Four Solaire d'Odeillo mit 1000 kW, der 1970 im benachbarten Font Romeu (S. 259) in Betrieb genommen wurde. Während der Ölkrise in den 70er-Jahren nutzte man den großflächigen Hang mit 3000 Sonnenstunden im Jahr zur Gewinnung konzentrierter Sonnenenergie. Mit dem Preisverfall des Öls in den 80ern schwand jedoch das Interesse und die Stätte wurde zum Forschungszentrum. Dieses Schicksal teilte auch das Themis-Solarturmkraftwerk, das 1983 im nahe gelegenen Targasonne entstand. Es hatte nur drei Jahre lang Strom produziert, ehe es 1986 – bis zum neuen Millenium – stillgelegt wurde. Als die Ölpreise wieder stiegen, richteten sich alle Augen auf das Roussillon. Themis hat den Betrieb im Oktober 2007 wieder aufgenommen. Nun darf man gespannt sein, was das Rousillon aus seinem Solarerbe machen wird.

Outdoor-Aktivitäten

AKTIVITÄTEN RUND UMS WASSER

Lange feinsandige Strände erstrecken sich über Kilometer hinweg an weiten Teilen der Küste des Languedoc, oft in Form schmaler Landzungen zwischen Meer und Salzwasserlagunen. In diesen seichteren *étangs* können Kinder gefahrlos planschen und zudem ist das Wasser darin deutlich wärmer. In der Hauptsaison ist in Ferienorten wie La Grande-Motte (S. 119), Le Grau-du-Roi (S. 93), Palavas-les-Flots (S. 118) und Le Cap d'Agde (S. 148) kaum genug Platz, um ein Handtuch auszubreiten, aber schon 1 oder 2 km weiter kann man ruhige, menschenleere Dünen finden.

Die nördlichen Urlaubsorte des Roussillon – Canet Plages und Argelès-sur-Mer – bieten ähnliche Sandstrände, während im Süden an der Côte Vermeille (S. 243) die Pyrenäen zum Mittelmeer hin in kleinen Felsbuchten und Kiesstränden auslaufen.

WIND- & KITESURFEN

„Die berauschende Sportart Kitesurfen gewinnt zunehmend an Popularität."

Selbst die kleineren Küstenresorts verfügen meist über eine Surfschule, die auch Bretter und Segel vermietet. Größere Urlaubszentren wie Grau du Roi und Le Cap d'Agde bieten in der Regel sogar mehrere Möglichkeiten, seine Fähigkeiten auf einer *planche à voile* zu üben. Meist gibt es auch mindestens einen Lehrer, der Englisch spricht. Zudem lassen sich die Kenntnisse hier – wie beim Segeln oder Kanufahren – auch relativ problemlos ohne Sprache demonstrieren. Für die ersten Versuche eignen sich die ruhigen Lagunen wie Étang de Canet et de St-Nazaire oder Le Bassin de Thau. Durch das seichte Wasser kommt man hier nach einem unvermeidbaren Sturz auch leichter wieder aufs Board. Für erfahrene Windsurfer oder Funboarder ist das offene Meer eher die richtige Herausforderung. Nervenkitzel und gute Winde gibt's an mindestens 300 Tagen im Jahr am Cap Leucate im Roussillon (S. 242), wo auch der jährliche Mondial du Vent (die Weltmeisterschaft im Windsurfen) stattfindet.

Der Wellengang im Mittelmeer ist zu verhalten und zu unbeständig, um für Surfer interessant zu sein. Was hingegen immer mehr an Popularität gewinnt, ist Kitesurfen, eine berauschende Sportart, in der das Languedoc-Roussillon zahlreiche Weltmeister hervorgebracht hat. Zu den ständig expandierenden Schulen gehören **Kithau** (☎ 06 87 07 11 93; www.kithau.com, auf Französisch; rue Abbe Gregoire, 34340 Marseillan) am Bassin de Thau; **Pure Kite** (☎ 04 67 65 47 35; www.purekite.com, auf Französisch) am Strand von Palavas-les-Flots und **Adreneline** (☎ 04 68 45 74 60; www.adrenaline-kitesurf.com, auch auf Englisch) in La Franqui nahe Perpignan (s. S. 243), betrieben vom ehemaligen Weltmeister John Pendry.

SEGELN

Wer ein eigenes Boot hat, kann in den zahlreichen Yachthäfen entlang der Küste an mehr als 100 000 Liegeplätzen anlegen; ob in großen Seglergemeinden wie La Grande Motte und Port Camargue im Grau du Roi oder kleinen Häfen mit nur wenigen Anlegestellen.

Die **Fédération Française de Voile** (☎ 01 40 60 37 00; www.ffvoile.org, auf Französisch; 17 rue Henri Bocquillon, 75015 Paris) ist eine hilfreiche Organisation auf nationaler Ebene und bietet sowohl allgemeine als auch individuelle Infos. Regionale Tipps gibt's bei der **Ligue de Voile du Languedoc Roussillon** (☎ 04 67 50 48 30; www.ffvoilelr.net, auf Französisch; Patio Santa Monica, 1815, av Marcel Pagnol, 34470 Perols).

Ferienorte mit Windsurf-Schulen bieten meist auch Segelunterricht. Hier kann man seine Fähigkeiten ausbauen und von einfachen Schlauchbooten bis hin zum Laser oder Katamaran alles mieten. Allein an Roussillons relativ dünn besiedelter Küste gibt es 13 kleinere Badeorte mit Segelschulen, während man in Hochburgen wie Cap d'Agde und Le Grau du Roi sogar zwischen mehreren Optionen wählen kann.

TAUCHEN & SCHNORCHELN

Das Tauchen vor den größtenteils sandigen Küsten des Languedocs wird erst durch ein paar Wracks richtig interessant. Ausnahmen von den eher monotonen Sandküsten sind die spitzen, vulkanischen Vorgebirge des Cap d'Agde (mit acht Tauchschulen) und die zerklüfteten Felsen und Schluchten zwischen La Grande Motte und Palavas-les-Flots. Abgesehen von diesen beiden Gegenden bieten Roussillons Küsten – vor allem das von der Réserve Naturelle Marine geschützte Gebiet südlich von Banyuls – mehr Vielfalt und Artenreichtum. Pro Tauchgang muss mit 40 €, für einen Einführungskurs mit 50 € gerechnet werden.

Infos zum Thema Tauchen bietet die Fédération Française d'Études et de Sports Sous Marins (www.ffessmpm.fr, auf Französisch) mit Links auch zu kleineren Tauchorganisationen.

Um die Unterwasserwelt hier zu genießen, muss es aber nicht unbedingt die volle Montur und ein umfassendes Tauchtraining sein. Zugegeben, im Vergleich zum Rundum-Erlebnis eines echten Tauchgangs sind die beiden markierten Unterwasserpfade eher zweidimensional, aber dafür sind sie interessant für alle, die schon mit einem einfachen Schnorchel zurechtkommen und gewähren Einblick in eine Welt, in der Fische frei durchs Wasser gleiten anstatt einen durch die Scheibe eines Aquariums anzustarren.

Vor dem Cap d'Agde führt der Sentier Sous-Marin (S. 149) durch fünf unterschiedliche Meereszonen, von denen jede ihre eigene Flora und Fauna besitzt. Weiter im Süden gibt's zwischen Banyuls und Cerbère, nahe der spanischen Grenze, einen ganz ähnlichen Unterwasserweg (S. 248).

KAJAKFAHREN, KANUFAHREN & WILDWASSERRAFTING

Küste

Alle größeren Resorts an den Küsten des Languedoc-Roussillon verleihen Kanus oder Kajaks. Besonders reizvoll ist Le Grau du Roi, wo man um den Hafen paddeln kann oder – wenn man sportlicher ist – durch die Kanäle und Buchten der nahe gelegenen Petite Camargue. Vor dem Cap d'Agde wird die Exkursion per Seekajak zum Abenteuer, während Gruissan (S. 137) die Wahl lässt zwischen offenem Ozean und geschützter Lagune. Im Roussillon kann man die Buchten und Meeresarme der felsigen Küste erkunden und das besondere Extra gibt's bei **Aleoutes Kajak Mer** (www.kayakmer.net, auf Französisch) in Banyuls: Hier können Kajaktouren bei Sonnenuntergang oder mit Zeltübernachtung gebucht werden.

Binnenland

Vier der Flüsse, die dem jeweiligen *département*, durch das sie fließen, ihren Namen verliehen haben, bieten Möglichkeiten für aufregende und ausgedehnte Kanufahrten. Ariège, Aude, Gard und Hérault sind in der Tat mehr als nur Orientierungslinien auf der französischen Landkarte wie für Napoleon, als er nach der Revolution ganz Frankreich umkrempelte.

Wer einen Abschnitt des Gard entlangpaddeln will, legt am besten im Dörfchen Collias ab und lässt sich flussabwärts, unter dem Pont du Gard (S. 96) hindurch treiben – dem bedeutendsten Wahrzeichen des Departements. Die atemberaubenden Gorges de l'Hérault sind vom Wasser aus ein Erlebnis und die obere Aude fließt südlich von Limoux durch eine wunderbar beschauliche Landschaft, unterbrochen von tiefen Schluchten. Bei sommerlich niedrigem Wasserstand ist die Ariège, die aus den Pyrenäen kommt, die aufregendste der vier Optionen.

Es sind jedoch nicht nur die bekannten Flüsse, auf denen man mit Kanu oder Kajak entspannt herumschippern kann. Tech und Têt im Roussillon und das Flüsschen Orb, das aus dem Parc naturel régional du Haut-Languedoc herunterströmt, sind sowohl für Anfänger als auch für geübtere Paddler interessant. Wer neben der körperlichen Betätigung auch noch ein Auge für die Landschaft hat, dem sei ein halber oder ganzer Tag im Hinterland des Haut-Languedoc ans Herz gelegt – etwa eine Fahrt durch die Gorge de la Dourbie, die Gorges du Tarn oder die Gorge de la Jonte, die abwechslungsreichste der vielen tiefen Schluchten des Haut-Languedoc.

Die Internetseite www.canoe-france.com (auch auf Englisch) verzeichnet 14 Kanu-Unternehmen mit Angeboten auf den Flüssen in ganz Südfrankreich.

Für Wildwasserrafting sind die Flüsse der Region nicht schnell oder tief genug. Ausnahmen sind ein Abschnitt der Aude zwischen Axat und Quillan, wo sich an Fällen und Schnellen auch mehrere Ausrüster finden, sowie die Dourbie bei Millau und schnellere Teilstrecken des Lot.

BOOTFAHREN

In Küstenorten und an einigen der Wasserstraßen und Flüsse im Landesinneren werden Bootsfahrten – mit oder ohne Erläuterungen – angeboten, bei denen man sich gemütlich zurücklehnen kann. Ab Toulouse, am westlichen Ende des Canal du Midi, wird eine geführte Exkursion auf der Garonne und den ersten Kilometern des Kanals angeboten. Weitere Kanaltouren beginnen in den Häfen von Agde, Carcassonne und Homps.

An landschaftlichen Reizen herrscht kein Mangel: Vom Kai in Sète (S. 119) kann man durch die betriebsamen Handels- und Fischereihäfen kreuzen und abends ein Strandbarbecue mit Grillsardinen genießen. Von Aigues-Mortes (S. 90) tuckern mehrere Schiffe – darunter ein umgebauter Frachtkahn – durch die Kanäle der Petite Camargue. Im Roussillon eröffnet ein Sommershuttle zwischen Argelès-sur-Mer und Collioure (eher Fährservice als Vergnügungsfahrt) ein umwerfendes Küstenpanorama.

Weiter landeinwärts kann man den Canal de la Robine von Narbonne aus an Bord eines Lastkahns oder eines Elektroboots befahren. Sogar historische Flussfahrten kann man hier erleben: halbstündige Touren auf einer *gabarre* (Segelkahn mit flachem Rumpf, wie er früher zum Warentransport auf der Garonne nach Bordeaux genutzt wurde), die in Albi ausläuft. Einen tollen Blick auf ein absolut zeitgenössische Wunder des 21. Jhs., den Pont de Millau, bietet eine 1½-stündige Tour mit den Bateliers du Viaduc (S. 182).

Bootsvermieter

Es gibt keine entspanntere Art, die flacheren Gefilde des Languedoc zu erkunden, als an Bord eines Mietbootes, mit dem jeder sein Tempo und seine Ankerplätze selbst bestimmen kann. Diese Boote bieten Platz für vier bis acht Passagiere und erfordern keine besondere Fahrerlaubnis. Die Mietpreise sind stark saisonabhängig. Im Frühling und Herbst liegen sie niedriger, die Temperaturen sind weniger drückend und die Schleusen nicht so überfüllt.

Die bekannteste Wasserstraße ist natürlich der Canal du Midi. 175 km davon verlaufen durch das Languedoc und weitere schiffbare 65 km in der Region Midi-Pyrénées und bis nach Toulouse. Nicht alle 48 Schleusen funktionieren per Knopfdruck, sodass schon der eine oder andere Kraftakt gefordert wird. Bootsvermieter sind in den Kästen auf S. 151, S. 206 und S. 267 genannt.

Der Canal du Midi ist nicht der einzig befahrbare, künstliche Wasserweg. Sein Nebenarm, der Canal de la Robine, verläuft von Sallèles d'Aude direkt durch Narbonne und mündet bei Port-la-Nouvelle in den Ozean. Auch er hat 48 Schleusen, ein ideales Bizepstraining auf seinen relativ kurzen 33 km. Richtig Meerluft schnuppern können Kanalkapitäne auf dem Rhone-Sète-Kannal zwischen Sète und Beaucaire. Er reicht vom Atlantik über die Canals de la Garonne und du Midi sowie über das Bassin de Thau bis nach Sète und führt dann über die Rhône bis Zentral- und Nordfrankreich. Auch die Petit Rhone hat ein etwas maritimes Flair. Der Ableger des Hauptflusses Rhone ist zum Teil schiffbar und verzweigt sich im Delta der Camargue in unzähligen kleinen Arme.

AKTIVITÄTEN AN LAND

WANDERN

Es wäre schon mehr als nur ein Leben notwendig, um das Languedoc-Roussillon vollständig zu erwandern. Ende des 20. Jhs., lange vor dem aktuell andauernden Schlankheitswahn, forderte Frankreichs Zentralregierung jede *commune* auf, ein oder zwei Wanderwege abzustecken. Die Region Languedoc-Roussillon kommt so auf etwa 12 000 km begeschilderter Routen – größtenteils gepflegt von freiwilligen Ortsgruppen der Fédération Française de la Randonnée Pédestre.

Jahrhundertealte *drailles* (Wege für den Viehtrieb) und historische *chemins* und *sentiers,* Fußpfade von Weiler zu Weiler und von Dorf zu Dorf, erfordern keine Wegweiser. Längere Strecken – über Jahrhunderte hinweg von Hunderttausenden von Füßen ausgetreten – sind der klassische Pilgerweg Chemins de St-Jacques und einige erhaltene Abschnitte der Römerstraße Via Domitia (s. Kasten S. 70). Es gibt drei Kategorien markierter Wanderwege.

„Historische *chemins* und *sentiers,* Fußpfade von Weiler zu Weiler und von Dorf zu Dorf, brauchen keine Wegweiser."

Sentiers de Grande Randonnée (GR)

Diese Wege sind grundsätzlich linear und recht lang (meist mehrere Tagesetappen) – wie schon der Name sagt. Sie sind rot-weiß markiert und verlaufen (teils von weit her kommend) quer durch die Region. Der GR10 z. B. schlängelt sich längs durch die gesamten Pyrenäen von Hendaye im Baskenland bis ins Roussillon, über den Pic du Canigou (S. 254) und schließlich nach Banyuls (S. 247) an der Mittelmeerküste. Der GR7 hingegen beginnt im fernen Elsass, nahe der deutschen Grenze, führt über die Montagne Noire ins Languedoc und windet sich in die Pyrenäen hinauf, wo er in Andorra endet.

Andere Langstrecken wie der GR70 – der Chemin de Stevenson oder Robert Louis Stevenson-Weg mit zwölf Etappen (S. 161) –, die sechs Tage erfordernde GR66-Tour du Mont Aigoual und die kürzere GR68-Tour du Mont Lozère verlaufen weitgehend oder ganz im Languedoc-Roussillon.

Sentiers de Grande Randonnée de Pays (GPR)

Diese rot-gelb markierten, kürzeren Strecken (meist Rundwanderungen von höchstens einigen Tagen) sind ideal, wenn man sich irgendwo absetzen oder abholen lassen will.

Sentiers de Promenade et Randonnée (PR)

Am anspruchslosesten sind die unzähligen lokalen PRs. Es handelt sich um kürzere Spazierwege, die häufig mit gelben Punkten oder Strichen gekennzeichnet, aber auch mit anderen Farben markiert sein können. Gewöhnlich nehmen sie ein paar Stunden, manchmal aber auch bis zu einem ganzen Tag in Anspruch. Fast jede Touristeninformation bietet Prospekte zu landschaft-

CHEMINS DE ST-JACQUES & VIA DOMITIA

Wir verwenden hier bewusst die Pluralform Chemins de St Jacques (Jakobswege) für den klassischen Pilgerweg, der schon im Mittelalter über die spanische Grenze bis Santiago de Compostela führte. Diese Stadt unweit der Atlantikküste konkurriert hinsichtlich ihrer Beliebtheit bei Pilgern seit mehr als einem halben Jahrtausend sogar mit Rom und Jerusalem. Heute teilen sich gläubige Katholiken die Wege mit Wanderern und Radfahrern aller erdenklichen Weltanschauungen, die einfach nur auf historischen Pfaden wandern und die reizenden Kapellen und Herbergen am Wegesrand kennenlernen wollen.

Eigentlich verlaufen nur zwei der vier französischen Hauptwege – alle als Weltkulturerbe anerkannt und von zahlreichen Nebenadern gespeist – durch die in diesem Buch behandelte Region, trotzdem werden wir hier der Vollständigkeit halber alle Strecken skizzieren.

Von den Stufen vor der Basilique Ste-Madeleine von Vézelay im Burgund brechen Pilger mit charakteristischem Holzstab und *coquille St Jacques* (Jakobsmuschel) auf. Sie wandern nach St-Jean-Pied-de-Port und überqueren die Grenze nach Spanien, um weiter dem heutigen GR654 zu folgen. Die zweite Möglichkeit, von Tours im Loire-Tal ausgehend, führt größtenteils entlang dem Fernwanderweg GR6552 durch die Region Bordeaux und läuft schließlich mit der Vézelay-Route zusammen. Beide überqueren am selben Punkt die Grenze – zusammen mit der dritten Hauptstrecke auf dem heutigen GR65. Letztere Route beginnt in Le Puy im Zentralmassiv, streift das Haut-Languedoc, durchquert die Margeride und die Aubrac (S. 159) sowie St-Alban-sur-Limagnole und Aumont-Aubrac. Einen ganz eigenen Weg nimmt der Chemin d'Arles, der in Arles in der Provence beginnt. Er führt durch St-Gilles und die Petite Camargue (S. 90) nach Toulouse und via Col du Somport nach Spanien. Alle vier Optionen sind landschaftlich eindrucksvoll und durch mitreisende Gleichgesinnte ausgesprochen gesellig.

Sogar Teile der Via Domitia, einer alten Römerstraße zwischen Rom und den spanischen Besitztümern der Römer, werden heute als Wanderweg genutzt. Diese Route überquert bei Beaucaire die Rhône ins Languedoc. Große Teile der Via Domitia sind mittlerweile asphaltiert und stark befahren, aber streckenweise kann man noch heute denselben Wegen folgen, wie Soldaten, Handelsreisende und Abenteurer vor fast 2000 Jahren. Weitere Infos bei der **Association Régionale Via Domitia** (☎ 04 67 22 81 00; c/o La Comité Régional de Tourisme, 20 rue de la République, Montpellier Cedex 2).

lich ansprechenden PRs in ihrer Region und, sofern die örtlichen Freiwilligen mit ihren Farbeimern ganze Arbeit geleistet haben, besteht kaum Gefahr, sich dort zu verlaufen. In jedem Regionenkapitel stehen Routenvorschläge für solche kürzeren Spaziergänge.

Ambitionierte Wanderer, die Kontakt zu Gleichgesinnten suchen, wenden sich an das **Comité Régional de la Fédération Française de la Randonnée Pédestre Languedoc-Roussillon** (☎ 04 67 82 16 73; www.ffrandonnee-lr.fr, auf Französisch; Maison Régionale des Sports, Parc Club du Millénaire Bat, 311025 av Henri Becquerel, 34000 Montpellier).

Auch der Parc National des Cévennes bietet (neben zahlreichen GR-Pfaden) über 20 ausgeschilderte Kurzstrecken von zwei bis sieben Stunden.

RADFAHREN & MOUNTAINBIKEN

Planung

Die Association Française de Développement des Véloroutes et Voies Vertes ist eine gemeinnützige Organisation, die sich landesweit für mehr Radwege engagiert und diese z. T. selbst ausbaut. Infos gibt's unter www.af3v.org oder auf der Website der Association Vélo Toulouse, dem örtlichen Zweig für Languedoc-Roussillon und die Midi-Pyrénées, http://toulousevelo free.fr (auf Französisch).

Eine weitere gute Anlaufstelle für alle, die der französischen Sprache mächtig sind, ist www.ffr.fr, die Internetseite der Fédération Française de Cyclisme, dem Verband, der u. a. für die Markierung der Mountainbiketrails in ganz Frankreich zuständig ist.

Es ist sinnvoll, sich eine Stunde Zeit zu nehmen und mit einer guten Karte zu planen, welchen Sträßchen die Route folgen soll und wo größere Straßen zu umgehen sind. Der ideale Maßstab für Radfahrer ist 1:150 000 oder 1:200 000. Von Michelin gibt's die reißfeste und detaillierte *Languedoc-Roussillon Nr. 526* im Maßstab 1:200 000, die jedoch beidseitig bedruckt ist und im Wind flattert und sich aufbläht wie ein Spinnaker. Bei leichter Brise oder auf dem Boden besser zu handhaben sind die 1:150 000 oder 1:175 000 Karten von Michelin, die in der Regel zwei Departements abdecken: Nr. 339 begleitet einen der Länge und der Breite nach durch den Hérault und den Gard; Nr. 344 führt durch die Aude und das Roussillon und Nr. 343 durch die Ariège.

Ausgewiesene autofreie Radwege durch malerische Landschaften finden sich unter www.af3v.org (auf Französisch), der Internetseite der Association Française de Développement des Véloroutes et Voies Vertes.

Welche Jahreszeit die beste ist? Im Bas-Languedoc lässt es sich in drei Quartalen wunderbar strampeln; Juli und August sollten nach Möglichkeit gemieden werden, denn dann laden die Temperaturen eher zu weniger schweißtreibenden Aktivitäten ein. Wer keine andere Wahl hat, sollte zumindest mehrere Liter Wasser mitnehmen. Das Haut-Languedoc macht das ganze Jahr über Spaß, es gibt allerdings ein, zwei höher gelegene *cols*, die bei starken Schneefällen gelegentlich gesperrt werden.

Touren

Die Region bietet viele Möglichkeiten fürs Radeln ohne große Anforderungen. Vor allem der Canal du Midi ist ein Paradies für beinfaule Biker. Seine topfebenen 240 km lassen sich komplett abfahren, auch wenn einige Abschnitte etwas holprig ausfallen. Es gibt nur ein paar (kurze) Steigungen an den Brücken. Wer sich die gesamte Länge vornimmt, findet am Ende jedes Tages auch eine Unterkunft, die weniger als 5 km vom Treidelweg entfernt ist (v. a. im Sommer vorher reservieren).

Ein exzellenter Wegbegleiter, der sogar in der Lenkertasche Platz findet, ist die 2008 nun auch auf Englisch erschienene Ausgabe *Biking the Canal du Midi*. Das Buch wurde von Philippe Calas recherchiert und verfasst, der neben seiner Tätigkeit als Schulleiter ein passionierter Radfahrer und Kanalenthusiast ist und auch noch die Zeit findet, die informative Kanal-Infoseite www.midicanal.fr (auf Französisch) zu betreiben.

Wer Französisch kann, ist auch mit dem Führer *À Vélo le Long du Canal du Midi* der Association Vélo Toulouse gut beraten, dessen 13. Auflage nicht nur den Kanal abdeckt, sondern auch das Gebiet nach dem Bassin de Thau bis Sète. Außerdem enthält er separate Kapitel zum 42 km langen Canal de la Robine und den Zuflüssen aus der Montagne Noire. Wer bis Toulouse gekommen ist und noch immer nicht genug hat, kommt mit dem ähnlich detaillierten *Bordeaux-Toulouse à Vélo le Long du Canal de la Garonne* bis zum Meer. Beschrieben werden die 280 km zwischen diesen beiden Städten, von denen 193 km auf Treidelpfaden verlaufen.

Auch abseits der Kanäle gibt es reichlich Auswahl an gemütlichen Radwegen. Im Departement Herault sind es über 250 km und bis 2012 sollen es sogar 500 km werden. Und das Languedoc-Roussillon verfügt derzeit über zwölf 4 bis 43 km lange *voies vertes,* ausgewiesene, landschaftlich schöne Strecken für Radfahrer und Wanderer. Dazu zählen u. a. die folgenden:

- Von Sommières nach Caveirac (S. 88) bei Nîmes (22 km)
- Von Perpignan nach Thuir (15 km)
- Entlang dem Canal de la Robine von Narbonne nach Port-la-Nouvelle (22 km)
- Entlang dem Canal du Midi von Carcassonne nach Trèbes (14 km)
- Entlang dem Canal du Midi von Béziers nach Portiragnes-Plage (15 km)
- Von Palavas-les-Flots nach Lattes (6 km)

Wer lieber eigene Wege geht, kann in der Petite Camargue Deiche, Salzebenen und Sümpfe erkunden und erreicht dabei mit dem Drahtesel Gegenden, in die kaum Menschen, geschweige denn Autos, vordringen.

Anspruchsvollere Bergstrecken (etwa für Mountainbiker) gibt's in den Grands Causses und den Cevennen im Haut-Languedoc. Allein im Parc National des Cévennes finden sich über 200 km ausgeschilderter Pfade. Rund um Clermont-l'Hérault bietet die Region 270 km Trails mit Schwierigkeitsgraden von grün bis schwarz und weitere 240 km um den Pic du Canigou und das Têt-Tal.

TOURANBIETER

Ein deutscher Anbieter organisierter Radtouren ist z. B. **France Ecotours** (☎ 06103/928787; www.france-ecotours.com; Elisabethenstr. 17, 63225 Langen). Sehr hilfreich ist auch das Internetportal **Radreisen Online** (www.radreisen-online.de) mit weltweiten Angeboten verschiedener Veranstalter.

Fahrradvermieter & Transporte

Wer nicht mit dem eigenen Rad auf Tour gehen will, findet in diesem Buch zahlreiche Adressen von Fahrradvermietern im entsprechenden Kapitel des jeweiligen Orts. Wer per Flugzeug anreist und sein eignes Rad nicht vermissen will, sollte sich nach den Bestimmungen und Kosten für einen Transport erkundigen.

Die Mietpreise vor Ort sind uneinheitlich, liegen jedoch meist um 10/15/35 € pro halben/ganzen Tag/Woche (Ausnahmen sind die günstigen, subventionierten Leihsysteme in Städten wie Montpellier, Toulouse, Perpignan und Narbonne).

REITEN & ESELTREKKING

Man muss nicht unbedingt ein ambitionierter Reiter sein, um die hier angebotenen einstündigen bis mehrtägigen Ausritte genießen zu können. Vor allem zwei Gegenden – eine an der Küste, eine im Landesinneren – eignen sich für den Reitsport und bieten Unterricht sowie geführte Ausflüge.

„Für viele ist ein Esel eine Bereicherung für die Reise, für andere hingegen eine Belastung."

In der Petite Camargue kann man über den Strand galoppieren oder durch Sumpfgebiete und seichte Tümpel reiten, während man die Seeluft genießt und sich wie ein Cowboy fühlt. Mehrere Ställe bei Le Grau du Roi und Aigues-Mortes bieten dieses Erlebnis für rund 18/28/50 € pro Stunde/2 Stunden/halben Tag.

Insgesamt 600 km Bergpfade für Reiter und Eseltrekker ziehen sich durch den Parc National des Cévennes. Hoch zu Ross reist es sich recht bequem, während Esel nur Gepäck transportieren (die meisten Halter erteilen die Auflage, dass höchstens Kinder bis zwölf auch mal aufsitzen dürfen). Dennoch werden Wanderungen mit Eseln in den Cevennen immer beliebter, was z. T. sicher dem Robert-Louis-Stevenson-Weg (S. 161) zu verdanken, aber keineswegs auf diesen beschränkt ist. Nahe Florac (S. 161) und Meyrueis (S. 175) gibt es mehrere Möglichkeiten, Lastesel zu mieten. Die Preise liegen um 45 € pro Tag oder 210 bis 275 € pro Woche. Viele finden, dass ein Esel die Reise bereichert; vor allem wenn Kinder mitwandern. Andere – vor allem Wanderer die zügig vorankommen wollen – hält er hingegen nur auf.

Allgemeine Informationen zum Reiten in Frankreich gibt's beim **Comité National du Tourisme Équestre** (☎ 02 54 94 46 80; www.tourisme-equestre.fr, auch auf Englisch; Parc Équestre Fédéral, 41600 Lamotte-Beuvron) oder dessen regionalem Gegenstück, dem **Comité Régional du Tourisme Équestre Languedoc Roussillon** (☎ 04 67 43 82 50; www.telr.net, auf Französisch; 14 rue des Logis, 34140 Loupian, Meze) mit zahlreichen Links auf der Website.

VOGELBEOBACHTUNG

Scharen rosafarbener Flamingos staksen schnäbelnd durch die seichten Gewässer der Petite Camargue, in der über 400 Vogelarten gezählt wurden, sowie durch die Salzwasserlagunen der Küste des ganzen Languedoc. Das Schilf bietet unzähligen Wasservögeln Schutz: reviertreuen, aber auch Zugvögeln auf ihrer jährlichen Wanderung. Besonders beliebt bei Vogelbeobachtern sind u. a. die Salins du Midi – die Salzbecken von Aigues-Mortes –, die Marschen des Étang de Perois, Étang de l'Arnel und Étang du Prévost bei Palavas und der Étang de Canet et de St-Nazaire östlich von Perpignan.

In den wilden Cevennen (v. a. auf Höhe der Grands Causses und des Mont Aigoual sowie oberhalb der Gorges du Tarn, de la Jonte und de la Dourbie) lassen sich Raubvögel von der Thermik und den sanften Böen durch die Lüfte tragen. Geiersichtungen sind im Belvédère des Vautours (S. 179) in den Gorges de la Jonte garantiert, wo sogar Nestkameras Bilder übertragen. Steinadler, Schmutzgeier und andere Greifvögel sind außerdem im kargen Pays de Sault zwischen den Tälern von Aude und Ariège heimisch.

Auch wenn Puristen die Nase rümpfen: Die Luftakrobatik abgerichteter Adler und anderer Greifvögel von Les Aigles de Beaucaire (S. 87) und der romantisch gelegenen Falknerei Les Aigles du Château de Lordat (S. 225) faszinieren Erwachsene und Kinder gleichermaßen.

Begeisterte Ornithologen können bei den örtlichen Zweigstellen der französischen **Ligue pour la Protection des Oiseaux** (Vogelschutzbund; ☎ 05 46 82 12 34; www.lpo.fr, auf Französisch; La Corderie Royale, BP 90263, 17305 Rochefort) Kontakte zu Gleichgesinnten knüpfen. Solche Zweigstellen gibt es in den Departements **Aude** (☎ 04 68 49 12 12; Écluse Mandirac, 11100 Narbonne), **Aveyron und Lozère** (☎ 05 65 42 94 48; 10 rue des Coquelicots, 12850 Onet le Château) sowie **Hérault** (☎ 06 29 81 66 31; Les Lierles No 60, 3 Impasse St-Exupéry, 34110 Frontignan). Alle können auch per Mail kontaktiert werden: (Name des Departements)@lpo.fr.

Infos darüber, wann welche Arten wo zu beobachten sind, bietet die Ligue pour la Protection des Oiseaux (LPO; Vogelschutzbund; www.lpo.fr, auf Französisch) und ihre regionalen *délégations* (auf der Internetseite unter „Nos sites web").

SKIFAHREN

Nur in den bergigen Süd- und Westausläufern der Region besteht überhaupt die Möglichkeit zum Skifahren – optimal ist es offen gesagt aber auch dort nicht. Das nördlich des Haut-Languedoc gelegene Zentralmassiv ist für Skifahrer interessanter und vom Roussillon aus gelangt man – via Têt-Tals und St-Romeu – schnell nach Andorra. Der Zwergstaat zwischen Frankreich und Spanien bietet bei Weitem die besten Wintersportmöglichkeit der Pyrenäen.

Font Romeu ist das größte von Roussillons kleinen Skigebieten. Les Angles, Formiguères und Puyvalador bieten eingeschränkte, dafür aber malerische Abfahrten. Weiter westlich im oberen Ariège-Tal liegen die Anfängerhänge des kleinen Ski- und Kurorts Ax-les-Thermes. Sie sind ideal für Familien mit kleinen Kindern. Erfahrene Skifahrer werden sich hier rasch langweilen.

Im Haut-Languedoc gibt es einige ganz annehmbare Langlaufloipen rund um den Mont Lozère und an den Südhängen des Mont Aigoual, wo die winzige Skistation Prat Peyrot auch ein Dutzend Abfahrtsstrecken unterhält.

NOCH MEHR AKTIVITÄTEN

Millau, in einem Talkessel unterhalb hoch aufragender *causses*, ist eines der französischen Zentren für Drachenfliegen und Paragliding (*parapente*). Zu mehreren Startpunkten, die die berühmten Aufwinde des Tals nutzen, gehören **Horizon** (☎ 05 65 59 78 60; www.horizon-millau.com, auf Französisch) und **Roc et Canyon** (☎ 05 65 61 17 77; www.roc-et-canyon.com, auf Französisch). Ein fünftägiger Einführungskurs kostet rund 325 € und ein Tandemflug mit einem erfahrenen Ausbilder zwischen 55 und 70 €. Beim Centre Régional de Vol à Voile

(S. 125) nahe dem Dorf St-Martin-de-Londres nördlich von Montpellier kostet ein ganz ähnlicher Tandemflug 60 €. Allgemeine Infos gibt's bei der **Fédération Française de Vol Libre** (☎ 04 97 03 82 82; www.ffvl.fr, auf Französisch; 4 rue de Suisse, 06000 Nice) oder der örtlichen **Ligue de Vol Libre Languedoc Roussillon** (☎ 04 67 55 75 74; www.lvllr.net, auf Französisch).

Die engen Gorges de la Jonte im Haut-Languedoc sind ein internationaler Treffpunkt für Kletterer. Horizon und Roc et Canyon organisieren hier geführte Kletterpartien. Daneben haben beide Höhlentouren und Canyoning auf dem Programm.

Weitere Anbieter mit ähnlichen Aktivitäten am Berg sind:

Aventure 34 Bei Olargues (S. 144).
Cévennes Évasion In Florac (S. 162).
Fremyc In Meyrueis (S. 175).
Horizon Vertical In St-Girons (S. 227).

Nîmes & das Departement Gard

In keinem anderen Teil des Languedoc-Roussillon haben die alten Römer so viele Spuren hinterlassen. Nîmes, die Hauptstadt der Region, kann sich mit der besterhaltener römischen Arena des Landes brüsten. Der Pont du Gard war seinerzeit die höchste Brücke des Römischen Reichs und sogar das nette Provinzstädtchen Sommières hat einen eigenen (mehrmals umgebauten) Aquädukt, den Pont Romain.

Die Petite Camargue bildet mit der Camargue in der Provence das größte Flussdelta Westeuropas. Hier bahnen sich Kanäle ihren Weg zwischen Salzpfannen, grasen halbwilde Rinderherden, galoppieren Pferde durch die malerische Landschaft und scheuchen dabei einen Schwarm rosafarbener Flamingos auf. Die von Zinnen bekränzten Befestigungsanlagen von Aigues-Mortes sehen so authentisch aus, dass man fast glaubt, die Flotte von Ludwig dem Heiligen im Hafen zu sehen, die zu einem neuen Kreuzzug in See sticht.

Le Grau-du-Roi, das Badeparadies an der Küste, punktet mit dem beeindruckenden, ultramodernen Hafen Port Camargue, unendlich vielen Wassersportmöglichkeiten und den längsten Stränden des Languedoc-Roussillon.

Eine Perle im Landesinneren ist Uzès mit ihrer wunderbaren, von Arkaden umgebenen Place aux Herbes. Weiter landeinwärts liegt Alès, das trotz kohleschwarzer Vergangenheit sauber und adrett wirkt, was der Blumenschmuck im Sommer noch unterstützt. St-Jean-du-Gard öffnet mit der spektakulären Corniche des Cévennes das Tor zum Haut-Languedoc und lässt mit seinem Musée des Vallées Cévenoles längst vergessene ländliche Berufe und Handwerkskünste wieder aufleben. In St-Hippolyte-du-Fort erzählt das Musée de la Soie die Geschichte der Seidenraupenzucht, die früher viele Familien in dieser Gegend ernährte.

HIGHLIGHTS

- Sich in die Menge stürzen und auf der **Féria des Vendanges** (S. 78) in Nîmes abfeiern
- In **Collias** (S. 97) ein Kanu nehmen und unter dem **Pont du Gard** (S. 96) durchpaddeln
- In den perfekt erhaltenen Befestigungsanlagen von **Aigues-Mortes** (S. 90) herumtigern
- Den Salzpfannen der **Salins du Midi** (S. 92) einen Besuch abstatten
- Ein Pferd mieten und durch die Petite Camargue bei **Le Grau-du-Roi** (S. 93) galoppieren
- Mit dem Grubenkorb in die **Mine Témoin** (S. 100) des Kohlebergwerks in Alès einfahren
- Sich im **Musée de la Soie** (S. 106) in St-Hippolyte-du-Fort von den Seidenraupen einwickeln lassen

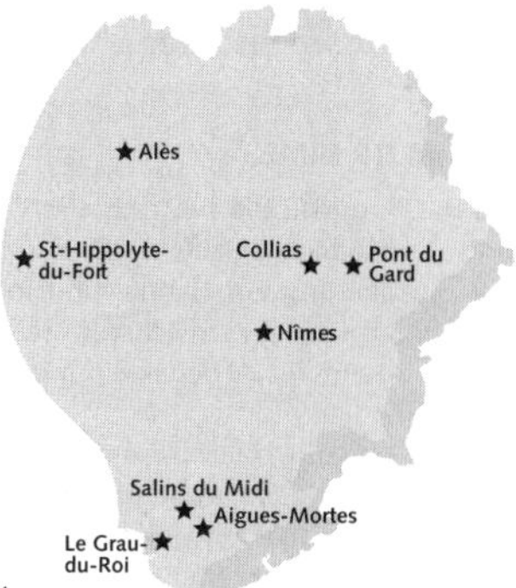

NÎMES & UMGEBUNG

NÎMES

145 000 Ew.

Nîmes liegt eingebettet in Weingärten, und wo keine Reben gepflanzt sind, wuchert die *garrigue* (stacheliges Strauchzeug, das aber wunderbar nach Rosmarin, Thymian und Lavendel duftet). Das gibt der Stadt etwas provenzalisches Flair – aber im Grunde ihres Herzens ist sie genauso typisch für das Languedoc wie ein Cassoulet. Um das herauszufinden, müssen sich Besucher zwar erst durch das Verkehrschaos der tristen Vororte kämpfen. Aber die Mühe lohnt: Im Zentrum ist der Herzschlag der über zweitausend Jahre alten Römerstadt besonders deutlich. Alte Gemäuer (von denen einige zu den am schönsten restaurierten in ganz Frankreich zählen) wechseln sich ab mit beeindruckenden Neubauten, und mit dieser faszinierenden Kombination kann Nîmes seinem Erzfeind Montpellier (mit dem es seit Jahrhunderten konkurriert) durchaus das Wasser reichen.

Geschichte

Seine Lage verdankt Nîmes der Quelle La Fontaine, die das ganze Jahr über sprudelte. Das bewog den keltische Stamm der Volcae Arecomices, sich dort niederzulassen. Nach ihnen kamen die Römer, die die Quelle mit einem Tempel, Bädern und Statuen schmückten und eine Stadt drum herum bauten, die heute mit Arles in der benachbarten Provence um den Titel der besterhaltenen römischen Siedlung Frankreichs kämpft. Auch für die weitere Stadtentwicklung war die Wasserversorgung eine wichtige Voraussetzung. Also wurden bis zu 40 km entfernte Quellen angezapft und über den Pont du Gard (S. 96) nach Nîmes geleitet. Da die Stadt, die damals Colonia Nemausensis hieß, außerdem an der Via Domitia (einer Römerstraße) lag, konnte sie sich schnell entwickeln und erreichte im 2. Jh. ihren Höhepunkt. Erst der Einfall plündernder Westgoten im 7. Jh. läutete ihren langsamen Niedergang ein.

Ein paar Jahrhunderte später galt Nîmes in den Augen seiner Nachbarn zwar immer noch als staubiges Provinznest, hatte sich aber klammheimlich zu einem Wirtschaftszentrum hochgearbeitet. Stoffe aus Nîmes wurden in die ganze Welt exportiert. Und im 19. Jh., als die Bauern aus den Cevennen Wagenladungen voller Seidenraupenkokons in die Stadt karrten, entwickelte sich hier eine Seidenindustrie, die nur von der im weiter nördlich gelegenen Lyon getoppt wurde.

Orientierung

Fast alles – den Verkehr eingeschlossen – dreht sich um Les Arènes, das römische Amphitheater. Nördlich davon breitet sich die fächerförmige, größtenteils autofreie Altstadt aus, die von den Boulevards Victor Hugo, Amiral Courbet und Gambetta begrenzt wird. Die wichtigsten Plätze sind die Place de la Maison Carrée, die Place du Marché und die Place aux Herbes.

Praktische Informationen

Avenue PC Gamer (2 rue Nationale; pro Std. 2 €; 10.30–23.30 Uhr) Internetzugang.

Hauptpost (bd de Bruxelles)

Net@Games (place de la Maison Carrée; pro Std. 2,50 €, WLAN pro Std. 2 €; Mo–Sa 9–1, So 12–1 Uhr) Internetzugang.

DENIM DE NÎMES

Im 18. Jh. durfte die protestantische Mittelschicht von Nîmes keine staatlichen Ämter besetzen und auch einige Berufe waren für sie tabu. Also verlegte sich dieser nicht unerhebliche Teil der Bevölkerung auf Handel und industrielle Fertigung. Einer der Artikel aus protestantischer Produktion war ein Drillichstoff namens *serge*. Das weiche, aber robuste Material eignete sich hervorragend für Arbeitskleidung und war, blau gefärbt, bei den Fischern von Genua sehr populär.

1849 begann Levi Strauss (1829–1902), ein Einwanderer bayerisch-jüdischer Abstammung, in Kalifornien (das gerade im Goldrausch war) Hosen herzustellen. Er kapierte schnell, dass die Minenarbeiter Kleidung brauchten, die einiges aushielt. Also suchte er nach einem geeigneten Gewebe, und nachdem Segeltuch nicht die gewünschte Festigkeit aufwies, verlegte er sich auf *serge de Nîmes*, den heutigen Denim.

NÎMES & DAS DEPARTEMENT GARD

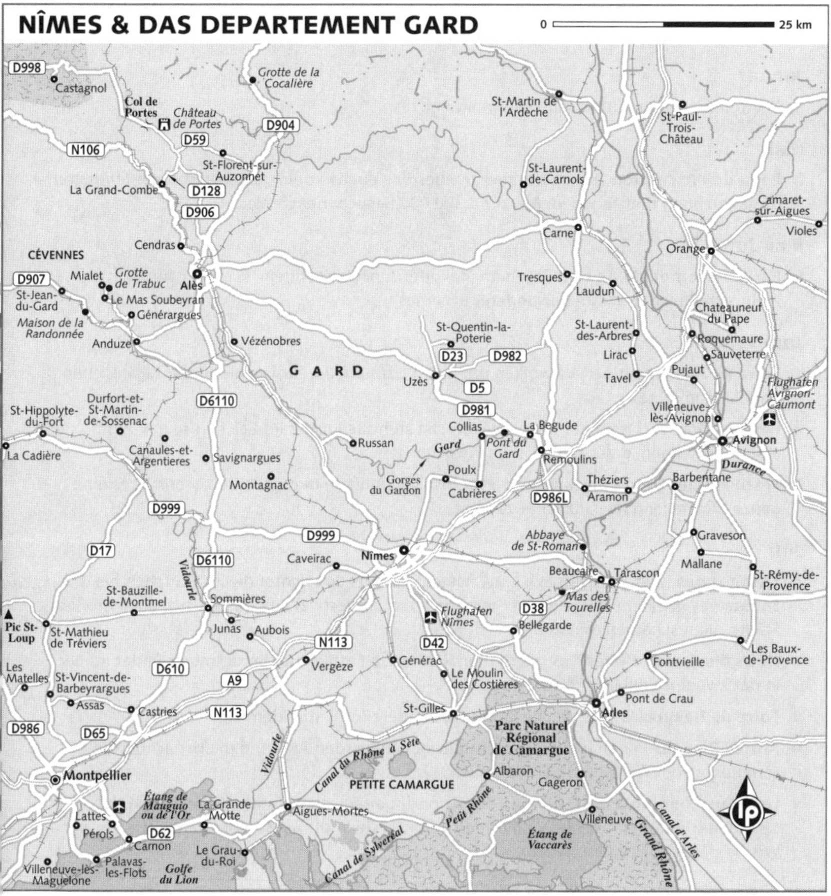

Tourisme Gard (☎ 04 66 36 96 30; www.tourismegard.fr, auch auf Deutsch; 3 rue de la Cité Foulc; ⌚ Mo–Fr 9–12 & 13.30–18 Uhr) Büro des Comité Départemental du Tourisme für das Departement Gard.

Touristeninformation (☎ 04 66 58 38 00; www.ot-nimes.fr, auch auf Deutsch; 6 rue Auguste; ⌚ Juli & Aug. Mo–Fr 8.30–20, Sa 9–19, So 10–18 Uhr, Sept.–Juni Mo–Fr 8.30–18.30 oder 19, Sa 9–18.30 oder 19, So 10–17 oder 18 Uhr) Verleiht Audioguides über das Zentrum von Nîmes (1/2 Kopfhörer 8/10 €).

Waschsalon (14 rue Nationale; ⌚ 7–21 Uhr)

Sehenswertes

Nîmes hat seine zwei großen antiken Attraktionen kürzlich mit moderner Technik aufgetunt.

LES ARÈNES

Das **römische Amphitheater** (Erw./7–17 J./unter 7 J. inkl. Audioguide 7,70/5,90 €/frei; ⌚ Juni–Aug. 9–19 Uhr, März–Mai, Sept. & Okt. bis 18 oder 18.30 Uhr, Nov.–Feb. 9.30–17 Uhr) entstand um 100 n. Chr. und fasste 24 000 Zuschauer. Es hatte sogar ein *velum*, ein ausfahrbares Sonnensegel, das die Zuschauer vor Hitzschlägen bewahrte. Kein anderes Amphitheater aus dem ehemaligen Römischen Reich ist so gut erhalten und im Gegensatz zur Konkurrenz in Arles steht sogar noch die oberste Etage. Der Innenraum ist über ein ausgeklügeltes Netz von Gängen und Passagen zugänglich (die sogenannten *vomitoires*), sodass das gemeine Volk zügig rein und raus kam, ohne die vornehmen

FESTIVALS & EVENTS – NÎMES & GARD

Januar

- **Trüffelmesse** Am dritten Januarsonntag in Uzès.

Mai

- **Féria de l'Ascension** Die kleine, aber mindestens ebenso quirlige Schwester der *férias* von Nîmes zieht an fünf Tagen im Mai rund 300 000 Besucher nach Alès.

Mai–Juni

- **Féria de Pentecôte** An fünf Tagen im Mai oder Juni (je nachdem, wie Pfingsten fällt) versammeln sich Bullen und ihre Bewunderer in Nîmes.

Juni

- **Foire à l'Ail** Eindeutige Duftwolken umhüllen Uzès am 24. Juni während des alljährlichen Knoblauchmarktes.
- **Fête du Drac** Während der ersten Juniwoche steht Beaucaire im Zeichen seines Symboltiers, einem gruseligen, drachenähnlichen Flussmonster.
- **Festival Uzès Danse** Im Juni zuckt es selbst Tanzmuffeln in den Beinen, wenn Uzès eine ganze Woche lang im Tanzfieber zappelt.

Juli

- **Jazz à Junas** (www.jazzajunas.asso.fr, auf Französisch) Mitte Juli richtet dieses Dörfchen bei Sommières in einem stillgelegten Steinbruch ein Jazzfestival aus, dessen sich auch größere Städte nicht schämen müssten.
- **Nuits Musicales d'Uzès** Das international besetzte Festival der Barockmusik findet immer in der zweiten Julihälfte statt.
- **Foire de Beaucaire** Eine Woche lang sorgen Stiere für Remmidemmi.
- **Autres Rivages** In den letzten beiden Juliwochen werden Alès und die benachbarten *communes* zum Treffpunkt der Weltmusik.
- **Les Fous Chantants d'Alès** Rund 1000 Chorsänger aus ganz Europa versammeln sich in der letzten Juliwoche in Alès und tragen vor, was sie in schweißtreibenden Proben in der Woche davor einstudiert haben.

Juli–August

- **Jeudis de Nîmes** Immer donnerstags zwischen 18 und 22.30 Uhr werden die Plätze im Zentrum von Nîmes von Artisten, Straßenmusikern und Ständen belagert, die Kunsthandwerk und kulinarische Köstlichkeiten der Region verkaufen. Dazu gibt's Gratiskonzerte aller Art.

August

- **Fêtes de la St-Louis** Am Wochenende, das dem 25. August am nächsten liegt, dreht Aigues-Mortes das Rad der Geschichte zurück: Mittelaltermarkt, Umzüge, Flaggenschwingen, Turniere und vieles mehr.

September

- **Féria des Vendanges** Nîmes feiert am dritten Wochenende im September drei Tage lang die Weinlese und Stiere sind natürlich mit von der Partie.

Dezember

- **Fêtes de la Sainte Barbe** Anfang Dezember erinnert sich Uzès an seine Vergangenheit als Bergarbeiterstädtchen und feiert die Schutzheilige der Kumpel.

Patrizier auf den besseren Rängen beim Genuss der Gladiatorenspielchen zu belästigen.

Angesichts der architektonischen Meisterleistung der alten Römer werden die Schattenseiten jedoch leicht übersehen: Hier wurden Tiere aufeinander losgelassen, Hirsche zu Tode gehetzt, Menschen von Löwen und Bären zerfleischt und Gladiatoren lieferten sich ihre berühmten Kämpfe bis aufs Messer. Heute hauchen in der Arena nur noch Stiere ihr Leben aus – wenigstens ein kleiner Fortschritt.

Die Führung mit dem Audioguide ist sehr ausführlich. Zusätzlich gibt's noch einen Nachbau der Unterkünfte der Gladiatoren, und wer das richtige Timing erwischt, kann ein paar Schauspieler in voller Montur als Kampfmaschinen in der Arena erleben.

Seiner Tradition als Veranstaltungsort ist das Amphitheater übrigens treu geblieben, nur die vielen Baugerüste und Absperrungen können einen bei Kultur- und Sportevents ganz schön nerven. Karten gibt's am Kartenhäuschen in der Nordmauer.

MAISON CARRÉE & CARRÉ D'ART

Die **Maison Carrée** (Viereckiges Haus; place de la Maison Carrée; Erw./7–17 J./unter 7 J. 4,50/3,70 €/frei; ⌚ April–Sept. 10–19 oder 19.30 Uhr, März & Okt. bis 18.30 Uhr, Nov.–Feb. 10–13 & 14–17 Uhr) ist ein bemerkenswert gut erhaltener rechteckiger römischer Tempel, der um das Jahr 5 n. Chr. zu Ehren der beiden Adoptivsöhne Kaiser Augustus' erbaut wurde. Dank Multitasking hat er die Zeit gut überstanden: im Mittelalter diente er als Versammlungssaal, dann als Privatresidenz, Stall, Kirche, Archiv und nun als Kino. Dort läuft alle halbe Stunde der 22-minütige 3D-Film **Héros de Nîmes**, ein haarsträubendes Geschichtsdrama über die historischen Figuren der Stadt. Erzähler des Films ist ein Hohepriester, dessen albernes Latein französisch und englisch untertitelt wird. Natürlich wird drei Viertel der Zeit gekämpft: Gladiatorengerangel, Turniere, Schwertkämpfe, wahlloses Gemetzel, Prügeleien ohne Ende, dazu ein paar Stierkämpfe (bei denen kein Tropfen Blut vergossen wird) und einige hübsche Aufnahmen aus der Gegend.

Das auffällige Gebäude aus Glas und Stahl auf der anderen Seite des Platzes ist der 1993 fertig gestellte **Carré d'Art** (Kunstkarree), in dem die Stadtbücherei und das Musée d'Art Contemporain (S. 81) untergebracht sind. Die luftige Konstruktion geht auf das Konto des britischen Architekten Sir Norman Foster, harmoniert bestens mit der Maison Carrée und ist genau so, wie moderne Architektur sein sollte: innovativ, bereichernd und schön.

JARDINS DE LA FONTAINE

Die anderen wichtigen römischen Monumente von Nîmes schmücken die eleganten **Brunnengärten** (Eintritt frei). An der **Source de la Fontaine** gab es in römischer Zeit eine Quelle, einen Tempel und Bäder. Der **Temple de Diane** in der unteren Nordwestecke ist der einzige Teil eines römischen Nymphäums (Brunnenanlage), der den geballten Ansturm plündernder Hugenotten überlebt hat.

Ein 10- bis 15-minütiger Spaziergang zum höchsten Punkt der Gärten führt an die Ruine der 30 m hohen **Tour Magne** (Erw./7–17 J./unter 7 J. 2,70/2,30 €/frei; ⌚ Juni–Sept. 9.30–18.30 oder 19 Uhr, Okt.–März 9.30–13 & 14–16.30 oder 18 Uhr), um 15 v. Chr.

DAS KROKODIL VON NÎMES

Überall in Nîmes, selbst auf Bronzemedaillons im Pflaster der Altstadt, und natürlich auf allen Prospekten lacht einem das Stadtwappen entgegen: ein an eine Palme gekettetes Krokodil. Seine Ursprünge gehen auf Oktavian zurück, der in der Seeschlacht von Actium 31 v. Chr. den vereinten Streitkräften seines Erzrivalen Mark Anton und dessen ägyptischer Freundin Kleopatra eins auf die Rübe gab. Um den Sieg über Ägypten zu feiern, prägte Nîmes eine Münze, auf der ein Olivenzweig ein Krokodil und eine Palme umrahmt. Sammler waren auf diese Münze so scharf wie heute auf seltene Briefmarken und so überlebte das Motiv bis 1535, als König Franz I. der Stadt erlaubte, es als sein Emblem zu führen.

Oft wird auch erzählt, das Emblem solle an die Gründung der Stadt erinnern, als römische Legionäre, die sich auf dem Ägyptenfeldzug wacker geschlagen hatten, Land geschenkt bekamen, um sich einen gemütlichen Alterssitz zu bauen. Das klingt ja ganz nett, ist aber leider falsch.

Das Motiv in seiner heutigen Form existiert übrigens erst seit 1986 und stammt von Frankreichs Kultdesigner Philippe Starck.

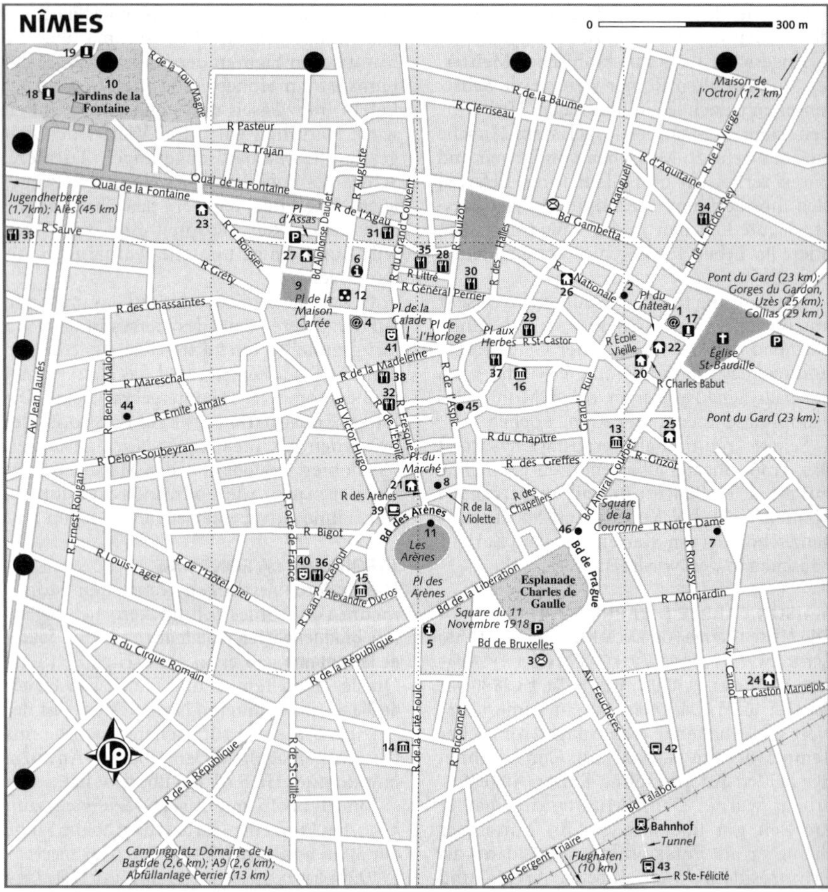

als größter einer Reihe von Türmen entlang der 7 km langen römischen Stadtmauer errichtet. Oben auf dem Turm erläutert eine Orientierungstafel den tollen Ausblick auf Nîmes und Umgebung.

MODERNES NÎMES

Neben dem Carré d'Art fallen die Visitenkarten zweier weiterer zeitgenössischer Architekten ins Auge: Die dunkle Marmorkonstruktion **Abribus** stammt von Philippe Starck und ist sozusagen seine moderne Maxiversion des Stadtemblems, dem an eine Palme geketteten Krokodil. Martial Raysse durchschnitt die **Place d'Assas** mit einem Wasserlauf, der von zwei riesengroßen Köpfen markiert wird: Einer stellt Nemausa dar, die Quelle, der die Stadt ihren Namen verdankt, und der andere ist Nemausus, ihr männliches Gegenstück.

PORTE D'AUGUSTE

Die alte Römerstraße Via Domitia zwischen Rhone und Pyrenäen machte dieses Tor zum Haupteingang auf der Ostseite der Stadt. Und auch nachdem ihm sämtlicher Skulpturenschmuck abhanden gekommen ist und es ganz einsam in die Höhe ragt, beeindruckt es allein durch seine Masse. Die moderne Nachbildung der Augustus-Statue, die fast wie ein winkender Verkehrspolizist wirkt, war ein Geschenk von Mussolini.

PRAKTISCHES
Avenue PC Gamer ... **1** D2
Waschsalon ... **2** D2
Hauptpost ... **3** C3
Net@Games ... **4** B2
Tourisme Gard ... **5** C3
Touristeninformation ... **6** B2

SEHENSWERTES & AKTIVITÄTEN
Abribus ... **7** D3
Billeterie des Arènes ... **8** C3
Carré d'Art ... **9** B2
Jardins de la Fontaine ... **10** A1
Les Arènes Eingang ... **11** C3
Maison Carrée ... **12** B2
Musée d'Archéologie ... **13** C2
Musée d'Art Contemporain ... (s. 9)
Musée des Beaux Arts ... **14** B4
Museé des Cultures Taurines ... **15** B3
Musée d'Histoire Naturelle ... (s. 13)
Musée du Vieux Nîmes ... **16** C2
Porte d'Auguste ... **17** D2
Temple de Diane ... **18** A1
Tour Magne ... **19** A1

SCHLAFEN
Hôtel Acanthe du Temple ... **20** D2
Hôtel Amphithéâtre ... **21** B3
Hôtel Central ... **22** D2
Hôtel Imperator Concorde ... **23** A1
Jardins Secrets ... **24** D4
Kyriad ... **25** D2
New Hôtel La Baume ... **26** C2
Royal Hôtel ... **27** B2

ESSEN
Au Plaisir des Halles ... **28** C2
Cafés Nadal ... **29** C2
Markthalle ... **30** C2
Haddock Café ... **31** B1
Le 9 ... **32** B2
Le Bouchon et l'Assiette ... **33** A1
Le Jardin d'Hadrien ... **34** D1
Le Marché sur la Table ... **35** C2
Les Olivades ... **36** B3
L'Oustaù Nadal ... **37** C2
Maison Villaret ... **38** B2
Vinothèque ... (s. 36)

AUSGEHEN
Grand Café de la Bourse ... **39** B3
La Bodeguita ... (s. 27)
Le Ciel de Nîmes ... (s. 9)

UNTERHLTUNG
Ciné Sémaphore ... **40** B3
Théâtre de Nîmes ... **41** B2

TRANSPORT
Haltestelle für Flughafenbusse ... **42** D4
Busbahnhof ... **43** D4
Commavélo ... **44** A2
SNCF-Fahrkartenbüro ... **45** C2
TANGO-Bus-/Infokiosk ... **46** C3

MUSEEN

Alle **Museen** von Nîmes haben die gleichen Öffnungszeiten (Di–So 10–18 Uhr) und die meisten gehören dringend entstaubt.

Das kleine **Musée du Vieux Nîmes** (place aux Herbes; Eintritt frei) im Bischofspalast aus dem 17. Jh. zeigt neben den üblichen historischen Kleidern und Möbeln auch die Geschichte des Denimstoffes; im entsprechenden Saal lächeln Pin-ups von Elvis Presley, James Dean und Marilyn Monroe.

Im **Musée d'Archéologie** (Archäologisches Museum; 13 bd Amiral Courbet; Eintritt frei) häufen sich römische und vorrömische Gräber, Mosaiken, Inschriften und Gebrauchsgegenstände, die in und um Nîmes ausgebuddelt wurden. Dazu kommt ein Sammelsurium afrikanischer Objekte, an denen vergilbte Hinweisschilder wie „Abessinien" oder „Dahomey" baumeln. Im gleichen Gebäude stauben im **Musée d'Histoire Naturelle** (Naturkundemuseum; Eintritt frei) ausgestopfte Tiere mit leerem Blick vor sich hin; nur die Museumswärter in ihrer eigenen Glasvitrine (Schutz vor neugierigen Besuchern?) geben ab und zu ein Lebenszeichen von sich.

Ein wunderschön erhaltenes römisches Mosaik (das von der ersten Etage aus besonders gut wirkt) ist der Blickfang des **Musée des Beaux-Arts** (Museum der schönen Künste; rue de la Cité Foulc; Erw./7–17 J/unter 7 J. 5,10/3,70 €/frei) und stellt die unspektakuläre Sammlung flämischer, italienischer und französischer Meister fast in den Schatten.

Eine erfrischende Abwechslung bietet dafür das **Musée d'Art Contemporain** (Museum für zeitgenössische Kunst; place de la Maison Carrée; Erw./7–17 J./unter 7 J. 5,10/3,70 €/frei) im Carré d'Art. Die ständige Ausstellung wird von Wanderausstellungen ergänzt und selbst wer auf moderne Kunst nicht unbedingt abfährt, wird schon allein von der Architektur des Gebäudes (S. 79) fasziniert sein.

Auf zwei Stockwerken erklärt das kleine **Musée des Cultures Taurines** (Museum für die Kultur des Stierkampfs; 04 66 36 83 77; 6 rue Alexandre Ducros; Erw./7–17 J./unter 7 J. 5,10/3,70 €/frei; Mitte Mai–Okt.), passenderweise in der Nähe von Les Arènes gelegen, was Männer dazu bewegt, sich in paillettenbesetzte Leggins zu zwängen und auf Stiere loszugehen.

Geführte Touren

Die Touristeninformation bietet das ganze Jahr über 1½-zweistündige Touren auf Französisch (5,50 €) an, auch zu speziellen Themen. Einzelheiten darüber stehen in der Broschüre *Laissez-vous Conter Nîmes*.

Taxis TRAN (04 66 29 40 11) kutschiert Besucher in 30 bis 40 Minuten durch die Stadt, dazu läuft ein englischer Kommentar vom Band (ca. 30 € für bis zu sechs Personen).

BILLET NÎMES ROMAINE

Leute auf dem Spartrip kaufen sich das **Kombiticket** (Erw./Kind 9,80/7,50 €) und haben dann drei Tage lang Zeit, um sich Les Arènes, die Maison Carrée und die Tour Magne anzuschauen. Es wird an allen drei Sehenswürdigkeiten verkauft.

Zu buchen per Telefon oder in der Touristeninformation.

Schlafen

In der *férias*-Saison sind Zimmer knapp und deutlich teurer.

BUDGETUNTERKÜNFTE

Camping Domaine de la Bastide (☎ 04 66 62 05 82; www.camping-nimes.com, auch auf Englisch; route de Générac; Zeltplatz & 2 Pers. 13,90 €; ganzjährig) Der Campingplatz liegt 4 km südlich des Zentrums an der D13. Anfahrt mit Bus D bis Endhaltestelle La Bastide.

Auberge de Jeunesse (☎ 04 66 68 03 20; www.hinimes.com, auch auf Englisch; 257 chemin de l'Auberge de Jeunesse, la Cigale; B 12,75 €, DZ 32 €; Feb.–Dez.) Das Angebot der properen Jugendherberge 3,5 km nordwestlich des Bahnhofs reicht vom Schlafsaal bis zu hübschen Häuschen für zwei bis sechs Personen auf dem weitläufigen Gelände. Neben einem Kinderspielplatz, Selbstversorgerküche und Fahrradverleih (14 € pro Tag) gibt's auch eine begrenzte Anzahl von Zeltplätzen (6,35 € pro Person) und sogar Schlafplätze im Zelt (8,75 € pro Person). Anfahrt mit Bus I Richtung Alès oder Villeverte bis Haltestelle Stade.

Hôtel Amphithéâtre (☎ 04 66 67 28 51; http://pagesperso-orange.fr/hotel-amphitheatre, auf Französisch; rue des Arènes; EZ 34–39 €, DZ 44–61 €; Feb.–Dez.;) Der heimelige Familienbetrieb liegt in derselben Straße wie sein Namensgeber in einer Doppelvilla aus dem 18. Jh. Die 15 nach Malern und Schriftstellern benannten Zimmer in warmen Naturtönen sind geräumig; wir empfehlen das Montesquieu oder das Arrabal (65 €) mit Balkon zur autofreien Place du Marché. Diderot, Beaumarchais und Paul Valéry im dritten Stock haben eine Klimaanlage.

Hôtel Central (☎ 04 66 67 27 75; www.hotel-central.org, auch auf Deutsch; 2 place du Château; EZ/DZ/3BZ 43/48/58 €, EZ/DZ mit Gemeinschaftsbad 35/40 €; P) WLAN gratis, Parkplatz 8 €. Knarrende Dielenböden und bunte Blumenbilder auf den Zimmertüren machen das preiswerte Hotel gemütlich; der Besitzer ist ein passionierter Musikfan. Zimmer 20 im fünften Stock hat einen tollen Blick über die Dächer von Nîmes. Und Langschläfer kriegen auch um 12 Uhr noch Frühstück.

Hôtel Acanthe du Temple (☎ 04 66 67 54 61; www.hotel-temple.com, auf Französisch; 1 rue Charles Babut; EZ 42–50 €, DZ 52–60 €, 3BZ 70 €, DZ mit Waschbecken/Dusche & Etagen-WC 32/39 €; cWeihnachten–23. Jan. geschl.; P) Parkplatz 9,50 €. Das Hotel gegenüber dem Central ist ebenso preisgünstig und wird seit 50 Jahren von derselben Familie geführt. Jedes der schmucken Zimmer hat eine andere Tapete, fünf davon haben Klimaanlage, die übrigen Ventilator. Einige haben kein eigenes WC und knapp die Hälfte sind nur für Nichtraucher.

MITTELKLASSEHOTELS

Maison de l'Octroi (☎ 04 66 27 15 95; www.chambres-hotes-nimes.com, auch auf Englisch; 209 chemin de Russan; Zi. mit Frühstück 65–75 €; P) Parkplatz gratis. Gastgeberin Nicole Crès hält ihre beiden *chambres d'hôtes* picobello und beim leckeren Frühstück können ihre Gäste den Blick über den 5000 m² großen Garten mit Linden und Eichen schweifen lassen. Das Haus liegt 1,5 km nördlich des Zentrums.

Kyriad (☎ 04 66 76 16 20; www.hotel-kyriad-nimes.com; 10 rue Roussy; Zi. 69–75 €; P) WLAN gratis, Parkplatz 8,50 €. Bei der Deko des ruhig gelegenen Kyriad spielt der Stierkampf die Hauptrolle. Die 28 Zimmer sind etwas eng, haben aber alles Notwendige (Tee und Kaffe gibt's gratis); die beiden besten (80 €) liegen in der obersten Etage, haben eine Terrasse und Blick über die Stadt

Royal Hôtel (☎ 04 66 58 28 27; www.royalhotel-nimes.com, auf Französisch; 3 bd Alphonse Daudet; EZ 60–65 €, DZ 75–85) WLAN gratis. Diese unkonventionelle Künstlerabsteige passt in keine Schublade. Alle Zimmer sind individuell eingerichtet, haben Deckenventilatoren und meist auch eine Badewanne. Einige gehen zur autofreien Place d'Assas raus, die selbst so eine Art Gesamtkunstwerk ist, aber in schönen Sommernächten ziemlich laut werden kann.

SPITZENKLASSEHOTELS

New Hôtel La Baume (☎ 04 66 76 28 42; www.new-hotel.com, auch auf Deutsch; 21 rue Nationale; EZ/DZ 110/140 €;) WLAN vorhanden. Das Hotel liegt in einem unattraktiven Teil der Stadt und ist alles andere als neu. Aber dafür residiert es in einem ansprechenden Palais aus dem 17. Jh. mit wunderschönem Innenhof und geschwungener Treppe. Die Einrichtung der 34 Zimmer in Ocker- und Beigetönen ist ein gelungener Mix aus Tradition und Moderne.

Hôtel Imperator Concorde (☎ 04 66 21 90 30; www.hotel-imperator.com, auf Französisch; quai de la Fontaine; Zi. mit Frühstück April–Okt. 190–255 €, Nov.–März 165–225 €,

BRANDADE DE NÎMES

Jedes Feinkostgeschäft, das etwas auf sich hält, hat diese Leckerei in Dosen oder im Glas im Regal stehen. Aber wer die Fischspezialität frisch probieren will, wird nur im Schlaraffenland der Markthalle von Nîmes fündig.

Oder er macht sie selbst: 1 kg Stockfisch einen Tag lang in Wasser einweichen, Wasser mehrmals wechseln. Fisch in Stücke schneiden und fünf bis sieben Minuten lang in heißem (nicht kochendem) Wasser pochieren. Abgießen, dann Haut, Knochen und Gräten entfernen. Eine halbe Tasse Olivenöl in einer Pfanne erhitzen. Sobald das Öl raucht, Fischstücke zugeben und mit einem Holzspatel zerkleinern, bis eine homogene Paste entstanden ist. Vom Herd nehmen und unter Rühren 1½ Tassen Olivenöl sowie eine Tasse Milch oder Sahne abwechselnd tropfenweise, dann in dünnem Strahl einarbeiten. Das cremige, helle Püree mit Salz und weißem Pfeffer würzen und warm (evtl. im Ofen gratiniert) oder kalt servieren – und ein Glas schön kühlen Weißwein dazu trinken.

Die beliebteste Marke unter den Fertigprodukten ist Brandade Raymond, die es schon seit 1879 gibt.

) WLAN gratis. Die Grande Dame der Hotels in Nîmes hat schon gut 75 Jahre auf dem Buckel, zeigt aber keine Alterserscheinungen und bezaubert mit ihrem Charme. Hier steigen gerne Matadore ab, vielleicht wegen der Hemingway-Bar, die an den Schriftsteller erinnert, der mal in Zimmer 310 übernachtet hat. Der altmodische Otis-Lift (aus Holz) steht unter Denkmalschutz, ruckelt aber unverzagt hoch zu den 62 Zimmern, die verschwenderisch ausgestattet sind. Der große Garten bezaubert mit Springbrunnen und reichem Baumbestand (auch wenn Kies den Rasen verdrängt hat) und das standesgemäß eingerichtete Restaurant L'Enclos de la Fontaine (Hauptgerichte 18–25 €, *menu dégustation* 53 €, täglich mittags und abends geöffnet) hat einen guten Ruf.

Jardins Secrets (☎ 04 66 84 82 64; www.jardinssecrets.net, auch auf Englisch; 3 rue Gaston Maruejols; Zi. mit Frühstück ab 195 €;) Parkplatz 20 €. Zitronen- und Olivenbäume, Palmen, an denen dicke Bananenstauden hängen, betörend duftende Rosen, Kletterpflanzen, dazwischen ein paar antike Vasen, ein moderner Pool und ein minutiös vertikutierter Rasen bilden den „geheimen Garten" dieser *chambres d'hôtes,* den eine Bambusbarriere von der Außenwelt abschirmt. Obwohl nur fünf Gehminuten von Les Arènes entfernt, fühlen sich die Gäste wie im Paradies. Die Zimmer der ehemaligen Postkutschenstation haben Badewannen mit Löwenfüßen, auf Hochglanz polierte Holzfußböden und Betten so groß wie Liegewiesen, alles in harmonischen Farben und durch edle Stoffe und feinste Bettwäsche ergänzt.

Essen

Bei Nîmes' Gastronomie spielt die Provence eine ebenso große Rolle wie das Languedoc, sodass auf den Karten neben Cassoulet auch feurige Gaumenkitzler wie Aioli und *rouille* (Mayonnaise aus Olivenöl und Knoblauch, die mit Chili aufgepeppt wird) erscheinen. Ein perfekter Begleiter dazu sind die Weine der Costières de Nîmes, den steinigen Rebanlagen südlich der Stadt.

Haddock Café (☎ 04 66 67 86 57; www.haddock-cafe.fr, auf Französisch; 13 rue de l'Agau; Tagesgericht 8 €, Menüs 15–20 €, Hauptgerichte 10–14,50 €; Mo–Fr mittags & abends, Sa 19–2 Uhr) Diese quirlige, ansprechende Kneipe zum Essen, Trinken und (mindestens zweimal die Woche) Musikhören war einmal ein Frauenkloster (die Nonnen werden sich wohl gelegentlich im Grab umdrehen). Die große Auswahl an lokalen Weinen (auch glasweise) überrascht immer wieder mit Neuentdeckungen, die Küchenleistung ist beachtlich und das Auge bleibt auch im Training, denn die Kunstausstellung wechselt monatlich.

Les Olivades (☎ 04 66 21 71 78; 18 rue Jean Reboul; 3-Gänge-Mittagsmenü 12 €, Menü 22 €, Hauptgerichte ca. 12 €; Di–Fr mittags & abends, Sa nur abends) Les Olivades und der angeschlossene Weinladen bilden ein perfektes Paar. Das gut geschulte Personal der *vinothèque* führt auch Laien zum richtigen Tropfen, bevor sich Monsieur im Speisesaal dahinter und Madame in der Küche der Gäste annehmen. Das verführerische Menü am Abend lässt viele Auswahlmöglichkeiten und bietet lokale Spezialitäten in ungewöhnlicher Verpackung, so z. B. *ravioles de brandade à la vinaigrette tiède* (Raviolis mit

Stockfischpüree auf lauwarmer Vinaigrette). Krönender Abschluss sind die hausgemachten Dessertkreationen.

LP Tipp **Le Marché sur la Table** (☎ 04 66 67 22 50; 10 rue Littré; Hauptgerichte 15–18 €; Di–So mittags & abends) Theoretisch ist es auch möglich, in diesem ansprechenden Lokal nur ein Glas Wein zu trinken (oder mehrere, denn die Auswahl ist berauschend). Aber das viel gerühmte Nachwuchstalent Éric Vidal (die beeindruckende Liste seiner Auszeichnungen hängt in der Toilette!) und seine Partnerin Caroline machen solche Vorsätze schnell zunichte, weil sich die Gerichte, die auf der von Tisch zu Tisch wandernden Tafel notiert sind, einfach zu lecker anhören. Alle Zutaten sind frisch vom Markt und Zuchtfisch ist natürlich verpönt. Dafür wird aus einer einfachen Sardine – perfekt gegrillt, sodass das Fleisch schön fest bleibt, und mit Parmesanspänen veredelt – eine Köstlichkeit mit unvergleichlichem Eigengeschmack. Serviert wird im ansprechend möblierten Speisesaal oder im ruhigen, begrünten Hinterhof.

Le 9 (☎ 04 66 21 80 77; 9 rue de l'Étoile; Mittagsmenüs 15 €, Hauptgerichte 16–18 €; Mai–Sept. Mo–Sa mittags & abends, So nur mittags, Okt.–April Mo–So mittags, Fr & Sa auch abends) Ob zum Essen oder nur auf ein Glas Wein, der Weg lohnt in dieses leicht exzentrische Lokal, durch dessen hohes, grünes Eingangstor einst Pferdefuhrwerke ratterten. Ein verstecktes Juwel im wahrsten Sinne des Wortes, denn außer dem unauffälligen Schild, das über dem Tor baumelt, weist nichts auf das Lokal hin. Die Gäste sitzen entweder in den weitläufigen, umgebauten Stallungen mit Gewölbedecke und Holzbar mit aufwendigem Blumenschmuck (und großem Spirituosenangebot) oder im weinumrankten Innenhof. Abgesehen vom Mittagsmenü gibt's nur À-la-carte-Gerichte.

Le Bouchon et l'Assiette (☎ 04 66 62 02 93; 5bis rue Sauve; Mittagsmenüs 17 €, Menüs 27–45 €, Hauptgerichte 16–18 €; Do–Mo mittags & abends, 1.–15. Jan. & 3 Wochen im Aug. geschl.) Hier passt der Ausdruck „gehobene Küche", und beim Servieren der kunstvoll arrangierten Gerichte erklärt der Kellner *sotto voce*, um was es sich dabei handelt. Wer Glück hat und das Saisondessert *blanc manger* auf der Karte findet: unbedingt bestellen! Dieser zarte Traum aus Mandeln und weißer Schokolade unter einer fruchtigen Beerenschicht zergeht auf der Zunge. Der Service lässt sich Zeit, deswegen ein dickes Buch (oder einen unterhaltsamen Partner) mitnehmen.

Le Jardin d'Hadrien (☎ 04 66 21 86 65; 11 rue de l'Enclos Rey; 2-/3-Gänge-Mittagsmenü 15/19 €, Menüs 24–44 €, Hauptgerichte 19–22 €; Juli & Aug. Di–Sa mittags & abends, sonst Mi–Sa mittags & abends, So nur mittags, Di nur abends) Im Winter knistert im Kamin des Speisesaals mit den altersdunklen Deckenbalken ein Feuer, im Sommer schlemmen die Gäste im Innenhof, der von einer riesigen Eibe beschattet wird. Die Küchenleistung ist konstant gut. Donnerstags spielt zum Abendessen eine Jazzcombo (unbedingt Tisch reservieren).

Au Plaisir des Halles (☎ 04 66 36 01 02; 4 rue Littré; Menüs 21,50–44 €; Di–Sa mittags & abends) Gegessen wird im angenehm modern eingerichteten Speisesaal oder im Patio, wo es grünt und blüht und eine Markise die Mittagshitze abhält. Der Markt gleich um die Ecke garantiert frische Zutaten, das knusprige Brot ist selbst gemacht und das 3-Gänge-Mittagsmenü (21,50 €) absolut empfehlenswert. Fisch liegt dem Koch besonders am Herzen und sechs Sorten warten darauf, gegrillt zu werden. Genauso verlockend ist das *menu autour du homard* (Menü rund um den Hummer, 60 €) mit Hummersuppe, mit Hummerscherenfleisch gefüllten Ravioli, Hummerschwänzen in Steinpilzsauce, Käse und Dessert. Die Fotoporträts der Winzer an den Wänden des Lokals machen Lust auf die regionalen Weine, mit denen die Karte reich bestückt ist.

SELBSTVERSORGER

Der Wochenmarkt in der Altstadt wuselt im Juli und August immer donnerstags. Die große und ausnehmend gut bestückte Markthalle steht in der Rue Général Perrier.

Maison Villaret (☎ 04 66 67 41 79; 13 rue de la Madeleine; Mo–Sa 7–19.30 Uhr) Der distinguierte Herr auf dem Porträt über der Theke ist Paul Villaret, dessen Großvater diese Bäckerei und Konditorei 1775 gründete. Das Geschäft ist bis heute geblieben, nur der Besitzer hat gewechselt. In den Regalen liegen 25 Brotsorten, dazu Kuchen, Kekse, Mandeldragees und andere lokale Leckereien wie z. B. *caladons* (mit Mandeln gespicktes Honiggebäck).

L'Oustaù Nadal (☎ 04 66 67 80 18) Das Geschäft mit Blick auf die Place aux Herbes platzt vor lauter Schmankerln schier aus den Nähten: Neben der *brandade* locken Tapenade, Berghonig oder Olivenöle (einige davon vom Fass) und dazu kitzelt der Duft frisch gerösteter Kaffeebohnen in der Nase – der einen zu den

JEAN DELANNOY

Da Jean Delannoy selbst gern auf dem Rad unterwegs ist, hat er sich für die Besucher von Nîmes einen tollen Fahrradservice (S. 86) einfallen lassen. Für 10 € gibt's bei ihm Räder für einen halben Tag plus detaillierte Karte, die über ruhige Nebenstraßen zu den Highlights der Stadt führt. Im Preis sind auch Fahrradhelm und (bei Bedarf) Kindersitz inbegriffen. Er hat außerdem Touren in die Petite Camargue, zum Pont du Gard, entlang der Rhone, ins Vidourle-Tal und nach Sommières ausgearbeitet (vier Rundtouren von je ca. 50 km mit Beschreibungen und Kartenmaterial). Wer die Räder für einen ganzen Tag oder länger mietet, bekommt sie vor die Tür gestellt (im Stadtgebiet von Nîmes).

Als ich das alles bei ihm im Fahrradshop eruierte, stellte sich heraus, dass dieses Energiebündel noch viel mehr auf dem Kasten hat.

Bevor die Konkurrenz vom Pacific Rim überhand nahm, führte er 24 Jahre lang ein Unternehmen, das die Protagonisten der Paris-Dakar-Rallye oder des Roland-Garros-Tennisstadions einkleidete. Dann war er Co-Direktor eines Verlags, „bis wir, sagen wir mal, gewisse Meinungsverschiedenheiten darüber hatten, wohin sich das Unternehmen entwickeln soll", so sein säuerlicher Kommentar.

Erstmals arbeitslos, schwang er sich auf sein Rad und „sah, als ich in einem Stau steckte, einen dieser Reklamewagen, die durch die Stadt fahren. Da dachte ich mir: Das könnte man doch sicher besser machen!" Also trommelte er ein Team von Teilzeitbikern zusammen, die auf ihrem Gepäckträger Reklametafeln spazieren fahren. Es kann also durchaus sein, dass einem in Nîmes oder einem der Badeorte an der Küste so eine radelnde Werbung für McDonald's (einer seiner Kunden) begegnet.

„Und als Nebengeschäft hat sich dann der Fahrradverleih entwickelt, zuerst in recht bescheidenem Umfang." Er schloss einen Vertrag mit der Hafenverwaltung von Port Camargue (S. 93) über die Bereitstellung von Rädern für Yachties, die einen Ausflug nach Le Grau-du-Roi machen wollten. Mittlerweile hat er eine Flotte von fast 150 Rädern, die er in der Saison an Hotels, Campingplätze und Ferienanlagen vermietet.

Auch von seinen Erfahrungen im Verlagsgeschäft hat er profitiert und die Éditions Conséquence gegründet, die illustrierte Radführer und Bücher zum Thema Radfahren herausbringen.

„Aber was", frage ich ihn, „wenn Nîmes sich Paris zum Vorbild nimmt und einen subventionierten und dadurch fast kostenlosen Fahrradverleih einführt? Wäre das nicht das Aus für dein Geschäft?" „Überhaupt nicht", meint er. „Ich war in Paris, habe mir das System angeschaut und mit Leuten aus der Branche geredet. Alle sagen, es hätte zu einem Fahrradboom geführt. Die Leute holen ihre alten Drahtesel aus der Garage, kaufen sich neue, brauchen Reparaturen und Wartung ... Das bringt uns neues Geschäft. In ganz Paris gibt's kaum noch einen Baum, an den nicht ein Fahrrad gekettet wäre!"

Cafés Nadal um die Ecke in der Rue St-Castor führt, wo Tee und Kaffee aus aller Welt verkauft werden.

Ausgehen

Im Sommer verwandelt sich die Place aux Herbes in eine einzige Kaffeeterrasse, wo sich die ganze Stadt trifft. Genauso quirlig geht's unter den Wedeln der Palme mitten auf der Place du Marché zu.

Le Ciel de Nîmes (☎ 04 66 36 71 70; Werktagsmenüs 15 €, andere Menüs 26 €, Hauptgerichte ca. 17 €; Di–So 10–18 Uhr, Mai–Sept. Fr & Sa auch 20–22.30 Uhr) Die Dachterrasse des Carré d'Art ist der ideale Ort, um entspannt einen Drink zu genießen und dabei das Gewusel unten auf dem Platz mit der Maison Carrée zu beobachten. Auch die Küche ist mehr als ordentlich und gegen zu viel Sonne schützt ein Metallgewebe.

Grand Café de la Bourse (bd des Arènes) Das geräumige, elegante Café gegenüber Les Arènes ist ideal zum Frühstücken, für einen Kaffee zwischendurch oder für den Sundowner – bei schönem Wetter auch draußen.

La Bodeguita (place d'Assas; Mo–Sa 18 Uhr bis spät) Mit seinem spanischen Touch zieht das dem Hôtel Royal angeschlossene Lokal vor allem die Intellektuellen der Stadt an. Im Sommer gibt's oft Livemusik, von Jazz bis Flamenco.

Unterhaltung

À Nîmes, das alle 14 Tage herauskommt, und *Bouge,* das monatlich erscheint, heißen die beiden lokalen (aber leider recht unvollständigen) Veranstaltungskalender, die in größeren Hotels und in der Touristeninformation ausliegen.

In Les Arènes (S. 77) finden Konzerte und Theateraufführungen statt. Das **Ciné Sémaphore** (☎ 04 66 67 83 11; www.semaphore.free.fr, auf Französisch; 25 rue Porte de France) hat fünf Säle und zeigt Filme in Originalfassung. Das **Théâtre de Nîmes** (☎ 04 66 36 02 04; www.theatredenimes.com, auf Französisch; place de la Calade) hat das ganze Jahr über volles Programm: Konzerte, Opern, Theaterstücke und andere Events.

An- & Weiterreise

AUTO & MOTORRAD

Diese Agenturen sind am Flughafen und am Bahnhof vertreten:

Avis (☎ Flughafen 04 66 70 49 26, Bahnhof 04 66 29 66 36)
Europcar (☎ Flughafen 04 66 70 49 22, Bahnhof 04 66 29 07 94)
Hertz (☎ Flughafen 04 66 70 19 96, Bahnhof 04 66 76 25 91)

BUS

Der **Busbahnhof** (☎ 04 66 38 59 43; rue Ste-Félicité) ist durch einen Tunnel mit dem Bahnhof verbunden. Die internationalen Busunternehmen **Eurolines** (☎ 04 66 29 49 02) und **Line Bus** (☎ 04 66 29 50 62) haben hier Ticketschalter.

Zu den in der Region angefahrenen Zielen gehören der Pont du Gard (6,50 €, 30 Min., 5-mal tgl.), Uzès (5,30 €, 45 Min., mind. 5-mal tgl.) und Alès (8 €, 1¼ Std., 5-mal tgl.).

FLUGZEUG

Der **Flughafen** (☎ 04 66 70 49 49; www.nimes-aeroport.fr, auch auf Englisch) von Nîmes liegt 10 km südöstlich der Stadt an der A54 und wird derzeit aus deutschsprachigen Ländern nicht direkt angeflogen.

ZUG

Es gibt einen **SNCF-Fahrkartenschalter** (11 rue de l'Aspic) direkt in der Stadt.

Über zwölf TGVs fahren täglich von/nach Paris, Gare de Lyon (68,50–96 €, drei Std.). Außerdem gibt's regelmäßige Verbindungen von/nach Alès (8,10 €, 40 Min.), Arles (7,20 €, 30 Min.), Avignon (8,10 €, 30 Min.), Marseille (17,90 €, 1¼ Std.), Sète (11,60 €, 1 Std.) und Montpellier (8,20 €, 30 Min.). Bis zu fünf SNCF-Busse oder Züge fahren täglich nach Aigues-Mortes in der Petite Camargue (6,80 €, 1¼ Std.).

Unterwegs vor Ort

FAHRRAD

Commavélo (☎ 04 66 29 19 68; www.commavelo.com, auch auf Englisch; 28 rue Émile Jamais; 🕑 9.30–13 & 14–19 Uhr) vermietet Cityräder (halber/ganzer Tag/drei Tage 7/12/30 €), Mountainbikes (halber/ganzer Tag/drei Tage 9/15/37,50 €) und Elektroräder (24 € pro Tag).

Wer seinen PKW auf den Parkplätzen von Les Arènes, Porte Auguste oder Place d'Assas stehen lässt, kann sich kostenlos ein Fahrrad der Stadt ausleihen. Dafür den Parkschein vorlegen und eine Kaution von 250 € hinterlegen (per Kreditkarte, wird erstattet). Wenn's regnet, gibt's sogar einen Regenschirm dazu.

VOM/ZUM FLUGHAFEN

Ein Flughafenbus (5 €, 30 Min.) für Ryanair-Fluggäste pendelt zwischen der Bushaltestelle nördlich des Bahnhofs und dem Flughafen. Abfahrtszeiten können telefonisch erfragt werden unter ☎ 04 66 29 27 29.

ÖFFENTLICHE VERKEHRSMITTEL

Der Betreiber der Stadtbusse heißt **TANGO** (☎ 08 20 22 30 30) und hat einen Informationskiosk in der Nordostecke der Esplanade Charles de Gaulle, wo die meisten Stadtbusse halten. Eine einfache Fahrt kostet 1 €, eine Fünferkarte *(carnet)* 4 €.

TAXI

Zu bestellen unter ☎ 04 66 29 40 11.

BEAUCAIRE

13 900 Ew.

Beaucaire wirkt ziemlich heruntergekommen und nicht besonders einladend, war aber einmal wichtig wegen seiner Lage an einer Furt durch die Rhone. Reich wurde das von den Römern Ugernum getaufte Städtchen, weil die Bauern der Umgebung ihren Wein hier zwischenlagerten und die Gefährte auf der Via Domitia vor der Rhone-Überquerung hier Rast machten. Früher zog die jährliche Messe Händler aus ganz Europa und dem Mittelmeerraum an.

Auf der anderen Seite des Flusses, der hier das Languedoc von der Provence trennt, liegt Tarascon mit seinem Schloss, das ebenso massiv wirkt wie das von Beaucaire – die beiden stehen sich gegenüber wie zwei Schwergewichtsboxer kurz vor dem Kampf.

Die Adresse der **Touristeninformation** (☎ 04 66 59 26 57; www.ot-beaucaire.fr, auch auf Deutsch; 24 cours

Gambetta; Mo–Fr 8.45–12.15 & 14–18 Uhr, Ostern–Sept. auch Sa 9.30–12.30 & 15–18 Uhr, Juli auch So 9–12.30 Uhr) ist 24 Cours Gambetta.

Im **Les Aigles de Beaucaire** (04 66 59 26 72; www.aigles-de-beaucaire.com, auch auf Englisch; Erw./Kind 10/7 €; April–Okt. Do–Di nachmittags 3 Shows, in den Schulferien tgl.), ziehen Adler und sonstige Raubvögel in der Schlossruine eine beeindruckende, 45-minütige Show ab (die Befestigungsanlagen können nur in Verbindung mit der Vorführung besichtigt werden).

LP Tipp **Domaine des Clos** (04 66 01 14 61; www.domaine-des-clos.com, auch auf Englisch; route de Bellegarde; DZ mit Frühstück 85–105 €; Feb.–Mitte Dez.;) WLAN gratis. Die gemütliche, kinderfreundliche Unterkunft (die Besitzer haben selbst drei Rabauken) liegt in einem traditionellen *mas* (Bauernhof) aus dem 18. Jh. Dazu gehört ein 3,5 ha großes, topgepflegtes Grundstück, wo die mediterrane Flora blüht und gedeiht – darunter auch der Olivenhain der Familie – und ein großer Pool zum Baden einlädt. Ein ehemaliges Wirtschaftsgebäude wird als Riesenwohnzimmer und Frühstücksraum benutzt (zum Frühstück gibt's köstliche, hausgemachte Marmeladen, von der die Gäste gerne ein oder zwei Gläser als Souvenir kaufen). Zum Übernachten stehen fünf Zimmer (jedes in einer anderen Farbe) und vier Suiten zur Auswahl. Zwei davon haben eine Galerie und sind deshalb für Familien ideal. Die Einrichtung ist durchweg geschmackvoll. Im Hauptgebäude gibt's eine Küche für Selbstversorger. Das idyllische Paradies liegt 1 km abseits der D38 zwischen Beaucaire und Bellegarde (die Zufahrt ist asphaltiert) und ist ein guter Standort für Ausflüge nach Nîmes, in die Camargue und nach Arles und Avignon in der Provence.

ABBAYE DE ST-ROMAN

Der Name „Abtei" lässt zwar etwas anderes vermuten als diese beeindruckenden **Felswohnungen** (04 66 59 19 72; www.abbaye-saint-roman.com, auch auf Englisch; Erw./unter 18 J. 5,50 €/frei; April–Sept. 10–18 oder 18.30 Uhr, März & Okt. 14–17 Uhr, Nov.–Feb. Sa, So & Schulferien 14–17 Uhr), aber darin haben vom 5. bis zum 15. Jh. tatsächlich Mönche gelebt. Die in den Felsen gehauene Abtei wurde erst entdeckt, als später auf diesem Berg errichtete Bauten (darunter ein Schloss) abgerissen wurden. Die Mönche hatten den weichen Kalkstein ausgehöhlt und sich Zellen, Kapellen, Zisternen und über 100 Grabkammern (in denen nur schlanke Leichen Platz hatten) eingerichtet. Dafür wurden sie mit einem atemberaubenden Panoramablick über die Rhone und die dahinter liegenden Ebenen der Provence belohnt. Mehr Infos stehen in der englischen Broschüre, die dort ausliegt. Wer sich für die Felsabtei interessiert, fährt von Beaucaire aus auf die D986L Richtung Remoulins und biegt nach 4 km auf die schmale Seitenstraße ab (für Wohnmobile ungeeignet). Vom Parkplatz aus ist es dann noch ein 10- bis 15-minütiger Spaziergang bergauf durch die *garrigue*.

MAS DES TOURELLES

Dieser wuchtige **Bauernhof mit Weingut** (04 66 59 19 72; www.tourelles.com, auch auf Englisch; 4294 route de St-Gilles; Erw./Kind 4,90/1,50 €; Juli & Aug. Mo–Sa 10–12 & 14–19, So 14–19 Uhr, April–Juni, Sept. & Okt. tgl. 14–18 Uhr, Nov.–März nur Sa 14–17 oder 18 Uhr) hat eine lange Geschichte. Gut tausend Jahre vor den heutigen Gebäuden existierte hier bereits eine gallorömische Anlage. Dazu gehörte auch eine Töpferei (von Brennofen und Wohnung sind noch Ruinen erkennbar), die die Amphoren herstellte, in denen der erzeugte Wein in das gesamte Römische Reich exportiert wurde. Die jetzigen Bewohner versuchen, anhand überlieferter Methoden die damaligen Weine zu reproduzieren – aber sie keltern auch verschiedene „moderne" Tropfen. Hinweisschilder auf Französisch und Englisch geben darüber nähere Auskünfte, außerdem wird eine 10-minütige DVD gezeigt. Beeindruckend ist auch die riesige rekonstruierte Traubenpresse. Wer zufällig am zweiten Sonntag im September hier hereinschneit, kann zuschauen, wie die Trauben auf traditionelle Art gelesen und anschließend mit Füßen gestampft werden. Mas des Tourelles liegt 7 km südwestlich von Beaucaire an der D38 in Richtung Bellegarde.

SOMMIÈRES

Der Fluss Vidourle trennt die Neustadt am Westufer vom historischen Sommières, das sich nördlich des Pont Romain (Römerbrücke) erstreckt. Ein Wehr südlich der Brücke bändigt die Wassermassen, sodass der Fluss hier eher wie ein See wirkt. Aber in früheren Jahrhunderten trat er regelmäßig über seine Ufer, was die Anrainer in weiser Voraussicht veranlasste, ihre Wohnräume in die erste Etage zu verlegen. Außerdem bauten sie ihre Häuser versetzt zueinander, sodass die Fluten ungehindert abfließen konnten.

Die letzte größere Überschwemmung – oder *vidourlade*, wie die Einheimischen sie nennen – ereignete sich 2002.

Der britische Schriftsteller Lawrence Durrell lebte von 1957 bis zu seinem Tod 1990 in Sommières. Die Espace Lawrence Durrell, eine kleine Gedenkausstellung in einem ehemaligen Konvent, war zum Zeitpunkt unserer Recherchen geschlossen. Wie es momentan damit aussieht, weiß sicher die Touristeninformation.

Die sehr entgegenkommende **Touristeninformation** (☎ 04 66 80 99 30; www.ot-sommieres.fr, auch auf Englisch; quai Frédéric Gaussorges; ⌚ Mai–Okt. Mo–Sa 9–12.30 & 14–18 oder 19 Uhr, Juli & Aug. auch So 10–12.30 & 14–17 Uhr, Nov.–April Mo–Fr 9–12.30 & 14–17.30, Sa 9–12.30 Uhr) liegt an der Uferpromenade. Sie gibt den hervorragenden *Guide d'Accueil* (auf Französisch und Englisch) heraus, der bei der Stadtbesichtigung sehr hilfreich ist. Einen Spaziergang durch die Altstadt beschreibt die Gratisbroschüre *Sommières, 2000 Years of History* (auf Englisch). Im Juli und August bietet die Touristeninformation immer mittwochs um 10 Uhr eine 1½-stündige Führung durch die Altstadt (3 €) an.

Im Weiler Junas, 6 km südöstlich von Sommières, findet jedes Jahr das Festival Jazz à Junas statt (S. 78).

Sehenswertes & Aktivitäten

Wie dunkle Schatten aus der Vergangenheit dräuen die Ruinen des **Schlosses** und der **Tour Bermond** (Erw./Kind 3 €/frei; ⌚ Juli & Aug.) über der Stadt. Auch wenn der Turm nur im Hochsommer geöffnet ist, lohnt sich ein Spaziergang dorthin wegen des attraktiven Ausblicks auf Sommière und Vidourle.

Vom beeindruckenden, 189 m langen **Pont Romain** über die Vidourle sind nur noch wenige Steine wirklich original. Die unter Kaiser Tiberius zwischen 19 und 31 n. Chr. errichtete Brücke war wichtig für den Verkehr zwischen Nîmes und Toulouse. Sie wurde im Verlauf der Jahrhunderte mehrmals umgebaut, sodass ihre Last nur noch auf sieben der ursprünglich 17 Bögen ruht. Der Rest wurde als Baumaterial für andere Gebäude recycelt.

Die von Arkaden eingerahmte **Place des Docteurs Dax** heißt bei allen ganz prosaisch Place du Marché, da hier seit über 800 Jahren samstags der Markt abgehalten wird.

Das **Château de Villevieille** (☎ 04 66 80 01 62; Villevielle; Erw./12–18 J./unter 12 J. 7/5 €/frei; ⌚ Juli–Sept. 14–19 Uhr, April–Juni, Okt. & Nov. nur Sa & So) thront auf einem Hügel über dem Dorf gleichen Namens, das mittlerweile zu einem nördlichen Vorort von Sommières degeneriert ist. Auch diese massive Festung aus dem 11. Jh. mit ihren vier mittelalterlichen Wehrtürmen musste sich im Verlauf der Zeit viele Umbauten gefallen lassen. 1529 ging sie in den Besitz der Familie Pavée über, die sie im 17. Jh. zu einer luxuriösen Privatresidenz umgestaltete. Deshalb besteht die Einrichtung vor allem aus Familienerbstücken und wirkt nicht so museal-steril wie sonst üblich, sondern eher „gut eingewohnt" und lebendig.

Die Touristeninformation verkauft die praktische Karte *Vallée de Vidourle: Pays de Sommières* (3 €), auf der über 200 km markierte Wanderwege eingezeichnet sind, die sich größtenteils auch für Mountainbiker eignen. Für eine gemütliche Radtour bietet sich die **Voie Verte** an, die entlang der alten Eisenbahnlinie zwischen Sommières und Caveirac fast bis zu den ersten Vororten von Nîmes führt.

Schlafen & Essen

Camping du Domaine de Massereau (☎ 04 66 53 11 20; www.massereau.fr, auch auf Deutsch; Hauteurs de Sommières, route d'Aubois; Zeltplatz, PKW & 2 Pers. 15–29 €; ⌚ ganzjährig; 🅿) Dass sich dieser weitläufige, bestens ausgestattete Campingplatz „Open-Air-Hotel" nennt, ist absolut gerechtfertigt. Wer nicht im Zelt schlafen will, mietet sich einen Bungalow, ein Campingmobil oder eines der hübschen Holzchalets (jeweils ab zwei Nächte). Und der Vorschlag, dass Eltern im Chalet, ihre Kids aber im Zelt davor schlafen, ist für viele Familien sicher eine attraktive Lösung. Bis 2006 war das Gelände noch ein Eichenwald, der zur Domaine de Masserau gehörte (der kleine Winzerbetrieb liegt gleich um die Ecke; sein Wein wird an der Rezeption verkauft). Nun finden sich hier zwei Pools (einer davon beheizt), eine Wasserrutschbahn, ein Laden, ein Bar-Restaurant (April bis Oktober geöffnet) und ein Fahrradverleih. Der Campingplatz liegt 2 km außerhalb von Sommières an der Straße nach Aubois.

Hôtel de l'Estelou (☎ 04 66 77 71 08; http://hoteldelestelou.free.fr, auch auf Englisch; route d'Aubais; EZ 52 €, DZ 58–72 €; 🅿) Seit 2007 der Besitzer gewechselt hat, weht in dem ehemaligen Bahnhof von Sommières ein neuer Wind. Wo einst die Züge einfuhren, blühen nun Rosmarinbüsche und ein hübscher Pool gehört auch zu der gepflegten Gartenanlage. Dieser Blick bietet sich aus dem Frühstücksraum mit seinen Panoramafenstern und modernen Eisenmöbeln. Die sechs Zimmer im Anbau (70 €) haben vielleicht nicht den nostalgischen Charme der Zimmer im alten Bahnhofsgebäude, dafür aber eine Klimaanlage (im Hochsommer ein Segen). Hotelgäste können auch Fahrräder ausleihen – und die Voie Verte führt direkt am Haus vorbei.

Auberge du Pont Romain (☎ 04 66 80 00 58; www.aubergedupontromain.com, auf Französisch; 2 av. Émile Jamais; Zi. 74–85 €; P) WLAN und Parkplatz gratis. Der große Kasten entstand 1842 als Teppichfabrik und mutierte später zur Kräuterdestillerie. Mittlerweile werden Erdgeschoss und erste Etage von diesem ansprechenden Hotel besetzt. Die 19 Zimmer sind geräumig; die mit Blick auf den Garten mit Pool und kleinem Wasserlauf haben Bäder und WC separat. Zimmer 8 fehlt zwar das hübsche Sichtmauerwerk der anderen Zimmer, hat dafür aber eine große Terrasse mit Flussblick. Drei Zimmer haben Klimaanlage. Das angeschlossene Restaurant (Mittagsmenü 25 €, weitere Menüs 35–57 €, Dienstag bis Samstag mittags und abends, Montag nur abends geöffnet) ist die beste Adresse zum Essen in der Stadt und serviert solide französische Küche.

Hôtel de l'Orange (☎ 04 66 77 79 94; http://hotel.delorange.free.fr, auf Französisch; 7 Chemin du Château Fort; EZ 70 €, DZ 80–120 €) WLAN gratis. Das beeindruckende *hôtel particulier* (daher das „Hôtel" im Namen) aus dem 17. Jh. beherbergt heute mehrere attraktive *chambres d'hôtes*. Philippe de Frémont, der vorher in Paris in der Druckbranche gearbeitet hat, betätigt sich hier nun seit über zehn Jahren als Gastgeber. Dass er außerdem ein leidenschaftlicher Antiquitätensammler ist, zeigt sich in der Einrichtung der fünf hohen, geräumigen Zimmer, die nach lokalen Berühmtheiten benannt sind (darunter auch Lawrence Durrell). Es gibt auch mehrere Appartements, die wochenweise vermietet werden. In der weitläufigen Empfangshalle steht ein Flügel, unterhalb des Hauses gibt's eine kleine *baume* (Tropfsteinhöhle) mit Stalaktiten, an denen das Wasser entlangrinnt (unglaublich klar, da der Kalkstein als Filter wirkt) und sich in einem kleinen Teich sammelt. Aufgrund der Hanglage erstreckt sich das Haus über mehrere Ebenen und ganz oben liegt ein wunderschöner geometrisch angelegter Garten mit Pool, wo das Frühstück serviert wird. Dabei können sich die Gäste an den Blicken über die Dächer der Stadt und auf die Befestigungsanlagen des Schlosses (weiter oben) berauschen.

Le Bodégon (☎ 04 66 80 09 85; 9 place du Marché) An der Nordostecke der Place du Marché lädt dieses kleine Lokal zu einem mittäglichen Snack auf den langen Holzbänken im Freien ein. Besonders lecker sind die Salate (rund 10 €), dazu gibt's viele Grillspezialitäten (11,50 bis 15 €) und Sandwiches.

L'Olivette (☎ 04 66 80 97 71; 11 rue Abbé Fabre; Mittagsmenüs 14,50 €, andere Menüs 27,50–35 €, Hauptgerichte 15–17 €; Juli & Aug. Mi–Mo mittags & abends, sonst Do–Mo mittags & abends, Di nur mittags) Als Erstes fällt in diesem kleinen Restaurant das große, rührend naive Gemälde eines lokalen Künstlers ins Auge – das lenkt die Gäste ab, während sie auf ihr Essen warten, denn der Besitzer

GLUCK, GLUCK, GLUCK ...

Perrier, das ist mit Kohlensäure versetztes $H_2 0$, in dem noch einige Spuren von Mineralstoffen schwimmen, die wir wahrscheinlich mit unserer normalen Nahrung sowieso schon aufnehmen. Mehr ist da nicht drin, aber dank einer weltweit perfekt funktionierenden Marketingstrategie verkauft Perrier allein in Frankreich jährlich über 400 Mio. Flaschen und verdient sich darüber hinaus am Exportgeschäft dumm und dämlich.

Das Gelände seiner Abfüllanlage und Flaschenfabrik entspricht 150 Fußballfeldern. Und die Arbeitsabläufe sind komplett automatisiert: Ein grüner Berg aus pulverisiertem Glas (aus den Flaschen, die umweltbewusste Verbraucher brav zum Container bringen) füttert die Schmelzöfen, die dann die berühmten grünen Fläschchen ausspucken. Diese ruckeln und scheppern auf dem Band durch die riesige Abfüllanlage, in Reih und Glied wie Soldaten einer endlosen Armee. Nach Befüllung und Verpackung vollführen ferngesteuerte Gabelstapler ein lautloses Ballett, um sie zur Versandabteilung zu befördern. Dort wiederum warten stählerne Greifarme mit gigantischen Bahnen von Plastikfolie, die sich wie Spinnaker im Wind blähen, bevor sie sich um die Paletten wickeln. Kaum zu glauben, aber dieser ganze Prozess wird von nur acht Angestellten gesteuert und überwacht.

und seine Frau sind offensichtlich Anhänger der Slow-Food-Bewegung (jedenfalls mussten wir schon 30 Minuten warten, bis überhaupt Brot auf den Tisch kam). Trotzdem essen hier viele Einheimische (wahrscheinlich Rentner), denn der Koch versteht sein Handwerk. Als Vorspeise empfehlen wir die *terrine de rascasse*, eine Mousse vom Drachenfisch mit einer Vinaigrette aus sonnengetrockneten Tomaten.

An- & Weiterreise

Bis zu sechs Busse pendeln täglich zwischen Sommières und Nîmes (5,70 €, 50 Min.).

ABFÜLLANLAGE VON PERRIER

Wer sich schon immer gefragt hat, wie der Sprudel in die Flasche kommt (und woher diese ihre elegant gerundete Form hat), lässt sich eine Stunde lang durch die **Abfüllanlage von Perrier** (☎ 04 66 87 61 01; Erw./Kind 6/3 €; 🕑 Führungen auf Französisch Juli & Aug. tgl. 9.15–17 Uhr, Feb.–Mai & Sept.–Dez. Mo–Fr 9.30–16 Uhr) führen. Der Fabrikkomplex steht in Vergèze, 13 km südwestlich von Nîmes an der RN113. Telefonische Anmeldung im Hochsommer empfehlenswert, in der übrigen Zeit Pflicht – und (kein Witz!) es gibt sogar eine „*dégustation gratuite*“ (Gratisverkostung).

LA PETITE CAMARGUE

Nur was die Größe angeht, steht die Petite Camargue der „echten“ Camargue in der Provence etwas nach. Ansonsten ist dieses Fleckchen Erde an der Petit Rhône im Departement Gard genauso bezaubernd wie die große Schwester und beide zusammen bilden das größte Flussdelta Westeuropas. Aigues-Mortes und Le Grau-du-Roi sind im Sommer zwar ziemlich überlaufen, aber der Rest ist eine von Bächen und Kanälen durchzogene grüne Idylle. Hier weiden *manades* (halbwilde schwarze Rinderherden) und die Cowboys der Camargue auf ihren typischen weißen Pferden sorgen dafür, dass sie nicht auf Abwege geraten.

Aus den Ablagerungen, die die Rhone in Jahrtausenden hier angeschwemmt hat (geschätzte 20 Mio. m³ pro Jahr) entstand ein Reisanbaugebiet, das 70 % der französischen Reisernte liefert. Das Flachland scheint mit dem Horizont zu verschmelzen, nur ab und zu ragt ein blendend weißer Hügel auf – das sind die Halden, auf die die Erträge aus den sauber abgegrenzten Salzpfannen geschaufelt werden.

Die von Schilf gesäumten Marschwiesen sind ein Paradies für Wasservögel. Über 400 Arten wurden hier nachgewiesen, darunter viele Zugvögel, die in der Petite Camargue eine Verschnaufpause einlegen. Flamingos, die auf ihren dünnen Beinen durch die Sümpfe staken, tun das nicht für die Kameras der Touristen, sondern weil sie hier die Krustentiere finden, denen sie ihre typische rosa Farbe verdanken.

An- & Weiterreise

Zwischen vier und sieben Busse fahren täglich von Nîmes nach Aigues-Mortes (8,10 €) und weiter nach Le Grau-du-Roi (9 €, Gesamtdauer 1¾ Std.). Die meisten machen auch noch den Schlenker nach La Grande-Motte. Von Montpellier aus tuckern bis zu vier Busse täglich nach Le Grau-du-Roi (5,90 €) und Aigues-Mortes (5,10 €, Gesamtdauer 1¼ Std.).

Dazu schickt die SNCF täglich mindestens fünf Züge oder Busse von Nîmes nach Le Grau-du-Roi und Aigues-Mortes (Zug 50 Min., Bus 1¼ Std.).

AIGUES-MORTES

6800 Ew.

Aigues-Mortes (der eher düstere Name ist okzitanisch und bedeutet „totes Wasser“) taucht wie ein Bollwerk aus dem topfebenen Flachland auf und verbarrikadiert sich hinter seinen bis heute intakten Befestigungsmauern. Ludwig IX. hatte den Ort Mitte des 13. Jhs. gegründet, weil die französische Krone einen Mittelmeerhafen brauchte, den sie kontrollieren konnte. Und seine zinnenbewehrten Mauern waren das letzte Bild der Heimat, das der Monarch (auch Ludwig der Heilige genannt) und seine Mannen mit auf die Reise nahmen, als die Flotte aus 1500 Schiffen hier 1248 zum Ägyptenfeldzug in See stach.

Praktische Informationen

Cyber Café Les Remparts (3 rue Émile Zola; pro Std. 3 €; 🕑 Juli & Aug. 9–23 Uhr, Sept.–Juni 10–19 Uhr) Internetzugang.

Touristeninformation (☎ 04 66 53 73 00; www.ot-aiguesmortes.fr, auch auf Deutsch; place St-Louis; 🕑 Mitte Juni–Mitte Sept. Mo–Fr 9–19 oder 20, Sa & So 10–20 Uhr, sonst Mo–Fr 9–12 & 13–18, Sa & So 10–12 &

DIE COURSE CAMARGUAISE

Die *course camarguaise,* auch *course à la cocarde* genannt, ähnelt der spanischen *corrida* insofern, dass auch hier Menschen gegen Stiere antreten und dabei ebenso viel Mut wie Können aufbieten müssen. Mit dem großen Unterschied, dass der Stier am Ende der ziemlich ausgewogenen *course camarguaise* nicht barbarisch niedergemetzelt wird. Im Gegenteil, sollte ein Tier unabsichtlich verletzt werden, wird der Kampf unterbrochen, damit der Besitzer der *manade* (Herde), zu der es gehört, den Schaden begutachten und entscheiden kann, ob der Stier in der Lage ist, weiterzukämpfen.

Der Stier ist hier ein respektierter Gegner; nicht selten bekommt ein Tier, das sich in der Arena erfolgreich geschlagen hat, ebenso viel Applaus wie sein menschlicher Kontrahent. Und auch physisch unterscheidet er sich von seinen bulligeren, aggressiveren spanischen Kollegen. Die schwarze Rasse wird in der Camargue extra für die *course* (und nicht für den Metzger) gezüchtet. Mit drei bis vier Jahren wiegt der Stier zwischen 350 und 450 kg, hat längere, wie eine Lyra geformte Hörner, ist wendiger als sein spanischer Cousin und fit für die Arena, seinen Arbeitsplatz für die nächsten zwölf (oder mehr) Jahre.

In den vier *départements* Hérault, Gard, Vaucluse und Bouches-du-Rhône (die letzten beiden gehören zur Provence) gibt es zusammen rund 100 Arenen unterschiedlicher Größe. Dort finden jedes Jahr zwischen März und November an die 850 *courses* statt. Und die laufen nach ziemlich strengen Regeln ab: Erst ertönt Trompetengeschmetter, dann galoppiert der Stier herein und darf sich erst mal ein paar Minuten an die Umgebung gewöhnen. Ein zweiter Trompetentusch kündigt die *raseteurs* (wörtlich: Rasierer) an, die weiß gekleidet mit dem *crochet* (eine Art Minirechen mit rasiermesserscharfen Zähnen) in der Hand einmarschieren.

Der *raseteur* muss sich drei Trophäen von dem Stier erkämpfen, und zwar in dieser Reihenfolge: erst das rote Band, das an der Stirn des Tieres befestigt ist, dann die beiden weißen Quasten, die an seinen Hörnern baumeln, und schließlich die mehrmals um die Hörner gewundene Schnur. Die Geschicklichkeit des raseteurs liegt darin, sich dem Stier im richtigen Winkel zu nähern, um die Trophäen abzupflücken, und dann wie vom Teufel gejagt zur Bande zu rennen, bevor der wütende Stier ihn angreifen kann. Nach 15 Minuten beendet ein Trompetenstoß die Runde und die beiden Kontrahenten verlassen die Arena – begleitet von den Beifallsstürmen der Menge, wenn ihre Performance gut war.

14–18 Uhr) Auf dem Hauptplatz innerhalb der Stadtmauer. Bietet im Juli und August Stadtführungen an (auf Französisch; Erw./Kind 5/3,50 €).

Sehenswertes

Die plumpe, 32 m hohe **Tour de Constance** (Erw./unter 17 J. 6,50 €/frei, deutscher Audioguide für 1/2 Pers. 4/6 €; 🕑 Mai–Aug. 10–19 Uhr, sonst 10–13 & 14–17.30 Uhr) mit ihren 6 m dicken Mauern stammt noch von dem Schloss Ludwigs IX. Nach dem Widerruf des Edikts von Nantes 1685 war es zum Gefängnis für hugenottische Frauen umfunktioniert worden. Neben einer ziemlich anstrengenden Wendeltreppe führt auch ein Lift nach oben.

Nach der Turmbesteigung bietet sich ein Spaziergang durch die Befestigungsanlagen an (im Eintrittspreis zum Turm inbegriffen); der mit englischen und französischen Hinweistafeln bestückte Rundgang ist 1,6 km lang (für den Turm 30 Minuten und die Befestigungsanlagen 45 Minuten einkalkulieren). Wer das Ganze aus Zeit- oder Konditionsgründen abkürzen will, sollte zumindest das spektakulärste Teilstück auf der Westseite ansteuern, wo der Chenal Maritime de la Mer malerisch vorbeirauscht.

Die breite Kirche **Notre-Dame des Sablons** (Eintritt frei; 🕑 9–17.30 Uhr) hat kein Querschiff und besticht mit ihren hohen, gotischen Bögen, die das Hauptschiff von den Seitenschiffen trennen. Hier empfing Ludwig der Heilige den Segen des päpstlichen Gesandten, bevor er mit seiner Flotte ins Heilige Land segelte. Ob die grellen Farben und wiederkehrenden Muster der modernen Glasfenster zu dem schlichten Steinbau passen, ist Geschmackssache.

Paléopassion (☎ 06 09 08 16 45; 33 rue Émile Jamais; Eintritt frei; 🕑 Mitte Juni–Mitte Sept. tgl. 10.30–12.30 & 14.30–18.30 Uhr, sonst nur Sa & So) heißt die beeindruckende Privatsammlung europäischer Gesteine, Kristalle und Fossilien (darunter das Ei eines Dinosauriers), die Jean-Didier Perez in über 40 Jahren zusammengetragen hat.

Südlich von Aigues-Mortes schlängelt sich die D979 um weiße, von Menschen geschaffene Berge und Becken mit undefinierbarem, zähflüssigem Inhalt, in dem rosa Flamingos picken. Das sind die Salzpfannen der **Salins du Midi** (04 66 73 40 24; www.salins.com, auch auf Englisch; Erw./Kind 8,20/6 €, 2 Erw. & 2 Kinder 24,20 €; Führungen Juli & Aug. 9-mal tgl., März–Juni, Sept. & Okt. 1–2-mal tgl.). Die beliebte 1½-stündige Tour (auf Französisch, englische Prospekte vorhanden) durch diese gigantische Anlage führt durch die Marschwiesen (für Hobbyornithologen perfekt) und die Salzaufbereitungsanlage. Sie beginnt mit der Fahrt in einem kleinen Touristenbähnchen (mit mehrsprachigem Kommentar), gefolgt von der Besichtigung eines kleinen Museums, und endet im Souvenirladen. Karten gibt's am Schalter der Salins du Midi an der Porte de la Gardette (telefonische Reservierung nicht möglich); von dort fährt ein Shuttlebus zum Fabrikgelände.

Aktivitäten

An Bord des ehemaligen Lastkahns **Pescalune** (04 66 53 79 47) können sich Besucher auf einem **zweistündigen Segeltörn** (Erw./3–12 J./unter 3 J. 10/5,50 €/frei; Mo–Sa 10.30 & 15 Uhr) oder einem **1½-stündigen Abendtörn** (7,50/4,50 €/frei; Mo–Fr 17.30 Uhr) durch die Kanäle schippern lassen.

Auch **Les Péniches Isles de Stel** (06 09 47 52 59; www.islesdestel.camargue.fr, auf Französisch) und **Le Bateau St Louis** (06 03 91 44 63) bieten ähnliche Bootsausflüge (zu vergleichbaren Preisen) an.

Wer einmal wie die Cowboys auf einem (garantiert zahmen) Pferd oder Pony durch die Camargue preschen will, besucht die **Pony Ranch** (04 66 53 86 89; www.ponyranch-aiguesmortes.com, auf Französisch; chemin de Vireventre; pro Std. 15 €). Die Zufahrt ist ab dem Bahnhof ausgeschildert.

Schlafen & Essen

Le Victoria (04 66 51 14 20; levictoria@wanadoo.fr; place Anatole-France; Zi. 55–70 €) Gegenüber der Tour de Constance wartet dieses elegante Hotel mit seinen in Blautönen gehaltenen Zimmern auf Gäste. Sehr beliebt ist das angeschlossene Restaurant (Hauptgerichte 15 bis 21 €), wo Klassiker wie Fischsuppe und *gardienne de taureau* (Rindfleischragout aus der Camargue) auf der Karte stehen.

La Maison derrière l'Église (04 66 51 14 51; 8 rue Baudin; Zi. mit Frühstück 69–79 €) Die vier geräumigen *chambres d'hôtes* „hinter der Kirche" (tatsächlich eher eine Kapelle) wurden von den Besitzern mit viel Liebe (und einem Touch Flohmarkt) eingerichtet. Gut gekocht wird hier übrigens auch (Menüs 29 €, von Mai bis Oktober tgl. abends, am Sonntag mittags geöffnet, von Dezember bis April von Donnerstag bis Sonntag abends, am Sonntag mittags und abends geöffnet) und die Gäste speisen im großen, von Palmen beschatteten Hof eines längst verfallenen Klosters, dessen Mauerreste hie und da noch unter dem wilden Bewuchs hervorlugen. Die beiden fleischlastigen Spezialitäten der Mittelmeerküche sind *taureau de Camargue* (Rindfleisch aus der Gegend) und *gigot d'agneau à la Provençale* (provenzalische Lammkeule).

L'Hermitage de St-Antoine (06 03 04 34 05; www.hermitagesa.com, auch auf Englisch; 9 bd Intérieur Nord; DZ mit Frühstück 74–79 €;) Dieses *chambre d'hôtes* hat drei geschmackvoll und verschwenderisch ausgestattete Zimmer, die durch Terrasse oder Dachschräge sowie edle Bettwäsche und -überwürfe unheimlich intim wirken. Das üppige Frühstück im sonnigen, begrünten Hof macht den Relaxaufenthalt perfekt. Allerdings nicht für Familien, da Kinder unter zwölf Jahren nicht willkommen sind.

Hôtel Restaurant St-Louis (04 66 53 72 68; www.lesaintlouis.fr; 10 rue Amiral Courbet; EZ 62–94 €, DZ 79–102 €; April–Okt.; P) Parkplatz 12 €. Nur einen Steinwurf von der Tour de Constance entfernt liegt dieses freundliche, alteingesessene Hotel. Der Familienbetrieb in einer Villa aus dem 18. Jh. stand schon in der ersten Ausgabe des Michelin-Führers und wurde seitdem jedes Mal gelistet (was nur wenige Hotels geschafft haben). Die 22 Zimmer sind groß und geschmackvoll eingerichtet, meist sind Bad und Toilette getrennt. Im Sommer ein nach innen gelegenes Zimmer verlangen, da es auf der Straße oft laut hergeht.

Hôtel Restaurant Les Templiers (04 66 53 66 56; www.hotellestempliers.fr, auf Französisch; 23 rue de la République; Zi. 105–155 €; P) WLAN gratis, Parkplatz 10 €. Das Handelshaus aus dem 17. Jh. hat viel Charme und wirkt dank der alten Photos, Urkunden und sonstigem Krimskrams aus längst vergessenen Zeiten fast wie ein Antiquitätenladen, der zum Herumstöbern einlädt. Bequeme rote Ledersessel machen Bar und Lounge gemütlich und der große, ruhige Innenhof wird durch Palmen, Zypressen, Olivenbäume und einen kleinen Pool zur Oase. Dahinter liegt das dem Hotel angeschlossene renommierte Restaurant.

L'Oustau Camarguais (☎ 04 66 53 79 69; 2 rue Alsace-Lorraine; Hauptgerichte 11–22 €; ⌚ Hochsaison tgl. mittags & abends, sonst Fr–Mi) Wechselnde Kunstausstellungen und gelegentlich Livemusik machen den Aufenthalt in diesem Lokal mit dicken Deckenbalken und hervorragendem *civet de taureau aux saveurs de garrigue* (Rinderragout mit Wildkräutern) noch lohnender.

La Camargue (☎ 04 66 53 86 88; 19 rue de la République; Menüs 32 €, Hauptgerichte 17–28 €) Im ältesten Restaurant des Orts mit seinem urigen Natursteinboden treten im Sommer fast täglich Zigeunerkapellen auf (auch die Gypsy Kings haben ihre Karriere hier begonnen).

Die Place St-Louis wird gesäumt von Cafés und Restaurants mit Sitzgelegenheiten im Freien.

LE GRAU-DU-ROI

8200 Ew.

Schon im 17. Jh. verdienten die Einwohner sich ihren Lebensunterhalt mit der Fischerei und das hat sich bis heute kaum geändert. Nur in Sète, etwas weiter südlich, werden noch mehr Fische an Land gezogen. Anfang des 20. Jhs. hielt dann der Tourismus in Le Grau-du-Roi Einzug. Vor allem Erholung Suchende aus Nîmes leisteten sich einen Tagesausflug mit dem Zug hierher, viele Besucher kamen auch aus dem benachbarten Departement Vaucluse. Aber so richtig boomte der Ort erst in den 60er- und 70er-Jahren, als an seinem Südende der große Hafen Port Camargue gebaut wurde. Das Wasser der Lagune gelangt über den Chenal Maritime ins Meer und an dessen gepflasterter Uferpromenade drängeln sich Cafés, Fischlokale, eine niedliche, weiß getünchte Kapelle und alle möglichen Anschauungsexemplare lokaler Architektur, von malerisch bis potthässlich.

Praktische Informationen

Die Hauptstelle der **Touristeninformation** (☎ 04 66 51 67 70; www.vacances-en-camargue.com, auf Französisch; 30 rue Michel Rédarès; ⌚ Mai–Sept. 9–19, 20 oder 21 Uhr, Okt.–April 9–12.15 & 14–18 Uhr) liegt vier Häuserblocks südlich des Chenal Maritime.

Sehenswertes

Jeder Badeort, der was auf sich hält, muss heutzutage ein Aquarium vorweisen können. Hier ist es das **Seaquarium** (☎ 04 66 51 57 57; www.seaquarium.fr, auch auf Englisch; av. du Palais de la Mer; Erw./5–15 J./unter 5 J. 10,30/7,30 €/frei; ⌚ Juli & Aug. 10–24 Uhr, Sept.–Juni bis 19 oder 20 Uhr) im Palais de la Mer, mit 2,5 Mio. Litern eines der größten. Es gibt ein mediterranes Becken, ein tropisches, eines mit glibberigen, pulsierenden Quallen und eines, in dem 25 Haifischarten schwimmen. Eine weitere Abteilung ist den vom Aussterben bedrohten Meeresschildkrötenarten des Mittelmeers gewidmet. Auch das nette, kleine **Musée de la Mer** (Eintritt frei) hat sich im Palais de la Mer eingemietet. Die Photos von früheren Badenixen, Schiffswracks und Fischerhütten haben unheimlichen Charme und anhand von Plänen, Modellen und Gebrauchsgegenständen lässt sich das Leben in Le Grau-du-Roi rekonstruieren, bevor die Tourismuswelle darüber schwappte.

Auch außerhalb des quirligen Ferienorts locken tolle **Sandstrände** und Dünen, die sich fast bis La Grande-Motte (S. 119) fortsetzen, das 5 km weiter westlich liegt. Im Osten erstreckt sich die Plage de l'Espiguette beiderseits des Leuchtturms gleichen Namens. PKWs können auf dem riesigen Parkplatz Baronnets abgestellt werden.

Aktivitäten

Die Touristeninformation weiß alles über **Segel- und Windsurfingschulen**, Bootsverleihe und Anbieter von **Bootsfahrten**.

Wer die Petite Camargue so richtig genießen will, sollte sich ein Kanu oder Kajak ausleihen, z. B. bei **Planète Canoë Camargue** (☎ 06 23 44 51 63; ⌚ Ostern–Sept.) unter dem Pont Levant, der Drehbrücke über den Chenal Maritime. Schon allein im Hafen herumzupaddeln macht Riesenspaß, ganz zu schweigen von den zahllosen Kanälen, Wasserarmen und Lagunen … Ein Einsitzer kostet 10/25/45 €, ein Zweisitzer 15/35/60 € pro Stunde/halben/ganzen Tag. Der sympathische Verleih hat auch **Angelausrüstungen** und Mountainbikes im Angebot.

Auch auf dem Pferderücken wird der Herzschlag der Petite Camargue besonders deutlich. In Richtung Pointe de l'Espiguette liegen vier Reitställe, die Ausritte für Reiter aller Niveaus anbieten. Richtpreise sind 18/28/50 € pro Stunde/zwei Stunden/halben Tag.

Abrivado Ranch (☎ 04 66 53 01 00; www.abrivadoranch.com, auf Französisch; 1655 route de l'Espiguette)

Écurie des Dunes (☎ 04 66 53 09 28; www.ecurie-des-dunes.com, auf Französisch; 1745 route de l'Espiguette)

Mas de l'Espiguette (☎ 04 66 51 51 89; route du Phare)

Ranch du Phare (☎ 04 66 53 10 87; route de l'Espiguette)

Cabane du Boucanet (☎ 04 66 53 25 64) westlich von Le Grau-du-Roi in Richtung La Grande-Motte bietet ebenfalls ein- und zweistündige Ausritte an.

Schlafen & Essen

Hôtel Bellevue et d'Angleterre (☎ 04 66 51 40 75; www.hotelbellevueetdangleterre.com, auf Französisch; quai Colbert; Zi. mit Frühstück 49–61 €, mit Bad 57–77 €; Jan.–Nov.;) Dieses ehrwürdige Hotel von 1870 überblickt den Chenal Maritime mit seinem Leuchtturm an der Mündung. Die wunderschöne Wendeltreppe entschädigt für den fehlenden Lift (daran ist der Denkmalschutz schuld). Hinter dem Haus liegt ein kleiner Garten und die Zimmer mit Kanalblick sind nicht teurer.

Hôtel le Spinaker (☎ 04 66 53 36 37; www.spinaker.com, auch auf Englisch; pointe de la Presqu'île, Port Camargue; Zi. 80–120 €; P) Parkplatz gratis. Die Landzunge vor Port Camargue ist in Privatbesitz, deshalb ist die Lage dieses Hotels unschlagbar ruhig. Die 21 attraktiven Zimmer verteilen sich auf drei Gebäude und haben alle einen großen Balkon mit Blick auf den Pool oder den Hafen. Die fünf Luxusdoppelzimmer (zwischen 100 und 150 €) sind besonders groß und haben einen Salon.

Carré des Gourmets (☎ 04 66 53 36 37; 3-/4-Gänge-Menü 61/71 €, Hauptgerichte ca. 35 €; Juli & Aug. tgl., Mitte Feb.–Juni & Sept.–Mitte Nov. Mi–So) Das Hotel-Restaurant hat seinen Michelin-Stern wirklich verdient, denn was hier auf den Tisch kommt, hat mit dem üblichen Touristenfraß nichts zu tun. Gespeist wird auf der hübsch gedeckten Terrasse am äußersten Ende der Landzunge, wo schicke Yachten unter knorrigen Pinien hindurchgleiten. Schon allein, wie die Gerichte auf den Tellern arrangiert sind, dazu Kerzenlicht, Skulpturen aus Altmetall, haptische Keramikgefäße, diskretes, aufmerksames Personal – hier stimmt einfach alles.

Unterwegs vor Ort

Verschiedene Anbieter, darunter **Vélo Évasion** (☎ 04 66 51 48 65; 1291 av. de Camargue; pro halben/ganzen Tag/3 Tage 7/9/23 €; April–Sept. Mo–Sa, sonst Di–Sa) im Einkaufszentrum Le Marlin, verleihen Fahrräder.

ST-GILLES

12 200 Ew.

St-Gilles, 20 km südlich von Nîmes, erwacht nur im Hochsommer aus seinem Dornröschenschlaf. Dabei konnte es in der Vergangenheit aus merkantilen wie auch spirituellen Quellen Kapital schlagen: Einst war das blühende Hafenstädtchen ein wichtiges Etappenziel auf dem Jakobsweg, da es nur eine Tagesreise von Arles entfernt liegt. Und Arles war einer der vier großen französischen Sammelpunkte für die Gläubigen, die nach Santiago de Compostela in Spanien pilgern wollten. Das spirituelle Potenzial des Orts wurde durch die Legende von St Gilles (Hl. Ägidius) noch unterstützt; der Einsiedler soll hier im 7. Jh. den westgotischen König Wamba zum Christentum bekehrt haben. Das heizte die Pilgerströme aus nah und fern noch weiter an. Doch durch die Ablagerungen

LES COMPAGNONS DU TOUR DE FRANCE

Nein, hier geht es nicht um die Partner der Radprofis. Damit waren im Mittelalter Handwerker gemeint, die zu Zünften gehörten und für eine bestimmte Zeit auf die Walz gingen, also Zimmermänner oder Dachdecker oder auch Steinmetze. Letztere gehörten zu den Compagnons Tailleurs de Pierre und wanderten durch ganz Europa, um bedeutende sakrale und profane Beispiele ihres Handwerks kennenzulernen, so z. B. den Pont du Gard und La Vis, die komplizierte Wendeltreppe in der Abtei von St-Gilles aus dem 12. Jh.

Um etwas dazuzulernen, arbeiteten sie unterwegs – gegen Kost und Logis – bei verschiedenen Meistern ihrer Zunft, bevor sie (oft erst nach Jahren) wieder heimkehrten. Staat und Kirche waren diese unabhängigen „Vagabunden" stets ein Dorn im Auge und fast jede Zunft war zeitweise verboten.

Mit Beginn der Industrialisierung kam die Walz aus der Mode und wurde durch staatlich geregelte Ausbildungsprogramme ersetzt. Trotzdem sind in Frankreich bis heute *compagnons* unterwegs, die ihre handwerklichen Kenntnisse und Erfahrungen austauschen und erweitern wollen – nur legen sie Strecken in ein paar Stunden zurück, für die ihre Vorfahren im Mittelalter Monate brauchten.

der Rhone ist der Ort immer mehr versandet, sodass Schiffe und Pilger ausblieben.

St-Gilles markiert die Grenze zwischen zwei Landschaftsformen. Im Süden erstrecken sich die Reisfelder an der Petit Rhone und in den Sumpfgebieten der Petite Camargue, die durch den Rhone-Sète-Kanal erschlossen werden. Und nördlich von St-Gilles liegen die Wein- und Obstanlagen von Costières.

Die **Touristeninformation** (☎ 04 66 87 33 75; www.ville-saint-gilles.fr, auf Französisch; 1 place Frédéric Mistral; Kernzeit Mo–Sa 9–12.30 & 14–18 Uhr) befindet sich in der Hauptstraße nicht weit von der Altstadt.

Wie schon Generationen von Pilgern vor ihnen bewundern Besucher vor allem die außergewöhnlich schöne Westfassade der **Abteikirche** (April–Sept. 9–19 Uhr, Okt.–März bis 17 Uhr) aus dem 12. Jh. mit ihren ergreifenden (wenn auch ziemlich verstümmelten) Skulpturen. Leider haben die Religionskriege des 16. Jhs. nicht viel mehr Sehenswertes übrig gelassen. Die Touristeninformation bietet mehrmals täglich Führungen (Erw./Kind 4/2 €) durch die 50 m lange **Krypta** an, die aufgrund ihrer Ausmaße auch Église Basse (untere Kirche) genannt wird. Hier liegt auch das Grab des Hl. Ägidius (St Gilles), an dem viele Pilger ihren Pilgerstab oder sonstige Votivgaben hinterlassen. Auch **La Vis** (wörtlich „die Schraube") wird bei der Führung besichtigt; die außergewöhnliche Steintreppe gilt als Meisterstück der Steinmetzkunst und ist von Grafitti übersät, da sich im Verlauf der Jahrhunderte unzählige Wanderhandwerker mit ihrem Namenszug darauf verewigt haben.

La Maison Romane (☎ 04 66 87 40 42; Eintritt frei; Juni–Sept. Mo–Sa 9–12 & 15–19 Uhr, Okt.–Dez. & Feb.–März Mo–Sa 9–12 & 14–17 Uhr) stammt ebenfalls aus dem 12. Jh. und gilt als Geburtsstätte von Papst Clemens IV. Sie beherbergt einige ziemlich heruntergekommene Skulpturen aus der Abtei sowie eine Sammlung ausgestopfter Tiere. Im Anbau daneben versteckt sich eines dieser rührenden, kleinen Museen für Stadtgeschichte. Die Ausstellung ist nicht wirklich spektakulär und besteht hauptsächlich aus Schenkungen – Nähmaschinen, Holzpantinen, Fächer, Sensen, Hacken und sonstigem Schrott, den die Einheimischen auf ihren Speichern gefunden haben. Aber jedes Objekt wurde gewissenhaft ausgezeichnet, mit dem Namen seines Spenders versehen und alle zusammen ergeben ein unglaublich anschauliches Bild einer längst vergangenen Ära.

Im **Moulin des Costières** (☎ 04 66 87 42 43; www.moulin-des-costieres.com, auf Französisch; route de Nîmes; Mo–Sa 9–12 & 14–18 oder 19 Uhr), 5 km nördlich von St-Gilles in Richtung Nîmes, züchtet die Familie Jeanjean acht verschiedene Olivensorten, die sie zu fünf hochwertigen Ölen verarbeitet. Das beste (und teuerste) darf sich Huile d'Olives de Nîmes nennen und hat ein AOC-Label.

Camping La Chicanette (☎ 04 66 87 28 32; www.campinglachicanette.fr, auf Französisch; rue de la Chicanette; Zeltplatz, PKW & 2 Pers. 16 €; April–Okt.;) Obwohl das Stadtzentrum ganz nah ist und es auch zur Abtei und zum Kanalweg nur fünf Gehminuten sind, liegt dieser Campingplatz in idyllischer Abgeschiedenheit. Die einzelnen Zeltplätze sind durch alte, sorgfältig gestutzte Hecken voneinander abgetrennt.

Hôtel Restaurant Le Cours (☎ 04 66 87 31 93; www.hotel-le-cours.com, auch auf Deutsch; 10 av. François Griffeuille; Zi. 50–73 €; Mitte März–Mitte Dez.;) Der freundliche Familienbetrieb gehört zum Verband Logis de France und hat 33 kleine, aber adrette Zimmer mit Klimaanlage (im Sommer ein Segen!). Dazu gehört auch ein erstklassiges Restaurant (Menüs 14,50 bis 34 €) mit aufmerksamem Service. In den kälteren Monaten essen die Gäste im Speisesaal oder auf der verglasten Veranda, aber sobald es warm genug ist, zieht es alle auf die lange, von mächtigen Platanen umstandene Terrasse. Hier schmeckt das *côte de taureau*, ein zartes, saftiges Ochsensteak (so groß wie ein Boxhandschuh) und vorneweg eine *cassoulette de St-Jacques provençale sur un lit de fondue de poireaux* (Jakobsmuscheln auf einem Bett von Lauch- und Speckstreifen).

Autos und Motorräder können auf dem großen Parkplatz Général de Gaulle auf der Westseite der Hauptstraße Rue Gambetta kostenlos abgestellt werden.

NÖRDLICH VON NÎMES

Nördlich von Nîmes rauscht der Gard unter dem spektakulären römischen Aquädukt, dem Pont du Gard, hindurch und schreit förmlich danach, mit dem Boot erkundet zu werden. Weiter landeinwärts, im Westen, liegt das ehemalige Bergarbeiterdorf Alès. Und St-Jean-du-Gard ist stolz auf seine noch weiter zurückliegende Vergangenheit als Zentrum der Seidenproduktion.

PONT DU GARD

Der außergewöhnlich gut erhaltene, dreistöckige **römische Aquädukt** (☎ 08 20 90 33 30; www.pontdugard.fr, auch auf Englisch) ist ein Weltkulturerbe der Unesco. Die höchste Brücke des Römischen Reiches diente als wichtiges Bindeglied in einem 50 km langen Kanalsystem, das Wasser von den Quellen der Eure, 25 km weiter nordwestlich (bei Uzès), nach Nîmes transportierte. 35 Bögen tragen die 50 m hohe und 275 m lange oberste Etage, über die täglich 20 000 m³ Wasser gluckerten. Die größten Steinquader des Baus wiegen über 5 t. Initiator des Aquädukts war Agrippa, Kaiser Augustus' Schwiegersohn und Stellvertreter. Der Bau dauerte 15 Jahre, die Wasserleitung erfüllte ihre Funktion bis weit in das 3. Jh.

Ein 400 m langer Weg (rollstuhlgerecht) führt von den beiden Parkplätzen am linken und rechten Gard-Ufer zum Pont. Die Straßenbrücke wurde 1743 gebaut und verläuft parallel zur untersten Etage. Die beste Sicht auf den Pont du Gard bietet sich vom Ufer flussaufwärts, wo es außerdem gute Bademöglichkeiten gibt.

Einsam ist es dort allerdings nicht: Weit über 1 Mio. Besucher pilgern jährlich zum Pont du Gard und im Hochsommer können das locker mal 15 000 am Tag sein.

Im Besucherzentrum am (linken) Nordufer dokumentiert ein beeindruckendes, mit allen technischen Finessen ausgestattetes **Museum** (Eintritt 7 €) Bau und Geschichte von Brücke und Aquädukt sowie die Bedeutung des Wassers in der römischen Gesellschaft. Die Beschilderung ist auf Französisch und Englisch. Ein 25-minütiger **Breitwandfilm** (Tickets 4 €) mit atemberaubenden Luftaufnahmen läuft fünfmal täglich auf Französisch und um 12 und 15 Uhr auf Englisch. Kids können sich dem Thema derweil im **Ludo** (pro Std. 5 €) auf spielerische Weise nähern.

Mit dem **Kombiticket** (Erw./6–17 J./unter 6 J. 12/9 €/frei) können alle drei Angebote genutzt werden, es gilt außerdem für den Parkplatz und einen Wanderführer gibt's noch gratis dazu. Die gleichen Leistungen bietet der **Familienpass** (24 €) für zwei Erwachsene und bis zu vier Kinder.

Im Besucherzentrum gibt's im Informationsbereich „Richesses du Gard" Audioguides (6 €) mit einem nummerierten Plan auf Englisch.

Kostenlos ist der Spaziergang auf dem 1,4 km langen Weg **Mémoires de Garrigue**, auf dem anschauliche Schilder die typische mediterrane *garrigue*-Vegetation erklären – wer's genau wissen will, sollte noch die 4 € für die Begleitbroschüre (auf Englisch) investieren.

Im Juli und August können Besucher für einen Aufpreis von 2 € (auf Museumseintritt oder Kombiticket) über die oberste Etage des Aquädukts spazieren, wo früher die Wasserleitung verlief. Zwischen 10 und 11.30 sowie 14 und 17.30 Uhr holt ein Führer die Gruppen im Halbstundentakt ab.

Wem der bloße Anblick genügt, der sollte einfach am Besucherzentrum vorbei weiter nach unten gehen – das Herumspazieren ist immer noch kostenlos. Nur die Parkplätze sind nachts (von 1 bis 6 Uhr) geschlossen.

In der ersten Junihälfte erleuchtet an sechs Abenden **Lux Populi** (☎ Reservierung 08 92 70 75 07) den Nachthimmel. Die spektakuläre Lightshow ist kostenlos.

Schlafen

Camping La Sousta (☎ 04 66 37 12 80; www.lasousta.com, auch auf Deutsch; av. du Pont du Gard; Zeltplatz & 2 Pers. 20 €; ⌚ März–Okt.; 🏊) Der Campingplatz am (rechten) Südufer liegt nur 10 Gehminuten vom Pont du Gard entfernt, hat einen Pool und verleiht Fahrräder (nur an Gäste).

Camping International des Gorges du Gardon (☎ 04 66 22 81 81; www.le-camping-international.com, auch auf Deutsch; Vers-Pont du Gard; Zeltplatz & 2 Pers. 19,50 €; ⌚ Mitte März–Okt.; 🏊) Hinweisschilder führen zu dem Campingplatz am (linken) Nordufer, der 750 m von der D981 entfernt liegt und deshalb ruhiger ist. Er hat einen Laden, ein gutes Restaurant und einen Pool, aber viele Gäste baden auch direkt im Gard (oder Gardon, wie er weiter landeinwärts oft genannt wird). Zum Aquädukt ist es ein schöner, 2 km langer Spaziergang auf dem markierten Fernwanderweg GR621.

An- & Weiterreise

Der Pont du Gard steht 21 km nordöstlich von Nîmes, 26 km westlich von Avignon und 12 km südöstlich von Uzès. Busse von zu diesen Städten halten normalerweise am Kreisverkehr auf der D981, 500 m nördlich des Besucherzentrums. Im Sommer fahren manche auch bis zum Parkplatz am Pont du Gard.

Bus 168 von **Lignes du Gard** (☎ 04 66 29 27 29; www.stdgard.fr, auf Französisch) pendelt fünfmal täglich von/nach Nîmes, während Bus 20 dreimal täglich (7.40, 12.15 und 18.08 Uhr) in Avignon startet.

Die beiden riesigen Parkplätze rechts und links des Gard kosten 5 € (kostenlos für den, der ein Kombi- oder Familienticket nimmt).

COLLIAS & DER FLUSS GARD

Der wilde, unberechenbare Fluss Gard entspringt in den Bergen der Cevennen. Ergiebige Regenfälle können seinen Wasserpegel in kürzester Zeit um 5 m anschwellen lassen. In Trockenperioden kommt es dagegen vor, dass ganze Teilabschnitte spurlos verschwinden; das Wasser sickert dann durch unterirdische Kanäle.

In den Bergen von **Russan** hat sich der Fluss eine 22 km lange, kurvige Schlucht gegraben (les Gorges du Gardon), die in **Collias**, rund 3 km oberhalb des Pont du Gard, endet. Weite Teile des Fernwanderwegs GR6 führen an ihrem Rand entlang.

In Collias, 4 km westlich der D981, verleihen drei Anbieter Kajaks und Kanus und unterhalten außerdem einen Hol- und Bringdienst.

Le Tourbillon (☎ 04 66 22 85 54; www.canoe-le-tourbillon.com, auch auf Englisch) und **Kayak Vert** (☎ 04 66 22 80 76; www.canoefrance.com/gardon, auf Französisch) haben ihre Basis ober- bzw. unterhalb der Dorfbrücke. **Canoë Collias** (☎ 04 66 22 87 20; www.canoe-collias.com, auf Französisch) sitzt am gegenüberliegenden (rechten) Ufer. Alle drei sind mindestens von April bis September aktiv und so beschäftigt, dass für Juli und August lange vorher gebucht werden muss. Kayak Vert verleiht auch Mountainbikes.

Eine Möglichkeit ist, die 8 km flussabwärts bis zum Pont du Gard zu paddeln (19,50 € pro Person, zwei Stunden). Wer sich dagegen flussaufwärts nach Russan bringen lässt, hat eine tolle Tagestour durch die Gorges du Gardon (33 €) vor sich. Das klappt meist nur zwischen März und Mitte Juni, wenn der Fluss noch genug Wasser hat.

Camping Le Barralet (☎ 04 66 22 84 52; www.camping-barralet.com, auf Französisch; Zeltplatz & 2 Pers. 18 €; ⌚ April–Mitte Sept.; 🏊)

Das weitläufige Gelände liegt auf einer Landzunge und bietet neben mehreren Pools auch herrliche Ausblicke auf Collias und seine Brücke.

UZÈS

8360 Ew.

Früher war Uzès, 25 km nordöstlich von Nîmes, ein blühendes Städtchen, das von Seide, Leinen und – Lakritze lebte (weshalb sich auch Haribo dort niedergelassen hat, s. S. 98). Als alle drei Branchen den Bach hinuntergingen, war es mit Uzès' Herrlichkeit vorbei. Aber immerhin haben mittlerweile Tagesausflügler aus Nîmes und Montpellier das Nest für sich entdeckt, sodass wieder neue Hoffnung besteht

Momentan geht's noch ziemlich relaxt zu; mehrere gewissenhaft restaurierte Renaissancefassaden bilden mit dem imposanten Duché (Herzogspalast) und dem schönen Platz im Zentrum die Highlights. Der Hauptverkehr spielt sich auf der belebten Ringstraße ab, sodass die verkehrsberuhigten Sträßchen im Stadtkern mit Kunstgalerien, Boutiquen und Antiquitätenläden ideal zum bummeln sind.

Die Bauern der Umgebung verkaufen ihre Produkte auf dem Wochenmarkt mittwochs und samstags auf der Place aux Herbes.

Eine ehemalige Kapelle an der Place Albert I (neben der Ringstraße, wo die Altstadt beginnt) ist jetzt das Domizil der **Touristeninformation** (☎ 04 66 22 68 88; www.uzes-tourisme.com, auch auf Englisch; ⌚ Juni–Sept. Mo–Fr 9–18 oder 19, Sa & So 10–13 & 14–17 Uhr, Okt.–Mai Mo–Fr 9–12.30 & 14–18, Sa 10–13 Uhr). Dort gibt's Audioguides (5 €) für einen Stadtspaziergang.

Sehenswertes & Aktivitäten

Die Touristeninformation verteilt die nützliche, mehrsprachige Gratisbroschüre *Uzès: Premier Duché de France.* Aber auch wer den Ort lieber auf eigene Faust erkundet, sollte auf keinen Fall die **Place aux Herbes** auslassen, Uzès' schattigen, von Arkaden umgebenen Hautplatz, wo es keinen rechten Winkel zu geben scheint.

Die Burg **Duché** (☎ 04 66 22 18 96; ⌚ Juli–Mitte Sept. 10–13 & 14–18.30 Uhr, Mitte Sept.–Juni 10–12 & 14–18 Uhr) gehörte über 1000 Jahre lang den Herzögen von Uzès. Zwischen dem 11. und 18. Jh. wurde sie ständig umgebaut und ihre Gemächer sind vollgestopft mit Stilmöbeln verschiedener Perioden, Wandteppichen und Gemälden. Wer die einstündige **Führung** (auf Französisch; Erw./12–16 J./7–11 J./unter 7 J. 13/8/4 €/frei) nicht mitmachen will, wandert nach Lust und Laune durch die Anlage und besichtigt vielleicht den **Burgfried** (Eintritt 8 €).

Der **Jardin Médiéval** (mittelalterlicher Garten; Eintritt 4 €; ⌚ Juli & Aug. 10.30–12.30 & 14–18 Uhr, April–Juni & Sept. Mo–Fr 14–18, Sa & So 10.30–12.30 & 14–18 Uhr, Okt. tgl. 14–17 Uhr) liegt etwas zurückgesetzt an der Rue Port Royal. Hier gedeihen im Schatten des Burgfrieds Pflanzen und Blumen, die es schon im Mittelalter gab. Der Garten wurde in vier Sektionen eingeteilt: Im *hortus* wächst Gemüse, das *herbularium* ist medizinischen Pflanzen gewidmet, die dritte Abteilung zeigt Nutzpflanzen wie Flachs und Pflanzen, aus denen Farbstoffe gewonnen wurden, und in der vierten Abteilung wuchern Stauden, die sich für Formschnitte eignen, sowie diverse Getreidesorten. Eine sorgfältig zusammengestellte Dokumentation (auf Französisch und Englisch) erklärt alles Wissenswerte.

Im **Musée du Bonbon** (☎ 04 66 22 74 39; Pont des Charrettes; Erw./5–15 J./unter 5 J. 6/3 €/frei; ⏰ Juli & Aug. 10–19 Uhr, Sept.–Dez. & Feb.–Juni Di–So 10–13 & 14–18 Uhr) kommen Naschkatzen auf ihre Kosten. Ein Schild am Eingang verkündet: „Dieses Museum ist all jenen geweiht, die ihr Leben einer etwas sündigen Leidenschaft gewidme haben – der Gier.“ Die Erläuterungen in diesem Tempel der Süßigkeiten (der übrigen zur hiesigen Haribo-Niederlassung gehört sind mehrsprachig, schon an der Rezeptio werden großzügig Kostproben verteilt un Eltern sollten sich darauf gefasst machen, das ihre Kids das klebrige Zuckerzeug säckeweis zum Fabrikpreis wegschleppen wollen.

Das Andenken an Uzès' industrielle Vergangenheit wahrt die **Manufacture Vincent** (av de l Libération). Von den vielen Seidespinnereien de Orts hatte dieser Betrieb bis 1936 überlebt Das beeindruckende Gebäude steht in de Nähe der Bushaltestelle, ist aber erst zu sehen nachdem man durch den Torbogen nebe Haus Nr. 7 spaziert ist.

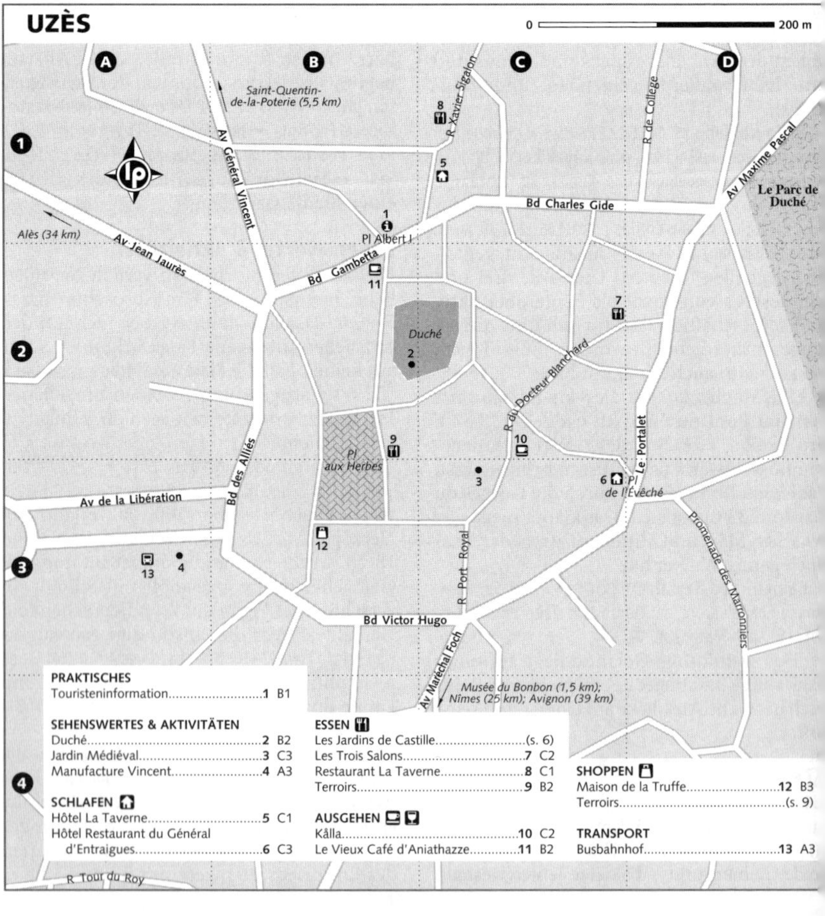

chlafen & Essen

ôtel La Taverne (☎ 04 66 22 13 10; www.lataverne-uzes. om, auf Französisch; 4 rue Xavier Sigalon; DZ/3BZ 64/76 €;) WLAN gratis. Das Hotel liegt in einer utofreien Seitenstraße bei der Touristen- nformation und gehört zu den Logis de rance. Es bietet neun einfach eingerichtete immer mit Klimaanlage und Fliesenböden.)as Restaurant ein paar Häuser weiter (Menüs 4 bis 28 €) hat einen hübschen Innenhof und erviert französische Klassiker.

Hôtel Restaurant du Général d'Entraigues ☎ 04 66 22 32 68; www.hoteldentraigues.com, auch auf nglisch; place de l'Évèché; Zi. 85–115 €;) WLAN orhanden, Parkplatz 10 €. Der Gang durch ieses Hotel, einen Komplex aus vier Villen us dem 15. bis 18. Jh., ist wie ein Ausflug in ie Geschichte – ein Labyrinth aus Nischen, orbögen, Gängen, versteckten Winkeln und reppen, die ins Nichts zu führen scheinen … Aodern sind dagegen die 36 Zimmer (meist nit Klimaanlage) und der kleine Pool, der o liegt, dass Gäste beim Frühstück zusehen önnen, wie Frühaufsteher darin ihre Run- en drehen. Eine kleine Brücke verbindet die immer in den Gebäuden rechts und links der ue de la Calade. Der Kontrast von Alt und leu wiederholt sich auch im Restaurant Les ardins de Castille: In historischem Ambiente ommen höchst zeitgemäße Kreationen auf en Tisch (Hauptgerichte 14 bis 18 €).

LP Tipp **Terroirs** (☎ 04 66 03 41 90; www.enviede rroirs.com, auch auf Englisch; 5 place aux Herbes; Tapas ca. 4,50 €, orspeisenauswahl 10–13 €; April–Sept. 9–22.30 Uhr, kt.–März Mi–So 9.30–18 Uhr) Unter den Arkaden der auf dem gepflasterten Platz tischt Tom raisse (der schwedische Vorfahren hat) ganz esondere Spezialitäten auf: Er und seine Frau orinne kaufen fast alle Zutaten von einhei- nischen Erzeugern – Würzöle, Chutneys, Vein, Honig, Sirup, Kräuter, Pasteten und ieles mehr. Sein junges, freundliches Team erviert Toasts und gemischte Vorspeisen . B. Entenbrust mit Entenstopfleber unter ner dünnen Schicht Lebkuchen), die auf er Karte ausführlich beschrieben werden. nd viele Gäste sind so begeistert, dass sie ch anschließend im dazugehörigen Fein- ostgeschäft eindecken oder, falls der Ruck- ck schon aus den Nähten platzt, später via iternet dort einkaufen.

Les Trois Salons (☎ 04 66 22 57 34; 18 rue du Docteur anchard; Mittagsmenüs 24 €, Menüs ca. 50 €; Mi–So ittags & abends) Ein Teil des Chambon de la our, einem *hôtel particulier* aus dem späten 17. Jh., wird von den drei eleganten Speise- sälen dieses Restaurants belegt, das mit inno- vativen Kreationen überrascht.

Ausgehen

Le Vieux Café d'Aniathazze (☎ 04 66 03 36 80; 1 bd Gambetta; April–Sept. tgl. mittags & abends, Okt.–März Mo, Di & Do–Sa mittags & abends, So nur mit- tags) Bis vor Kurzem war dieses Lokal an der inneren Ringstraße, gegenüber der Touris- teninformation, ein altes, ziemlich herun- tergekommenes Café. Nach einer gründlichen Renovierung ist es nur noch alt, aber im besten Sinne. In historischem Ambiente schmeckt eine Tasse Kaffee ebenso wie ein Menü mit allem Pipapo.

Kålla (☎ 04 66 37 33 18; 21 rue du Docteur Blanchard; 9–18 oder 19.30 Uhr) Die intime, erst kürzlich eröffnete Saftbar mit Café hat sich in den Be- cken einer ehemaligen Färberei eingerichtet. Auf der Karte stehen Biosäfte, Kaffee und Tee aus aller Herren Länder sowie Mineralwässer exotischer Herkunft (auch wenn's schlecht für die Ökobilanz ist). Im Untergeschoss (das früher auf Straßenhöhe lag) gibt's ein klei- nes Fitnessstudio mit Massagesalon und eine große Terrasse gehört auch noch dazu.

Shoppen

Auch wer nicht im Terroirs (s. links) isst, sollte unbedingt im dazugehörigen Laden stöbern. Und wer auf Trüffeln abfährt, wird in der **Maison de la Truffe** (27 place aux Herbes) fün- dig: Dort gibt's die schwarzen Knollen in jeder erdenklichen Form – in Öl eingelegt, als Geschmacksträger in Reis und sogar in Kombination mit Schokolade.

An- & Weiterreise

Der Busbahnhof – eigentlich nur eine simple Bushaltestelle – liegt in der Avenue de la Libération, neben der Banque Populaire. Zwei- bis fünfmal täglich halten hier die Busse von Avignon (8,70 €, 1 Std.) nach Alès (7,30 €, 40 Min.). Mindestens fünf Busse fahren täg- lich von/nach Nîmes (5,30 €, 45 Min.).

ST-QUENTIN-LA-POTERIE

2700 Ew.

Was Montolieu (S. 204) für Bücher getan hat, hat sich das 5,5 km nördlich von Uzès liegende St-Quentin für die Töpferkunst vorgenom- men. Über 20 selbstständige Töpferateliers stellen in dem Dörfchen Keramik her, alles in Handarbeit. So wird ein traditionsreicher

Berufszweig wiederbelebt, der schon vor Jahrhunderten die tonreichen Böden der Umgebung nutzte (zuweilen in fast industriellem Maßstab).

Bereits in der Jungsteinzeit wurden hier Tongefäße hergestellt. Im Mittelalter versorgte St-Quentin das gesamte Languedoc mit Geschirr und im 14. Jh. kam dann ein Großauftrag: Der Palais des Papes in Avignon (damals Papstsitz und Zentrum der Christenheit) bestellte 120 000 Bodenfliesen für seine Höfe. Im 19. Jh. ging das Feuer in den rund 60 Brennöfen des Dorfes nicht mehr aus, da vor allem ein damals höchst begehrter Artikel gebrannt wurde: Tonpfeifen für Raucher.

Dann kam der Niedergang und 1974 wurde auch im letzten Brennofen die Asche kalt. Aber schon knapp zehn Jahre später eröffnete wieder der erste handwerkliche Töpferbetrieb und versprach St-Quentin eine neue Zukunft.

Kleine Randbemerkung: Joseph Monier (1823–1906), der den armierten Beton erfand und in gewisser Weise auch mit Wasser und Erdreich experimentierte, stammte aus St-Quentin.

Die örtliche **Touristeninformation** (☎ 04 66 22 74 38; www.officeculturel.com, auf Französisch; Juli & Aug. 9.30–12.30 & 15–18 Uhr, Sept.–Juni Mo–Fr 9–12 & 14–17 Uhr) residiert in der Rue Docteur Blanchard Nr. 15.

Töpferwaren aus den letzten vier Jahrhunderten zeigt das kleine **Musée de la Poterie Méditerranéenne** (☎ 04 66 03 65 86; 14 rue de la Fontane; Erw./unter 12 J. 3 €/frei; Juli & Aug. tgl. 10–13 & 15–19 Uhr, Sept. nur Mi–So, April–Juni & Okt.–Dez. Mi–So 14–18 Uhr).

Was in St-Quentin besonders Laune macht: Einfach drauflosmarschieren und sich überraschen lassen.

Anfahrt von Uzès aus über die D982, dann links abbiegen auf die D5, die später in die D23 übergeht.

ALÈS

39 300 Ew.

Alès liegt 45 km nordwestlich von Nîmes und 76 km nordöstlich von Montpellier. Es ist die zweitgrößte Stadt des Departements Gard und kuschelt sich ans Ufer des gleichnamigen Flusses. Seit Mönche hier im 13. Jh. den Spaten schwangen, wurde in Uzès Kohle abgebaut; die letzte Grube musste 1986 schließen.

Der Fußgängerzone im Stadtkern ist die rußige Vergangenheit zwar nicht mehr anzusehen, aber besonders aufregend ist sie auch nicht. Insgesamt macht Alès als Tor zu den Cevennen jedoch einen netten Eindruck; im Sommer sorgen Blumen und Brunnen auf den Plätzen (und sogar im Flussbett) für Ferienstimmung und viele schlagen hier ihr Basislager auf, um all die Sehenswürdigkeiten in der Umgebung abzuarbeiten.

Praktische Informationen

New Inform@tique (28 rue Florian; pro Std. 3 €; Mo–Fr 8–20 oder 22, Sa bis 19, So bis 14 Uhr) Internetzugang.

Postamt (av Général de Gaulle)

Touristeninformation (☎ 04 66 52 32 15; www.ville-ales.fr, auf Französisch; place Hôtel de Ville; Juli & Aug. Mo–Sa 9–19, So 9–12 Uhr, Sept.–Juni Mo–Sa 9–12 & 13.30–17.30 Uhr) Das moderne Gebäude wurde in eine Barockkapelle hineingebaut, direkt daneben liegt ein kleiner Parkplatz. Von Juni bis August werden zweistündige Stadtspaziergänge angeboten (auf Französisch, gratis).

Waschsalon (Ecke rues Florian & des Hortes; Mo–Sa 7.30–19, So bis 12 Uhr)

Sehenswertes & Aktivitäten

Die **Mine Témoin** (☎ 04 66 30 45 15; chemin de Cité Ste-Marie; Erw./Kind 6/4 €; Juli & Aug. 10–19 Uhr, Juni 9–17 Uhr, März–Mai & Sept.–Mitte Nov. 9.30–12.30 & 14–18 Uhr) ist kein Museum: Hier bekommen Besucher einen Helm aufgesetzt, eine Broschüre (auch in Englisch) in die Hand gedrückt und werden zum Förderkorb dirigiert, mit dem sie in die Tiefe sausen (aber nicht ganz so schnell wie seinerzeit die Bergarbeiter

SAINTE BARBE

Das bedeutet nicht „Heiliger Bart", sondern St. Barbara, die Schutzpatronin von Bergleuten und anderen Arbeitern mit hohem Unfallrisiko, wie z. B. Feuerwehrmänner, Matrosen oder Bauarbeiter. Auch wenn die meisten Minen längst geschlossen sind, wird die *fête de la Sainte Barbe* Anfang Dezember überall noch kräftig gefeiert (und höchstens von der *féria de l'Ascension* in Alès übertroffen). Solange die Förderbänder noch liefen, stand in jedem Stollen eine Statue der Hl. Barbara. An ihrem Ehrentag wurden sie hochgebracht und von den Bergarbeitern und ihren Familien in einer Prozession zur Kirche getragen, begleitet von den Klängen einer Blaskapelle.

die bei 40 km/h ganz schön durchgeschüttelt wurden). In dieser Mine wurde früher der Nachwuchs ausgebildet. Nach einem 20-minütigen französischen Video über die Entstehung und Abbau von Kohle geht's im Rahmen einer einstündigen **Führung** durch die Stollen, die aneinandergereiht 700 m lang wären. Am besten eine Fleecejacke einpacken, da sich die Temperaturen stets zwischen 14 und 17 °C bewegen (auch im Sommer)! Letzter Einlass 1½ Stunden vor Schließung.

Nur ein paar Gehminuten von der Mine Témoin entfernt, im Vorort Rochebelle, wartet zeitgenössische Kunst auf interessierte Besucher: Die bunt zusammengewürfelte Sammlung des **Musée Pierre André Benoit** (☎ 04 66 86 98 69; rue de Brouzen; Eintritt frei; Juli & Aug. 14–19 Uhr, Sept.–Jan. & März–Juni Di–So 14–18 Uhr) enthält auch Werke von Miró, Picasso und Braque.

Im **Musée du Colombier** (☎ 04 66 86 30 40; rue Jean Mayodon; Eintritt frei; Juli & Aug. 14–19 Uhr, Sept.–Juni Di–So 14–18 Uhr) geht's um Archäologie und schöne Künste. Das *hôtel particulier* aus dem 18. Jh. liegt in einem weitläufigen Park und zeigt im Erdgeschoss Fundstücke aus prähistorischen und gallorömischen Zeiten, die bei Ausgrabungen in der Umgebung zum Vorschein kamen. Im ersten Stock hängen vor allem Bilder europäischer Meister des 16. bis 18. Jhs. (darunter das faszinierende Triptychon *La Sainte Trinité* – Die Heilige Dreifaltigkeit – von Jean Bellegambe) sowie Werke des einheimischen Künstlers Marcel Merignargues (1884–1965). Das oberste Stockwerk widmet sich französischen Malern aus dem 19. und 20. Jh.

Schade, dass das **Musée Minéralogique de l'École des Mines d'Alès** (☎ 04 66 78 51 69; 6 av. des Clairières; Erw./Kind 4/2 €; Mitte Juni–Mitte Sept. Mo–Fr 14–17 Uhr) mit seiner hervorragenden Gesteins- und Fossiliensammlung nur während der Sommerferien geöffnet ist.

Besucher des Parks **Les Camelias de la Prairie** (☎ 04 66 52 66 40; 2396 chemin des Sports; Erw./5–12 J./unter 5 J. 6/3 €/frei; Führungen Sept.–Mai Mi–Mo 10, 14 & 16 Uhr) werden von einem 1000 Jahre alten Olivenbaum begrüßt. Um ihn herum wurden vor knapp 100 Jahren rund 200 verschiedene Kamelienarten gepflanzt, die vor allem im März und April blühen. Dazu gesellen sich Magnolien, Zierkirschen, Azaleen, Fächerhorne und weitere Bäume, die durch ihr Blütenpracht beeindrucken. Im Gegensatz zu fast allen anderen Sehenswürdigkeiten des Languedoc ist der Park im Sommer geschlossen, denn nur das grüne Blattwerk reißt keinen vom Hocker. Er liegt am (rechten) Westufer des Gard, 500 m südlich des Pont du 18 Juin.

Geöffnet hat zu dieser Zeit stattdessen der städtische **Parc Botanique de la Tour Vieille** (Eintritt frei; April–Sept. 10–20 Uhr, Okt.–März bis 17.30 Uhr), der gut gepflegt wird und einen Kinderspielplatz hat.

Schlafen

Camping La Croix Clémentine (☎ 04 66 86 52 69; www.clementine.fr, auf Französisch; Zeltplatz & 2 Pers. je nach Saison 13–24 €; April–Sept.;) Der mit 4 Sternen bewertete Campingplatz liegt in Cendras, 5 km nordwestlich von Alès. Camper können ihr Zelt entweder im oder am Rand des Eichenwäldchens aufschlagen, während die Kids das große Freizeitangebot nutzen.

Hôtel Durand (☎ 04 66 86 28 94; www.hotel-durand.fr, auf Französisch; 3 bd Anatole France; EZ/DZ/3BZ 32/38/46 €;) Das bescheidene Hotel in einer Nebenstraße, 100 m östlich des Hôtel Le Riche, hält seine 17 Zimmer (alle mit Klimaanlage) bestens in Schuss. Die Bäder sind frisch renoviert. Zum Frühstück (5 €) gibt's Espresso und im kleinen Garten nach hinten raus dürfen sich die Gäste sonnen.

Hôtel Le Riche (☎ 04 66 86 00 33; www.leriche.fr, auf Französisch; 42 place Pierre Sémard; EZ/DZ/3BZ 48/59/70 €; Sept.–Juli; P) Parkplatz 4 €. Dieses preiswerte Hotel gegenüber dem Bahnhof können wir wärmstens empfehlen – sowohl für seine 19 freundlichen, modernen Zimmer als auch für die hervorragende Küche des angeschlossenen Restaurants (Menüs 18 bis 48 €) mit seinen frisch gebügelten Tischdecken und den hübschen Stuckverzierungen.

Mas de Rochebelle (☎ 04 66 30 57 03; www.masderochebelle.fr, auch auf Deutsch; 44 chemin Sainte Marie; Zi. 60–80 €;) Wer bei der Mine Témoin den Berg hinunter geht, stößt auf dieses heimelige *chambre d'hôtes* in der früheren Residenz des Minendirektors. Fünf liebevoll hergerichtete Zimmer und ein 1 ha großer Garten mit großen Eiben laden zum Relaxen, Spazierengehen und Schwimmen ein. Aus den Früchten kocht die Gastgeberin leckere Marmeladen, mit denen sie ihre Gäste zum Frühstück verwöhnt.

Essen

Le Jardin Cévenol (☎ 04 66 52 39 94; 13 rue Mandajors; Menüs 11,60–16,20 €; tgl. mittags & abends; V) Das rustikale Lokal mit niedriger Decke hat sich vor allem auf Snacks spezialisiert, z. B. kalte und warme Salatkompositionen (ca. 8 €) und viele Omelettezubereitungen (ca. 6 €). Auch Vegetarier werden hier fündig.

Le Coq Hardi (☎ 04 66 52 15 75; 7 rue Mandajors; Menüs 11,50–22 €, Hauptgerichte 9–12,50 €; 🕑 Di–So mittags & abends) Der Name „frecher Hahn" stammt von einem *hôtel particulier*, das längst abgerissen wurde (aber in einer Nische ist noch sein Wappen zu sehen). Die phantasievollen und preiswerten Kreationen der Küche werden vom gut gelaunten Personal souverän an den Mann und die Frau gebracht: Als Vorspeise vielleicht *gâteau forestier et son jus réduit*, eine feine Fleischpastete im eigenen Saft, und danach den *croustillant de râble de lapin aux olives et sauce rouge* (Hase mit Oliven in einer säuerlichen Rotweinsauce). Das Lokal mit den ockerfarbenen Wänden ist auch bei den Einheimischen sehr populär, deshalb rechtzeitig kommen oder reservieren.

Bodega Los Gallegos (☎ 04 66 52 04 91; 7 rue des Hortes; Hauptgerichte 12–16 €; 🕑 Di–Fr mittags & abends, Sa nur abends) Auch das ist ein beliebter Treffpunkt der Alésianer: Atmosphäre und Küche sind von Galizien geprägt, wo Oktopus und Garnelen gekonnt zubereitet werden.

Anreise & vor Ort unterwegs

BUS

Am **Busbahnhof** (☎ 04 66 30 24 86; place Pierre Sémard) gleich südlich des Zugbahnhofs startet täglich außer Sonntag ein Bus in Richtung Cevennen nach Florac (13,50 €, 1¼ Std.). Zwei bis fünf Busse täglich fahren nach Uzès (7,30 €, 40 Min.), zwei davon weiter nach Avignon (14,60 €, 1¾ Std.). Fünf Busse täglich fahren nach Nîmes (8,30 €, 1¼ Std.) und zwei bis fünf von/nach St-Jean-du-Gard.

FAHRRAD

Run Cycles (☎ 04 66 86 60 84; 19 rue Guynemer; 🕑 Di–Sa) verleiht Räder (pro Tag/drei Tage/Woche 20/50/100 €).

ZUG

Bis zu zehn Züge täglich pendeln von/nach Montpellier (14,30 €, 1½ Std.), z. T. mit Umsteigen in Nîmes (8,10 €, 40 Min.). Drei Züge verkehren täglich zwischen Alès und Mende (16,20 €, 2½ Std.).

RUND UM ALÈS

Maison du Mineur

La Grand'Combe, 13 km nördlich von Alès an der N106, war einmal eine blühende Bergarbeitersiedlung. Die Mine wurde 1978 geschlossen, aber die alten Traditionen häl die **Maison du Mineur** (☎ 04 66 34 28 93; Vallée Ricard Erw./6–14 J./unter 6 J. 3,50/2,50 €/frei; 🕑 Juni–Aug Di–Sa 9–12 & 14.30–18, So 14.30–18.30 Uhr, März–Mai & Sept.–Mitte Dez. Di–Sa 9.30–12 & 14–17 oder 17.30 So 14.30–17 oder 17.30 Uhr, Jan. & Feb. geschl.) am Leben In dem großen Gebäude stehen noch di alten Maschinen und der Generator herum alle möglichen Werkzeuge, der Nachba einer Bergarbeiterwohnung und vor allen Fotos von damals rufen alles plastisch i Erinnerung.

Château de Portes

Die D128 geht nördlich von La Grand'Comb in die D906 über und führt, immer steile abfallend, durch einen dichten Kastanien und Kiefernwald. Rund 12 km vor Erreiche der Talsohle hören die Bäume kurz vor den Col de Portes plötzlich auf und geben de Blick auf das majestätische Schloss frei, hinte dem die Berge der Cevennen langsam mi dem Horizont verschmelzen. Nachdem da **Château de Portes** (☎ 04 66 54 92 05; www.chateau portes.org, auch auf Englisch; Erw./6–16 J./unter 6 J. 4,80/3,20 € frei; 🕑 Juli & Aug. Di–So 10–19, Mo 13–19 Uhr, Mai, Juni Sept. Mi–So Kernzeit 14–18 Uhr, Okt–Nov. & März–April Sa So 14–17 Uhr) durch den Zusammenbruch de Bergbauindustrie fast zur Ruine verkomme war, haben es Freiwillige fast 40 Jahre lan wieder aufgebaut und renoviert. Vier der fün Stockwerke, die im Rahmen der Führun besichtigt werden (die englische Broschür ist sehr aufschlussreich), stammen aus de Renaissance, die das Gebäude hauptsächlic geprägt hat. Auch wenn das Schloss vor aller Pilgern Zuflucht bieten sollte, könnten fü seine Errichtung durchaus auch strategisch Gesichtspunkte eine Rolle gespielt haber denn es liegt ja direkt an der Passstraße Oder hatte sich der Erbauer einfach in die sen Ort mit dem Superpanoramablick auf di Cevennen verliebt?

Grotte de la Cocalière

Die **Höhle** (☎ 04 66 24 34 74; www.grotte-cocaliere.com auch auf Deutsch; bei Courry; 1-stündige Führung Erw./6–12 J. unter 6 J. 15/10 €/frei; 🕑 Juli & Aug. 10–18 Uhr, Mit März–Juni, Sept. & Okt. 10–12 & 14–17 Uhr) gehört z einem ganzen Labyrinth von Gängen un Galerien, die sich in den Hügel hineinfres sen (bis jetzt wurden rund 30 km erschlos sen). Der 1,25 km lange Verbindungswe zwischen den einzelnen Kammern füh nicht nur an den üblichen Stalaktiten un talagmiten vorbei, sondern passiert auch nsammlungen merkwürdiger Scheiben, die ler Schwerkraft zu trotzen scheinen. Genauso hantastisch wirken die Spiegelungen dieser Gesteinsformationen in den Wasserbecken inks und rechts des relativ ebenen Pfades, an lessen Ende die Rekonstruktion einer archäo-ogischen Ausgrabungsstätte wartet. Knochen ınd Fundstücke aus prähistorischen Zeiten assen sie ziemlich authentisch erscheinen. ïin Bähnchen bringt die Besucher wieder zum usgangspunkt zurück. Die Höhle liegt 30 km ıinter Alès an der D904.

.a Caracole

Ver das Gefühl sich sträubender Nacken-ıärchen mag, besucht **La Caracole** (☎ 04 66 5 65 70; www.lacaracole.fr, auch auf Englisch; St-Florent-ır-Auzonnet; Erw./Kind 5/3,50 €; ⌚ Besichtigung Juli & ug. tgl. 10.30, 15, 16.30 & 18 Uhr, April–Juni & Sept. Ai & So 15 & 16.30 Uhr). Über 250 000 schleimige ixemplare demonstrieren die „erstaunliche, ufregende Welt der Schnecke". Ein kleines Auseum illustriert die Rolle der Schnecke im Verlauf der Jahrhunderte – auch in Religion ınd Kunst. Außerdem verrät es viele ver-lüffende Schneckendetails, z. B. dass der ieschlechtsakt zehn Stunden dauert und das Veibchen zur Eiablage 30 Stunden braucht dass Schnecken langsam sind, ist ja bekannt – ber *so* langsam?). Nach einer fünfminütigen inführung per DVD (auch auf Englisch) be-innt die Besichtigung der Schneckenfarm, ie mit einer Gratisverkostung abschließt. Jnd wer sich in die Tierchen verliebt hat, ann sich ein paar davon eingedost (und mit eckeren Saucen einbalsamiert) im Laden ıitnehmen. Im Juli und August serviert das **estaurant** (⌚ tgl. abends, So auch mittags) ein Menü nit Schnecken als Vor- und Hauptgericht, azu Käse oder Dessert und ¼ Flasche Wein ür 21 €. Anfahrt ab Alès (12 km) über die)904 Richtung Norden, dann links abbiegen uf die D59.

T-JEAN-DU-GARD

t-Jean-du-Gard liegt am östlichen Ende er spektakulären Corniche des Cévennes, ie durch die wilde Berglandschaft bis nach lorac führt. Das Dörfchen am Ufer des ardon war auch das Ziel von Robert Louis tevenson, als er mit seiner braven Eselin urch die Cevennen wanderte (S. 161). Inbestrittenes Highlight ist das Musée des allées Cévenoles, das sehr eindrucksvoll dar-stellt, wie hart das Überleben in dieser kargen Berglandschaft noch vor einer Generation sein konnte.

Punkt zwei des Pflichtprogramms ist die **Tour de l'Horloge** (place Rubens Saillens), das einzige Überbleibsel einer romanischen Kirche aus dem 12. Jh. Hugenotten hatten sie während der Religionskriege zerstört – als Racheakt für die Verwüstungen, die die königlichen Truppen 1560 im Ort angerichtet hatten.

Die **Touristeninformation** (☎ 04 66 85 32 11; http://otsi.st.jeandugard.free.fr, auf Französisch; ⌚ Juli & Aug. Mo–Sa 9–12.30 & 14.30–18, So 10–12.30 Uhr, Sept.–Juni Mo–Fr 9–12 & 13.30–17, Sa 10–12 Uhr) ist an der Place Rabaut St-Étienne neben dem Postamt zu Hause.

Sehenswertes

Das **Musée des Vallées Cévenoles** (☎ 04 66 85 10 48; www.museedescevennes.com, auf Französisch; 95 Grand'rue; Erw./Student/unter 12 J. 4,50/3,50 €/frei; ⌚ Juli & Aug. 10–19 Uhr, April–Juni, Sept. & Okt. 10–12.30 & 14–19 Uhr, Nov.–März Di & Do 9–12 & 14–18, So 14–18 Uhr) hat ein Gasthaus aus dem 17. Jh. samt Nebengebäuden und Ställen in Beschlag genommen und sollte mal wieder so richtig ausgemistet werden! Abgesehen davon ist es eine Fundgrube für vergessene Handwerkskünste und ihre entsprechenden Werkzeuge. Die untere Etage kümmert sich um die landwirtschaftlichen Traditionen der Cevennen, während sich das erste Stockwerk der Seide widmet und deren Entstehung vom Ei der Seidenmotte bis zum eleganten Ballkleid und hauchzarten Seidenstrümpfen dokumentiert. Wer kein Französisch kann, lässt sich von der vierseitigen englischen Broschüre aufklären.

Eine gute Stunde sollte schon eingeplant werden für die 60 Becken des **Aquarium de St-Jean-du-Gard** (☎ 04 66 85 40 53; www.aquarium-cevennes.com, auf Französisch; av. de la Résistance; Erw./Student/Kind 8/7/6 €; ⌚ Juni–Aug. 11–19 Uhr, April–Mai, Sept. & Okt. Di–So 11–18 Uhr), in denen sich Fische aus aller Welt tummeln. Das Gebäude liegt hinter dem Bahnhof 150 m flussaufwärts.

Von Juli bis September findet montags auf der Hauptstraße ein Antiquitätenmarkt statt. Dienstags ist der traditionelle Wochenmarkt (ganzjährig), der im Sommer fast das ganze Dorf in Beschlag nimmt; die Bauern der Umgebung haben ihre Stände in der Markthalle in der Avenue Boudon. Ebenfalls Produkte aus der Region gibt's von Ostern bis Oktober immer samstags auf dem Bauernmarkt auf der Place du Marché.

DER KAMISARDENAUFSTAND

Anfang des 18. Jhs. tobte ein Partisanenkrieg in den Cevennen: Protestanten leisteten Widerstand gegen die Soldaten von Ludwig XIV. Nach der Aufhebung des Edikts von Nantes 1685 hatten die protestantischen Hugenotten ihre 1598 gewonnene Religionsfreiheit wieder verloren und wurden nun verfolgt. Protestantische Priester wurden hingerichtet, ihre Anhänger zum Dienst auf den königlichen Galeeren verurteilt, Frauen landeten im Gefängnis und ihre Kinder in katholischen Waisenhäusern. Viele Protestanten wanderten aus, andere suchten in den wilden Cevennen Zuflucht. Dort organisierte der damals erst 22-jährige Anführer Pierre Laporte, genannt Roland, den Widerstand gegen die französische Armee, die die Kamisarden mit äußerster Gewalt verfolgte.

Die Flüchtlinge hatten zwar keine Ausrüstung, kannten aber jeden Stein in der unwirtlichen Gegend und konnten ihren Verfolgern zwei Jahre lang die Stirn bieten. Sie kämpften im bloßen Hemd – *camiso* in der *langue d'oc* – und verdienten sich so ihren Namen: Kamisarden. Als die königliche Armee schließlich die Oberhand gewann, metzelte sie die Einheimischen, die nicht rechtzeitig fliehen konnten, gnadenlos nieder. Die meisten Dörfer wurden dem Erdboden gleichgemacht und auch Roland kam dabei ums Leben.

Jedes Jahr versammeln sich am ersten Sonntag im September Tausende französischer Protestanten an Rolands Geburtsort Le Mas Soubeyran. Der verschlafene Weiler gehört zum Dorf Mialet, nicht weit von der Corniche des Cévennes. Dort wurde das Musée du Désert (s. S. 105) eingerichtet, das sich der Verfolgung der Protestanten in den Cevennen nach 1685 widmet, die 1787 mit dem Toleranzedikt endete.

Schlafen & Essen

Hôtel Filature des Bellugues (☎ 04 66 85 15 33; www.hotel-bellugues.com, auch auf Englisch; 13 rue Pelet de la Lozère; EZ/DZ 44/51 €; P) Parkplatz gratis. 16 pieksaubere Zimmer, vernünftige Preise und ein nettes junges Paar als Besitzer sind die Vorzüge dieses Hotels, dessen Räumlichkeiten früher zu einer Seidenspinnerei gehörten. Im Freien gibt's einen Pool mit genügend Rasen drumherum zum Sonnenbaden.

Patrice Génolhac (86 Grand'rue) Alles, von den Torten bis zur köstlichen Eiscreme (Himbeer schmeckt besonders fruchtig) und den schokoladigen Sünden im Winter, ist in diesem kleinen Familienbetrieb hausgemacht.

La Treille (☎ 04 66 85 38 93; 10 rue Olivier de Serres; Menüs ca. 20 €; März–Nov. Di–So mittags & abends) Ob im gemütlichen Speisesaal mit seinen Nischen und Natursteinwänden oder auf der Terrasse im Obergeschoss mit Blick auf die Straße – hier fühlt sich jeder sofort wohl. Zu essen gibt's neben den Menüs auch Crêpes (5,50–8,50 €) in allen möglichen Geschmacksrichtungen (auch pikant), z. T. aus Kastanienmehl.

Restaurant Les Bellugues (☎ 04 66 85 37 29; 13 rue Pelet de la Lozère; Mittagsmenü 12,50 €, Menüs 18–24 €, Hauptgerichte 17–19 €; April–Nov. Di–Sa mittags & abends, So nur mittags) Trotz gemeinsamer Adresse hat das Restaurant nichts mit dem gleichnamigen Hotel (s. links) zu tun. Das dreigängige *menu randonneur* (Wanderermenü; 17 €) mach jeden Gipfelstürmer satt und das *menu dégustation* (24 €) bietet viele Wahlmöglichkeiten. Serviert wird im großen Speisesaal oder in runden Wintergarten, der von hohen Bambusstauden umringt wird. Schade, dass es be der tollen Küchenleistung nur für Plastikstühle im Wintergarten gereicht hat.

An- & Weiterreise

Zwei bis fünf Busse täglich fahren von/nach Alès (1 €, 50 Min.) und zwei bis drei überneh men die Verbindung nach Nîmes (12,25 € 1¼ Std.).

RUND UM ST-JEAN-DU-GARD

Von April bis Oktober tuckert der **Train Vapeur des Cévennes** (Cevennen-Dampfeisenbahn ☎ 04 66 60 59 00; www.citev.com, auf Französisch; Erw Kind einfach 9/6 €, hin und zurück 12/7 €; April–Mitte Sept. tgl., Mitte Sept.–Okt. Di–So) drei- bis viermal am Tag von St-Jean-du-Gard nach Anduz und zurück. Auf der 13 km langen Streck macht er Halt an der Bambouseraie (s. u.); die einfache Fahrt dauert 40 Minuten.

Bambouseraie de Prafrance

Die ersten Pflänzchen, aus denen diese üppige, hohe **Bambushain** (☎ 04 66 61 70 47; Erw./Kin

7,50/4,50 €; ⌚ März–Mitte Nov. 9.30 Uhr–Sonnenuntergang) herangewachsen ist, hatte ein Gewürzhändler vor 150 Jahren aus den Tropen mitgebracht. Mittlerweile sprießen in Générargues, 12 km südwestlich von Alès, rund 150 Bambusarten, die von Wassergärten, einem laotischen Dorf und einem japanischen Garten ergänzt werden. In jeder Sektion steht eine akustische Infosäule, die mehrsprachig Auskunft gibt. Die Cevennen-Dampfeisenbahn hält direkt neben der Rezeption.

Musée du Désert

Französische Protestanten denken bei *le désert* (Wüste oder Einöde) an die unzugänglichen Landstriche und Wälder, wo ihre Vorfahren sich nach dem Kamisardenaufstand (s. Kasten S. 104) versteckten. Und ähnlich abgelegen (5,5 km von der Bambouseraie entfernt) ist auch der idyllische Weiler Le Mas Soubeyran mit dem **Musée du Désert** (☎ 04 66 85 02 72; www.museedudesert.com, auch auf Deutsch; Erw./10–18 J./unter 10 J. 4,50/3,50 €/frei; ⌚ Juli & Aug. 9.30–19 Uhr, März–Juni & Sept.–Nov. 9.30–12 & 14–18 Uhr). Es rollt die Geschichte der Hugenotten auf, ihre Lebensweise, die Verfolgungen, den über 100 Jahre langen Widerstandskampf und die Emigration von knapp einer halben Million Glaubensgenossen in tolerantere Gefilde.

Grotte de Trabuc

2,5 km nach (und über) dem Musée du Désert endet die Straße an der **Grotte de Trabuc** (☎ 04 66 85 03 28; www.grottes-de-france.com, auch auf Deutsch; Erw./–12 J./unter 5 J. 8/4 €/frei; ⌚ Juli & Aug. bis zu 10 einstündige Führungen tgl., März–Juni, Sept. & Okt. 4–6 Führungen tgl., Feb. & Nov. nur So & Feiertage 3 Führungen). Hier fanden Flüchtlinge während der Religionskriege und dem Kamisardenaufstand (s. Kasten S. 104) Unterschlupf. Auch für Räuber und Gesetzlose war die Höhle jahrhundertelang ein ideales Versteck. Das Highlight der Grotte de Trabuc – übrigens die größte und tiefste Höhle der Cevennen – ist die „Galerie der 100 000 Soldaten“ wo unzählige Mini-Stalagmiten wie eine Armee aus dem Fels ragen.

Maison de la Randonnée et des Activités en Plein Air

Dieses **Wander- und Freizeitzentrum** (☎ 04 66 61 66 66; www.maisondelarandonnee.com, auf Französisch; Eintritt frei; ⌚ Juli & Aug. 10–18 Uhr, Mai–Juni, Sept. & Okt. Mo–Fr 10–13 & 15–18, Sa & So 10–18 Uhr, Nov.–April Di–Fr 10–13 Uhr) direkt an der D907 organisiert alle möglichen Outdoor-Aktivitäten, darunter themenbezogene Wanderungen (manche Führer sprechen auch Englisch), Kanu- und Kajakfahrten oder Höhlenwandern. Hier können auch Mountainbikes ausgeliehen werden (halber/ganzer Tag/drei Tage 12/20/54 €).

Der Laden gleich nebenan, **Terroir Cévennes** (☎ 04 66 85 15 26; ⌚ Di–So 9.30–13 & 15–19 Uhr), wird von einem Verband von Kleinerzeugern des Departements betrieben. Sie verkaufen Keramik, Klamotten und vor allem absolut köstliche Leckereien wie Marmelade, Honig, Chutney, Pâté, Käse und vieles mehr.

Musée de la Musique

Das **Musikmuseum** (☎ 04 66 61 86 60; www.museemusique.com, auch auf Englisch; Erw./6–12 J./unter 6 J. 5/2,50 €/frei; ⌚ Juli & Aug. 15–18.30 Uhr, restl. Schulferien 14.30–18 Uhr) in Anduze (gleich neben der Brücke) hat über 1000 verschiedene Musikinstrumente

BOUTIQUES PAYSANNES DU GARD

„Produits par nous-même, fabriqués par nous-même, vendus par nous-même“ (von uns erzeugt, verarbeitet und verkauft), so lautet der stolze Slogan einer Vereinigung von Bauern, Handwerkern und anderen Kleinbetrieben.

Bis jetzt hat diese Kooperative fünf Verkaufsstellen im Gard, wo Kunden die Produkte ohne Zwischenhandel direkt vom Erzeuger kaufen können:

Entre Thym et Châtaignes (☎ 04 66 77 21 68; 2 place de la Couronne, St-Hippolyte-du-Fort)
Entre Thym et Châtaignes (☎ 04 66 80 98 66; Domaine de l'Argentier, Sommières)
Terre de Droude (☎ 04 66 83 75 82; RN106, Vézénobres)
Terres de l'Aigoual (☎ 04 67 82 65 39; l'Espérou, Col de la Serreyrède, route du Mont d'Aigoual) siehe Karte S. 154.
Terroir Cévennes (☎ 04 66 85 15 26; La Châtaignerie, D907 bei Thoiras)

Für Selbstversorger und Picknickfreaks die idealen Anlaufstellen, um die Vorräte aufzustocken.

aus aller Welt gesammelt. Leider steckt es momentan in finanziellen Schwierigkeiten und musste vorübergehend schließen. Der aktuelle Stand kann auf der Website abgerufen werden.

ST-HIPPOLYTE-DU-FORT

Die örtliche **Touristeninformation** (☎ 04 66 77 91 65; www.cevennes-garrigue-tourisme.com, auf Französisch; Juli & Aug. 10–17 Uhr, Sept.–Juni Mo–Fr 10–12 & 14–17 Uhr, in Schulferien auch Sa 10–13 Uhr) an der Place du 8 Mai wird von zwei Museen flankiert.

Eine perfekt gemachte englische Broschüre führt durch das **Musée de la Soie** (Seidemuseum; ☎ 04 66 77 66 47; www.museedelasoie-cevennes.com, auch auf Englisch; Erw./Student/Kind 4,70/3,80/2,80 €; Juli & Aug. 10–12.30 & 14–18.30 Uhr, April–Juni & Sept.–Mitte Nov. Di–So 10–12.30 & 14–18 Uhr), das den Faden von der Seidenraupe bis zum edlen Seidenstoff spinnt. Kinder freuen sich über die lebendigen Anschauungsobjekte, die von April bis Oktober Maulbeerblätter mümmeln (nur dann ist ihre einzige Nahrungsquelle verfügbar). Väter finden wahrscheinlich die alten Spinn-

SEIDE IN DEN CEVENNEN

Mitte des 19. Jhs. waren die Cevennen – neben dem italienischen Piemont – der weltweit wichtigste Produzent von Seide. Wer sich einmal vorstellt, wie wenig so ein Seidenraupenkokon wiegt, wird kaum glauben können, dass hier in den besten Zeiten jährlich rund 26 000 t Seide hergestellt wurden. Die Zahl der Seidenraupen – und der Maulbeerbaumblätter, die sie mampften – muss wirklich astronomisch gewesen sein.

Dieses gefräßige Tierchen hat die Vegetation in den Cevennen erheblich verändert. Zu den allgegenwärtigen Kastanien gesellten sich plötzlich unzählige Maulbeerbäume. Doch während die cremeweißen und rosa Blütenkerzen und die braun glänzenden Früchte in ihrer stacheligen Schale bis heute ein Markenzeichen der Gegend geblieben sind, hat sich der Neuankömmling wieder klammheimlich verzogen. Maulbeerbäume, wegen ihres wirtschaftlichen Nutzens *arbres d'or* (Goldbäume) genannt, sind mittlerweile praktisch wieder ausgestorben.

Die Seidenraupe hat auch die Architektur beeinflusst. Wer reich war, leistete sich eine frei stehende *magnanerie* (*magnan* war der lokale Ausdruck für Seidenraupe, das ist okzitanisch und bedeutet – sehr zutreffend – „Fresser"; in der *magnanerie* wurden sie gezüchtet). Die Ärmeren dagegen stockten ihre Häuser auf und brachten die Seidenraupenzucht im Dachstuhl unter. Auf Tabletts in Regalen mümmelten die Tierchen so viele Blätter, bis sie auf das 50-Fache ihrer ursprünglichen Größe angewachsen waren. Daneben würde selbst die fetteste Raupe, die bei uns in der freien Natur herumkrabbelt, magersüchtig erscheinen.

Auch wenn die glibberigen Dinger nicht gerade einen hochsensiblen Eindruck machen, sind sie sehr empfindlich und anspruchsvoll in der Haltung. Sie fühlen sich nur bei Temperaturen zwischen 21 und 23 °C und einer Luftfeuchtigkeit um die 75 % wohl. Sie brauchen frische Luft, aber schon der kleinste Luftzug kann ihnen gefährlich werden. Direkte Sonneneinstrahlung oder starkes Licht versetzen sie in Stress. Und die *magnanerie* muss täglich mit Desinfektionsmitteln geschrubbt werden, um zu verhindern, dass eine Krankheit die gesamte Brut dahinrafft.

Sobald der Kokon fertig ausgebildet war, ging die Arbeit erst richtig los: Die Kokons wurden in heißes Wasser gelegt, um die Puppe im Inneren abzumurksen. Dann wurde das Wasser mit Besen aufgewirbelt, um die Fäden zu lösen. Diese wurden anschließend gekämmt und aufgewickelt. Die Weiterverarbeitung übernahmen kleine Fabriken (meist Familienbetriebe), die wie Pilze aus dem Boden schossen – 23 allein in St-Jean-du-Gard. Dort wurde der Seidenfaden gehaspelt und auf Spulen gewickelt. Webereien in Nîmes und (in größerem Stil) in Lyon kauften die Spulen auf und stellten daraus Seidenstoffe her.

Während ihrer Blütezeit wurde die Seidenraupenzucht dreimal von der *pébrine* heimgesucht. Die Seuche richtete in den Zuchtbetrieben verheerende Schäden an. Nach der Eröffnung des Suezkanals wurde der Markt von Seidenimporten aus Asien überschwemmt. Dann kam die Entwicklung von Kunstfasern wie Dralon und Nylon, deren Herstellung unendlich viel billiger war. Das brachte die Seidenproduktion fast über Nacht zum Erliegen. Der letzte Betrieb in den Cevennen musste 1968 aufgeben.

und Webmaschinen hochinteressant, und für die Mütter gibt's im gleichen Gebäude **Eyos**: Das Unternehmen verarbeitet aus Brasilien importiertes Garn zu edlen Klamotten. Die Fabrik zum Laden steht auf dem Gelände einer ehemaligen Seidenraupenzucht in **Gréfeuilhe**, einem Dorf ganz in der Nähe.

Das **Musée du Sapeur Pompier** (☎ 04 66 77 99 86; www.msp30.fr.st, auch auf Englisch; Erw./6–12 J./unter 6 J. 4,50/2,50 €/frei; ⌚ Juni–Mitte Okt. Mi–Mo 10–12 & 14–17.30 Uhr, sonst nur Sa & So) lässt ebenfalls Kinderherzen höher schlagen: Der leidenschaftliche Sammler Marc Sylvain hat zusammen mit vielen freiwilligen Helfern ein beachtliches Feuerwehrarsenal zusammengetragen. Die Helme und Uniformen (z. T. 200 Jahre alt) würden für viele Löschtrupps reichen und besonders interessant sind natürlich die Oldtimer und Pferdewägen, mit denen die Feuerwehrmänner früher unterwegs waren. Vervollständigt wird die Ausstellung durch viele verschiedene Löschzüge und in der oberen Etage warten über 1000 Modelle von Feuerwehrautos, Flugzeugen und Ähnlichem.

Montpellier & Umgebung

Palmen in Terrakottatöpfen, unzählige Boutiquen mit Bademoden, ein Platz in der Stadtmitte, auf dem im Sommer eine Tonne Sand für die Wettkämpfe knackiger Beachvolleyballer(innen) aufgeschüttet wird: Montpellier, die Hauptstadt und einzige Metropole des Languedoc-Roussillon, ist eindeutig im sonnigen Süden zu Hause. Und die Altstadt mit ihren versteckten Plätzen, von unzähligen Füßen blank polierten Pflastersteinen, schattigen Kirchenportalen und sonnengebleichten honigfarbenen Fassaden der *hôtels particuliers* aus dem 18. Jh. riecht verräterisch salzig: Nur ein paar morastige Lagunen (mit malerischen Flamingos) trennen die Stadt vom blau funkelnden Mittelmeer.

Der kurze muntere Küstenstreifen vor Montpellier macht Laune. Allerdings sind die Bauten aus den 60er-Jahren in La Grande-Motte, wo die Petite Camargue (S. 90) beginnt, nicht jedermanns Sache. Aber auch die Nostalgiewelle schwappt hier noch an Land: In Palavas-les-Flots und Sète gibt's Fischerstechen, die Cathédrale de Maguelone hat schon 1500 Jahre überdauert und die Fischerboote laufen wie eh und je täglich aus.

Landeinwärts öffnet sich ein Paradies für Kanufahrer und Weinliebhaber. Der smaragdgrüne Fluss Hérault, dem das Departement seinen Namen verdankt, rauscht durch die atemberaubenden Gorges de l'Hérault. Im Osten krümmen sich die Buckel des Pic St-Loup und andere Berge, zu deren Füßen sich winzige Dörfer angesiedelt haben. Und dazwischen Weinreben und nach Rosmarin duftende *garrigue* (Strauchheide), so weit das Auge reicht. Etwas weiter nördlich hat der Cirque de Navacelles wahrlich einen Preis für seine Natur verdient.

HIGHLIGHTS

- Durch die sonnendurchfluteten Gassen der Altstadt von **Montpellier** (S. 113) schlendern
- In Palavas-les-Flots oder Sète zum Strand radeln und den Helden des **Fischerstechens** (S. 119) die Daumen drücken
- Zusammen mit den gierigen Möwen die Fischer im Hafen von Sète erwarten und sich ihre Fänge auf einer **Führung** (S. 120) durch die *criée* (den Markt) erklären lassen
- Durch Salzwiesen zur Insel mit der 1500 Jahre alten **Cathédrale de Maguelone** (S. 118) pilgern und einfach mal zur Ruhe kommen
- Im Kanu auf smaragdgrünen Wellen durch die spektakulären **Gorges de l'Herault** (S. 124) paddeln
- Mittelalterliche Gärten bewundern und Wein probieren in Villeveyracs **Abbaye de Valmagne** (S. 122) aus dem 12. Jh.
- Staunen, wie die Natur mit dem **Cirque de Navacelles** (S. 124) ein Amphitheater für Riesen geschaffen hat

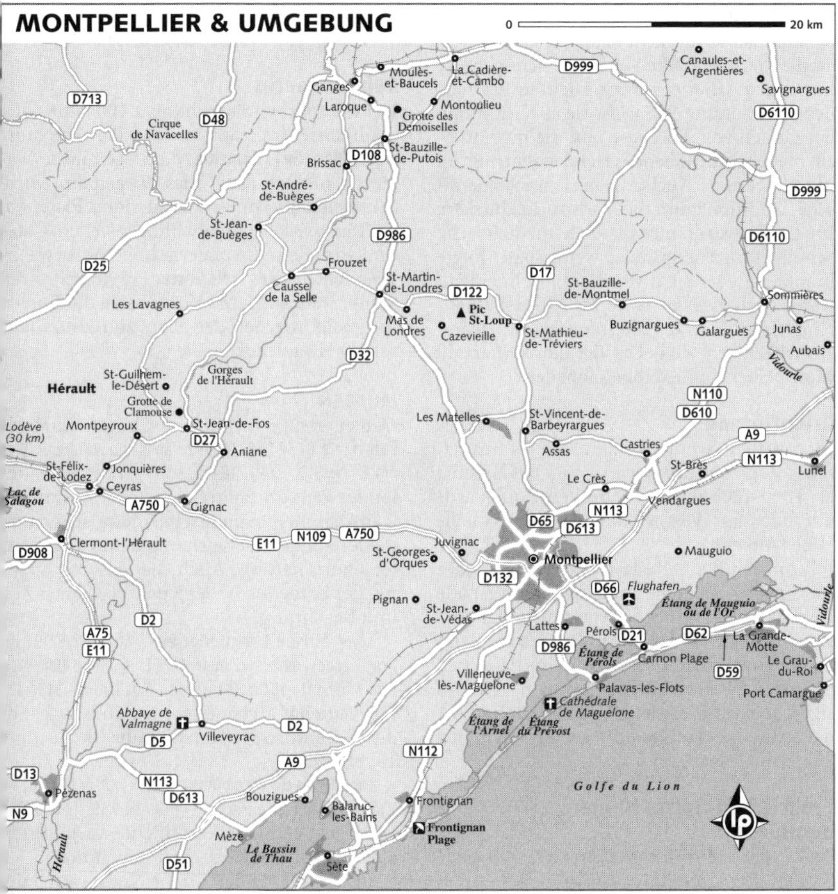

VON MONTPELLIER NACH SÈTE

Auch die Hauptstadt der Region nimmt mit den ihr vorgelagerten Badeorten ein Stück Küste in Beschlag; nördlich davon liegt die Petite Camargue (S. 90), im Süden schließen sich die Strände von Le Cap d'Adge und Narbonne im Zentral-Languedoc an (S. 126).

MONTPELLIER

44 300 Ew.

Als achtgrößte Stadt Frankreichs, einwohnerreichste Stadt des Languedoc und regionaler Verwaltungssitz ist Montpellier ganz schön selbstbewusst. Für den schnellen Pulsschlag sorgen Studenten (ca. 60 000), innovatives Denken liegt den Bewohnern im Blut (43 % davon sind unter 30) und um den Arc de Triomphe zu sehen, müssen sie nicht erst nach Paris fahren. Räder sind das angesagte Transportmittel, auf Straßenbahnen flattern weiße Schwalben oder wachsen bunte Blumen und die Werke zeitgenössischer Künstler füllen die Galerien der Altstadt.

„Ich finde es viel besser, zweimal nach Montpellier zu fahren als einmal ins Jenseits", schrieb der Philosoph John Locke im 17. Jh. Die Stadt ist vielleicht nicht gerade das Paradies auf Erden, aber (zusammen mit den vorgelagerten Badeorten) bezaubernd genug, um hier ein paar Tage lang Adam und Eva zu spielen.

Geschichte

Montpellier entwickelte sich erst spät; anders als die meisten Städte Südfrankreichs geht sie nicht auf die Römer zurück. Die erste urkundliche Erwähnung 985 weist sie als Gründung der Grafen von Toulouse aus, die im Mittelalter bereits ein blühendes Handelszentrum am Mittelmeer war. Auch auf eine lange akademische Tradition kann die Stadt zurückblicken: Im 12. Jh. wurde hier die erste medizinische Schule Europas gegründet, wenig später folgte Frankreichs erste Universität. Einschneidend waren auch die 60er-Jahre, als Algerien unabhängig wurde und viele französische Siedler zurückkehrten; sie ließen die Einwohnerzahl Montpelliers in die Höhe schnellen.

Orientierung

Montpelliers weitgehend autofreies historisches Zentrum mit der Place de la Comédie als Herzstück wird von breiten Boulevards umschlossen. Westlich davon liegt die Vieille Ville (Altstadt).

Von der Place de la Comédie führt der fußgängerfreundliche Grünstreifen Esplanade Charles de Gaulle nordwärts zum Steinkoloss Le Corum (S. 117). Östlich davon stehen das Einkaufszentrum Le Polygone im typischen Stil der 70er-Jahre und das Antigone, ein riesiger, neoklassizistischer Wohnkomplex, den der spanische Architekt Ricardo Bofill in den 80er-Jahren hochzog.

Praktische Informationen

BUCHLÄDEN

Book in Bar (☎ 04 67 66 22 90; 8 rue du Bras de Fer) Neue und antiquarische Bücher, auch auf Englisch.

Les Cinq Continents (☎ 04 67 66 46 70; 20 rue Jacques Cœur) Karten und Reiseliteratur.

INTERNETZUGANG

Dimension 4 Cybercafé (11 rue des Balances; pro Std. 3 €; 🕓 10–24 Uhr)

Point Internet (54 rue de l'Aiguillerie; pro Std. 1,40 €; 🕓 Mo–Sa 9.30–24 Uhr, So 10.30–24 Uhr)

POST

Post Office (13 place Rondelet)

TOURISTENINFORMATION

Touristeninformation (☎ 04 67 60 60 60; www.ot-montpellier.fr, auch auf Deutsch; place de la Comédie; 🕓 Juli–Sept. Mo–Fr 9–19.30, Sa & So 9.30–13 & 14.30–18 Uhr, Okt.–Juni Mo–Fr 9–18.30, Sa 10–18, So 10–13 & 14–17 Uhr)

WASCHSALON

Lavosud (19 rue de l'Université; 🕓 7–21 Uhr)

Sehenswertes

Der Bär tobt rund um die über 100 Jahre alten Stadthäuser im Haussmann-Stil an der quirligen **Place de la Comédie**, die wegen ihrer ovalen Form auch *l'oeuf* (das Ei) genannt wird. Blumenstände unter ausladenden Platanen, ein Karussell, Straßenbahnhaltestellen, Cafés und vor allem die malerische, moosbewachsene **Fontaine des Trois Graces** (1796) mit ihren Skulpturen, auf deren Köpfen sich die Tauben tummeln, machen den Platz zum unterhaltsamen Hingucker.

MUSEEN

Dank perfekter Lichtführung bringt das **Musée Fabre** (☎ 04 67 14 83 00; 39 bd Bonne Nouvelle; Erw./Kind 6/4 €; 🕓 Di & Do–So 10–18, Mi 13–21 Uhr) eine der landesweit umfangreichsten Sammlungen französischer, italienischer, flämischer und niederländischer Meister ab dem 16. Jh. bestens zur Geltung. Auch die Säle mit spannender zeitgenössischer Kunst verdienen Zeit und Beachtung.

Das **Musée Languedocien** (☎ 04 67 52 93 03; 7 rue Jacques Cœur; Erw./Student 6/3 €; 🕓 Mitte Juni–Mitte Sept. Mo–Sa 15–18 Uhr, Mitte Sept.–Mitte Juni Mo–Sa 14.30–17.30 Uhr) zeigt archäologische Fundstücke aus der Gegend sowie Kunsthandwerk aus dem 16. bis 19. Jh.

Im **Musée du Vieux Montpellier** (☎ 04 67 66 02 94; 2 place Pétrarque; Eintritt frei; 🕓 Di–Sa 9.30–12 & 13.30–17 Uhr) geht's um Stadtgeschichte, vom Mittelalter bis zur Französischen Revolution.

In der Krypta der Kirche Notre Dame des Tables präsentiert das **Musée de l'Histoire de Montpellier** (☎ 04 67 54 33 16; place Jean Jaurés; Eintritt 1,50 €; 🕓 Mo–Sa 10.30–11.45 & 13.30–17.15 Uhr) die Stadtgeschichte mit Hightech-Equipment.

Das **Musée Atger** (☎ 04 67 41 76 30; 2 rue de l'École de Médecine; Eintritt frei; 🕓 Sept.–Juli Mo, Mi & Fr 13.30–17.45 Uhr) in der medizinischen Fakultät glänzt mit einer beeindruckenden Sammlung französischer, italienischer und flämischer Kunst.

HÔTELS PARTICULIERS

Im 17. und 18. Jh. ließen sich Montpelliers betuchte Händler prunkvolle Herrschaftshäuser hinstellen, die von außen zwar eher schlicht wirken, aber wunderschöne Innenhöfe haben. Typische Beispiele sind das **Hôtel de Varenne** (2 place Pétrarque) in harmonischem, romanisch-gotischem Stilmix und das **Hôtel St-Côme** (Gran

FESTIVALS & EVENTS IN MONTPELLIER & UMGEBUNG

Mai

- **Montpellier Beach Master** Spannung pur und was fürs Auge bietet dieses zehntägige Beachvolleyball-Turnier auf der Place de la Comédie in Montpellier.
- **Féria de la Mer** Mit den traditionellen *abrivados* (Stierrennen) werden Bullen in Palavas-les-Flots von berittenen Cowboys in die Arena zur *corrida* (Stierkampf) getrieben.

Juni

- **Printemps des Comédiens** (www.printempsdescomediens.com, auf Französisch) Theaterfestival in Montpellier.
- **Montpellier Danse** (www.montpellierdanse.com, auf Französisch) Ein zweiwöchiges internationales Tanzfestival in Montpellier.

Juli

- **Fête de la St-Pierre** Fischerstechen (S. 119) ist die Hauptattraktion dieses Festwochenendes, mit dem Sète und Palavas-les-Flots Petrus, den Schutzpatron der Fischer, ehren.
- **Festival de Radio France et Montpellier** (www.festivalradiofrancemontpellier.com, auf Französisch) Internationale Koryphäen aus Klassik, Rock, Oper, Jazz, elektronischer Musik und anderen Richtungen machen Montpelliers Festival für zeitgenössische Musik zum Topevent.
- **Festival de Jazz** Sieben Tage lang jazzt ganz Sète.
- **Festival de Musique** Allein schon die Akustik in Kloster und Kirche der Abbaye de Valmagne in Villeveyrac ist berauschend, dazu gibt's Klassik vom Feinsten.

August

- **Fiest' A Sète** (www.fiestasete.com, auf Französisch) Sieben Tage lang groovt Sète im Rhythmus der Weltmusik.
- **Fête de la St-Louis** Rund um den 25. August stupsen sich wackere Seeritter sechs Tage lang beim Fischerstechen in Sète gegenseitig ins Wasser.

September

- **Féria d'Automne** Cowboys eskortieren die Bullen vom Strand zur Arena von Palavas-les-Flots, wo am zweiten Septemberwochenende die Hölle los ist.

'ue Jean Moulin), in dem Medizinstudenten erstmals Körper sezieren durften; heute residiert darin die Handelskammer.

RUND UM DIE PLACE ROYALE DU PEYROU

Am Ostende der von Bäumen gesäumten Esplanade steht der **Arc de Triomphe** (1692). Das **Château d'Eau**, ein sechseckiger Wasserturm an ihrem Westende, wurde über den **Aqueduc de St-Clément** (bd des Arceaux) befüllt, welches bei nächtlicher Beleuchtung besonders spektakulär wirkt. Nördlich davon liegt der **Jardin des Plantes** (Juni–Sept. Mo–Sa 12–20 Uhr, Okt.–Mai Mo–Sa 12–18 Uhr), der 1593 angelegt wurde und damit Frankreichs ältester botanischer Garten ist. Ihm gegenüber ragt das fast überdimensionierte Portal (15. Jh.) der **Cathédrale St-Pierre** auf.

NOCH MEHR SEHENSWERTES

Im **Agropolis** (☎ 04 67 04 75 00; www.museum.agropolis.fr, auch auf Englisch; 951 av. Agropolis; Erw./11–18 J./unter 11 J. 5/2,50 €/frei; Mo–Fr 10–12.30 & 14–18 Uhr) dreht sich alles ums Essen: woher es kommt und wie der Mensch vom Jäger und Sammler zum Supermarktkunden wurde. Unterhaltsames und Lehrreiches für jedes Alter.

Zehn Gehminuten vom Agropolis entfernt wuchert in der **Serre Amazonienne** (☎ 04 67 54 45 23; 50 av. Agropolis; Erw./Student/Kind 5/3/2,50 €, Audioguide 2 €; 9–17 oder 18 Uhr) ein tropischer Regenwald.

MONTPELLIER

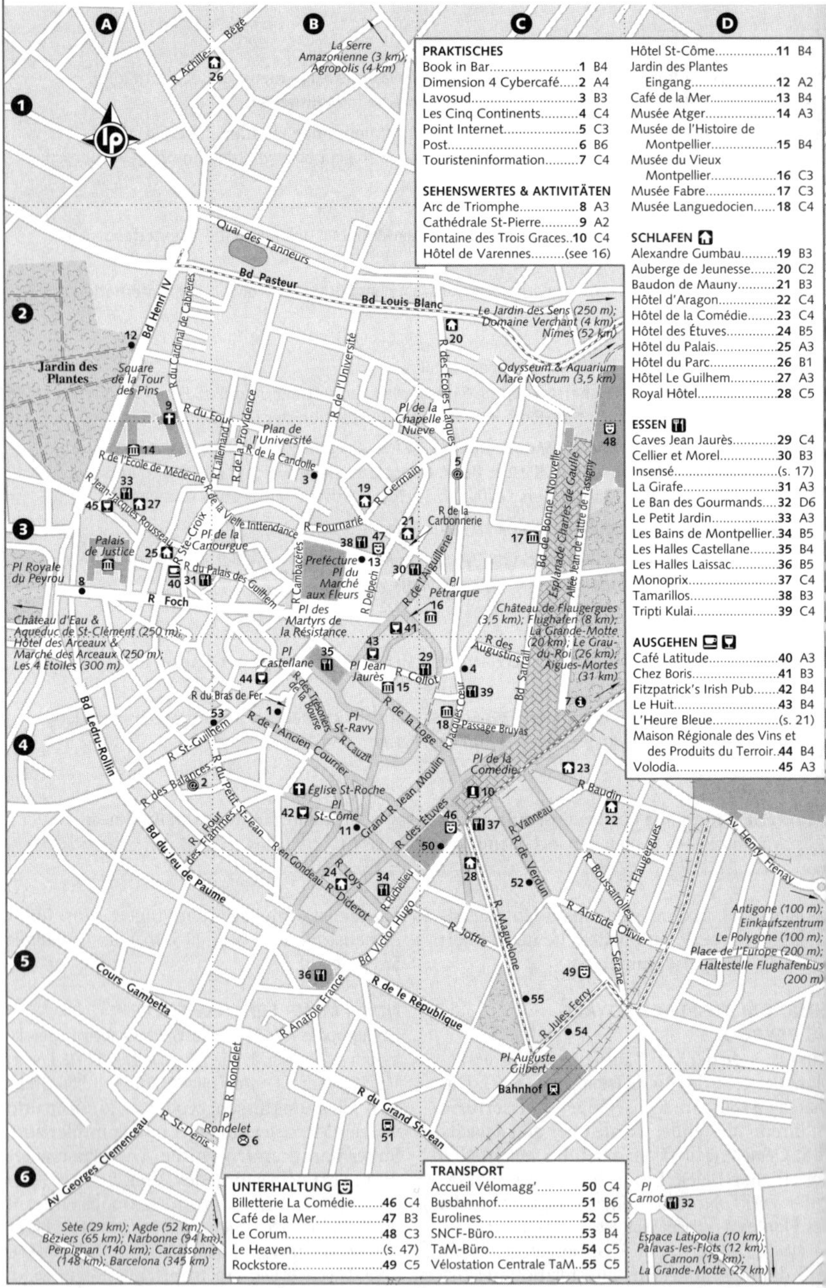

PRAKTISCHES
- Book in Bar....1 B4
- Dimension 4 Cybercafé....2 A4
- Lavosud....3 B3
- Les Cinq Continents....4 C4
- Point Internet....5 C3
- Post....6 B6
- Touristeninformation....7 C4

SEHENSWERTES & AKTIVITÄTEN
- Arc de Triomphe....8 A3
- Cathédrale St-Pierre....9 A2
- Fontaine des Trois Graces..10 C4
- Hôtel de Varennes....(see 16)
- Hôtel St-Côme....11 B4
- Jardin des Plantes Eingang....12 A2
- Café de la Mer....13 B4
- Musée Atger....14 A3
- Musée de l'Histoire de Montpellier....15 B4
- Musée du Vieux Montpellier....16 C3
- Musée Fabre....17 C3
- Musée Languedocien....18 C4

SCHLAFEN
- Alexandre Gumbau....19 B3
- Auberge de Jeunesse....20 C2
- Baudon de Mauny....21 B3
- Hôtel d'Aragon....22 C4
- Hôtel de la Comédie....23 C4
- Hôtel des Étuves....24 B5
- Hôtel du Palais....25 A3
- Hôtel du Parc....26 B1
- Hôtel Le Guilhem....27 A3
- Royal Hôtel....28 C5

ESSEN
- Caves Jean Jaurès....29 C4
- Cellier et Morel....30 B3
- Insensé....(s. 17)
- La Girafe....31 A3
- Le Ban des Gourmands....32 D6
- Le Petit Jardin....33 A3
- Les Bains de Montpellier..34 B5
- Les Halles Castellane....35 B4
- Les Halles Laissac....36 B5
- Monoprix....37 C4
- Tamarillos....38 B3
- Tripti Kulai....39 C4

AUSGEHEN
- Café Latitude....40 A3
- Chez Boris....41 B3
- Fitzpatrick's Irish Pub....42 B4
- Le Huit....43 B4
- L'Heure Bleue....(s. 21)
- Maison Régionale des Vins et des Produits du Terroir..44 B4
- Volodia....45 A3

UNTERHALTUNG
- Billetterie La Comédie....46 C4
- Café de la Mer....47 B3
- Le Corum....48 C3
- Le Heaven....(s. 47)
- Rockstore....49 C5

TRANSPORT
- Accueil Vélomagg'....50 C4
- Busbahnhof....51 B6
- Eurolines....52 C5
- SNCF-Büro....53 B4
- TaM-Büro....54 C5
- Vélostation Centrale TaM..55 C5

VERSTECKTE PLÄTZE

Holzläden, von denen die Farbe abblättert, bunt bestückte Wäscheleinen und längst vergessene Statuen unbekannter Größen machen den Charme der Plätze in den stillen Seitenstraßen von Montpellier aus.

- **Plan de l'Université** Die morbid-romantische Statue eines Paares, an dessen Füße sich zwei Kinder klammern, beherrscht das Zentrum dieses Platzes, dessen Schäbigkeit schon wieder malerisch wirkt. Flieder verzaubert im Mai mit seinem Duft, ein himmelhoher Baum verstreut im Herbst dekorativ seine Blätter. Vor dieser Kulisse schmeckt ein Snack im bulgarisch-französischen Bistro an der Ecke von Rue Fontanon und Rue du Four besonders lecker.
- **Square de la Tour des Pins** Saftiger Rasen, mächtige Bäume und Holzbänke mit Blick auf die Medizinische Fakultät zaubern eine Atmosphäre der Gelehrsamkeit.
- **Place de la Canourgue** Zwei Einhörner am Eingang des gepflegten Parks erinnern an die Opfer der Schlacht von Clostercamp (1760), Platanen, Rosenanlagen und Cafétischchen auf dem Kopfsteinpflaster geben ihm das Flair einer privaten Idylle.
- **Place St-Ravy** Ein Bummel durch die Altstadt und die Rue de l'Ancien Courrier mit ihren schicken Kunstgalerien und Boutiquen könnte auf diesem Schmuckstück von einem Platz enden. Vor allem, weil neben Brunnen und noch mehr Kunst die trendigen Barhocker des Le Carré (Haus-Nr. 3) zu einem relaxten Drink einladen.

)as spektakuläre Gewächshaus gehört zum Zoo von Montpellier, dem zweitgrößten in Frankreich.

Anfahrt zu beiden Attraktionen mit Straßenbahn 1 bis Haltestelle St-Eloi, dann weiter mit dem Shuttlebus.

Das **Aquarium Mare Nostrum** (☎ 04 67 13 05 50; www.aquarium-mare-nostrum.com, auf Französisch; Erw./Student/Kind 12,50/10/8,50 €; ⌚ Juli & Aug. 10–22 Uhr, Mai, Juni & Sept. Di–So 10–20 oder 22 Uhr, Okt.–April Di–So 10–19 oder 20 Uhr) in der Freizeitanlage **Odysseum** an der Endhaltestelle der Linie 1) nimmt eine Besucher mit auf eine Reise durch 15 verschiedene Wasser- und Feuchtgebiete, vom Polarmeer bis zum tropischen Regenwald.

Schlafen

BUDGETUNTERKÜNFTE

Auberge de Jeunesse (☎ 04 67 60 32 22; www.fuaj.org/Montpellier; 2 Impasse de la Petite Corraterie; B mit Bettwäsche & Frühstück 15,20 €; ⌚ erste drei Januarwochen geschl.) Von der bunten Fensterrose bis zu den Kirchenfenstern in psychedelischem Lila weist alles auf die Vergangenheit als katholische Jungenschule im 19. Jh. hin. Die Betten verteilen sich auf Zwei-, Drei- und Vierbettzimmer (wer zuerst kommt, mahlt zuerst) sowie Schlafsäle mit sechs bis zehn Schlafplätzen. Schöner Garten mit Bäumen.

Hôtel des Étuves (☎ 04 67 60 78 19; www.hoteldeetuves.fr, auch auf Englisch; 24 rue des Étuves; EZ 25–45 €, DZ 37–45) Monsieur Majourlets Oma hatte den Gasthof aus dem 19. Jh. vor fast 100 Jahren gekauft und seit gut zwei Jahrzehnten setzt er nun Himmel und Hölle in Bewegung, um dieses preiswerte Hotel am Laufen zu halten. Eine enge Wendeltreppe (ungünstig für voluminöses Gepäck) führt zu den 13 einfachen, aber funktionellen Zimmern; die zur autofreien Straße raus sind schön sonnig. Kreditkarten werden nicht akzeptiert.

Hôtel de la Comédie (☎ 04 67 58 43 64; hoteldelacomedie@cegetel.net; 1bis rue Baudin; EZ 42–47 €, DZ 52–69 €;) WLAN gratis. Musiker und Theaterleute übernachten gerne in diesem bescheidenen Familienbetrieb in der Nähe der Place de la Comédie. Die 20 pieksauberen Zimmer sind sparsam eingerichtet, aber alles Notwendige ist vorhanden (Klimaanlage, Heizung, doppelt verglaste Fenster).

CITY CARD

Die **Montpellier City Card** (1/2/3 Tage 14/20/26 €, Kinder die Hälfte) gibt's in der Touristeninformation und gewährt freien oder reduzierten Eintritt zu verschiedenen Sehenswürdigkeiten und Veranstaltungen, freie Benutzung von Bus und Bahn sowie Teilnahme an einem geführten Stadtspaziergang (Details in der Touristeninformation erfragen).

MITTELKLASSEHOTELS

LP Tipp **Hôtel des Arceaux** (☎ 04 67 92 03 03; www.hoteldesarceaux.com, auf Französisch; 33–35 bd des Arceaux; EZ/DZ/3BZ ab 52/63/73 €;) Ein attraktives Haus mit Garten, das auch Frühstück, Mittagessen und Abendessen anbietet. Die heimelige Unterkunft liegt in einem eher dörflichen Viertel Montpelliers mit eigenem Markt und einer *pétanque*-Bahn unter dem Aquädukt (S. 111).

Hôtel du Palais (☎ 04 67 60 47 38; www.hoteldupalais-montpellier.fr, auch auf Englisch; 3 rue du Palais des Guilhem; EZ/DZ/3BZ 62/67–79/90 €;) Schmiedeeiserne Balkongeländer, austerngraue Fensterläden und Blumenkästen zieren die Fassade des Hauses aus dem 18. Jh. mitten im Gassengewirr der Altstadt. Mit der Place de la Canourgue (S. 113) und vielen Kunstgalerien in unmittelbarer Nachbarschaft eine idyllische Adresse, in die sich viele Gäste sofort verlieben.

Royal Hôtel (☎ 04 67 92 13 36; www.royalhotelmontpellier.com, auch auf Englisch; 8 rue Maguelone; EZ 65–85 €, DZ 67–90 €;) WLAN gratis. Eine kuschelige Bleibe nicht weit von der Place de la Comédie, wo immer was los ist. Überraschenderweise gehen nur wenige der 46 Zimmer auf die Rue Maguelone mit ihren Palmen und blauen Straßenbahnen raus, sondern auf einen ruhigen Innenhof. Die aufwändigeren Zimmer im Erdgeschoss sind familienfreundlich und wer online bucht, zahlt weniger.

Hôtel du Parc (☎ 04 67 41 16 49; www.hotelduparc-montpellier.com, auch auf Englisch; 8 rue Achille-Bégé; EZ/DZ mit Dusche 45/50 €, mit Bad EZ 63–72 €, DZ 72–83 €, 3BZ 92 €; P) WLAN und Parkplatz im Hof gratis. Françoise gibt jedem Gast gleich das Gefühl, in ihrem *hôtel particulier* aus dem 18. Jh. willkommen zu sein. Zimmer 7 war das Schlafgemach des früheren Besitzers Comte Vivier de Châtelard. In einigen Zimmern grüßt der blaue Himmel des Trompe-l'œil-Gemäldes auf der gegenüberliegenden Hauswand, aber die mit Blick auf den Frühstücksbalkon mit Steingeländer sind attraktiver.

SPITZENKLASSEHOTELS

Hôtel d'Aragon (☎ 04 67 10 70 00; www.hotel-aragon.fr, auch auf Deutsch; 10 rue Baudin; EZ/DZ ab 72/89 €; erste drei Januarwochen geschl.;) WLAN gratis. Da es in Montpellier kaum Boutiquehotels gibt, ist das Aragon ein echter Fund. Seine Designer Philippe und Thierry haben sich bei den zwölf geräumigen Zimmern von ihren Lieblingsschriftstellern inspirieren lassen (Molière, Chateaubriand, Rabelais, Petrarca & Co. sind jeweils mit Zitaten vertreten). Die Badezimmer dieser schicken Villa aus dem 18. Jh. sind durchweg edel, manche haben sogar einen Whirlpool oder Powerduschen mit Wasserstrahlen aus verschiedenen Richtungen.

Hôtel Le Guilhem (☎ 04 67 52 90 90; www.leguilhem.com, auch auf Englisch; 18 rue Jean-Jacques Rousseau; EZ 85–96 €, DZ 96–158 €;) WLAN gratis. Das Hotel hat sich in einem Doppelhaus aus dem 16. Jh. eingenistet und die 35 Zimmer punkten mit schönen Blicken auf die Kathedrale oder den beschaulichen Garten. Zimmer 100 hat eine eigene Terrasse mit Garten. Um den vielen treuen Stammgästen zuvorzukommen, rechtzeitig buchen!

Le Jardin des Sens (☎ 04 99 58 38 38; www.jardindessens.com, auch auf Englisch; 11 av. St-Lazare; DZ Neben-/Hochsaison ab 170/210 €;) Das ultraschicke kultige Boutiquehotel gehört den Michelin-besternten Brüdern Pourcel, die ihre Künste im dazugehörigen Restaurant zelebrieren (Mittagsmenüs 50–80 €, Abendmenüs 125–190 €). Zeitgenössische Gemälde und Skulpturen von viel versprechenden Nachwuchstalenten verwandeln Aufenthaltsräume und die 15 Zimmer in eine Kunstgalerie; in der Suite mit eigenem Pool auf dem Dach flittern gerne frisch getraute Pärchen. Wer sich hier verwöhnen lässt, muss unbedingt am Grapefruitbaum im Zen-Garten schnuppern – sein Duft ist berauschend.

Essen

Unkomplizierte, preisgünstige Lokale drängeln sich in und um die Rue de l'Université und die Rue des Écoles Laïques. In den Gassen der Altstadt verstecken sich viele stimmungsvolle Bistros und Bars, vor allem an der grünen Place de Côme. Im Schatten des ehrwürdigen Hôtel St-Côme (S. 110) wirken die stets bevölkerten Straßencafés am Abend, wenn auf den Tischchen Kerzen flackern, besonders malerisch.

Wer einen Ausflug in die Sterneküche vorhat, sollte sich im Le Jardin des Sens (s. o.) ein Mittagsmenüs leisten – ein unvergessliches und preislich akzeptables Erlebnis!

Tripti Kulai (☎ 04 67 66 30 51; 20 rue Jacques Cœur; Salate 9,50 €, Menüs 12–16,50 €; Mo–Sa 12–21.30 Uhr; V) Gewölbedecken schaffen Stimmung und die Küche sprüht nur so vor Kreativität: Eine populäre Adresse, die Vegetarier wunschlos glücklich macht.

ECHTE SCHMUCKSTÜCKE

Das sind wahre Kleinodien unter den Hotels von Montpellier: klein, exklusiv, mit nur einer Handvoll individuell eingerichteter Zimmer.

- **Les 4 Etoiles** (☎ 04 67 02 47 69; www.les4etoiles.com, auch auf Englisch; 4 rue Delmas; EZ/DZ mit Frühstück ab 72/94 €) Modernes Design in einer Villa aus den 30er-Jahren (und schon seit fünf Generationen in Familienbesitz) rechtfertigt den Namen „Vier Sterne". Die vier *chambres d'hôtes* wurden nach Planetenkonstellationen benannt, ein kaltes/warmes Abendessen kostet 15/25 €. Kreditkarten werden nicht akzeptiert.
- **Alexandre Gumbau** (☎ 04 34 50 33 51; www.alexandre-gumbau.fr, auch auf Deutsch; 1 rue Germain; DZ mit Frühstück 95 €) Mit Antiquitäten und Flohmarktfundstücken hat Alexandre sein lichtes, geräumiges Appartement hinter historischen Mauern in ein geschmackvolles, gemütliches Refugium verwandelt. Die Balkonpflanzen im ersten Stock sind eine Augenweide. Abendessen gibt's für 25 €.
- **Baudon de Mauny** (☎ 04 67 02 21 77; www.baudondemauny.com, auch auf Englisch; 1 rue de la Carbonnerie; DZ 175–235 €; 💻) Seit 1829 betreibt die Familie von Nathalie und Alain Bordas das Baudon de Mauny in einem hübschen *hôtel particulier*, das einen gepflasterten Hof umschließt. Nathalie bewies bei der Kombination antiker und moderner Einrichtungselemente ein besonders geschicktes Händchen und die fünf Zimmer sind von wahrhaft fürstlichem Ausmaß.
- **Domaine Verchant** (☎ 04 67 07 26 00; www.verchant.com, auf Französisch; 1 bd Philippe Landar, Castelnau-le-Nez; DZ 250–500 €; ⏲ Jan. 3 Wochen geschl.; ❄ 💻 🏊 🅿) Luxus aus allen Poren verströmt dieses außergewöhnlichen Hotel inmitten der Rebanlagen am Nordrand der Stadt, 4 km vom Zentrum. Kein Wunder, denn hier ging der Designer der Pariser Kulthotels Kube und Murano in die Vollen.

MONTPELLIER & UMGEBUNG

Caves Jean Jaurès (☎ 04 67 60 27 33; 3 rue Collot; Menü 18 €, Hauptgerichte 12–16 €; ⏲ Di & Do–Sa mittags & abends, Mo & Mi abends) Eine Schiefertafel kündigt die Leckereien des Tages an, die auf Mosaiktischen serviert werden. Wer unter den offenen Weinen an der Theke nicht das Richtige findet, wählt eine Flasche aus den endlosen Weinregalen dieses attraktiven Restaurants mit Parkettboden.

LP Tipp **La Girafe** (☎ 04 67 54 48 89; 14 rue du Palais des Guilhem; Hauptgerichte ca. 15 €; ⏲ Di–Sa) Wer der Riesengiraffe am Eingang zugezwinkert hat, lässt sich im Untergeschoss von dunkelrotem Ambiente und interessanter Kunst bezaubern oder vom Kreuzrippengewölbe der ehemaligen Kapelle im Obergeschoss. Pascale Schmitt läuft in der Küche zu Hochform auf; besonders lecker sind mit Garnelen gefüllte Hähnchenbruströllchen an Satésauce mit frischem Koriander.

Insensé (☎ 04 67 58 97 78; 39 bd Bonne Nouvelle; 2-/3-Gänge-Menü 19/26 €, Hauptgerichte ca. 15 €; ⏲ Di–So mittags, Mi, Fr & Sa auch abends) Das Insensé ist so hip und geschmackvoll, wie es sich für ein Museumsrestaurant gehört. Beim Ambiente dominiert Schwarz (Tische, Stühle, Bodenfliesen und sogar Pfefferstreuer), dafür ist die Küche umso farbenfroher. Die Kunstwerke hinter dem Garten stammen übrigens von Daniel Buren, der im Musée Fabre mehrmals vertreten ist.

Les Bains de Montpellier (☎ 04 67 60 70 87; 6 rue Richelieu; 3-Gänge-Menü 22 €, Hauptgerichte 17–21 €; ⏲ Di–Fr mittags & abends, Sa & Mo mittags) Aus der ehemaligen öffentlichen Badeanstalt ist ein edles Restaurant geworden und wer an einem der Tische in den kreisförmig angeordneten Kabinen Platz nimmt, glaubt fast, den Abfluss der längst verwaisten Badewannen gurgeln zu hören. Auch draußen im großen Innenhof speist es sich sehr stimmungsvoll.

Le Ban des Gourmands (☎ 04 67 65 00 85; 5 place Carnot; Menü 28 €, Hauptgerichte 16–25 €; ⏲ Di–Sa mittags & abends) Eingeweihte pilgern in dieses attraktive Lokal südlich des Bahnhofs und lassen sich von einem jungen Familienteam mit leckeren lokalen Spezialitäten verwöhnen.

Le Petit Jardin (☎ 04 67 60 78 78; 20 rue Jean-Jacques Rousseau; Menüs mittags/abends 14/22–28 €; ⏲ Feb.–Dez. Di–So mittags & abends) „Der kleine Garten" hält, was der Name verspricht: Phantasievolle Gerichte werden in einem märchenhaften, grünen Paradies serviert, wo Lärm und Hektik Lichtjahre entfernt scheinen.

LP Tipp **Cellier et Morel** (☎ 04 67 66 46 36; www.celliermorel.com, auf Französisch; 27 rue de l'Aiguillerie; Menüs mittags 28 & 37 €, abends 49 & 63 €; Di, Do & Fr mittags & abends, Mo, Mi & Sa abends) Eric Cellier und Pierre Morel haben sich in diesem Nobelrestaurant verwirklicht, das viele für Montpelliers beste Speiseadresse halten. Als Untermieter in der Maison du Lozère haben sie ihr französisches Küchenepertoire, das sie souverän beherrschen, um *aligot* erweitert – eine cremige Spezialität aus dem Languedoc, bei dem Kartoffeln, Käse, Knoblauch und Sahne eine vollendete Harmonie eingehen.

Tamarillos (☎ 04 67 60 06 00; www.tamarillos.biz, auch auf Englisch; 2 place du Marché aux Fleurs; Menüs mittags 25–38 €, abends 55–90 €; Di–Sa mittags & abends, Mo mittags) „Eine Küche aus Früchten und Blumen" heißt das Motto des Tamarillos und so basieren alle Gerichte, ob süß oder pikant, auf diesen Grundpfeilern. Ob im Speisesaal oder im Freien, das Blumendekor ist eine reine Augenweide. Süßschnäbel aufgepasst: Küchenchef Philippe Chapon ist „zweifacher Champion für Desserts in Frankreich" und hat dem britischen Starkoch Gordon Ramsay das Backen beigebracht.

SELBSTVERSORGER

Ein reichhaltiges Angebot mit gut bestückten Fischständen bieten die Markthallen **Les Halles Castellane** (rue de la Loge) und **Les Halles Laissac** (rue Anatole France) sowie der bunte **Marché des Arceaux** (bd des Arceaux; Mo–Sa 5.30–13.30 Uhr) unter den Bögen des Aqueduc de St-Clément (S. 111). Der Supermarkt **Monoprix** (place de la Comédie; Mo–Sa 8.30–21.45 Uhr) liegt schön zentral.

Ausgehen

Die Place de la Comédie brummt mit Cafés, die auf ein Getränk und ein Häppchen zwischendurch einladen; Straßenkünstler sorgen dabei für Unterhaltung. Auch die Place Jean Jaurès und die intimere Place St-Ravy sind beliebte Treffpunkte.

Das Studentenvolk tummelt sich in den Lokalen rund um die Rue en Gondeau, die Grand Rue Jean Moulin, die Place Jean Jaurès und die Kreuzung von Rue de l'Université und Rue de la Candolle.

L'Heure Bleue (☎ 04 67 66 41 05; 1 rue de la Carbonnerie; Di–So) Diese Teestube lässt die Atmosphäre des 18. Jhs. im historischen Hotel Baudon de Mauny (S. 115) wiederaufleben. Bei klassischer Musik vom Band eine Tasse Earl Grey schlürfen, ein leichtes Tellergericht (14 €) verzehren oder einen Apéritif einnehmen – das hat Stil.

Café Latitude (1 rue Ste-Croix; Di-Sa 7.30–20 Uhr) Ein relaxtes Café mit vom Kolonialstil inspiriertem Ambiente an der ruhigen Place de la Canourgue (S. 113), Montpelliers elegantestem Platz. Hier gibt's zwar nur Getränke, aber die Betreiber sind so cool drauf, dass sie nichts dagegen haben, wenn Gäste auf ihrer gepflasterten Terrasse ein Sandwich von der *boulangerie* um die Ecke knabbern.

Chez Boris (☎ 04 67 02 13 22; www.chezboris.com, auf Französisch; 20 rue de l'Aiguillerie) Eine gut sortierte Weinbar zum Chillen, die sich immer wieder was Neues einfallen lässt. Wenn die Plätze in der gemütlichen Kneipe nicht reichen, wird auch das Trottoir davon in Beschlag genommen.

Le Huit (☎ 04 67 66 14 18; 8 rue de l'Aiguillerie) Viele Lokalbands haben Gigs in dieser Trendkneipe, die ihre Gäste mit einer Flasche Wein und kleinen Tapas zu 10 € (zwischen 18 und 21 Uhr) lockt. Mittwochs ist Indie-Rock angesagt.

Fitzpatrick's Irish Pub (☎ 04 67 60 58 30; www.go-montpellier.fr/fitzpatricks, auch auf Englisch; 5 place St-Côme; 12–1 Uhr) An einem der hübschesten Plätze in Montpelliers Altstadt hat sich dieser

WEINPROBEN

Sechs Weine aus dem Languedoc (15 €) bietet die **Maison Régionale des Vins et des Produits du Terroir** (☎ 04 67 60 40 41; 34 rue St-Guilhem; Mo–Sa 9–20 Uhr) zur Verkostung an. Der Weinladen in einem über 100 Jahre alten *hôtel particulier* organisiert auch Weinproben mit Winzern aus der Umgebung (samstags) und Weinseminare.

Wein probieren (und kaufen) können die Besucher des **Château de Flaugergues** (☎ 04 99 52 66 37; www.flaugergues.com, auch auf Englisch; 1744 av. Albert Einstein; Schloss/Gärten 8 €/frei; Weinkeller & Gärten Juni, Juli & Sept. 9.30–12.30 & 14.30–19 Uhr, sonst nur Mo–Sa; Schlossführungen Juni, Juli & Sept. Di–So 14.30–18.30 Uhr) in der *cave* (Weinkeller) der Winzerfamilie Brigitte und Henri de Colbert. Die im 19. Jh. angelegten Schlossgärten, eine Olivenbaumallee und Rebanlagen sind ideal für einen Spaziergang.

Irish Pub eingenistet, der in Frankreich seinesgleichen sucht. Netter Hingucker ist das kunstvolle Eingangsportal aus dem 17. Jh. mit dem verblichenen Schriftzug „Maison Justin Boch".

Volodia (☎ 04 99 61 09 17; 29 rue Jean-Jacques Rousseau; ⌚ Mi–Sa 19.30–1 Uhr) Eher ein Schickeriatreff als eine Studentenkneipe ist diese edle *bar à champagne* mit vornehm schwarzer Fassade und Designereinrichtung. Für Hungrige gibt's auch was zu essen (Menüs 23 und 29 €) und am Wochenende wird mit fetzigem Tango und anderen Events der Kultur gehuldigt.

Unterhaltung

Was in der Szene groovt, steht im kostenlosen Wochenmagazin *Sortir à Montpellier*, das die Touristeninformation verteilt.

Theaterkarten gibt's an der **Billetterie La Comédie** (☎ 04 67 60 19 99; place de la Comédie; ⌚ Mo 14–18 Uhr, Di–Sa 12–18 Uhr) in der ursprünglichen Oper (die 1888 restauriert wurde). Die heutige Oper und das Orchestre National sind im **Le Corum** (☎ 04 67 61 67 61; www.opera-montpellier.com, auf Französisch; Esplanade Charles de Gaulle) zu Hause.

Rockstore (☎ 04 67 06 80 00; www.rockstore.fr, auf Französisch; 20 rue de Verdun) Die alteingesessene Diskothek mit Club im Zentrum ist nicht zu verfehlen, da über ihrem Eingang das Hinterteil einer typisch amerikanischen Karosse aus den 70er-Jahren aus der Mauer ragt.

Eine weitere Anlaufstelle für Diskogänger ist die Espace Latipolia, rund 10 km außerhalb von Montpellier an der Route de Palavas. Lohnende Adressen sind **La Nitro** (☎ 04 67 22 45 82) mit Techno und House vom Feinsten und **Le Matchico** (☎ 04 67 64 19 20) mit Retrosounds. Der Nachtbus L'Amigo (2,40 €) klappert die Espace Latipolia und weitere Tanzpaläste in der Peripherie ab. Er startet von Donnerstag bis Samstag jeweils um Mitternacht und um 1 Uhr am Bahnhof und beendet seine Runde dort um 2.30, 3.30 und 5 Uhr.

Montpellier hat auch ein Herz für Schwule:

Café de la Mer (☎ 04 67 60 79 65; 5 place du Marché aux Fleurs) Das freundliche Personal dort verteilt eine Karte mit weiteren Schwulentreffs.

Le Heaven (1 rue Delpech) Gleich um die Ecke vom Café de la Mer haben Lesben und Schwule ab 20 Uhr Spaß.

An- und Weiterreise

BUS

Am **Busbahnhof** (☎ 04 67 92 01 43; rue du Grand St-Jean) hat **Hérault Transport** (☎ 08 25 34 01 34; www.herault.fr/herault-transport, auf Französisch) sein Büro. Jede Stunde fährt ein Bus von/nach La Grande-Motte (Bus 106; 3,90 €, 35 Min., über Carnon), die an der Straßenbahnendhaltestelle Odysseum halten. Bis zu vier täglich fahren weiter nach Aigues-Mortes (5,90 €, 1¼ Std.).

Eurolines (☎ 04 67 58 57 59; 8 rue de Verdun) schickt Busse nach Barcelona (18 €, 5 Std.) und viele weitere europäische Städte. **Linebus** (☎ 04 67 58 95 00) fährt vor allem Ziele in Spanien an.

FLUGZEUG

Der **Flughafen** (☎ 04 67 20 85 00; www.montpellier.aeroport.fr, auch auf Englisch) liegt 8 km südöstlich von Montpellier, wird aber von Deutschland, Österreich und der Schweiz aus nicht direkt angeflogen. Air France startet dort bis zu siebenmal täglich nach Paris (Orly und Charles-de-Gaulle).

ZUG

Fahrkarten gibt's in der **SNCF Boutique** (18 rue St-Guilhem; ⌚ Mo–Sa 9.30–19 Uhr) und am **Bahnhof** (place August Gilbert). Züge fahren u. a. nach Paris Gare de Lyon (TGV, 96,50–112 €, 3½ Std., bis zu 10-mal tgl.), Carcassonne (21,20 €, 1½ Std., 9-mal tgl.), Millau (24,30 €, 1½ Std., 3-mal tgl.) und Perpignan (21,60 €, 1¾ Std., häufig).

Über 20 Züge täglich düsen in Richtung Norden nach Nîmes (10,40 €, 25 Min.) und in Richtung Süden nach Narbonne (14 €, 65 Min.) über Sète (5,10–7,10 €, 20 Min.), Agde (8,20 €) und Béziers (10,90 €).

Unterwegs vor Ort

AUTO & MOTORRAD

Die großen Parkplätze an den wichtigsten Straßenbahnhaltestellen kosten 4 € pro Tag; im Preis ist eine Straßenbahnfahrkarte (Hin- und Rückfahrt für bis zu fünf Personen) inbegriffen.

FAHRRAD

Montpellier hat 150 km Radwege - und **Vélomagg'** (www.velomagg.com, auf Französisch), ein Leihsystem mit Selbstbedienung. Räder können an jeder *vélostation* ausgeliehen oder abgegeben werden. Wer ein Cityrad oder Mountainbike (für Strandausflüge) braucht, holt sich an der **Vélostation Centrale TaM** (☎ 04 67 22 87 82; 27 rue Maguelone; ⌚ 8–20 Uhr) vor dem Bahnhof einen Pass (gratis) und lädt ihn dort (oder online) mit 20/50 Stundeneinheiten (5/10 €) auf.

Accueil Vélomagg' (bd Victor Hugo; ⌚ Juni–Okt. 10–22 Uhr, Nov.–April 10–19 Uhr) im gleichen Gebäude wie das öffentliche WC an der *vélostation* Opéra Comédie am Südende der Place de la Comédie verleiht die gleichen Räder auch ohne Pass (Vorlage von Personalausweis genügt), allerdings müssen sie an diesen Ort zurückgebracht werden. Vier Stunden kosten 1 €, ein Tag 2 €.

VOM/ZUM FLUGHAFEN

Ein **Shuttlebus** (☎ 08 25 34 01 34) pendelt bis zu zwölfmal am Tag zwischen Flughafen und der Straßenbahnhaltestelle Place de l'Europe (am Ostende des Antigone-Komplex). Eine Fahrt dauert 15 Minuten und kostet 4,90 €.

ÖFFENTLICHE VERKEHRSMITTEL

Montpelliers Hightech-Straßenbahn ist ein Erlebnis (die Züge von Linie 1 sind blau mit weißen Schwalben, auf denen von Linie 2 blühen bunte Blumen). Wie die Stadtbusse wird sie von **TaM** (☎ 04 67 22 87 87; www.tam-way.com, auf Französisch; 6 rue Jules Ferry) betrieben und verkehrt bis Mitternacht. Die Linienbusse fahren täglich bis ca. 20.30 Uhr

Einzelfahrscheine kosten 1,30 € und gelten für Bus und Bahn, eine Tageskarte kostet 3,20 €, eine Zehnerkarte 10,80 €. Alle Tickets gibt's bei Zeitschriftenhändlern und an jeder Haltestelle.

PALAVAS-LES-FLOTS

5420 Ew.

Am Wochenende schnappen sich die Städter ein Rad oder fahren mit dem Bus die 12 km bis nach „Montpellier sur mer", wie dieser kleine Küstenort fast heißen könnte. Am Strand gibt's eine Schule für Kitesurfen und ein altmodischer Sessellift schaukelt Fußgänger über einen der beiden Kanäle.

Der schmale Landstreifen zwischen Meer und den Salzwasserseen **Étang de Perols**, **Étang de l'Arnel** und **Étang du Prévost** ist ein wahres Vogelparadies. Ein sandiger Damm schafft die Verbindung zu einem 4 km entfernten Inselchen, auf dem die ergreifend schöne, romanische **Cathédrale de Maguelone** (☎ 04 67 50 63 63; Eintritt frei; ⌚ 9–19 Uhr) einsam thront. Sie war die Nachfolgerin einer Kapelle aus dem 6. Jh. Heute wird sie von einem Meer von Weinreben beschützt; ein 2 km langer Fußweg (ohne Schatten!) führt vom Parkplatz der Insel zur Kathedrale. Wer nichts gegen etwas Bewegung hat, radelt die 4 km von Palavas oder geht zu Fuß.

Ein wirklich atemberaubendes Panorama der Küstenlinie mit ihren sumpfigen Lagunen und den dahinter liegenden Salzpfannen erwartet alle, die den Aufzug im 37 m hohen **Phare de la Méditerranée** nehmen. Der ehemalige Wasserturm mit seinem rotierenden Höhenrestaurant steckt seit seiner Renovierung im grellweißen Leuchtturmkostüm. Die **Touristeninformation** (☎ 04 67 07 73 34; www.palavaslesflots.com, auch auf Englisch; ⌚ Juli & Aug. 10–20 Uhr, April–Juni & Sept. 10–13 & 14–18 Uhr, Okt.–März So geschl.) im Erdgeschoss organisiert im Juli und August Outdoor-Aktivitäten an den *étangs* (Seen), z. B. **Flamingos beobachten** (Kind/Erw. 3 €/frei) für Kinder oder **Kajakfahren** (20 €). Wie im nahe gelegenen Sète wird auch hier **Fischerstechen** (S. 119) als ernsthafte Sportart betrieben. Und während der **férias** (S. 111) im Mai und September gibt es natürlich **corridas** und andere Bullenspielchen .

Schlafen & Essen

Palavas hat mehrere Campingplätze (vom Strand aus jenseits der Straße) mit Schatten spendenden Bäume. Eine Ausnahme in dieser Hinsicht macht der **Palavas Camping** (☎ 04 67 68 01 28; www.palavas-camping.fr, auch auf Englisch; route de Maguelone; 2 Erw., Zeltplatz & PKW 16–32 €; ⌚ April–Sept.) direkt am Meer, neben der Kitesurfingschule

RADELN AM STRAND

Ein Netz von Fahrradwegen umspinnt Palavas-les-Flots, wo **Cycloloc** (☎ 04 67 68 55 84; 49 rue Sire de Joinville; halber/ganzer Tag 10/15 €; ⌚ Di-So) die fahrbaren Untersätze verleiht (einfach nach der erbsengrünen Hausfassade mit dem Schild „Vélo & Oxygen" Ausschau halten).

Wie geschmirgelt wirkt der zweispurige **Chemin de la Plage** parallel zur D21 zwischen Montpellier, **Pérols** und **Carnon Plage** (10 km). Der Fahrradweg beginnt in Montpellier im Univiertel Port Marianne unten am Fluss (Schild „Les Plages" folgen). Eine weitere Option ist der Radweg entlang der D58 nach Palavas, der südlich von **Lattes** startet. Bis 2010 soll es auch Radwege geben, die von Palavas in nördlicher Richtung an der Küste entlang nach La Grande-Motte und in Richtung Süden nach Sète und Agde führen.

FISCHERSTECHEN: ZUM ZUGUCKEN & MITMACHEN

Sètes Fête de la St-Pierre, die an einem langen Juli-Wochenende zu Ehren des Schutzpatrons gefeiert wird, ist für die Freunde des Fischerstechens das unangefochtene Highlight des Jahres. Gleich danach kommt die Fête de la St-Louis, wo es an sechs Tagen um den 25. August herum hoch hergeht. Wem beide Termine nicht passen, für den gibt's als Trostpflaster das große Wandgemälde *joutes nautiques* im Bahnhof von Sète, das diese höchst unterhaltsame Wassersportart illustriert.

In Palavas-les-Flots trainieren die Fischerstecher des Clubs **La Lance Sportive Palavasienne** (☎ 06 61 47 88 70) von Juni bis September immer mittwochs ab 18.30 Uhr am Grand Canal. Und wer selbst mal zustechen will, nimmt Unterricht an der **École de Joutes Languedociennes** (☎ 04 67 07 33 33; pro Person 3 €; Mitte Juni–Mitte Sept. Di & Do 17.30–19.30 Uhr). Teilnehmen kann jeder, der über sieben Jahre alt ist und schwimmen kann.

Pure Kite (☎ 04 67 65 47 35; www.purekite.com, auf Französisch).

Hôtel Brasilia (☎ 04 67 68 00 68; www.brasilia-palavas.com, auch auf Deutsch; 9 bd Maréchal Joffre; DZ ab 88 €;) Nach den konsequent durchgestylten Empfangs- und Frühstücksräumen sind die Zimmer etwas enttäuschend (sollen demnächst aufgetunt werden). Aber der Anblick des türkisblauen Mittelmeers auf der anderen Straßenseite tröstet über alles hinweg.

Le Banane (☎ 04 67 50 73 93; 37 bd Sarrail; Hauptgerichte 19–34 €; mittags & abends) Fisch vom Grill und Fleisch *à la plancha* beherrschen die Karte dieser hippen Lounge, die mit ihrem aufregenden Design alle anderen Lokale in den Schatten stellt.

Rôtisserie Palavasienne (☎ 04 67 68 52 12; rue de l'Église; Menü 25 €; mittags & abends) Das genaue Gegenteil ist dieses bescheidene Restaurant, wo fast immer das Schild „*complet*" (voll) baumelt. Hier wird deftige Hausmannskost gekocht, z. B. Fischsuppe oder fingernagelgroße, knoblauchige *tellines* (Tellmuscheln), gefolgt von einer gusseisernen *marmite* (Suppentopf) mit einem Ragout frisch aus dem Ofen.

An- & Weiterreise

Bus 131 von TaM fährt von Palavas-les-Flots zur Straßenbahnhaltestelle Port Marianne in Montpellier.

NORDWÄRTS IN RICHTUNG CAMARGUE

Nördlich von Palavas, entlang der Küstenstraße D21 in Richtung Carnon, sind die Chancen groß, Flamingos durch die seichten Lagunen staksen zu sehen. **Carnon Plage** selbst kann (trotz des weitläufigen Hafens) nicht gerade mit Charme punkten, aber wer auf der D59 ein paar Kilometer an der Küste weitertuckert, entdeckt einsame, weiße Sandstrände ohne Kiosks, Cafés und ähnliche Störfaktoren.

Rund 10 km östlich von Carnon kommt **La Grande-Motte** (6500 Einwohner) in Sicht, das in den 60er-Jahren hochgezogen wurde, um die Touristenströme nach Spanien anzuzapfen. Die Architektur galt damals wohl als revolutionär, wirkt aber plump und massig im Vergleich zum organisch gewachsenen, authentischeren **Le Grau-du-Roi** an der Grenze zur malerischen **Camargue** (S. 90).

Bus 106 von TaM verbindet Montpellier mit Carnon und La Grande-Motte.

SÈTE

48 300 Ew.

Frankreichs größter Fischereihafen am Mittelmeer schmiegt sich ans Nordende des **Bassin de Thau** (S. 150), 26 km südwestlich von Montpellier. Wasserläufe, Kanäle, Strände, ein Leuchtturm und die alte Fischersiedlung auf den Felsen machen das Städtchen zum Touristendarling. In den Töpfen der Restaurants schmurgeln Seeigel, Hummer, Sardinen, Paella und alle möglichen *coquillages* (Muscheln). Auf den Kanälen schaukeln so viele Boote, dass bestimmt jeder zweite Einwohner von Sète am Wochenende als Freizeitmatrose herumschippert.

Ludwig XIV. hatte Sète im 17. Jh. gegründet, als die Häfen von Aigues-Mortes und Narbonne zunehmend versandeten. Berühmt wurde der Küstenort wegen seiner jahrhundertealten Tradition des Fischerstechens (s. o., Kasten). Das ist ein ernst zu nehmender Sport, bei dem die Kontrahenten versuchen, sich gegenseitig ins Wasser zu schubsen.

Frontignan (23 000 Einwohner) liegt 7,5 km weiter nordöstlich und hat sich mit seinen süßen Muscat-Weinen einen Namen gemacht.

Praktische Informationen

Touristeninformation (☎ 04 67 74 71 71; www.ot-sete.fr, auch auf Deutsch; 60 Grand Rue Mario Roustan; ⏲ Juli & Aug. 9.30–19.30 Uhr, Sept.–Juni Kernzeit Mo–Fr 9.30–18, Sa & So 9.30–12.30 & 14–17.30 Uhr) Verkauft Stadtpläne (1 €) und organisiert spannende Führungen (s. rechts).

Sehenswertes & Aktivitäten

In der Nähe des Bahnhofs zeichnen Kräne und Lagerhäuser ihre Silhouetten in den Himmel, am Strand lockt die geschäftige **Criée aux Poissons** (Fischmarkt; quai de la Marine) und der **Vieux Port** (alte Hafen) ist malerischer als jedes Ansichtskartenmotiv – alles Attribute, die Sète als echtes Hafenstädtchen ausweisen, wo die Fischereiindustrie noch boomt und vom Wetter gegerbte alte Seebären ihre Netze zum Trocknen aufhängen. Wer's trotzdem nicht glaubt, sollte bei der Touristeninformation die einstündige Führung durch den **Fischgroßmarkt** (Erw./3–12 J. 5/2,50 €; ⏲ Feb.–Nov. Mo–Fr 15.30 Uhr) oder die **Muschelfarm** (Erw./unter 12 J. 6 €/frei; ⏲ April–Okt. Di & Do 16 Uhr) am Bassin de Thau buchen, wo Muscheln und Austern gezüchtet werden.

Einmal den **Canal Royal** am Vieux Port entlangzuschlendern, wo sich ein Fischlokal ans andere drängt, ist in Sète ein Muss! Vom Fischmarkt geht der Bummel dann auf dem Quai de la Consigne in südlicher Richtung weiter, vorbei an den Bootsschuppen, wo sich die Fischerstecher treffen (S. 119), bis zur felsigen **Mole St-Louis** mit ihrem **Leuchtturm**. Wer so lange durchhält, wird mit spektakulären Ausblicken auf Hafen und Meer belohnt! Auf der anderen Kanalseite hortet das **Centre Régional d'Art Contemporain** (☎ 04 67 74 94 37; www.crac.lr.free.fr, auf Französisch; 26 quai Aspirant Herber; Eintritt frei; ⏲ Mo & Mi–Fr 12.30–19, Sa & So 14–19 Uhr) zeitgenössische Kunst.

Graffiti schmücken die Fassade des **Musée International des Arts Modestes** (MAM; ☎ 04 67 18 64 00; www.miam.org, auf Französisch; 23 quai Maréchal de Lattre de Tassigny; Erw./unter 18 J. 5 €/frei; ⏲ Di–So 10–12 & 14–18 Uhr), das ebenfalls direkt am Wasser liegt und mit einer unkonventionellen, faszinierenden Sammlung experimenteller *art brut* (unangepasster Kunst) überrascht.

Neue Wege der Kunst beschreitet Sète auch mit **Créa 7** (www.crea7.org, auf Französisch), für das mehrere Künstler ihr Atelier jeden ersten Sonntag im Monat für Workshops öffnen. Einige davon liegen im **Quartier Haut** über dem Vieux Port. Wer an der Touristeninformation links (Richtung Westen) über die Rue Rapide, dann wieder links an der **Église St-Louis** (rue des 3 Journées) vorbei und an der Gabelung erneut links durch die Rue Villaret Joyeuse geht, landet im Herzen dieses alten Fischerviertels. Auf der Place de l'Hospitalet spenden noch recht junge Platanen der fülligen, blauäugigen **Mama** des Künstlers Richard Di Rosa spärlichen Schatten. Ein Wandgemälde am Haus Nr. 3 in der Rue Jean Robert Pinet ehrt den berühmtesten Fischerstecher der Stadt.

Sète war der Geburtsort des symbolistischen Dichters Paul Valéry (1871–1945), dessen sterbliche Überreste auf dem **Cimetière Marin** ruhen. Gleich daneben steht das **Musée Paul Valéry** (☎ 04 67 46 20 98; rue François Desnoyer; Erw./12–18 J. 4 €/frei; ⏲ Juli & Aug. tgl. 10–12 & 14–18 Uhr, Sept.–Juni Mi–Mo).

Auch der berühmte Chansonnier und Schriftsteller Georges Brassens (1921–81) ist in Sète aufgewachsen. Seine unvergessliche Stimme erklingt in der multimedialen **Espace Georges Brassens** (☎ 04 67 53 32 77; 67 bd Camille Blanc; Erw./Student/Kind 5/2 €/frei; ⏲ Juni–Sept. tgl. 10–12 & 14–18 oder 19 Uhr, Okt.–Mai Di–So).

Geführte Touren

Die Touristeninformation verleiht **Audioguides** (5–8 €; 1½ Std.) mit sieben Themenspaziergängen in und um Sète. Neben den Führungen durch den Fischmarkt und die Muschelfarm (s. links) bietet sie auch eine geführte Tour durch das **Château de Villeroy** (Eintritt frei; ⏲ April–Aug. Fr 10 Uhr) an. Sètes einziges Weingut bewirtschaftet 300 ha Reben, die zwischen dem Mittelmeer und dem Bassin de Thau wachsen.

Für müde und/oder kleine Füße ist der **Petit Train de Sète** (☎ 04 67 46 00 10; quai Général Durand; Erw./2–13 J. 5/3 €, 30 Min.; ⏲ Juli & Aug. 11–21.30 Uhr, Juni & Sept. 11–18.30 Uhr, April, Mai, Okt. & Nov. Mi, Sa & So 11–17.30 Uhr; immer alle 45 Min.) die Rettung.

Azur Croisières (☎ 06 10 65 40 22; ⏲ Feb.–Mitte Okt.) bietet eine einstündige **Hafenrundfahrt** (Erw./Kind 10/5 €) an, die am Pont de la Savonnerie beginnt. Im Juli und August organisiert **Sète Croisières** (☎ 04 67 46 00 46; www.sete-croisieres.com, auf Französisch; quai Général Durand) Boots- und Angeltouren, die mit einer Sardinade en Fête enden können – einem Grillabend am Strand, wo Sardinen gebrutzelt werden.

Schlafen

Mehrere Unterkünfte mit Blick auf das Mittelmeer stehen an der *corniche* (Küstenstraße) entlang der Strände westlich des Hafens.

Auberge de Jeunesse Villa Salis (☎ 04 67 53 46 68; sete@fuaj.org; rue du Général Revest; Zelten mit Frühstück 10 €, B mit Bettwäsche und Frühstück 15,50 €; Rezeption Feb.–Mitte Dez. 8–12 & 18–22 Uhr) Schöne Blicke auf die Kanäle, die in den Hafen von Sète fließen, sind die Belohnung für den 1 km langen Spaziergang zu dieser Villa auf einem Hügel. Die Schlafsäle liegen in Betonbungalows, Zelte werden inmitten von Pinien aufgeschlagen. Die Zimmer haben alle ein eigenes Staudengärtchen, die Terrasse des Speisesaals (Abendessen 9,50 €) bietet eine super Aussicht und nur das Gekrächze des hauseigenen Papageis stört die idyllische Ruhe. Sein Herrchen Claude hat früher das Hostel Les Deux Alpes geführt.

Hôtel La Conga (☎ 04 67 53 02 57; www.conga.fr, auf Französisch; plage de la Corniche; DZ 32–47 €, mit Meerblick 45–59 €, 3BZ 55–67 €) Der strahlend weiße Betonbau an der Küstenstraße, 2,5 km westlich des Vieux Port und hinter der Plage de la Corniche, hat alle Attribute eines typischen Strandhotels. Zur Mittagszeit belagern Sonnenanbeter das beliebte Restaurant La Table de Jean (Menüs 12–27 €), das für seine Fischgerichte berühmt ist.

LP Tipp L'Orque Bleue (☎ 04 67 74 72 13; www.hotel-orquebleue-sete.com, auch auf Deutsch; 10 quai Aspirant Herber; DZ zum Patio 67–78 €, zum Hafen 95–98 €, 3BZ/4BZ 102/115 €; Feb.–Dez.; P) WLAN gratis. Wer Hafenatmosphäre schnuppern will, übernachtet in diesem marmorverkleideten *hôtel particulier* aus den 1880er-Jahren, das früher einem Reeder gehörte. Geräuschempfindlichen empfehlen wir die Zimmer zum ruhigen Patio; die mit Blick auf Kanal und Hafen sind dafür echte Logenplätze.

Le Grand Hôtel (☎ 04 67 74 71 77; www.legrandhotelsete.com, auch auf Deutsch; 17 quai Marechal de Lattre de Tassigny; Neben-/Hochsaison DZ ab 75/102 €, Suite 200/220 €) Grandios ist der richtige Ausdruck für die „Alte Dame" unter den Hotels von Sète, und wer schwindelfrei ist, kann hier richtig hoch hinaus. Das Gebäude stammt von 1883, aber in den Zimmern hat auch die Moderne schon Einzug gehalten. Im „Classic" bezaubern Möbel mit Schmiedeeisen, im „Fantasy" schmücken Bilder mit Strandmotiven, getrocknete Seesterne und mit Muscheln dekorierte Spiegel das meerblaue Ambiente.

Essen

In Sète dominiert die *cuisine des pêcheurs* (Küche der Fischer). Viele Lokale zwischen Pont de la Savonnerie und dem Fischmarkt an Quai Durand und Quai Maximin Licciardi locken mit dem Schild *„dégustation à toutes heures'* (Probieren jederzeit möglich).

Les Demoiselles Dupuy (☎ 04 67 74 03 46; 4 quai Maximin Licciardi; Hauptgerichte 10–18,50 €; Do–Di mittags & abends) Der Tagesfang kommt in diesem quirligen Liliputlokal *à la plancha* auf den Tisch. Wer auf den Plastikmöbeln auf der Terrasse Platz nimmt, hat entweder das von Möwen umschwirrte Fischerboot im Blick oder die Körbe voller Austern, die auf den Bänken vor der Küste gezüchtet werden. Wettergegerbte Fischer mit blauen Plastikschürzen und zupackenden Pranken fungieren als Kellner.

LP Tipp La Péniche (☎ 04 67 48 64 13; 1 quai des Moulins; Menüs 15–19,50 €, Hauptgerichte 11–13 €; Mo–Fr mittags & abends, Sa abends, So mittags) Der freundliche, effiziente Service auf diesem Schiffslokal überzeugt auch viele Einheimische, egal ob in Anzug oder Strickpulli. Die Spezialität des Hauses ist *rouille à la sètoise* (Kraken mit Tomaten und Knoblauch in scharfer Sauce).

Ameriklub (☎ 04 67 53 02 37; promenade Maréchal Leclerc; Menüs 21, 28 & 34 €; Juni–Sept. mittags & abends) Die Atmosphäre dieses coolen Strandclubs erinnert an St-Tropez; manche Gäste räkeln sich auf den Liegestühlen mit einem Drink, andere lassen sich zu Mittelmeerschlemmereien hinreißen wie z. B. cremiges Risotto mit Fisch, der mit trockenem Muscat und Orange veredelt wurde. An manchen Abenden legt DJ Chocolate Salsa auf.

Au Bord du Canal (☎ 04 67 51 98 39; 9 quai Maximin Licciardi; Menüs 32 €; Di–Sa mittags & abends, So mittags) Eigentlich könnten die Fische vom Markt direkt auf den Rost dieses hübsch eingerichteten Lokals hüpfen, wo der Grillteller mittags (15 €) besonders lecker und vor allem spannend ist, da der Küchenchef ihn je nach Lust und Laune zusammenstellt.

Ausgehen

Handgeschriebene Zettel am Fenster preisen Neuzugänge im Weinlager der **Terroirs d'Occitoire: Vins du Languedoc-Roussillon** (6 rue Lazare Carnot) an. Die Betreiber verstehen ihr Geschäft, verzichten auf überflüssigen Schnickschnack und haben viele Bioweine im Sortiment.

Le Flo des Mots (☎ 04 67 51 31 83; http://leflodesmots.midiblogs.com; 4 quai Leopold Suquet; Di–Sa 10–18, So 11–19 Uhr) Was für eine geniale Idee: Ein auf Kulinarisches spezialisierter Buchladen, der auch Weinproben anbietet und die regionalen Tropfen im eigenen *cave à vins* (Weinkeller) lagert und verkauft!

Le Cottage (☎ 04 67 74 35 99; 4 quai Leopold Suquet; ⌚ 11–2 Uhr) Unter den vielen Cafés am Quai Leopold Suquet punktet dieses hier mit Liegestühlen im Kingsize-Format, die weiße Leinenbezüge haben und nur ein paar Zentimeter vom Wasser entfernt stehen.

Anreise & unterwegs vor Ort

SNCM (☎ 04 67 46 68 00; 4 quai d'Alger; ⌚ Mo–Fr 9–12 & 14–18, Sa 9–11.30 Uhr) und **Comarit** (☎ 04 67 80 75 44) haben ihr Büro am Hafen und sind für Fähren nach Marokko zuständig. Die Schiffe tuckern ganzjährig etwa alle vier Tage an der Anlegestelle Quai d'Alger los.

Der **Bahnhof** (place André Cambon) von Sète bietet Verbindungen nach Montpellier (5,10–7,10 €, 20 Min.), Béziers (7,40 €, 25 Min.), Narbonne (12,90 €, 45 Min.), Nîmes (13,70 €, 45 Min.), Perpignan (21,70 €, 1¼ Std.) und Toulouse (30,10 €, 2 Std.).

Wer vom Bahnhof in die Stadt will, nimmt Totem Bus 2, 3 oder 6 Richtung „centre ville" (1 €), die links vom Gebäude halten. Alternative zu Fuß: Den Boulevard Victor Hugo in südlicher Richtung entlanggehen, dann in die vierte Querstraße rechts abbiegen (Rue Longuyon), den Canal Royal überqueren und weiter nach Süden bis zum Vieux Port gehen.

Midi Sport (☎ 04 67 74 93 52, 06 43 20 97 37; http://scooter.site.voila.fr, auch auf Deutsch; 3 av. Victor Hugo; ⌚ Mo–Fr 8–12 & 14–19, Sa bis 18 Uhr) vermietet Fahrräder (12 € pro Tag), Motorroller (50 ccm, 29 € pro Tag) und Vespas (125 ccm, 59 € pro Tag). Auf Wunsch werden die Fahrzeuge am Bahnhof bereitgestellt.

AM HÉRAULT ENTLANG

Im Bassin de Thau (S. 150) ist Endstation für den Hérault, der 160 km weiter nördlich in den Cevennen entspringt. Wer dem Fluss landeinwärts folgen will, umrundet die Austernbänke am Nordende der Lagune von Sète und biegt auf die N113 ab, die ein Stück am Rand des Bassin de Thau entlang verläuft, bevor sie nach Norden abknickt und knapp am historischen **Pézenas** (S. 144) vorbeischrammt.

Nicht weit davon wartet in Villeveyrac die **Abbaye de Valmagne** (☎ 04 67 78 06 09; www.valmagne.com, auch auf Englisch; ⌚ Mitte Juni–Sept. 10–12 & 14.30–18 Uhr, sonst 14–18 Uhr, Mitte Dez.–Mitte Feb. Di geschl.) mit ihren hübschen mittelalterlichen Gärten und dem von Blumen und Brunnen geschmückten Kreuzgang. Vom 12. bis 15. Jh. gehörte diese Abtei zu den reichsten Frankreichs. Ihre Gründung verdankt sie Zisterziensern, die hier erfolgreich Wein anbauten. 1139 erfolgte der erste Spatenstich neben einer bereits existierenden romanischen Kapelle aus dem 6. Jh., die 1257 zur gotischen Kirche umgebaut wurde – wie es damals in Nordfrankreich Mode war. Die letzten Mönche hielten bis 1789 durch, danach wurde die Abtei nur noch zur Weinproduktion benutzt – das Ergebnis kann vor Ort verkostet werden.

ST-GUILHEM-LE-DÉSERT

Schon der Name verrät die frommen Wurzeln dieses netten Dörfchens, in dessen Herzen die **Abbaye de Gellone** (⌚ Juli & Aug. Mo–Sa 7.30–18.30, So 8–18.30 Uhr, sonst bis 18 Uhr, Orgelkonzerte Juli & Aug. Mi 19.15 Uhr) gefährlich an einer Felswand balanciert. Die meisten, die auf dem Jakobsweg nach Santiago de Compostela wandern, rasten hier auf den von der Zeit glatt polierten Steinplatten des Innenhofs und füllen ihre Wasserflasche am alten Steinbrunnen auf. Während der Saison Musicale im Juli lockt traditioneller Minnegesang Besucher in die heiligen Mauern, die ein Weltkulturerbe der Unesco sind.

Die **Touristeninformation** (☎ 04 67 57 44 33; www.saintguilhem-valleeherault.fr; 2 rue du Font du Portal; ⌚ Mo–Fr 9.30–19, Sa & So 9.30–13 & 14–18 Uhr) an der Hauptstraße der Fußgängerzone verkauft Stadtpläne (1 €) mit Vorschlägen für familienfreundliche Spaziergänge in die Umgebung. Einer heißt **Cirque du Bout du Monde**; der Weg zum „Ende der Welt" und zurück dauert eine Stunde und ist besonders hübsch. Eine attraktive dreistündige Alternative ist der Rundweg **Sur le Chemin de St-Jacques de Compostelle**.

Gleich südlich des Dorfes hat sich der Teufel eine Brücke gebaut: Der **Pont du Diable** (1030) über die schmalste Stelle des Hérault markiert das Südende der beeindruckenden **Gorges de l'Hérault**. Nur vom Boot aus (Kasten S. 124) wirken Brücke und Felswände der Schlucht noch gewaltiger. Wasserratten können von der D27 aus ans Flussufer spazieren und baden. 2009 soll hier das Informationszentrum Maison du Site eröffnet werden

Einige Gänge der 1945 freigelegten **Grotte de Clamouse** (☎ 04 67 57 71 05; www.clamouse.com, auch auf Deutsch; Erw./4–11 J. 8,50/5 €; ⌚ Juli & Aug. 10–19 Uhr, Juni & Sept. bis 18 Uhr, Feb.–Mai & Okt. bis 17 Uhr, Nov.–Jan. Mo–Fr 12–17 Uhr) werden bei hohem Wasserstand

GÖTTLICHE TROPFEN FÜR NORMALSTERBLICHE

Die göttlichen Tropfen stammen vom **Mas de Daumas Gassac** (☎ 04 67 57 88 45; www.daumas-gassac.com, auch auf Englisch; Aniane; ⌚ Juli & Aug. Mo–Sa 9.30–18.30 Uhr, Sept.–Juni 10–12 & 14–18 Uhr), einem Weingut 8 km südlich von St-Guilhem-le-Désert in Aniane. 1978 hat es mit seinem körperreichen Rotwein die gesamte Fachwelt verblüfft. Das Flaschenetikett weist ihn zwar als einen ganz ordinären *vin de pays* (Landwein) aus, aber nach ein paar Jahren im Keller kann er es locker mit den besten Bordeaux aufnehmen. Nach einer Durststrecke setzte damit in den 80er-Jahren ein Aufwärtstrend ein und mittlerweile hat sich das Potenzial der Languedoc-Winzer und ihres *terroirs* herumgesprochen.

Das *mas* (bäuerliches Anwesen) wird von der Familie Véronique und Aimé Guibert bewirtschaftet, die Anfang der 70er-Jahre Reben und Olivenbäume anpflanzte. Heute arbeiten drei der fünf Söhne im Familienbetrieb mit. Wer dort vorbeifährt, um Wein und Olivenöl zu verkosten, darf sich nicht wundern, wenn ihm Aimé irgendwie bekannt vorkommt: Er hat in dem Dokumentarfilm *Mondovino* (www.mondovinofilm.com, auf Englisch) mitgewirkt, mit dem Johnathan Nossiter 2005 die Globalisierung der französischen Weinindustrie aufs Korn nahm.

(fünf- bis sechsmal im Jahr) überflutet. Im Rahmen der geführten Tour (50 Minuten) geht's durch drei 50 m hohe Höhlen besichtigt; eine davon dient als spektakuläre Kulisse für ein fünfminütiges *son et lumière* (Licht-und-Ton-Show). Besonders beeindruckend ist der Couloir Blanc (Weiße Gang) voller Stalaktiten, Stalagmiten, Säulen (wenn die beiden vorgenannten zusammenwachsen) und funkelnden weißen Kristallen, die vor über 20 000 Jahren entstanden. Unterwegs zeigen kleine weiße Häufchen am Felsboden, wo neue Stalagmiten wachsen – im atemberaubenden Tempo von 1 cm pro Jahrhundert!

Schlafen & Essen

Le Guilhaume d'Orange (☎ 04 67 57 24 53; www.guilhaumedorange.com, auch auf Englisch; 2 av. Guillaume d'Orange, DZ 62–92 €) Eine begrünte Terrasse mit Blick auf Fluss und goldene Mauern sorgt, neben anderen Details, für Charme – und volle Betten. Die Küche des angeschlossenen Restaurants verarbeitet marktfrische Ware zu Mittags- und Abendmenüs für 19 €.

Château de Jonquières (☎ 04 67 96 62 58; www.chateau-jonquieres.com, auch auf Englisch; DZ mit Frühstück 85 €; P) Für den Schönheitsschlaf inmitten von Weinreben ist dieses Schloss mit Weingut aus dem 17. Jh., 12 km südwestlich des Dorfes Jonquières, die richtige Adresse. Vier stilvoll eingerichtete Zimmer und ein gut gefüllter Weinkeller versprechen relaxte Tage in stimmungsvoller Umgebung.

Le Fermier dans son Pré (20 rue du Font du Portal; Mittagessen/Nachmittagstee 9,50/4,50 €; ⌚ Juli & Aug. tgl. 11–20 Uhr, sonst nur Sa & So) Das Angebot in dieser gemütlichen Teestube stammt ausschließlich aus Eigenproduktion und ist frei von Farb- und anderen Zusatzstoffen. Mittags gibt's Salatvariationen und das selbst gemachte Eis (z. B. Veilchen, Kastanie, Lakritze, Kokosnuss, Karamell …) schmeckt den ganzen Tag.

VON DER VALLÉE DE LA BUÈGES NACH GANGES

Wie ausgestorben wirkt die **Vallée de la Buèges**, ein von der Sonne verbranntes Tal aus Fels und Strauchzeug, das im Norden parallel zum Hérault-Tal verläuft. Vier Dörfer sorgen auf der 45 km langen Fahrt von **Montpeyroux** im Süden nach **Brissac** im Norden für unglaubliche Ausblicke. Unterwegs bietet die **Auberge des Lavagnes** (☎ 04 67 73 12 79; www.leslavagnes.com, auf Französisch; B 15 €), ein einsamer *gîte d'étape* in Les Lavagnes, müden Reitern und Wanderern (2½ Stunden auf dem GR74 ab St-Guilhem-le-Désert) Stärkung (Frühstück/Mittagessen/Abendessen 6,50/9/15 €) und ein Dach über dem Kopf an.

Wer in Brissac der D108 in östlicher Richtung folgt und dort, wo sie auf die breitere D987 trifft, links abbiegt, kommt zur **Grotte des Demoiselles** (☎ 04 67 73 70 02; www.demoiselles.fr, auch auf Deutsch; Erw./12–17 J./5–11 J./3–5 J. 8,70/6,50/5/1 €; ⌚ Juli & Aug. 10–18 Uhr, April–Mai & Sept. bis 17.30 Uhr, Feb., März, Okt. & Nov. 10–12 & 14.30–16.30 oder 17.30 Uhr). Eine Seilbahn bringt Besucher in die wahrhaft gigantische Höhle, wo sie im Rahmen einer Führung durch sieben Galerien und an Dutzenden bizarrer Felsformationen (Murmeltier, Schwan, Bobbahn, Schiefer Turm von Pisa etc.) vorbeistapfen und unterwegs diverse

PADDELN AUF DEM HÉRAULT

Es gibt nichts Romantischeres – und auch nichts Spannenderes – als im Boot über die tiefgrünen Wellen des Hérault zu gleiten. Schon allein die Wasserfarbe ist ein Erlebnis. An der D986, auf halber Strecke zwischen Laroque und St-Bauzille-de-Putois, liegt **Canoë Le Moulin** (☎ 04 67 73 30 73; www.canoesud.com, auch auf Englisch). An diesem Straßenkiosk starten 3/9/12/14 km lange Kanutrips flussabwärts, die ungefähr 1/2/3/4 Stunden dauern und 15/20/22/24 € kosten. Auch längere Abenteuertouren mit Übernachtung (26 km, 2 Tage, 49 €, Campingausrüstung mitbringen) werden angeboten und besonders romantisch wird's auf dem 9 km langen Sonnenuntergangstrip mit Apéritif und Barbecue (3 Std., 39 €). **Les Lutins Cevenols** (☎ 04 67 73 70 30; www.centrepleinenature.fr, auf Französisch) hat ähnliche Angebote.

Weiter flussabwärts in Causse de la Selle ist bei **Canoë Rapido** (☎ 04 67 55 75 75; www.st-guilhem-le-desert.com/canoe-rapido.html, auf Französisch) paddeln angesagt. Das Büro liegt gleich hinter dem Ort an der D122 in östlicher Richtung. Von dort starten die Boote flussabwärts zu den 12 km entfernten Gorges de l'Hérault (29/44/54/65 € im 1/2/3/4er-Kanu; 3–4 Std.). Bei Kilometer 11, nicht weit von St-Guilhem-le-Désert, winkt die schwimmende **Canobar** (🕒 Juli & Aug.), die ein geschäftstüchtiger Student eröffnet hat, mit Schatten (im Fluss verankerte Sonnenschirme!) und kühlen Getränken.

Kids zwischen sechs und zehn Jahren können für 5 € ins Kanu ihrer Eltern hüpfen – oder selbst paddeln, sofern sie schwimmen können. Noch jüngere Passagiere sind generell nicht erlaubt – nur **Canoë Kayapuna** (☎ 04 67 57 30 25) in St-Guilhem-le-Désert macht eine Ausnahme: Der Anbieter hat eine 4 km lange „Felsentour" im Programm, wo Kinder ab vier Jahren mitdürfen (43 € für vier Personen).

feuchte, schlüpfrige Gänge (nichts für Flip-Flops) und 561 Stufen bewältigen müssen. Und wer vor der 60 m hohen, 120 m langen unterirdischen Kathedrale steht, kommt sich plötzlich winzig klein vor.

Faszinierende Ausblicke auf den Fluss bietet der kurze Abschnitt der D986 von der Höhle bis nach **Laroque** (1120 Einwohner). Das mittelalterliche Dorf mit seinem Campingplatz **Le Tivoli** (☎ 04 67 73 97 28; av. de l'Europe; Erw., Zeltplatz & PKW 13 €; 🕒 Mitte Juni–Aug.) direkt am Flussufer eignet sich perfekt zum Baden und Angeln. Außerdem ist dieser Flussabschnitt bei Kanu- und Kajakfahrern (s. o., Kasten) sehr populär.

Insider lassen das spärliche Angebot an Lokalen und Unterkünften in **Ganges** (3350 Einwohner) links liegen und fahren auf der D999 weiter nach Osten zur **Domaine de Blancardy** (☎ 04 67 73 94 94; www.blancardy.com, auch auf Deutsch; DZ 55–95 €; 🕒 Jan. & Feb. geschl.; 🅿). 2 km östlich von Moulès et Baucels weisen Schilder den 2,7 km langen Weg bergauf durch Reben zu diesem wunderschönen Bauernhof und Weingut. Zwei Schwestern und ihre Ehemänner (Pedro, der Spanier, ist unheimlich charmant!) vermieten hier 13 geräumige, familienfreundliche Zimmer, z. T. mit Terrasse (inklusive Tisch und Stühlen). Aber die eigentliche Attraktion (abgesehen vom umwerfenden Bergpanorama am riesigen Pool) ist das Hof-Restaurant (Menüs 13–42 € Freitag bis Dienstag mittags und abends, Donnerstag nur abends). Alle Zutaten kommen von benachbarten Höfen und die Foie Gras (ungewöhnlich gewürzt mit Ingwer, Birne, Pfirsich, Knoblauch u. ä.) ist Eigenproduktion. Im Juli und August werden sonntags und montags (sehr empfehlenswerte) Wanderungen durch Weinberge und *garrigue* angeboten (Gäste/andere 8/10 €), die mit einer *dégustation* (Weinprobe) enden.

Etwas weiter östlich in Montoulieu freut sich die **Domaine de la Devèze** (☎ 04 67 73 70 21; www.deveze.com, auf Französisch) auf Camper. Das hübsche Weingut fungiert als *gîte* für Selbstversorger und bietet Weinproben an.

CIRQUE DE NAVACELLES

Es braucht schon etwas Phantasie, um sich vorzustellen, dass der schmale, träge Fluss irgendwann einmal diese atemberaubende Arena in den Fels gefräst hat! Und doch hat die Vis auf ihrem Weg zwischen der Causse de Blandas im Norden und der Causse du Larzac im Süden diesen riesigen Krater geschaffen, der auch in eine Mondlandschaft passen würde.

Das **Informationsbüro** (☎ 04 67 44 63 10) am Aussichtspunkt Belvédère de la Baume Auriol auf der Südseite des Cirque ist von Ostern bis Anfang November besetzt. Von dort hangelt sich die Straße todesmutig nach unten; kurz vor der Sohle biegt eine Seitenstraße nach Navacelles ab. Der Weiler schmiegt sich an die grünen Ausläufer eines Hügels (oder eher Buckels), den die Erosion aus unerfindlichen Gründen ausgespart hat. Von dort führt die Straße genauso steil wieder nach oben, vorbei am Belvédère de Blandas, der gleichfalls spektakuläre Aussichten bietet.

Bei den Moulins de la Foux (*foux* ist okzitanisch und bedeutet „großes Loch") rauscht die Vis mit Macht den Berghang hinunter, nachdem sie sich zuvor einige Kilometer unterirdisch durch die *causse* (Kalksteinplateau) gequält hat. Vier Dörfer haben früher ihr Getreide zum Mahlen hierher gebracht. Erst nach der furchtbaren Überschwemmung 1907 wurde die mit Wasserkraft betriebene Mühle geschlossen. Der dreistündige, markierte Rundwanderweg von/nach Navacelles kommt auch an der Mühle vorbei. Wem das zu viel ist, der lässt seinen fahrbaren Untersatz an dem grünen Schild in einer Biegung der D713 Richtung Belvédère de Blandas stehen und spaziert von dort zu der (mittlerweile restaurierten) Mühle. Hin und zurück dauert das rund eine Stunde.

ST-MARTIN-DE-LONDRES & PIC ST-LOUP

Reben, so weit das Auge reicht, und viele Schilder mit dem Hinweis „*vente au caveau*" (Weinverkauf) führen hinauf zum **Pic St-Loup** (658 m), der das Hérault-Tal mit seiner auffälligen Pyramidenform dominiert.

Die **Maison de Pays** (☎ 04 67 55 09 59; www.tourismed.com, auch auf Englisch; 🕑 9.15–12.45 & 14.30–19 Uhr) am kleinen, von Cafés gesäumten Hauptplatz von **St-Martin-de-Londres** hat Broschüren über Wanderungen zum Pic und anderen Zielen im Hérault-Tal. Der Campingplatz des Dorfes, **Le Pic St-Loup** (☎ 04 67 55 00 53; Route du Pic St-Loup; 2 Erw., Zeltplatz & PKW 13,70–15,20 €; 🕑 April–Sept.; 🅿), blickt direkt auf seinen Namensgeber. Aber die beste Aussicht auf den Berg bietet sich natürlich an Bord eines Segelflugzeugs des **Centre Régional de Vol à Voile** (☎ 04 67 55 01 42; www.cvvm.fr, auf Französisch; Tandemflug für Neulinge 60 €) von Mas de Londres, 2 km östlich des Dorfes an der D122. Wenn im Sommer die Sonne brennt und die Zikaden der *garrigue* ihr Dauerkonzert veranstalten, gibt's nichts Schöneres, als einen Nachmittag lang den Segelfliefern zuzuschauen und dabei die Atmosphäre des Südens in sich aufzusaugen. Wer selbst fliegen will, muss mindestens 55 kg wiegen – als Alternative gibt's gleich nebenan den Reitstall **Pégase** (☎ 06 64 31 30 98; Trucq de Guiraud, Mas de Londres; 🕑 Mitte März–Anfang Dez.); auf dem Pferderücken ist das Landschaftserlebnis fast so intensiv wie aus der Luft.

In Richtung Westen arbeitet sich die D122 durch die ausgedörrte, würzig duftende Felswüste bis nach **Causse-de-la-Selle**, wo viele Station machen, um den Hérault ein Stück weit mit dem Kanu zu erkunden. Tipps dazu stehen im Kasten auf S. 124.

Bus 108 (☎ 08 25 34 01 34) verbindet St-Martin-de-Londres mit Montpellier (5- oder 6-mal tgl., 35 Min.).

RICHTUNG SÜDEN NACH MONTPELLIER

Von St-Martin-de-Londres nimmt die D986 Kurs in Richtung Süden auf Montpellier. Leute, die für schöne Landschaftserlebnisse gerne einen Umweg in Kauf nehmen, machen einen Schlenker ostwärts und lassen sich vom betäubenden Duft der *garrigue*, den unablässig zirpenden Zikaden (S. 61) und einer ganzen Reihe mittelalterlicher Dörfer bezaubern – **Cazevieille**, **Les Matelles**, **St-Vincent-de-Barbeyrargues**, **Assas** und ihre Nachbarn habe sich alle dem Weinbau verschrieben.

Das Renaissance-Schloss von **Castries** (5000 Einwohner) nimmt sich gerade eine Auszeit (Renovierungsarbeiten bis 2010), aber dafür ist der **Aquädukt** am Nordende des Städtchens, der zwischen 1670 und 1676 für die Wasserversorgung des Schlosses erbaut wurde, ein netter Hingucker. Und um sich den ganzen Staub der Fahrt wieder abzuwaschen, wartet 1 km hinter dem Aquädukt an der N110 das **Disini** (☎ 04 67 41 97 86; www.disini-hotel.com, auf Französisch; 1 rue des Carrières; DZ 150–290 €; ❄ 🅿). Die Einrichtung dieses märchenhaften Boutiquehotels kommt aus Bali und der Wellnessbereich verwöhnt mit Massagen und Pflegeangeboten auf der Basis so ausgefallener Zutaten wie russischem Kaviar, Schokolade, Akazien- und Kastanienhonig, Basilikum oder Joghurt und Salz.

Zentral-Languedoc

Katharer und Kanäle – darum dreht sich alles im Zentral-Languedoc. Und um den Wein, der hier in Unmengen wächst. Dazu kommt ein kurzer Küstenstreifen mit super Stränden, die vor allem Familien glücklich machen.

„Le Pays Cathar“' (Das Land der Katharer), so heißt der werbewirksame Slogan des Departements Aude. Denn die Spuren dieser fernen Epoche religiöser Verfolgungen sind bis heute überall sichtbar. Die vielen Burgen an der Grenze zum Roussillon waren Bastionen entlang der Demarkationslinie, die Frankreich vom Königreich Aragon trennte.

Von ähnlich großer Bedeutung waren zwei künstliche Wasserwege: Der Canal de la Robine, der durch Narbonne fließt, und natürlich der grandiose Canal du Midi, der sich nach 240 km in das Bassin de Thau ergießt. Die salzigen Gewässer dieser seichten Lagune liefern tonnenweise Austern, Miesmuscheln und andere begehrte Schalentiere.

Le Cap d'Agde ist ein quirliger Badeort am Mittelmeer – und ein Mekka für Unterwasserfreaks, denn es gibt dort ganze acht Tauchschulen. Aber auch ein Unterwasserpfad, Schnorcheln, Windsurfen, Segeln und Kanufahren gehören hier zum Aktivurlaub.

Das Landesinnere verschwindet unter einem endlosen grünen Teppich von Weinreben. Die vielen Winzer freuen sich über neugierige, vorurteilsfreie Besucher, denen sie beweisen können, dass der Ruf der Region, nur Pennerglück und billigen Landwein für Studentenfeten zu produzieren, längst nicht mehr zutrifft.

Wer sich für Architektur begeistert, erlebt hier zwei ganz gegensätzliche Highlights: Die abgeschiedene Zisterzienserabtei von Fontfroide aus dem 12. Jh. mit ihrem wunderschönen Kreuzgang und und Pézenas, ein lebendiges Städtchen mit Bürgerhäusern aus dem 17. Jh., in denen heute Künstler, Kunsthandwerker und Kulturevents für frischen Wind sorgen.

HIGHLIGHTS

- Die **Abbaye de Fontfroide** (S. 134) anschauen, dann den Berg dahinter hochkraxeln und die umwerfende Aussicht genießen
- In der **Cité de la Vigne et du Vin** (S. 138) von Gruissan alles über Wein und seine Herstellung erfahren
- Die über 300 Jahre alten Herrschaftshäuser von **Pézenas** (S. 144) kennenlernen
- Den Skulpturenweg über dem Weiler **Mayronnes** (S. 137) entlangspazieren
- Einmal richtig schlemmen – beim fünfgängigen Mittagsmenü im **Lou Pescadou** (S. 148) in Agde
- Im **Musée de l'Étang de Thau** (S. 152) in Bouzigues herausfinden, wie Muscheln gezüchtet werden

ZENTRAL-LANGUEDOC

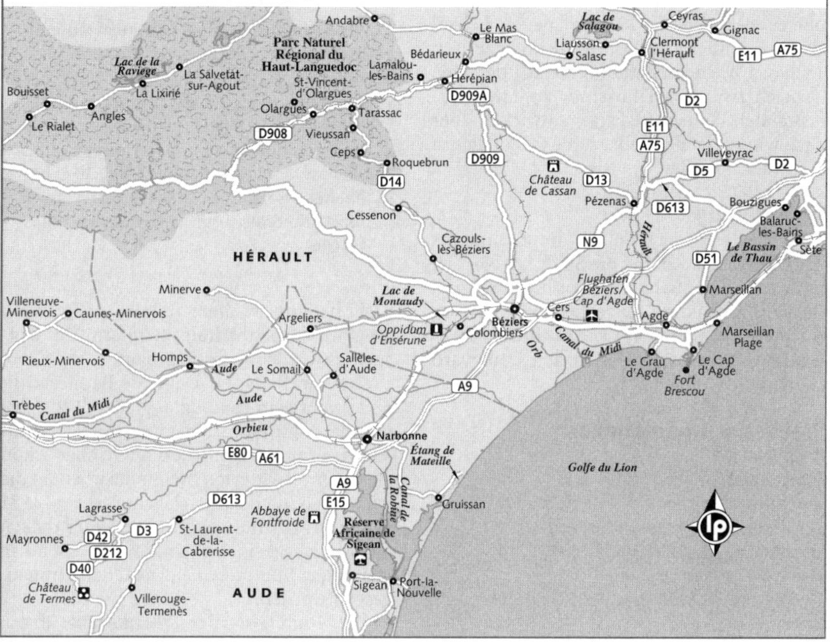

NARBONNE & UMGEBUNG

Hinter Narbonne, zu Zeiten der Römer ein wichtiges Zentrum, beginnen die Corbières. Auf den trockenen Ebenen und Hängen des rauen, einsamen Berglands wachsen die Reben, aus denen der robuste Rotwein gepresst wird. Seichte Lagunen durchsetzen den eher eintönigen, flachen Küstenstreifen davor und bieten Wasservögeln und zunehmend auch Muschelfarmen eine Heimat.

NARBONNE

46 500 Ew.

Die ehemalige Hafenstadt liegt aufgrund der Verlandung mittlerweile 13 km vom Meer entfernt und wird von den Touristen, die die A9 entlangdüsen, oft links liegen gelassen. Dabei steht Narbonne den bekannteren Städten der Region in punkto Charme nichts nach. Auch hier haben die Römer interessante Spuren hinterlassen, die Abbaye de Fontfroide liegt in ihrem Einzugsbereich und nichts spricht dagegen, sich hier ein gemütliches Hotel zu suchen, um nach einem abwechslungsreichen Streifzug durch die Umgebung zu relaxen.

Geschichte

Narbonne war ein wichtiger Stützpunkt der Römer in Gallien und die Hauptstadt von Gallia Narbonensis, deren Hafen die Seeverbindung zum Mutterland Rom herstellte. Auch der Landweg von Rom nach Gallien und weiter in die iberischen Kolonien südlich der Pyrenäen, die Via Domitia, führte durch Narbonne. Und in umgekehrter Richtung wurden darauf Bauholz, Hanf und Leinen aus den Cevennen sowie Töpferwaren und amphorenweise Wein nach Italien gekarrt. Im 8. Jh., als die Mauren in Gebiete nördlich der Pyrenäen vorstießen, fiel Narbonne kurzzeitig unter muslimische Herrschaft.

Während der Renaissance erlebte die Stadt einen wirtschaftlichen Aufschwung. Durch den Canal du Midi erschlossen sich neue Absatzgebiete weiter landeinwärts und bis zum Atlantik. Narbonne fungierte als Warenumschlagplatz, verlor diese Rolle jedoch durch die zunehmende Versandung, die die Stadt vom Mittelmeer abschnitt.

Jahrhundertelang vegetierte Narbonne als unbedeutende Unterpräfektur vor sich hin und erwachte erst im 19. Jh. zu neuem Leben, als die Eisenbahn gebaut wurde und dadurch auch das Weingeschäft boomte. Mittlerweile hat sich zwar der Tourismus zu einem bedeutenden Wirtschaftsfaktor entwickelt, aber nach wie vor ist der Rebensaft das Blut, das in den Adern der Stadt pulsiert.

KOMBITICKET

Wer Narbonne nicht nur mit einem Museum abhaken will, fährt besser mit dem Vier-Museen-Pass (Erw./Kind 5,20/3,70 €), der drei Tage lang für das Musée d'Art et d'Histoire, das Musée Archéologique, das Musée Lapidaire und das Horreum gilt. Der Pass Monuments et Musées (7,50 €) beinhaltet zusätzlich noch die Schatzkammer der Kathedrale und den Donjon Gilles Aycelin.

Orientierung

Von Nordwest nach Südost durchschneidet der Canal de la Robine die Stadt; im Norden bilden die Eisenbahnschienen mit Zug- und Busbahnhöfen die Grenze. Das Zentrum von Narbonne schließt im Osten mit dem Boulevard Gambetta ab, der in den Boulevard Général de Gaulle übergeht.

Praktische Informationen

Hauptpost (bd Gambetta)
Touristeninformation (☎ 04 68 65 15 60; www.narbonne-tourisme.com, auch auf Deutsch; 31 rue Jean Jaurès; ⏲ April–Mitte Sept. 9–19 Uhr, sonst Mo–Sa 9–12.30 & 13.30–18, So 10–17 Uhr)
Versus (60 rue Droite; pro Std. 5 €; ⏲ Mo–Fr 10–20, Sa 10–2, So 14–19 Uhr) Internetzugang.
Waschsalon (1 av. Karl Marx; ⏲ 6.30–20 Uhr)

Sehenswertes

CATHÉDRALE ST-JUST

Die ehrwürdige **Cathédrale St-Just** (Eingang in der rue Armand Gauthier; ⏲ Juli–Sept. 10–19 Uhr, Okt.–Juni 9–12 & 14–18 Uhr) besteht eigentlich nur aus Türmen und einem Chor, der mit 41 m der dritthöchste Frankreichs ist. Anfang des 14. Jhs. verfügte die Stadtverwaltung einen Baustopp, weil sie nicht bereit war, einen Teil der Stadtbefestigung für die Kathedrale zu opfern. Das Gotteshaus wurde nie fertig gebaut.

Die Kapelle Notre-Dame de Bethléem direkt hinter dem Hauptaltar glänzt durch eine wunderschöne Marienstatue mit Kind aus Alabaster und beeindruckenden, aber schon ziemlich verwitterten Steinmetzarbeiten, die früher in bunten Farben leuchteten. Erst 1981 waren Fragmente davon unter einer dicken Gipsschicht freigelegt und anschließend in geduldiger Fummelarbeit wieder zusammengesetzt worden.

Die Highlights der **Schatzkammer** (Eintritt 2,20 €; ⏲ Juli–Sept. 11–18 Uhr, Okt.–Juni 14–17 oder 18 Uhr) sind ein aus Gold-und Silberfäden gewobener flämischer Wandteppich mit einer Schöpfungsszene und eine faszinierend kleinteilige Elfenbeinschnitzerei aus dem 9. Jh., die die Kreuzigung darstellt. Ein Hingucker ist auch das Lesepult mit Klappstuhl aus dem 13. Jh. – die Arbeit aus Leder und Schmiedeeisen wirkt wie reinster Jugendstil, der ja erst 700 Jahre später aufkam.

VIA DOMITIA

Der erste Spatenstich für diese frühe Schnellstraße zu den spanischen Kolonien erfolgte 118 v. Chr. auf Befehl des römischen Generals Cneus Domitius Ahenobarbus. Gnädigerweise beschränkte er sich als Pate auf den am wenigsten zungenbrecherischen Teil seines Namens.

Was ursprünglich als Mittel zum raschen Truppentransport gedacht war, entwickelte sich bald zu einer wichtigen Handelsroute, auf der neben Waren auch römische Beamte und Reisende sicher ans Ziel kamen (Geschwindigkeit und Bequemlichkeit ließen, an heutigem Standard gemessen, eher zu wünschen übrig). Die Straße erreichte Gallien über den am einfachsten zu meisternden Alpenpass, überquerte die ungestüme Rhone bei Beaucaire und führte durch Nîmes, Montpellier und Béziers. So wie 2000 Jahre später der Eisenbahnanschluss brachte damals die Via Domitia (und die Via Aquitania, die nach Toulouse und Bordeaux führt) der Stadt Narbonne Reichtum und Wohlstand. Kies und Geröll bildeten das Fundament der Römerstraße, die in Städten gepflastert wurde, ansonsten aber aus gestampftem Lehm bestand. Im Abstand von einer Römischen Meile (1,481 km) wurde jeweils ein Meilenstein gesetzt – über die ganze Länge!

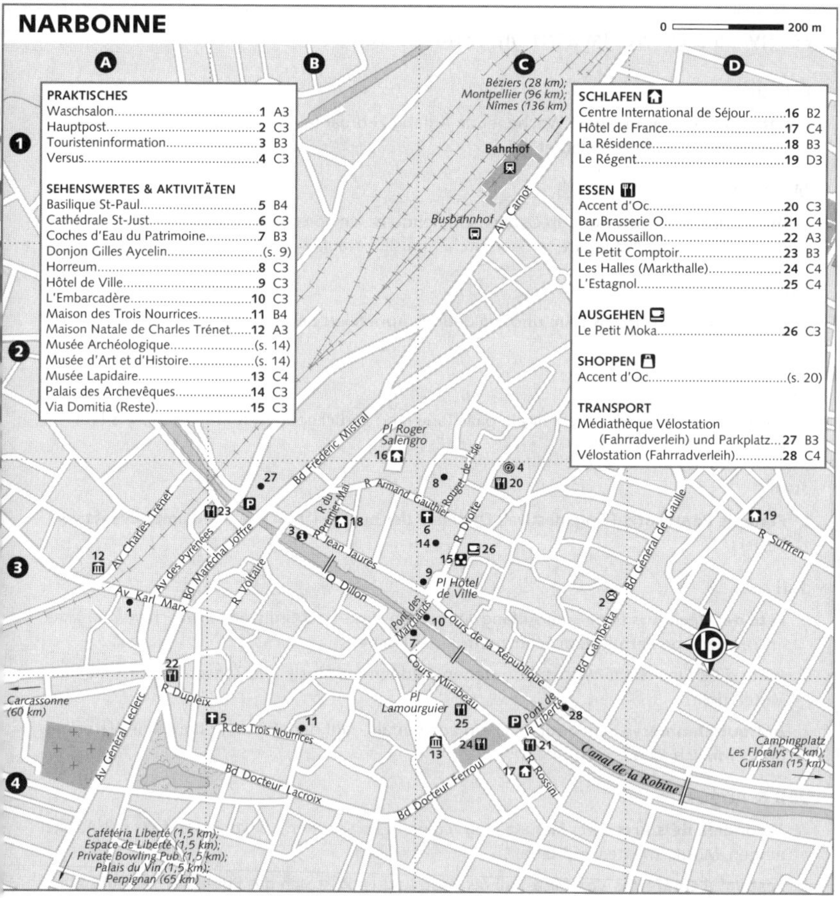

Die grotesken Fratzen der Wasserspeier ·venden sich dem **Kreuzgang** aus dem 16. Jh. ·u, der mit heidnischen und frühchristlichen ·elikten aus Narbonnes römischer Ära be- tückt ist.

·ALAIS DES ARCHEVÊQUES

·er **Palais des Archevêques** (Bischofspalast; öffentlicher ·il frei) beherbergt Narbonnes **Musée Archéo- ·ogique** (Erw./Kind unter 10 J. 3,70 €/frei; Juli–Sept. .30–12.15 & 14–18 Uhr, Okt.–Juni Mo–Sa 10–12 & ·4–17 Uhr) mit einer gut bestückten Sammlung ·ömischer Mosaiken und Stuckfresken. Zwei ·bjekte aus dieser Periode fallen besonders ins ·uge: die wunderschön gearbeitete Skulptur ·es sehr behaarten und betrunkenen Silenos ·us dem 1. Jh., die beim Bau des Bahnhofs ans Tageslicht kam, und der Sarkophag *Amours Vendengeurs* (Eroten-Weinlese), auf dessen Deckel pummelige Amoretten Trauben pflücken, die ein eifriger Helfer zertrampelt.

Viele Objekte des **Musée d'Art et d'Histoire** (Erw./Kind unter 10 J. 3,70 €/frei; Juli–Sept. 9.30–12.15 & 14–18 Uhr, Okt.–Juni Mo–Sa 10–12 & 14–17 Uhr), darunter ein Canaletto und ein Gemälde von Pieter Breughel d. J. haben sich die Erzbischöfe von Narbonne als Souvenir aus Italien mitgebracht. Trumpf-Ass der abwechslungsreichen Sammlung ist eine Serie einzigartiger, romantischer Darstellungen des Orients aus dem 19. Jh., die die damaligen Vorstellungen widerspiegeln: barbusige Sklavinnen, schimmernde Stoffe und die Freuden des Harems.

FESTIVALS & EVENTS IM ZENTRAL-LANGUEDOC

Februar

- **Fête du Mimosa** An einem Wochenende Anfang Februar feiert Roquebrun die Blume, die das Ende des Winters einläutet.

März–April

- **Gregorianische Gesänge** Am Osterwochenende beschwören Männerchöre in der Abbaye de Fontfroide die Anfangszeiten der Kirchenmusik herauf.

April

- **Fête de Saint Aphrodise** Am und um den 28. April feiert Béziers seinen Schutzpatron (s. Kasten S. 139).

Mai

- **Caritats** Mitte Mai wird die Zeit ein paar Tage lang zurückgedreht und ganz Béziers lebt wieder im Mittelalter.

Juni

- **Féria de Pentecôte** (Pfingstfestival) Das erste der beiden jährlichen Stierkampf-Events von Béziers.

Juli

- **Fête des Pêcheurs** Ende Juni/Anfang Juli stehen Agde und Gruissan ein Wochenende lang im Zeichen von Petrus, dem Schutzpatron der Fischer.
- **Festa d'Oc** Eine ganze Woche lang stehen mediterrane Musik und Tänze in Béziers im Mittelpunkt.
- **Antiquitätenmesse** Echt antik oder einfach nur alt – auf dem Riesenflohmarkt in Narbonne gibt's wirklich alles.

Juli & August

- **Mirondela dels Arts** Zwei Monate lang regieren die Schönen Künste in Pézénas mit Ausstellungen, Musik, Theater und Tanz.
- **Festival d'Opérettes** Von Mitte Juli bis Ende August lässt sich das Publikum des hübschen Casinotheaters in Lamalou-les-Bains von Operetten und Musicals verzaubern.

August

- **Fête du Commerce et du Vin** Anfang August stimmt sich Narbonne mit einem zweitägigen Fress- und Saufgelage auf die bevorstehende Weinlese ein.
- **Via Mercedaria** In der ersten Augusthälfte fällt Narbonne ein paar Tage lang ins finstere Mittelalter zurück.
- **Féria** (Infos unter ☎ 04 67 31 76 76) Auch *corridas* (Stierkämpfe) gehören dazu, aber das ist nur ein Teil der spanisch angehauchten Traditionen, die Béziers an fünf Tagen um den 15. August herum wieder aufleben lässt.
- **Joutes Nautiques** An drei oder vier Terminen im August treffen sich die Fischerstecher auf dem Hérault vor der Kathedrale von Agde, um sich gegenseitig vom Boot zu stoßen.

November

- **Fête du Marron d'Olargues et du Vin Nouveau** Anfang November feiert Olargues ein Wochenende lang die Kastanien- und Weinernte.

ZENTRAL-LANGUEDOC

HÔTEL DE VILLE

Die sorgfältig auf Renaissance getrimmte Fassade (19. Jh.) von Narbonnes Rathaus hat sich Viollet-le-Duc ausgedacht. Dahinter liegt ein Hof mit dem Eingang zum **Donjon Gilles Aycelin** (place Hôtel de Ville; Erw./Kind 2,20 €/frei; Juli–Sept. 10–18 Uhr, Okt.–Juni 10–12 & 14–17 oder 18 Uhr), einem wuchtigen, viereckigen Burgfried aus dem 13. Jh. Wer die Stufen des 42 m hohen Turms hochkeucht, dem liegt die Stadt malerisch zu Füßen. Der etwas abgesunkene Teil des Hofes war ein Teil der **Via Domitia.**

HORREUM

Diese lange, **unterirdische Galerie** (Erw./Kind unter 10 J. 3,70 €/frei; Juli–Sept. 9.30–12.15 & 14–18 Uhr, Okt.–Juni Mo–Sa 10–12 & 14–17 Uhr) mit galloromischen Geschäften und Warenlagern wurde erst kürzlich unter dem Motto „lebendige Geschichte" renoviert. Deswegen wird der Streifzug durch die Kammern mit einem Soundtrack der Geräusche von damals unterlegt: muhende Kühe, Hämmern, Marktschreier und Unterhaltungen auf Latein, das mit dem in der Schule gelernten wenig zu tun hat.

Manche finden die Gestaltung hier und im Musée Lapidaire einfach nur kitschig, aber sie bringt immerhin Leben in die historischen Steinmassen, die sonst nur durch Alter und Größe beeindrucken würden.

MUSÉE LAPIDAIRE

Da brauchte es schon einen Raum wie das riesige Schiff der (entweihten) gotischen Kirche Notre-Dame de la Mourguié, um diese monumentalen Reste römischer Steinmetzkunst unterzubringen. Die meisten der über 1000 Fragmente stammen aus Narbonnes Befestigungswall. Jedes einzelne Exponat im **Musée Lapidaire** (04 68 65 53 58; place Lamourguier; Erw./Kind unter 10 J. 3,70 €/frei; Juli–Sept. 9.30–12.15 & 14–18 Uhr, Okt.–Juni Mo–Sa 10–12 & 14–17 Uhr) ist nummeriert, die meisten weisen Inschriften, Bildmotive oder Reliefs auf. Und weil Steine nicht sprechen können, erledigt das eine spektakuläre 30-minütige **Sound-and-Light-Show** (immer zur vollen Stunde) an ihrer Stelle. Passend zu den Dimensionen der Räumlichkeiten und Objekte werden Maxibilder an die Wand projiziert, die die Geschichte der Kirchenkunst von den Römern bis zur Renaissance erklären. Dass die meisten Beispiele nicht aus dem Languedoc, sondern aus Italien stammen, fällt bei diesem fesselnden optisch-akustischen Gesamterlebnis kaum ins Gewicht.

NOCH MEHR SEHENSWERTES

Aus den Resten einer Nekropole aus dem 4. bis 6. Jh. wuchs 700 Jahre später die **Basilique St-Paul** (rue Dupleix; Mo–Sa 9–12 & 14–18, So 9–12 Uhr). Dabei wurden in der Westwand unter der beeindruckenden Orgel zwei Sarkophage recycelt. Mittlerweile sieht die Kirche ziemlich mitgenommen aus; wer zufällig den Küster trifft, kann ihn bitten, das Tor zum frühchristlichen Friedhof aufzusperren. Den haben übrigens deutsche Kriegsgefangene, die dort nach dem Zweiten Weltkrieg aufräumen mussten, zufällig ausgebuddelt.

Die **Maison des Trois Nourrices** (Haus der drei Ammen; rue des Trois Nourrices) verdankt ihren Namen den vollbusigen Damen, die den kunstvoll verzierten Fenstersturz der kleinen, perfekt restaurierten Renaissance-Villa tragen – allerdings zu fünft (zwei große, drei kleine). Das etwas schlichtere Fenster auf der Seitenwand zieren sieben einsame Widder, die es wohl nie schaffen werden, an den Blumenranken unter ihnen zu knabbern.

Eine Fußgängerbrücke über die Eisenbahnschienen führt zur **Maison Natale de Charles Trénet** (04 68 90 30 66; 13 av. Charles Trénet; Erw./Kind 5,20/3,70 €; April–Sept. Mi–Mo 10–12 & 14–18 Uhr, Okt.–März nur 14–18 Uhr). Vor dem Geburtshaus des legendären Chansonniers (1913–2001) lädt eine lächelnde Statue – mit den typischen Accessoires, der roten (Plastik-)Nelke in der rechten und dem Hut in der linken Hand – Besucher zur Besichtigung der Reliquien einer langen Karriere ein.

Aktivitäten

KANALFAHRT

Von Mitte Juni mit Mitte September tuckert die *Tramontane,* ein ausrangierter Lastkahn von **Coches d'Eau du Patrimoine** (04 68 90 63 98), von ihrem Anlegeplatz am Pont des Marchands den Canal de la Robine entlang bis nach Port-la-Nouvelle (Erw./12–16 J./unter 12 J. 23/20 €/frei). Sie startet viermal die Woche um 9.30 Uhr und ist gegen 17.30 Uhr wieder zurück. Samstags um 10.30 und 11.30 Uhr bricht sie zu einer einstündigen Kanalfahrt (Erw./12–16 J./unter 12 J. 6/3 €/frei) auf, während der an Bord lokale Spezialitäten probiert werden können.

Von Ostern bis Mitte September gleitet das Elektroboot von **L'Embarcadère** (06 07 74 04 57, 06 03 75 36 98; promenade des Barques) geräuschlos über den Canal de la Robine (1½-stündige Fahrten Erw./Kind bis 14 J. 7/3 €).

ESPACE DE LIBERTÉ

Dieser moderne **Sport- und Freizeitkomplex** (☎ 04 68 42 17 89; route de Perpignan; tgl.) lockt mit einer Eisbahn, Kegelbahnen, drei Pools (einer davon im Freien, beheizt, mit olympischen Ausmaßen), Wasserrutschbahnen, Skateboardrampe, gemütlichem Pub (S. 134) und einem phantastischen Restaurant (s. rechts). Anfahrt mit Bus 3 ab Stadtmitte oder über die Straße Richtung Perpignan.

Schlafen

Les Floralys (☎ 04 68 32 65 65, www.lesfloralys.com, auf Französisch; chemin de Craboule/chemin du Maritime; Zeltplatz & 2 Pers. 17,10 €; ganzjährig;) Der kleine Campingplatz mit 32 schattigen Parzellen und Pool ist die Narbonne am nächsten gelegene Zeltmöglichkeit und über die Straße nach Gruissan oder (per Rad bzw. zu Fuß, 2 km) den Kanalweg zu erreichen.

Centre International de Séjour (☎ 04 68 32 01 00, www.cis-narbonne.com, auch auf Deutsch; place Roger Salengro; B/EZ 15,10/25,10 €, DZ mit Dusche 38 €, mit Bad 42 €, jeweils mit Frühstück) Das große Gästehaus mit eigener Kantine und Cafeteria ist preisgünstig und zentral, hat aber leider nur geöffnet, wenn sich dort Gruppen einquartieren (was fast immer der Fall ist). Reservierungen von Individualreisenden werden nicht angenommen, deshalb am Besten kurz vorher telefonisch anfragen, ob man willkommen ist.

Le Régent (☎ 04 68 32 02 41; www.leregentnarbonne.com, auch auf Englisch; 15 rue Suffren; Zi. mit Dusche 30–33 €, mit Bad 38–48 €; P) Parkplatz 4 €. Für die Preise eine wirklich unschlagbar attraktive und freundliche Unterkunft. Die beiden Zimmer im Dachgeschoss (48 €) legen einem die Stadt zu Füßen, die beiden im Erdgeschoss haben separate Eingänge und einen kleinen Innenhof. Eine Dachterrasse lädt zum Chillen ein. Übrigens war das Haus bis nach dem Zweiten Weltkrieg Narbonnes größtes und beliebtestes Bordell – wenn also die Betten wackeln, sind das die Geister früherer Freier, die einfach nicht genug bekommen können!

Hôtel de France (☎ 04 68 32 09 75; www.hotelnarbonne.com, auf Französisch; 6 rue Rossini; Zi. 30–33 €, mit Bad 50–68 €; P) WLAN vorhanden, Parkplatz 7 €. Hier finden selbst empfindlichste Schläfer Ruhe, denn das Hotel liegt in einer geräuscharmen Seitenstraße und hat Doppelglasfenster. Die 15 Zimmer sind individuell eingerichtet, haben meist große Bäder und separate Toiletten. In der Hochsaison unbedingt reservieren!

La Résidence (☎ 04 68 32 19 41; www.hotelresidence.fr, auch auf Englisch; 6 rue du Premier Mai; EZ 67–93 €, DZ 72–97 €; Mitte Feb.–Mitte Jan.; P) Parkplatz 7 €. Ein behutsam renoviertes Gebäude aus dem 19. Jh. beherbergt die 26 geschmackvoll eingerichteten, komfortablen Zimmer dieses ansprechenden Hotels.

Essen

Accent d'Oc (☎ 04 68 32 24 13; www.accentdoc.fr, auch auf Englisch; 56 rue Droite; April–Sept. Mo–Sa mittags) Gaella, die zwei Jahre lang ein Restaurant in Neuseeland gemanagt hat, erklärt ihren Gästen ausführlich, was für Köstlichkeiten sie hier erwarten. Bei den Tapas (5 €) schmecken vor allem die leckeren, hausgemachten Dips und Pasten, das Tagesgericht (9 €) verblüfft die Geschmacksnerven mit so phantasievollen Kombinationen wie z. B. Lachstartar mit nativem Olivenöl, das mit Anis aromatisiert wurde. Als Dessert ist die Eiscreme aus Schafmilch der Renner, die ein benachbarter Bauer herstellt.

L'Estagnol (☎ 04 68 65 09 27; 5bis cours Mirabeau Menüs 18–30 €, Hauptgerichte 12–24 €; Di–Sa mittags & abends, Mo nur mittags) Das junge, effiziente Serviceteam wuselt im Erdgeschoss mit seinen braunen Kunstledersitzen, die aus einem Eisenbahnabteil stammen könnten, und auch in der ersten Etage mit Blick auf den Park am Kanal und einer aus Weinkisten zusammengenagelten Bar. Hier treffen sich Narbonnes anspruchsvolle Foodies in den Monaten mit „r" zu Austern satt (oder fast satt, denn eine der traumhaften hausgemachten Desserts muss noch sein!).

LP Tipp **Cafétéria Liberté** (☎ 04 68 42 17 89; route de Perpignan; Menüs 19–24 €; tgl.) Ein Restaurant mit diesem Preis-Leistungs-Verhältnis ist in Frankreich selten. Umso erstaunlicher, dass es sich ausgerechnet in einem Sportpark befindet. Tatsächlich bietet die Cafétéria in der Espace Liberté kulinarische Höhenflüge, deren Kurs jeder selbst bestimmt: Es gibt weder Reservierungen noch Karte, jeder sucht sich ein Hauptgericht aus und holt sich Vor- und Nachspeise am Buffet. Aber was für ein Buffet! Mit 43 m ist es das längste Frankreichs bestückt mit über 200 Leckereien, von appetitlichen Antipasti über wunderbare Käs bis zu traumhaften Desserts. Noch ein Plus die Gäste werden nach dem Essen nicht verscheucht, sondern können gemütlich relaxen während die Kids sich durch das Dutzend Eiscremesorten probieren (für die Kleinen

DER WINZERAUFSTAND VON 1907

Vor gut hundert Jahren, im Juni 1907, drängten sich rund 600 000 (oder gar 800 000) Demonstranten in den Straßen Montpelliers. In Narbonne feuerten herbeigerufene Armeetruppen in die aufgebrachte Menge und töteten sechs Demonstranten. Die Fußsoldaten eines in Béziers stationierten Regiments meuterten (aber nur kurz), die *préfecture* von Perpignan ging in Flammen auf. Drei Tage lang tobte der massive Aufstand gegen die Regierung durch die Region.

Auslöser der Unruhen war Wein, damals die Haupteinnahmequelle, von der ein Großteil der Bevölkerung direkt oder indirekt abhing. Das Leben war in diesem Teil Frankreichs schon immer hart gewesen; nur ein paar Jahrzehnte vorher hatte die Reblaus verheerende Schäden angerichtet. In den Augen der Bevölkerung hatten zwei dubiose Praktiken zur aktuellen Krise geführt: *sucrage,* das Zuckern des Weins, um den Alkoholgehalt zu erhöhen, und *mouillage,* wörtlich „befeuchten", also das Strecken mit Wasser. Diese Vorwürfe gingen an die Adresse der Weinproduzenten im übrigen Frankreich – nicht immer zu unrecht.

Aber der eigentliche Sündenbock hieß Überproduktion. Nach der Reblausepidemie hatten die Weinbauern die befallenen Rebstöcke durch neue, ertragreichere Sorten ersetzt, die allerdings schlechtere Qualitäten lieferten. Und die Natur tat ein Übriges: Die Rekordernten von 1904 und 1905 (auch in Spanien und Italien) ließen den Preis für die Erzeuger von 24 Franc pro Hektoliter (1903) auf nur 7 Franc fallen.

Außerdem bekam das Languedoc-Roussillon, traditionell die Region preisgünstiger Tafelweine, durch importierten Billigfusel aus Nordafrika – und durch den in Mode gekommenen Absinth im eigenen Land – starke Konkurrenz.

Der Aufstand erstarb so schnell, wie er aufgeflammt war. Aber immerhin hatte sein Anführer Marcellin Albert, der heute als Lokalheld verehrt wird, ein Treffen mit dem damaligen Premierminister Georges Clemenceau erreicht. Und eine Folge dieser Proteste, die ebenso gut zur Abspaltung des Südens hätten führen können, war die Einführung der *appellation contrôlée*. Mit dieser Klassifizierung wurde die Weinproduktion ab Ende des Ersten Weltkriegs kontrolliert, geschützt und reguliert.

Hundert Jahre später gehen die Weinbauern des Languedoc-Roussillon erneut auf die Straße, um auf ihre Probleme aufmerksam zu machen, und einige wenige schrecken auch vor Gewaltakten nicht zurück (s. S. 15). Die Situation ähnelt der von 1907: Preiseinbrüche und Seen von unverkauftem Wein. Aber dazu kommen zwei neue Faktoren: Die Franzosen halten sich bei ihrem Lieblingsgetränk immer mehr zurück, sind aber andererseits qualitätsbewusster geworden. Und auch die Winzer in Amerika, Australien und Neuseeland haben dazugelernt und sind mittlerweile mit ihren sortenreinen Weinen eine ernst zu nehmende Konkurrenz.

Die ökonomische Struktur des Languedoc-Roussillon hat sich verändert. Wein ist immer noch eine wichtige Erwerbsequelle, aber daneben entwickelten sich Tourismus, Getreide, Zulieferer der Autoindustrie, Hightech und andere moderne Wirtschaftszweige. 1907 hatten viele Bürgermeister und Stadträte ihr Amt niedergelegt und sich auf die Seite der Demonstranten geschlagen. Das würde heute keinem mehr einfallen und viele engagierte Winzer halten die lokalen Bürgervertreter für ebenso realitätsfremd und blind für ihre Nöte wie die Zentralregierung im fernen Paris.

unter fünf Jahre ist das Buffet gratis) und anschließend auf dem als afrikanisches Dorf gestalteten Spielplatz toben. Gegessen wird im klimatisierten, mit Grünpflanzen dekorierten Speisesaal oder auf der Terrasse, wo der feine Wasserschleier der Fontänen kühlt.

Bar Brasserie O (☎ 04 68 32 55 25; 1 bd Docteur Ferroul; Menüs 19,50–27 €, Hauptgerichte 12–15 €; 🕑 Mo–Sa) In hellen, modernen Räumen serviert das „O" beste französische Küche, aber mit internationalem Touch: Auf der Karte stehen auch Tajine, Gerichte mit Tandoori-Gewürzen, Risotto oder Wok-Gemüse. Unser Favorit bei den Vorspeisen ist die *pyramide de foie gras* mit Minzgelee und Datteln. Aber auch wer nur etwas trinken will, ist hier gut aufgehoben.

Le Petit Comptoir (☎ 04 68 42 30 35; 4 bd Maréchal Joffre; Menüs 26,50–36,50 €, Hauptgerichte 18–25 €; 🕑 Di–Sa) Vier große, fleckige Spiegel, ein buntes Sammelsurium an Hängelampen, altersdunkles Holz und eine wunderschöne Jugendstilstatue, die ein Absinthglas hebt: alles Attribute bürgerlicher Gemütlichkeit von anno dazumal. Dafür ist die Küchenleistung absolut auf der Höhe der Zeit, auch was die Präsentation angeht. Unser Tipp: das dreigängige Mittagsmenü (auf der Schiefertafel notiert).

SELBSTVERSORGER

Les Halles, Narbonnes beeindruckende **Markthalle** (bd Docteur Ferroul), stammen von 1901 und sind sowohl architektonisch wie auch kulinarisch ein Muss!

Le Moussaillon (place des Pyrénées; ⌚ Di–So) Austern, Miesmuscheln und andere Schalentiere locken in der täglich frischen Auslage. Dazu noch ein Glas Fischsuppe plus eine Flasche hiesigen Weißwein aus dem Kühlregal und voilà: Essen ist fertig!

Ausgehen

Le Petit Moka (place Hôtel de Ville) Hier werden Kaffeetrinker glücklich. Und während sie sich auf der Terrasse laben, können sie noch Viollet-le-Ducs prächtige Rathausfassade bewundern.

Private Bowling Pub (⌚ Mo–Fr 18–2, Sa, So & Schulferien 14–2 Uhr) Trotz des Namens ist dieser Pub im Espace de Liberté (S. 132) alles andere als privat. Bei sechs Bieren vom Fass, über 50 Sorten in der Flasche und einem guten Dutzend Whiskys im Ausschank fühlen sich auch Fremde sofort wie zu Hause.

Shoppen

Accent d'Oc (☎ 04 68 32 24 13; www.accentdoc.fr, auch auf Englisch; 56 rue Droite; ⌚ April–Sept. Mo–Sa, Okt.–März Di–Sa) Hier gibt's alles, was auf ein Sandwich passt – und zwar ohne künstliche Farb-, Konservierungs- und andere Stoffe. Alles (auch die Nonfood-Artikel) stammt aus dem Languedoc, meist sogar aus der direkten Umgebung, und die vielen süßen und pikanten Saucen, Dips und Aufstriche sind hausgemacht. Eine wahre Fundgrube für authentische Mitbringsel!

Palais du Vin (☎ 04 68 41 49 67; ⌚ Mo–Sa) Für die Weine der Gegend gibt's keine bessere Adresse als diesen Laden auf der Ostseite des Kreisverkehrs an der Espace de Liberté (S. 132). Hier liegen über 1000 Gewächse von unabhängigen Winzern des Languedoc-Roussillon in den Regalen, die nicht mehr kosten als auf dem Weingut selbst. Faszinierend auch die Auswahl an Weinaccessoires – selbst ausgefuchste Weinkenner entdecken hier Dinge, von denen sie nicht wussten, dass es sie überhaupt gibt.

An- & Weiterreise

Narbonne ist ein Straßen- und Eisenbahnknotenpunkt. Hier trifft die Ostwest-Zuglinie aus Toulouse auf die Nordsüd-Verbindung Paris-Perpignan-Spanien. Und die Autobahn A61 nach Toulouse (die dort auf die Autobahnen nach Bordeaux und ins Baskenland stößt) kreuzt kurz hinter Narbonne die A9 in Richtung Spanien.

AUTO & MOTORRAD

Narbonne liegt an der Nordsüd-Autobahn E15/A9 und etwas nördlich der E80/A61, die nach Westen führt.

BUS

Hier haben Züge die Nase vorn. Außer zu den umliegenden Dörfern gibt's keine nennenswerten Busverbindungen.

ZUG

Es gibt häufige Zugverbindungen über Béziers (4,80 €, 15 Min.), Agde (7,80 €, 30 Min.), Sète (10,80 €, 45 Min.) und Montpellier (14 €, 1 Std.) nach Nîmes (20,10 €, 1¾ Std.).

Den Süden erschließen mehr als zehn Züge täglich nach Perpignan (9,90 €, 40 Min.).

Westwärts rattern Züge nach Carcassonne (9,40 €, 40 Min.), Castelnaudary (13,80 € 50 Min.) und Toulouse (20,60 €, 1½ Std.).

Unterwegs vor Ort

Neben dem Pont de la Liberté und am Parkplatz Médiathèque am Boulevard Frédéric Mistral gibt's *vélostations*, die **Fahrräder** (pro halben/ganzen Tag 1/2 €) zu unschlagbar günstigen Preisen verleihen.

Für ein Taxi ☎ 08 25 56 11 12 anrufen.

ABBAYE DE FONTFROIDE

Die 12 km von Narbonne entfernte, zisterziensische **Abbaye de Fontfroide** (☎ 04 68 4 11 08; www.fontfroide.com, auch auf Deutsch; Erw./Student Kind 9/6/2 €; ⌚ Führungen Mitte Juli–Aug. 10–18 Uh halbstündl., April–Mitte Juli, Sept. & Okt. 10–17.30 Uhr all 45 Min., Nov.–März mindestens 2-mal tgl.) aus dem 12. Jh ist ein echtes Juwel. Seit über 100 Jahren befindet sie sich im Besitz der Familie Fayet, ohne deren beispielloses Engagement diese nationale Ikone wahrscheinlich längst eine Ruine wäre. Absolute Highlights sind der Kreuzgang, der Kapitelsaal, das Refektorium, di

Schlafgemächer der Mönche und vor allem der Rosengarten.

Die Führungen sind auf Französisch – für manche ist der deutsche Audioguide vielleicht eine hilfreiche Ergänzung. Wer sich nach der Führung auch noch im Rosengarten umsehen will, sollte insgesamt gut 1½ Stunden einplanen.

Ein interessanter Rundweg lädt dazu ein, die Abtei und ihre zugige Umgebung (von der mittlerweile Windräder profitieren) aus der Vogelperspektive zu erleben: Einfach die Stufen neben dem grünen Schild „sentier" hochsteigen und zum Eisenkreuz auf dem Gipfel wandern (beide Wege an der Gabelung nach ca. 2 Minuten sind okay). Hin- und zurück dauert das 30 bis 40 Minuten.

LAGRASSE

600 Ew.

Das aufgrund der Stadtmauer mandelförmige Lagrasse, 42 km von Narbonne und 36 km von Carcassonne entfernt, verdankt seinen Namen dem okzitanischen Wort *grassa*. Das bedeutet so viel wie fruchtbar – angesichts der Lage völlig einleuchtend. Das Dorf thront über dem Flüsschen Orbieu und einer ziemlich verfallenen Abtei, die früher einmal seine Geschicke bestimmte. Eine steile, bucklige Brücke aus dem 13. Jh. verbindet die beiden und die Fensteröffnungen im mehrmals umgebauten und restaurierten Befestigungswall wirken wie dunkle Augenhöhlen, deren Blick längst erloschen ist.

Die **Touristeninformation** (☎ 04 68 43 11 56; www.lagrasse.com, auch auf Englisch; 🕐 Juli & Aug. 10–12 & 14.30–19 Uhr, sonst nur während der Schulferien bis 17.30 Uhr) am Boulevard de la Promenade Nr. 6 hat nur im Hochsommer und während der Schulferien geöffnet.

Wer außerhalb der Saison kommt, findet ein ziemlich trostloses Kaff vor, aber in den wenigen Sommerwochen muss hier die Hölle los sein, den vielen Ateliers, Galerien und Boutiquen sowie den horrenden Immobilienpreisen nach zu urteilen.

Die **Kirche** (Eingang neben der Maison du Patrimoine) ist dem Hl. Michael geweiht und besitzt noch ihre ursprünglichen Buntglasfenster und Fensterrose, durch die gedämpftes Licht auf die neun Seitenkapellen scheint. Die Schlusssteine in den Kapellen tragen Symbole früherer lokaler Zünfte, z. B. ein Schiffchen (Weber), eine Schere (Wollkämmer) oder ein Schlagholz (Pflasterer).

Zehn stämmige Steinsäulen stützen das Holzdach der Markthalle. Sie stammt aus dem 14. Jh., als Lagrasse noch das reichste Dorf weit und breit war.

Am gegenüberliegenden Flussufer liegt die **Abbaye Ste-Marie d'Orbieu** (☎ 04 68 43 15 99; Erw./6–15 J./unter 6 J. 4/1 €/frei; 🕐 Juli–Sept. 10–19 Uhr, Mitte Jan.–Juni & Okt.–Mitte Dez. 10–12.30 & 14–17 oder 18 Uhr). Da die Gebäude im Laufe der Jahrhunderte ständig umgebaut und erweitert wurden (und werden, wie die laufenden Restaurierungsarbeiten der kleinen Bruderschaft zeigen), lassen sie sich keinem Baustil eindeutig zuordnen. Besondere Beachtung verdienen der Palais Vieux, das Wohnhaus des Abtes mit dem hübschen Innenhof, einige Skulpturenfragmente, die dem Maître de Cabestany (S. 44) zugeschrieben werden, die Abteikirche (hauptsächlich aus dem 13. Jh.) und der massive, 40 m hohe Glockenturm.

LE SOMAIL

Le Somail liegt 14 km von Narbonne entfernt und ist ein richtig nettes, gemütliches kleines Nest am Canal du Midi. Früher, als der Strom von Last- und Passagierschiffen kaum jemals abriss, war hier viel mehr los. Aber das baufällige Gasthaus 200 m südlich der Brücke, wo Reisende mit Betten, Speis und Trank versorgt wurden, sieht mittlerweile schon sehr verlassen und traurig aus.

Heute machen vor allem Kanalurlauber und Radwanderer hier Halt. Von den drei Bootsagenturen (s. Kasten S. 151) verleiht **Belle du Midi Cruises** (☎ 04 68 93 53 94; www.belledumidicruises.com, auf Englisch) auch **Fahrräder** (pro halben/ganzen Tag/Woche 12/18/80 €), die das perfekte Fortbewegungsmittel für die Uferwege sind.

Vom Boden bis zur Decke reichen die mit Büchern vollgestopften Regale der **Librairie Ancienne** (☎ 04 68 46 21 64; www.le-trouve-tout-du-livre.fr, auf Französisch; 28 allée de la Glacière; 🕐 Juli & Aug. 10–12 & 14.30–18.30 Uhr, April–Juni & Sept.–Mitte Nov. nur Mi–Mo, Dez.–März Mi–Mo 14.30–18.30 Uhr, 16.–30. Nov. geschl.). Bücherwürmer lieben es, in dem gewölbeartigen Antiquariat zu wühlen, und können sich kaum mehr davon losreißen. Liebevoll von Hand beschriftete Schildchen mit gotischen Lettern bezeichnen die einzelnen Abteilungen.

LP Tipp **Le Comptoir Nature** (☎ 04 68 46 01 61; http://comptoirenature.free.fr, auf Französisch; Hauptgerichte ca. 15 €; 🕐 Ostern–Okt.) ist ein kleines, anheimelndes Lokal mit Terrasse am Kanalufer, das außerdem alle möglichen Aktivitäten

KLEINE RUNDREISE ZU DEN KATHARERN

Zwei Abteien, zwei Schlösser, ein Mittelaltermahl, ein paar kurze Spaziergänge, um all das zu verdauen, und viele Kilometer auf interessanten Nebenstraßen: Das sind die Verlockungen dieses maßgeschneiderten Tagesausflugs (135 km mit dem Umweg über Mayronnes), der eher eine Ergänzung als eine Alternative zur großen Katharertour (S. 197) sein soll. Statt den ausgetretenen Pfaden zu folgen, führt er in eine der ursprünglichsten und einsamsten Gegenden Frankreichs.

Wer sich in dieses Abenteuer stürzen will, folgt in Narbonne den grünen Schildern (nicht den blauen *autoroute*-Schildern) nach Carcassonne und biegt nach 5 km links auf die D613 ab. Nach weiteren 5 km links zur Abbaye de Fontfroide fahren und dort die Führung mitmachen; wer für diesen Stopp 1½ Stunden einplant, hat auch noch Zeit für eine zügige Wanderung auf den Gipfel des Hügels dahinter.

Zurück auf der D613 tauchen links schon bald die Gemäuer des Château St-Martin de Toques (in Privatbesitz) auf, die teilweise aus dem 10. Jh. stammen. Links und rechts der Straße entrollen sich grüne Teppiche von Weinreben und gelegentlich laden Schilder zur *dégustation* (Weinprobe) ein. Kenner heben sich das für den Heimweg auf und kaufen dann ein, zwei Fläschchen vollmundigen Corbières für den gemütlichen Abend im Hotel.

Die Tour folgt der D613 bis nach Villerouge-Termenès. Hinter St-Laurent-de-la-Cabrerisse lässt die Straße die fruchtbaren Ebenen hinter sich und schraubt sich zur trockeneren, wilderen und stacheligeren *garrigue* hoch, die so typisch für die Mittelmeervegetation ist.

Villerouge-Termenès war das Dorf, wo Guilhem Bélibest, der letzte *parfait* der Katharer (s. Kasten S. 215), 1321 auf dem Scheiterhaufen verbrannte. Die Geschichte des einfachen Hirten, der kaum verstand, um was es bei der ganzen Sache eigentlich ging, erzählt eine gut gemachte Multimedia-Präsentation im **Schloss** (☎ 04 68 70 09 11; Erw./6–15 J./unter 6 J. mit Audioguide 6/2 €/frei; ⏲ April–Mitte Okt. 10–17 oder 18.30 Uhr, Mitte Okt.–Mitte Dez. & März nur Sa & So, Mitte Dez.–Feb. geschl.) aus dem 14. Jh.

Die **Rôtisserie Mediévale** (☎ 04 68 70 06 06; www.restaurant-medieval.com, auch auf Englisch; ⏲ April–Okt. Di–Sa mittags & abends, So mittags, Nov., Dez., Feb. & März Sa mittags & abends, So mittags) in einem Nebengebäude des Schlosses bietet Menüs mit drei bis fünf deftigen Gängen (36 bis 50 €) oder Schweinebraten satt mit vielen Beilagen (24 €) an. Mit den in Deutschland gerade so

ZENTRAL-LANGUEDOC

anbietet. Die Küchenzutaten kommen von kleinen Biobetrieben aus der Umgebung und werden so zubereitet, dass nichts an Geschmack und Aroma verloren geht. Aber viele Gäste kommen auch nur, um bei einer Portion Schafmilch-Eiscreme zu relaxen. An Mittwochabenden wird ein *repas concert* angeboten (25 €, Mitte Juni bis Mitte September), d. h. eine Jazzcombo untermalt das Abendmenü. Von Mai bis Mitte Juni schmeckt der Sonntagsbraten (mittags) bei klassischer Musik. Außerdem können hier lautlos dahingleitende Elektroboote (22 € pro Stunde) und Fahrräder (mindestens einen Tag vorher Bescheid geben) gemietet werden.

Auf der anderen Kanalseite hat die *Tamata* festgemacht, die zum schwimmenden Dorfladen **La Péniche Épicière** (☎ 04 68 46 95 11; ⏲ April–Okt. Mo–Fr 8–13 & 16–19.30, Sa & So 8–19.30 Uhr) umfunktioniert wurde. Hier gibt's Obst, Gemüse, Brot, Wein, sonstige Lebensmittel und leckere lokale Spezialitäten.

SALLÈLES D'AUDE

Sallèles schmiegt sich knapp 4 km östlich von Le Somail an die Ufer des Canal de la Robine und widmet sich schon seit Römerzeiten dem Weinbau. Hier beginnen bereits die nördlichen Ausläufer des Parc Naturel Régional de la Narbonnaise en Mediterranée, ein Naturschutzgebiet, das sich im weiten Halbkreis um Narbonne zieht und südlich von Sigean an die Küste stößt.

Kein Wunder, dass die Römer ausgerechnet hier eine große Töpferei betrieben; Ton, Wasser und Holz gab's in Hülle und Fülle – und Kunden für Amphoren ebenso, da der Wein in den gesamten Mittelmeerraum exportiert wurde. Bis jetzt wurden mehrere Tongruben, 17 Brennöfen und diverse gallorömische Gebäude entdeckt. Im **Amphoralis** (☎ 04 68 46 89 48; allée des Potiers; Erw./Kind 4/2,50 €; ⏲ Juli–Sept. 10–12 & 15–19 Uhr, Okt.–Juni Mo–Fr 14–18, Sa & So 10–12 & 14–18 Uhr) steht der Nachbau eines Töpferbetriebs mit Brennofen und Wohngebäuden (französisch ausgeschildert). Das Museum

beliebten „Rittermahlen" (schlechtes Essen, lockere „Mägde", derbe Witze) hat dieses Lokal nichts am Hut – seine Interpretation mittelalterlicher Küche ist sogar dem *Guide Rouge* des Michelin eine Erwähnung wert.

Unter der Steinbrücke an der Schlossmauer versteckt sich übrigens ein winziger *jardin des simples,* ein Gärtchen mit traditionellen Heilkräutern.

Auf der Weiterfahrt nach 6 km rechts auf die D40 abbiegen (Hinweisschild „Château de Termes"). Das schmale Sträßchen erreicht bald den gleichnamigen Weiler am Fluss und wird dort von sorgfältig geschnittenen Buchsbäumchen gesäumt, was in dieser wilden Gegend irgendwie bizarr wirkt. Zum **Château de Termes** (☎ 04 68 70 09 20; Erw./Kind 3,50/1,50 €; ⌚ Juli & Aug. 9.30–19.30 Uhr, März–Juni & Sept.–Nov. 10–17 oder 18 Uhr) führt ein steiler Weg, der sich aber lohnt, weil die Aussicht oben berauschend ist. Für Auf- und Abstieg sollte eine gute Stunde eingeplant werden.

Weiter geht's auf der D40, die sich ihren Weg durch die enge Gorge de Terminet bahnt und dabei einige kurze Tunnel passiert. Nach ca. 4 km an der T-Kreuzung rechts auf die D212 in Richtung Lagrasse abbiegen.

Nach 14 km bietet sich eine zusätzlicher, lohnender Schlenker an: die 15 km lange Schleife auf der D42 nach **Mayronnes**. Jedes Jahr bittet das winzige Dorf ein Team von Bildhauern, sich etwas Neues einfallen zu lassen. Die besten Arbeiten (oft aus Metallschrott) werden dann entlang dem *sentier sculpturel* aufgestellt, einem gut ausgeschilderten Rundweg durch Weinberge und *garrigue* oberhalb des Orts. PKWs können am Ortseingang bei der großen Tafel abgestellt werden, auf der die Wanderwege eingezeichnet sind. Der mit Holzschildern markierte *sentier sculpturel* wird als leicht bis mittelschwer ausgewiesen; nur am Anfang geht's etwas bergauf. Danach übernehmen die weiß-roten Schilder des GR36 die Markierung, etwas später geht's links ab, dem Schild „Petit Boucle" (kleiner Rundweg) nach. Der Spaziergang dauert 45 Minuten bis eine Stunde (wer die große Runde machen will, sollte 1½ Stunden veranschlagen).

Wieder im Auto, geht's gleich hinter der Kurve von Mayronnes links ab, bis Lagrasse (S. 135) sind es dann noch 4 km.

Nach einem Bummel durch das Dorf wieder zur Abbiegung zurück und links auf die D3 fahren, die bei St-Laurent-de-la-Cabrerisse auf die Ausgangsstraße D613 trifft. Von dort ist es nur noch ein Katzensprung zurück nach Narbonne.

liegt 2 km westlich von Sallèles am Kanal hinter der sechsstufigen Schleuse.

In Eigeninitiative hat Marie Godard das **Centre Européen du Patchwork** (☎ 04 68 46 02 47; www.patchwork-cep.com, auf Französisch; 32 quai de Lorraine; Erw./Kind 3/2 €; ⌚ April–Okt. 10.30–12.30 & 15–19 Uhr, Nov., Dez. & März nur Sa & So) hochgezogen. Galerie und Laden sind in einer ehemaligen Weinkellerei untergebracht, und die alten Fässer dienen als Vitrinen für Patchworkmaterialien aus aller Welt. Einzelne Abteilungen sind Arbeiten aus Ägypten, Indien, Südamerika oder von den Amish gewidmet. In der Galerie im Obergeschoss werden Wanderausstellungen gezeigt.

Die Dorfgeschichte erklärt das **Musée du Vieux Sallèles** (☎ 04 68 46 93 40; 5 av. Marcellin Albert; Erw./Kind 3/1,50 €; ⌚ Mai–Sept. Sa & So 14.30–18.30 Uhr) anhand von allen möglichen Werkzeugen, Alltagsgegenständen und Gerätschaften, die meist mit Landwirtschaft und Weinproduktion zu tun haben.

LP Tipp **Les Volets Bleus** (☎ 04 68 46 83 03; www.salleles.net, auch auf Englisch; 43 quai d'Alsace; Zi. mit Frühstück 60–70 €) ist ein ansprechendes Haus mit tiefblauen Fensterläden (deshalb der Name) direkt am Canal de la Robine, das früher einem Weinhändler gehörte. Isobel und Nick Evans sowie dessen Bruder Greg haben es in eine heimelige Bleibe mit gemütlichem Aufenthaltsraum, einer kleinen Bibliothek (mit vielen Romanen und Reiseführern) und fünf geräumigen Gästezimmern verwandelt, die nach lokalen Weinlagen benannt sind. St-Chinian ist eines der beiden Zimmer mit Kanalblick und hat ein besonders großes Bad mit Doppelwaschbecken und Badewanne sowie ein separates WC.

GRUISSAN

Gruissan liegt 15 km südöstlich von Narbonne und war früher von Fischern und Arbeitern in den Salzpfannen bevölkert; heute vergnügen sich hier vor allem Badeurlauber. Im historischen Viertel drängen sich die Häuser in konzentrischen Kreisen um die Ruine des Barberousse-Turms aus dem 13. Jh., dessen

Fundament viele Besucher zum Klettern reizt. Ansonsten gibt's hier hauptsächlich Wasser – in Form von Lagunen, Salzpfannen, Kanälen und Meer – und lange Sandstrände.

Von anderen Badeorten setzt sich Gruissan mit seinen ausgesprochen hässlichen, einfallslosen Ferienhäusern ab – sowohl mit den billigen Fertigteilen hinter der Plage des Chalets als auch mit den etwas jüngeren, sonnenbrandrosa Villen, die wie Aknepickel entlang der Küste erblüht sind.

In der hilfsbereiten **Touristeninformation** (☎ 04 68 49 09 00; www.gruissan-mediterranee.com, auch auf Englisch; 1 bd Pech Maynaud; 🕒 Juli & Aug. 9–20 Uhr, Sept.–Juni 9–12 & 14–18 Uhr) liegt die Gratisbroschüre *Six sentiers pédestre pour découvrir la grande nature de Gruissan* aus, die sechs markierte Rundwanderungen (zwischen 1½ und 2½ Stunden) beschreibt. Der Text ist zwar auf Französisch, aber dank vieler Details und großem Maßstab verraten die Karten schon genug. Eine ähnliche Broschüre für Mountainbiketouren ist in Vorbereitung.

Wer will, mietet sich bei **Cycle Aventure** (☎ 04 68 49 17 26; 2 rue de l'Astrolabe, Gruissan Port; 🕒 ganzjährig) hinter dem Lidl-Supermarkt oder bei **Luc Malleins** (☎ 04 68 49 49 52; Zone Artisanale Lot No 1, Gruissan Plage; 🕒 April–Sept.) ein Fahrrad oder ein Quad.

An der Lagune Étang de Mateille sowie an der Plage des Chalets am Meer bietet **Gruissan Windsurf** (☎ 04 68 49 88 31, 04 68 49 33 33; www.gruissan-windsurf.com, auch auf Deutsch; 🕒 Mitte März–Mitte Nov.) Windsurf-, Funboard- und Segelkurse (Katamaran und Optimist) an und verleiht auch Ausrüstung.

Auch die schlauste Weinnase lernt in der **Cité de la Vigne et du Vin** (Stadt der Reben & Weine; ☎ 04 68 75 22 62; Domaine du Pech Rouge, Les Ayguades; Erw./8–15 J./unter 8 J. 6/3 €/frei; 🕒 Juli & Aug. 10–20 Uhr, in den Schulferien 14–17 Uhr, sonst Sa & So 14–17 Uhr) noch etwas dazu! Das INRA (staatliches Institut für agronomische Studien) hat sich einiges einfallen lassen, z. B. einen Film mit Aufnahmen, die über ein Jahr hinweg im Abstand von drei Stunden gemacht wurden und nun in drei Minuten den Vegetationszyklus eines Weinstocks zeigen, oder einen „Aroma-Palast", wo Besucher ihren Geruchs- und Geschmackssinn testen und schärfen können.

Les Salins de l'Île Saint-Martin (☎ 04 68 49 59 97; www.salins.com, auch auf Englisch; route de l'Ayrolle) bieten 1½-stündige **Führungen** (Erw./Kind 6,60/3,90 €; 🕒 Juli & Aug. 5-mal tgl., April–Juni, Sept. & Okt. Mi–So 2-mal tgl.) durch ihre gewaltigen Salzpfannen gleich südlich der Altstadt an und unterhalten auch ein kleines **Museum** (Eintritt frei; 🕒 April–Okt. 9.30–12.30 & 14–18 Uhr).

Wer Lust auf einen Spaziergang unter den Pinien des Kalksteinmassivs **La Clape** oberhalb von Gruissan hat, geht durch den **Cimetière Marin** hoch zur **Chapelle de Notre-Dame des Auzils** aus dem 17. Jh. Früher hat ein Einsiedler sich um diese Kapelle gekümmert, heute ist sie das Ziel einer prächtigen Prozession und Pilgertour am Ostermontag. Wie Stationen eines Kreuzwegs stehen an diesem Fußpfad Gedenktafeln für Seeleute aus Gruissan, die irgendwo auf den Weltmeeren – in Hongkong, Dakar, Colombo oder Haiti – ihr Leben verloren. Auch an die Besatzungen dreier U-Boote wird erinnert, die 1952, 1958 und 1970 für immer untertauchten. Noch trauriger stimmen die Tafeln, auf denen Wind und Wetter die Namen bereits gelöscht haben. Aber am allertraurigsten finden wir, dass die Kapelle auf dem Gipfel abgeschlossen ist (außer im Juli und August von 10 bis 12 und 15 bis 18 Uhr), seit dort eingebrochen wurde. Die Diebe haben über 50 *ex votos* – Bilder, Zeichnungen und Miniaturschiffe von dankbaren Seeleuten, die überlebten – mitgehen lassen. Für Hin- und Rückweg rund 30 Minuten einplanen.

LP Tipp **La Perle Gruissanaise** (☎ 04 68 49 23 24; ein Dutzend Austern ca. 5 €; 🕒 8.30–19 Uhr) liegt am äußersten Ende der Hafenmole, wo die Lagune ins Meer übergeht. Dort kaufen sich Gourmets ein, zwei Zitronen, ein Glas kühlen Weißwein (oder auch eine Karaffe, natürlich von der örtlichen Winzergenossenschaft), dazu rohe Meeresfrüchte – und heben ab! Einfacher geht's nicht und mehr gibt's hier auch nicht. Aber so eine Auswahl an Muscheln und anderem Getier in allen Formen und Konsistenzen (die meisten aus eigener Zucht) ist wirklich einzigartig. Ganz Ausgefuchste bringen sich Brot (am besten dunkles, knuspriges) und Butter mit – und kaufen noch ein Kilo Muscheln für's Abendessen (Rezepte gibt's gratis dazu).

Gefrorene und gezüchtete Ware ist tabu bei **La Cranquette** (☎ 04 68 75 12 07; 10 rue de la République; Hauptgeriche ca. 20 €; 🕒 April–Nov. Mi–So), einem winzigen, aber umwerfend guten Restaurant in der Altstadt. Es stehen zwar auch ein paar Fleischgerichte auf der Karte, aber die zu bestellen wäre angesichts der Vielfalt und Frische der marinen Köstlichkeiten fast ein Sakrileg!

Im Schnitt fünf Busse düsen täglich nach Narbonne (1 €, 30 Minuten) und zurück, im Juli und August auch mehr.

RÉSERVE AFRICAINE DE SIGEAN

Im **Afrikanischen Tierpark** (☎ 04 68 48 20 20; www.reserveafricainesigean.fr, auch auf Deutsch; Erw./Kind 24/19 €; 9–16 oder 18.30 Uhr, je nach Saison), 15 km südlich von Narbonne, können Besucher auf „Safari“ gehen. Löwen, Tiger, Rhinozerosse und andere Exoten leben hier halbwild in einem Ambiente, das durch Lagunen, Gebüsch und die unbarmherzige Sommersonne ihrem natürlichen Lebensraum, den Busch- und Savannengebieten Afrikas, ähnelt. Um das 300 ha große Areal mit rund 3800 Tieren abzufahren und auch die Vogelvolieren und den Fußgängerpark mitzunehmen, sollte mindestens ein halber Tag veranschlagt werden – eine Stunde im PKW und zwei bis drei Stunden zum Herumwandern.

Wer per Rad oder zu Fuß kommt, kann im (kostenlosen) Minibus mitfahren. Anfahrt im PKW ab Gruissan über die A9, Ausfahrt 39 (8 km).

BÉZIERS & UMGEBUNG

Von Béziers ist es nur noch ein Katzensprung zum Mittelmeer. Aber richtig interessant sind eigentlich die Gebiete landeinwärts am Orb und weiter nördlich im Parc Naturel Régional du Haut-Languedoc.

BÉZIERS

69 000 Ew.

Abgesehen von der imposanten Kathedrale hat Béziers keine großen Kulturdenkmäler vorzuweisen. Aber dafür gibt's hier ein paar attraktive, preisgünstige Unterkünfte, die dazu verführen, einen oder zwei Tage zu bleiben. Schließlich liegen das bezaubernde (und oft unterschätzte) Orb-Tal, schöne Sandstrände und Agde mit seiner bezaubernden Altstadt in allernächster Nähe.

Und nicht zu vergessen die beiden Sportarten, die das Blut jedes echten „Biterrois“ (wie die Einheimischen genannt werden) in Wallung bringen: *le rugby à quinze* (Rugby Union) und *la corrida* (Stierkampf).

Geschichte

Béziers am Fluss Orb wurde von den Phöniziern gegründet. Zu Zeiten der Römer hieß die Stadt Baeterrae und war eine wichtige Militärgarnison und Zwischenstation an der Via Domitia. 1209, während des Albigenserkreuzzugs, traf die Stadt ein besonders grausamer Schicksalsschlag: Rund 20 000 „Häretiker“, von denen viele in der Kathedrale Zuflucht gesucht hatten, wurden niedergemetzelt, Béziers in Schutt und Asche gelegt.

Aber es gab auch wieder glücklichere Zeiten: Pierre-Paul Riquet (1604–80), ein Steuereintreiber und Sohn der Stadt, setzte Himmel und Hölle in Bewegung, um den Canal du Midi zu bauen (s. S. 151). Eine imposante Statue in den Allées Paul Riquet erinnert an ihn und seine Großtat.

Wie Narbonne, die ewige Rivalin, hängt auch Béziers seit gut 200 Jahren am Tropf der Weinindustrie, die im 19. Jh. für einen deutlichen Aufschwung sorgte.

Orientierung

Das historische Viertel liegt eingeklemmt zwischen Orb und den Allées Paul Riquet. Dieser breite Boulevard verläuft in Nordsüd-Richtung und an seinem Südende führt der Park Plateau des Poètes zum Bahnhof.

DAS KAMEL VON BÉZIERS

Schon ein komisches Tier, mit diesen scharfen Stahlzähnen und dem Hals, der einem riesigen Märchenvogel gehören könnte. Und streng gesehen ist es mit dem einen Höcker gar kein Kamel, sondern ein Dromedar. Aber egal, diese seltsame Kreatur wird jedenfalls immer am 28. April von vier Männern (die unter dem Gewicht fast zusammenbrechen) durch die Straßen getragen – zu Ehren des Hl. Aphrodisius, dem Schutzpatron von Béziers.

St Aphrodise, so wird erzählt, kam um 60 n. Chr. von Ägypten nach Béziers geritten, und zwar auf dem Rücken seines treuen Kamels. Er fühlte sich berufen, die „Biterrois“ (Einwohner von Béziers) zum Christentum zu bekehren, und tat das so eifrig (und erfolgreich), dass er enthauptet wurde. Unbeeindruckt klemmte er sich seinen Kopf unter den Arm und stolzierte davon. Als der Märtyrer später tatsächlich starb, übernahm die Stadt die Versorgung seines Kamels und bescherte ihm einen schönen Lebensabend.

Praktische Informationen

Hauptpost (av. Georges Clemenceau)

Laverie du Coin (Ecke av. St-Saens & bd de la Liberté; ⌚ 7–19 Uhr) Waschsalon.

Le Bookshop (☎ 04 67 36 67 82; www.lebookshop.fr, auf Englisch; 18 rue des Anciens Combattants; ⌚ Di–Fr 10–12 & 14–18, Sa 10–18 Uhr) Ein kleiner, sehr gut sortierter englischer Buchladen mit vielen Kinderbüchern und Literatur über das Languedoc.

Point Phone & Internet (4 rue Flourens; pro Std. 3 €; ⌚ 9.30–22.30 Uhr) Internetzugang.

Touristeninformation (☎ 04 67 76 84 00; www.beziers-tourisme.fr, auch auf Englisch; 29 av. St-Saens; ⌚ Juli & Aug. Mo–Sa 9–18.30, So 10–13 & 15–18 Uhr, Sept.–Juni Mo–Sa 9–12 & 14–17 oder 18 Uhr)

Sehenswertes & Aktivitäten

CATHÉDRALE ST-NAZAIRE

Die befestigte **Kathedrale** (place des Albigeois; ⌚ 9.30–12 & 14.30–17.30 Uhr) mit den beiden Türmen, die eher nach Burg als nach Kirche aussehen, beherrscht Béziers Skyline. Ihre Vorgängerin war, wie die übrige Stadt auch, nach der Belagerung von 1209 geplündert und zerstört worden. In den darauf folgenden 200 Jahren entstand dann das heutige Gebäude im typisch mediterran-gotischen Stil. Der sehr barocke Altar im Inneren bekommt durch das eher zurückhaltend verzierte Orgelgestühl aus Walnussholz ein Gegengewicht; die Fensterrose darüber filtert das Sonnenlicht und sorgt für stimmungsvolle Farbreflexe. 167 Stufen (die offensichtlich auch von Tau-

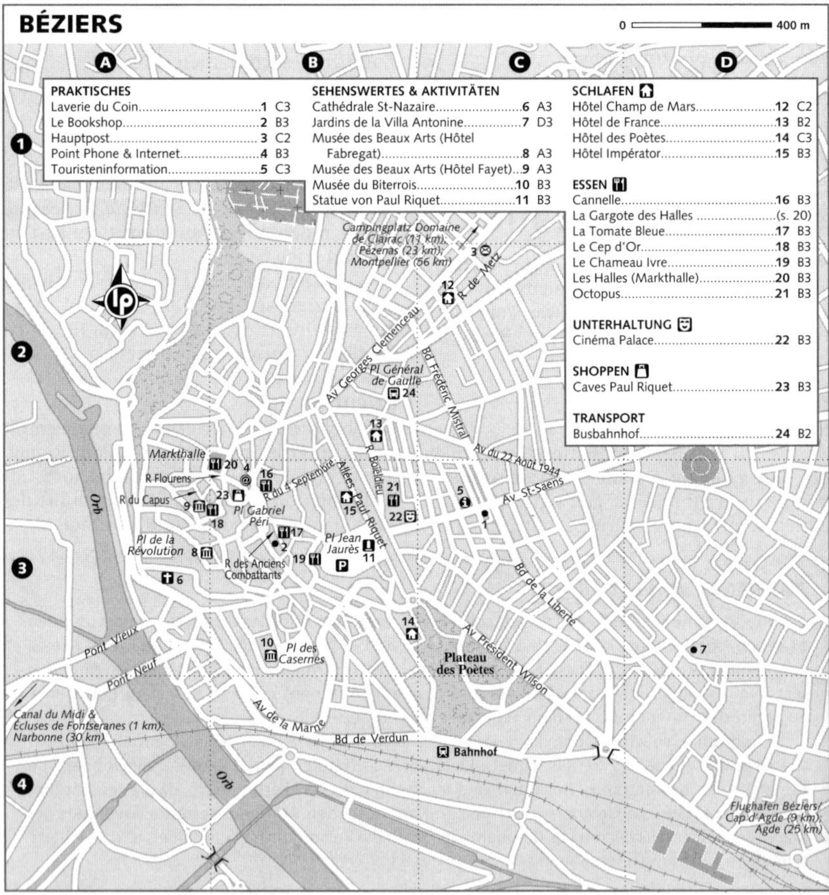

DER STEINMETZMEISTER VON BÉZIERS

Jean-Antoine Injalbert (1845–1933) war der Sohn eines Steinmetz (der Apfel fällt nicht weit vom Stamm!) und zu seiner Zeit einer der begehrtesten Bildhauer Frankreichs, der selbst Rodin Konkurrenz machte. Seine ausdrucksstarken Werke werden dem Neoklassizismus zugeordnet, zeigen aber auch deutliche Einflüsse der Romantik. Er war äußerst produktiv und eine seiner Skulpturen könnte direkt als frühes Beispiel für Massenproduktion gelten: Seine Marianne, die Symbolfigur der Republikaner, hing als Gipsbüste in allen Rathäusern Frankreichs.

In Béziers ist Injalbert praktisch allgegenwärtig: Seine Skulpturen werden nicht nur im Hôtel Fayet ausgestellt, sondern stehen auch im Freien, z. B. auf dem Stadtfriedhof, vor der Kathedrale, im Plateau des Poètes (besondere Hingucker sind der Titanenbrunnen und das düstere Kriegerdenkmal für die Gefallenen im Ersten Weltkrieg) und natürlich in den Jardins de la Villa Antoine, seiner Sommerresidenz.

ben frequentiert werden) führen auf den 47 m hohen Turm mit super Blick auf die Stadt.

Im Kreuzgang aus dem 14. Jh. überrascht eine breite Gedenktafel für eine gewisse Dorothea Smith, Gattin von Bartholomew Walmesley, die 1649 in Béziers das Zeitliche segnete. Eine Treppe führt vom Kreuzgang in den Jardin des Évêques, der sich mit seinen penibel gestutzten Buchsornamenten und Blick auf den Orb als eleganter Picknickplatz eignet.

MUSÉE DU BITERROIS

Wo früher Feuerwehrmänner schnarchten, erläutert ein gut konzipiertes und ausgeleuchtetes **Museum** (☎ 04 67 36 81 61; place des Casernes; Erw./Kind 2,60/1,80 €; ⌚ Juli & Aug. Di–So 10–18 Uhr, Sept.–Juni Di–So 9–12 & 14–17 oder 18 Uhr) die Stadtgeschichte. Den meisten Platz beanspruchen römische Artefakte (darunter die gut erhaltene, aber ziemlich schlampig gearbeitete Statue eines kindlichen Bacchus) und Weinbau, der – zusammen mit dem Tourismus – das Rückgrat von Béziers' Wirtschaft darstellt.

MUSÉE DES BEAUX ARTS

Das **Musée des Beaux Arts** (☎ 04 67 28 38 78; Erw./Kind 2,60/1,80 €; ⌚ Juli & Aug. Di–So 10–18 Uhr, Sept.–Juni Di–So 9–12 & 14–17 oder 18 Uhr) hat sich in zwei Stadtvillen eingenistet. Die Abteilung im **Hôtel Fabregat** (place de la Révolution) zeigt eine abwechslungsreiche Gemäldesammlung vom Mittelalter bis zur (nicht sehr stark vertretenen) Gegenwart. Der anonyme Banker mit dem verkniffenen Gesicht auf dem *Portrait d'un Banqueur* stammt von Hans Holbein d. J., weitere Highlights sind die *Sainte Catherine d'Alexandrie* von Delacroix (dem seine Cousine Modell saß) und das neblige *Le Marais aux Cinq Vaches* (Sumpfwiese mit fünf Kühen – hört sich auf Französisch viel eleganter an!) von Corot.

Zwei der drei Etagen im eleganten (aber nach 400 Jahren ziemlich heruntergekommenen) **Hôtel Fayet** (rue du Capus) besetzt der aus Béziers stammende Bildhauer Jean-Antoine Injalbert (s. Kasten) mit Skulpturen und Gipsmodellen.

EIN KLEINER SPAZIERGANG

Wer sich ein bisschen die Beine vertreten will, schlendert im Schatten der Platanen die breiten **Allées Paul Riquet** hinunter bis zum **Plateau des Poètes**. Im Herzen dieses Parks versteckt sich ein kleiner Teich, an dessen Ufer ein richtiger kleiner Bambusdschungel wuchert.

ÉCLUSES DE FONTSERANES

Gleich südwestlich der Stadt durchläuft der Canal du Midi eine Schleusentreppe, die ein nettes Ziel für einen Spaziergang oder eine Fahrradtour sein könnte (s. dazu Kasten S. 151). Auch Bus 13 fährt mindestens zehnmal täglich von der *gare routière* dorthin.

Schlafen

Domaine de Clairac (☎ 04 67 76 78 97; www.campingclairac.com, auch auf Englisch; route de Bessan; Zeltplatz, Pkw & 2 Pers. 14 €; ⌚ April–Sept.) Das ist der der Stadt am nächsten gelegene Campingplatz, inmitten von Reben und Olivenhainen, mit viel Schatten und genügend Platz zwischen den einzelnen Parzellen.

Hôtel de France (☎ 04 67 28 44 71, www.hotel-2-france.com, auch auf Englisch; 36 rue Boiëldieu; EZ/DZ mit Dusche 34/39 €, mit Bad 39/46 €; ⊠ ⁂) WLAN vorhanden. Eine geschmackvolle, freundliche Unterkunft mit 21 Zimmern, die individuell und liebevoll, z. B. mit schmiedeeisernen Möbeln, eingerichtet sind. Die meisten wur-

ZENTRAL-LANGUEDOC

den in Ocker und Pastellgrün gestrichen, alle haben Doppelglasfenster, und bei manchen sind Bad und WC getrennt. Wer in Spendierlaune ist, gönnt sich eines der drei Luxuszimmer (59 €), die ihren Preis wert sind. Nr. 208 ist ein lichtdurchflutetes Eckzimmer mit drei Schlafplätzen.

Hôtel Champ de Mars (☎ 04 67 28 35 53, www.hotel-champdemars.com, auch auf Deutsch; 17 rue de Metz; Zi. mit Dusche 39 €, mit Bad 46–50 €; P ⊠) Parkplatz 6 bis 10 €. Erkennungszeichen dieses netten Hotels sind bunte Blumenkästen an den Fenstern und Oleanderbäume, die am Eingang Spalier stehen. Alle zehn Zimmer sind mit dicken, roten Teppichen ausgelegt, in die die Füße förmlich einsinken, und gehen auf eine ruhige Seitenstraße hinaus, hinter der ein Garten liegt. Die im ersten Stock haben sogar einen kleinen Balkon (und sind nicht teurer).

LP Tipp **Hôtel des Poètes** (☎ 04 67 76 38 66; www.hoteldespoetes.net, auf Französisch; 80 allées Paul Riquet; EZ/DZ ab 46/55 €; P ⊠) Parkplatz 6 €. Seit seiner Komplettrenovierung 2007 ist dieses angenehm ruhige Hotel richtig fesch, mit schicken Möbeln, floralen Mustern und frischen Blumen, die eine deutlich weibliche Handschrift verraten. Die beiden freundlichen Besitzer sprechen auch Englisch, holen den Gästen das Auto aus der Garage, halten Fahrräder bereit (gratis) und buchen sogar einen Platz im Restaurant. Von den 14 hellen, gemütlichen Zimmern blicken sechs auf die botanische Pracht des Plateau des Poètes.

Hôtel Impérator (☎ 04 67 49 02 25; www.hotel-imperator.fr, auch auf Deutsch; 28 allées Paul Riquet; EZ 51–71 €, DZ 61–85 €; P ⊠ ⌘) WLAN vorhanden, Parkplatz 10 €. Das Impérator kümmert sich schon über 100 Jahre um müde Gäste und könnte nicht zentraler liegen. Hinter der beeindruckenden, klassizistischen Fassade warten 45 meist geräumige Zimmer mit hohen Decken und separatem WC und Bad mit glänzendem Marmorbecken. Im Sommer wird das Frühstück im Garten serviert, der wie eine Oase wirkt, obwohl der Alltagslärm nur ein paar Meter entfernt vorbeibrandet.

Essen

Le Chameau Ivre (☎ 04 67 80 20 20; 15 place Jean Jaurès; Tapas 3–9 €; ⏲ Mo 14.30–24, Di & Mi 10–20, Do–Sa 10–23 Uhr) Das „Betrunkene Kamel" ist eigentlich ein Weinladen, in dem Flaschenregale jeden freien Zentimeter der Wand bedecken. Aber zu einem Gläschen Wein (ca. 15 Sorten im Ausschank) schmecken auch die feinen Tapas, von denen etwa ein Dutzend täglich frisch zubereitet wird. Und wer in Begleitung kommt, schafft auch eine ganze Flasche – falls er sich bei rund 2000 Weinen entscheiden kann. Als leichtes Mittagessen werden drei Tapas, ein Glas Wein und Kaffee für 10 € angeboten.

Cannelle (☎ 04 67 28 06 01; 11 place Gabriel Péri; Salate 9 €; ⏲ Mo–Sa 7.30–19 Uhr) Ein ansprechendes Lokal, um gemütlich etwas zu trinken oder den knurrenden Magen zu beruhigen. Das nette Team des „Zimt" serviert rund 20 Salatkreationen, ein leckeres Mittagsmenü (zwei Gänge, 13 €), eine Riesenauswahl an Tee (3 €) und ausgesuchte Kaffeesorten (1,80 €).

La Tomate Bleue (☎ 04 67 62 92 25; 23 rue des Anciens Combattants; 2-Gänge-Mittagsmenü 11 €, Hauptgerichte ca. 14 €; ⏲ Di–Sa) Das ockerfarbene Ambiente mit Fliesenboden und Bugholzstühlen gibt keinen Hinweis darauf, warum diese Weinbar mit kleiner, kreativer Speisekarte ausgerechnet „Blaue Tomate" heißt. Aber die Auswahl an Languedoc-Weinen (die glasweise ausgeschenkt werden) ist im wahrsten Sinne des Wortes berauschend.

Le Cep d'Or (☎ 04 67 49 28 09; 7 rue Viennet; Menüs 15–19,50 €, Hauptgerichte ca. 20 €; ⏲ Di–Sa mittags & abends, So mittags) Fleisch wird hier nicht gerade geächtet, aber seinen guten Ruf verdankt dieses alteingesessene Lokal den Fischgerichten. Der Speisesaal wirkt durch Bilder und Poster gemütlich, außerdem gibt's auch Plätze in einem kleinen Innenhof.

LP Tipp **Octopus** (☎ 04 67 49 90 00; www.restaurant-octopus.com, auf Französisch; 12 rue Boïeldieu; Menüs 29 €, Hauptgerichte 26–28 €; ⏲ Di–So) Es sind die vielen Kleinigkeiten, die den Charme dieses relaxten Restaurants ausmachen: Auf jedem Tisch eine rote Rose, originelle Kunst an den Wänden, ein Trio delikater *amuses-bouche* als Gruß aus der Küche, karamellisiertes Popkorn und Pralinen zum Kaffee – und vor allem der aufmerksame, aber niemals aufdringliche Service. Aber das sind nur die Wegbereiter für den Höhepunkt: Jedes Gericht ist ein optisches und kulinarisches Kunstwerk! Besonders attraktiv ist das Mittagsangebot (Vorspeise, Hauptgericht, Wein und Kaffe für 21 €, mit Dessert 29 €).

SELBSTVERSORGER

Les Halles (place Pierre Sémard; ⏲ Di–So 6–14 Uhr) Béziers' Markthalle, bietet alles für den Picknickkorb oder die Kühltasche. Und der Clou: La Gargote des Halles, eine unauffällige Ba in der Südostecke der Markthalle, brutzelt einem für 2 € etwas Leckeres aus den eigenen Einkäufen zusammen; für weitere 1,50 € gibt's auch noch eine Gemüsebeilage („aus dem, was mich gerade anlacht", erklärt die *patronne*) oder eine Portion Pommes Frites dazu. Ein weiteres Angebot der Bar: ein halbes Dutzend Austern mit einem Glas Weißwein für 6 €. Der Stand daneben verkauft Bioprodukte.

Unterhaltung

Alle Filme in den fünf Sälen des **Cinéma Palace** (☎ 04 67 77 52 76; 7 av. St-Saens) laufen in Originalfassung.

Shoppen

Caves Paul Riquet (7 rue Flourens; 🕒 Mo 15–19.30, Di–Sa 9–12.30 & 15–19.30, So 9–12.30 Uhr) Dieser Weinladen hat ein derart vielfältiges Angebot, dass für jeden Geschmack und Geldbeutel das Richtige dabei ist. Außerdem gibt's hier feine Nudeln, Pâtés und lokale Spezialitäten.

An- & Weiterreise

BUS

Die *gare routière* liegt an der Place Général de Gaulle – aber die Zugverbindungen sind viel besser.

FLUGZEUG

Der **Flughafen Béziers/Cap d'Agde** (☎ 04 67 80 99 09; www.beziers.aeroport.fr, auch auf Englisch) liegt 14 km außerhalb der Stadt, nicht weit von der N112. Airlinair fliegt montags bis freitags zweimal, sonntags einmal von/nach Paris, Ryanair zweimal die Woche von/nach London (Luton) und Bristol, Airborne einmal die Woche von/nach Odense in Dänemark.

ZUG

Nordwärts fahren viele Züge nach Agde (3,90 €, 15 Min.), Sète (7,40 €, 30 Min.), Montpellier (10,90 €, 45 Min.) und Nîmes (11,70 €, 1½ Std.).

In Richtung Süden sind mindestens zehn Züge täglich nach Perpignan (13,10 €, 1 Std.) über Narbonne (4,80 €, 15 Min.) unterwegs. Ziele im Westen sind Carcassonne (12,90 €, 1 Std.) und Toulouse (27,70 €, 1¾ Std.), oft mit Umsteigen in Narbonne.

Unterwegs vor Ort

Was Leihfahrräder betrifft, hinkt Béziers den meisten anderen Städten im Languedoc hinterher – am Parkplatz Jean Jaurès, wo über 1000 PKWs abgestellt werden können, stehen ganze drei Leihräder bereit!

Von Mitte März bis Ende Oktober vermietet das **Hôtel des Poètes** (S. 142) Fahrräder (pro halben/ganzen Tag 10/15 €, für Hotelgäste gratis).

Für ein Taxi ☎ 04 67 35 00 85 anrufen.

ROQUEBRUN

600 Ew.

Roquebrun ist bekannt für sein mildes Mikroklima, das den hiesigen Weinen besonders gut tut. Schon von Weitem ist sein Wahrzeichen, die Turmruine aus dem 10. Jh., zu erkennen. Anfang Februar, wenn sich die Gegend in ein leuchtend gelbes Mimosenmeer verwandelt, wird die Fête du Mimosa gefeiert. Nach einer Prozession gibt der Dorfpfarrer dem Frühlingsboten seinen Segen.

Roquebruns **Touristeninformation** (☎ 04 67 89 79 97; www.roquebrun.org, auch auf Englisch; av. des Orangers; 🕒 Juli & Aug. Mo–Sa 9–12 & 15–17, So 9–12 Uhr, Juni & Sept. Mo–Sa 9–12 & 14–17 Uhr, Okt.–Mai Mo–Fr 9–12 & 14–17 Uhr) liegt am Brückenende auf der Dorfseite.

Wer einen grünen Daumen hat, interessiert sich sicher für den **Jardin Méditerranéen** (☎ 04 67 89 55 29; www.jardin-mediterraneen.fr, auf Französisch; Erw./6–15 J./unter 6 J. 4,50/2,50 €/frei; 🕒 Juli & Aug. 9–19 Uhr, Mitte Feb.–Juni & Sept.–Mitte Nov. So–Fr 9–12 & 13.30–17.30, Sa 9–12 Uhr), in dem über 400 Pflanzenarten aus Südfrankreich und anderen Gegenden der Welt mit ähnlich trockenem Klima gedeihen.

Früher wurde in der schmalen Ebene unterhalb von Roquebrun Getreide und Gemüse angebaut, während die Reben an den steilen Hängen wuchsen. Reste der mittlerweile verfallenen Terrassen lassen erahnen, wie mühselig die Arbeit im Weinberg war. Heute haben die Rebstöcke das gesamte Tal in Beschlag genommen und jedes zweite Haus scheint ein Winzerbetrieb zu sein. Roquebrun ist mit Recht stolz auf seine *appellation contrôlée* Saint-Chinian, die ihm erst kürzlich zuerkannt wurde. Wer diesen und andere Weine probieren will, besucht die **Cave de Roquebrun** (☎ 04 67 89 64 35; www.cave-roquebrun.fr, auch auf Deutsch; rue des Orangers; 🕒 Juli & Aug. 9–13 & 15–19.30 Uhr, Mai, Juni, Sept. & Okt. 9.30–13 & 14.30–19 Uhr, Nov.–April 9.30–12.30 & 14–18 Uhr) am Ortsausgang in Richtung Olargues.

Hinter der robusten, sechsbögigen Brücke über den Orb verleiht **Grandeur Nature** (☎ 04 67 89 52 90; www.canoe-france.com/orb, auch auf Englisch; 🕒 Mitte April–Sept.) Kanus und Kajaks. Und die

Kleinen können derweil die Entengeschwader füttern, die hier am Ufer nisten.

Von der Brücke aus ein Stück flussabwärts gibt's einen kleinen **Strand**, um sich nach einem erfrischenden Hüpfer in den Fluss von der Sonne braten zu lassen.

OLARGUES

600 Ew.

Olargues sitzt behäbig auf einem Bergvorsprung über dem Jaur, einem Nebenfluss des Orb. Das Dorf hat keine eigentliche Sehenswürdigkeit, sondern wirkt einfach durch sein malerisches Gewirr von steilen, gepflasterten Gässchen. Beim gemütlichen Bummel sorgt das Entziffern der fast unleserlichen Ladenschilder für Unterhaltung: Schneider, Bäcker, Café, Hotel-Restaurant und andere Geschäfte haben längst das Zeitliche gesegnet ...

Die **Touristeninformation** (☎ 04 67 97 71 26; www.olargues.org, auf Französisch; av. de la Gare; ⌚ Juli & Aug. Di–Sa 9–12.30 & 16–19 Uhr, Sept.–Juni Di–Fr 9–12.30 & 15–17 oder 18 Uhr) liegt bei der Place Alexandre Laissac.

Hinter der Place Alexandre Laissac, dem Rathausplatz, führt die Porte Neuve (Neues Tor, das aber ziemlich alt ist) zum historischen Viertel. Rechts neben dem Minimuseum zur Dorfgeschichte geht's ab zur Escalier de la Commanderie, einer überdachten Treppe, deren Stufen aus gewaltigen Granitblöcken bestehen. An heißen Sommertagen ist das ein willkommenes Schattenplätzchen zum tiefen Durchatmen, bevor's an den Aufstieg zum **Glockenturm** aus dem 15. Jh. geht. Abgesehen von ein paar Fundamenten ist er das einzige Überbleibsel der mächtigen Befestigungsanlage, die ab dem 11. Jh. errichtet worden war. Da er alle anderen Gebäude Olargues überragt, ist der Blick von dort oben eine echte Offenbarung. Wer den Windungen des Jaur mit den Augen folgt, stößt unweigerlich auf die hoch gewölbte „Teufelsbrücke" – dank des **Pont du Diable** aus dem 13. Jh. konnten die Einwohner von Olargues den Fluss endlich trockenen Fußes überqueren. Wer es ihnen nachtun will, biegt beim Abstieg am Schild rechts ab und folgt der Rue de la Comporte.

Eine Adresse für Outdoorfreaks ist **Aventure 34** (☎ 04 67 23 27 92; www.aventure34.com, auf Französisch; Le Mas de Gua) im ein paar Kilometer entfernten Weiler St-Vincent-d'Olargues. Zu den angebotenen Aktivitäten gehören Klettern, Canyoning, Höhlenwandern und geführte Wanderungen.

LAMALOU-LES-BAINS

2200 Ew.

Schon seit dem 17. Jh. werden die Thermalquellen von Lamalou-les-Bains genutzt. Aber erst mit dem Bau der Eisenbahnlinie 1868 (die längst schon wieder stillgelegt ist) begann die Entwicklung zum Kurort mit den in Pastellfarben verputzten Hotels und Nobelvillen. Unter den *curistes* (Kurgästen) befanden sich so illustre Persönlichkeiten wie Alexandre Dumas, André Gide und der Sultan von Marokko.

Über 15 Thermalquellen sprudeln aus einer Verwerfung unterhalb des Städtchens. Die „Usclade" getaufte Quelle ist besonders mineralreich, hat eine konstante Temperatur von 52 °C und beliefert den Kurbetrieb.

In der Avenue Capus Nr. 1 befindet sich die **Touristeninformation** (☎ 04 67 95 70 91; www.ot-lamaloulesbains.fr, auch auf Englisch; 1 av. Capus; ⌚ Mitte Juni–Mitte Sept. 9–12 & 13.30–18.30 Uhr, sonst Mo–Fr 9–12 & 14–17 oder 18, Sa 9–12 Uhr).

Lamalous auffälligstes Gebäude ist das **Casino** mit seiner hübschen Jugendstilfassade, die durch die modernen Schriftzüge leider etwas entstellt wird. Wer hineingeht, entdeckt wunderschöne Buntglasfenster und ein Theater mit 600 Sitzplätzen, das im Sommer ein Operettenfestival ausrichtet.

Unten im Tal an der D908 steht die schlichte **Kirche Saint-Pierre de Rhèdes** aus dem 12. Jh., die früher den Pilgern des Jakobswegs Unterschlupf bot. Heute wacht dieses Paradebeispiel für die Romanik des Südens über den Friedhof mit seinen imposanten Grabmalen, die z. T. fast die Dimensionen einer Zweizimmerwohnung erreichen.

PÉZENAS

7800 Ew.

Mitten im tiefsten, ländlichen Languedoc und fernab von allen größeren Verbindungsstraßen auf eine Stadt mit solch einem reichen historischen Erbe zu stoßen, ist eine echte Überraschung. Die frühere Grandezza hat natürlich mit der besonderen Geschichte von Pézenas zu tun (übrigens wird das „s" am Schluss des Namens gesprochen) und manche finden die Piscénois (seine Bewohner; ursprünglich hieß der Ort Piscenae) fast ein bisschen arrogant.

Praktische Informationen

Die engagierte **Touristeninformation** (☎ 04 67 98 35 45; www.ot-pezenas-valdherault.com, auf Französisch

ZENTRAL-LANGUEDOC

VALLÉE DE L'ORB & PÉZENAS

Dieser Rundkurs (135 km mit dem Abstecher nach Olargues) führt in die von Reben bedeckte Vallée de l'Orb, wo ideale Bedingungen zum Schwimmen, Kanu- und Kajakfahren verführen, und zum Parc Naturel Régional du Haut-Languedoc. Anschließend liegen einige abgeschiedene Dörfer an der Strecke, ein kleiner Kurort und, als krönender Abschluss, ein Ensemble wunderschöner, liebevoll restaurierter Herrschaftshäuser aus dem 17. Jh.

An der Ringstraße in Béziers den Schildern nach Bédarieux folgen, dann aber nicht die Abzweigung rechts nach Bédarieux nehmen, sondern weiter geradeaus in Richtung Cazouls-lès-Béziers fahren. In **Cessenon** bietet sich ein kurzer Halt an, um durch **La Ferme Zoo** (☎ 04 67 89 54 14; Erw./Kind 7/6 €; ⌚ April–Ende Sept. 10–19 Uhr, sonst Mi, Sa, So & Schulferien 13.30–18 Uhr) zu streifen. Der kleine Zoo mit den Tieren des Bauernhofs und einem Kamel als exotischem Gast ist vor allem für Kinder ein idealer Auftakt für diesen Ausflug.

Gleich hinter Cessenon geht's am Kreisverkehr rechts ab auf die D14 in Richtung Roquebrun. Kurz darauf steigt die Straße langsam, aber stetig an und erreicht die naturbelasseneren Ausläufer des Parc Naturel Régional du Haut-Languedoc; etwas später erscheint schon Roquebrun (S. 143).

Nach einem kurzen Spaziergang durch das Dorf geht's weiter: Die D14 biegt nun links ab nach Olargues und folgt dem Flüsschen Orb. An seinem Ufer liegt der malerischen Weiler **Ceps**, an dem die Straße oberhalb vorbeiführt. Kurz darauf erscheint **Vieussan** auf der anderen Straßenseite, das mit einer beeindruckenden Steinbrücke Verbindung zum Tal hält. Auf der Strecke zwischen den beiden Örtchen fallen auf der linken Straßenseite rostige Zahnräder ins Auge; mit ihrer Hilfe wurden früher während der Weinlese die mit Trauben gefüllten *compotes* (ovale Holzbütten) von den Feldern auf der anderen Flussseite hochgezogen.

Unter der einspurigen Hängebrücke von **Tarassac** können sich Anfänger auf den Orb wagen. Der Bootsverleih **Canoë Kayak Moulin de Tarassac** (☎ 04 67 97 74 64; www.canoe-tarassac.com, auch auf Deutsch; ⌚ Juni–Sept.) hat sein Standquartier neben der ehemaligen Dorfmühle aufgeschlagen. Die 5 km lange, 1½-stündige Tour (ohne Begleitung) ab Colombières kostet 21 € im Kajak und 34 € im Zweierkanu. Wer schon etwas Erfahrung hat, kann bis nach Ceps (10 km, 3½ Std., 27/43 €) oder sogar bis Roquebrun (15 km, 4½ Std., 29/45 €) paddeln.

Dann geht's zurück ins Auto, über die Brücke und links ab auf die D908 für die 12 km lange Schleife nach Olargues (S. 144). Danach auf der D908 ostwärts weiterfahren nach Lamalou-les-Bains (S. 144), einem kleinen Kurort mit Thermalquellen, der mit seinen Jugendstilbauten einen netten Kontrast zu den bis dahin eher ländlich-rustikalen Dorfschönheiten bildet.

Wieder auf der D908 geht's in **Hérépian** rechts ab auf die D909A. Die Route führt nun zum letzten Mal über den Orb und lässt dann das Tal hinter sich zurück. Rund 8 km weiter geht's links ab auf die um einiges bessere und schnellere D13 nach Pézénas (S. 144), vorbei an der imposanten Silhouette des **Château de Cassan** (18. Jh., in Privatbesitz) auf der rechten Seite.

Gut 1½ Stunden sollten für einen ausgedehnten Bummel durch die Sträßchen und Gässchen im autofreien Zentrum von Pézénas ausreichen. Und um die Rückfahrt etwas zu beschleunigen, bietet sich die Autobahn A9 nach Béziers an (einfach den Schildern folgen).

⌚ Juli & Aug. 9–21 Uhr, Sept.–Juni Mo–Sa 9–12 & 14–18, So 14–17 Uhr) hat ihr Quartier an der Place Gambetta, mitten in der Altstadt. Im Juli und August bietet sie täglich um 17 Uhr Führungen (auch auf Englisch, 5 €) an, die für ein erstes Kennenlernen der Stadt ganz praktisch sind.

Die Altstadt ist Fußgängerzone. An ihrer Peripherie gibt's mehrere Parkplätze, um das Auto abzustellen.

Geschichte

Jahrhundertelang war Pézenas das Zentrum der Gegend, wo Märkte abgehalten, Messen ausgerichtet und Wollstoffe (die die Bauern der umliegenden Dörfer woben) gehandelt wurden. Aber die Aufmerksamkeit des gesamten Languedoc – und sogar des königlichen Hofes im fernen Versailles – zog die Stadt erst auf sich, als sie 1456 zum Versammlungsort der Generalstände (einem Vorläufer des Parlaments) gewählt wurde.

Rund 70 Jahre später wurde sie auch noch Sitz der Gouverneure der Region, die vom König ernannt wurden. Der bekannteste unter ihnen war Armand de Bourbon, Fürst von Conti, der im 17. Jh. Künstler und Schrift-

LORD CLIVES VERMÄCHTNIS

Petit pâté de Pézenas, so heißt eine köstliche, süß-pikante Leckerei: Eine Füllung aus Lammhack, die mit Zitronenschale, braunem Zucker und Gewürzen abgeschmeckt wurde, wird von einem garnrollenförmigen Teigmantel umhüllt. Über die genauen Umstände bei der Kreation des Gebäcks gehen die Ansichten auseinander. Aber fest steht, dass Lord Clive, Vizekönig von Indien, 1768 von seinem Arzt zur Kur nach Südfrankreich geschickt wurde. Mit seiner Frau Marguerite und einem Heer von Bediensteten (darunter sein indischer Koch) verbrachte er einen Sommer im Château du Larzac. Manche behaupten, Lord Clive höchstpersönlich hätte das Rezept im Picnic Club (eine Gruppe von Gourmets, der auch er angehörte) eingeführt, andere meinen, es sei sein Koch gewesen. Aber warum über solche Details streiten; wichtig ist, dass dieses Häppchen inzwischen zum festen Bestandteil der kulinarischen Traditionen von Pézenas avanciert ist.

steller in die Stadt brachte. Außerdem siedelten sich viele kleinere Adlige in der Umgebung an, in der Hoffnung, vom Gouverneur begünstigt oder mit Aufträgen betraut zu werden. Das alles brachte Pézenas Kultur, Geld, Macht – und den Beinamen „Versailles des Südens" ein. In den folgenden 200 Jahren entstanden all die prächtigen *hôtels particuliers* (Privatresidenzen), denen die Besucher heute auf Schritt und Tritt begegnen.

ZENTRAL-LANGUEDOC

Sehenswertes & Aktivitäten

Alle historischen Gebäude Pézenas' sind mehrsprachig beschildert. Wer sich aber systematisch durch die autofreie Altstadt arbeiten will, sollte sich die deutsche Ausgabe des Stadtführers *Pézenas, Ville d'Art* (2 €) besorgen. Er wird nur in der Touristeninformation verkauft und beschreibt sämtliche *hôtels particuliers* und andere herausragende Gebäude.

Zu den Highlights gehören das **Hôtel d'Alfonce** (rue Conti), das **Hôtel de Malibran** (rue Denfert Rochereau) und die **Maison Consulaire** (place Gambetta), in der sich mittlerweile die **Maison des Métiers d'Art** (☎ 04 67 98 16 12) häuslich eingerichtet hat und interessante Wanderausstellungen zeigt.

Pézenas brüstet sich natürlich damit, dass Jean-Baptiste Poquelin alias Molière als junger, unbekannter Stückeschreiber mit seiner Truppe in der Stadt weilte – auf Einladung von besagtem Armand de Bourbon. Im **Hôtel Peyrat** (place des États Généraux) zeigt **Scénovision Molière** (☎ 04 67 98 35 39; www.scenovisionmoliere.com, auf Französisch; Erw./Kind 7/5 €; 🕑 Juli & Aug. Mo, Di, Do, Sa & So 9–19 Uhr, Mi & Fr bis 22 Uhr, Sept.–Juni Mo–Sa 9–12 & 14–18, So 9–12 & 14–17 Uhr) Leben und Geschichte dieses großen französischen Dramatikers im Rahmen einer packenden 3-D-Show mit allen technischen Finessen (auf Französisch).

Eher traditionell ist die Präsentation der Erinnerungsstücke an Molière und andere Phasen von Pézenas' Vergangenheit im **Musée de Vulliod St-Germain** (☎ 04 67 98 90 59; 3 rue Alliès; Erw./Kind 2,50/1,50 €; 🕑 Juni–Sept. Di, Do, Sa & So 10–12 & 15–19, Mi & Fr 10–12, 15–19 & 21–23 Uhr, Mitte Feb.–Mai & Okt.–Mitte Nov. Di–So 10–12 & 14–17.30 Uhr). Prunkstücke der Sammlung sind ein paar wunderschöne Wandteppiche aus Aubusson.

Shoppen

In viele der historischen Gebäude Pézenas' sind mittlerweile Antiquitätenhändler, Künstler, Teppichverkäufer und Kunsthandwerker eingezogen. Sie sind in den Broschüren *Artistes et Galeries* und *Les Artisans Créateurs* der Touristeninformation aufgelistet und auf der Karte eingezeichnet. Im Hochsommer sind die Läden übrigens mittwochs und freitags bis Mitternacht geöffnet.

Auch Süßschnäbel kommen in Pézenas auf ihre Kosten. Seit über 150 Jahren fabriziert eine Familie hier *berlingots*. Den Plombenzieher gibt's in vielen Farben und Geschmacksrichtungen z. B. in der **Confiserie Boudet** (place Gambetta). *Petits pâtés de Pézenas* sind die zweite Spezialität der Stadt, die kurioserweise britische Ursprünge hat (s. Kasten).

OPPIDUM D'ENSÉRUNE & UMGEBUNG

Vier Kommunikationsadern führen um oder durch den Hügel, auf dem das Oppidum thront. Dazu gehören die Römerstraße **Via Domitia**, die Rom mit seinen Provinzen in Spanien verband. Dann der 165 m lange (begehbare) **Tunnel de Malpas**, in dem der Canal du Midi verschwindet und damit zum ersten und einzigen Mal unterirdisch verläuft. Der erste schiffbare Tunnel weltweit wurde innerhalb von sechs Tagen nur mit Pickeln und Schaufeln gegraben. Darunter verläuft – manchmal mit nur 2 m Abstand – ein **Eisenbahntunnel**, der Mitte des 19. Jhs. durch den Berg getrieben wurde.

Die älteste, tiefste und vielleicht auch spektakulärste Ader ist jedoch die **Grande Maïre**, ein Entwässerungskanal aus dem 13. Jh. Er ist 1365 m lang und wühlt sich bis zu 30 m tief, bevor er seinen Inhalt in den Fluss Aude spuckt. Er dient als Sammelbecken für ein ganzes Netz von Entwässerungsgräben, die aneinandergereiht über 10 km lang sind und das Wasser des **Lac de Montaudy** ableiten. Als er den Namen noch verdiente, wurde er als „stinkender See, dessen stehende Gewässer Krankheit und Tod verbreiten", abgestempelt. Nun liegt er schon seit mehreren hundert Jahren trocken – nur bei heftigen Regenfällen läuft das Becken manchmal voll und der See darf kurzzeitig wieder ein See sein. Vom Oppidum aus betrachtet zeigt er sich erst in seiner ganzen Pracht: In seinem Becken wurden im Mittelalter Felder angelegt, die strahlenförmig von der Mitte ausgehen und in ihrer Symmetrie an die Speichen eines Fahrrads erinnern.

Das **Oppidum d'Ensérune** (☎ 04 67 37 01 23; www.oppidumdenserune.com, auch auf Englisch; Erw./Kind mit Audioguide 6,50 €/frei; 🕑 Mai–Aug. 10–19 Uhr, April & Sept. 10–12.30 & 14–18 Uhr, Okt.–März Di–So 9.30–12.30 & 14–17.30 Uhr, letzter Einlass 1 Std. vor Schließung) zieht sich über 600 m lang über das Hügelplateau. Ab dem 6. Jh. v. Chr. bis weit ins 1. Jh. n. Chr. hinein war diese befestigte Siedlung ständig bewohnt. Dann bewiesen die römischen Besatzer den längeren Atem und die letzten Einwohner verließen ihren Schlupfwinkel mit Panoramablick, um in den Ebenen zu siedeln. Schon ein flüchtiger Blick auf die Sammlung des **Museums** (jede Menge Perlen, Broschen, Lampen, Schwerter, Speerspitzen, Münzen, Haarnadeln, Schmucksteine – ganz oder in Fragmenten) zeigt, dass dieser Ort ein echtes Wirtschaftszentrum gewesen sein muss und im gesamten Mittelmeerraum Handel trieb.

Genauso beeindruckend ist der Rundumblick auf diesem Bergplateau: Direkt unterhalb liegt der Lac de Montaudy, am südlichen Horizont zeigen sich die Pyrenäen, im Norden die Cevennen, und das schmale Band des Canal du Midi, das sich in der Ferne verliert, wird von den beiden Platanenreihen an seinen Ufern fortgesetzt.

La Maison du Malpas (☎ 04 67 32 88 77; www.lemalpas.com, auch auf Englisch; 🕑 März–Okt. 10–18.30 oder 19.30 Uhr, Nov.–Feb. Di–Sa 10–17 Uhr) heißt die besonders hilfsbereite Touristeninformation für diese Gegend. Sie liegt direkt über dem Eingang zum Kanaltunnel am Fuße des Hügels.

AGDE & UMGEBUNG

Agde empfängt einen mit drei sehr unterschiedlichen Facetten: Die ursprüngliche Siedlung am Hérault versprüht historisches Flair, in Le Cap d'Agde wuselt es wie auf einem riesigen Spielplatz und Le Grau-d'Agde, das von den beiden eingeklemmt wird, hat weder Flair noch Trubel noch sonst irgend etwas Besonderes.

AGDE

20 000 Ew.

Das 24 km von Béziers entfernte Agde ist eine Hinterlassenschaft der Griechen, die ihre Siedlung nach der griechischen Göttin für Glück, Agatha Tyche, benannten (weshalb die Bewohner bis heute Agathois heißen). Schon 405 n. Chr. und bis zur Französischen Revolution war das Städtchen Bischofssitz. Von den heutigen drei Ortsteilen hat Alt-Agde mit Abstand den größten Charme.

Am besten ging es den Agathois im 17. Jh., als der Canal du Midi gebaut wurde. Er kreuzt den Hérault etwas außerhalb des Ortes, der damals schon ein florierender Fischerei- und Handelshafen war. Nun taten sich ganz neue Geschäftsmöglichkeiten auf. Viele *maisons particuliers* in Agde stammen aus dieser Zeit. Doch der bis dahin schiffbare Hérault versandete zusehends und Agde wurde als Hafenstadt von Sète übertrumpft, das am Meer liegt und von Ozeandampfern angelaufen wurde.

Die **Touristeninformation** (☎ 04 67 94 29 68; www.de.capdagde.com, auch auf Deutsch; 🕑 Juli & Aug. Mo–Sa 9–19, So 10–13 & 15–18 Uhr, Sept.–Juni Mo–Sa 9–12 & 14–18 Uhr) an der Place Molière Nr. 1 hat Beschreibungen von einem Altstadtspaziergang vorrätig.

Sehenswertes & Aktivitäten

Angesichts des dunkelgrauen Basalt, der als Baumaterial für die imposanten *maisons particuliers* und die burgähnliche **Cathédrale St-Étienne** aus dem 12. Jh. diente, nannte Marco

Polo die Stadt ganz poetisch „die schwarze Perle des Mittelmeers".

Die 26 intelligent eingerichteten Säle des **Musée Agathois** (☎ 04 67 94 82 51; 5 rue de la Fraternité; Erw./Kind 4,50/1,80 €; ⏰ Juli & Aug. Mo–Fr 9–19, Sa & So 12–19 Uhr, Sept.–Juni Mo–Sa 9–12 & 14–17, So 14–17 Uhr) führen die Besucher durch Agdes Geschichte, in der Reben und Schiffe die Hauptrolle spielen. Das schmucke Museumsgebäude stammt übrigens aus dem 17. Jh.

In der Touristeninformation gibt's Tickets für die kurzen **Bootstouren** auf dem Canal du Midi, die drei Anbieter im Programm haben.

An der Ostseite der Place Picheïre treibt ein sehr gut gemachtes *Trompe-l'œil*-Gemälde sein optisches Verwirrspiel; gar nicht so einfach herauszufinden, was real und was gemalt ist. Echte urban art in großem Maßstab!

Schlafen & Essen

Hôtel le Donjon (☎ 04 67 94 12 32; place Jean Jaurès; Zi. 42–79 €; Ⓟ ☒) Parkplatz gratis. Aus dem ehemaligen Konvent wurde erst eine Postkutschenstation (die Garage ist im früheren Stall); heute beherbergt das stimmungsvolle Gebäude ein Hotel mit 20 großen Nichtraucherzimmern, die in den typischen Gelb- und Blautönen des Midi ansprechend eingerichtet wurden.

Lou Pescadou (☎ 04 67 21 17 10; 18 rue Chassefière; Menü 15 €) Unter den vielen Lokalen entlang der Uferpromenade ist das Lou Pescadou ein Urgestein, das seit 1965 das gleiche Fünf-Gänge-Menü (15 €) anbietet: Erst kommt die Do-it-yourself-Suppe auf den Tisch (eine Scheibe Röstbrot mit einer Knoblauchzehe einreiben, geriebenen Käse darüberstreuen, in die Suppentasse legen und mit einer Kelle dampfender Fischbrühe begießen), dann erscheint eine hoch aufgehäufte Platte Miesmuscheln, gefolgt von einer Terrine mit *pâté de campagne* (von der sich jeder ungeniert so viel nehmen kann, wie er Lust hat). Als nächstes landet ein Ungetüm von einem gegrillten Fisch oder Steak auf dem Teller und den Abschluss macht eine ebenso riesige Dessertportion. Egal, ob einen Tag, einen Monat oder ein Jahr später – diese preisgünstige Schlemmerei würde sich exakt wiederholen, denn das Lou Pescadou ist eines der wenigen Dinge auf der Welt, die sich nie ändern!

LP Tipp **Larcen** (☎ 04 67 00 01 01; 41 rue Brescou; Tagesgericht 10,50 €, mit Dessert 16 €, Hauptgerichte 18,50–23 €; ⏰ Sept.–Juli Di–Sa mittags & abends, Aug. nur mittags) Fünf Gehminuten von der Altstadt entfernt wartet das Larcen mit konsequent moderner Einrichtung und Küchenleistung. Schon die mit Gewürzen gefüllten Gläser und Fläschchen auf dem Tisch neben dem Eingang lassen das innovative Konzept erahnen. Gerichte wie der 3 cm dicke, zarte Schweinerücken mit Hoisin-Sauce und Polenta zeigen, wie sich französische Traditionsküche mit ein paar internationalen Anleihen aufpeppen lässt. Das freundliche Serviceteam ist auf Zack und bedient die Gäste auch auf der breiten Terrasse, wo bejahrte Zypressen und Palmen Schatten spenden. Da viele diese Vorzüge zu schätzen wissen, rechtzeitig einen Tisch bestellen!

An- & Weiterreise

Bus 273 bewältigt die 6 km zwischen Agde und Le Cap d'Agde mindestens einmal pro Stunde, während Bus 272 viermal täglich von Agde nach Le Grau-d'Agde düst.

Viele Züge verkehren zwischen Agde und Béziers (4 €, 15 Min.) und Narbonne (8 €, 30 Min.).

LE CAP D'AGDE

Der moderne Badeort Le Cap d'Agde hat sich auf einer Landzunge angesiedelt, die aus einem vor Urzeiten erstarrten Lavastrom entstanden war. Anfang der 70er-Jahre wurde die Küste des Languedoc-Roussillon mit solchen Feriensiedlungen regelrecht überzogen; Le Cap d'Adge ist eine der wenigen, die immer noch wächst. Im Sommer ist an seinen langen Sandstränden und im Hafen so viel los, dass selbst anspruchsvolle Kids nie behaupten können „Mir ist langweilig". Trotzdem wirkt der Ort mit seinen riesigen Parkplätzen und den anonymen Blocks mit Ferienwohnungen irgendwie seelenlos. Und wer keinen fahrbaren Untersatz hat, ist hier verloren.

Praktische Informationen

Cap sur le Net (☎ 04 67 32 22 15; 21 place Agde Marine; pro Std. 4,20 €, WLAN pro 40 Min. 2 €; ⏰ Juli & Aug. 10.30–13 & 14.30–24 Uhr, April–Juni & Sept. Mo–Fr 15–20 Uhr) Internetzugang.

New Games Jeux (☎ 04 67 26 86 38; place de l'Arbre, Centre Port; pro Std. 5 €; ⏰ April–Mitte Okt. 10–2 Uhr) Noch ein Internetzugang, nicht weit von Cap sur le Net.

Touristeninformation (☎ 04 67 01 04 04; www.capdagde.com, auch auf Deutsch; Rond-point du Bon Accueil; ⏰ Juni–Aug. 9–19 oder 20 Uhr, Sept.–Mai Kernzeit 9–12 & 14–18 Uhr)

Sehenswertes & Aktivitäten

In Le Cap d'Agde selbst sowie östlich und westlich davon liegen insgesamt 14 km breiter **Sandstrand**, darunter die drei Plages Richelieu im Zentrum und die Plage Naturiste, ein langer FKK-Strand, der den östlichen Abschluss bildet.

Kanonen und Kanonenkugeln, muschelverkrustete Schwerter, Töpfe, Krüge, reihenweise Amphoren, ein Schädel, Broschen, Axtkeile und sonstige Fundstücke füllen das **Musée de l'Éphèbe** (☎ 04 67 94 69 60; Mas de la Clape; Erw./10–18 J./unter 10 J. 4,50/1,80 €/frei; Juli & Aug. Mo–Fr 9–19, Sa & So 12–19 Uhr, Sept.–Juni Mi–Sa & Mo 9–12 & 14–18, So 14–18 Uhr). Die meisten Objekte dieses faszinierenden Museums wurden erst in den letzten 25 Jahren von Tauchern und Unterwasserarchäologen zutage gefördert und auf den Hinweisschildern werden ihre „Entdecker" erwähnt – oft sogar mit Photo. Der Museumsname „Éphèbe" stammt vom Prunkstück der ausnehmend gut konzipierten und dokumentierten Ausstellung, einer männlichen Bronzestatue. Anders als viele römische Kollegen, die eingeschmolzen und recycelt wurden, hat sie die Jahrhunderte auf dem Meeresgrund überdauert und wurde erst 1964 entdeckt und geborgen. Zwei weitere Sensationen sind die nur 70 cm hohe, armlose Bronzeskulptur von Eros (mit elegant gelocktem Haar und stechenden, silbernen Augen) und die eines römischen Jungen, die noch schöner gearbeitet ist.

Im **Aquarium** (☎ 04 67 26 14 21; www.aquarium-agde.com, auf Französisch; 11 rue des Deux Frères; Erw./Kind 6,90/4,90 €; Juli & Aug. 10–23 Uhr, Sept.–Juni 14–18 Uhr) tummeln sich in 28 Salzwasserbecken Spezies aus dem Mittelmeer und tropischen Gewässern, darunter Seepferdchen, Oktopusse, Aale, ein paar Haie und andere exotische Kreaturen.

Badespaß pur bietet das **Aqualand** (☎ 04 67 26 85 94; www.aqualand.fr, auf Französisch; av. des Îles d'Amérique; Erw./Kind 24/17,50 €; Juni–Aug. 10–18 oder 19 Uhr) mit seinen vielen Wasserrutschbahnen, die vom sanften Gleiten bis zum aufregenden Looping alle nur denkbaren Varianten durchspielen.

Das **Centre Nautique du Cap d'Agde** (☎ 04 67 01 46 46; www.centrenautique-capdagde.com, auch auf Englisch; av. du Passeur Challiès; Juli & Aug. 9–20 Uhr, Sept.–Juni 9–12.30 & 14–18 Uhr) an der Plage Richelieu Est bietet Segel- und Surfkurse für Kinder und Erwachsene an und verleiht Surfboards, Katamarane, Dinghys und Kanus.

Acht (!) **Tauchschulen** geben Kurse und verleihen die entsprechende Ausrüstung – die jedoch nicht gebraucht wird für den **Sentier sous-marin** (Unterwasserpfad, gratis; Mitte Juni–Mitte Sept.), der direkt vor dem Strand La Plagette angelegt wurde. Wer den Markierungen folgt, durchschwimmt dabei fünf verschiedene Meeresambiente mit der jeweils charakteristischen Fauna und Flora.

Vom Meer aus ist ein bedrohlich wirkender Gebäudekomplex zu sehen, der irgendwie an Alcatraz erinnert – und genau das war das **Fort Brescou** auf der kleinen Vulkaninsel: eine Verteidigungsbastion, die später zum Gefängnis umfunktioniert wurde. Zwischen Ostern und Oktober wird sie von Ausflugsbooten ab Le Cap d'Agde und Le Grau-d'Agde angefahren.

Le Village Naturiste heißt das kleine Dorf, in dem in der Hochsaison bis zu 20 000 hüllenlose Körper in der Sonne schmoren. Neben überzeugten Naturmenschen, Esoterikern und den obligaten Spannern sind auch viele ganz „normale" Leute dabei, die sich textilfrei einfach wohl fühlen – und irgendwie klingt das französische *naturisme* viel unverkrampfter als die deutsche Freikörperkultur.

Schlafen & Essen

Hôtel Les Grenadines (☎ 04 67 26 27 40; www.hotelgrenadines.com, auch auf Deutsch; 6 impasse Marie Céleste, plage Richelieu Ouest; Zi. 57–98 €; Feb.–Mitte Nov.; P) WLAN und videoüberwachter Parkplatz gratis. Dieses kleine Juwel ist eine Oase der Menschlichkeit inmitten der anonymen Betonblocks mit Ferienappartements und funktioniert seit Kurzem als echter Familienbetrieb: Mama und Papa wechseln sich an der Rezeption ab, die Schwester macht die Zimmer, der Bruder ist Mädchen für alles, Opa kümmert sich um den Garten. Und Familien fühlen sich hier auch besonders wohl, denn sechs der 20 Zimmer haben einen kleinen Balkon und ein kleines Nebenzimmer mit Stockbetten. Alles strahlt in freundlichem Grün und Hellgrau, überall prangen frische Blumen und auf der Rückseite des Hotels liegt ein ruhiger Innenhof.

Le Brasero (☎ 04 67 26 24 75; rue de la Gabelle, Port Richelieu; Menüs 15–30 €, Hauptgerichte ca. 15 €; Fr–Mi mittags & abends, im Sommer tgl.) Das beliebte Lokal am Hafen ist meist rappelvoll (Tisch reservieren!), denn die Auswahl an fangfrischen Fischen und Meeresfrüchten (es gibt aber auch Fleischgerichte) sowie die Weinkarte lassen keine Wünsche offen.

ZENTRAL-LANGUEDOC

Unterwegs vor Ort

Le Cap d'Agde zieht sich ziemlich in die Länge, deshalb ist ein fahrbarer Untersatz hier von Vorteil. Drei Anbieter verleihen Fahrräder (stunden- oder tageweise). Ungefähre Richtpreise sind 7,50/9,50/35 € pro halben/ganzen Tag/Woche für Touren- wie auch Kinderräder.

Cap Aventure (☎ 04 67 26 36 00; 19 av. des Sergents) Neben dem Port de la Clape; Kindersitze gibt's gratis dazu. Wer Räder für eine Woche oder länger ausleiht, bekommt sie gebracht.

Passion Cycle Location (☎ 04 67 51 14 21; av. des Sergents) Neben dem Spar-Laden, südlich der Touristeninformation.

Rosalie & Cyclo (☎ 04 67 26 90 61; Mail de Rochelongue) Verleiht auch robuste vierrädrige Gefährte mit Sonnendach für den Familienausflug.

LE GRAU-D'AGDE

Diese unspektakuläre Häuseransammlung an der Mündung des Hérault (*grau* ist okzitanisch und bedeutet „natürliche Öffnung einer Lagune zum Meer") weist noch Spuren des früheren Fischerdorfs auf. Aber ansonsten steht sie ganz im Schatten ihrer mondänen jüngeren Schwester an der Küste und gibt – von einigen schönen Sandstränden abgesehen – wenig her.

ZENTRAL-LANGUEDOC

LE BASSIN DE THAU

Le Bassin de Thau (auch Étang de Thau genannt) ist die mit Abstand größte Lagune an der zerfransten Küstenlinie des Languedoc. Der windzerzauste Sandstreifen zum Meer hin, den sich Fans einsamer Strände mit Surfern teilen, verbindet Sète und seinen umtriebigen Hafen mit den Feriensiedlungen Le Cap d'Agde und Marseillan-Plage am Südende der Lagune. Das Wasser des 19 km langen und 4,5 km breiten, seichten Beckens ist wärmer als das Meer und wird von Barschen, Brassen, Rotbarben, Schollen und Aalen bevölkert. Aber ökonomisch wichtiger sind die großen Muschelzuchtbetriebe an der Lagune, die rund 1000 Arbeitsplätze stellen. Austern, Miesmuscheln und andere Muschelarten waren in diesem Gebiet nicht heimisch, sondern konnten erst Anfang des 20. Jhs. hier angesiedelt werden.

Zuerst kamen die Miesmuscheln, die in Kolonien leben und sich ohne sexuelle Komplikationen munter fortpflanzen. Austern sind da schon schwieriger: Sie können im Verlauf ihres Lebens ihr Geschlecht wechseln und brauchen mehr Platz, stellen also höhere Ansprüche an die Zuchtbedingungen. Das verdeutlicht auch folgende Statistik: Eine Auster produziert über eine Million winziger Larven, von denen aber nur durchschnittlich zehn (!) das Erwachsenenalter erreichen, selbst unter Idealbedingungen wie im Bassin de Thau. Dort wachsen sie an rund 1000 Synthetikseilen, die an kleinen Flößen befestigt sind.

MARSEILLAN & MARSEILLAN-PLAGE

Marseillan und Marseillan-Plage stehen ungefähr im selben Verhältnis zueinander wie Agde und Le Cap d'Agde. Marseillan-Plage ist der moderne Badeort, Marseillan das ursprüngliche Lagunenstädtchen, das jedoch in punkto Charme und Tradition nicht mit Agde mithalten kann. Deshalb wird auch nur in Marseillan-Plage investiert, wo es eine Touristeninformation gibt und sich die Massen im Sommer um die Strandplätze streiten.

Aber wer sich etwas Zeit nimmt, wird auch auf der unpopulären Seite des Bassin de Thau im ruhigen Marseillan verborgene Reize entdecken: Die kleine Markthalle aus dem 17. Jh. und der alte Fischerhafen (nicht zu verwechseln mit dem modernen Yachthafen) sind echte kleine Juwelen.

Dass sich die Trinkgewohnheiten ändern, dürfte für diese Firma kaum eine Rolle spielen: **Noilly Prat** (☎ 04 67 77 75 19; 1 rue Noilly; Erw./12–18 J./unter 12 J. 3,50/2 €/frei; 🕓 45-minütige Führung März–Nov. 4-mal tgl.) braut seit knapp 200 Jahren aus Blanc-de-Blanc-Weinen und Kräutern, die in Eichenfässern reifen, den berühmtesten französischen Vermouth, der mit seinem frischen, klaren Geschmack überzeugt. Wenn die Franzosen deutlich in der Unterzahl sind, werden die Führungen auch auf Englisch gehalten, ansonsten gibt's eine vierseitige Zusammenfassung auf Englisch.

Wem das Mittelmeer zum Segeln und Windsurfen zu rau ist, sollte es im ruhigeren, wärmeren Bassin de Thau probieren. Der **Cercle de Voile de Marseillan** (☎ 04 67 77 65 22; quai de Toulon; 🕓 ganzjährig) bietet für beides Kurse an und vermietet auch Boote und Surfboards.

Familien freuen sich vielleicht über die Idee des netten, einfachen Restaurants **Le Jardin du Naris** (☎ 04 67 77 30 07; 24 bd Pasteur; Menüs 19–36 €,

DER CANAL DU MIDI

Alles beginnt – oder endet, je nach Standort – mit einem fast unsichtbaren Süßwasserzufluss in die Salzwasserlagune Bassin de Thau. Nur der winzige Hafen bei La Pointe des Onglous und ein Stummel von einem Leuchtturm sind Zeichen dieses wichtigen Ereignisses.

Ein paar Kilometer stromaufwärts wartet die erste technische Meisterleistung, die 1680 – ein Jahr vor der offiziellen Eröffnung des Kanals – gebaut wurde. Nicht nur in Frankreich, sondern weltweit ist das Bassin d'Agde die einzige Rundschleuse. Sie regelt den Wasserfluss des Kanals, des Flusses Hérault (der hier auf den Kanal stößt) und eines Seitenkanals, der nach Agde (S. 147) führt.

Südöstlich von Béziers, nicht weit von Cers, schaukelt eine der schönsten Unterkünfte im gesamten Languedoc am Kanalufer, das **L'Appart des Anges** (☎ 04 67 26 05 57, 06 11 11 05 87; www.appartdesanges.com, auch auf Englisch; Cers; Zi. 125 €;). Jean Philippe und Christophe haben den Kahn liebevoll und mit viel Geschmack umgebaut: Engelstatuen und Blumenarrangements (plus gelegentlich eine Plastikente) zieren Winkel und Nischen, in den drei individuell eingerichteten Kabinen blubbern (echte!) Goldfische, und als Betthupferl liegt auf der Tagesdecke stets ein kleines Schokofischchen in Silberpapier. Sogar einen kleinen Pool mit Sonnenterrasse für die Gäste haben sie irgendwie untergebracht.

Gleich westlich von Béziers, in spaziergängerfreundlicher Entfernung zum Stadtzentrum, schwingt sich der **Pont-Canal** über den hier ziemlich seichten Orb. Der beeindruckende Aquädukt entstand Mitte des 19. Jhs. und ersparte dem Kanal einen Umweg; der gesamte Schiffsverkehr lief über diese Kanalbrücke.

Ein kleines Stück weiter stromaufwärts liegt die frühere Schleusentreppe Écluses de Fontseranes, die Pierre-Paul Riquet, der Architekt des Canal du Midi, geplant hatte. Durch die neun kurz aufeinander folgenden Stufen konnten Schiffe auf einer Strecke von nur 300 m einen Höhenunterschied von 20 m bewältigen. Das Wunder der Ingenieurskunst ist ein beliebtes Ausflugsziel; es gibt dort einen Fahrradverleih und an der obersten Schleuse werden auch Elektroboote vermietet.

Hinter Béziers, gleich nach dem netten, kleinen Hafen von Colombiers, verschwindet der Kanal im Untergrund: Der Tunnel de Malpas (S: 146) ist der einzige auf der ganzen Strecke.

Im Hafen (der eigentlich nicht viel mehr als eine Anlegestelle ist) hinter dem Dorf Argeliers hat **La Baïsa** (☎ 06 07 88 18 30; www.peniche-chambres-hotes.com, auch auf Englisch; Argeliers; EZ/DZ mit Frühstück 60–70/70–80 €; ganzjährig) Anker geworfen. Auf dem ehemaligen Lastkahn gibt's drei gemütliche Kabinen. Am Uferweg neben der Brücke liegt Le Chat Qui Pêche (Die angelnde Katze). Die nette Kneipe mit Restaurant und Terrasse ist ein Beispiel für die gelungene Metamorphose vieler Schleusenwärterhäuschen entlang des Kanals, die sich auf den zunehmenden Wassertourismus eingerichtet haben.

Hinter Argeliers zweigt der Canal de la Robine in Richtung Süden ab und folgt dem ehemaligen Flussbett der Aude. Er wurde kurz nach Fertigstellung des Canal du Midi gegraben und ermöglichte auch Narbonne den wirtschaftlich wichtigen Anschluss an den Wasserweg zwischen Atlantik und Mittelmeer. Nachdem er die sieben Schleusen des malerischen Örtchens Sallèles d'Aude (S. 136) passiert hat, mündet der Kanal bei Port-la-Nouvelle ins Mittelmeer.

Zurück zum Canal du Midi: Der verschlafene Weiler Le Somail (S. 135) war früher ein wichtiges Etappenziel für Last- und Passagierschiffe. Gleich dahinter steht der 135 m lange Aquädukt von Répudre. Er wird nur von einem einzigen Bogen getragen und war bei seiner Fertigstellung 1676 die erste Brücke Frankreichs, über die ein Kanal floss.

Nachstehend einige Agenturen, die Kanalboote vermieten:

Belle du Midi Cruises (☎ 04 68 93 53 94; www.belledumidicruises.com, auch auf Englisch; Le Somail)
Connoisseur (☎ 04 68 65 14 55; www.connoisseur.fr, auch auf Deutsch; 17 quai d'Alsace, Narbonne)
Minervois Cruisers (☎ 04 68 46 28 52; www.minervoiscruisers.com, auf Englisch; Le Somail)
Nautic (☎ 04 67 94 78 93; www.nautic.fr, auch auf Deutsch; chemin de la Pagèze, Agde)
Nicols (☎ 04 68 46 00 97; www.nicols.com, auch auf Deutsch; Le Somail)
Rive de France (☎ 04 67 37 14 60; www.rive-de-france.com, auch auf Deutsch; Colombiers)

Mindestmietdauer ist normalerweise eine Woche. Die Saison dauert von Mitte März bis Mitte Oktober, die Preise bewegen sich zwischen 1050 und 2200 € pro Woche, ein Bootsführerschein ist nicht erforderlich. Mehr Infos zum Canal du Midi stehen auf S. 33.

Hauptgerichte 14–18 €; Mi–Mo; V), auf jedem Tisch eine Schachtel Buntstifte zu deponieren – damit sind die kleinen Künstler beschäftigt (die schönsten Bilder werden gesammelt), während sich die Eltern der leckeren Küche widmen. Neben Gerichten wie *brochette de crevettes et moules sur paillasson de légumes poêlés* (Garnelen- und Muschelspieß auf Gemüsebett) steht auch ein vegetarisches Menü (19 €) auf der Karte, die Preise sind mehr als akzeptabel und einen hübschen Garten gibt's auch.

Wer schon in Marseillan ist, muss natürlich als Apéritif einen Noilly Prat trinken – am Besten im **Le Château du Port** (☎ 04 67 77 31 67; www.chateauduport.com, auf Französisch; 9 quai de la Résistance; 2-/3-Gänge-Menü 19/29 €; Juni–Sept. mittags & abends, Okt.–Mai Do–Di mittags & abends, Mi abends). Das imposante Gebäude mit der frisch renovierten Fassade (die Farbe ist Geschmackssache) gehörte früher einem (offensichtlich reichen) Weinhändler. Es liegt am Hafen, hat eine kleine Terrasse mit Blick aufs Meer (nachts blinken in der Ferne die Lichter von Sète) und einen eleganten Speisesaal mit Weinstube. Die Küche konzentriert sich erwartungsgemäß auf Fisch und Meeresfrüchte.

BOUZIGUES

Der kleine Ort könnte auch „Austernstadt“ heißen, denn aus den seichten Gewässern davor ragen Unmengen von Pfählen, an denen die begehrten Weichtiere wachsen. Wer von Süden kommt, wird an jedem zweiten Haus ein Schild entdecken, das Meeresfrüchte frisch vom Erzeuger anbietet. Und an der Uferpromenade drängeln sich die Lokale, die die Schätze des Bassin de Thau auf den Tisch bringen.

Abgesehen vom kulinarischen Aspekt ist auch das **Musée de l'Étang de Thau** (☎ 04 67 78 33 57; quai du port de pêche; Erw./7–12 J./unter 7 J. 4/3 €/frei; Juli & Aug. 10–12.30 & 14.30–19 Uhr, Sept.–Juni 10–12 & 14–17 oder 18 Uhr) Grund genug für einen Abstecher nach Bouzigues. Mehrsprachige Schilder, Modelle, lebende Fische und rührende, vergilbte Fotos von anno dazumal veranschaulichen die Geschichte der Lagune und den Weg vom traditionellen Fischfang zur modernen Aquakultur.

Haut-Languedoc

Der Name Haut-Languedoc verrät bereits einiges: Tiefer im Landesinneren und höher über dem Meeresspiegel gelegen, unterscheidet sich die Region stark von der belebten Küstenlandschaft des Bas-Languedoc. Weite Teile sind von grünen Kiefern- und Kastanienwäldern bedeckt. Auf den kargen Kalksteinplateaus hingegen wachsen nur magere Gräser. Von ihnen ernähren sich die Schafe, oft die einzigen Lebewesen, denen man hier oben begegnet.

Zwei grandiose Parks schützen das einst von der Holzindustrie ausgebeutete Land. Im Parc National des Cévennes gedeihen über 2000 Pflanzenarten. Rotwild, Biber und Geier, die lange aus der Gegend verschwunden waren, wurden erfolgreich wieder angesiedelt.

Von den Hochplateaus im Parc Naturel Régional des Grands Causses eröffnen sich phantastische Aussichten. Wasser, das jahrhundertelang durch den weichen Fels sickerte, ließ ein System aus natürlichen Stollen und Höhlen entstehen und zwischen den Plateaus klaffen die tiefen Schluchten der Flüsse Tarn, Jonte und Dourbie.

Zwei menschliche Errungenschaften stechen hervor – die eine prähistorisch die andere ganz modern: Die wenig besuchte Cham des Bondons besitzt Europas zweitgrößte Ansammlung von Menhiren und die moderne Straßenbrücke Pont de Millau über das breite Tarn-Tal ist ein Meisterwerk der Technik und ein leuchtendes Symbol des 21. Jhs.

Das Haut-Languedoc umfasst das Departement Lozère (das am dünnsten besiedelte von ganz Frankreich), den westlichen, wilderen Teil des Gard und in diesem Kapitel ist außerdem ein Teil des Departements Aveyron enthalten, da es kulturell und geografisch dazugehört.

HIGHLIGHTS

- Mit einem Esel eine oder zwei Etappen auf dem **Robert-Louis-Stevenson-Weg** wandern (S. 161)
- Vom Aussichtsturm auf dem **Mont Aigoual** 13 Departements überblicken (S. 173)
- Der spektakulären **Corniche des Cévennes** von St-Jean-du-Gard bis Florac folgen (S. 174)
- Mit einem Ultraleichtflugzeug über den **Pont de Millau** hinwegfliegen (S. 182)
- In eine der zahlreichen kühlen Höhlen des Haut-Languedoc hinabsteigen, z. B. in die **Aven Armand** (S. 176)
- Die Aussicht vom Point Sublime in die **Gorges du Tarn** genießen (S. 177)
- Eines der seltenen **Przewalski-Pferde** sichten (S. 176)

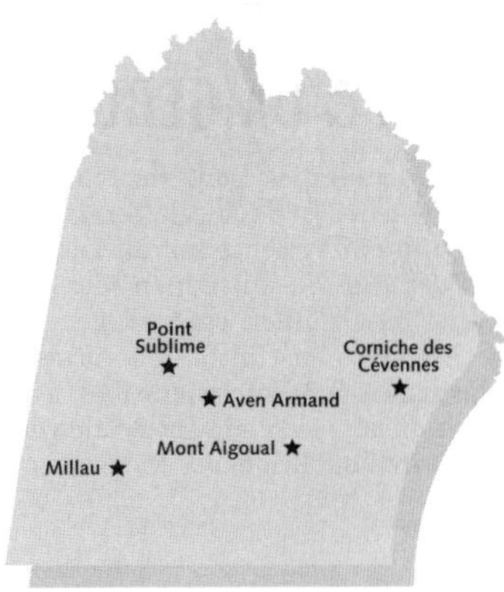

MENDE & UMGEBUNG

Die wilde Landschaft ganz im Norden des Haut-Languedoc ist das ideale Terrain für ein Wolfs- und ein Wisentreservat. Die Moorwiesen der Aubrac, aus denen hier und da schwarze Basaltsäulen emporragen, gehen in die Hochebenen von La Margeride über. Hier heulen eisige Winterwinde und bis heute spukt die düstere Legende der Bestie von Gévaudan durch die Köpfe der Menschen …

MENDE

12 600 Ew.

Mende, ein ruhiges kleines Städtchen am Lot, ist die Hauptstadt des Departements Lozère, des bevölkerungsärmsten Departements Frankreichs. Das ovale Ortszentrum ist von einer Einbahnringstraße umgeben, die als *cordon sanitaire* fungiert, sodass die Altstadt praktisch autofrei ist.

Praktische Informationen

Comité Départemental du Tourisme (☎ 04 66 65 60 00; www.lozere-tourisme.com; 14 bd Henri Bourillon; 🕑 Mo–Do 8.30–12 & 13.30–17.30, Fr 8.30–12 & 13–16.30 Uhr) Touristeninformation des Departements Lozère.

Post (6 bd Soubeyran)

Salle Antirouille (place du Foirail; pro Std. 1,60 €; 🕑 Di–Fr 14 oder 15–20, Sa 9–12 & 14–17 Uhr) Internetzugang. Kostenloser WLAN-Zugang.

FESTIVALS & EVENTS – HAUT-LANGUEDOC

Mai–Oktober

- **Festival Nature** Mit über 500 von der Parkverwaltung organisierten Veranstaltungen – geführte Wanderungen, Ausstellungen, Vorträge, Vorführungen – auf dem Gebiet des Parc National des Cévennes.

Juli

- **Jazz Festival** Mitte Juli wird in Millau eine Woche lang gejammt.
- **Marvejols en Scène** Drei Tage in der zweiten Julihälfte – Straßentheater und Musik in Marvejols.

August

- **Journée des Bergers** Ein Wochenende Anfang August – Schäferfest mit Vorführungen und Lebensmittelmarkt in Florac.
- **Pétanque-Weltmeisterschaft** Fünf Tage Mitte August – 16 Wettbewerbe (darunter in diesem traditionellen Männersport zwei nur für Frauen) locken 10 000 Spieler und doppelt so viele Zuschauer nach Millau.
- **Grandes Fêtes de Mende** Vier Tage um den 20. August – Festzüge, Feuerwerk und allerlei andere Festivitäten in Mende.

November

- **Concours de la Soupe** Drei Tage an einem Wochenende um Allerheiligen (1. November) – Straßenkonzerte, Aktivitäten für Kinder und vieles mehr rund um den Suppenwettkampf von Florac.

Touristeninformation (☎ 04 66 94 00 23; www.ot-mende.fr, auch auf Deutsch; place du Foirail; ⌚ Juli & Aug. Mo–Sa 9–12.30 & 14–19, So 10–12 & 14–16 Uhr, Sept.–Juni Mo–Fr 9–12 & 14–18, Sa 9–12 Uhr) Kostenloser WLAN-Zugang.

Sehenswertes

CATHÉDRALE NOTRE-DAME

Mendes doppeltürmige **Kathedrale** (place Urbain V; ⌚ 9–19.30 Uhr) ist in weitem Umkreis zu sehen und scheint für eine so kleine Stadt reichlich überdimensioniert. Eine Erklärung liefert die Statue von Papst Urban V hinter dem Haupteingang. Er ist im benachbarten Grizac geboren worden, erinnerte sich seiner Heimat und gab den Bau im 14. Jh. von Rom aus in Auftrag.

Für kurze Zeit hing hier die größte je gegossene Kirchenglocke. 1512 wurde die 25 t schwere „Non Pareille" (Unübertroffene) zur Spitze des gerade fertig gestellten Turms gezogen, ertönte jedoch nur 67 Jahre lang. Am Heiligabend 1579, als die Gläubigen gerade die Heilige Messe feierten, eroberten die Hugenotten Mende, ermordeten die meisten von ihnen, holten die Glocke vom Turm und schmolzen sie ein, um daraus Kanonen zu gießen. Nur der 470 kg schwere Klöppel blieb übrig. Er ist links vom Westeingang ausgestellt.

Der dunkle Innenraum lässt die Fensterrose aus dem 17. Jh. in der Westfassade geradezu erglühen. Dafür muss man schon sehr genau hinsehen, um die Details aus dem Leben der Jungfrau auf den Aubusson-Wandteppichen aus dem 18. Jh. zu erkennen, die hoch oben im Schiff hängen.

NOCH MEHR SEHENSWERTES

Sehr angenehm in Mende – v. a. an heißen Sommertagen – sind seine über 15 erfrischenden Springbrunnen. Das Wasser aus den umliegenden Hügeln wird schon seit langem durch ein verborgenes Netz unterirdischer Kanäle in den Lot geleitet. Mehrere davon lassen das Wasser in den **Lavoir de la Calquière** (rue d'Angiran) sprudeln, wo die städtischen Gerber früher die Felle wuschen.

Die **Tour des Pénitents**, einst einer von 15 solchen Türmen, ist der einzige Überrest der

Stadtmauer aus dem 12. Jh. Sie war nach dem Hundertjährigen Krieg wiedererrichtet worden, doch als 1768 die Pest ausbrach, wurde sie niedergerissen, „um die Luft besser zirkulieren zu lassen".

Der **Pont Notre-Dame** war jahrhundertelang die einzige Brücke über den Lot. Die heutige Doppelbogenkonstruktion entstand, nachdem ihr Vorgängerbau während der Hugenottenkriege zerstört worden war.

Aktivitäten

Mende hat in letzter Zeit etliche Outdoor-Angebote geschaffen.

Mimat Aventures (☎ 04 66 45 00 24; Erw./Kind bis/ab 1,50 m 19/12/16 €; 🕑 Anfang Juli–Ende Aug. 9.30–19.30 Uhr, April–Anfang Juli & Ende Aug.–Sept. Sa & So 14–19 Uhr), hoch auf dem Causse de Mende, der sich im Süden über die Stadt erhebt, ist ein Abenteuerparcours in den Bäumen mit insgesamt 76 Stationen für alle Altersgruppen. Außerdem werden Mountainbikes vermietet.

Die Montée Jalabert erinnert an den Triumph des französischen Rennradlers, Laurent Jalabert, der hier 1995 (am 14. Juli, dem Französischen Nationalfeiertag) den Etappensieg der **Tour de France** errang. In der Touristeninformation gibt‘s Karten, die beim Start und am *col* abgestempelt werden, um die Streckenzeit zu ermitteln. Sie werden in einen Sammelkasten gesteckt und ausgewertet. Das Ergebnis bekommt man dann mit einem Diplom per Post zugeschickt. Eine tolle Idee für geübte Radler, die vielleicht sogar davon träumen, Jalaberts Zeit zu unterbieten. Die Strecke ist nur 3,1 km lang, hat aber eine durchschnittliche Steigung von 10 % – eine schweißtreibende Strampelei ist also garantiert.

CROQUANTS DE MENDE

Diese knusprigen, fingerförmigen Kekse mit Mandeln und Haselnüssen gibt's nur in Mende. Sie sind ein verlockender Snack und eignen sich bestens für unterwegs oder als Mitbringsel (wenn die Willenskraft ausreicht, sie nicht vorher selbst zu verspeisen). Zwei etablierte Hersteller sind die **Pâtisserie Marques** (☎ 04 66 65 31 37; 13 rue Droite) und die 1901 eröffnete **Pâtisserie Majorel** (☎ 04 66 65 17 85; 2 rue de la République; 🕑 Di–So, 1.–15. Feb., 1.–15. Juli, 1.–21. Sept. geschl.), die auf hausgemachte Schokolade, Eiscreme und süßes Konfekt spezialisiert ist und die *croquants* bis heute nach Urgroßvaters Originalrezept zubereitet.

Planète Deux Roues (☎ 04 66 49 17 00; 5 av. du Pont Roupt) vermietet Trekkingräder und Mountainbikes für 10/16/36 € pro halben/ganzen Tag/drei Tage. Wer die Last verteilen, oder den Nachwuchs mitnehmen will, bekommt auch ein Tandem oder einen Anhänger.

Weniger strapaziös und ebenfalls kostenlos ist der 4,5 km lange, ausgeschilderte **Lehrpfad**, der vom Eingang zu Mimat Aventures durch Wälder und Wiesen über den Causse de Mende führt.

Schlafen & Essen

Hôtel Le Commerce (☎ 04 66 65 13 73; www.lecommerce-mende.com, auch auf Englisch; 2 bd Henri Bourillon; EZ/DZ/3BZ 41/51/55 €; 🕑 im April & Okt. je 2 Wochen geschl.; ☒) Dieses schöne, verwinkelte Hotel gegenüber der Place du Foirail an der verkehrsreichen Ringstraße wird schon seit drei Generationen von derselben Familie betrieben. Die zehn Zimmer sind makellos. Der Inhaber ist ein Bierliebhaber und bietet ein beeindruckendes Sortiment an Fass- und Flaschenbieren.

Hôtel de France (☎ 04 66 65 00 04; www.hoteldefrance-mende.com, auf Französisch; 9 bd Lucien Arnault; DZ 58–75 €; 🕑 Mitte Jan.–Dez. So–Fr, Sa nur abends; 💻) Die meisten Zimmer dieser ehemaligen Poststation bieten einen grandiosen Ausblick über das Tal und die Gärten. Die Zimmer 1 bis 3, sowie 8 und 10 sind groß, haben separate WCs und blitzsaubere Bäder. Unterm Dach gibt's eine familienfreundliche 2-Zimmer-Einheit (93 bis 123 €). Die kaum eine Minute entfernte Dépendance Les Loges du France bietet vier ebenso schöne Zimmer (85 bis 88 €) in einem kürzlich renovierten Herrenhaus aus dem 16. Jh. Zum Hotel gehört auch ein erstklassiges Restaurant (Menüs 28–31 €).

Le Rachas (☎ 04 66 65 12 62; 5 av. Foch; Menüs 13 €; 🕑 Mo–Sa) Dieses beliebte Billigrestaurant serviert gesunde Kost für die ganze Familie. Senfgelbe Plastiktischdecken und eine Suppenschüssel, die von Tisch zu Tisch gereicht wird, machen eigentlich nicht viel her – aber so viele Einheimische können sich kaum irren …

Le Mazel (☎ 04 66 65 05 33; 25 rue du Collège; Menüs 15,50–28 €, Hauptgerichte 9–17 €; 🕑 März–Mitte Nov. Mi–So mittags & abends, Mo nur mittags) Dieses anerkannte Feinschmeckerrestaurant mit erstaunlich günstigen Preisen und stilvollem Dekor – nur nicht von der nüchtern moder-

HAUT-LANGUEDOC

nen Umgebung abschrecken lassen – bietet hauptsächlich phantasievoll zubereitete regionale Gerichte.

Restaurant Les Voûtes (☎ 04 66 49 00 05; 13 rue d'Aigues-Passes; Menüs 21 €; Juni-Aug. tgl., Sept.–Mai Mo–Sa, 15–30. Sept. geschl.) Von drei Brüdern geführtes Restaurant im Klostergewölbe. Es bietet große Salate (8,60–9,70 €), Pizzas (8–10 €), Grillgerichte (12,50–14 €) und mittags ein sehr gutes Tagesessen (12,50 €) – alles auch zum Mitnehmen.

La Safranière (☎ 04 66 49 31 54; Chabrits; Menüs 22–46 €; Di–Sa mittags & abends, So nur mittags) Absolut modern eingerichtetes Lokal in einem umgebauten Bauernhaus; minimalistisch mit zierlichen, schmiedeeisernen Stühlen, frischen Blumen und Grünpflanzen, Juteteppichen und Originalkunstwerken an den Wänden. Der junge Koch, der hier zu seinen Wurzeln zurückgekehrt ist, bereitet kreative, optisch ansprechende Gerichte, während seine Frau für ein freundliches Ambiente sorgt. Draußen sitzt man wunderbar unter einem Baldachin verschlungener Weinranken und genießt seinen Aperitif oder Kaffee unter einer skurrilen Skulptur aus recyceltem Alteisen. Zu finden ist La Safranière in Mendes Vorort Chabrits.

SELBSTVERSORGER

Mende verfügt über zahlreiche Feinkostläden, traditionelle Lebensmittelgeschäfte und Patisserien.

La Fromagerie (30b rue Soubeyran) unter den Ostpfeilern der Kathedrale führt eine eindrucksvolle Auswahl an Käsesorten, Marmeladen, regionalen Fleischerzeugnissen und pâtés, produziert selbst Schafskäse und ist auch als Au Sourire de la Crémière bekannt.

Bäcker- und Konditorwaren bieten die **Boulangerie Kermes** (3 rue Soubeyran) und die **Boulangerie Pons** (31 rue Notre Dame). Samstag ist Markttag. Dann füllen Lebensmittelstände regionaler Bauern die Place Urbain V.

An- & Weiterreise

Busse fahren am Bahnhof ab und halten meist an der Place du Foirail bei der Touristeninformation. An Werktagen fährt ein Bus täglich nach Rodez (☎ 04 66 65 19 88; 13,20 €, 3½ Std.) und mindestens zwei fahren nach Le Puy-en-Velay (17 €, 2 Std.). Richtung Norden gibt es täglich zwei SNCF-Busse nach Clermont-Ferrand im Zentralmassiv (28,80 €, 3 Std.).

Der Bahnhof liegt 1 km nördlich der Stadt auf der anderen Seite des Lot. Drei Züge täglich gehen nach Alès (16,20 €, 2½ Std.) und bis zu fünf Züge oder Busse Richtung Westen nach Marvejols (6,30 €, 50 Min.).

LOUPS DU GÉVAUDAN

Einst bevölkerten Wölfe die Wälder von Lozère, heute sind sie jedoch nur noch im Park **Loups du Gévaudan** (☎ 04 66 32 09 22; www.loupsdugevaudan.com, auf Französisch; Erw./Kinder 7/4 €; ⌚ Juni–Aug. 10–19 Uhr, Feb.–Mai & Sept.–Dez. bis 17 oder 18 Uhr) 10 km nördlich von Marvejols zu sehen. In den weiträumigen Freigehegen des Parks leben etwa 100 mongolische, kanadische, sibirische und polnische Wölfe sowie – seit 2008 – ein kleines Rudel Polarwölfe. Eine durchdachte Ausstellung mit französischer und englischer Beschriftung behandelt die Mythen und Vorurteile sowie die jahrhundertelange Verfolgung dieser großartigen Tiere. Im Eintrittspreis enthalten ist eine informative englischsprachige Broschüre, die den größeren (nicht öffentlichen) Forschungspark unterstützt.

RÉSERVE DE BISONS D'EUROPE

Der **Bisonpark** (☎ 04 66 31 40 40; www.bisoneurope.com, auf Französisch; ⌚ Mitte Juni–Mitte Sept. 10–18 Uhr, sonst bis 17 oder 18 Uhr) in der Nähe des kleinen Dorfes Ste-Eulalie-en-Margeride hatte bei seiner Eröffnung 25 Wisente (auch „europäische Bisons" genannt) aus dem Bialowieza-Wald in Polen.

Heute streifen durch das 200 ha großen Reservats 40 Tiere. Besucher können an einer 50-minütigen Führung teilnehmen – entweder per Pferdewagen (Erw./3–11 J./unter 3 J. 12/6,50 €/frei) oder im Winter mit dem Schlitten (14,50/8 €/frei). Von Mitte Juni bis September kann man das Gehege auf einem 1 km langen markierten Weg umrunden (Erw./5–11 J./unter 5 J. 6/4 €/frei).

MARVEJOLS

6000 Ew.

Marvejols ist eine weitere Stadt, die schwer unter den Hugenottenkriegen gelitten hat. Während Mende von den protestantischen Truppen des fanatischen Captain Merle geplündert wurde, brandschatzten hier 1586 die nicht minder skrupellosen katholischen Truppen unter Admiral Joyeuse, weil die Stadt der protestantischen „Ketzerei" verfallen war.

DIE BESTIE VON GÉVAUDAN

Zwischen 1764 und 1767 versetzte eine wilde Bestie drei Jahre lang das Gévaudan in Angst und Schrecken. Das Ungeheuer riss Schafe und Wanderer, die oberhalb von Mende allein unterwegs waren. Örtlichen Berichten zufolge fielen ihm fast 100 Menschen zum Opfer. Besonders abscheulich ist, dass den meisten die Köpfe abgetrennt und dann die Körper verschlungen wurden. Andere konnten von Freunden aus den Fängen des Monsters befreit werden und überlebten.

Panik machte sich breit und es wurden drei Jagdgesellschaften mit jeweils mehreren hundert Mann ausgesandt, um das Untier zur Strecke zu bringen. Mehrere Wölfe – für alle die *bête noire* (Sündenbock) – wurden getötet. Den größten erlegte 1765 ein gewisser Antoine. Er kassierte die saftige Prämie – und sein Wolf wurde zur gesuchten Bestie erklärt.

Dennoch ging das Morden weiter, bis der ortsansässige Meisterschütze Jean Chastel am 19. Juni 1767 einen besonders stattlichen Wolf erlegte. Bis heute wird spekuliert: War es vielleicht ein Sadist im Wolfsgewand, der nur nie erwischt wurde (die meisten Opfer waren Schäfer und Schäferinnen)? Oder war es eine göttliche Strafe, wie der Bischof von Mende verkündete? Keiner wird es je erfahren …

RUND UM AUBRAC & LA MARGERIDE

Diese Tagestour (145 km mit Abstechern) ist voller Kontraste. Sie führt durch das Grasland und Basaltgebiet des Aubrac zu den Hochplateaus der Margeride in eine der abgeschiedensten und am dünnsten besiedelten Gegenden Frankreichs, geprägt von Granitfelsen, unwegsamen Pinienwäldern und einsamen Auen. In der weiten, von sanft bis spektakulär reichenden Landschaft liegen nur vereinzelte kleine Städtchen. Dafür kann man hier Wölfe und Wisente aus der Nähe sehen.

Hinter Mende geht's auf ausgeschilderten Wegen nach Marvejols (S. 158). Nach der Altstadterkundung (eine halbe Stunde sollte ausreichen), verlässt man den Ort via D809 in Richtung Aumont-Aubrac. Nach 8 km biegt man rechts auf die D253 und erreicht nach weiteren 3 km das Wolfsreservat Loups du Gévaudan (S. 158). Hier mindestens eine Stunde einplanen – mehr wenn auch das Museum besichtigt werden soll.

Wieder auf der D809 geht's geradeaus an der A75-Autobahnauffahrt vorbei. Kurz danach biegt man rechts auf eine 8 km lange Runde zum **Roc de Peyre** (1179 m), einem Vulkankegel, der eigentlich eher für das weiter nördlich gelegene Zentralmassiv typisch ist. Der einsame Höcker mit weißem Gipfelkreuz und Funkantenne ist nicht schwer auszumachen. 76 Stufen führen zur Aussichtsplattform mit großartigem Rundum-Panorama und einer Orientierungstafel.

Anschließend führt einen die D809 durch Aumont-Aubrac und erreicht nach 13 km St-Alban-sur-Limagnole. Sie verläuft an Feuchtwiesen entlang und zum ersten Mal relativ eben auf der sonst sehr bergigen Strecke.

St-Alban-sur-Limagnole lohnt einen kurzen Halt zur Besichtigung der romanischen Pfarrkirche. Sie besitzt einen hübschen Glockenturm mit drei Gewölbebogen, typisch für La Margeride und die weiter nördlich gelegene Auvergne. Ebenso wie Aumont-Aubrac ist das Dorf eine Station auf dem Jakobsweg nach Santiago de Compostela in Spanien. Es liegt drei Tagesetappen von Le Puy entfernt, der wichtigsten Ausgangsstation in Frankreich. Nicht selten sind hier Pilger mit Stab und Jakobsmuschel zu sehen.

Das restaurierte Renaissance-**Schloss** (es beherbergt auch die kleine Touristeninformation) hat einen herrlichen Innenhof. Wie viele öffentliche Gebäude der Gegend (sakrale ebenso wie weltliche) ziert es der rosa-marmorierte Granit aus den Steinbrüchen der Region. Wegen seiner Abgeschiedenheit diente das Dorf im Zweiten Weltkrieg als Zuflucht für viele *maquisards* (Résistance-Kämpfer), darunter auch der Dichter Paul Éluard.

Von St-Alban führt der Weg durch Ste-Eulalie-en-Margeride und den Schildern folgend zur Réserve de Bisons d'Europe (S. 158) mit frei weidenden Wisenten. Anschließend geht's zurück nach Ste-Eulalie und links ab auf die D7 mit der Beschilderung Le Viala. Die Kreuzung geradeaus überqueren und weiter der D7 in Richtung Serverette folgen. Dort links abbiegen auf die D806.

In St-Amans steht auf der linken Straßenseite ein gelbes Schild, das auf die 2,5 km entfernte **Ferme de Fiougage** (☎ 04 66 47 34 65; Erw./Kinder 3,20/2,60 €; 🕑 Juli & Aug. tgl. 14–19 Uhr, Sept.–Nov & Feb.–Juni nur Sa & So) verweist. Dort werden Rehe und Schafe gezüchtet und eine kleine Ausstellung informiert über Schäferei und Wollhandel.

Zurück zur D806 und dann links gelangt man wieder nach Mende.

Außer im Sommer ist Marvejols ein verschlafenes Örtchen und Zentrum der umliegenden Bauerndörfer. Interessant ist die autofreie Altstadt zwischen drei schönen Stadttoren. Haupttor ist die Porte du Soubeyran. In den Seitentürmen der beiden anderen Tore, Porte du Théron und Porte Chanelles, sind heute Wohnungen und in Letzterer sogar eine Wäscherei untergebracht. Die Hauptstraße Rue de la République, die in die Rue Jean Roujon übergeht, verläuft von Nord nach Süd.

Die hilfreiche **Touristeninformation** (☎ 04 66 32 02 14; www.ville-marvejols.fr, auch auf Englisch; 🕑 Juli & Aug. Mo–Sa 9–12 & 14–19 Uhr, So 10–12 & 16–18 Uhr, sonst Di–Fr 9–12 & 14.30–18 Uhr, Sa 9–12 & 14–17.30 Uhr) von Marvejols hat ihr Quartier gleich neben der Porte du Soubeyran. Hoch über der altehrwürdigen Pforte erinnert eine Inschrift daran, dass König Heinrich IV. – bis heute als Lokalheld verehrt – nach der Zerstörung durch die Hugenottenkriege den Wiederaufbau der Stadt befahl.

Ein fast noch zeitgenössischer Held der Stadt ist der Bildhauer Emmanuel Auricoste (1908–55), dessen eindrucksvolle Werke in den 50er-Jahren den Nerv der Stadt trafen. Sein Bildnis von Henri IV auf der Place Soubeyran zeigt den König als dürre Gestalt mit langen Beinen und Fingern – überaus menschlich und majestätisch zugleich. Das zweite Stück seines bewegenden Vermächtnisses ist die drohende Bête du Gévaudan (Bestie von Gévauadan; Kasten S. 158) auf der Place des Cordeliers. Das sprungbereit geduckte Monster mit gefletschten Zähnen kann einen noch im Traum verfolgen …

LANUÉJOLS

Am Ortseingang von Lanuéjols, 12 km südöstlich von Mende, befindet sich ein großer Mausoleumstempel aus dem 2. Jh., der inzwischen schon ein Stück im Boden versunken ist. Er wurde zum Gedenken an die beiden Söhne des gallorömischen Landbesitzers Lucius Julius Bassianus errichtet, dem wohl auch die nahen Eisenerz- und Bleiminen gehörten. Der gut erhaltene Tempel thront zwischen den Überresten einer später (im 4./5. Jh.) erbauten Nekropolis.

Einen Besuch lohnt auch die einfache romanische Pfarrkirche mit klar gegliedertem Chor und Nebenkapellen. Ihr Friedhof ist ein Spiegelbild des nahen Mausoleums. Rings um die Kirche drängen sich die einfachen Gräber, während die Gruften der wohlhabenden Familien etwas abseits liegen.

Erreichbar ist Lanuéjols von Mende her kommend via Rue des Écoles, die an der Touristeninformation vorbeiführt und mit „Causse de Mende" beschildert ist. Dann folgt man der D25 nach Brenoux, biegt links auf die D41 ab und hat das Ziel nach 3 km erreicht.

PARC NATIONAL DES CÉVENNES

Die Cevennen sind trockener, heißer und im Allgemeinen stärker bewaldet als die Auvergne im Norden und haben daher einen eher mediterranen Charakter. Der Nationalpark ist mit vereinzelten Weilern gespickt und beherbergt eine enorme Vielfalt an Tieren und Pflanzen – 2250 Pflanzenarten wurde hier registriert. Tiere wie Hirsch, Biber und Geier, die lange aus der Gegend verschwunden waren, sind hier erfolgreich wieder eingeführt worden. Der Park besteht aus vier Hauptteilen: Mont Lozère, Mont Aigoual, Vallées Cévenoles (Cevennentäler) und einem großen Teil der Causse Méjean (S. 176).

Die beste Gesamtkarte des Parks ist die IGN-Karte *Parc National des Cévennes* im Maßstab 1:100 000.

Geschichte

Der 910 km² große Parc National des Cévennes, heute ein Unesco-Biosphärenreservat, ist Frankreichs größter Nationalpark. Er wurde 1970 eingerichtet, um ökologische Stabilität in ein Gebiet zu bringen, in dem sich die Präsenz des Menschen wegen religiöser und später ökonomischer Umbrüche lange Zeit destabilisierend ausgewirkt hatte. Auf Zuwanderungen, mit denen die Rodung von Wäldern für Bauholz und Weideland einherging, folgten Abwanderungen, als die Menschen den Kampf gegen das unwirtliche Klima und Terrain aufgaben. Viele kleine Dörfer und Höfe wurden verlassen und zum Schnäppchenpreis von reichen Parisern und Ausländern aufgekauft.

Aktivitäten

Der kleine Skiort **Prat Peyrot** (☎ 04 67 73 19 80), hoch oben am Südhang des Mont Aigoual, besitzt 14 kurze Abfahrtspisten und sieben Langlaufloipen zwischen 5 und 15 km Länge. Auch der Mont Lozère bietet Möglichkeiten für Langläufer. In den wärmeren Monaten ist **Eseltrekking** im Park beliebt. Insgesamt 600 km an Pfaden stehen für Esel und Pferde zur Verfügung und 200 km Trails sind für Mountainbiker markiert.

Ein ebenso gut ausgebautes Netz von Wanderwegen macht den Park zum ganzjährigen **Wanderparadies**. Er wird von einem Dutzend Fernwanderwegen *(grande randonnée)* und über 20 kürzeren Pfaden durchzogen, die zwischen zwei und sieben Stunden erfordern.

DINOSAURIERSPUREN ENTDECKEN

Jahrmillionen bevor die ersten Wanderer hier ihre Stiefelabdrücke hinterließen, stapften Dinosaurier durch die Cevennen. Neben der Dorfkirche in St-Laurent-de-Trèves, 9 km südlich von Florac, führt ein 400 m kurzer Rundweg an Dinofußspuren vorbei und zu einem schönen Aussichtspunkt.

REISEN MIT EINEM ESEL

Als der schottische Schriftsteller Robert Louis Stevenson die Cevennen im Oktober 1878 nur in Gesellschaft der Eselin Modestine überquerte, waren sie noch viel wilder und ungezähmter als heute.

„Ich wurde mit Geringschätzigkeit angesehen, wie ein Mann, der eine Reise zum Mond plant, aber zugleich mit respektvollem Interesse wie einer, der den lebensfeindlichen Pol erreichen will", schreibt Stevenson in seiner *Reise mit dem Esel durch die Cevennen*.

In Begleitung der störrischen, für 65 Francs und ein Glas Brandy gekauften Modestine benötigte Stevenson respektable zwölf Tage für die 232 km von Le Monastier-sur-Gazelle südöstlich von Le Puy-en-Velay nach St-Jean-du-Gard westlich von Alès. Danach verkaufte er seine Eselin – und weinte.

Stevensons Route, die zuerst im Jahre 1978 von einer Schottin nachverfolgt und mit dem Andreaskreuz markiert wurde, ist heute der GR70.

Ob man auf dem Rücken eines Esels schaukelt oder auf den eigenen Beinen geht, das Buch *The Robert Louis Stevenson Trail* von Alan Castle ist stets ein hervorragender, praktischer und kenntnisreicher Begleiter. Auch die Website www.chemin-stevenson.org (auch auf Deutsch) liefert Informationen. In den Touristeninformationen gibt es die kostenlose Broschüre *Sur Le Chemin de Robert Louis Stevenson* mit einer umfangreichen Liste von Unterkünften an der Strecke.

In der Maison du Parc (s. rechts) von Florac gibt's mehr als ein Dutzend hervorragende Broschüren (je 5 €) mit Beschreibungen von Rundwanderwegen, die an verschiedenen Punkten im Park beginnen. Im Sommer steigt das **Festival Nature** mit Outdoor-Aktivitäten, Vorträgen und Exkursionen.

FLORAC

2000 Ew.

Florac, 79 km nordwestlich von Alès und 38 km südöstlich von Mende, erstreckt sich unterhalb der 1000 m hohen Klippen des Causse Méjean am Westufer des Tarn-Nebenflusses Tarnon. Der Ort hat keine großartigen Attraktionen, ist jedoch ein guter Ausgangspunkt für Erkundungen des Parc National des Cévennes und des oberen Teils der Gorges du Tarn. Im Sommer erwacht das ansonsten verschlafene Dorf zu regem Leben.

Ein weiterer Nebenstrom des Tarn ist der schmale Pêcher, der das Wasser des Causse Méjean abführt. In Florac stürzt er über zwei Wasserfälle, zwischen denen sich dicke, hier geschützte Forellen tummeln.

Praktische Informationen

Florac Cyber Café (12 rue Armand Jullié; pro halbe/ganze Std. 3/4 €; ⌚ Juli & Aug. tgl. 10–20.30 Uhr, Sept.–Juni So & Mo 14.30–20.30, Di–Sa 10–12 & 14.30–20.30 Uhr) Internetzugang.

Touristeninformation (☎ 04 66 45 01 14; www.mescevennes.com, auf Französisch; 33 av. Jean Monestier; ⌚ Juli & Aug. tgl. 9–12.30 & 13.30–19 Uhr, Sept.–Juni Mo–Sa 9–12 & 14–18 Uhr)

Waschsalon (11 rue du Pêcher; ⌚ 8.30–19.30 Uhr)

Aktivitäten

Die Touristeninformation bietet Infos zu Outdoor-Aktivitäten mit denen sich ein ganzer Sommer füllen lässt (s. links). Über die vielseitigen Wandermöglichkeiten im Park informiert die gut ausgestattete **Maison du Parc National des Cévennes** (☎ 04 66 49 53 01; www.cevennes-parcnational.fr, auf Französisch; ⌚ Juli & Aug. tgl. 9–18.30 Uhr, Ostern–Juni, Sept. & Okt. tgl. 9.30–12.15 & 13.30–17.30 Uhr, Nov.–Ostern nur Mo–Fr) im schön restaurierten Château de Florac aus dem 17. Jh. Hier gibt's auch eine deutsche Ausgabe des Parkführers *Parc National des Cévennes* (15 €) sowie die sehr empfehlenswerte **interaktive Ausstellung** *Passagers du Paysage* mit deutschsprachiger Begleitbroschüre und 15-minütiger Diashow.

ESELTREKKING

Warum sich nicht ein Beispiel an Robert Louis Stevenson nehmen und ein Lasttier mieten? Mehrere Anbieter sind im Geschäft mit den Eseln engagiert. Zu ihnen gehören **Gentiâne** (☎ 04 66 41 04 16; http://anegenti.free.fr, auch auf Deutsch) in Castagnol und **Tramontane** (☎ 04 66 45 92 44; chantal.tramontane@nomade.fr) in St-Martin-de-Lansuscle. Die Preise liegen bei etwa 45 € pro Tag und 210–275 € pro Woche. Beide Anbieter reservieren auch Unterkünfte ent-

JEAN-CHRISTOPHE BARTHES

In den 1990er-Jahren verließ Jean-Christophe Barthes seine Heimatstadt Montpellier und kaufte sich 70 ha Hangland und einen völlig verwahrlosten Bauernhof, der seit dem Zweiten Weltkrieg verlassen war.

Nach zehn Jahren harter Arbeit bewirtschaftet er heute einen erfolgreichen Biohof, der fast alles hergibt, was er zum Leben braucht. Er lädt uns an seinen reich gedeckten Tisch mit Würstchen in allen Variationen, zylindrischen Käselaiben (*tomme*), winzigen *pélardons* und einem größeren, schimmelüberzogenen Käse ohne Namen. Weiter türmen sich darauf Pasteten, Honig, Marmeladen und eine leckere Mischung aus Bohnen und Esskastanien. „Nur der Wein ist nicht von mir", grinst er.

„Klar sind da die Gebäude", tut er seine Renovierungsleistungen ab. „Aber wirklich stolz bin ich darauf, dass ich das brachliegende Land zu neuem Leben erwecken konnte. Ohne regelmäßige Bewirtschaftung war es zu Buschland verwildert. Und dann natürlich die Rückkehr der Schwalben. Zuerst waren es nur eine oder zwei – jetzt nistet hier jedes Jahr eine ganze Kolonie." Wo keine Tiere leben, gibt es keine Fliegen und somit für die Schwalben nichts zu futtern. „Je mehr Fliegen, umso mehr dieser eleganten Vögel", grinst Barthes.

Seine Ziegen geben die Milch für den Käse. Die überschüssige Molke verfüttert er an die Schweine, die wiederum als Wurstketten in seinem riesigen Lagerraum enden. Und die Kühe? „Ich habe ja genug Platz – also warum nicht?" meint er schulterzuckend. Und die Bienen arbeiten fast ohne sein Zutun.

Heute reicht es nicht mehr, nur Landwirt zu sein. Mit seiner grenzenlosen Energie und stets freundlichem Lächeln betreibt Jean-Christophe eine phantastische *chambre d'hôtes* (unten) sowie einen *gîte d'étape* für Wanderer auf dem GR70, die ganz in der Nähe vorbeiführt. Er verkauft seine Lebensmittel auf den Märkten der Umgebung und engagiert sich im Vorstand des örtlichen Bauernverbands. Im Sommer betreut er Besuchergruppen, die beim Melken der Ziegen zuschauen und ihnen anschließend auf die Weiden folgen. Abends tischt er groß auf: Kitz am Spieß, gegrillt im riesigen Ofen seines ebenso riesigen Speisesaals. Und irgendwann findet er wohl auch noch ein bisschen Zeit zum Schlafen – auch wenn man sich fragt wie …

lang der Route. Sie sind außerhalb von Florac ansässig, bringen aber die Esel (für etwa 1 € pro Kilometer) auch in die Stadt oder an einen anderen Ort.

NOCH MEHR AKTIVITÄTEN

Cévennes Évasion (☎ 04 66 45 18 31; www.cevennes-evasion.com, auf Französisch; 5 place Boyer) vermietet Mountainbikes für 13/19 € pro halben/ganzen Tag und stellt hilfreiche farbige Routenkarten bereit. Im Sommer werden die Radler sogar ohne Zusatzkosten auf den Causse Méjean gebracht, den sie dann völlig mühelos hinunterflitzen können (ab fünf Personen, die sich an sonnigen Tagen meist problemlos finden). Das Team organisiert außerdem Höhlentouren, Klettern und Canyoning. (Und auf diese Profis kann man sich verlassen – sie haben für die spektakuläre Eröffnungs- und Schlusszeremonie der Athener Olympiade in luftiger Höhe die Feuerwerkskörper angebracht.) Zudem bieten sie geführte oder nicht geführte Wanderungen mit vorgebuchten Unterkünften und Gepäcktransport an.

Schlafen

Florac verfügt über zwei gute städtische Campingplätze am Fluss.

Camping La Tière (☎ 04 66 45 04 02; mairie@ville-florac.fr; Zelt & 2 Pers. 10 €; ⏲ Juli & Aug.) Dieser attraktive Platz gleich südlich der Stadt ist deutlich kleiner und einfacher als der zweite Campingplatz. Die Stellplätze am Fluss Tarnon sind durch Hecken unterteilt.

Camping Le Pont du Tarn (☎ 04 66 45 18 26; www.campingpontdutarn.com, auch auf Deutsch; Zelt & 2 Pers. 14 €; ⏲ April–Mitte Okt.; ♿) Im Norden an der D998 und 2 km von Florac entfernt liegt dieser große, ansprechende Campingplatz mit schattigen Platanen, Linden, Eschen und Ahornbäumen. Es gibt eine Snackbar und Bademöglichkeiten sowohl im Tarn als auch im Pool.

La Carline (☎ 04 66 45 24 54; lagrave.alain@wanadoo.fr; 18 rue du Pêcher; pro Pers. 13 €; ⏲ Ostern–Okt.) Dieser luxuriöse *gîte d'étape* (Wandererquartier) in einem Gebäude aus dem 18. Jh. ist bei Wanderern und anderen Selbstversorgern zu Recht beliebt. Neben 4-Bett-Einheiten mit Etagenbad gibt's im Obergeschoss zwei gemütliche Doppelzimmer.

LP Tipp **La Ferme de la Borie** (☎ 04 66 45 10 90; www.gite-et-chambre-a-la-ferme-en-cevennes.com, auf Französisch; EZ/DZ mit Frühstück 22–29/35–44 €; ⌚ März–Nov.) Der Hausherr, Jean-Christophe Barthes, sprüht geradezu vor Überschwang und *joie de vivre*. Das üppige Abendessen mit Produkten von seinem Biohof und Wein so viel man will garantiert, dass die Gäste satt und zufriedenen schlafen. Und dazu genießt man hier eine Stille, wie sie kaum ein Stadtmensch kennt – nur das leise Bimmeln der Kuhglocken ist zu hören. Wer um 18 Uhr eintrudelt, kann beim Melken der Ziegen dabei sein und am nächsten Morgen zuschauen, wie Käse gemacht wird. Gerne zeigt Jean-Christophe seinen Gästen den Dinosaurier-Fußabdruck. Unbedingt reservieren – nur telefonisch.

Auberge Cévenole (☎ 04 66 45 11 80, 06 32 72 71 98; La Salle Prunet; Zi. mit Bad 43 €, mit Gemeinschaftsbad 33 €; ⌚ Mitte Feb.–Mitte Nov.) Kleines Hotel mit acht Zimmern unweit der N106 im Dörfchen La Salle Prunet, 4 km südöstlich von Florac. Sehr freundlicher Empfang und ausgezeichnetes Preis-Leistungs-Verhältnis. Wer nicht unbedingt ein eigenes Bad braucht, wird die drei Zimmer unter dem Dach besonders nett finden. Mutter und Sohn betreiben zusammen ein grandioses Restaurant (Mittagsmenü 12,50 €, weitere Menüs 20–24 €; ⌚ Juli & Aug. tgl. mittags & abends, Mitte Feb.–Juni & Sept.–Mitte Nov. Di–Sa mittags & abends, So nur mittags).

Hôtel Les Gorges du Tarn (☎ 04 66 45 00 63; www.hotel-gorgesdutarn.com, auch auf Englisch; 48 rue du Pêcher; DZ 45–60 €; ⌚ Ostern–Okt.; P) Logis-de-France-Haus an einer ruhigen Seitenstraße mit kostenlosen Parkplätzen und freiem WLAN-Zugang. Fast alle 26 Zimmer – in Haupt- und Nebengebäude – sind frisch renoviert und blitzsauber. Die Selbstversorger-Studios im Anbau bieten Platz für bis zu vier Personen (DZ/3BZ/4BZ 60/70/80 €) und sind mit Kühlschränken und großer Arbeitsflächen ausgestattet. Es gibt aber auch ein ausgezeichnetes Restaurant (s. S. 164).

Grand Hôtel du Parc (☎ 04 66 45 03 05; www.grandhotelduparc.fr, auch auf Englisch; 47 av. Jean Monestier; Zi. 50–70 €; ⌚ Mitte März–Mitte Nov.; 🏊) Die 55 Zimmer dieses altehrwürdigen Hotels sind auf zwei Flügel verteilt – der ältere mit klassischen Holzfensterläden und der neuere ansprechende mit örtlichem Naturstein verblendet. Buchstäblich „Grand" erhebt sich das Gebäude auf einem riesigen Privatgrundstück mit Pool, Terrasse, gepflegten Gärten und ausgewachsenen Zedern. Auch ein ansprechendes Restaurant fehlt natürlich nicht.

Essen

L'Esplanade, eine schattige Fußgängerzone, verwandelt sich im Sommer in eine einzige große Restaurantfläche mit gutem und günstigem Essen.

Chez Les Paysans (☎ 04 66 31 22 07; square Maury; Menüs 12–16 €, Hauptgerichte 10 €; ⌚ tgl.) Dieses Restaurant und Feinkostgeschäft bietet frische

LES AGNEAUX DE PARCOURS

Wer zur richtigen Jahreszeit im richtigen Restaurant des Parc National des Cévennes isst, bekommt das zarteste und leckerste Lamm aller Zeiten aufgetischt.

Um ein Lamm als *agneau de parcours* bezeichnen zu dürfen, muss sich der Bauer an die strengen Vorschriften halten, die in der „landwirtschaftlichen Charta" des Parks festgehalten sind. Die Lämmer müssen zwischen Januar und Mai innerhalb der Parkgrenzen geboren und auch hier aufgewachsen sein. Sie dürfen ausschließlich mit Getreide oder Kastanien aus diesem Areal gefüttert werden und müssen mindestens drei Monate auf einer Weide gegrast haben, ehe sie im Alter von dreieinhalb bis zehn Monaten mit einem Gewicht von 14 bis 21 kg geschlachtet werden. Teilnehmende Bauern verpflichten sich dazu, in der Zeit von Juli bis Dezember nur *agneaux de parcours* zu verkaufen. So wird ausgeschlossen, dass womöglich ein falsches Stück Fleisch beim Kunden landet.

Noch höher geschätzt – und entsprechend teuer – ist *agneau de lait*, Milchlamm, dessen Ernährung zu 95 % aus Muttermilch bestehen muss. Im zweiten und letzten Lebensmonat dürfen Heu oder biologisches Getreide und Kraftfutter zugefüttert werden. Erhältlich ist Milchlamm nur von Ende April bis Ende Juni.

Die Infobüros des Parks haben ein Verzeichnis der Landwirte und Restaurants, die *agneaux de parcours* anbieten.

und sehr günstige Regionalküche, die drinnen oder auf der weinbewachsenen Terrasse serviert wird.

La Source du Pêcher (☎ 04 66 45 03 01; 1 rue de Remuret; Menüs 18–38 €; ⏲ April–Okt.) Wunderbare Terrasse oberhalb des Flüsschens Pêcher und sehr gute Küche. Die Betreiber wissen das und zeigen es gern: Um die Tür herum hängen zahlreiche Medaillen und Auszeichnungen – die meisten allerdings schon etwas älter. Man isst hier ausgezeichnet – wenn einem das etwas herablassende Gehabe des Besitzers nichts ausmacht. Reservierungen werden nicht entgegengenommen – also früh da sein!

La Lozerette (☎ 04 66 45 06 04; www.lalozerette.com, auf Französisch; Cocurès; Menüs 18,50–48 €, Hauptgerichte 13,50–17 €; ⏲ Do–Mo mittags & abends, Ostern–Okt. auch Mi abends) Von der *Cigale au Violon* (Violine spielende Zikade), einer Holzstatue im Speisesaal, darf man zwar kein Ständchen erwarten, dafür läuft im Hintergrund coole Jazzmusik. Das aufmerksame Servicepersonal serviert köstliche und ansprechend präsentierte Speisen. Dieses schöne Hotel liegt nur 5,5 km nordöstlich von Florac an der D998 und bietet auch sehr hübsche Zimmer (51 bis 78 €).

Zwei beeindruckende Hotel-Restaurants der Stadt:

Grand Hôtel du Parc restaurant (☎ 04 66 45 03 05; http://restaurant-hotel-florac-lozere.grandhotelduparc.fr, auch auf Englisch; 47 av. Jean Monestier; Menüs 19–28 €, Hauptgerichte 9–14,50 €)

L'Adonis (☎ 04 66 45 00 63; 48 rue du Pêcher; Menüs 17–44 €, Hauptgerichte 17–20 €; ⏲ Do–Di mittags & abends, Mi nur mittags) Restaurant des Hôtel Les Gorges du Tarn.

Shoppen

Chez les Paysans (☎ 04 66 31 22 07; square Maury) Dieses Mitglied der Organisation Boutiques Paysannes (S. 105) bietet eine breite Auswahl regionaler Produkte von Kleinbauern der Region.

Maison du Pays Cévenol (☎ 04 66 45 15 67; 3 rue du Pêcher; ⏲ Mai–Dez.) Diese gastronomische Fundgrube verkauft heimische Spezialitäten wie Liköre, Marmelade, *pélardon*-Käse und Kastanien in allen Variationen.

Atelier du Sucre et de la Châtaigne (☎ 04 66 45 28 41; 64 av. Jean Monestier) Hier gibt es hausgemachte Leckereien aus Kastanienmehl und Honig.

An- & Weiterreise

Florac ist ohne eigenes Transportmittel schwer erreichbar. Ein Minibus von **Transports Reilhes** (☎ 04 66 45 00 18, 06 60 58 58 10) verkehrt montags bis samstags von/nach Alès (13,50 €, 1¼ Std.) und hält um 9 Uhr am alten Bahnhof.

MONT LOZÈRE

Die Bergkette des Mont Lozère im nordwestlichen Parksektor besteht aus wasserdichtem Granit, über den das Regenwasser in kleinen Bächen herunterströmt. Hier entspringt der Fluss Tarn, dessen Oberlauf die spektakuläre Tarnschlucht (S. 177) gegraben hat. Im Winter in Nebel und Eis gehüllt, im Frühjahr ein einziges Blütenmeer, ist der Mont Lozère mit blühendem Heidekraut, Blaubeeren und plätschernden Bächen ein ideales Sommerreiseziel. Die weiten, mit Geröllfeldern durchzogenen Grasflächen bieten Futter für die Schafe, die hier in den wärmeren Monaten grasen.

Le Pont-de-Montvert

300 Ew.

Über eine malerische Strecke durch das obere Tal des Tarn erreicht man 20 km nordwestlich von Florac Le Pont-de-Montvert. Dieses nette, kleine Dörfchen aus grauen Granithäusern erstreckt sich auf beiden Ufern und die beidne Ortsteile sind durch eine schmale Bogenbrücke aus dem 17. Jh. miteinander verbunden.

Das **Musée du Mont Lozère** (☎ 04 66 45 80 73; mit Audioguide Erw./6–18 J./unter 6 J. 3,50/2,50 €/frei; ⏲ Juni–Sept. 10.30–12.30 & 14.30–18.30 Uhr, April, Mai & Okt. 15–18 Uhr) befindet sich in einem unansehnlichen, sechseckigen Betonbau abseits des Dorfes und vermittelt mithilfe zahlreicher Werkzeuge, Artefakte und lebensgroßer Figuren faszinierende Eindrücke vom harten Landleben, das die Menschen hier noch bis vor Kurzem führten.

Cham des Bondons

Hier auf der Cham des Bondons (*cham* ist okzitanisch und bedeutet Plateau) erstreckt sich über rund 10 km² Europas zweitgrößte Ansammlung von Menhiren. Nur Carnac in der Bretagne hat noch mehr davon. Anders als dort, wo es im Sommer vor Besuchern regelrecht wimmelt, spaziert man hier nahezu allein durch das Labyrinth aus Felssäulen. Sie wurden 2500 bis 1800 v. Chr. aus Granitblöcken gehauen und einige sind über 5 m hoch. Waren sie Teil eines religiösen Sonnenkults? Phallussymbole? Oder einfach nur Orientierungspunkte?

Fortsetzung auf Seite 17.

EIN ANDERES SÜDFRANKREICH

Languedoc-Roussillon ist eine noch wenig bekannte, beschauliche Doppelregion, die ein ganz anderes Gesicht von Südfrankreich zeigt: In der Sonne glänzen die mittelalterlichen Spitztürme von Carcassonne – doch weit und breit kein Paparazzi-Rummel. Nur nostalgische Reize und Einfachheit zwischen atemberaubenden Burgruinen, stillen Kanälen und Rebhängen. Ach ja – und eine ganz feine Prise feuriges Spanien tief im sonnenverwöhnten Süden.

Kulinarische Erlebnisse

Languedoc-Roussillons vielseitige und gesunde Landesküche bietet mehr als das berühmte Cassoulet an den *bonnes tables* der Region. Ob Weinlese oder Mandelernte, eine Wanderung durch die Salinen oder der Besuch bei einem traditionellen Käsehersteller – kulinarische Erlebnisse sind der Schlüssel zur gastronomischen Erleuchtung.

Autorentipp
Knoblauch, Trüffel, saftige Traubenkirschen … Kulinarische Festivals garantieren Gaumenfreuden mit frischesten regionalen Köstlichkeiten. Es gibt nichts Besseres. Eine Liste örtlicher Feste steht am Anfang jedes Regionenkapitels.

1 Auf den Markt!
Ob man in Sète die Köstlichkeiten des Meeres bestaunt, unter dem wohlwollenden Blick von Papst Urbain V in Mende eine Melone taxiert oder sich dem Gedränge ernährungsbewusster Franzosen in Montpellier anschließt, die ihre Lebensmittel frisch und ohne Pestizide wollen – die Märkte der Region sind die einzig wahre Art einzukaufen.

2 Schwein gehabt!
Wem das Gedränge in Carcassonne zu bunt wird, der kann in ein gutes Restaurant entfliehen und richtig schlemmen: mit Corbières-Honig glasiertes Spanferkel im Château de Cavanac (S. 198) oder Schweinebraten am Spieß unter dem gigantischen Kronleuchter des Château de Beauregard (S. 228; Foto links) in St-Girons.

3 Abbaye de St-Hilaire
Im Kloster bei Limoux (S. 210) kann man ein Glas lieblichen Blanquette de Limoux – gut gekühlt – genau dort genießen, wo Mönche im 16. Jh. weltweit erstmals Schaumwein abgefüllt haben. Ein Pilgerziel, das auch der ungläubigsten Seele zusagen dürfte.

4 Chemins de la Chataigne
Zu Fuß, mit einem Esel, hoch zu Ross oder auf dem Fahrrad führen einen die „Kastanienwege" (S. 173) durch die Cevennen. Durch Maronenhaine geht's zu Bauernhöfen, auf denen diese süße „Brotfrucht" – im Mittelalter noch ein Hauptnahrungsmittel – bis heute verarbeitet wird.

5 Weinprobe auf dem Château de Jau
In einer Gegend, die als „weltgrößter Weinberg" gilt, sind Verkostungen edler Tropfen quasi Religion – und mit einer *dégustation* im Château de Jau (S. 260) sind Besucher im Nu bekehrt.

Outdoor-Aktivitäten

Mit Bergen, Seen, wilden, smaragdgrünen Schluchten und einer traumhaften, tiefblauen Küste ist Languedoc-Roussillon ein riesiger Abenteuerspielplatz, der nur darauf wartet, erprobt zu werden. Ob am Strand, im Wasser oder hoch in den Lüften – hier eröffnen sich grenzenlose Möglichkeiten für alle Outdoor-Fans.

2

❶ Sentier Cathare
Der komplette Katharerweg (s. Kasten S. 215) ist ein strapaziöser, 200 km langer Rad- und Wanderweg vom Mittelmeer bis Foix in den Pyrenäen. Eine oder zwei Etappen sind jedoch machbar und eine tolle Möglichkeit, die Ruinen von Katharerfestungen aus dem 12. Jh. zu besichtigen.

❷ Surfen & Segeln in La Franqui
Strandbuggyfahren, Kitesurfen und unendlich viel mehr: dieses winzige Seebad (S. 243) zwischen Narbonne und Perpignan sprengt in Sachen actiongeladener Wassersportarten alle Grenzen.

❸ Sentier des 4000 Marches
Bei klarem Himmel ist die Aussicht vom 1567 m hohen Gipfel des Mont Aigoual (S. 173) so atemberaubend, dass sie einem noch lange unvergesslich bleibt. Auf dem 22 km langen Wanderweg kann sich jeder selbst ein Bild machen.

❹ Paddeln unter dem Pont du Gard
Mit dem Kanu den Gard entlangpaddeln: von Collias bis zum Pont du Gard (S. 96) und darunter ein Päuschen einlegen, um die ganze gewaltige Schönheit des größten römischen Aquädukts zu bestaunen.

❺ Causse Noir Paragliding
À la *parapente* durch die Lüfte zu gleiten ist die denkbar spektakulärste Art, die phantastischen Kalkformationen dieses stark erodierten Haut-Languedoc-Plateaus (S. 179) zu erleben.

3

❻ Canyoning in den Gorges de Galamus
Der Canyon hallt von den ausgelassenen Freudenrufen der Abenteuerer in Neoprenanzügen, die sich in dieser Schlucht zwischen steilem Fels und smaragdgrünem Wasser ihren Adrenalinkick holen – im Schutz einer religiösen Eremitage (S. 261), die darüber wacht.

Festivals & Férias

Das Languedoc-Roussillon zelebriert mit einer Vielzahl ausgelassener *fêtes* (Festivals) und tollkühner *férias* (Stierkampf-Festivals) alles – von historischen und volkstümlichen Traditionen über darstellende Künste, Schutzheilige und Ernteerfolg bis hin zum Hauptvergnügen jeder Region: Essen und Wein. Jeden Tag steigt irgendwo eine Fete.

Autorentipp
Kein Festival vermittelt die Ungezwungenheit der Franzosen besser als die landesweiten Veranstaltungen. Bei der Fête de la Musique (www.fetedelamusique.culture.fr, auf Frz.) am 21. Juni sind die Straßen von Musik erfüllt und am 14. Juli begeht man im Languedoc den Nationalfeiertag mit Straßenfesten, Feuerwerken und Paraden, die in Carcassonne fast bunter ausfallen als in Paris.

1 Féria Céret de Toros
Bei den meisten Festivals im Roussillon werden auf Bühnen und Dorfplätzen *Sardanes*, typisch katalonische Volkstänze, aufgeführt und nirgends erlebt man sie besser als während dieses viertägigen Stierkampf-Festivals in Céret (S. 250), das mit einem Stiertreiben beginnt.

2 Féria des Vendanges
In Nîmes werden jährlich drei *férias* zelebriert. Diejenige zur Feier der Weinlese an drei Tagen im September (S. 78) ist die ausgelassenste davon.

3 Fête du Cassoulet
Die Vorstellung, dass 70 000 in Blau und Weiß gekleidete Menschen das Nationalgericht des Languedoc *sans modération* in sich hineinschaufeln, ist zwar befremdlich, aber genau darum geht's bei diesem Festival in Castelnaudary (S. 47).

4 Carnaval de Limoux
Mardi Gras wird in Limoux besonders schwungvoll gefeiert. Einen ganzen Monat lang finden jedes Wochenende Straßenfeste statt (S. 207).

3

5 Fête de la St-Jean
Die Mittsommerfeierlichkeiten im Roussillon sind besonders beeindruckend: Vom Pic du Canigou (S. 254) – dem heiligen Berg der Katalonier beidseits der Grenze – wird eine heilige Flamme heruntergebracht, an der die Feuer der ganzen Region entzündet werden.

Katharerland

Keine Glaubensverfolgung schürt die Phantasie derart wie der blutige Albigenserkreuzzug der katholischen Kirche gegen die ketzerischen Katharer im 13. Jh. Brutale Massaker, Verbrennungen, Auslöschung ganzer Dörfer … Die Kulisse dieser – nach Hollywooddrama klingenden – Ereignisse ist das *pays Cathare* (Katharerland) im Herzen des Languedoc.

1 Cathédrale St-Nazaire

In Béziers (S. 139) kam es zu einem der erbarmungslosesten Kämpfe: 20 000 „Häretiker", die zum Teil in der Kathedrale Zuflucht gesucht hatten, wurden niedergemetzelt und die Stadt ausradiert.

2 Château de Villerouge-Termenès

Dieses kaum besuchte Schloss (S. 136) war 1321 Schauplatz der Verbrennung von Guilhem Bélibest, dem letzten katharischen *parfait*. Nach der Schlossbesichtigung gibt es ein Mittelaltergelage in einem Nebengebäude.

3 Prat dels Cremats

Das Feld der Verbrannten unterhalb des Schlosses von Montségur (S. 218) erinnert an die 200 Katharer, die hier den Märtyrertod starben.

4 Château de Peyrepertuse

Das Château de Peyrepertuse (S. 216) ist die größte und eindrucksvollste der dramatisch auf Felszinnen platzierten Grenzfestungen. Zu allen Seiten hin gähnt ein mehrere hundert Meter tiefer Abgrund. Falknereivorführungen und Ritterkämpfe sorgen auch heute noch für mittelalterliche Atmosphäre.

Fortsetzung von Seite 164

Am Südrand des Feldes liegen **Les Puechs**, rund und symmetrisch wie Frauenbrüste. Eine örtliche Legende besagt, es handle sich um Matschklumpen von den Stiefeln Gargantuas, des Riesen aus den Erzählungen von Rabelais. Es lohnt sich, dem ausgewiesenen Pfad zu einem der Gipfel zu folgen um einen tollen Rundumblick zu genießen.

Von Florac zur Cham des Bondons nimmt man die N106 in Richtung Mende und fährt am Col de Montmirat nach Osten.

MONT AIGOUAL

Der Panoramablick, den man bei klarem Himmel vom Gipfel des Mont Aigoual (1567 m) genießt, bleibt lange unvergesslich. An besonders guten Tagen schweift der Blick über 13 Departements; von den Alpen bis zum Mittelmeer und im Süden bis zu den Pyrenäen. Vor einem Aufstieg unbedingt den Wetterbericht einholen. Das ganze Jahr über ist mit heftigen Winden zu rechnen, wobei die Böen Maximalwerte von mehr als 250 km/h erreichen und an durchschnittlich 20 Tagen pro Monat die 60 km/h überschreiten. Mit über 2 m pro Jahr fällt auch sehr viel Niederschlag. Das Gipfelerlebnis ist zu jeder Jahreszeit beeindruckend: Im Winter ist die Luft jedoch besonders klar (allerdings fällt auch viel Schnee, der lange liegen bleibt), während sie im Sommer oft diesig ist.

Es ist nicht verwunderlich, dass die Wetterstation auf dem Gipfel einer Festung gleicht, ist sie doch seit über hundert Jahren permanent den Elementen ausgesetzt. Die Zinnen sind allerdings etwas übertrieben! Eine eiserne Wendeltreppe führt aufs Dach des Turms mit einer Orientierungstafel.

Das Hauptgebäude zeigt eine umfangreiche **Ausstellung** (☎ 04 67 82 60 01; www.aigoual.asso.fr, auch auf Englisch; Eintritt frei; 🕑 Juli & Aug. 10–19 Uhr, Mai, Juni & Sept. 10–13 & 14–18 Uhr) zu faszinierenden Themen wie die Wolkenbildung, Wettervorhersagen und den Berg im Wechsel der Jahreszeiten. Beschriftungen gibt's nur auf Französisch, aber die Ausstellung ist sehr anschaulich gestaltet.

Wenn es nicht zu sehr bläst, findet man einen herrlichen Picknicktisch an der Kreuzung von drei Langstreckenwegen: dem GR6 von den Alpen bis zum Atlantik; dem GR7 von den Vogesen an der deutsch-französischen Grenze nach Andorra und weiter über die spanische Grenze sowie der 78 km kurzen (alles ist relativ), sechs Tage erfordernden Tour du Mont Aigoual auf dem GR66, die rund um den Berg herumführt.

Den besten Eindruck von den zahlreichen Facetten des Mont Aigoual vermittelt eine Wanderung auf dem 22 km langen **Sentier des 4000 Marches**, die etwa acht Stunden erfordert (keine Rundstrecke). Los geht's in Valleraugue an der Südseite des Berges. Die Wegweiser führen einen durch Eichen-, Kastanien- und Buchenwälder, dann über die Baumgrenze und auf subalpine Matten. Von hier bis zum Gipfel bietet sich ein beeindruckendes Panorama, ehe es wieder in die Wälder hinabgeht.

Die dichten Buchenbestände hier und auf der benachbarten Montagne du Lingas sind

DIE KASTANIE: DER ALLZWECKBAUM

In den Cevennen war die Esskastanie (hier auch bekannt als *l'arbre à pain,* Brotbaum) ein Grundnahrungsmittel vieler Familien. Die Früchte wurden roh, geröstet und getrocknet gegessen oder zu Mehl gemahlen. Mit Milch oder Wein vermischt waren sie der Hauptbestandteil der *bajanat,* einer nahrhaften Suppe. Mit einem Teil der Ernte wurden die Schweine gefüttert, während die Blätter abgeschnittener Zweige und Äste Futter für Schafe und Ziegen lieferten.

Die Kastanien wurden mit kleinen Gabeln – natürlich aus Kastanienholz – auf dem Boden eingesammelt. Die stacheligen Hüllen (*hérissons,* Igel, genannt) entfernte man, indem man mit Nagelstiefeln darauf herumtrampelte. Heute sind die Kastanien das Lieblingsfutter der Wildscheine in den Cevennen, aber sie werden auch noch in einigen Saucen und Desserts verarbeitet.

Nichts blieb ungenutzt. Teile von ausgehöhlten Baumstämmen dienten als Bienenkörbe, kleinere Äste wurden zu Körben geflochten und größere dienten als Pfähle für Zäune oder Rankgitter. Aus dem harten und gegen Ungeziefer resistenten Holz wurden Balken, Rechen und Möbel gefertigt – praktisch alles: von der Wiege bis zur Bahre.

Mehr über die Bedeutung der Kastanie für die Cevennen gibt's online unter http://chemins-chataigne.com.

einem erfolgreichen Wiederaufforstungsprogramm zu verdanken, das die Schäden jahrelanger Abholzung behebt.

Weit weniger anstrengend ist der 1,5 km lange **Sentier des Botanistes**, der am Südhang unter dem Gipfel beginnt. Auch er bietet phantastische Aussichten – u. a. auf den Hort de Dieu, ein bescheiden wirkendes Arboretum, das jedoch Anfang des 20. Jhs. für die Erforschung optimaler Aufforstungsmethoden von enormer Bedeutung war.

Im Col de la Serreyrède, am Südhang 7 km unterhalb des Gipfels, bietet die **Maison de l'Aigoual** (☎ 04 67 82 64 67; www.causses-aigoual-cevennes.org, auf Französisch; 🕑 Juli & Aug. 9.30–19.30 Uhr, Sept.-Juni Mi–Mo 9.30–12.30 oder 13 & 14–17 oder 18 Uhr) umfassende Informationen über den Parc National des Cévennes sowie über Möglichkeiten für Wanderer und Mountainbiker. Nebenan spendet ein Brunnen herrlich kühles Trinkwasser. **Terres d'Aigoual** (☎ 04 67 82 65 39; www.terres-aigoual.com, auf Französisch; 🕑 Di–So), ein Mitglied der Boutiques Paysannes Cooperative (S. 105), verkauft örtliche Spezialitäten direkt vom Erzeuger.

In südlicher Richtung geht's durch die Cévennes Méridionales und Le Vigan zum spektakulären Naturwunder des Cirque de Navacelles (S. 124).

Abîme de Bramabiau

An der Nordflanke des Mont Aigoual, unweit der D986, hat der Fluss Bonheur eine über 700 m lange, enge Schlucht in den Fels gefräst: die **Abîme de Bramabiau** (☎ 04 67 82 60 78; Erw./13–16 J./6–12 J./unter 6 J. 7,50/5/3,50 €/frei; 🕑 Juli & Aug. 9.30–18.30 Uhr, Mitte März–Juni & Sept. 10–18 Uhr, Okt. 11–17 Uhr). Eine 45-minütige Führung umfasst den spektakulären, tosenden Wasserfall (*bramabiau* bedeutet im örtlichen Dialekt „brüllender Stier") dort, wo der Fluss aus dem Felsenkessel l'Alcôve wieder hervorbricht. Weiter geht's in eine hohe Felsengalerie mit einem zweiten Wasserfall. Ein schmaler Steg 20 m oberhalb des Flusses führt durch weitere, weniger dramatische Schächte und wieder hinaus ans Tageslicht, wo sich ein phantastischer Blick über den Bonheur bietet. Die Temperatur in der Schlucht liegt recht konstant bei 8 °C, also unbedingt einen Pulli einpacken.

VALLÉES CÉVENOLES

Die Vallées Cévenoles im östlichsten Parkareal erstrecken sich bis ins Nachbar-Departement Gard. An ihren ausgedörrten Südhängen wachsen vorwiegend Steineichen und *garrigue*, typisch-mediterranes Busch- und Heideland. Schattigere Hänge sind mit Esskastanien bestanden, die erstmals im Mittelalter angepflanzt wurden. Ihre Früchte waren hier bis vor Kurzem ein Grundnahrungsmittel. Daneben gedeihen einheimische Buchen und Nadelbäume.

Dieser östliche Zugang bietet den spektakulärsten Einstieg in den Park. Die Route folgt weiter der **Corniche des Cévennes**, einer 56 km langen Kammstraße, die über zerklüftete Grate und durch steile Schluchten von St-Jean-du-Gard bis nach Florac führt.

PARC NATUREL RÉGIONAL DES GRANDS CAUSSES

Die Grands Causses, die südlichsten Ausläufer des Zentralmassivs, bestehen vorwiegend aus kargen Kalksteinplateaus. Im Sommer versengt sie die Sonne, im Winter peitscht der Wind darüber. Die steinige Oberflächen ist sehr porös, sodass alles Wasser rasch versickert und erst im Tal wieder zum Vorschein kommt. Im Untergrund hat das Wasser über die Jahrtausende hinweg eine grandiose Höhlenwelt geschaffen. Die Menschen leben hauptsächlich von der Schafhaltung. Ein Großteil der Schafmilch wird nach Roquefort gebracht und dort zum berühmten König der Käse verarbeitet.

Die Flüsse Tarn, Jonte und Dourbie haben tiefe Schluchten in das 5000 km² große Plateau geschnitten und es so in vier *causses* („Hochebenen" im regionalen Dialekt) geteilt: Sauveterre, Méjean, Noir und Larzac, alle mit vollkommen unterschiedlichen geologischen Formen. Ein causse ähnelt einer dunklen Mondlandschaft, der zweite einem schottischen Moor mit spärlichem Graswuchs, während der nächste gemäßigter und fruchtbarer ist. Aber alle sind – bis auf einzelne Schäfer mit ihrer Herde – geprägt von einer gespenstischen Weite und Stille und fast völlig verlassen. Ein Paradies für Wanderer und Mountainbiker.

Der Naturpark wurde 1995 eingerichtet. Er umfasst beinahe 100 Gemeinden mit insgesamt rund 65 000 Einwohnern, wenngleich man sich fragt, wo sie alle abgeblieben sind.

Millau, im Herzen des Parks, ist ein guter Ausgangspunkt für Wanderungen durch diese wilde Gegend. Mitten in den *causses* ist Meyrueis eine gute Basis.

Praktische Informationen

Parc Naturel Régional des Grands Causses office (☎ 05 65 61 35 50; www.parc-grands-causses.fr, auch auf Englisch; 71 bd de l'Ayrolle, Millau; Mo–Fr 9–12 oder 12.30 & 14–17 oder 18 Uhr)

MEYRUEIS

1100 Ew.

In diesem netten, kleinen Dorf (auf 705 m Höhe) am Zusammenfluss von Jonte, Brèze und Bétuzon ist Wasser alles andere als Mangelware. Im oberen Teil der spektakulären Gorges de la Jonte liegt Meyrueis („Merues" gesprochen") zudem am Schnittpunkt von Causse Méjean, Causse Noir und Massif de l'Aigoual. Der Ort hat eine gute Auswahl an Hotels und Restaurants mit Blumenterrassen, auf denen man mit Blick auf den Bétuzon speist.

Die **Touristeninformation** (☎ 04 66 45 60 33; www.meyrueis-office-tourisme.com, auch auf Deutsch; quai Sully; Juli & Aug. tgl. 9–13 & 14–20 Uhr, Sept.–Mai Mo–Fr 9.30–12 & 15–18 Uhr) sitzt in der Tour de l'Horloge, einem der letzten Überreste der mittelalterlichen Befestigungen am Bétuzon.

Mittwochs gibt's einen kleinen Bauernmarkt – Mitte Juni bis Mitte September findet er auf der Place André Chamson statt, sonst am Quai Sully.

Aktivitäten

Anatole Rando'Ane (☎ 04 66 45 66 48; www.ane-et-rando.com, auch auf Deutsch; Ribevenes; April–Okt.) am Fluss Brèze 3 km stromaufwärts von Meyrueis vermietet Esel (pro Tag/3 Tage/Woche 41/105/210 €) für Wanderungen mit oder ohne Führer durch die Cevennen.

Vielseitige Outdoor-Aktivitäten wie Höhlenklettern, Bergsteigen, Kanufahren und geführte Wander- oder Mountainbiketouren bietet **Fremyc** (☎ 04 66 45 65 37; www.nature-cevennes.com, auf Französisch). Das Unternehmen vermietet Fahrräder (pro halben/ganzen Tag/drei Tage 17/26/57 €) und bringt Radler auf den Gipfel des Mont Aigoual (S. 173), den sie dann hinuntersausen können (halber/ganzer Tag 29/38 €). Im Juli und August werben Frédérique oder Michaël (daher der Name) an einem Stand neben der Touristeninformation für ihre Angebote.

Schlafen & Essen

Da Meyrueis bei Wanderern, Radfahrern und Touristen gleichermaßen beliebt ist, behandeln wir hier die komplette Bandbreite an Unterkünften.

Gîte la Draille (☎ 04 66 45 65 37; www.nature-cevennes.com, auf Französisch; 465 route de Florac; B mit HP 29 €, DZ 39 € pro Pers.; Mitte März–Mitte Nov.) Modernes, bei Wanderern und Radlern beliebtes Steinhaus am Ortsrand. Es wird vom Fremyc-Duo (s. links) betrieben, das alles über Wander- und Radfahrmöglichkeiten weiß. Die Bar hat einen Holzofen für kalte Nächte und es gibt eine große Terrasse mit Talblick für laue Sommerabende.

Hôtel Family (☎ 04 66 45 60 02; www.hotel-family.com, auf Französisch; quai Sully; Zi. 39–49 €; P) WLAN-Zugang und Parkmöglichkeiten sind in diesem tipptopp gepflegten Hotel kostenlos. Es besteht aus ursprünglich drei Häusern und wird seit vier Generationen der Julien-Familie geleitet. Die 48 relativ kleinen Zimmer könnten nicht ordentlicher und der Empfang nicht herzlicher sein. In der ansprechenden Dachgeschoss-Lounge versinken die Gäste in gemütlichen Stühlen, während sie von der Wand herab ein Hirschkopf beäugt. Auf der anderen Flussseite – über eine private Holzbrücke erreichbar – erstreckt sich ein herrlich grüner Garten mit großem Pool. Das Restaurant (Mittagsmenü 12,50 €, weitere Menüs 22–27 €) ist auch für Tagesgäste zugänglich und ebenfalls sehr ansprechend.

Hôtel Saint-Sauveur (☎ 04 66 45 40 42; www.hotelstsauveur.com, auch auf Englisch; place Jean Séquier; Zi. 44–57 €; März–Nov.) Imposantes, ehemaliges *hôtel particulier* oder Stadthaus aus dem 18. Jh. mit komfortablen und preiswerten Zimmern. Auf der Terrasse mit Flussblick spendet ein ehrwürdiger, jahrhundertealter Bergahorn Schatten. Wenn die Rezeption unbesetzt ist, kann man sich ans benachbarte Hôtel Sully wenden.

Hôtel Restaurant Château d'Ayres (☎ 04 66 45 60 10; www.chateau-d-ayres.com, auch auf Englisch; Zi. ab 124 €; Mitte Feb.–Dez.) Dieses prächtige Hotel in einem Château aus dem 18. Jh. ist ideal für Erholungsuchende. Es ist umgeben von 6 ha Wald, den die Gäste auf dem Rücken hoteleigener Pferde durchstreifen können. Die 29 Zimmer sind individuell mit Antiquitäten eingerichtet. Im Blanche-de-Castille-Zimmer in einem der Doppeltürme hat schon Général de Gaulle mehrmals übernachtet. Die drei gemütlichen Speisesäle des Gourmetrestaurants

TAKH

Auf dem Causse Méjean Hochland ist Frankreich der mongolischen Steppe am ähnlichsten. Hier oben, wo sich dünne Grashalme im scharfen Wind wiegen, läuft die erste Phase eines Experiments zur Rettung und Wiederansiedlung der *Przewalski*-Pferde. Die niemals domestizierte Pferderasse war in ihrer mongolischen Heimat bereits vor einem halben Jahrhundert ausgerottet. Nur 13 Exemplaren überlebten. Ihre Nachkommen durchstreifen hier ein riesiges, umzäuntes Areal und können ganzjährig aus der Ferne beobachtet werden. Im Sommer betreibt die für das Projekt verantwortliche Organisation TAKH hier auch ein **Informationszentrum** (☎ 04 66 45 64 43; www.takh.org, auch auf Englisch; ⌚ Jul & Aug). Der Name dieser Organisation leitet sich vom mongolischen Namen dieser Pferde ab, der doch leichter von der Zunge geht als „Przewalski-Pferd" (nach dem russischen Geografen und Forscher, der sie als Erster beschrieben hat). Häufig hört man auch die weniger korrekte Bezeichnung Asiatisches oder Mongolisches Wildpferd.

Die Pferde und das Zentrum befinden sich 18 km von Meyrueis entfernt. Man fährt auf der D986 in Richtung Mende und biegt nach 10 km an der Kreuzung Aven Armand rechts auf die D63. Auch die weitere Strecke über das Hochplateau nach Nordosten bis Florac ist sehr reizvoll.

(Mittagsmenü 22 €, weitere Menüs 31–47 €, Hauptgerichte 19–38 €) mit Wandteppichen und monumentalen Kaminen gehen auf ein Benediktinerkloster aus dem 12. Jh. zurück.

An Restaurants gibt es keine große Auswahl – außer einigen unabhängigen und Hotel-Restaurants am Bétuzon. Das **L'Aven Gourmand** (☎ 04 66 45 56 05; place Sully; Menüs 16,50–26 €, Hauptgerichte 10–14 €; ⌚ Fr–Mi mittags & abends) bietet *crêpes* (4,50–8,50 €) und Mahlzeiten – entweder drinnen, an den begehrten Tischen über dem Fluss oder auf der Terrasse am Ufer.

An- & Weiterreise

Wochentags verkehrt täglich ein Bus (7,40 €; knapp 1½ Std.) von **Kaolis** (☎ 05 65 61 30 88) zwischen Meyrueis und Millau.

HAUT-LANGUEDOC

CAUSSE MÉJEAN

Der Causse Méjean ist mit durchschnittlich 950 m der höchste der vier *causses*. Nach Norden hin wird er von den Gorges du Tarn und nach Süden hin von den Gorges de la Jonte begrenzt, während seine Ostflanke Florac überragt. Auf diesem ödesten, abgeschiedensten und am dünnsten besiedelten der Plateaus leben 1,4 Einwohner pro km² – meist von Tourismus und Rinderzucht. Das Weideland ist karg und Getreide wächst nur in vereinzelten Dolinen (fruchtbareren Einsturzmulden). Bäche versickern rasch durch Schlote und Spalten im Kalkgestein und haben eine atemberaubende Höhlenlandschaft geschaffen.

Aven Armand

Die spektakuläre **Höhle** (☎ 04 66 45 61 31; www.aven-armand.com, auch auf Englisch; Erw./16–20 J./5–15 J./unter 5 J. 8,50/7/5,80 €/frei; ⌚ Juli & Aug. 9.30–18 Uhr, März–Juni & Sept.–Mitte Nov. 9.30 oder 10–12 & 13.30–17 oder 18 Uhr) von Aven Armand auf der Südwestseite des Plateaus entstand vor etwa 4 Mio. Jahren. Stetes Tropfen hat in 250 000 Jahren einen unterirdischen Wald aus Stalaktiten und Stalagmiten entstehen lassen, den Louis Armand 1897 entdeckte. Während sich der Namensgeber damals durch eine natürliche Öffnung in der Decke in die Kammer abseilen musste, kann man heute per Drahtseilbahn 60 m tief hinunterfahren. Auf einer Fläche größer als der von Notre-Dame hängen vergleichsweise junge Stalaktiten wie Dolche von der Decke, während sich die weltgrößte Ansammlung älterer Stalagmiten wie riesige Pfannkuchenstapel vom Boden auftürmt. 80 % wachsen noch. Dabei ist hier der mit 30 m weltweit höchste Tropfstein zu bestaunen. Er soll einen 32 m hohen Rivalen in Slowenien haben, was aber noch zu überprüfen ist.

Etwa alle 20 Minuten beginnt eine 45-minütige Führung. Abenteuerlustige können sich (nach vorheriger Anmeldung) durch die Felsspalte abseilen, die Armand damals benutzt hat (45 € pro Pers.; nur Juli und August; immer freitagabends).

Ein **Kombiticket** (Erw./16–20 J./5–15 J./unter 5 J. 11,80/9,30/7,80 €/frei) gilt auch für die Felsformation Chaos de Montpellier-le-Vieux (S. 179).

Ferme Caussenarde d'Autrefois

Am Ende der Straße durch das Dörfchen Hyelzas liegt 4 km hinter dem Aven Armand über den Gorges de la Jonte eine Ansammlung historischer **Bauernhäuser** (☎ 04 66 45 65 25; www.ferme-caussenarde.com, auch auf Deutsch; Hyelzas;

Erw./7–14 J./unter 7 J. 5,20/2,15 €/frei; Juli & Aug. 10–19 Uhr, April–Juni & Sept. 10–12 & 14–18 Uhr) aus dem 18. und 19. Jh. Seit 1946 verlassen, wurden sie nun renoviert und veranschaulichen das harte Landleben auf den *causses*. Manche halten das Museum für sentimental oder etwas vereinfacht, doch hat es ein sterbendes Dorf wiederbelebt, in dem es heute eine Käserei, einen *gîte d'étape* und einen Bäcker gibt.

Chaos de Nîmes-le-Vieux

Dieses Labyrinth von **Felsen und Zinnen** hat mit Nîmes genauso wenig zu tun wie Montpellier mit dem von Montpellier-le-Vieux (S. 179). Der Unterschied ist, dass ein Besuch hier nichts kostet. Am Col de Perjoret, 12 km östlich von Meyrueis, geht's links von der D996 auf eine schmale Teerstraße. Nach 3 km biegt man wieder links in Richtung l'Hom. Von dort aus kann man dann zu Fuß und kletternd die merkwürdigen Dolomitformationen erkunden, die beim Verwittern des sie umgebenden Kalksteins zurückgeblieben sind.

GORGES DU TARN

Obwohl alle drei Schluchten zwischen den *causses* (Tarn, Jonte und Dourbie) zweifellos spektakulär sind, so flößen die Gorges du Tarn doch am meisten Ehrfurcht ein. Bis zum Bau der Straße 1905 konnte man sie nur per Boot durchqueren. Die reizvollen, einst zerfallenden Steinhäuser und Dörfer an ihren Hängen wurden durch den Tourismus neu belebt.

Vom Dorf Ispagnac 9 km nordwestlich von Florac windet sich die Schlucht etwa 50 km Richtung Südwesten und endet nördlich von Millau. Auf der Strecke passiert sie zwei Dörfer: das mittelalterliche Ste-Énimie (ein guter Ausgangspunkt für Kanutouren und Wanderungen in der Schlucht) und 13 km flussabwärts das kleinere, aber genauso attraktive La Malène mit ähnlich gutem Outdoor-Angebot.

Die 400 bis 600 m tiefe Schlucht markiert die Grenze zwischen dem Causse Méjean im Süden und dem Causse de Sauveterre im Norden. Von den Plateaus sieht die Schlucht wie ein weißer Kalksteinabgrund aus, von dessen Sohle hier und da bunte Kanus und Kajaks auf dem grünen Wasser heraufleuchten. Im Sommer ist die Flussuferstraße (die D907bis) oft mit Autos, Bussen und Wohnmobilen verstopft. An jedem Sommertag quälen sich mehr als 2500 Fahrzeuge durch Ste-Énimie.

Ein 12 km langer Abstecher eröffnet einen phantastischen Blick aus Vogelperspektive: ab dem schmucken Weiler Les Vignes am südlichen Schluchtende via D995 steil hinauf zum Aussichtspunkt **Point Sublime**.

Aktivitäten

KANUFAHREN

Am besten lässt sich der Tarn im Hochsommer befahren, wenn der Wasserstand niedrig und die Fahrt flussabwärts ein gemütliches Dahingleiten auf meist ruhigem Gewässer ist. Man kann bis zur unpassierbaren Pas de Soucy paddeln, einer Felsbarriere etwa 9 km flussabwärts von La Malène. Südlich davon gibt es weitere Möglichkeiten zum Kanufahren.

Die Touristeninformation in Ste-Énimie hat Infos zu den zahlreichen Anbietern von Kanu- und Kajaktouren. Hier einige Adressen:

ADN La Cazelle (☎ 04 66 48 46 05; www.lacazelle.com, auf Französisch) in Ste-Énimie.

Canoë 2000 (☎ 04 66 48 57 71; www.canoe2000.fr, auch auf Deutsch) in Ste-Énimie und La Malène.

Au Moulin de la Malène (☎ 04 66 48 51 14; www.canoeblanc.com, auch auf Deutsch) in La Malène.

Locanoë (☎ 04 66 48 55 57; www.gorges-du-tarn.fr, auf Französisch) in Castelbouc und Ste-Énimie.

Typische Strecken und Preise für Kanu- und Kajaktouren:

Castelbouc–Ste-Énimie	14 €	7 km	2 Std.
Ste-Énimie–La Malène	19 €	13 km	3½ Std.
Castelbouc–La Malène	22 €	20 km	1 Tag
Ste-Énimie–Les Baumes Basses	23 €	22 km	1 Tag

Wer die harte Arbeit lieber anderen überlässt, kann sich von **Les Bateliers de la Malène** (☎ 04 66 48 51 10; Erw./unter 10 J. 19,50/9,75 €; April–Okt.) ganz gemütlich die 8 km von La Malène in einer Stunde hinabstaken und am Ende mit dem Auto zurückbringen lassen.

WANDERN & RADFAHREN

Der gelb-grün markierte Wanderweg Sentier de la Vallée du Tarn führt vom Pont de Montvert am Mont Lozère ca. 250 km durch das Tarn-Tal und bis nach Albi in der Nähe von Toulouse. Der GR60 folgt einem alten Viehtreiberpfad vom Causse de Sauveterre nach Ste-Énimie, über die Brücke und weiter südwärts den Causse Méjean hinauf Richtung Mont Aigoual.

Zwischen Ispagnac und La Malène gibt es über ein Dutzend weniger anstrengender, ausgeschilderter Tages- und Halbtages-Rundwanderungen.

ADN La Cazelle (☎ 04 66 48 46 05; www.lacazelle.com, auf Französisch) in Ste-Énimie vermietet Mountainbikes (pro halben/ganzen Tag 12/20 €).

Schlafen & Essen

Camping Les Gorges du Tarn (☎ 04 66 48 59 38; Fax 04 66 48 59 37; 2 Pers., Zelt & PKW 8,20 €; Ostern–Mitte Nov.;) Etwa 800 m flussaufwärts von Ste-Énimie liegt der billigste von mehreren Campingplätzen am Fluss. Hier werden auch Kanus und Kajaks vermietet.

An beiden Enden der Gorges du Tarn findet man schöne *chambres d'hôtes*.

La Pause (☎ 05 65 62 63 06; www.hebergement-gorgesdutarn.com, auch auf Englisch; route de Capluc, Le Rozier; DZ/3BZ/Suite mit Frühstück 46/63/90 €;) Am Südende der Schlucht, wo die Jonte in den Tarn fließt, bietet La Pause in Le Rozier drei geschmackvoll eingerichtete Zimmer mit makellosen Bädern sowie zwei Suiten für drei oder vier Personen. Die größere Suite besteht aus zwei miteinander verbundenen Zimmern und ist damit ideal für Familien. Ein kleiner Pool und eine Terrasse bieten Ausblick über ein grünes Tal und bis Peyreleau. Die Frühstücksmarmeladen – Feige, Quitte, Kirsch und viele mehr – hat alle die Gastgeberin Pierrette Espinasse selbst gemacht. Anfahrt in Richtung Capluc und nach der Dorfkirche links ab.

La Maison de Marius (☎ 04 66 44 25 05; www.maisondemarius.info, auch auf Englisch; 8 rue Pontet, Quézac; Zi. mit Frühstück 50–80 €; März–Okt.) In Quézac bei Ispagnac am Nordende der Schlucht betreibt die Einheimische Dany Méjean eine ländliche *chambre d'hôtes*. Jedes der hübschen Zimmer hat seinen ganz eigenen Charakter: Das Montagne ist groß, mit Karo- und Streifenmustern und mit einer riesigen Badewanne ausgestattet; Le Toit (das Dach) bietet eine noch größere Badewanne von geradezu römischen Ausmaßen, einen Wohnraum und Betten, die sich per Knopfdruck heben und senken. La Lucerne ist ähnlich groß und für 50 € ein besonderes Schnäppchen. Das Haus bietet das köstlichste, frischeste Wasser der Gegend aus einer nahen Mineralquelle. Um es zu finden, umfährt man das Dorf (die Durchfahrtstraße ist eine Einbahnstraße) und folgt ab der Kirche der Beschilderung.

Château de la Caze (☎ 04 66 48 51 01; www.chateaudelacaze.com, auch auf Deutsch; DZ 118–166 €, Suite ab 180 €; Ostern–Mitte Nov.) Dieses Märchenschloss aus dem 15. Jh. oberhalb des Tarn zwischen Ste-Énimie und La Malène ist ein tolles Spitzenklassehotel. Die Zimmer bieten allen erdenklichen Luxus und es gibt ein renommiertes Gourmetrestaurant. Das Nebengebäude – weniger romantisch, aber genauso komfortabel – bietet ausschließlich Suiten, drei davon mit großem Balkon. WC, Dusche und Badewanne sind überall separat. Reservierung erforderlich.

Ste-Énimie

500 Ew.

Ste-Énimie, 27 km von Florac und 56 km von Millau, ergießt sich wie eine Lawine graubrauner Steine den Berg hinunter und scheint mit diesem einst für die Landwirtschaft terrassierten steilen Hang zu verschmelzen. Es lag lange abgeschieden, ist aber heute ein beliebtes Ziel für Tagestouristen aus Millau, Mende und Florac und einer der Ausgangspunkte für Kanu- oder Kajaktouren auf dem Tarn.

Ste-Énimies **Touristeninformation** (☎ 04 66 48 53 44; www.gorgesdutarn.net, auf Französisch; Juli & Aug. Mo–Sa 9–13 & 14–19, So 9.30–12.30 Uhr, Okt.–Ostern Mo–Fr 9.30–12.30 & 14–17.30 Uhr, Ostern–Juni & Sept. Mo–Sa 9.30–12.30 & 14–18 Uhr) befindet sich 100 m nördlich der Brücke. Dort gibt's Karten und Wanderführer, z. B. die IGN-Top-25-Karte Nr. 2640OT, *Gorges du Tarn*. In der Saison öffnet eine kleine **Außenstelle** (Juli & Aug. So–Do 10–12.30 & 14–18 Uhr, Mitte Mai–Juni & 1.–15. Sept. Mo–Fr 10–12.30 & 14–17 Uhr) neben der Brücke in La Malène.

Highlights in der kleinen, gepflasterten Altstadt mit größtenteils renovierten Häusern sind die romanische **Kirche** aus dem 12. Jh. und die **Halle aux Blés**, wo einst Getreide von den *causses* gegen Wein, Früchte und Walnussöl eingetauscht wurde.

Château de Peyrelade

Ein Stück westlich des Zusammenflusses von Tarn und Jonte erhebt sich hoch über das Tal die romantische Ruine des **Château de Peyrelade** (☎ nähere Auskünfte 05 65 59 74 28; Erw./8–12 J./unter 8 J. 3,50/1,50 €/frei; Juli & Aug. 10–18 Uhr, 15.–30. Juni & 1.–15. Sept. So–Fr 14.30–18 Uhr). Die ältesten Teile stammen aus dem 11. Jh. Zerstört wurde das Schloss 1663 auf Anordnung von Kardinal Richelieu – wie viele Bastionen des Languedoc. Das Schloss selbst ist zwar nicht geöffnet, doch der Blick über Tarn-Tal und die causses lohnt den 1,25 km langen Umweg auf dem schmalen, von Kirschbäumen gesäumten Sträßchens nach Boyne trotzdem.

CAUSSE DE SAUVETERRE

Im Osten fällt der nördlichste der causses, der Causse de Sauveterre, steil – stellenweise fast senkrecht – zu den Gorges du Tarn ab. Im Norden senkt er sich sanfter ins Lot-Tal, das seine Grenze markiert. Hier und da stehen kompakte, abgelegene Gehöfte, die wie Wehrdörfer aussehen. Jedes Stück fruchtbaren Bodens ist kultiviert, sodass die Weizenfelder merkwürdig unregelmäßige Formen aufweisen.

Namensgebend für den *causse* war das östlich gelegene, kleine Schäferdorf Sauveterre oberhalb von Ste-Énimie.

Dieses trockenste der Plateaus besteht aus drei unterschiedlichen geografischen Zonen: dem Causse du Massegros auf rund 750 m Höhe mit kahlen Weiden und lichten Pinienwäldern; dem zentralen, bis zu 1000 m hohen Causse Boisé mit einer hügeligen Landschaft geprägt von spitzen Felsen und Schluchten, deren Gewässer in Tarn und Lot abfließen; und dem östlich gelegenen Causse Pelé, der an manchen Stellen die 1100 m überschreitet und aus kahlem Fels besteht.

CAUSSE NOIR

Der Causse Noir ist mit einer Fläche von 200 km² der kleinste der *causses*. Die Bezeichnung „Schwarze Kalkhochebene" stammt aus einer Zeit, als das Plateau beinahe vollständig von Pinien bewachsen war. Hier stolpert man besonders häufig über ganze Felder bizarrer, durch Erosion und Verwitterung entstandener Kalksteinformationen.

Er erhebt sich direkt östlich von Millau und wird im Süden von den Gorges de la Dourbie und im Norden von den Gorges de la Jonte begrenzt.

Chaos de Montpellier-le-Vieux

18 km nordöstlich von Millau, oberhalb der Gorges de la Dourbie, liegt der **Chaos de Montpellier-le-Vieux** (☎ 05 65 60 66 30; Erw./5–15 J./unter 5 J. 5,30/3,80 €/frei; ⌚ April–Mitte Nov. 9.30–18 oder 19 Uhr), ein weitläufiges Gebiet zerklüfteten Gesteins. Durch Wassererosion ist ein mehr als 120 ha großes Felsenmeer bizarrer Kalksteinformationen entstanden, die so phantasievolle Namen wie Sphinx und Elefant tragen. Es gibt drei Wanderwege von einer bis drei Stunden Dauer und einen **Touristenzug** (Erw./5–15 J./unter 5 J. 3,40/2,40 €/frei).

Auch außerhalb der offiziellen Öffnungszeiten kann alles uneingeschränkt erkundet werden.

CAUSSE DU LARZAC

Der Causse du Larzac (800–1000 m) ist der größte der vier *causses* – geprägt von weiten, endlosen Horizonten und steinigen Steppen. Hier und da liegen mittelalterliche Dörfer wie das befestigte **Ste-Eulalie-de-Cernon**, das lange Hauptstadt der Region Larzac war, und **La Cavalerie**. Beide wurden von den Tempelrittern erbaut, einem Ritterorden, der sich während der Kreuzzüge hervortat. Mehr Infos über den *causse* und seine Dörfer auf S. 181.

GORGES DE LA JONTE

Die 15 km langen Gorges de la Jonte ziehen sich von Meyrueis in westlicher Richtung bis Le Rozier und durchtrennen Causse Noir und Causse Méjean auf spektakuläre Weise. Im Sommer ist hier einiges los, aber längst nicht so viel wie auf den bekannteren Gorges du Tarn.

Dargilan

Diese **Höhle** (☎ 04 66 45 60 20; www.grotte-dargilan.com, auch auf Deutsch; Erw./6–18 J./unter 6 J. 8,50/5,80 €/frei; ⌚ Juli & Aug. 10–18.30 Uhr, Ostern–Juni, Sept. & Okt. 10–12 & 14–16.30 oder 17.30 Uhr) südlich der Schlucht ist größer als die Aven Armand und genauso spektakulär, wird aber weniger besucht. Aufgrund ihrer vielfältigen Farbnuancen ist sie auch als La Grotte Rose (Rosarote Höhle) bekannt. Höhepunkt der einstündigen Führung durch die mit 1 km längste Felskluft der Cevennen ist ihr plötzliches Ende auf einem Felsvorsprung mit schwindelerregendem Ausblick auf die Gorges de la Jonte.

Belvédère des Vautours

Westlich von Le Truel an der D966 gibt es einen **Geier-Beobachtungspunkt** (☎ 05 65 62 69 69; www.vautours-lozere.com, auf Französisch; Erw./5–12 J./unter 5 J. 6,50/3 €/frei; ⌚ Juli & Aug. tgl. 10–19 Uhr, April–Juni, Sept. & Okt. Di–So bis 18 Uhr). Nachdem die Tiere so gut wie ausgestorben waren, wurden sie hier 1970 wieder angesiedelt. Heute kreisen sie völlig frei am Himmel über den *causses* und nisten in den Klippen auf der anderen Seite des Tals.

Der Aussichtspunkt – der auch einen tollen Blick auf das Tal gewährt – bietet eine eindrucksvolle Multimediaausstellung mit Videoübertragungen von den Nistplätzen. Es werden auch halbtägige **Vogelbeobachtungstouren** (Erw./5–12 J./unter 5 J. 7/3,50 €/frei) zu den umgebenden Schluchten angeboten. Reservierung erforderlich.

MILLAU & UMGEBUNG

MILLAU

21 900 Ew.

Millau (mi-jo ausgesprochen) zwängt sich nahe dem Zusammenfluss von Tarn und Dourbie zwischen die Causses Noir und du Larzac. Obwohl es geografisch bereits zum Departement Aveyron in den Midi-Pyrénées gehört, ist es historisch und kulturell dem Languedoc näher. In Frankreich ist der Ort vor allem bekannt für seine Handschuhproduktion, gleichzeitig ist er Mittelpunkt des Parc Naturel Régional des Grands Causses und Basis für Wanderungen und andere Outdoor-Aktivitäten – wegen der günstigen Thermik besonders zum Drachen- und Gleitschirmfliegen.

Praktische Informationen

ABCD PC (Ecke rue Droite/rue Solignac; pro Std. 3 €; ⌚ Juli & Aug. Mo–Sa 10–19 Uhr, Sept.–Juni Mo–Fr 10–12.15 & 14–19, Sa 13–19 Uhr) Internetzugang.

Cyber Espace (☎ 05 65 59 83 30; 2 rue du Barry; pro Std. 3 €; ⌚ Mo 15–19, Di–Sa 10–12 & 14–19 Uhr) Internetzugang.

Hauptpost (12 av. Alfred Merle)

Touristeninformation (☎ 05 65 60 02 42; www.ot-millau.fr; 1 place du Beffroi; ⌚ Juli & Aug. 9–19 Uhr, Ostern–Juni & Sept. 9–12.30 & 14–18.30 Uhr; Okt.–Ostern So geschl.)

Verwaltung des Parc Naturel Régional des Grands Causses (☎ 05 65 61 35 50; www.parc-grands-causses.fr, auch auf Englisch; 71 bd de l'Ayrolle, Millau; ⌚ Mo–Fr 9–12 oder 12.30 & 14–17 oder 18 Uhr)

Waschsalon (14 av. Gambetta; ⌚ 7–21 Uhr)

VON HANDSCHUHEN & KÄSE

Warum – so fragt man sich – war diese kleine Provinzstadt, fernab vom Meer und allen wichtigen Handelsrouten, einst der weltweit größte Hersteller von Handschuhen? Und wie um alles in der Welt hängen Handschuhe und Käse zusammen?

Der Schlüssel sind die armen, ausgebeuteten Schafe, aus deren Milch der Roquefort gemacht wird. Ihre Lämmer, als *regords* bezeichnet, wurden kurz nach der Geburt getötet, um aus ihrer weichen Haut Handschuhe für Damen in aller Welt zu fertigen.

Sehenswertes

Der 42 m hohe **Beffroi** (Bergfried; rue Droite; Erw./unter 18 J. 3 €/frei; ⌚ Mitte Juni–Sept. 10–12 & 14–18 Uhr) hat einen quadratischen Sockel aus dem 12. und einen achteckigen Turm aus dem 17. Jh. Er bietet einen tollen Ausblick auf die Stadt.

Das **Musée de Millau** (☎ 05 65 59 01 08; place Maréchal Foch; Erw./19–25 J./unter 19 J. 5/3,70 €/frei; ⌚ Juli & Aug. tgl. 10–18 Uhr, Mai, Juni & Sept. tgl. 10–12 & 14–18 Uhr, Okt.–April Mo–Sa 10–12 & 14–18 Uhr) beherbergt eine umfangreiche Fossiliensammlung, darunter Mammutbackenzähne und das 4 m lange, fast vollständige Skelett einer prähistorischen Wasserechse vom Causse du Larzac. Im Untergeschoss finden sich unzählige Teller und Vasen aus **La Graufesenque** (s. unten) sowie der *plomb du Larzac,* ein bleierner Talisman, der im 1. Jh. vor bösen Flüchen schützen sollte. Die Leder- und Handschuhabteilung im ersten Stock veranschaulicht die jahrhundertelange Geschichte von Millaus Gerbereien und deren Produkten anhand von Videos, Arbeitsgeräten und vielen Mustern.

Ein Kombiticket (7 €) schließt die archäologische Stätte La Graufesenque am Zusammenfluss von Tarn und Dourbie mit ein. Um Millau umfassend zu erkunden, ist die *passe patrimoine* (12 €) zu empfehlen. Damit sind alle Museen, La Graufesenque, Le Beffroi, La Halle Viaduc und einige andere städtische Sehenswürdigkeiten abgedeckt.

La Graufesenque (☎ 05 65 60 11 37; av. Louis Balsan; Erw./19–25 J./unter 19 J. 4/2,70 €/frei; ⌚ Juli & Aug. Di–So 10–12.30 & 14.30–19 Uhr, Sept.–Juni tgl. 10–12 & 14–17 oder 18 Uhr), am Zusammenfluss von Tarn und Dourbie, war einst die größte Töpfereiwerkstatt im westlichen Römischen Reich. Hier gebrannte Waren fand man in so entlegenen Ländern wie dem Yemen, Mauretanien und Nordengland. Nach einem zehnminütigen Film geht's mit einer Broschüre (von der Rezeption) zu Fuß um die Ausgrabungsstätte herum, von der vermutlich erst 20 % freigelegt sind. Von einem Scherbenhaufen aussortierter Mangelware können Bruchstücke als Souvenirs mitgenommen werden. Sie sind nicht gerade selten, denn für jedes Brennen formten rund 500 Töpfer 10 000 bis 40 000 Gefäße. Mehrere Millionen waren es während der kurzen Blütezeit von knapp einem Jahrhundert. Sie fand ein abruptes Ende, als im weiten Umkreis alles Holz in den Brennöfen verfeuert worden war.

In den 60er-Jahren gab es in Millau etwa 80 große und kleinere Handschuhmacher.

CAUSSE-DU-LARZAC-RUNDFAHRT

Diese spektakuläre, 140 km lange Rundstrecke rings um Millau lehrt einen alles über Schafe und Roquefort, Frankreichs berühmtesten Käse. Außerdem führt sie durch drei klassische Templerdörfer und an einer alten Eisenbahnlinie entlang. Sie lässt einen die enorme Bedeutung des Wassers für die Cevennen verstehen und führt schließlich entlang der kurvenreichen Gorges de la Dourbie wieder zurück. Wer unterwegs übernachten möchte, findet gegen Ende des Tages eine äußerst empfehlenswerte *chambre d'hôtes*.

Auf der D992, die später zur D999 wird, verlässt man Millau. Rund 3 km hinter St-Affrique (S. 186), in Pastoralia, leben die Schafe, ohne die es keinen Roquefort gäbe, und Kinder können ihre Lämmer streicheln.

Auf derselben Straße fährt man wieder zurück bis zur Abzweigung nach Roquefort (S. 185). Unterwegs kann man einen Keller (*cave*) besichtigen, in dem die Käselaibe reifen. Im Dorf geht's links ab auf die D23 in Richtung Ste-Eulalie. Die Straße führt steil hinab ins Cernon-Tal und dann in schwindelerregenden Kehren hinauf auf den Causse du Larzac. Dort sind die typischen *lavognes* zu sehen, kleine, sorgfältig angelegte Regenwasserreservoirs. Nach 11 km ist **Viala du Pas de Jaux** erreicht, wo sich ein kurzer Aufenthalt zur Besichtigung des 30 m hohen **Templerturms** (Eintritt frei; ⏲ Juli & Aug. 10–19 Uhr, April–Juni, Sept. & Okt. 10–12 & 14–18 Uhr) anbietet, der um 1430 als Kornkammer und Fluchtburg im Hundertjährigen Krieg erbaut wurde.

Hier gibt's auch einen Audiopass (16 €), der neben einem Audioführer den Eintritt zu den historischen Stätten von Viala du Pas de Jaux, Ste-Eulalie-de-Cernon, La Cavalerie und anderen Templerstätten beinhaltet.

Nach 4 km biegt man links auf die D561 und umfährt rechts den Eisenbahnviadukt 1,5 km außerhalb von Ste-Eulalie-de-Cernon (S. 186). Dort kann man mit dem Vélorail du Larzac radeln, eine bequeme Fahrt mit dem *train touristique* machen oder einen Bungeesprung vom Viadukt wagen.

Etwa 2 km hinter Ste-Eulalie führt die D277 wieder zurück auf die D999 und nach **La Cavalerie**. Das von den Templern gegründete, befestigte Dorf war jahrhundertelang ein Rastplatz für Reisende, die die einsame Larzac-Ebene überquerten. Die größtenteils noch intakten Verteidigungsmauern wurden von den Rittern des Johanniterordens erbaut.

15 km weiter via D999 (Achtung: links der Straße liegt ein militärischer Schießplatz) gelangt man nach **Nant** mit zwei prachtvollen Brücken, einer ansprechenden Markthalle aus dem frühen 18. Jh. und der Klosterkirche St-Pierre aus dem 12. Jh., die sich durch ihre fein gearbeiteten, geometrischen Kapitelle auszeichnet.

Hier kann man entweder zum Ausgangspunkt zurückzukehren oder die Fahrt durch einen der relativ weiten, landwirtschaftlich genutzten Abschnitte der Gorges de la Dourbie zum 7 km entfernten St-Jean-du-Bruel (S. 186) fortsetzen.

Falls es in Nant spät wird, empfiehlt sich eine Übernachtung in der **Chambre d'Hôte Lou Damadou** (☎ 05 65 62 26 73, 06 76 01 60 23; www.gites-nant.com, auch auf Deutsch; rue Damade; Zi. mit Frühstück 55 €). Mit viel Stilgefühl haben Catherine und Thierry Schreiber hier drei Stadthäuser an einer ruhigen Fußgängerstraße hergerichtet plus einen großen Raum in ihrem eigenen Wohnhaus. Die Zimmer bieten eine reizende Mischung aus original erhaltenen Fliesenböden und Holzbalken mit modernen Elementen und Komfort. Die Häuser sind für Selbstversorger ausgestattet.

Sonst bieten die steilen und spektakulären **Gorges de la Dourbie** auf dem Rückweg nach Millau (32 km ab Nant) einen passend spektakulären Abschluss.

Causse Gantier (☎ 05 65 60 03 05; bd des Gantières; Eintritt frei; ⏲ Mo–Sa 9.30–12.30 & 14–19 Uhr), seit über einem Jahrhundert im Geschäft und für Modehäuser wie Chanel und Hermès tätig, bewahrt diese Tradition bis heute. Achtung: fast alle 20 Mitglieder von Millaus Collectif du Cuir importieren heute ihre Waren und leben von ihrem alten (längst nicht mehr so angesehenen) Ruf. In diesem Geschäft hingegen können die Kunden sicher sein, dass alle Handschuhe (jedes Jahr 25 000 Paar) von den in der Werkstatt darüber gefertigt wurden. Auch wer nichts kaufen möchte, sollte sich einen Besuch nicht entgehen lassen. In architektonisch ansprechendem Rahmen kann man den Herstellungsprozess verfol-

HAUT-LANGUEDOC

gen, antike Arbeitsgeräte besichtigen und sich umfassend informieren.

Auf Straßenniveau bietet **Millau Halle Viaduc** (☎ 05 65 60 95 05; place de la Capelle; Erw./Kinder 4/3 €; ⏲ April–Okt. 10–19 oder 20 Uhr, Nov.–März 10–12.30 & 14–18) eine kleine, kostenlose Ausstellung mit Videoclips und mehrsprachigen Texten zu Millau, den Grands Causses und dem Pont de Millau. Eine Etage tiefer dreht sich alles um Brücken – im wörtlichen und übertragenen Sinn – aus aller Welt. Das 20-minütige Video mit Aufnahmen der berühmtesten Brückenbauten und kitschigen Übergängen ist nicht besonders aufregend.

Der **Pont de Millau**, der das breite Tarn-Tal überspannt, um die Causses du Larzac und Rouge miteinander zu verbinden, ist schlichtweg atemberaubend. Jährlich überqueren über 4,5 Mio. Fahrzeuge die Brücke des britischen Architekten Sir Norman Foster. Sie ist ein wahres Wunderwerk industrieller Ingenieurskunst. Nur sieben nadelartige Hohlpfeiler tragen die 2,5 km lange, vierspurige Autobahn A75. Sie spannt sich 343 m hoch über der Talsohle und gehört damit zu den höchsten Straßenbrücken der Welt. Mehr als drei Jahre hat der Bau gedauert und 400 Mio. Euro verschlungen. 127 000 m³ Beton, 19 000 t Stahlarmierung und 5000 t Drahtseile und Streben wurden verbaut. Trotz solch schwergewichtiger Superlative wirkt dieses Wahrzeichen des 21. Jhs. wie ein filigraner Bindfaden und fügt sich perfekt ins unberührte Landschaftsbild um Millau.

Die **Viaduc Espace Info** (☎ 05 65 58 80 65; Eintritt frei; ⏲ April–Okt. 10–19 Uhr, Nov.–März 10–17 Uhr) auf Bodenhöhe unterhalb des Viadukts dokumentiert die Geschichte des Brückenbaus anhand verschiedener Medien. Wer noch näher ran will, kann an einer einstündigen **Führung** (Erw./6–17 J./unter 6 J. 5,50/3 €/frei) teilnehmen, die viermal täglich angeboten wird.

Aktivitäten

DRACHEN- & GLEITSCHIRMFLIEGEN

Zwei alteingesessene Anbieter von Einführungskursen (325 € für 5 Tage) und Tandemflügen (55–70 €) sind:

Horizon (☎ 05 65 59 78 60; www.horizon-millau.com, auf Französisch; 6 place Lucien Grégoire)
Bietet auch Höhlenklettern, Canyoning, Klettertouren und „Naturaventure", eine Wanderung mit mehreren Aktivitäten.

Roc et Canyon (☎ 05 65 61 17 77; www.roc-et-canyon.com, auch auf Englisch; 55 av. Jean Jaurès) Im Sommer neben dem Pont Cureplat.
Bietet auch Höhlenklettern, Klettertouren, Canyoning, Rafting und Bungeejumping.

KLETTERN

Die 50 bis 200 m hohen Klippen der Gorges de la Jonte sind ein international bekannter Treff für Kletterer aller Schwierigkeitsgrade. Sowohl Horizon als auch Roc et Canyon (s. oben) bieten begleitetes Klettern und vermitteln Kontakte zu Kletterern aus der Gegend.

WANDERN & RADFAHREN

Bei der Touristeninformation gibt's das Büchlein *Les Belles Balades de l'Aveyron* (8 €). Mithilfe seiner detaillierten Karten kann man sich gut orientieren, auch wenn man kein Französisch spricht. Beschrieben werden 22 1½- bis 6-stündige Wanderrouten um Millau, die Gorges du Tarn und die Grands

HAUT-LANGUEDOC

NEUE PERSPEKTIVEN AUF DEN PONT

Es braucht nicht unbedingt ein Auto, um den Pont de Millau zu besuchen.

Ein offener, leuchtend gelber **Bus** (☎ 05 65 61 20 77; Erw./6-12 J./unter 6 J. 10/6 €/frei; ⏲ 9–17 Uhr, mindestens 1-mal stdl.) startet von der Place de la Capelle zu einer 1- bis 1¾-stündigen geführten Tour. Sie umfasst ein Einführungsvideo, die Besichtigung der Brücke von unten sowie das (vielleicht etwas fragwürdige) Vergnügen, zu den wenigen zu gehören, die „das Privileg genießen, die antike Stätte zu befahren".

Bateliers du Viaduc (☎ 05 65 60 17 91; www.bateliersduviaduc.com, auch auf Englisch; Creissels; Erw./6–12 J./unter 6 J. 19,50/12,50/9,50 €; ⏲ April–Okt. ab 9 Uhr, stdl.) bieten eine gemütliche 1- bis 1½-stündige Bootsfahrt durch das Tal des Tarn mit Blick auf die Brücke von unten. Reservierungen werden telefonisch oder am Informationsschalter in Creissels, 2 km südlich von Millau, entgegengenommen.

Einen noch ungewöhnlicheren Blickwinkel hat man aus einem Ultraleichtflugzeug (85 € pro halbe Stunde) von **Millau ULM** (☎ 06 85 74 81 74: www.millau-ulm.com, auf Französisch).

Causses sowie zehn Mountainbike- und zehn normale Radtouren.

Anspruchsvollere Wanderungen bietet der GR62 durch den Causse Noir, am Chaos de Montpellier-le-Vieux vorbei und hinunter nach Millau. Der GR71 und seine Nebenwege führen über den Causse du Larzac und durch seine Templerdörfer.

Schlafen

Camping des Deux Rivières (☎ 05 65 60 00 27; camping.deux-rivieres@wanadoo.fr; 61 av. de l'Aigoual; Zelt & 2 Pers. 14 €; April–Okt.) Gleich hinter dem Pont de Cureplat liegt der ortsnächste von zahlreichen großen Campingplätzen am Ostufer des Tarn.

Gîte de la Maladerie (☎ 05 65 60 41 84; chemin de la Graufesenque; B 13 €) Dieser freundliche *gîte* am Südufer des Tarn ist ganzjährig geöffnet. Man erreicht ihn zu Fuß, indem man flussaufwärts marschiert, oder mit dem Auto, wenn man nach dem Pont du Larzac links (Richtung Osten) abbiegt.

Hôtel La Capelle (☎ 05 65 60 14 72; www.hotel-millau-capelle.com, auch auf Englisch; 7 place de la Capelle; Zi. 45–48 €, mit Etagenbad 30 €; P) WLAN-Zugang und ein großer Parkplatz unterhalb des Hotels sind kostenlos. Das Hotel im umgebauten Flügel einer ehemaligen Lederfabrik ist eine tolle Budgetoption und hat eine große, einladende Frühstücksterrasse mit Blick auf den Causse Noir. Alle Zimmer mit Bad blicken auf den Causse und haben separate Toiletten, manche auch AC (5 € Aufschlag).

Hôtel des Causses (☎ 05 65 60 03 19; www.hotel-des-causses.com, auch auf Englisch; 56 av. Jean Jaurès; DZ 50–60 €, 3BZ 65–75 €; P) Parkplatz 7 €. Dieses Logis-de-France-Hotel bietet 19 gepflegte Komfortzimmer und einen herzlichen Empfang. Es hat ringsum Doppelverglasung und ein gutes Restaurant (s. S. 184).

Hôtel Emma Calvé (☎ 05 65 60 13 49; www.millau-hotel-emmacalve.com, auf Französisch; 28 av. Jean Jaurès; Zi. 51–73 €; P) Parkplatz 10 €. Die 13 Zimmer des Emma Calvé (nach der französischen Sopranistin, die in diesem ehemaligen Bürgerhaus ihre letzten Jahre zubrachte) bieten viel Abwechslung; nicht nur in Bezug auf ihren bunten neuen Anstrich (nur die Flure tragen ein eher unschönes Einheitsgrün). Die vier Zimmer des kleinen Anbaus (63 €) haben direkten Zugang zur begrünten Terrasse hinter dem Gebäude. Zimmer 8 (73 €) hat eine eigene, geräumige Veranda mit Blick auf die Terrasse. Zimmer 4 mit bunten Bleiglasfenstern ist sehr groß und war die Hauskapelle der ursprünglichen Besitzerin.

Cévenol Hôtel (☎ 05 65 60 74 44; www.cevenol-hotel.fr, auf Französisch; 115 rue Rajol; DZ/3BZ 62/72 €; P) Kostenlose Parkplätze. Dieses moderne Betongebäude am Stadtrand sieht von außen nicht sehr einladend aus, ist im Inneren aber sehr viel behaglicher. Die 42 Zimmer – zwei davon behindertengerecht – sind groß (die nach Süden hin überblicken die *causses*) und die Bäder mit großer Dusche wurden 2008 alle renoviert.

Château de Creissels (☎ 05 65 60 16 59; www.chateau-de-creissels.com, auch auf Englisch; Zi. im neuen Flügel 63–72 €, im alten Flügel 79–97 €; April–Okt.) Dieses Schloss im Dorf Creissels, gut ausgeschildert 2 km südwestlich von Millau an der D922, hat zwei Gesichter. In den Zimmern im alten Turm aus dem 12. Jh. ist die Geschichte geradezu spürbar, während die größeren und moderneren aus dem 20. Jh. mit Balkonen und Blick auf den riesigen Garten aufwarten. Es gibt auch ein exzellentes Restaurant (S. 184) und eine Terrasse mit schöner Aussicht.

Essen

Bar du Tour de Ville (☎ 05 65 60 07 05; 7 bd Richard; Menüs 13 €) Dieses urige, laute und beliebte Bar-Restaurant ist ein Familienbetrieb und lockt ein buntes Publikum aus Arbeitern, Familien und Intellektuellen. Es gibt zwei preiswerte und ausgezeichnete 3-Gänge-Menüs: eines mit *moules farcies à la sétoise* (gefüllte Muscheln in Tomatensauce) und das andere mit *trenels* (kleine gekochte Innereienwürste), einer örtlichen Spezialität. Beide werden mit einem Viertelliter Rotwein im Krug serviert.

Auberge de la Borie Blanque (☎ 05 65 60 85 88; route de Cahors; Menüs 14–25 €, Hauptgerichte 9–15 €; Di–Do & Sa mittags & abends, Fr & So nur mittags) Dieses traditionelle Restaurant befindet sich im Gewölbe eines alten Weinkellers 3 km außerhalb vom Millau an der Straße Richtung Cahors. Mit Wagenrädern und einem Joch, das von der Decke hängt, ist es auf rustikal getrimmt (die Lichterketten passen allerdings nicht ganz!). Die Küche ist entschieden besser. Als Vorspeise gibt's z. B. *foie frais de canard poêlé aux pommes* (Apfelstücke und Entenleber), die außen schön knusprig ist und einem auf der Zunge zergeht. Anspruchsvolle Gäste aus Millau strömen in Scharen hierher, also auch während der Woche unbedingt reservieren. Im Sommer kann man auf einer herrlichen Terrasse speisen.

VINCENT COMBES

Vincent Combes, ein sportlicher junger Mann und leidenschaftlicher Mountainbiker, führt in dritter Generation die kleinste von heute sieben Roquefort-Käsereien. Sie nennt sich Le Vieux Berger und wurde 1923 von seinem Großvater gegründet.

Fragt man ihn nach dem Unterschied zwischen seinem Unternehmen und den Branchenriesen wie Le Papillon oder La Société, so betont er die geringe Größe und familiäre Atmosphäre. Doch alles ist relativ: Le Vieux Berger deckt zwar nur 0,6 % des weltweiten Verbrauchs ab, produziert aber immerhin 165 t Roquefort pro Jahr.

Vincent bezeichnet sich selbst als *artisan fromager,* also als Handwerker der Käseproduktion. 16 Betriebe liefern die Schafsmilch für seine Molkerei nahe Rodez und er verkündet stolz: „Wir kennen sie alle und ihre Milch wird frisch und auf direktem Weg hier angeliefert." Nichts geht hier auf die Schnelle. Bruch und Molke werden langsam erhitzt und ebenso langsam wieder abgekühlt. „Wir sind ein kleines Team. Neun Mitarbeiter führen jeden Produktionsschritt von Hand aus: in die Form pressen, mit grobkörnigem Salz würzen und Laib für Laib wenden; im ersten Reifestadium sogar fünf Mal pro Tag."

„Doch mit der Auslieferung ist der Prozess noch nicht abgeschlossen", betont er. „Wenn Sie und ich jeder eine Flasche Wein derselben Lage und desselben Jahrgangs kaufen und jeder sie in seinem Keller lagert, wird der Geschmack nach dem Entkorken etwas verschieden sein." Wer also das Glück hat, in einem Käse- oder Feinkostladen Roquefort von Le Vieux Berger zu erstehen, sollte ihn mit der angemessenen Sorgfalt behandeln.

Le Vieux Berger ist direkt in Roquefort erhältlich. Vincent schwärmt von der kleinen Ausstellung mit Verkauf an der Avenue du Combalou, deren Eröffnung für 2009 geplant ist. Die besondere Sorgfalt bei der Produktion schlägt sich natürlich auch im Preis nieder, aber die Ausgabe lohnt sich. Wer allerdings seinen Lieben etwas davon mit nach Hause bringen will, sei gewarnt: Die Versuchung, das Souvenir unterwegs selbst zu verspeisen, ist einfach zu groß …

Le Square (☎ 05 65 61 26 00; 10 rue St-Martin; Menüs 18–27 €, Hauptgerichte 15–20 €; 🕒 Mai–Mitte März Do–Mo mittags & abends, Di nur mittags) In diesem angesehenen und gemütlichen Restaurant mit preiswerten 4-Gänge-Menüs und angenehm zeitgenössischem Interieur sind Tischreservierungen unbedingt zu empfehlen.

Capion (☎ 05 65 60 00 91; 3 rue J.-F. Alméras; Mittagsmenü 13,50 €, weitere Menüs 19–38 €, Hauptgerichte 14–18 €; 🕒 Do–Mo mittags & abends, Di nur mittags, 1.–21. Juli geschl.) Auf dem Weg in den neu eingerichteten Speisesaal können die Gäste einen Blick in die Küche werfen und dem jungen Team bei der Arbeit zusehen. Das Essen ist gut und die Portionen sind großzügig – das gilt besonders für die verlockenden Nachspeisen und die reichhaltige Käseplatte (auf der natürlich Roquefort im Mittelpunkt steht).

La Mangeoire (☎ 05 65 60 13 16; 8 bd de la Capelle; Menüs 19,50–46 €; 🕒 Di–So mittags & abends, Nov.–April So nur mittags) Millaus ältestes Restaurant in den Gewölben unter der ehemaligen Stadtmauer bietet wunderbare, hauptsächlich regionale Gerichte. Der Stolz des Hauses ist der offene Holzkohlegrill. Im Winter gibt's am Spieß gegrilltes Wild wie Hase und Rebhuhn. Fleisch und Fisch (13–18 €) kommen das ganze Jahr hindurch perfekt gebrutzelt auf den Tisch.

La Marmite du Pêcheur (☎ 05 65 61 20 44; 14–16 bd de la Capelle; Mittagsmenü 14,50 €, weitere Menüs 19,50–55 €, Hauptgerichte 20 €; 🕒 Juli–Sept. Mi–Mo mittags & abends, Okt.–Juni Do–Mo mittags & abends) Nur ein paar Türen vom La Mangeoire liegt dieses Restaurant, das von einem netten jungen Paar betrieben wird. La Marmite hat ebenfalls sehr schöne Gewölbe und bietet herzhafte regionale Menüs in ungefähr derselben Preisklasse. Tipp: Die Eigenkreation des Kochs, *œufs à la cocotte au Roquefort,* drei gebackene Eier mit Roquefort-Käse, gefolgt von *marmite du pêcheur à ma façon,* einem Gratin mit Lachs, Barsch, Meerbarbe, Garnelen und Jakobsmuscheln.

Zwei gute Hotelrestaurants:

Hôtel des Causses (☎ 05 65 60 03 19; www.hotel-des-causses.com, auch auf Englisch; 56 av. Jean Jaurès; Menüs 16–26 €; 🕒 Mo–Do mittags & abends, Fr nur mittags) Bietet zwei verlockende regionale Menüs und mehrere herzhafte Gerichte aus der Gegend um Lyon, der Heimat des Küchenchefs und Betreibers.

Château de Creissels (☎ 05 65 60 16 59; www.chateau-de-creissels.com, auch auf Englisch; Menüs 24–50 €, Hauptgerichte 16–20 €) Klassische französische Küche mit täglich wechselndem *menu du marché.*

Wer Lamm mag, sollte das *menu autour de l'agneau des Grands Causses* (32 €) probieren: zwei Fleischgänge mit zartem Lamm aus der Region, Schafskäse sowie Panacotta aus Schafsmilch.

SELBSTVERSORGER

Auf der Place du Maréchal Foch, Place Emma Calvé und in der Markthalle an der Place des Halles finden mittwoch- und freitagvormittags Märkte statt.

Shoppen

L'Atelier du Gantier (21 rue Droite) Ein wundervoller, kleiner Laden, der nur Handschuhe aus dem allerfeinsten Leder verkauft. Wer im richtigen Moment hereinschneit, kann dem Personal bei der Arbeit an drei uralten Singer-Nähmaschinen zuschauen.

Les Vitrines du Terroir (17 bd de l'Ayrolle) und **Le Buron** (18 rue Droite) sind wunderbar vielseitige und geruchsintensive *fromageries* (Käsegeschäfte), die lokale Käsespezialitäten wie Roquefort und Pérail du Larzac verkaufen.

An- & Weiterreise

Der **Busbahnhof** (www.gareroutieredemillau.com, auf Französisch) befindet sich neben dem Bahnhof; sein **Informationsbüro** (☎ 05 65 59 89 33) darin. Es fahren täglich zwei Busse nach Albi (17 €, 2¾ Std.) und einer davon weiter bis Toulouse (26 €, 4 Std.). Von/nach Montpellier (17,70 €, 1¾ Std.) und Rodez (12,50 €, 1½ Std.) gibt's pro Tag bis zu acht Verbindungen.

Zugverbindungen hat Millau u. a. mit Béziers (16,80 €, 1¾ Std., 2- oder 3-mal tgl.), Montpellier (24,30 €, 1¾ Std., 1-mal tgl.) und Rodez (11,30 €, 1½ Std., 5-mal tgl.).

Unterwegs vor Ort

Cycles Arturi (☎ 05 65 60 28 23; 2 rue du Barry; 🕓 Juli & Aug. Mo–Sa, Sept.–Juni Di–Sa) vermietet Stadträder für 9/12 € pro halben/ganzen Tag und Mountainbikes für 11/15 €.

ROQUEFORT

700 Ew.

Es gibt nur einen einzigen Grund, das eher mürrische Roquefort-sur-Soulzon zu besuchen, das aus nur wenig mehr als einer steilen Durchgangsstraße besteht. Aber dieser Grund ist fürwahr ein überzeugender: Hier im Herzen des Parc Naturel Régional des Grands Causses, 25 km südwestlich von Millau, entsteht aus Schafsmilch Frankreichs berühmtester Käse. Die steilen, engen Straßen des Dorfes führen zu den kühlen Naturkellern, in denen sieben Hersteller jedes Jahr 22 000 t Roquefort reifen lassen.

Zwei davon bieten Führungen durch ihre Keller; ein dritter hat einen kleinen Präsentationskeller, den man auf eigene Faust besichtigen kann.

La Société (☎ 05 65 58 54 38; www.roquefort-societe.com, auch auf Englisch) bietet einstündige **Führungen** (Erw./unter 16 J. 3 €/frei; 🕓 Mitte Juli & Aug. 9.30–18.30 Uhr, ansonsten Kernzeit 9.30–12 & 13.30–17 Uhr), zu denen eine recht klägliche Licht-Ton-Show und eine Verkostung der drei hier produzierten Sorten gehören. Das Unternehmen wurde 1842 gegründet und liefert 70 % der Weltproduktion; 30 % davon werden exportiert.

Führungen durch die gleichermaßen geruchsintensiven Höhlen von **Le Papillon** (☎ 05 65 58 50 08; www.roquefort-papillon.com, auch auf Englisch; 8 rue de la Fontaine; 🕓 Juli & Aug. 9–18.30 Uhr, Sept.–Juni 9.30–11.30 & 13.30–16.30 oder 17.30 Uhr) sind kostenlos, dauern 45 Minuten bis eine Stunde und beinhalten einen 15-minütigen Film. Sie beginnen im Ausstellungsraum mit Verkaufsstelle an der Hauptstraße neben der Dorfkirche.

Im Ausstellungs- und Verkaufsraum von **Gabriel Coulet** (☎ 05 65 59 90 21; www.gabriel-coulet.fr,

DER KÖNIG DER KÄSE

Die blaugrünen Schimmeladern im Roquefort sind die Sporen mikroskopisch kleiner Pilze, die auf gesäuertem Brot kultiviert werden.

Der Käse reift in – vom Menschen erweiterten – Natursteinhöhlen bei maximaler Luftfeuchtigkeit und einer konstanten Temperatur von 10 °C. Durch natürliche Felsspalten (*fleurines*) strömt Luft hinein und fördert das Wachstum des blaue *Penicillium roqueforti* im weißen Rohkäse.

Zur Herstellung wird ausschließlich Schafsmilch verwendet. Das hier heimische Lacaune-Schaf gibt rund 200 l Milch pro Melkperiode. Der Roquefort ist eine der teuersten und edelsten Käsesorten Frankreichs. 1407 gewährte Charles VI den Dorfbewohnern das alleinige Recht, ihren Käse Roquefort zu nennen, und im 17. Jh. verhängte das Oberste Gericht des Parlaments von Toulouse schwere Strafen gegen betrügerische Käsehersteller, die diesen Namen missbrauchten.

auch auf Deutsch; Eintritt frei; ⌚ Juni–Aug. 9.30–18 oder 19 Uhr, Sept.–Mai 9.30–12 & 13.30–17 Uhr) kann man die von Schimmel durchzogenen *caves* im Gewölbe darunter auch auf eigene Faust erkunden und sich statt einer Führung ein 10-minütiges Video anschauen.

Zwischen Mitte Juni und Mitte September kann man auch einige der landwirtschaftlichen Betriebe besuchen, die die Schafsmilch für die Herstellung liefern. Weitere Infos hierzu gibt's von der **Touristeninformation** (☎ 05 65 58 56 00; www.roquefort.com, auch auf Englisch; ⌚ Juli & Aug. tgl. 9–19 Uhr, April–Juni, Sept. & Okt. Mo–Sa bis 18 Uhr, Nov.–März Mo–Sa 10–17 Uhr).

In Sachen Parkplätze ist Roquefort ein Albtraum. Am Eingang zur Rezeption von La Société gibt es ein paar Plätze. Aber besser ist es, das Fahrzeug am westlichen Ortsrand bei der Touristeninformation abzustellen und zu Fuß zu gehen.

ST-AFFRIQUE

Pastoralia (☎ 05 65 98 10 23; www.pastoralia.com, auf Französisch; Erw./6–12 J./unter 6 J. 4,50/3,20 €/frei, 2 Erw. & 2 Kinder 15 €; ⌚ Juli & Aug. 10–18 Uhr, Juni tgl. 10–12 & 14–18 Uhr, Sept. & Okt. Mo–Fr), 3 km westlich von St-Affrique, liegt sehr ländlich – davon zeugen auch die Misthaufen – und in der Nachbarschaft gibt's eine Landwirtschaftsschule mit Versuchsgut. In einem umgebauten Stall erzählt Pastoralia die Geschichte von 800 000 Mutterschafen, die auf den Hochebenen grasen und jährlich fast 200 Mio. Liter Milch produzieren, von der mehr als die Hälfte zu Roquefort und anderen regionalen Käsesorten verarbeitet wird. Es gibt interaktive Tafeln und einen 10-minütigen Film. Im Sommer können die Besucher Schafe füttern.

Hôtel le Moderne (☎ 05 65 49 20 44; www.lemoderne.com, auch auf Englisch; EZ 40–49 €, DZ 50–78 €; ⌚ Mitte Jan.–Mitte Dez.; ☒) Kostenloser WLAN-Zugang. Freundliches Hotel nahe dem alten Bahnhof von St-Affrique. 27 makellose Zimmer z. T. mit separatem Bad und Toilette. Auf dem ächzenden Käsewagen seines eindrucksvollen Restaurants (2-/3-gängiges Mittagsmenü 15/18,50 €, weitere Menüs 22–56 €, Hauptgerichte 15–21 €) liegen ganze 13 Roquefort-Sorten, darunter zwei Bio-Varianten.

STE-EULALIE-DE-CERNON

Ste-Eulalie ist ein verschlafenes kleines Örtchen, das nur im Sommer zu Leben erwacht. Einst war es Sitz der **Commanderie** (Eintritt 2,50 €, mit Audioguide 4 €) der Tempelritter und später des Johanniterordens. Über die Jahrhunderte wurde es vielfach aus- und umgebaut und diente jedem der Orden als befestigtes Hauptquartier für die Region. Die Öffnungszeiten sind dieselben wie die der **Touristeninformation** (☎ 05 65 62 79 98; ⌚ Juli & Aug. 10–19 Uhr, Ostern–Juni, Sept. & Okt. 10–12 & 14–18 Uhr) im Eingangsbereich.

Vélorail du Larzac (☎ 05 65 58 72 10, 06 81 66 63 49; www.veloraildularzac.com, auf Französisch; Erw. 14 €; ⌚ Abfahrt Ostern–Okt. 8–20 Uhr alle 2 Std.) hat seinen Sitz im ehemalige Bahnhof 1,5 km südlich von Ste-Eulalie. Die gemütliche Fahrt mit Draisinenfahrzeugen führt entlang einer restaurierten Eisenbahnlinie (hin & zurück ca. 7 km; Kinder bis 12 fahren in Begleitung von zwei zahlenden Erwachsenen kostenlos). Wer nicht in die Pedale treten will, kann an einer 16 km langen Rundfahrt in einem der Holzwaggons des **train touristique** (Erw./5–14 J./unter 5 J. 14/5 €/frei; ⌚ Abfahrt Juli & Aug. 9–19 Uhr alle 2 Std., Mai, Juni, Sept. & Okt. 2- bis 3-mal tgl.) teilnehmen. Man sollte vorher reservieren und Bargeld mitbringen. Da es keinen Stromanschluss gibt, sind Kreditkarten nutzlos. Für beide Fahrten muss man je zwei Stunden rechnen. Gerissene Besucher zahlen 2 € extra, fahren mit dem *vélorail* hin (v. a. bergab) und mit dem Zug zurück.

Einen echten Adrenalinkick bietet ein Sprung vom Viadukt, wo Schienenstrang und D561 sich kreuzen. Im Juli und August bietet **Antipodes** (☎ 05 65 60 72 03; www.antipodes-millau.com, auf Französisch) mittwochs ab 16 Uhr und samstags ab 14 Uhr Bungeesprünge für 35 €.

ST-JEAN-DU-BRUEL

Hauptattraktion des Dorfes (neben einer schönen Brücke über den Fluss Dourbie) ist **Noria** (☎ 05 65 62 20 32; www.noria-espacedeleau.com, auch auf Englisch; rue du Moulin; Erw./5–12 J./Stud./unter 5 J. 7/4/5 €/frei, 2 Erw. & 2 Kinder 20 €; ⌚ Juli & Aug. 10–19 Uhr, April–Juni & Sept.–Okt. Di–So 13.30–18 Uhr), eine neu belebte Mühle aus dem 13. Jh. Während der sechs Monate im Jahr, in denen die Dourbie genug Strömung hat, dreht sich hier ein hölzernes Wasserrad und produziert genug Strom für ein kleines Dorf.

Norias Aufgabengebiet reicht jedoch weit darüber hinaus; hier gibt's Spiele (z. B. Wasserprobestunden), Maschinen, Modelle und interaktive Einrichtungen zum Thema Wasser im weitesten Sinn: woher es kommt, wie es genutzt wird und warum die Versorgung damit bedroht ist.

MICROPOLIS

„La Cité des Insectes" (die Stadt der Insekten), **Micropolis** (☎ 05 65 58 50 50; www.micropolis.biz, auch auf Englisch; Erw./5–14 J./unter 5 J. 11,10/7,45 €/frei; ⌚ Juli & Aug. 10–18 Uhr, April–Juni tgl. bis 16 oder 17 Uhr, Sept.–Mitte Nov. Di–So, Mitte Feb.–März Mi–So) liegt außerhalb des Dorfes St-Léons, 19 km nordwestlich von Millau nahe der D911.

Hier erfahren die Besucher, was es heißt, sich klein zu fühlen, denn in diesem verblüffenden Hightech-Museum wächst das Gras 6 m hoch. Die Fülle spannend präsentierter Informationen über die Krabbeltiere scheinen ähnlich übertrieben, sind aber alle korrekt. Die neuesten Ausstellungsräume befassen sich mit den Themen Artenreichtum und menschliche Einflüsse auf Tropenwälder, Wüsten und gemäßigtere Klimazonen. Beschriftet sind die Exponate auf Französisch und Englisch. Für den Besuch sollte man mindestens 1½ Stunden einplanen; abrunden kann man ihn mit einer Mahlzeit im angenehmen und durchaus preiswerten **Museumsrestaurant** (Hauptgerichte 11,50–13,50 €; ⌚ Juli & Aug. tgl. 12–16.30 Uhr, April–Juni tgl. 12–15 Uhr, Sept.–Mitte Nov. Di–So, Mitte Feb.–März Mi–So). Unser Tipp: *planche aux gourmands* (12,60 €) mit einem Hauptgericht, vier regionalen Spezialitäten als Beilagen und Nachtisch.

Carcassonne & Pyrenäen-Vorland

Niemand vergisst den ersten, überwältigenden Anblick von Carcassonnes Cité aus der Entfernung. Mit ihren Zuckerhuttürmchen, die im Sonnenschein glitzern, scheint sich die Stadt wie eine mittelalterliche Erscheinung aus der Ebene zu erheben. Bei einem Spaziergang durch die Kopfsteinpflasterstraßen innerhalb der Festungsmauern wird schnell klar, warum die Stadt der am dritthäufigsten besuchter Ort in Frankreich ist – nach Paris und dem Mont-St-Michel.

Die Montagne Noire, ein dünn besiedelter Landstrich, liegt wie ein Streifen am nördlichen Horizont. Im Westen liegt Castelnaudary, wo sich in Le Grand Bassin, dem einzigen bedeutsamen Hafen des Canal du Midi, Freizeitboote tummeln. Die Stadt ist umgeben von den goldenen Weizenfeldern der Lauragais-Ebene und streitet sich mit Carcassonne um den Titel „Erfinder des Cassoulet". In dieser Gegend ist das Essen, genau wie der Wein, herzhaft.

Südlich von Carcassonne, in den Lagen des oberen Aude-Tals, rühmt sich der selbstbewusste, ländliche Ort Limoux mit Blanquette de Limoux, einem funkelnden Sekt, und einem Karneval, der trotz weniger Teilnehmer der längste in Frankreich ist.

Richtung Westen, durch das wilde, verlassene Pays de Sault hindurch, schreien die tosenden Gewässer der Ariège geradezu danach, mit dem Kanu befahren zu werden. Die sanften Flanken und Ausläufer des Tals sind wabenartig von Höhlen durchzogen, in denen unterirdische Flüsse fließen.

Die Grenzen in diesem Kapitel wurden den regionalen Verwaltungsgrenzen zum Trotz gezogen und konzentrieren sich auf das ergreifende Ariège-Tal, die Region der Midi-Pyrénées und das Pyrenäen-Vorland.

HIGHLIGHTS

- Beim ersten Anblick der Türme von Carcassonnes **Cité** (S. 192) ins Staunen geraten
- Unter den Arkaden auf der **Place Maréchal Leclerc** (S. 229) in Mirepoix einen Drink genießen
- Im **Parc de la Préhistoire** (S. 223) alles über die ersten Bewohner des Ariège-Tals lernen
- Erst zu den Ruinen der **Châteaux de Lastours** (S. 205) hinaufklettern, dann bei **Le Puits du Trésor** (S. 205) stilvoll zu Mittag essen
- An Bord der *Saint Ferréol* (S. 207), einem traditionellen Kanalkahn, von Homps aus auf dem **Canal du Midi** entlangtuckern
- Zum **Château de Peyrepertuse** (S. 216) hinaufkraxeln, dem eindrucksvollsten Schloss der Katharer
- Bei **La Maison de la Blanquette** (S. 209) in Limoux zu Abend essen und das Ganze mit einem Blanquette de Limoux hinunterspülen

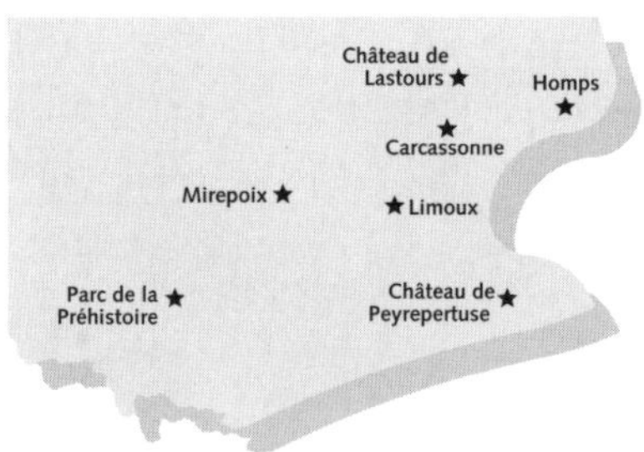

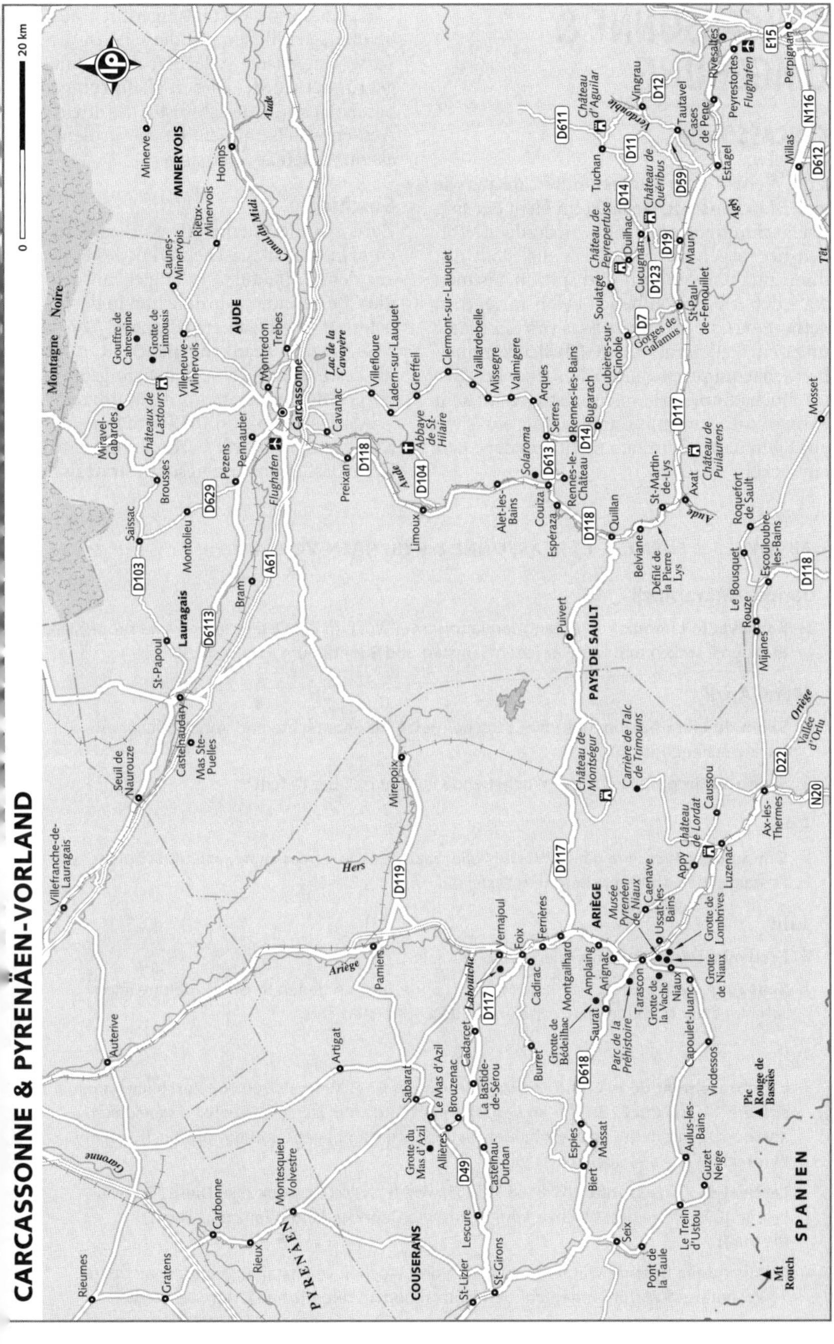
CARCASSONNE & PYRENÄEN-VORLAND
0
20 km
Montagne Noire
MINERVOIS
AUDE
Lauragais
PAYS DE SAULT
ARIÈGE
COUSERANS
PYRENÄEN
SPANIEN
Minerve
Homps
Rieux-Minervois
Caunes-Minervois
Gouffre de Cabrespine
Grotte de Limousis
Villeneuve-Minervois
Châteaux de Lastours
Miravel-Cabardes
Trèbes
Montredon
Carcassonne
Cavanac
Lac de la Cavayère
Pennautier
Pezens
Brousses
Saissac
Montolieu
Flughafen
Bram
St-Papoul
Castelnaudary
Mas Ste-Puelles
Seuil de Naurouze
Villefranche-de-Lauragais
Canal du Midi
Aude
Preixan
Villefloure
Ladern-sur-Lauquet
Greffeil
Clermont-sur-Lauquet
Abbaye de St-Hilaire
Limoux
Vaillardebelle
Missegre
Valmigere
Arques
Alet-les-Bains
Solaroma
Serres
Rennes-les-Bains
Rennes-le-Château
Couiza
Espéraza
Bugarach
Quillan
Cubières-sur-Cinoble
Soulatgé
Château de Peyrepertuse
Duilhac
Cucugnan
Château de Quéribus
Gorges de Galamus
St-Paul-de-Fenouillet
Maury
Tuchan
Château d'Aguilar
Vingrau
Verdouble
Tautavel
Cases de Pene
Estagel
Agly
Rivesaltes
Peyrestortes
Flughafen
Perpignan
Millas
Têt
Mosset
St-Martin-de-Lys
Axat
Château de Puilaurens
Défilé de la Pierre Lys
Belviane
Puivert
Roquefort de Sault
Escouloubre-les-Bains
Le Bousquet
Rouze
Mijanes
Carrière de Talc de Trimouns
Château de Montségur
Mirepoix
Hers
Orlège
Vallée d'Orlu
Ax-les-Thermes
Caussou
Château de Lordat
Luzenac
Appy
Caenave
Musée Pyrénéen de Niaux
Ussat-les-Bains
Grotte de Lombrives
Grotte de Niaux
Niaux
Tarascon
Grotte de la Vache
Arignac
Amplaing
Montgailhard
Ferrières
Foix
Vernajoul
Cadirac
Pamiers
Ariège
Auterive
Artigat
Labouiche
Cadarcet
La Bastide-de-Sérou
Burret
Grotte de Bédeilhac
Saurat
Parc de la Préhistoire
Capoulet-Juanc
Vicdessos
Pic Rouge de Bassiès
Aulus-les-Bains
Guzet Neige
Le Trein d'Ustou
Seix
Pont de la Taule
Mt Rouch
Massat
Espies
Biert
Sabarat
Le Mas d'Azil
Grotte du Mas d'Azil
Allières
Brouzenac
Castelnau-Durban
Lescure
St-Lizier
St-Girons
Montesquieu Volvestre
Carbonne
Rieux
Garonne
Gratens
Rieumes
D103
D629
D6113
A61
D118
D104
D613
D14
D611
D11
D12
D59
D19
D123
D7
D117
D119
D22
N20
D618
D49
E15
N116
D612

CARCASSONNE & UMGEBUNG

CARCASSONNE

45 500 Ew.

Von Weitem sieht Carcassonnes Cité aus wie eine Märchenstadt. Gebadet im Licht der späten Nachmittagssonne und von dunklen Wolken hervorgehoben, ist diese alte Stadt mit ihren intakten Mauern und spitzen Türmen wahrlich atemberaubend. Doch innendrin verliert die Cité plötzlich etwas von der Magie und dem Geheimnisvollen. Jährlich kommen hier schätzungsweise 4 Mio. Besucher her, was im Hochsommer ziemlich anstrengend sein kann. Trotzdem muss man schon ein Herz aus Stein haben, um sich nicht von der Stadt einwickeln zu lassen.

Carcassonne besteht eigentlich aus zwei Städten. Verglichen mit der Cité ist die Ville Basse (Unterstadt) – oder Bastide –, die im 13. Jh. gegründet wurde, alles in allem ruhiger. Die bescheidenere Stiefschwester des affektierten Aschenputtels auf dem Hügel verdient mehr als nur einen Spaziergang.

Geschichte

Carcassonne taucht (als Karkaso) in *Geographia,* dem klassischen Werk des Ptolemäus aus dem 2. Jh. auf. Der Hügel, auf dem sich die Cité befindet, wurde schon in der Vorzeit befestigt – von Galliern, Römern, Westgoten, Mauren und Franken. Im 13. Jh. schützten die Festungswälle eine der wichtigsten Hochburgen des Widerstands der Katharer.

Als das Roussillon 1659 zum französischen Königreich kam, war Carcassonnes Cité keine Grenzbastion mehr und somit strategisch und

FESTIVALS & EVENTS – CARCASSONNE & PYRENÄEN-VORLAND

Januar–März/April

- **Karneval in Limoux** Von Anfang Januar bis zwei Wochen vor Ostern tanzen und prozessieren maskierte Jecken und Musiker jeden Samstag und Sonntag um 11 und 16.30 Uhr.

März–April

- **Salon du Livre Ancien** Montolieus Büchermesse für gebrauchte und antike Bücher am Osterwochenende.
- **Swing à Mirepoix** Ein langes Wochenende voller Jazz über Ostern.

April

- **Semaine du Jazz** Eine ganze Woche voller Jazzmusik in Carcassonne, von ultracool bis zum nostalgischen, rhythmusbetonten Dixieland.

Juni

- **Festival Occitan** Mirepoix feiert seine Wurzeln.
- **Sent Joan Beth e Gran** Vier Tage Mitte bis Ende Juni, an denen St-Girons den heiligen Johannes mit traditionellen Volkstänzen und Konzerten ehrt.

Juli

- **L'Embrasement de la Cité** (Die Feuersbrunst der Cité) Mehr als 700 000 Zuschauer sammeln sich am 14. Juli um 22.30 Uhr an den Ufern der Aude, um sich ein Feuerwerksspektakel anzusehen, mit dem Carcassonne den Nationalfeiertag begeht und das nur noch von der Pyrotechnik in Paris übertroffen wird.
- **Festival de Carcassonne** (☎ 04 68 11 59 15; www.festivaldecarcassonne.com) Dieses Festival bringt 2009 ganze drei Wochen lang Bands wie Depeche Mode, Tanz und Theater in die Stadt.
- **Festival de la Bastide** Während derselben drei Wochen veranstaltet Carcassonne um die 70 kostenlosen Vorführungen auf den Plätzen und an öffentlichen Orten der Stadt.

militärisch nicht mehr wichtig (die Grenze zu Spanien hatte direkt hinter den Mauern gelegen). Allmählich zog die Bevölkerung weiter in den Süden, um die Vorteile der Bastide St-Louis zu genießen. Das war der Anfang des jahrhundertelangen Niedergangs der Cité und einer Rivalität zwischen den zwei Siedlungen, die erst endete, als sie im 19. Jh. zu einer Gemeinde erklärt wurden. Als die Cité zerfiel, florierte die Ville Basse und wurde im 14. Jh. zu einem der wichtigsten Webzentren des Languedoc. Aus der Zeit dieser ersten großen Erweiterung stammt das strenge Raster, die klassische Form einer *bastide* (befestigte Stadt), die bis heute erhalten ist.

Bis zum 19. Jh. verfiel die Cité. Sie wurde von dem kunstvollen Eingreifen von Viollet-le-Duc gerettet, der seinen kontroversen Stempel z. B. auch auf die Kathedralen Notre-Dame in Paris und Vézelay im Burgund drückte. Er griff gerade noch rechtzeitig ein, als bereits Tonnen von geformten Steinen den Hügel hinunterbefördert wurden, um für die Erweiterung der Bastide wiederverwendet zu werden.

Orientierung

Die Aude trennt die Ville Basse vom Touristenmekka der Cité, 500 m südöstlich auf einem Hügel. Die Fußgängerzone Rue Georges Clemenceau führt vom Bahnhof und vom Canal du Midi in südliche Richtung ins Herz der unteren Stadt. Senkrecht dazu verläuft die Hauptstraße Rue de Verdun von Ost nach West, wo sich die Haupttouristeninformation und andere Einrichtungen befinden.

Praktische Informationen

INTERNETZUGANG

Alerte Rouge (73 rue de Verdun, Ville Basse; 3 €/Std.; Mo–Do 10–22, Fr & Sa bis 23 Uhr)

- **Fètes Historiques** Für ein langes Juliwochenende holt Mirepoix seine Vergangenheit in die Gegenwart.
- **Festival du Folklore** Limoux' fünftägiges internationales Festival Ende Juli mit Musik, Theater und Tanz.
- **Festival du Folklore** Quillans Pendant, ebenfalls Ende Juli, mit starkem, internationalem Flair.
- **Jazz à Foix** Fünf Abende mit Jazzmusik in Foix; Ende Juli.

Juli & August

- **Abende mit klassischer Musik** Eine Reihe von Konzerten in der Kathedrale von Mirepoix.
- **Festival de St-Lizier** St-Liziers eindrucksvolles Programm mit klassischer Musik dauert fast drei Wochen.

August

- **Rite** Eine Woche Anfang August, in der in St-Girons mit Weltmusik, Tanz und Gesang gefeiert wird.
- **Festival de la Marionnette** Ein dreitägiges Marionettenfestival in Mirepoix am ersten Augustwochenende mit jeder Menge Kunsthandwerk und einheimischen Produkten, die zum Verkauf stehen.
- **Vigne et Terroir en Fête** An einem Wochenende Anfang August feiert Limoux seine einheimischen Weine und Erzeugnisse.
- **Fête du Cassoulet** Castelnaudarys Hommage an das typische Gericht, das es erfunden haben will, lockt am letzten Augustwochenende mehr als 70 000 Besucher in die Stadt.

September

- **Feuerwerk im Schloss von Foix** Die Stadt feiert am 5. September den Tag ihres Heiligen.

Dezember

- **Foire au gras** Am ersten Sonntag im Monat findet in Castelnaudary eine cholesterinhaltige Feier mit *confit de canard*, Gänseleberpastete sowie anderen Geflügelprodukten und Ähnlichem statt.

Wer ein Getränk kauft, bekommt eine Stunde lang freien WLAN-Zugang. In dem außergewöhnlichen Internetcafé gibt's auch wirklich großartigen Kaffee.

POST

Hauptpost (40 rue Jean Bringer, Ville Basse)

TOURISTENINFORMATION

Haupttouristeninformation (☎ 04 68 10 24 30; www.carcassonne-tourisme.com, auch auf Deutsch; 28 rue de Verdun, Ville Basse; 🕓 Juli & Aug. tgl. 9–19 Uhr, Sept.–Juni Mo–Sa 9–18, So bis 13 Uhr) Hier kann man sich einen Audioguide für die Ville Basse leihen (3 €/2 Std.) und diese mit freien Händen erkunden.

Touristeninformation/Filiale Cité (Porte Narbonnaise; 🕓 Juli & Aug. tgl. 9–19 Uhr, Sept.–Juni bis 17 oder 18 Uhr); Ville Basse (av. Joffre; 🕓 Juli & Aug. 9–19 Uhr, Mitte April–Juni, Sept. & Okt. 14–18 Uhr)

WASCHSALON

La Lavandière (31 rue Aimé Ramond, Ville Basse; 🕓 Mo–Sa 8–19 Uhr)

Sehenswertes & Aktivitäten

CITÉ

Die Cité, bei Nacht dramatisch beleuchtet und von zwei Festungswällen umgeben, die von 52 Steintürmen unterbrochen sind, ist eine der größten Stadtfestungen Europas. Aber nur die unteren Teile der Mauern sind noch original. Der Rest, einschließlich der anachronistischen Zuckerhuttürmchen (die Originale waren alles in allem flacher und nicht mit Schiefer bedeckt), wurde im 19. Jh. von Viollet-le-Duc aufgesetzt.

Gleich vor dem Haupteingang zur Cité dreht sich ein wunderbares, zweistöckiges Karussell zu schmalzigen, alten Klängen. Daneben steht eine mondgesichtige Büste der Dame Carcas (s. S. 196), Disney in seiner Reinform, sodass man schon hier die Mischung aus echtem und kitschigem Zauber erahnt, die einen in der Cité erwartet. Auf der anderen Seite der **Zugbrücke** steht die massive Bastion **Porte Narbonnaise**, in deren Innerem eine Filiale der Touristeninformation ansässig ist. Die Rue Cros Mayrevieille, die in kitschigen Souvenirläden geradezu erstickt, führt hoch zur Place du Château, dem Herzen der Cité.

Durch einen weiteren Torbogen hindurch auf der anderen Seite eines zweiten trockenen Burggrabens liegt das **Château Comtal** (Erw./18–25 J./unter 18 J. 7,50/4,80 €/frei; 🕓 April–Sept. 10–18.30 Uhr, Okt.–März 9.30–17 Uhr) aus dem 12. Jh. Die sich nur langsam vorwärts schiebenden Schlangen am Kartenschalter erfordern jede Menge Geduld. Im Eintrittspreis enthalten sind die Besichtigung der Burg selbst, ein elfminütiger Film sowie eine optionale 30–40-minütige geführte Tour zu den Festungsmauern (Führungen auch auf Deutsch). Die Informationstafeln in der Burg sind auf Französisch und Englisch. Mehr Details bietet ein **Audioguide** (1/2 Pers. 4/6 €).

Da die Aufzeichnungen der Stadt nicht nur einmal, sondern zweimal verbrannt sind, kennt keiner die genaue Form der Burg. Viollet-le-Ducs Pläne basierten auf wenigen Zeichnungen, die den Umsturz überlebten. Belegt ist, dass die Burg ursprünglich im 12. Jh. von der Familie Trencavel – Viscounts von Béziers und Beschützer der Katharer – errichtet wurde. Anfang des 13. Jhs., als Carcassonne ins Königreich aufgenommen wurde, nachdem die Katharer niedergeschlagen worden waren, wurde die Burg erweitert. Aus dieser Zeit stammen auch der eindrucksvolle Wachturm und der diesen umgebende Burggraben.

Bevor man die Cité verlässt, sollte man sich bei einem kurzen Spaziergang entlang der **Lices** die Beine vertreten. Auf dieser langen Grasfläche zwischen den zwei Außenfestungswällen fanden einst Turniere und Bogenschießwettbewerbe statt.

Südlich der Place du Château liegt die **Basilique St-Nazaire** (🕓 Mo–Sa 9–11.45 & 13.45–17.30, So 9–10.45 & 14–18 Uhr). Das Mittelschiff aus dem 12. Jh. mit seinen abwechselnd runden und eckigen Säulen ist alles, was von dem ursprünglichen romanischen Bauwerk übrig ge

DIE WINDIGE STADT

Carcassonne wird aus zwei Richtungen heftig hin und her geschaukelt. Der Cers, ein beißender Wind, der von den Hügeln im Norden hinunterweht, kann tagelang ohne Pause durchblasen. Im Gegensatz dazu ist der Altanus, auch bekannt als Le Marin, ein warmer, feuchter Wind, der vom Meer her kommt.

Um diese zwei Naturgewalten zu nutzen, errichteten die Bewohner von Carcassonne auf einigen Türmen der Cité Windmühlen – eine lange Tradition, die erst kürzlich in den modernen Windfarmen der Montagne Noire, die am nördlichen Horizont wirbeln, wieder zum Leben erweckt wurde.

blieben ist. Es sticht vom anmutigen gotischen Chor und dem Querschiff ab, wo sich zwei herrliche, leuchtende Fensterrosen aus dem 13. und 14. Jh. gegenüberstehen. Zu beachten sind die Statuen auf den Säulen im Chor, die untypisch aus den Pfeilern selbst gehauen wurden. An einer Mauer befindet sich zwar die Grabplatte von Simon de Montfort, dem Anführer des Albigenserkreuzzugs gegen die Katharer, jedoch nicht seine Leiche. Sein Sohn entfernte diese (und verbrannte sie angeblich) sechs Jahre nach seinem Tod 1218. Er war sich des Schicksals bewusst, dass die sterblichen Überreste seines Vaters wahrscheinlich erleiden müssten, wenn die Katharer sie in die Hände bekämen, und brachte sie in den Norden zur Hausmacht der Familie, in der Nähe von Versailles, wo sie noch einmal begraben wurden.

Der **Petit Train de la Cité** (☎ 04 68 24 45 70; 20-min. Fahrt Erw./3–11 J./Stud./unter 3 J. 7/3/6 €/frei; ⌚ Mitte Juli–Mitte Aug. 10–18 Uhr, Mai–Mitte Juli & Mitte Aug.–Sept. 10–12 & 14–18 Uhr), ein Minizug mit mehrsprachigem Kommentar, fährt zwischen den zwei Festungsmauern an einer Seite von Les Lices entlang. Alternativ gibt's eine **Kutsche** (☎ 04 68 71 54 57; Erw./Kind 7/4 €; ⌚ April–Mitte Nov. 10–18 Uhr), die von zwei prächtigen Zugpferden gezogen wird. Auf dieser Fahrt vergehen die 20 Minuten schneller.

Es gibt jede Menge kleine Privatmuseen und Initiativen, die versuchen, den Touristen das Geld zu entlocken, darunter „Erinnerungen ans Mittelalter", das „Spukhaus" („Schauer und Schrecken sind garantiert") und eine besonders abstoßende Ausstellung von nachgebauten mittelalterlichen Folterinstrumenten. All diese Angebote sind nicht gerade unwiderstehlich.

Vom Square Gambetta in der Ville Basse ist es ein schöner Spaziergang zur Cité mit Ausblicken, die sonst keiner sieht. Es geht über den Pont Vieux, entlang der Rue de la Barbacane, dann die Rampe rauf (die in *Robin Hood: König der Diebe* zu sehen ist, als Kevin Costner sie hinunterreitet) und durch die Porte d'Aude hinein. Es fahren auch Busse zum Haupteingang. Wenn es irgendwie möglich ist, sollte man sich hier aufhalten, wenn die Menschenmassen gegangen sind. Dann gehört die Cité ihren etwa 100 Einwohnern, den Hotelgästen innerhalb der Stadtmauern und einigen wenigen, die zurückgeblieben sind, um zu Abend zu essen oder in einem der tollen Lokale einen Wein zu trinken.

MAISON DES MÉMOIRES

Dieses **Kulturzentrum** (☎ 04 68 72 50 83; 53 rue de Verdun, Ville Basse; Eintritt frei; ⌚ Di–Sa 9–12 & 14–18 Uhr) bietet wechselnde Ausstellungen. Im 1. Stock befindet sich das Centre Joë Bosquet et Son Temps. Hier lebte der in Carcassonne geborene Schriftsteller (1897–1950) über 30 Jahre lang. Er wurde im Ersten Weltkrieg angeschossen und verwundet und verließ seitdem nie sein mit Fensterläden verschlossenes Schlafzimmer. Er schrieb Gedichte sowie unzählige Briefe und unterhielt in seinem Schlafzimmer bekannte literarische Persönlichkeiten dieser Zeit wie Paul Valéry, André Gide und Max Ernst.

BOOTSFAHRTEN

Lou Gabaret (☎ 04 68 71 61 26) und **Solal** (☎ 06 07 74 04 57) tuckern beide am Canal du Midi entlang und fahren von der Brücke südlich des Bahnhofs ab. Die kommentierten **Bootsfahrten** (Erw. 8–10 €, Kind 6,50–7,50 €; ⌚ Juli & Aug. 4-mal tgl., April–Juni, Sept. & Okt. Di–So 1- oder 2-mal tgl.) dauern 1¾ oder 2½ Stunden, die Preise variieren dementsprechend.

Im Hochsommer sind die Schlangen in **Trèbes**, 7 km östlich von Carcassonne, kürzer (aber Parken ist ein großes Problem). Von hier aus fährt die **Cocagne** (☎ 06 50 40 78 50; Port de Trèbes; Erw./Kind 8,50/6 €; ⌚ Juli–Mitte Sept. So–Fr 1–3 Bootsfahrten tgl., April–Juni & Mitte Sept.–Okt. Mi, Sa & So 15 Uhr) 1½ Stunden den Kanal entlang.

LAC DE LA CAVAYÈRE

Dieser hübsche, bewaldete Fleck könnte Kilometer von Carcassonne entfernt sein. An den Sandstränden kann man wunderbar faulenzen oder schwimmen (im Hochsommer ist es hier sehr voll), ein Picknick machen oder grillen, durch die Wälder spazieren, Tretboot fahren oder einfach nur die Ruhe an diesem Ort genießen, wenn man den Parkplatz erst einmal hinter sich gelassen hat. Der See liegt 5 km südöstlich der Stadt und ist von der Rocade Sud – die Ringstraße, die zum hinteren Teil (Süden) der Cité führt – gut ausgeschildert.

MUSÉE DES BEAUX ARTS

Carcassonnes **Musée des Beaux Arts** (☎ 04 68 77 73 70; 1 rue de Verdun, Ville Basse; Eintritt frei; ⌚ Mitte Juni–Mitte Sept. 10–18 Uhr, sonst 10–12 & 14–18 Uhr) zeigt Gemälde vom 17. bis Ende des 19. Jhs. Zu den Highlights gehören das überwältigende Werk *Larmes de St Pierre* (Tränen des hl. Petrus) von José Ribera in der ersten Galerie, drei

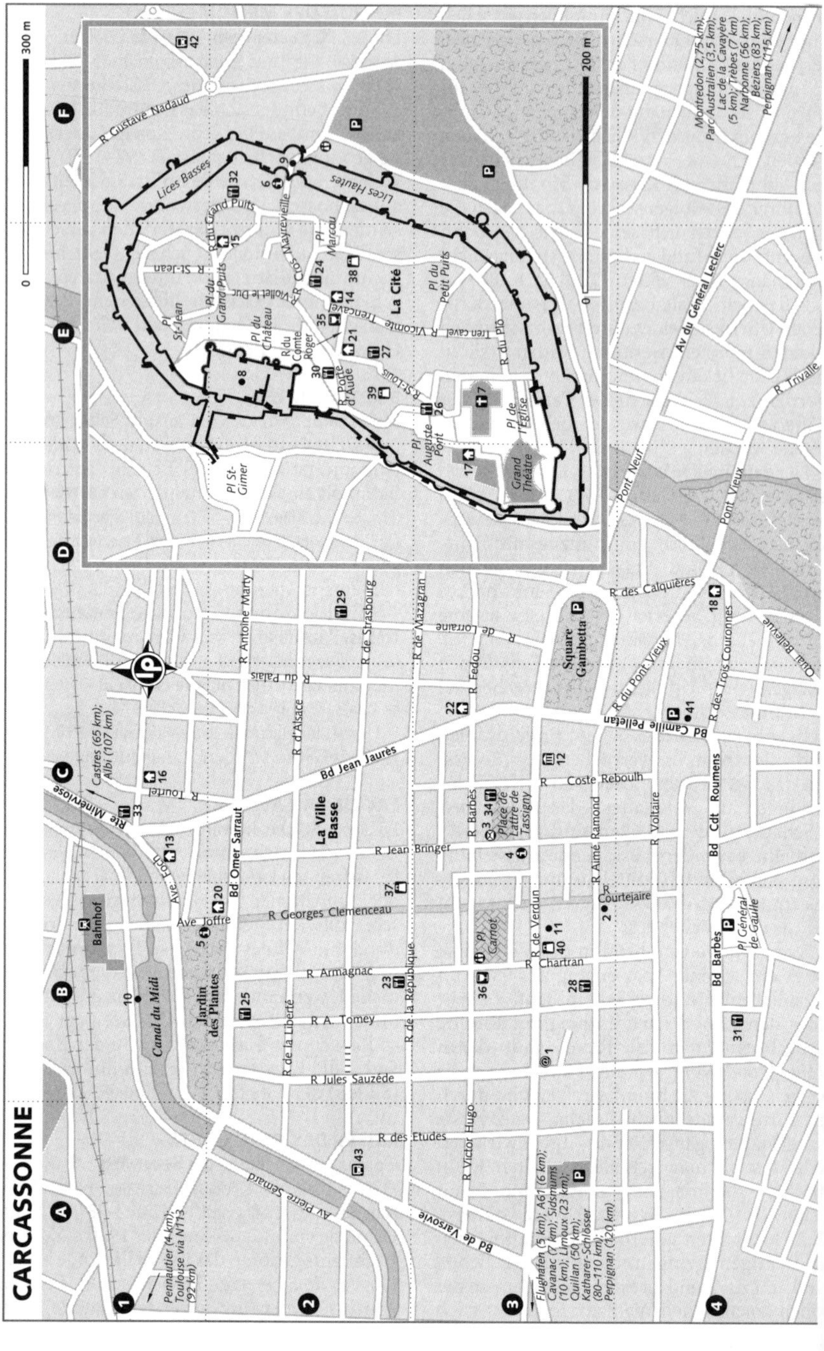
CARCASSONNE
0
300 m
200 m
A
B
C
D
E
F
1
2
3
4
La Cité
La Ville Basse
Bahnhof
Canal du Midi
Jardin des Plantes
Square Gambetta
Pl Carnot
Place de Lattre de Tassigny
Pl Général de Gaulle
Lices Basses
Lices Hautes
Pl St-Jean
Pl du Grand Puits
Pl du Château
Pl Marcou
Pl du Petit Puits
Pl Auguste Pont
Pl de l'Église
Grand Théâtre
Pl St-Gimer
R Gustave Nadaud
R du Grand Puits
R St-Jean
R Cros Mayrevieille
R Viollet le Duc
R Trencavel
R du Comte Roger
R Porte d'Aude
R St-Louis
R Vicomte Trencavel
R du Plô
Pont Neuf
Pont Vieux
Av du Général Leclerc
R Trivalle
Quai Bellevue
R des Calquières
R du Pont Vieux
R des Trois Couronnes
Bd Camille Pelletan
Bd Jean Jaurès
Bd Omer Sarraut
R Antoine Marty
R de Strasbourg
R de Mazagran
R de Lorraine
R du Palais
R d'Alsace
R Fedou
R Tourtel
Rte Minervoise
Ave Foch
Ave Joffre
R Georges Clemenceau
R Jean Bringer
R Barbès
R Coste Reboulh
R Aimé Ramond
R Voltaire
Bd Cdt Roumens
R Courtejaire
R de Verdun
R Chartran
R Armagnac
R A. Tomey
R de la Liberté
R de la République
R Jules Sauzède
R des Études
R Victor Hugo
Av Pierre Semard
Bd de Varsovie
Bd Barbès
Castres (65 km); Albi (107 km)
Pennautier (4 km); Toulouse via N113 (92 km)
Flughafen (5 km); A61 (6 km); Sidsmums (10 km); Cavanac (7 km); Limoux (23 km); Quillan (50 km); Katharer-Schlösser (80–110 km); Perpignan (120 km)
Montredon (2,75 km); Parc Australien (3,5 km); Lac de la Cavayère (5 km); Trèbes (7 km); Narbonne (56 km); Béziers (83 km); Perpignan (115 km)

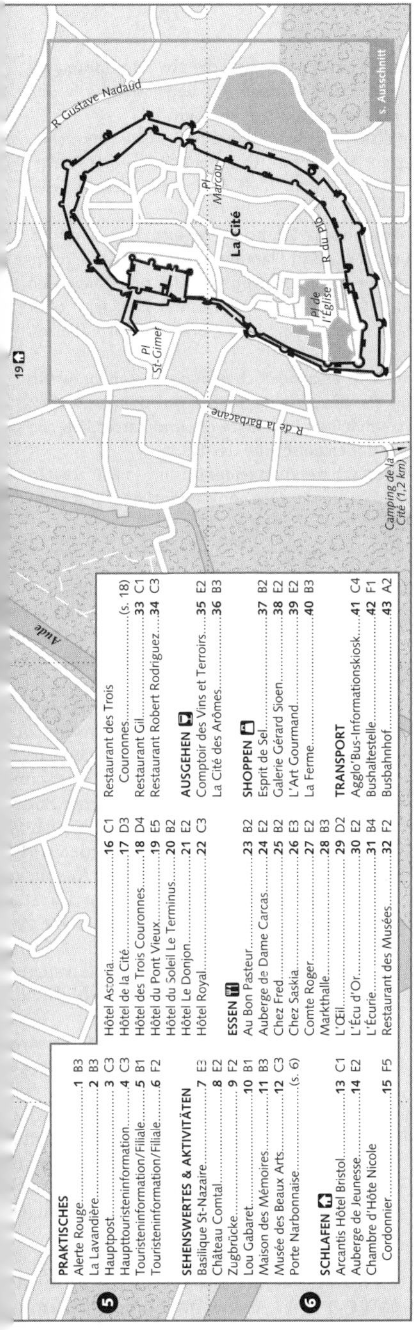

Porträts mit schön detaillierten Halskrausen und Stickereien der flämischen Künstler Michiel Janszoon van Mierevelt und Paul Moreelse aus dem 17. Jh., *Les Chérifas*, ein riesiges, orientalisch-exotisches Gemälde von Benjamin Constant, und eine ganze Galerie mit den Arbeiten des Künstlers Jacques Gamelin (1738–1803) aus Carcassonne.

PARC AUSTRALIEN

Australien ist zwar weit weg, aber dieser **Themenpark** (☎ 04 68 25 05 07; http://leparcaustralien.free.fr, auf Französisch; chemin de Bartavelles; Erw./Kind 8/6 €; 🕐 Ostern–Okt. Mo–Sa 14–17, So 10.30–18 oder 19 Uhr), etwa 4 km von der Cité entfernt, präsentiert alles, was australisch ist: hüpfende Kängurus, Dromedare und Didgeridoos. Besucher können entweder auf eigene Faust herumlaufen oder sich der Führung um 11 Uhr anschließen (auf Französisch). Außerhalb der Stadt einfach den Schildern zum Lac de la Cavayère folgen.

EINFACH NUR SPAZIERENGEHEN

Die Menschenmassen hoch oben hinter sich lassen, sich losreißen und an den landschaftlich schönen Ufern der Aude spazieren gehen.

Schlafen

BUDGETUNTERKÜNFTE

Camping de la Cité (☎ 04 68 25 11 77; www.campeole.com, auch auf Deutsch; Campen 16–22,80 €, für Wanderer 9–12 €; 🕐 Mitte März–Mitte Okt.; 🏊) Der gut ausgestattete Campingplatz, etwa 1,2 km südlich der Stadt, verfügt sowohl über eine gesellige Snackbar als auch über einen Pool. Ein Wander- und Radweg führr vom Zeltplatz in die Cité und die Ville Basse. Von Mitte Juni bis Mitte September fährt alle 20 Minuten ein Shuttlebus vom Campingplatz zur Cité und zum Bahnhof.

Auberge de Jeunesse (☎ 04 68 25 23 16; carcassonne@fuaj.org; rue Vicomte Trencavel; B mit Frühstück 16,90 €; 🕐 Feb.–Mitte Dez.) Carcassonnes fröhliches und einladendes HI-Hostel im Herzen der Cité verfügt über Zimmer mit vier bis sechs Betten. Es gibt eine Küche für Mitglieder, eine Snackbar im Sommer, eine tolle Terrasse im Freien und ein einziges Internet-Terminal. Hostelgäste können Räder leihen (8 €/Tag). Auch wenn es 120 Betten gibt, ist es ratsam, ganzjährig zu reservieren.

Hôtel Royal (☎ 04 68 25 19 12; http://monsite.wanadoo.fr/royal_hotel, auf Französisch; 22 bd Jean Jaurès;

DIE LEGENDE DER DAME CARCAS

Die Dame Carcas war in der Tat eine richtige Lady. In einer Volkssaga, die aus dem Mittelalter stammt und ein seltenes Beispiel ist für die moslemischen Truppen aus dem Süden, die den großen Kaiser Charlemagne höchstpersönlich überlisteten, rettet sie die Stadt.

Die Armee des Kaisers belagerte die Moslems, die sich fünf lange Jahre in der Cité verkrochen hatten, und die meisten der Verteidiger verhungerten. Als der moslemische Emir getötet wurde, schien das Ende gekommen zu sein. Aber seine Witwe Carcas hielt nichts von diesem Defätismus.

Oben auf der Festungsmauer modellierte sie Figuren aus Stroh und feuerte Pfeilsalven ab, damit die Angreifer denken mussten, es wären noch genügend Männer übrig. Doch das einzige Essen, das noch übrig war, waren ein Ferkel und eine Handvoll Weizen. Sehr zum Leidwesen ihrer wenigen Gefolgsleute fütterte sie das Ferkel mit dem Weizen und schmiss es dann über die Mauern. Als das Schwein auf dem Boden aufkam, platzte sein Magen, und der ganze Weizen sprang heraus.

Nachdem er das gesehen hatte und annehmen musste, es gäbe noch genug zu Essen innerhalb der Mauern, brach Charlemagne seine Belagerung ab. Bevor seine Armee von dannen ziehen konnte, bat die Dame Carcas den Kaiser Frieden zu schließen. Er willigte ein und Carcas ließ alle Trompeten blasen – „*Carcas sonne*" (Carcas läutet) – daher der Name der Stadt.

Das ist natürlich sowohl historisch als auch etymologisch gesehen reiner Unsinn – nicht zuletzt, weil die Moslems nie erlaubt hätten, dass ein Schwein frei in der Cité herumrennt. Aber trotzdem eine schöne Geschichte …

Zi. 45–50 €; Mitte Jan.–Mitte Dez.; P) Parken 8 €. Man sollte sich von dem schäbigen Äußeren nicht täuschen lassen. Diese hübsche, preiswerte Budgetunterkunft serviert ein ausgiebiges, vielseitiges Frühstück. Die 24 Zimmer sind gemütlich, gut ausgestattet und verfügen über Deckenventilatoren. Die Zimmer, die auf die Straße hinausgehen, haben alle doppelte Glasfenster.

Hôtel Astoria (☎ 04 68 25 31 38; www.astoriacarcassonne.com, auf Französisch; 18 rue Tourtel; DZ/3BZ 49/59 €, Zi. mit Gemeinschaftsbad 32 €; März–Jan.; P) Kostenlose Parkplätze. Die Zimmer im Hotel und im genauso angenehmen Nebengebäude sind frisch und ansprechend, jedes mit Fliesen- oder Parkettboden. Die Badezimmer sind etwas eng, aber alles in allem ist es eine einladende Unterkunft, deren Besitzer Janick und Dominique Vall stolz auf die jüngste Anhebung zum 2-Sterne-Status sind.

MITTELKLASSEHOTELS

Chambre d'Hôte Nicole Cordonnier (☎ 04 68 25 16 67; http://legrandpuits.free.fr, auf Französisch; 8 place du Grand Puits; DZ mit Frühstück 52–65 €) Mme Cordonnier, selbst eine begeisterte Reisende, weiß ganz genau, was Globetrotter brauchen. Im Herzen der Cité sind zwei ihrer drei Zimmer besonders groß, verfügen über eine Kochnische mit Mikrowelle für Selbstversorger und bieten Platz für bis zu sechs Personen (10 € extra pro Person). Das blaue Zimmer hat eine eigene Veranda, das orange Zimmer im Obergeschoss eine eigene Terrasse. Das gelbe Zimmer hat privatere Atmosphäre und eignet sich hervorragend für Paare.

Hôtel du Pont Vieux (☎ 04 68 25 24 99; www.lacitedecarcassonne.fr, auch auf Englisch; 32 rue Trivalle; EZ/DZ Mitte Juli–Mitte Aug. ab 56/78 €, sonst ab 50/60 €; P) WLAN; Parken 6 €. Die Zimmer, von denen die meisten über eine Badewanne verfügen, haben hübsche, grob-rustikal gearbeitete Wände. Im 3. Stock bieten die Zimmer 18 und 19 unübertroffene Ausblicke auf die Cité und es gibt eine kleine Terrasse im selben Stockwerk, die für alle Gäste zugänglich ist. Das Frühstücksbuffet (7 €) ist wahrlich riesig und im großen Garten stehen Oliven- und Feigenbäume sowie blühende Sträucher.

Arcantis Hôtel Bristol (☎ 04 68 25 07 24; www.arcantis-hotels.com, auch auf Englisch; 7 av. Foch; EZ 63–68 €, DZ 78–83 €; Mitte Jan.–Mitte Dez.; P) Parken 9 €. Ein Pferdekopf aus Gips deutet an, dass dieses Gasthaus aus dem 19. Jh. einst ein Stützpunkt war. Von den 51 Zimmern sind 16 mit Blick auf den Canal du Midi (ohne Aufpreis), die meisten anderen gehen auf den ruhigen Innenhof hinaus.

Hôtel du Soleil Le Terminus (☎ 04 68 25 25 00; www.soleilvacances.com, auf Französisch; 2 av. Joffre; EZ/DZ 80/90 €; P) WLAN 5 € pro Stunde (bestimm

CARCASSONNE & PYRENÄEN-VORLAND

Rekordpreis!?); Parken 9 €. Das Hotel mit 110 Zimmern wurde kürzlich von der Soleil-Gruppe übernommen und feiert schon bald hundertjähriges Jubiläum. Das prächtige Hotel strahlt vom ersten Moment an Tradition aus – nämlich bereits wenn man das riesige Atrium betritt mit seinen kunstvollen Stuckarbeiten, dem Billardtisch, tiefen Ledersofas und einer verzierten Treppe, bei der es nicht überraschen würde, wenn jeden Moment Fred Astaire und Ginger Rogers hinunterkommen würden. Die Gäste können wählen zwischen Zimmern *à la belle époque* oder in zeitgenössischem Stil. Auf der anderen Seite kann das Personal an der Rezeption ziemlich – um es freundlich auszudrücken – kratzbürstig sein.

Hôtel des Trois Couronnes (☎ 04 68 25 36 10; www.hotel-destroiscouronnes.com, auch auf Englisch; 2 rue des Trois Couronnes; Zi. je nach Saison 83–103 €; P ❄ ♿) WLAN verfügbar; Parken 6 bis 9 €. Das hübsche, moderne Hotel hinter der Aude bietet von den Ostzimmern (17 € extra) uneingeschränkte Sicht auf die Cité. Im vierten Stock (wo sich auch ein beheizter Pool befindet) gibt's ein besonders gutes Restaurant – s. S. 198.

SPITZENKLASSEHOTELS

In der Cité gibt's einige großartige Spitzenunterkünfte.

Hôtel Le Donjon (☎ 04 68 11 23 00; www.hotel-donjon.fr, auch auf Englisch; 2 rue du Comte Roger; DZ 105–158 €, 3BZ 135–178 €; P ⊠ ❄ 💻) WLAN verfügbar; Parken 8 €. Das ehrwürdige und gemütliche Le Donjon aus dem 15. Jh. mit niedrigen Balken und dicken Wänden war ursprünglich ein Waisenhaus. Alle Zimmer überblicken entweder den schattigen Garten oder die Festungsmauern. Von den zwei ebenso komfortablen Anbauten ist Les Remparts zeitgenössischer, wenn auch weniger charmant, und die Maison du Comte Roger mit der überwältigenden mittelalterlichen Treppe verfügt über Zimmer von gehobenerem Standard.

Hôtel de la Cité (☎ 04 68 71 98 71; www.hoteldelacite.orient-express.com, auch auf Deutsch; place Auguste Pont; Zi. ab 400 €; P ❄ ♿) Parken 16 €. Das neugotische Hôtel de la Cité verfügt über königliche Zimmer (die Hochglanzbroschüre verkündet wörtlich: „Ein beliebter Rückzugsort für Europas Könige, Filmstars, Schriftsteller und Intellektuelle") für diejenigen, die solch eine erhabene Gesellschaft vorziehen.

DIE VIER SCHÖNSTEN KATHARER-SCHLÖSSER: EINE TAGESFAHRT VON CARCASSONNE NACH PERPIGNAN

Diese 205 km lange Strecke führt durch eine spektakuläre Landschaft mit Schluchten zu den vier bedeutendsten Schlössern der Katharer und – zum Tagesende hin – vorbei an einigen verlockenden Weingütern.

Carcassonne über die D118 Richtung Limoux verlassen. Dann folgt man dem Tal entlang der Aude, zuerst sanft, dann enger werdend zwischen steilen Klippen, über Quillan, um auf die D117 Richtung Axat zu kommen, wo Schilder zum Château de Puilaurens (S. 216) führen.

Zurück auf der Hauptstraße geht's nach 12 km auf die D7 Richtung Gorges de Galamus. Diese Strecke führt durch die engen Gassen von St-Paul-de-Fenouillet (S. 261) im Roussillon. Sie ist teilweise ziemlich schwierig und man kann durchschnittlich nicht schneller als 30 km/h fahren (eine einfachere, aber weitaus weniger spektakuläre Strecke führt auf der D117 für 8 km nach Maury, dann links auf die D19 in Richtung Château de Peyrepertuse). Nach 9 km bietet sich eine Pause am Parkplatz an, mit Blick auf die Schlucht und eine kleine Einsiedelei, die ganz erstaunlich mitten in den Klippen hängt. An der T-Kreuzung in Cubières-sur-Cinoble biegt man rechts auf die D14, die durch das Dorf Duilhac zum Château de Peyrepertuse (S. 216) führt.

Zurück auf der D14 geht's durch Duilhac und kurz vor Cucugnan rechts auf die D123, den Schildern zum Château de Quéribus (S. 216) folgend.

Danach geht's wieder zurück auf die D14 und dann rechts Richtung Tuchan. Diese Fahrt führt einen durch die üppigen Weinberge von Corbières. Kommt Tuchan in Sichtweite, biegt man im Kreisverkehr links auf die D611. Dann geht's 1 km hinter dem Dorf eine enge Straße entlang, die durch weitere Weinberge zur Festung des Château d'Aguilar (S. 216) führt.

Zurück auf der D611 folgt man ihr Richtung Süden. Nach 11 km kann man, wenn es die Zeit erlaubt, die D59 nehmen und Tautavel (S. 261) besichtigen. Ansonsten folgt man den Schildern nach Estagel, um wieder auf die D117 zu treffen und dann links nach Perpignan (S. 233) abzubiegen.

Essen

VILLE BASSE

Au Bon Pasteur (☎ 04 68 25 49 63; 29 rue Armagnac; Menüs 15–28 €; ⌚ Juli & Aug. So & Mo geschl., Sept.–Juni So & Mi) In dem einladenden Restaurant mit persönlicher Atmosphäre täuschen die einfachen Holztische und Stühle über die Raffinesse der Küche hinweg. Im Winter können sich die Gäste mit Cassoulet oder *choucroute* (Sauerkraut) aufwärmen, 100 % authentisch, da der Koch aus den Vogesen kommt. Die *formule touristique* (16,50 €), ein 3-Gänge-Spezialmenü, und die *formules de midi* (Mittagsangebote, 12,50–15,50 €) sind ganzjährig ein Schnäppchen.

L'Œil (☎ 04 68 25 64 81; 31 rue de Lorraine; Mittagsmenü 13 €, weitere Menüs 18–30 €) Etwas abseits vom Trubel in der Bastide liegt das l'Œil, dessen Spezialität über Holzfeuer brutzelnde Grillgerichte sind. Der perfekte Ort für Fleischliebhaber.

Restaurant Gil (☎ 04 68 47 85 23; 32 route Minervoise; Menüs 19–29 €, Hauptgerichte 9–19 €; ⌚ Di–Sa) Im Untergeschoss können die Gäste hier hochwertige, katalanisch beeinflusste Küche genießen. Besonders gut sind die frischen Meeresfrüchte und Fischgerichte, die meisten gegrillt und ohne überflüssige Saucen oder Verzierung serviert werden. Das 3-Gänge-Mittagsmenü (12 €) bietet eine Auswahl an Cassoulet oder *confit de canard.*

Restaurant des Trois Couronnes (☎ 04 68 25 36 10; Menüs 21–29,50 €, Hauptgerichte 14–17 €) Ein besonderes Schnäppchen in diesem schönen Restaurant im vierten Stock des Hôtel des Trois Couronnes (S. 197) ist das *le tout compris* (all inclusive; 21 €): drei Gänge, ein paar Gläser Wein, Kaffee und eine traumhafte Panorama

TOLLE ZUFLUCHTSORTE IN CARCASSONNE

Wer sich seinen Weg durch die Menschenmassen im Sommer bahnen muss, der spürt vielleicht das Verlangen zu schreien oder einige seiner Mitmenschen abzuschlachten. Oder weniger streitsüchtig, einfach nur die Cité hinter sich zu lassen, zumindest bis zum nächsten Tag.

Für ein erholsames Picknick unter Bäumen bietet sich die relative Ruhe des Lac de la Cavayère (S. 193) an.

Es folgen ein paar tolle Plätze zum Essen und Schlafen in der Umgebung, die alle für Rad- und Autofahrer leicht zu erreichen sind.

Sidsmums (☎ 04 68 26 94 49; www.sidsmums.com; 11 chemin de la Croix d'Achille; B 21 €, DZ mit Etagenbad 42–47,50 €) in Preixan, 10 km südlich von Carcassonne, ist eine wärmstens zu empfehlende Unterkunft zum Entspannen und zum Aufladen der Akkus. Die Gäste können sich ein Rad leihen, einen Spaziergang mit dem Hund George machen und in der Küche für Selbstversorger kochen. Im Garten stehen vier Chalets (46–51,50 €) mit Platz für jeweils drei Personen und Gemeinschaftsbad – wie Campen, nur gemütlicher. Nach vorheriger Vereinbarung kann man aus Carcassonne oder vom Flughafen abgeholt werden. Ansonsten fährt auch der Quillan-Bus (4-mal tgl.) hierher.

Die Zimmer des hübschen **Château de Cavanac** (☎ 04 68 79 61 04; www.chateau-de-cavanac.fr, auch auf Englisch; Zi. 68–155 €; ⌚ März–Dez.) aus dem 17. Jh. liegen rund um die Gebäude des Anwesens verteilt. Jedes ist individuell und zauberhaft eingerichtet und nach einer einheimischen Blume benannt (wenn möglich ist das Zimmer in der Farbe der Blume gehalten). Die Betten sind reichlich mit Stoff behangen, und in manchen Zimmern gibt's Himmelbetten. Auf dem beachtlichen Grundstück dieses bewirtschafteten Weinguts befinden sich ein Tennisplatz, ein Pool unter freiem Himmel, eine Sauna und ein kleiner Fitnessraum. Eine weitere (in jeder Hinsicht) große Attraktion des Schlosses ist sein Restaurant in den ehemaligen Ställen mit einem gigantischen 5-Gänge-Menü (42 €). Dazu gehören ein Kir als Aperitif, Wein aus dem Schlosskeller und Kaffee. Das Menü ist sicherlich reichhaltig, aber es ist auch etwas für Feinschmecker mit Gerichten wie *foie gras à l'Armagnac sur glace* (Gänseleberpastete in Armagnac mariniert und Trüffel auf Eis) und *cochon de lait rôti au miel des Corbières* (Spanferkel in eigenem Saft mit hiesigem Honig bestrichen). Von Carcassonne aus einfach den Schildern Richtung St-Hilaire auf der D104 folgen, die dann zur D102 wird. Im Weiler Cavanac links abbiegen.

In Montredon, 3 km nordöstlich von Carcassonne, betreiben zwei Schwestern und ihre Ehemänner eine schöne Unterkunft zum Übernachten und – auf demselben weitläufigen, 1,5 ha großen Grundstück – ein besonders gutes Restaurant. Um hierher zu gelangen, folgt man den Schildern Richtung Narbonne und fährt dann bei einem Straßenschild nach Montredon, Madeleine St-Martin

ussicht auf die Cité von oben. Darunter gibt's m Sommer eine Restaurantterrasse neben der Aude mit Ausblicken, die fast ebenso überwältigend sind.

L'Écurie (☎ 04 68 72 04 04; www.restaurant-lecurie.fr, uch auf Englisch; 43 bd Barbès; Menüs 23,50–30 €; ⌚ Mo–Sa nittags & abends, So mittags) Die Gäste können das eine Essen entweder in dem hübsch renovieren Stall aus dem 18. Jh. – alles aus poliertem Holz, Messing und Leder – oder im großen, chattigen Garten genießen. Die Karte mit usgewählten lokalen Weinen ist üppig.

Chez Fred (☎ 04 68 72 02 23; www.chez-fred.fr, auch auf nglisch; 31 bd Omer Sarraut; Menüs 24–28 €; ⌚ Juli–Sept. gl. mittags & abends, Okt.–Juni Mo–Fr & Sa abends) Durch in großes Fenster in einer der Wände des lutroten Innenraums kann man sehen, was reds Köche so alles zubereiten; auf jeden Fall st es etwas Kreatives. Oder man isst auf der schattigen, tunnelartigen Terrasse; das Laub ist dicht genug, um den Blick auf den hässlichen Parkplatz zu verdecken. Die leckeren Desserts sind genauso hübsch wie köstlich und das *menu bistro* (Mittagessen 16,50 €, Abendessen 20 €) unter der Woche ist ein absolutes Schnäppchen.

Robert Rodriguez (☎ 04 68 47 37 80; www.restaurantrobertrodriguez.com, auch auf Englisch; 39 rue Coste Reboulh; 3-Gänge-Mittagsmenü 20 €, weitere Menüs 40–63 €, Hauptgerichte 28–38 €; ⌚ Mo, Di & Do–Sa) Hinter seinem buschigen, gekräuselten Hercule-Poirot-Schnurrbart ist Robert Rodriguez genauso sehr kulinarischer Philosoph wie Koch – wahrscheinlich würde er sogar vor dem Wort „Koch" zurückschrecken, da er sich selbst als Handwerker betrachtet, der mit Rohstoffen arbeitet, die ausschließlich biologisch sind. Gutmütig nennt er sein persönliches Restau-

von der neuen Ringstraße ab. Die **Hostellerie Château St-Martin** (☎ 04 68 47 44 41; www.chateausaintmartin.net; auf Englisch; EZ 65–70 €, DZ 80–100 €; ⌚ Mitte März–Mitte Nov.; ☒ ☒) wurde 2001 im Stil einer prächtigen Languedoc-Villa errichtet und verfügt über 15 geräumige Zimmer mit Betten, die groß genug für Basketballstars und mit Kopfenden aus Eichenholz sind. Am besten bucht man eines der sieben Zimmer im ersten Stock mit Blick über die Cité und die Pyrenäen dahinter. Im Gegensatz dazu ist das hoch angesehene **Restaurant Château St-Martin Trencavel** (☎ 04 68 71 09 53; www.chateausaintmartin.net, auch auf Englisch; Menüs 32–56 €, Hauptgerichte 21–56 €; ⌚ Mo, Di, Do–Sa mittags & abends, So mittags) in einem reizenden Gebäude, das größtenteils aus dem 17. Jh. stammt, untergebracht. Der Eingang führt durch den originalen Turm des Schlosses aus dem 12. Jh. Das Restaurant ist berühmt für sein Cassoulet und verwendet ausschließlich frische Zutaten. Alle Desserts sind hausgemacht.

Le Moulin de Trèbes (☎ 04 68 78 97 57; 2 rue du Moulin; Menüs 20–36 €, Hauptgerichte 15–17,50 €) am Kanal bietet ein Mittags-Special (15 €) mit einem Vorspeisenbüffet, an dem man sich selbst und so oft man möchte bedienen kann. Danach gibt's das Tagesgericht und einen Nachtisch. Von der schattigen Terrasse aus können die Gäste beim Essen dem Auf und Ab der Boote zusehen, die durch die Schleuse fahren. Auf der D6113 von Carcassonne Richtung Lézignan-Corbières fahren, dann an der Gabelung links nach Trèbes abbiegen, den Canal du Midi überqueren und ihm in östliche Richtung für ca. 200 m folgen.

In dem Weiler Pennautier, nur 6 km von Carcassonne entfernt, eignet sich **LP Tipp** **Les Chais du Château de Pennautier** (☎ 04 68 25 63 48; www.chateaudepennautier.com, auch auf Englisch; La Métairie Basse; 2/3-Gänge-Menü mit einem Glas Château-Wein 19,50/23 €, Hauptgerichte 10,50 €; ⌚ Juli & Aug. Di–Sa 10–22, So & Mo 10–18 Uhr; Sept.–Juni Mo–Do 10–18, Fr & Sa 10–22 Uhr) perfekt für eine Mittagspause in entspannter und geschmackvoll rustikaler Atmosphäre. Nicolas de Lorgeril und seine Frau Miren haben die alten Ställe des Familienweinguts in eine hübsche Weinstube mit Restaurant umgewandelt. Einfache Holztische und -stühle, jede Menge Holzarbeiten, das warme Grau der Steinwände und ein offener Kamin im Winter unter einer geschnitzten Schornsteinfront: Die Einrichtung ist einfach und ordentlich, das Essen hingegen ist raffiniert, kreativ und v. a. äußerst preiswert. Besonders zu empfehlen sind die *tournedos de canard, sauce Cabardès,* eine dicke Entenbrust in einer Sauce aus Cabardès, dem einheimischen *Cru*. Bevor man wieder abfährt, sollte man die Höhle gleich nebenan besichtigen und vielleicht direkt an der Quelle eine oder zwei Flaschen Château de Pennautier mitnehmen. Von Carcassonne aus geht's auf der D6113 in Richtung Castelnaudary, dann rechts auf die D203.

rant sein *atelier du goût*, eine Geschmackswerkstatt. *Fraîcheur, saison, tradition, créativité* (Frische, Saison, Tradition, Kreativität) sind die Leitmotive dieses originellen Lokals mit einem sehr innovativen Einfluss auf die traditionelle Küche des Languedoc.

CITÉ

Die Place Marcou ist auf drei Seiten von Lokalen gesäumt und in der ganzen Cité scheint jedes zweite Gebäude ein Café oder Restaurant zu sein. Bei den empfohlenen Lokalen ist es ratsam zu reservieren, v. a. mittags.

Restaurant des Musées (☎ 06 17 05 24 90; 17 rue du Grand Puits; Menüs 9,50–18 €; Ⓥ) Das einfache, unauffällige Lokal verfügt über drei Hinterterrassen mit Blick auf die Festungsmauern. Hier wird eigenes Biobrot gebacken und es gibt sehr preiswerte Gerichte, darunter auch ein vegetarisches Menü (10,50 €). Keine Kreditkarten.

Auberge de Dame Carcas (☎ 04 68 71 23 23; 3 place du Château; Menüs 14,50–20,50 €; ⏲ Do–Di) Das legere Restaurant hat sich auf Spanferkel spezialisiert (darauf weisen schon die großen und kleinen Modellschweinchen hin, die im ganzen Restaurant ausgestellt sind) und bietet eine gute Auswahl an preisgünstigen lokalen Weinen. Im Erdgeschoss ist es gemütlich und angenehm rustikal und man kann den Köchen bei der Arbeit zusehen. Im größeren Raum im Obergeschoss gibt's mehr Licht und außen eine Terrasse.

L'Écu d'Or (☎ 04 68 25 49 03; 7–9 rue Porte d'Aude; Mittagsmenü 18 €, weitere Menüs 25–33 €, Hauptgerichte 18–20 €) Im Souterrain des freundlichen Lokals mit dicken Steinmauern lässt es sich stilvoll dinieren. Hier werden, abgesehen von vielen anderen köstlichen Gerichten, fünf Variationen von Cassoulet und eine vorzügliche Auswahl an kreativen Desserts serviert.

Chez Saskia (☎ 04 68 71 98 71; place Auguste Pont; Menüs 26–45 €, Hauptgerichte um die 25 €; ⏲ März–Jan. tgl.) Die Brasserie, in der Chefkoch Jérome Ryon köstliche, preiswerte Gerichte und eine besonders große Auswahl an Desserts zubereitet, gehört zum Hôtel de la Cité (S. 197). Überall an den Wänden hängen Fotos von den Großartigen und Guten, die in dem Hotel übernachtet haben: Jacques Chirac, Winston Churchill, Yves Montand, Anthony Quinn, der Herzog von Windsor und Wallis Simpson sowie viele weitere bekannte und weniger bekannte Persönlichkeiten. Zwei lange, schmale Flügel erstrecken sich von beiden Seiten des Restauranteingangs. Der linke, südliche bietet Aussicht auf den Platz und die Basilique St-Nazaire.

Comte Roger (☎ 04 68 11 93 40; www.comteroger.com auf Französisch; 14 rue St-Louis; Mittagsmenü 20 €, weitere Menüs 35–45 €, Hauptgerichte 20–28 €; ⏲ März–Jan. Di–Sa) Auf der hübschen Terrasse des angesehenen Restaurants kann man gut zu Abend essen. In der Mitte befindet sich ein alter Brunnen, bedeckt mit einem von Wein bewachsenen Gitter. Oder man geht in den ebenso verlockenden, modernen Innenraum. Das freundliche junge Personal wird sich auf jeden Fall gut um einen kümmern. Die Portionen sind üppig und die Hauptgerichte perfekt gekocht.

SELBSTVERSORGER

Diese Märkte in der Stadt lohnt es zu entdecken:

Markthalle (rue Aimé Ramond) Montag bis Samstag.
Markt (place Carnot) Dienstag, Donnerstag und – der größte – Samstag.

Ausgehen

Viele Cafés – jedes mit preiswertem Mittagessen – säumen die Place Carnot in der Ville Basse und breiten sich im Sommer auf dem ganzen Platz aus. Die Place Marcou in der Cité ist ein einziges großes Open-Air-Café.

La Cité des Arômes (14 place Carnot, Ville Basse) In der Nordwestecke der Place Carnot verströmt das Café arabische Düfte und hat eine große Auswahl an Kaffees.

Comptoir des Vins et Terroirs (☎ 04 68 26 44 7…; 3 rue du Compte Roger, Cité; Hauptgerichte 11–13 €) Von den verschiedenen *caves* (Weinkellern) und Weinstuben in der Cité ist dieser kürzlich eröffnete Laden, der zum Hôtel Le Donjon (S. 197) gehört, etwas ganz Besonderes, nicht zuletzt wegen seiner leckeren Gerichte und Snacks wie der verlockenden Mittagstafel (zwei/drei Gerichte 15/18 €). Es gibt viele offene Weine und außerdem werden die besten von 150 Weinsorten des Languedoc hier verkauft.

Shoppen

Die Haupteinkaufsstraßen in der Ville Basse sind die Rue Georges Clemenceau, die Rue de Verdun, die Rue Victor Hugo und die Rue Armagnac mit ihren Kunstgalerien und Buchläden.

Esprit de Sel (☎ 04 68 72 03 01; 10 rue de la République, Ville Basse; ⏲ Di–Sa) Ein Besuch in diesem wundervollen Kaufhaus ist das reinste Vergnü…

;en – man entdeckt hier unerwartete Schätze, ron denen man vorher gar nicht wusste, dass nan sie wollte oder sogar unbedingt brauchte. ocelyne Feller hat ein Auge für schrullige, :xzentrische Gegenstände, vom ernsthaften Retro bis hin zum letzten Schrei. Wer tief n ihre drei Galerien vordringt, wird Waen entdecken, die von großen und kleinen Händlern und von einheimischen Herstellern usgesucht wurden – Regenschirme, Koffer, Stiefel, Seifen und Lotionen, große und kleie Schmuckstücke, Lampenfüße, Keramiken, Klamotten und vieles mehr.

La Ferme (☎ 04 68 25 02 15; 26 rue Chartran, Ville Basse) Ein besonders gut bestückter Delikatessenaden mit jeder Menge altem Käse, Wein, Vurst und vielen anderen Leckereien, daruner auch die hausgemachte *Crème Chantilly*.

L'Art Gourmand (13 rue St-Louis, Cité) Schokoadenliebhaber sollten schnellstens in diesen aden kommen, wo es eine riesige Auswahl n Süßigkeiten gibt. Auch das Eis ist ziemlich cker – alle 33 Sorten.

Galerie Gérard Sioen (☎ 04 30 88 00 09; www.sioenoto.com, auch auf Englisch; 27 rue du Plô, Cité; Mitte ni–Mitte Okt. 10.30–20 Uhr, Mitte Okt.–Dez. & Feb.–Mitte ni 10.30–12.30 & 14–18.30 Uhr) In der Galerie des otografen Gérard Sioen sind seine sinnliche Vaturfotografie und seine lebendigen Porträts usgestellt. Die Bilder reichen vom nahe gegenen Land der Katharer bis zu exotischen Orten auf der ganzen Welt. Wer später ein ild kaufen möchte, der kann es über seine Vebsite bestellen.

n- & Weiterreise

US

Ian kann nur den Rat der Touristeninformaon wiederholen: den Zug nehmen. Eurolines nd Intercitybusse, wenn es welche gibt, haln am Boulevard de Varsovie, 500 m südwestch des Bahnhofs.

LUGZEUG

yanair ist die einzige Fluggesellschaft, die om und zum **Flughafen** von Carcassonne ☎ 04 68 71 96 46; www.carcassonne.aeroport.fr), 5 km on der Stadt entfernt, fliegt. Einziger deutcher Flughafen, der angeflogen wird und von em aus Flieger hier landen, ist Frankfurt.

UG

arcassonne liegt an der Hauptstrecke, die oulouse (13,30 €, 50 Min., regelmäßig) mit arbonne (9,40 €, 30 Min.) und Montpellier (21,20 €, 1½ Std.) verbindet. Um nach Perpignan (17,20 €, 1½ Std.) zu gelangen, muss man in Narbonne umsteigen.

Unterwegs vor Ort

AUTO & MOTORRAD

Mehrere Unternehmen wie **Europcar** (☎ 04 68 72 23 69), **Ada** (☎ 04 68 11 71 92), **Hertz** (☎ 04 68 25 41 26) und das einheimische Unternehmen **Location Occitane de Véhicules** (☎ 04 68 11 74 10) haben Schalter am Flughafen. Beim Verlassen des Hauptgebäudes rechts abbiegen.

Mit dem Auto in die Cité zu fahren ist aussichtslos; das Auto einfach am riesigen Parkplatz (4,50 € für 3–6 Std.) östlich des Haupteingangs stehen lassen.

VOM/ZUM FLUGHAFEN

Die Navette Aéroport von Agglo'Bus fährt vom/zum Flughafen (5 €, 25 Min.). Die Busse fahren ungefähr zwei Stunden vor jedem Ryanair-Abflug am Bahnhof ab und kommen 15 Minuten später durch die Cité. Mit dem Auto die Ausfahrt Carcassonne Ouest von der Autobahn A61 nehmen.

ÖFFENTLICHE VERKEHRSMITTEL

Zur Zeit der Recherche hatte das städtische Busunternehmen Agglo'Bus vorübergehend einen **Informationskiosk** (☎ 04 68 47 82 22) neben einem großen, gefliesten Kuppelgebäude aus Beton am Boulevard Camille Pelletan.

Die Busse fahren zwischen Montag und Samstag bis ca. 19 Uhr. Eine Einzelfahrkarte/Zehnerkarte kostet 1,10/7,80 €.

Der Bus 2 fährt etwa stündlich von der Ville Basse zu einer Haltestelle östlich des Haupteingangs der Cité. Von Mitte Juni bis Mitte September verkehrt alle 20 Minuten eine *navette* (Shuttleservice; Mo–Sa 10–12.45 & 14.15–19.30 Uhr) zwischen der Cité, der Innenstadt und dem Bahnhof.

TAXI

Taxiruf ☎ 04 68 71 50 50.

MONTAGNE NOIRE

Die Montagne Noire ist die westlichste Ausdehnung der Languedoc-Gebirgskette, der letzte Ausläufer der Cevennen. Verwaltungstechnisch markiert das Gebiet die Grenze zwischen den Departements Aude und Tarn sowie die Regionen Languedoc und Midi-Pyrénees. Naturgesetzlich gesehen ist es insofern von Bedeutung, als es den Regen über

RUND UM DIE MONTAGNE NOIRE

Diese 105 km lange Tagesroute führt einen westwärts von Carcassonne nach Castelnaudary auf halbem Weg am Canal du Midi entlang. Die Strecke folgt dann den Flanken der Montagne Noire durch Wiesen und Wälder mit der breiten, sanften Lauragais-Ebene darunter und den Pyrenäen am südlichen Horizont.

Auf der A61 geht's nach Castelnaudary (S. 202), wo man mindestens eine Stunde zum Erkunden der Stadt einplanen sollte. Dann verlässt man Castelnaudary in Richtung Toulouse, St-Papoul und Saissac. Einmal auf der D103 folgt man ihr den ganzen Weg bis nach Brousses.

Die Benediktinerabtei **Abbaye de St-Papoul** (☎ 04 68 94 97 75; Erw./Kind 3,50/1,75 €; 🕑 Juli & Aug. Mo–Sa 10–18.30, So 12–18.30 Uhr, April–Juni, Sept. & Okt. Mo–Sa 10–12 & 14–18.30, So 14–18 Uhr, Nov., Dez., Feb. & März nur Sa & So, Jan. geschl.) wurde ursprünglich im 8. Jh. gegründet und allein die herrlichen Kapitelle sind einen Besuch wert. Die der romanischen Apsis wurden von Maître de Cabestany (S. 44) geschaffen, einem anonymen, umherwandernden Künstler, dessen charakteristische Schnitzereien in Pfarrkirchen im gesamten Languedoc-Roussillon auftauchen (im ehemaligen Refektorium der Abtei gibt's eine kleine Ausstellung über diesen Meisterhandwerker). Fast genauso beeindruckend sind die späteren gotischen Kapitelle des Kreuzgangs.

Nach weiteren 15 km kommt man nach Saissac, einst eine wohlhabende Gemeinde dank der mittelständischen Tuchfabriken. Auf einem Felsvorsprung steht die mächtige und beachtliche Ruine des hauptsächlich aus dem 16. Jh. stammenden **Schlosses** (☎ 04 68 24 46 01; Erw./6–15 J./unter 6 J. 3,50/2 €/frei; 🕑 Juli & Aug. 9–20 Uhr, April–Juni, Sept. & Okt. 10–17 oder 18 Uhr, Nov., Dez., Feb. & März Sa, So & Schulferien 10–17 Uhr).

In Saissac geht's kurz auf der D629 entlang und dann nach 2 km rechts wieder auf die D103, jetzt in Richtung St-Denis und Brousses.

Von Brousses (S. 204) aus ist Montolieu (S. 204) noch 8 km entfernt und gut ausgeschildert.

Man verlässt Montolieu auf der D629 um über Pezens und die D6113 nach Carcassonne zurückzukommen.

dem größten Wasserleiter im Südwesten Frankreichs ansammelt. Das Gebiet markiert die Wasserscheide zwischen zwei grundlegenden Flusssystemen; ein Fluss fließt in die Aude und weiter ins Mittelmeer, der andere in den entfernten Atlantik. Ohne die andauernden Ströme, die an den Südhängen der Montagne Noire hinunterfließen, gäbe es keinen Canal du Midi.

Castelnaudary

Castelnaudary liegt fast genau auf halbem Weg entlang des Canal du Midi. Es wetteifert mit Carcassonne und Toulouse um den Titel als „Welthauptstadt des Cassoulet"; die Angelegenheit wird von der toll klingenden *Grande Confrérie du Cassoulet* vorangetrieben. Die Stadt ist außerdem die großstädtische Basis der französischen Fremdenlegion.

Die **Touristeninformation** (☎ 04 68 23 05 73; www.castelnaudary-tourisme.com, auf Französisch; Halle de Verdun; 🕑 Juli & Aug. 9–13 & 14–19 Uhr, April–Juni, Sept. & Okt. Mo–Fr 9–12.30 & 14.30–18, Sa 9–12.30 Uhr, Nov.–März Mo–Fr 9–12 & 14–17, Sa 9–12 Uhr) befindet sich an der Place de Verdun. Im Juli und August organisiert sie geführte Besichtigungen auf Englisch.

SEHENSWERTES & AKTIVITÄTEN

Am von Menschenhand geschaffenen **Gran[d] Bassin** weiten sich die Gewässer des Can[al] du Midi zu einem Minisee aus. Im Somme[r] tummeln sich darauf jede Menge Boote un[d] jederzeit eignet sich der See für einen an[-] genehmen Rundspaziergang. Castelnauda[ry] war der einzige Hafen von Bedeutung zw[i-] schen Mittelmeer und Atlantik und der Kan[al] brachte Wohlstand, sowohl durch den ausge[-] dehnten, vorbeiziehenden Wasserverkehr a[ls] auch durch Getreide, das hier angebaut un[d] als Mehl oder Korn exportiert wurde.

Im 17. Jh. drehten sich 32 Windmühle[n] auf jedem höher gelegenen Flecken rund u[m] die Stadt. Heute erinnert daran nur noch d[ie] restaurierte **Moulin du Cugarel**. Die Mühle w[ar] bis 1921 in Betrieb. Die steile Rue du Ch[â-] teau d'Eau neben dem Hôtel de France [...] Notre-Dame führt zur Windmühle und z[u] Orientierungstabelle, von wo aus sich Blic[k] wie in der Toskana über die sanfte Lauragai[s-] Ebene und die darunter liegende Montag[ne] Noire bieten.

Das Motorboot **St Roch** (☎ 04 68 23 49 40, 06 03 49 40; www.saintroch11.com, auf Französisch; 🕑 Boo[...]

ahrten April–Okt. 9–18 Uhr) tuckert auf halbstün-ligen (Erw./Kind 4/3 €) und einstündigen Erw./Kind 7/5 €) Fahrten über das Grand Bassin; Abfahrt ist am Quai du Port. Au-ßerdem fährt es täglich zwei Stunden (Erw./Kind 10/8 €) auf dem Canal du Midi entlang; Abfahrt 14.30 Uhr.

SCHLAFEN & ESSEN

LP Tipp **Hôtel de France et Notre Dame** (☎ 04 68 23 0 18; www.cassoulet.com, auch auf Englisch; 2 av. Frédéric Mistral; EZ/DZ 50/55 €; ☒ ❄ Ⓟ) WLAN verfügbar; Parken 5 €. Das etablierte Hôtel de France dient schon seit über einem Jahrhundert als Hotel und Restaurant. Die 17 preiswerten Zimmer sind alle groß und verfügen über ein Badezimmer mit separater Toilette. Es gibt keinen besseren Ort in Frankreich, um Cassoulet zu probieren, als dieses Hotel-Restaurant (Menüs 20–30 €, Hauptgerichte 15–19,50 €). Nachdem er hier zu Abend gegessen hatte, sagte der Stückeschreiber, Regisseur und bekannte Gourmet Sacha Guitry: „Le Cassoulet de Castelnaudary était si bon qu'en mangeant j'ai cru me manger moi-même!" (Der Cassoulet in Castelnaudary war so gut, dass ich während des Essens dachte, ich esse mich selbst!). Die Gäste essen entweder in dem hellen, frisch renovierten Speisesaal zur Straße hinaus oder im hinteren Bereich mit den warmen Rottönen und handgemalten Wandgemälden. Nach dem Essen kann man den Geschmack mit einer Dose oder einem Glas Cassoulet, Terrine, Gänseleberpastete und anderen Geflügelprodukten zum Mitnehmen noch nachklingen lassen.

Hôtel du Canal (☎ 04 68 94 05 05; www.hotelducanal.com, auch auf Englisch; 2 av. Arnaut Vidal; EZ 48–57 €, DZ 55–66 €; Ⓟ) WLAN und Parken umsonst. Das einladende, zeitgenössische Hotel direkt neben dem Canal du Midi verfügt über 38 Zimmer mit Blick auf den Kanal oder den kleinen Hotelgarten. Alle außer zwei haben eine Badewanne, einige einen Minikühlschrank, alle haben einen Ventilator und sind mit einem Bidet ausgestattet (eine Seltenheit in modernen Hotels). Nachdem der Tag auf der Sonnenterrasse oder im Frühstücksraum mit seinen großen Fenstern auf den Kanal hinaus begonnen hat, können sich die Gäste umsonst ein Fahrrad vom Hotel leihen und am Wasser entlangfahren.

La Belle Époque (☎ 04 68 23 39 72; 55 rue Général Dejean; Menüs 19–36 €, Hauptgerichte 17–21 €, Grillgerichte –19 €; 🕒 Do–Mo mittags & abends, Di mittags) In dem traditionellen Restaurant mit den aufrechten Biegeholzstühlen, den hellrosa Tischdecken und dem lustigen Wandgemälde mit gestreckten Figuren aus den 20ern, die an der Promenade posieren, gibt's vor dem Essen zuerst einen Aperitif von der langen Cocktailkarte.

Le Tirou (☎ 04 68 94 15 95; www.letirou.com, auch auf Englisch; 90 av. Monseigneur Delangle; Menüs 20 €, Hauptgerichte 16–24 €; 🕒 Di–Fr & So mittags, Sa mittags & abends) Das Lokal, in dem es hauptsächlich Mittagessen gibt, steht in jedem großen französischen Gastronomieführer und es ist leicht zu erkennen warum. Le Tirou ist bekannt für seine authentische, einheimische Küche mit einem – wahrscheinlich unvermeidlichen – leckeren Cassoulet. Die Gäste können drinnen essen oder im Sommer auf der hübschen Terrasse zum Garten hinaus.

SHOPPEN

Unter den vielen Läden von Castelnaudary, die herzhafte Wurst, Pasteten, Terrinen und Eingemachtes verkaufen, heben sich zwei Delikatessenläden hervor.

Maison Escourrou (☎ 04 68 23 13 93; www.escourrou.com, auf Französisch; 30 rue de Dunkerque; 🕒 Mo, Mi–Sa & So morgens) Diesen Laden erkennt man an der ausgestopften Gans, die mit Glasaugen durchs Fenster schaut. Im Innern hängen Diplome und Preise an den Wänden.

Escudier (☎ 04 68 23 12 79; 11 rue de Dunkerque) In derselben Straße, in der auch Maison Escourrou liegt, befindet sich das Escudier mit einer hübschen, hölzernen Ladenfront. Alles in dem kleineren Familienbetrieb wird vor Ort hergestellt, eingelegt und weiterverarbeitet.

Jeden Montag findet auf der Place de Verdun ein Bauernmarkt statt.

Rund um Castelnaudary

Poterie NOT Frères (☎ 04 68 23 17 01; 🕒 Mo–Fr), außerhalb des Weilers Mas Saintes-Puelles 5 km westlich von Castelnaudary ist die letzte Töpferei, die von einer großen, einheimischen Industrie aus dem 19. Jh. und von Anfang des 20. Jhs. geblieben ist. In diesem Familienbetrieb stellen die Not-Brüder immer noch von Hand traditionelle Töpfe her, darunter auch die typische *cassole:* das einzige Gefäß, in dem – laut den Einheimischen – Cassoulet köcheln darf.

12 km westlich der Stadt markiert **Seuil de Naurouze**, der höchste Punkt am Canal du Midi, die Wasserscheide zwischen den Wasser-

einzugsgebieten des Atlantiks und des Mittelmeeres. An diesem radfahrerfreundlichen Ort mit langen Schatten und einem gut erhaltenen Leinpfad bemerkt man das veränderte Gefälle kaum. Diesen Vorteil sollte man nutzen und sich bei **M et Mme Severac** (☎ 04 68 60 14 07; Fahrradverleih pro Std./halben/ganzen Tag 5/8/13 €; ⌚ April–Sept. Do–Di 9–19 Uhr) ein Fahrrad leihen; direkt neben dem Kanal.

Brousses

Die renovierte Mühle **Moulin à Papier** (Papiermühle; ☎ 04 68 26 67 43; www.moulinapapier.com, auch auf Englisch; Erw./Kind 6/3 €; ⌚ Shop tgl. 10–12 & 14–18 Uhr, 1-stündige geführte Touren auf Französisch 2–8-mal tgl. je nach Saison) ist vom Weiler Brousse deutlich ausgeschildert und dreht sich direkt am Fluss Dure. Mitte des 19. Jhs. wurden fast 70 Papiermühlen und mittelständische Fabriken von dem Flusswasser betrieben. Anfang des 20. Jhs. forderte das Aufkommen von Holzleim für die Papierherstellung zu viele Ausgaben von den kleinen Herstellern und die Mühlen verfielen schnell. Die letzte, die noch Pappkarton für Bucheinbände, Puppen und Karnevalsmasken herstellte, hörte 1981 auf, sich zu drehen. Die renovierte Mühle von Brousses ist viel mehr als ein Museum für einen ausgestorbenen Brauch. Wieder zum Leben erweckt, stellt sie handgemachtes Papier aus Leinen, Baumwolle, Lumpen, alten Jeans, Stroh und – zum offensichtlichen Vergnügen der jüngeren Besucher – aus Pferdemist her und verkauft es. Vom Parkplatz führt ein 250 m langer Weg durch den Wald zur Mühle.

Montolieu

Mit seinen mehr als einem Dutzend Second-Hand-Buchläden lässt Montolieu Leseratten vor Freude im Kreis tanzen. Der einzige Buchladen, der auf englische Titel spezialisiert war, hat vor Kurzem leider geschlossen, aber fast alle Läden verfügen über eine gute Auswahl an fremdsprachigen Büchern.

Das **Musée Michel Braibant** (☎ 04 68 24 80 04; rue de la Mairie; Erw./Kind 1,50 €/frei; ⌚ April–Dez. Mo–Sa 10–12 & 14–18, So 10–12 Uhr, Jan.–März Mo–Sa 14–17 Uhr) an der Hauptstraße zeigt alte Geräte zum Buchbinden und Drucken.

Das entzückende, adrette *chambre d'hôtes* und Restaurant **Les Anges au Plafond** (☎ 04 68 24 97 19; www.lesangesauplafond.com, auch auf Englisch; rue de la Mairie; Zi. 55–68 €; ⌚ März–Mitte Dez.; ☒) wird von drei Geschäftsfrauen betrieben. In den drei Zimmern – jedes geräumig, hell und in fröhlichen Farben gestrichen – gibt es genauso dynamische, originale Kunstwerke eines einheimischen Malers. Das **Restaurant** (2-/3-/4-Gänge-Menü 14,50/17,50/21,50 €; ⌚ Mi–Mo 12–20 Uhr) ist hell und mit frischen Blumen geschmückt und bietet jeden Tag in der Woche ein anderes Menü. Sofern es möglich ist, sind die Zutaten frisch und biologisch und alle Desserts werden vor Ort gezaubert. Warum der Name „Engel an der Decke"? Einfach nach oben gucken …

MINERVOIS

Mit der Montagne Noire im Norden und an der Südflanke vom Canal du Midi geteilt ist das Weinbaugebiet Minervois von der Sonne gebleicht und jeder freie Fleck scheint von Weinreben bewachsen zu sein. Hier gibt es eine Handvoll Sehenswürdigkeiten, natürliche und von Menschenhand geschaffene, die Aufmerksamkeit verdienen.

Das größte Weinanbaugebiet der Welt erstreckt sich von Carcassonne bis zum Mittelmeer und betätigt allein 30 Genossenschaften und über 200 private Weingüter.

Minerve

100 Ew.

Minerve, 45 km von Béziers und Narbonne entfernt, verfügt über eine spektakuläre Lage. Der Ort liegt dramatisch und souverän zugleich auf einem Kalksteinkap hoch über dem Zusammenfluss der Flüsse Cesse und der kleineren Brian. Das und jede andere Attraktion im Dorf selbst locken im Hochsommer Tausende von Besuchern hierher.

Das **Musée Archéologique** (☎ 04 68 91 22 9… Erw./10–17 J./unter 10 J. 2/1,20 €/frei; ⌚ März–Nov. 10–13 … 14–18 Uhr) ist so etwas wie ein Museum im Museum. Viele der Schaukästen selbst sind schon interessant genug, aber die meisten Beschriftungen stammen noch aus Zeiten vor den Textverarbeitungsprogrammen und blieben seitdem unberührt. Es ist hauptsächlich eine geologische Ausstellung mit riesigen Ammoniten und Trilobiten, die in den Kalksteingebieten rund um Minerve entdeckt wurden, und mit Pyrit aus der ausgekohlten Goldmine von Salsigne nahe Carcassonne. Weitere Höhepunkte sind Funde aus der nahe gelegenen Aldene-Höhle (in der 20 000 Jahre alte menschliche Fußabdrücke entdeckt wurden), darunter zwei Bärenschädel und einige schön gearbeitete Gürtelschnallen der Westgoten.

Im Sommer, wenn der Wasserstand niedrig ɔis gering ist, lassen sich die zwei 110 und ?50 m langen natürlichen Tunnel erforschen, lurch die der Fluss Cesse fließt.

Relais Chantovent (☎ 04 68 91 14 18; www. elaischantovent-minerve.fr, teilweise auch auf Englisch; Z/DZ 35/42 €; 🕑 Mitte Feb.–Mitte Nov. Di–So; ⊠) ist reundlich und einladend und verfügt über echs einfache, weiß getünchte Zimmer, die ehr preiswert sind. Angesichts der kleinen Kapazität sind Reservierungen notwendig. Auf der anderen Seite und mit einer herrichen Aussicht über die Schlucht des Brian iegt das ebenfalls wärmstens zu empfehlene **Restaurant** (Menüs 20–44 €, Hauptgerichte 14–20 €; 🕑 Di–Sa mittags & abends, So mittags). Die Speisekarte wechselt regelmäßig mit der Jahreseit: Im Frühling gibt's z. B. Spargel, eine inheimische Spezialität, und zu Winterbeginn Gerichte mit Trüffel. Jederzeit lohnt es ich, die Rühreier mit Trüffel, eingeweicht in Weißwein und Alkohol, zu probieren. Auch ier ist eine Reservierung ratsam. Wer gerne ioch hinaus möchte, der fragt am besten iach einem Tisch auf der schmalen Terrasse m Freien.

In Minerve gibt es angenehmerweise keinen Verkehr; Parkplätze sind ein kostbares Gut, lso am besten am anderen Ende der moderien Brücke parken und ins Dorf laufen.

chlösser & Höhlen

Nichts könnte romantischer sein als die **hâteaux de Lastours** (☎ 04 68 77 56 02; http:// ıateauxlastours.lwd.fr, auf Französisch; Lastours; Erw./Kind /2 €; 🕑 Juli & Aug. 9–20 Uhr, April–Juni, Sept. & Okt.)–17 oder 18 Uhr, Feb., März, Nov. & Dez. Sa, So & Schulferien)–17 Uhr, Jan. geschl.), vier Schlossruinen auf eiem Felsvorsprung hoch über dem Orbiel und inem Nebenfluss, dem Grésilhou. Die ältesn zwei, die nördlichsten der Katharer-Fesıngen, blieben unerobert und fielen erst den Kreuzrittertruppen von Simon de Montfort um Opfer, als die sich zur Wehr setzenden ords um eine Siedlung verhandelten. Neben er Rezeption steht ein kleiner Schaukasten ıit Funden aus einem Vierteljahrhundert on archäologischen Ausgrabungen. Der Weg zu den Schlössern und zurück dauert nstrengende zwei Stunden, ist aber auch sehr erauschend. Die Begleitbroschüre gibt's in ıehreren Sprachen.

Wer nicht genug Energie oder Zeit hat, ann die überwältigende Aussicht über das Tal nd die vier Schlösser vom 2 km entfernten **Belvédère** (Aussichtspunkt; Erw./Kind 2 €/frei, mit Besuch der Schlösser Eintritt frei) auf der gegenüberliegenden Flanke genießen. Im Juli und August findet jeden Donnerstag eine spektakuläre Licht-Ton-Show statt.

Auf dem unglaublichen Grundstück einer umgewandelten Textilfabrik, gleich neben dem Eingang zu den Châteaux de Lastours, befindet sich eines der besten Restaurants der Region: **Le Puits du Trésor** (☎ 04 68 77 50 24; www. lepuitsdutresor.com, auf Französisch; Lastours). Der junge Koch Jean-Marc Boyer betreibt das **Restaurant Gastronomique** (Menüs 39–55 €, Hauptgerichte 21–31 €; 🕑 Mi–Sa mittags & abends, So mittags) mit einem Michelin-Stern und die angrenzende **Auberge** (Menü 17 €, Hauptgerichte 8–10 €; 🕑 Mitte Juni–Sept. tgl. mittags & abends, sonst Mi–Sa mittags & abends, So mittags), die sich eine Küche teilen. Es lohnt sich, einen Tag im Minervois einzuplanen und um die Mittagszeit hier zu sein.

Eine hübsche Autofahrt in nördliche Richtung von Villeneuve-Minervois durch das Flusstal des Clamoux bringt einen zum **Gouffre de Cabrespine** (☎ 04 68 26 14 22; www.grottes-de-france. com, auch auf Deutsch; Erw./Kind 8/4 €; 🕑 April–Okt. mind. 6 45-minütige geführte Touren tgl. auf Französisch, Nov.–Mitte Dez., Feb. & März 14–17.30 Uhr selbst geführte Touren, Jan. geschl.), einer 11 km von Lastours entfernten Schlucht. Tief im Berghang liegt die 250 m hohe Hauptkammer, die Salle des Éboulis, die von einem erhöhten Fußweg durchzogen ist. Die Höhle ist fast so hoch wie der Eiffelturm. Die mit Abstand größte Höhle ist Teil eines ganzen Netzwerks von unterirdischen Galerien und Gängen. In vielen davon finden sich spektakuläre Stalaktiten, Stalagmiten, bunte Felsen und Kristalle. Geführte Touren sind nicht verpflichtend, die Besucher können auch in ihrer eigenen Geschwindigkeit die Höhlen erkunden. Auf der Strecke gibt's interaktive Informationspunkte.

Etwa 5 km nördlich von Lastours erstreckt sich die **Grotte de Limousis** (☎ 04 68 77 50 26; Erw./ Kind 8/4 €; 🕑 März–Okt. tgl. 4–8 45-minütige geführte Touren auf Französisch, Nov. So 3 Führungen), die 1811 entdeckt wurde, fast 700 m in den Berg hinein. Hier bäumen sich sonderbare Kalkstein- und Aragonitformationen vor einem auf, die über Jahrtausende hinweg vom Wasser verzerrt wurden. Am Ende des zugänglichen Bereichs, 500 m vom Eingang entfernt, befindet sich der Höhepunkt der Höhle: ein gigantischer „Kronleuchter" aus weißesten Aragonitkristallen, 4 m hoch und 10 m breit. Die Broschüre weist den Weg.

CANAL DU MIDI

Die Umgebung ist einfach idyllisch, wenn die goldenen Sonnenblumen- und Weizenfelder der Lauragais-Ebene in die Weinberge des Minervois übergehen. Der Kanal folgt östlich von Castelnaudary nach Carcassonne in etwa dem kleinen Fluss Fresquel, hier und da parallel dazu, meistens in einiger Entfernung, immer direkter und disziplinierter als sein eigensinniger, viel natürlicherer Begleiter. Von Carcassonne aus in östliche Richtung beschattet der Canal du Midi die Aude, manchmal als enger Begleiter, aber meistens als entfernter Mitreisender.

Seuil de Naurouze (S. 203) markiert den höchsten Punkt am Lauf des Kanals von Toulouse bis zum Mittelmeer. Hier, auf der geringen Höhe von 190 m über dem Meeresspiegel, ist es schon etwas schwierig, die Bedeutung dieser unauffälligen Stelle zu schätzen zu wissen. Ein bescheidener Obelisk zu Ehren von Pierre-Paul Riquet, dem Visionär, der den Canal du Midi geplant und seine Ausführung durchgesetzt hat, markiert passenderweise die Wasserscheide zwischen dem Atlantik und den Mittelmeerbecken.

Ungefähr 12 km weiter östlich liegt Castelnaudary (S. 202). Dieser sehr unterbewertete Ort ist der einzige wichtige Hafen zwischen Toulouse und dem Mittelmeer. Auf dem von Menschenhand geschaffenen Grand Bassin, das heute voller Freizeitboote ist, haben Händler und Schiffsbauer einst mit ihren Waren hantiert und die Getreideernte der reichhaltigen Lauragais-Ebene wurde auf die Kähne verfrachtet, um zu entfernten Märkten verschifft zu werden.

Etwa in der Mitte zwischen den verhältnismäßig großen Orten Castelnaudary und Carcassonne liegt das winzige Dorf Bram mit seinem ebenso winzigen Hafen. Der Ort wurde kreisförmig um die Pfarrkirche herum errichtet und ist ein echtes, kleines Paradies.

Der Canal du Midi schlängelt sich diskret durch die Bastide, oder Ville Basse, den unteren, nicht so berühmten, aber nicht weniger bezaubernden Teil von Carcassonne (S. 190). Der Kanal eignet sich hier perfekt für eine kurze Bootsfahrt oder einen längeren Ausflug auf dem Schiff. Ganz in der Nähe trifft er auf den sich schlängelnden Flusslauf der Aude und folgt ihm. Im Osten hebt der Fresquel-Aquädukt aus dem 19. Jh. mit seinen drei Bögen sowohl die Autobahn als auch den Kanal nebeneinander in die Höhe über ein flaches Tal.

Trèbes liegt mit seinen drei Schleusen und der alten Wassermühle nur 7 km östlich von Carcassonne. Obwohl hier viel Verkehr durchkommt, ist es ein hübscher, kleiner Ort, sobald man unten am Kanal fern von den Abgasen spazieren geht. Wer zur Mittagszeit hier ist, kann sich auf der Restaurantterrasse von Le Moulin de Trèbes (S. 199) entspannen, wo Boote vor den Augen der Gäste auf- und absteigen, während sie sich durch die Schleuse quetschen.

Von Trèbes aus ist es eine ruhige Fahrt am Kanal entlang unterhalb der sanften Hügel des Minervois und der entfernteren, alles in allem spartanischeren Montagne Noire, die sich im Norden erhebt. Sanfte Getreidefelder weichen langsam den Weinbergen, deren regelmäßige Linien in großer Genauigkeit bis zum Horizont reichen und in einer unbekannten, unsichtbaren Welt zu verschwinden scheinen.

Zu guter Letzt (für dieses Kapitel) und in östlichster Richtung bleibt noch Platz für das kleine Homps (S. 207). Der Ort wird oft ignoriert, obwohl er genau das einfängt, was den Canal du Midi ausmacht: schattenspendende Platanengewächse, die den Kanal seine ganze Länge über begleiten, einige kleine Cafés, einen abgenutzten, nur für Radfahrer befahrbaren Leinpfad und eine *épicerie*, in der es Grundnahrungsmittel und vieles mehr zu kaufen gibt. Außerdem liegt am Kanal ein Ladengeschäft, das über 100 verschiedene Minervois-Weine verkauft. Um das aufzuspüren, was hier unter einem Dach gehortet wird, bräuchte ein fleißiger Forscher mehrere Wochen oder länger.

Bootsverleihe entlang diesem Kanalabschnitt:

Castel Nautique (☎ 04 68 76 73 34; www.castelnautique.com, auch auf Englisch; Port de Bram)
Connoisseur (www.connoisseur.fr, auch auf Deutsch) Castelnaudary (☎ 04 68 94 09 75; Le Grand Bassin); Trèbes (☎ 04 68 78 73 75); Homps (☎ 04 68 91 24 00; Port Minervois)
Crown Blue Line (☎ 04 68 94 52 72; www.crownblueline.com, auch auf Deutsch; Le Grand Bassin, Castelnaudary)
Les Canalous (☎ 04 68 91 25 99; www.camargueplaisance.com, auf Französisch; Port Minervois, Homps)
Locaboat (☎ 04 68 27 03 33; www.locaboat.com, auch auf Deutsch; Argens Minervois)
Nautic (☎ 04 68 71 88 95; www.nautic.fr, auch auf Deutsch; 15 quai Riquet, Carcassonne)

Mehr über den Canal du Midi, s. Kasten S. 33.

Dörfer

Außerhalb von **Villeneuve-Minervois**, 30 km südwestlich von Minerve, steht eine renovierte, funktionierende **Windmühle** (☎ 04 68 26 57 56; www.moulin-benazeth.fr, auch auf Deutsch; Erw./7–15 J./unter 7 J. 5/3 €/frei; ⌚ Juli & Aug. 10–18.30 Uhr, Mai, Juni & Sept. 10–12 & 14–17.30 Uhr, April 14–17 Uhr). Zu der 45-minütigen, geführten Tour (auch auf Englisch) gehört ein Video, das zeigt, wie diese Windmühle, die lange stillstand, wieder zum Leben erweckt wurde. – Ein kluger Werbeschachzug vom Weingut Domaine Bénazeth, das für das neue Leben der Mühle verantwortlich ist und im dazugehörigen Laden seine Minervois-Qualitätsweine verkauft.

Caunes-Minervois, 6 km östlich von Villeneuve-Minervois, ist bekannt für seinen unverkennbaren rosa Marmor, der zu Römerzeiten herausgehauen wurde, heute immer noch gewonnen wird und in vielen wohlhabenderen historischen Häusern und Herrenhäusern des Dorfes anzutreffen ist. Es ist auch bei vielen monumentalen Gebäuden im ganzen Languedoc und darüber hinaus zu finden. Die Siedlung wurde zuerst rund um die 780 gegründete **Benediktinerabtei** (☎ 04 68 78 09 44; Erw./12–18 J./unter 12 J. 4,50/2 €/frei; ⌚ Juli & Aug. 10–19 Uhr, Sept.–Juni 10–12 & 14–17 oder 18 Uhr) errichtet. Unten in der Krypta finden sich Spuren der ursprünglichen Kirche und Ausgrabungen haben den komplexen Fischgrätenmuster-Fußboden aus dem 12. Jh. des Kreuzgangs freigelegt. Die **Touristeninformation** (☎ 04 68 78 09 44; www.caunesminervois.com, auch auf Englisch; gleiche Öffnungszeiten wie die Abtei) des Dorfes dient gleichzeitig als Rezeption der Abtei.

Das **Hôtel-Restaurant Dalibert** (☎ 04 68 78 00 54; Caunes-Minervois; Menü 25 €; ⌚ Mitte März–Mitte Nov. Di–Sa mittags & abends, So mittags) befindet sich in einem Herrenhaus aus der Renaissance (wer auf die Toilette geht, muss sich den entzückenden, wenn auch verfallenen Innenhof ansehen). Während des Essens läuft klassische Musik und die Urgroßeltern des Besitzers blicken von Fotos auf die Gäste herab. Es wird nicht à la carte gewählt, aber das eine feste Menü bietet genügend Auswahlmöglichkeiten – auch wenn eine Erklärung für einige der bewusst schwer verständlichen Beschreibungen nötig sein mag. Die Küche ist nicht gerade raffiniert und der Besitzer summt immer leicht irritierend, aber die Fleischportionen sind riesig und die Desserts (wie die besonders zitronige *tarte au citron* und ein riesiges Schokomousse) ebenso großzügig und lecker.

Die entzückende, kleine romanische Kirche in **Rieux-Minervois**, 8 km südöstlich von Caunes-Minervois, ist wegen ihrer 14-seitigen runden Form (man muss sie sich ohne die Seitenkapellen vorstellen, die erst später angebaut wurden) als **La Rotonde** (Die Rotunde; ⌚ 9.30–12 & 14–18 Uhr) bekannt. Die schwungvoll geschnitzten Kapitelle wurden von dem anonymen Meisterbildhauer, dem Maître de Cabestany (S. 44), oder von einem seiner Schüler geschaffen. Nicht verpassen: das überwältigende, mehrfarbige *Begräbnis Christi* aus dem 15. Jh. in der Kapelle hinter dem Hauptaltar.

Saint Ferréol (Erw./Kind 10,90/6 €; ⌚ Bootsfahrten April–Okt. tgl. 14.30 Uhr plus Mitte Juni–Anfang Sept. 16.30 Uhr & Mitte Juli–Mitte Aug. 10.45 Uhr), eine traditionelle *gabare* (Kanalschute), die zu **Croisières du Midi** (☎ 04 68 91 33 00) gehört, unternimmt von dem kleinen Hafen von **Homps**, am Canal du Midi 12 km südlich von Minerve, zweistündige Bootsfahrten auf dem Kanal.

Direkt neben dem Anlegeplatz stellt **Le Chai Port Minervois** (☎ 04 68 91 29 48; 35 quai des Tonneliers; Eintritt frei; ⌚ Mai–Sept. Mo–Fr 9–12.30 & 13.30–19, Sa & So 15–19 Uhr, Okt.–April Mo–Fr 9–12 & 14–17 Uhr), eine Vereinigung von über 20 lokalen Winzern, über 100 Minervois-Weine aus und verkauft sie zu cave-Preisen.

LIMOUX & UMGEBUNG

Die Strecke südlich von Carcassonne folgt dem Tal der Aude und führt durch sanfte Wiesen und Weinberge auf Flussebene und an den Hängen und durch üppiges, belaubtes Waldland hindurch. Auf dem Weg ins wildere Land der Katharer führt sie dann in eine enge Schlucht.

LIMOUX

9400 Ew.

Limoux, bekannt für seinen Karneval (s. Kasten S. 190), ist eine reizvolle Alternative zu Carcassonne, wenn man die Nacht an einem etwas ruhigeren Ort verbringen möchte. Auch das Städtchen selbst ist hübsch und eignet sich perfekt für Erkundungen des Aude-Tals und der Katharer-Schlösser sowie für Ausflüge nach Roussillon und Nordkatalonien.

Der Ort erhebt in zweierlei Hinsicht Anspruch auf größeren Ruhm und hat ein paar Weltrekorde aufzuweisen. Der überschwängliche Karneval dauert von Januar bis März bis weit über die gewöhnliche Fastenzeit hinaus, die andere Karnevale befolgen, und ist somit Frankreichs längster. Und Blanquette de Limoux, ein sehr schmackhafter Schampus, liefert glaubhafte Argumente dafür, dass er der erste Champagner der Welt ist.

Praktische Informationen

Cyberpl@net (17 rue Toulzane; 4 €/Std.; Mo–Sa 10.30–12.30 & 14–20, So 14–20 Uhr) Internetzugang.

Touristeninformation (04 68 31 11 82; www.limoux.fr, auch auf Englisch; promenade de Tivoli; Juli & Aug. 9–12.30 & 14–19 Uhr, Sept.–Juni Mo–Fr 9–12 & 14–18, Sa & So 10–12 & 14–19 Uhr) Auf demselben Grundstück wie das Musée Petiet.

Sehenswertes & Aktivitäten

Das Herz von Limoux ist die **Place de la République** mit ihren tiefen Arkaden. Der Platz wird von Fachwerkhäusern überblickt und ist gesäumt von Cafés und Restaurants.

Im **Musée du Piano** (04 68 31 85 03; place du 22 Septembre; Erw./10–16 J./unter 10 J. 3/2 €/frei; Mitte Juni–Mitte Sept. 10–12 & 14–17 oder 18 Uhr), Frankreichs einzigem Klaviermuseum im Innern der entweihten Kirche St-Jacques, sind um die 60 Tasteninstrumente ausgestellt: Klaviere, aufrecht, gewaltig und eckig; Klavichorde; Harmonien und andere, schwer zu benennende Instrumente.

Das **Musée des Automates** (06 70 39 01 74; 4 rue Anne-Marie Javouhey; Erw./Kind 5/3,50 €; Juli–Nov. 10–12.30 & 14–19 Uhr, April–Juni Di–So 10–12 & 14–18 Uhr, Mitte Jan.–März Di–So 14–18 Uhr, Dez.–Mitte Jan. geschl.) ist mit wunderschönen Stoffstreifen behangen und mit gespenstischen Figuren ausgestattet, die plötzlich auftauchen, sich verneigen und einen rufen: Diese herrlichen, beweglichen Spielsachen (obwohl das Wort Spielsachen die Tiefgründigkeit dieser mächtige Kreationen gar nicht erfasst) regen die Sinne an und werden einen fesseln. Jean-Jacques Achache und Martine Morand (sie nennen sich selbst „Traumspinner") stellen seit über 30 Jahren *automates* her. Vor Kurzem verwandelten sie eine ehemalige Fabrik in eine magische, barocke Vergnügungshöhle. Auch ihr angrenzendes Atelier ist zu besichtigen. Dort lernt man einige ihrer Geheimnisse kennen. Dieses sehr empfehlenswerte persönliche Werk (auf der ganzen Welt gibt es nur etwa 15 solcher Künstler) liegt 150 m vom Musée du Piano entfernt.

Das **Musée Petiet** (04 68 31 85 03; promenade de Tivoli; Erw./10–16 J./unter 10 J. 3/2 €/frei; Juli & Aug. 9–12.30 & 14–19 Uhr, Sept.–Juni Mo–Fr 9–12 & 14–18, Sa & So 10–12 & 14–19 Uhr) ist einen Besuch wert und nimmt einige Zeit in Anspruch. Hier sind die Arbeiten einer flüchtigen Schule von einheimischen Künstlern ausgestellt, die Ende des 19. und Anfang des 20. Jhs. gemalt haben. Besondere Beachtung verdienen die Gemälde der namengebenden Marie Petiet (1854–93; das Museum wurde der Stadt von ihrem Witwer gespendet). Sie wurde hier geboren, machte ihre Ausbildung in Paris und starb mit nur 39 Jahren. Die lebendigste ihrer lebhaften Interpretationen von örtlichen Szenen und Persönlichkeiten ist das überragende Werk *Les Blanchisseuses* (Die Waschfrauen). Einlass erfolgt durch die Touristeninformation.

Der gut parfümierte Garten **Jardin aux Plantes Parfumées** (04 68 31 49 94; www.labouichere.com, auf Französisch; rue Dewoitine; Erw./Kind 6/3 €; Mitte Juni–Mitte Aug. 10–18 Uhr, Mai–Mitte Juni & Mitte Aug.–Anfang Okt. 13–18 Uhr) erstreckt sich am nördlichen Stadtrand von Limoux über 2 ha und ist schon von Weitem zu riechen. Hier kann man nach Belieben zwischen 2500 Arten von duftenden bunten Blumen, Bäumen und Sträuchern umherwandern.

Am Ostufer der Aude, direkt hinter dem örtlichen Schwimmbad, organisiert **Canoë Limoux** (06 86 57 80 68; www.canoelimoux.fr, auf Französisch; rue des Violettes; ganzjährig) Kanu- oder Kajakfahrten flussabwärts von Couiza (17 km; Erw./Kind 27/20 €) oder Alet-les-Bains (10 km; Erw./Kind 20/15 €) nach Limoux. Eine Alternative stellen die gemütlichen Tretboote da (7 €/Std.).

Cycles Claude Taillefer (04 68 31 02 01; 18 Esplanade François-Mitterand) verleiht Mountainbikes.

Schlafen & Essen

LP Tipp **Grand Hôtel Moderne et Pigeon** (04 6… 31 00 25; www.grandhotelmodernepigeon.fr, auch auf Englisch; 1 place Général Leclerc; EZ 80–140 €, DZ 95–169 €) Das ehrwürdige Hotel und sein Restaurant gegenüber der Markthalle von Limoux sind allein schon eine Pilgerfahrt wert. Das Hotel war ursprünglich ein Kloster, wurde dann ein privates, bürgerliches Herrenhaus, anschließend eine Bank (man beachte das herrliche Buntglasfenster auf halbem Weg die breite Haupttreppe hinauf – ein Lobgesang an die Geschäftswelt) und 1897 schließlich ein Hotel. Warum „modern", und warum in aller Welt „Taube", fragt man sich vielleicht zu Recht. Der Name stammt vom ersten Besitzer des Hotels, einem Monsieur Pigeon, der in jedem Stockwerk ein Bad errichten ließ – eine Se…

BLANQUETTE DE LIMOUX

Nein, das ist keine weiße Sauce, die über Kalbfleisch gegossen wird, sondern etwas ganz anderes, das charakteristisch ist für eine kleine Gegend rund um Limoux. 1531 brachten die Mönche der Abbaye de St-Hilaire (S. 210), vorsätzlich oder durch einen glücklichen Zufall, die Blasen in den einheimischen Weißwein, der aus den Mauzac-Trauben gepresst wurde. Bis heute wird bei der *blanquette méthode ancestrale* ausschließlich diese Weintraube verwendet, die aufgrund des feinen weißen Flaums an ihren Blättern zu dem Namen *blanquette* führte. Der Schaumwein ist hauptsächlich ein Dessertwein, der süßer ist und weniger Alkohol hat. Blanquette de Limoux und Crémant de Limoux verwenden größtenteils Mauzac-Trauben, die in unterschiedlichem Verhältnis mit Chenin-Trauben aus der Loire-Region und Chardonnay, der klassischen weißen Traube aus Burgund, gemischt werden. Beide eignen sich hervorragend als Aperitif oder zum Essen.

Fährt man auf der D118 oder der D104 zwischen Carcassonne und Quillan entlang, kommt man an zahlreichen Weingütern vorbei, von denen jedes zum Verköstigen lockt. Das größte ist **Caves du Sieur d'Arques** (☎ 04 68 74 63 46; www.sieurdarques.com, auch auf Englisch; av. du Mauzac, Limoux; ⌚ Mo–Sa 9 oder 9.30–12.30 & 14–18.30 oder 19, So 10–12.30 Uhr), das einen riesigen Raum für Weinproben hat. Hier werden auch Führungen angeboten (7 €, inkl. eine Flasche zum Mitnehmen), die demonstrieren, wie die große Auswahl an Weinen (darunter auch einige gute Rotweine) hergestellt wird.

Ein typisches Beispiel für einen kleineren Familienbetrieb ist die **Domaine Castel-Nègre** (☎ 04 68 74 14 99; http://castelnegre.free.fr, auch auf Englisch; ⌚ Mitte April–Mitte Dez. 10–20 Uhr) mit über zehn verschiedenen Weinsorten, die alle auf dem Grundstück inmitten der 14 ha großen Weinberge in Flaschen abgefüllt werden. 2,5 km südlich von Alet-les-Bains nach Schildern Ausschau halten.

tenheit zur damaligen Zeit und deshalb wahrlich modern. Hat das Schicksal einen Sinn für Humor, vielleicht für Harmonie? Der jetzige Besitzer ist Jean-Luc Desmoineaux, „Mr. Sparrows", wie er einem fröhlich erzählt. Das Hotel mag zwar alteingesessen sein, aber nach Investitionen im Wert von 1 bis 1,25 Mio. € während der letzten fünf Jahre bietet es auch einigen Komfort des 21. Jhs. Die Zimmer liegen auf zwei Etagen, die untere für Raucher, die obere für Nichtraucher („weil Nichtraucher fitter sind", sagt Mr. Sparrows lachend). Die geräumigen Zimmer sind mit Stoff behangen, fast alle verfügen über ein Himmelbett und alle über Badezimmer aus Carrara-Marmor. Die großen Suiten sind mit eleganten schmiedeeisernen Möbeln, einem Salon und einem separaten zweiten Schlafzimmer (ideal für Kinder) ausgestattet.

Essen gibt's im angesehenen Restaurant (Menüs 44–49,50 €, Hauptgerichte um die 35 €) mit seinen originellen Formen und lächelnden Engelchen, die auf einen hinunterblicken, oder im Sommer im reizenden Innenhof des Hotels mit vielen Blumen. Platz lassen für drei Sorten der ächzenden Käseplatte mit einer Auswahl von über 25 Sorten.

La Goutine (☎ 04 68 74 34 07; 10 rue de la Goutine; 2-/3-Gänge-Mittagsmenü 11,80/14,60 €, Abendmenü 22,80 €, warmes Tagesgericht 14 €; ⌚ Di–Do mittags, Fr & Sa mittags & abends; Ⓥ) In diesem Land der herzhaften Fleischgerichte, wie Cassoulet, *confit de canard* und Gänseleberpastete, ist La Goutine eine willkommene Abwechslung für Vegetarier. Die Gerichte, größtenteils aus frischen, biologischen Zutaten, wechseln täglich *„selon le goût de la Muse"* (je nach Vorliebe der Muse).

LP Tipp **La Maison de la Blanquette** (☎ 04 68 31 01 63; 46 bis promenade du Tivoli; Mittagsmenü 18,50 €, weitere Menüs 26,50–40 €, Hauptgerichte 15–22 €) Eine überaus überzeugende Adresse! Am Eingang gibt's einen Bereich zum Kosten der vielen Weine, die rund um Limoux hergestellt werden, darunter natürlich auch die bekannte Blanquette. Weiter drin im Restaurant ist das Personal fröhlich, witzig und eifrig, und die Portionen warten nur darauf, tranchiert zu werden. In jedem Menü ist eine Blanquette de Limoux als Aperitif und eine halbe Flasche mit örtlichem Cabernet Sauvignon, Merlot, Chardonnay oder Syrah Rosé pro Person enthalten. Alle Weine kommen aus den Caves du Sieur d'Arques (s. Kasten). Wer Durchhaltevermögen beweist, bekommt zum Nachtisch *mousse de fraises,* frisches Erdbeermousse, gekrönt von einer dicken, gekringelten Locke Chantilly-Crème.

Für Selbstversorger gibt's jeden Freitag in der alten und ansonsten leider unbenutzten

Markthalle auf der Place Général Leclerc, gegenüber vom Grand Hôtel Moderne et Pigeon, einen guten **Bauernmarkt** (place Général Leclerc).

An- & Weiterreise

Drei SNCF-Busse und sechs Züge verbinden Limoux täglich mit Carcassonne (35 Min.). Richtung Süden fahren fünf Busse und zwei Züge nach Quillan (40 Min.). Dreimal täglich (während Schulzeiten häufiger) verkehren Busse von **Teissier** (www.teissier.fr, auch auf Englisch) zwischen Carcassonne und Quillan, zwei fahren weiter nach Axat (1½ Std.).

ABBAYE DE ST-HILAIRE

Die D104, weniger befahren als die D118, ist eine hübsche Alternativstrecke zwischen Carcassonne und Limoux und führt durch Weinberge, die von *garrigue*, Korkeichen und wilden Erdbeersträuchern umgeben sind.

Exakt 13 km nördlich von Limoux befindet sich die **Abbaye de St-Hilaire** (☎ 04 68 69 62 76; Erw./Kind 4/2 €; ⏰ Juli & Aug. 10–19 Uhr, Sept.–Juni 10–12 & 14–17 oder 18 Uhr) im gleichnamigen Dorf. Nach einem Führer auf Deutsch oder Englisch fragen. Sogar der Ungläubigste wird sich wünschen, eine Pilgerfahrt zu dem Ort zu machen, an dem Blanquette de Limoux zum ersten Mal gesprudelt hat.

Die Arkaden des harmonischen gotischen Kreuzgangs aus dem 14. Jh. dieser Benediktinerabtei werden von schlanken Doppelsäulen gestützt. Daran angrenzend weist das Haus des Abtes eine wunderschöne bemalte Decke aus dem 16. Jh. auf, in einer Restaurierung aus dem 19. Jh. viel tuschiert (Ausschau halten nach den drei Zierleisten in der oberen rechten Ecke, von denen die mittlere eindeutig erotisch ist; die kirchlichen „Restauratoren" versäumten es, diese Überreste aus der Zeit zu beseitigen, in der das Haus noch ein stattliches Herrenhaus war).

An der Südseite des Refektoriums befindet sich ein ungewöhnlicher Lesestuhl aus Stein hoch oben in der Wand, von wo aus Bibelstellen verlesen wurden, während die Mönche aßen.

Das Highlight der romanischen Abtei ist der Sarg von Saint Sernin, geschnitzt von dem franko-katalanischen Maître de Cabestany (S. 44), dem umherziehenden Bildhauermeister aus dem 12. Jh. Obwohl er traditionell als Sarg bezeichnet wird, ist er zu eng, um eine Leiche zu bergen und war ursprünglich wahrscheinlich ein Altar.

Verlässt man den Kreuzgang über die Treppen an der Südseite, kann man einen Blick in die Höhlen werfen, die in den Fels gehauen wurden, in dem die Blanquette de Limoux zum ersten Mal blubberte. Bevor es weitergeht, holt man sich vielleicht noch eine oder zwei Flaschen aus den **Caves Anne de Joyeuse**, dem Laden auf dem Parkplatz direkt nördlich der Abtei, für den es wohl keinen fröhlicheren Namen geben könnte. Hier gibt es zwar keine Blanquette, aber dafür andere Qualitätsrotweine. Rotweine machen 85 % der Produktion dieser Weinkooperative aus, die seit 15 Jahren wegen ihres Einsatzes für nachhaltige Landwirtschaft und biologische Vielfalt die „Schützt den Planeten"-Plakette trägt.

ALET-LES-BAINS

Alet-les-Bains ist der erste von fünf kleinen Orten südlich von Limoux, die sich zusammen für einen schönen Tagesausflug mit dem Auto oder Fahrrad eignen. Das kleine, ruhige Dorf an der D118 liegt 8 km südlich von Limoux. Je nach Laune kann man hier nach Herzenslust relaxen oder an verschiedenen Outdoor-Aktivitäten teilnehmen.

Der Name des Dorfes kommt einem vielleicht bekannt vor. Mineralwasser der Firma Alet gibt es in ganz Südfrankreich zu kaufen. Der Anhang „les-Bains" steht für die Thermalquellen, die erstmals zu Römerzeiten auf Grund ihrer angeblich heilenden Eigenschaften ausgeschöpft wurden, aber nicht mehr länger genutzt werden – zumindest nicht im Moment.

Intakte Teile der ursprünglichen **Festungsmauer** aus dem späten 12. Jh. sind immer noch erhalten, entweder freistehend oder in neuere Bauwerke integriert. Auf der und um die Place de la République mit ihren Arkaden, dem Herzen des Dorfes, stehen ein paar schöne Fachwerkhäuser.

Die **Touristeninformation** (☎ 04 68 69 93 56; info.aletlesbains.free.fr, auf Französisch; av. Nicolas Pavillon; ⏰ Ostern–Aug. tgl. 10–12 & 14.30–18 oder 19 Uhr, Mitte Feb.–Ostern & Sept.–Mitte Dez. Mo–Sa 10–12 & 14.30–18 Uhr, Mitte Dez.–Mitte Feb. geschl.) liegt neben den beachtlichen Ruinen der **Abbaye Notre-Dame** (Erw./Kind 3/2 €; ⏰ gleiche Öffnungszeiten wie die Touristeninformation) aus dem 12. Jh. Sie verkauft auch Tickets für die Ruinen, die man auch auf eigene Faust mit englischer Broschüre besichtigen kann.

Mit seinen Kabeln, Seilen, Flaschenzügen und Verbindungen zwischen den Baumkronen hat der **Accro'Parc** (☎ 04 68 69 94 86; ⌚ nur Juli & Aug. 10–12 & 14–18 Uhr) für jeden Grad an Mut etwas zu bieten. Anfänger können sich für den grünen Rundkurs einschreiben (Erw./Kind 12/10 €), alle vier Levels kosten 17/20 €. Der Park liegt südlich vom Dorf.

Am nördlichen Ende des Dorfes liegt **Eau Vive** (☎ 04 68 69 92 67; ⌚ nur Juli & Aug. 10–19 Uhr), das von demselben Team wie der Accro'Parc betrieben wird und Kajak- und Kanuausflüge mit oder ohne Führer organisiert.

Obwohl das medizinische Heilbad geschlossen ist, kann man trotzdem das Wasser von Alet trinken und darin eintauchen. 200 m flussaufwärts von Eau Vive füllen die Einheimischen ihre Wasserflaschen (oft kastenweise) mit dem Wasser aus den Hähnen des alten **Dorfwaschhauses**. Kinder können sich auf die alten Blöcke setzen, wo die wöchentliche Wäsche durchgewalkt wurde, und ihre Füße im Wasser baumeln lassen, das bei konstanten 24 °C aus dem Boden kommt. Den **Swimmingpool** darüber im Olympiaformat kann während der Saison jeder nutzen. Auch er bezieht sein Wasser aus den Quellen.

Das charaktervolle **Chambre d'Hôte Maison Val d'Aleth** (☎ 04 68 69 90 40; www.valdaleth.com, auch auf Englisch; 14 av. Nicolas Pavillon; EZ/DZ/3BZ mit Frühstück 37/47/64 €; ⊠) mit vier Gästezimmern hat die Böden und Türen aus dem 18. Jh. immer noch erhalten, zusammen mit einem großen Brocken aus den Festungsmauern des Dorfes. Die britischen Betreiber Christine und Christopher Cranmer leben seit 15 Jahren in Alet und geben gerne Auskunft über die Gegend. Außerdem verleihen sie Wander- und Straßenkarten aus ihrer Sammlung. Gäste können auch den großen Garten nutzen. Wärmstens empfohlen.

Die Cranmers betreiben auch **Camping Val d'Aleth** (Campen für bis zu 2 Pers. 14 €, jede weitere Pers. 3,60 €; ⌚ ganzjährig), einen kleinen, makellos geführten Campingplatz mit 37 Plätzen, der sich unter dem Haus am Ufer entlangstreckt, mit den Ruinen der Abtei im Hintergrund. Es gibt einen Kinderspielplatz, brandneue Sanitäreinrichtungen und gute Möglichkeiten zum Planschen und Schwimmen in der Aude, wo man auch die Angelleine auswerfen und Forellen fangen kann. Sie verleihen auch Mountainbikes (9/15/70 € pro halben/ganzen Tag/Woche).

Das einzige Hotel in Alet war einst die hiesige Bischofsresidenz. Die **Hostellerie de l'Évêché** (☎ 04 68 69 90 25; www.hotel-eveche.com, auch auf Englisch; av. Nicolas Pavillon; Zi. 55–64 €; ⌚ April–Okt.), eine Logis de France-Unterkunft, überblickt den Fluss inmitten eines 3 ha großen, bewaldeten Wiesengrundstücks. Direkt an den Ruinen der Abtei gelegen könnte es kaum romantischer sein. Die 30 Zimmer mit Fliesenboden sind einfach – ja sogar sparsam – eingerichtet, aber die Lage ist großartig, und das Hotel betreibt ein erstklassiges Restaurant (Hauptgerichte 11–21 €, Menüs 26–42 €).

ESPÉRAZA

Von der D118 abgehend liegt Espéraza mit zwei herrlichen, kleinen Museen im selben Gebäude neben dem Dorfbahnhof.

Über die Jahre hinweg wurde im oberen Aude-Tal die größte Ansammlung von Dinosaurierknochen in Frankreich entdeckt. Na gut, die meisten Exemplare im **Dinosauria** (☎ 04 68 74 26 88; www.dinosauria.org, auf Französisch; Erw./Kind 7/5 €; ⌚ Juli & Aug. tgl. 10–19 Uhr, Feb.–Juni, Sept. & Okt. 10.30–12.30 & 13.30–17.30 Uhr, Nov.–Jan. 13.30–17.30 Uhr, an wichtigen Feiertagen geschl.) sind getreue Nachbildungen aus Granulat, aber es gibt trotzdem auch ein paar ziemlich gruselige Skelette, darunter das eines Furcht einflößenden, 22 m langen Mamenchisaurus. In der Gegend gefundene Knochen, Zähne, Eier und Fußabdrücke sind gut präsentiert und die erläuternden Informationstafeln auf Französisch und Englisch geben genau die richtige Menge an Informationen. Im Juli und August finden geführte Besichtigungen der nahe gelegenen **Campagne-sur-Aude** statt, dem Ort mit den meisten Dinosaurierfunden der Gegend. Das Museum erteilt Auskünfte über die Zeiten.

Das **Musée de la Chapellerie** (☎ 04 68 74 00 75; Eintritt frei; ⌚ Juli & Aug. tgl. 10–19 Uhr, Feb.–Juni, Sept. & Okt. 10.30–12.30 & 13.30–17.30 Uhr, Nov.–Jan. 13.30–17.30 Uhr, an wichtigen Feiertagen geschl.) erzählt von der nicht allzu entfernten Vergangenheit, als das Dorf – genau wie einige Nachbargemeinden, einschließlich Quillan – seinen Wohlstand noch aus der Hutherstellung bezog. Heute ist es schwer zu glauben, aber während der ersten Hälfte des 20. Jhs. war Espéraza der zweitgrößte Huthersteller der Welt, nur noch überholt von Monza in Italien. Ein Rundgang führt Schritt für Schritt, Maschine für Maschine, durch den Hutherstellungsprozess. Extravagant oder Filzhut? Vielleicht ein Panamahut? Oder eine klassische Baskenmütze? Am Ausgang stehen elegante Kreationen zum Verkauf.

Neben dem Museum gibt's einen gut ausgestatteten Laden, der sich auf Honig und andere lokale Erzeugnisse spezialisiert hat: Wein, Kuchen, Kekse und vieles mehr.

Um den Touristenpfaden von Espéraza – wörtlich und vielleicht auch geistig – zu entkommen, fährt man Richtung Limoux, nimmt dann eine kleinere Straße Richtung Osten und folgt den Schildern nach Luc-sur-Aude, etwa 2 km nördlich von Couiza. Eine hübsche, 4 km lange Straße bringt einen durch Weinberge und *garrigue* nach **Solaroma** (☎ 04 68 74 20 65; www.solaroma.com, auch auf Deutsch; Domaine de Castillou; ⌚ Mo, Di, Do & Fr 9–12 & 14–17 Uhr), an jeder Kurve und Biegung des Weges gut ausgeschrieben. An diesem Ort, der einst der Bauernhof der Abbaye Notre-Dame in Alet-les-Bains (S. 210) war, stellt die kalifornische Auswanderin Lorrie Hargis mit ihrem Team aus drei Frauen Parfüm aus ihren biologisch angebauten Bergkräutern, Lavendel und Rosen her, ergänzt durch Essenzen von verschiedenen Orten wie Madagaskar, Marokko, der Dominikanischen Republik und Korsika. Der süßlich duftende Laden verkauft sein eigenes Parfüm, Essenzen, Badeschaum, Shampoos und andere Kosmetikartikel, die alle aus natürlichen Zutaten vom Grundstück hergestellt wurden.

RUND UM RENNES-LES-BAINS UND RENNES-LE-CHÂTEAU

Ein hübscher, 25 km langer Rundweg an einem Seitental entlang, durch Wälder und dann hinauf über offene Grasflächen führt auf einer wenig befahrenen Seitenstraße nach Rennes-les-Bains und Rennes-le-Château, zwei Orte, die außer ihren Namen nichts gemeinsam haben.

In Couiza nimmt man die D613 ostwärts und biegt nach 6 km rechts auf die D14 ab. Nach weiteren 2,5 km erreicht man Rennes-les-Bains.

Fährt man auf dieser Straße weiter, biegt man nach 3,75 km an einem großen Straßenschild mit der Aufschrift Rennes-le-Château rechts ab und dann 6,5 km weiter an einer T-Kreuzung nach links, um zum Schloss zu gelangen.

Auf dem Rückweg nach Couiza geht's an dieser Kreuzung auf einer steil abfallenden Straße geradeaus weiter.

RENNES-LES-BAINS

Bevor es in den winzigen Kurort **Rennes-les-Bains** (www.renneslesbains.org, auf Französisch) geht, liegen auf der rechten Seite die ursprünglichen, verfallenen *bains*, die genau das waren: einfach nur körpergroße, einzelne Betonbäder, in denen die Badegäste sich selbst einweichten. Auf der anderen Straßenseite sprudelt das warme Wasser, mittlerweile wild und ungezügelt, immer noch in die Felsbecken, in die man umsonst eintauchen kann, bevor das Wasser in den Fluss Salz hinabstürzt, einen Nebenfluss der Aude.

Unter dem ersten der vier Badegebäude, die die einzige Straße säumen, befindet sich ein großer, moderner und natürlich beheizter **Swimmingpool** (Erw./Kind 4,50/2 €).

RENNES-LE-CHÂTEAU

Dieses Schloss ist neben den meisten schwerfälligen, wehrhaften und ehrwürdigen Chateaux von Languedoc wirklich ein Witz. Aber die Geschichte, die es zu erzählen hat … Wow! (s. Kasten S. 213).

Der Eintritt in die Kirche und ins kleine Museum in der bescheidenen Unterkunft in der der Abt ursprünglich gewohnt hat, ist umsonst. Es dauert eine weitere halbe Stunde den Rest der Anlage zu erkunden, die bekannt ist als **Domaine de l'Abbé Saunière** (☎ 04 68 74 72 68; www.renneslechateau.com, auch auf Englisch; Erw./Kind 4,50/3,20 €; ⌚ Mai–Mitte Sept. 10–18 Uhr, März April & Mitte Sept.–Okt. tgl. 11–13 & 14–17 Uhr, Nov.–Mitte Jan. nur Sa & So, Mitte Jan.–Feb. geschl.).

QUILLAN & UMGEBUNG

Quillan ist ein guter Ausgangspunkt für Besuche des Pays de Sault, wo man einen aktiven Tag auf dem Fluss oder mit Erkundungen der wichtigsten Katharer-Schlösser verbringen kann. Der Ort liegt zwischen dem Westufer der Aude und dem belebten Boulevard Charles-de-Gaulle, neben dem sich die Hotels der Bahnhof und Bushaltestellen befinden.

Wer am Samstagvormittag hier vorbeikommt, der sollte über den ausgezeichneten Bauernmarkt auf den Parkplätzen am Boulevard Charles-de-Gaulle schlendern.

Praktische Informationen

Die **Touristeninformation** (☎ 04 68 20 07 78; www.aude-en-pyrenees.fr, auch auf Englisch; square André Tricoire ⌚ Juni–Mitte Sept. Mo–Sa 9–12.30 & 14–19, So 9–13 Uhr sonst Mo–Fr 9–12 & 14–18, Sa 9–13 Uhr) in der Nähe des Bahnhofs und direkt am Boulevard Charles

DAS GEHEIMNIS VON RENNES-LE-CHÂTEAU

Béranger Saunière wurde 1885 zum Gemeindepfarrer von Rennes-le-Château ernannt. Das ist sicher und belegt. Ebenfalls bewiesen ist, dass dieser Pfarrer eines bescheidenen, armen Dorfes plötzlich begann, ein Leben in Saus und Braus zu führen und verdächtig viel Geld ausgab. Er renovierte seine Kirche, die am Rande des Verfalls stand, baute für sich selbst Béthania, eine prächtige Villa im Stil der Renaissance, Tour Magdala, einen Turm für seine Bibliothek, und – im Garten – ein herrliches, geräumiges Glashaus, in dem er sitzen und das atemberaubende Panorama auf die sich ausdehnenden Pyrenäen im Süden genießen konnte. Und er empfing einflussreiche Gäste aus der Ferne.

Von diesem Punkt an gibt es zahlreiche Versionen seiner Geschichte und noch mehr Hypothesen. Wie kam ein armer Gemeindepfarrer plötzlich zu so viel Wohlstand? Viele Dorfbewohner bestätigen, ihn nachts beim Graben im Kirchhof gesehen zu haben, und es gab Gerüchte über seltsame Pergamente. Jede Menge Theorien und Phantasien. Gab es einen geheimen Schatz des Templerordens? Oder ein Geheimversteck der Katharer? Könnte es sich um Raubgut der Westgoten aus Jerusalem gehandelt haben? Oder einen Fund mittelalterlicher Goldmünzen? Um Kostbarkeiten, die vor kirchenfeindlichen Horden der Französischen Revolution versteckt worden waren? Oder vielleicht sogar um den Heilige Gral selbst? In der renovierten Kirche werden sich Verschwörungstheoretiker fragen: „Was soll der Grimassen schneidende Teufel mit stechenden Augen unterhalb des Beckens links vom Eingang? Und wie kommt es, dass in einem der beiden Friese sowohl Maria als auch Joseph ein Baby halten?"

Eine plausiblere, wenn auch genauso wenig bewiesene Erklärung ist, dass der Geistliche seine schlagkräftige Persönlichkeit dazu benutzte, reiche katholische Gönner davon zu überzeugen, in seine Pfarrei zu investieren. Und dann, als der Betrug aufflog, waren sie zu beschämt über ihre Leichtgläubigkeit, um öffentliches Aufsehen zu erregen.

Die Katholische Kirche hat auch eine wenig transzendente Erklärung für all das. Sie beschuldigte den Geistlichen, aus der Kirchentruhe geklaut zu haben und enthob ihn 1915 seines Amtes – damals kam das Gerede auf, dass der Pfarrer so etwas gewöhnlich gemeinsam mit seiner Haushälterin Marie Dénarnaud tat, die nach dem Tod des Geistlichen ein paar Jahre später in Abgeschiedenheit weiterlebte. Sie starb über 30 Jahre später und nahm ihre Geheimnisse mit ins Grab. Sie und ihr Herr liegen Seite an Seite auf dem Kirchenfriedhof begraben.

Wahrscheinlich bewegt einen die kleine Gedenktafel an der Südwand der Kirche, die den Opfern des Ersten Weltkriegs aus diesem winzigen Weiler gewidmet ist, die von Sepiafotos auf einen hinunterblicken, viel mehr als all die Spekulationen.

Die meisten Besucher dieser Stätte sind völlig normal. Trotzdem wurde Rennes-le-Château auch zu einem Magnet für diejenigen, die an das Geheimnisvolle glauben, für Schatzjäger, *Sakrileg*-Spinner und diejenigen, die an Kornkreise und dergleichen glauben.

le Gaulle befindet sich in einem markanten Art-Déco-Gebäude, das ursprünglich das Badehaus des Ortes war.

11 km südlich von Quillan, am rond-point du Pont d'Aliès, wo die D117 von der D118 in Richtung der wichtigsten Katharer-Schlösser abzweigt, liegt die saisonabhängige **Maison des Pyrénées du Pays Cathare** (☎ 04 68 20 59 61; pat-axat@wanadoo.fr; Juli & Aug. 9–19 Uhr). Hier gibt's jede Menge Infos über Le Pays de Sault und das Land der Katharer.

Sehenswertes & Aktivitäten

Die Freuden des Sightseeing durch Quillan selbst können bei einem Spaziergang am Flussufer so richtig ausgeschöpft werden. Vom Pont Vieux ist es ein einfacher, fünfminütiger Anstieg zu dem gedrungenen, rechteckigen Pfeiler am Ostufer, der alles ist, was von der Burg des Ortes aus dem 13. Jh. Übrig geblieben ist. Die Burg wurde an der Stelle einer Westgotensiedlung errichtet, 1575 von den Hugenotten geplündert und dann im 18. Jh. teilweise abgerissen.

Am Südende von Quillan bietet das **Centre International de Séjour Sports Nature**, besser bekannt als **La Forge de Quillan** (☎ 04 68 20 23 79), jede Menge Outdoor-Aktivitäten – darunter auch den **Forest Grimp**, einen Abenteuerzirkel in den Baumkronen – sowohl für diejenigen, die im Ort übernachten (S. 214), als auch für Tagesausflügler.

Auf dem Abschnitt an der Aude zwischen Quillan und Axat – v. a. innerhalb des **Défilé de la Pierre Lys**, einer engen Schlucht mit aufragenden, beinahe senkrechten Wänden, in denen Kletterer hängen – gibt es mehrere Rafting- und Kanuausstatter. Zusätzlich zum einfachen Kanu-, Kajakfahren und Raften bieten die Veranstalter noch jede Menge weitere Aktivitäten auf dem Wasser an, mit „frenglischen" Namen wie Canoraft, Tubing, Challenge, Kayak-Air, Hot Dog und Hydrospeed. Beim Hydrospeed balanciert man seinen Körper auf einem Baby-Boogie-Board und treibt mit der Strömung, was besonders aufregend ist, wenn diese schnell fließt. Die anderen Aktivitäten müssen schon selbst ausprobiert werden.

Während der Saison bietet **Roc Aqua** (☎ 04 68 20 53 97, 06 70 80 08 26; www.rocaqua.com, auch auf Englisch; ⏰ April–Mitte Okt.) im Norden von Axat, wo das kleine Flüsschen Quirbajou in die Aude mündet, Rafting, Hydrospeed, Hot Dog und Canyonabfahrten an.

Auf dem Gelände von Camping Le Moulin du Pont d'Aliès (s. rechts) bietet **Pyrène Rafting** (☎ 04 68 20 52 76; www.pyrenerafting.com, auf Französisch; rond-point du Pont d'Aliès; ⏰ ganzjährig) die üblichen Wasseraktivitäten an, plus Canyonabfahrten, Klettern und – besonders originell – Eselreiten.

Südlich vom Dorf St-Martin-de-Lys rühmt sich **Rafting Aude** (☎ 06 87 37 24 74; www.embarquement-immediat.net, auch auf Englisch; St-Martin-de-Lys; ⏰ Juli & Aug.) damit, dass Tagesausflügler sofort an der Action teilhaben können. Der Veranstalter bietet auch Wassersport und Canyonabfahrten an.

Flussaufwärts von Pyrène Rafting liegt das besonders einladende **Sud Rafting** (☎ 04 68 20 53 73; www.sudrafting.fr, auf Französisch; rond-point du Pont d'Aliès; ⏰ April–Sept.) für Rafting, Hydrospeed, Kanu- und Kajakfahren. Für Abwechslung sorgt der ganztägige Ausflug *cocktail eau vive* (Wildwasser-Cocktail) mit zwei Aktivitäten plus Mittagessen.

Wer an Belviane, 3 km südlich von Quillan vorbeikommt, sollte **Les Ruchers de la Pierre Lys** (☎ 04 68 20 18 58) einen Besuch abstatten. Die Sardas, Vater und Sohn, stellen seit fast 30 Jahren Honig in dieser Gegend her – aber nicht nur irgendeinen süßen Honig. Mit zwölf Bienenstöcken in den Departements Aude und Ariège gibt es ihren Honig in insgesamt über zehn verschiedenen Geschmacksrichtungen: Kastanie, Pinie, Erika, Thymian, Limone, etc.

Im Sommer tuckert der **Train du Pays Cathare et du Fenouillèdes** (S. 261), ein Touristenzug mit offenen Waggons, an schönen Tagen von Axat auf einer spektakulären, 60 km langen Strecke in Richtung Osten nach Roussillon.

Schlafen & Essen

Camping Le Moulin du Pont d'Aliès (☎ 04 68 20 53 27; www.alies.fr, auch auf Englisch; rond-point du Pont d'Aliès; pro Pers./Stellplatz 6,50/10 €; ⏰ April–Okt.; ♿) Hinter dem engen Wohnwagenbereich bietet dieser Campingplatz neben dem Fluss und mit ein paar winzigen Stränden sichere Planschmöglichkeiten im Wasser (es gibt auch einen Pool und einen kleinen Kinderspielplatz) und jede Menge Schatten. Es gibt eine Snackbar und einen kleinen Lebensmittelladen. Im Juli und August ist eine Reservierung dringend notwendig.

La Forge de Quillan (☎ 04 68 20 23 79; laforgequillan@wanadoo.fr; B mit Frühstück 18 €; ⏰ April–Mitte Sept.) Dieses Outdoor-Centre (S. 213) dient gleichzeitig als HI-Hostel des Ortes und als Übernachtungszentrum für Gruppen.

Zwei Hotels in Quillan, das eine nur wenige Meter vom anderen entfernt in derselben Straße, bieten preiswerte Unterkünfte und führen ebenso bewährte Restaurants.

Hôtel Cartier (☎ 04 68 20 05 14; www.hotelcartier.com, auch auf Englisch; 31 bd Charles de Gaulle; Zi. mit Toilette 37 €, mit Bad 47–55 €; ⏰ Mitte März–Mitte Dez.) Kostenloser WLAN-Zugang. Die hübsche Logis-de-France-Unterkunft wird schon in vierter Generation von der Familie Cartier betrieben und ist alles in allem fröhlicher als das Hôtel Canal. Die 28 Zimmer sind blitzblank sauber und verfügen über besonders große Waschbecken. Die teureren Standarddoppelzimmer sind um einiges geräumiger mit größeren Badezimmer und einer tiefen Badewanne. Das Hotel-Restaurant mit Klimaanlage (Menü 18–28,50 €, Hauptgerichte 13,50 €) ist auf einheimische Gerichte spezialisiert.

Hôtel Canal (☎ 04 68 20 08 62; 36 bd Charles de Gaulle; Zi. 40 €) Obwohl das Hotel eine etwas düstere, schäbige Atmosphäre ausstrahlt, sind die Zimmer gepflegt, ordentlich und in gutem Zustand. Auch das herkömmliche, altertümliche Aussehen des Restaurants (4-Gänge-Menüs 19–32 €, Hauptgerichte 13–18 €) sollte außer Acht gelassen werden. Das Cassoulet ist hausgemacht und die 4-Gänge-Menüs sind einfallsreich und sehr preiswert.

Shoppen

Lumiel (☎ 04 68 74 02 92; Zone Commerciale Plage Sud) In nicht viel mehr als einem kleinen Schuppen im Einkaufszentrum nördlich von Quillan stellen Martine Clervoix und ihre Tochter wundervolle Kekse, Schokoladen, Nougat, würzige Kuchen und Marmeladen her und verwenden dafür wenn möglich nur einheimische Zutaten wie Honig von Les Ruchers de la Pierre Lys (S. 214) und *garriguet*, eine Spezialität aus dem oberen Aude-Tal: eine köstliche Mischung aus Rosinen, die lange in dem Süßwein Muscat, Mandeln, Honig und Mehl eingeweicht wurden.

An- & Weiterreise

Fünf SNCF-Busse und zwei Züge fahren täglich nach Limoux (40 Min.); alle bis auf zwei fahren weiter nach Carcassonne (1¼ Std.). Zusätzlich fahren dreimal täglich (während der Schulzeit auch häufiger) Busse von **Teissier** (www.teissier.fr, auch auf Englisch) von/nach Carcassonne und zwei weiter in Richtung Süden nach Axat (20 Min.). Zweimal täglich verkehren Busse zwischen Quillan und Perpignan (1¾ Std.).

Cycles Bennasis (☎ 04 68 20 18 91; 22 bd Charles de Gaulle) verleiht Mountainbikes.

KATHARERBURGEN

Als der Kreuzzug gegen die Katharer diese in die ausgedörrten Berge zwang, die einst die Grenze zwischen Frankreich und Aragon bildeten, suchten sie in diesen unzugänglichen Festungen, die lange Zeit Frankreichs Grenze beschützt hatten, Zuflucht. An einem langen, aber erfüllenden Tag mit einer 195 km langen Wegstrecke zwischen Carcassonne und Perpignan (oder andersrum) kann man die vier wichtigsten dieser romantischen Bergfestungen besichtigen: Puilaurens, Peyrepertuse, Quéribus und Aguilar.

Neun Monate im Jahr muss man sich besonders warm anziehen und sich auf Windböen vorbereiten, die einen fast von den Mauerzinnen blasen können. Im Sommer sollte

DIE KATHARER

Der Ausdruck *le pays Cathare* (Land der Katharer) erinnert an den grausamen Albigenserkreuzzug – die Verfolgung und Ausrottung einer religiösen Sekte mit dem Namen Katharer.

Die Katharer waren die Fundamentalisten ihrer Zeit: Leute mit extremem Glauben, die vom normalen Volk mit Vorsicht beäugt wurden und die davon überzeugt waren, die Einzigen zu sein, die den richtigen Weg zur Erlösung kannten. Die Katharer (vom griechischen Wort *katharos*, was „rein" bedeutet) glaubten, dass das Reich Gottes im Kampf mit Satans teuflischer Welt gefangen sei und die Menschen im Grunde keinen Wert hätten. Aber sie glaubten auch, dass ein reines Leben, gefolgt von mehreren Wiedergeburten, ihre Seele befreien würde. Sie sehnten sich wehmütig nach einer Rückkehr zum frühen Christentum, arbeiteten gegen das weltliche Rom und predigten in der *langue d'oc*, der einheimischen Sprache. So bekam diese Sekte viele Anhänger. Die extremsten von ihnen waren die asketischen *parfaits* („Perfekten"), die sich an strenge vegetarische Diäten hielten und dem Sex entsagten.

1208 propagierte Papst Innozenz III. einen Kreuzzug gegen die Katharer. Der Albigenserkreuzzug erreichte sowohl politische als auch spirituelle Dimensionen und gab den nördlichen Herrschern die Gelegenheit, ihre Ländereien auszuweiten, indem sie das Languedoc ins französische Königreich aufnahmen. Im überhaupt ersten Kreuzzug auf christlichem Boden marschierten bis zu 300 000 Menschen aus dem Norden – darunter Barone, Ritter und ihr Gefolge – Richtung Süden. Angeführt von dem unerbittlichen Simon de Montfort und frustriert von langen Belagerungen ließen sie keine Gnade walten, sobald sich ein Schloss oder ein Dorf ergab.

Die wichtigsten Zentren der Katharer in Béziers, Carcassonne, Minerve und die dramatisch gelegenen Festungen von Montségur, Quéribus und Peyrepertuse wurden eingenommen und Hunderte der „Perfekten" wurden als Ketzer verbrannt. In Béziers wurden ganze 20 000 Gläubige abgeschlachtet. Montségur wurde 1244 Zeuge eines weiteren grausamen Massakers, als 200 Katharer, die sich sträubten, ihren Glauben aufzugeben, auf einem Massenscheiterhaufen bei lebendigem Leibe verbrannt wurden. 1321 bedeutete die Verbrennung des letzten „Perfekten", Guillaume Bélibaste, das Ende der Katharer im Languedoc.

man genügend Wasser und Sonnencreme einpacken, da man in jeder Hinsicht dem Himmel ein Stückchen näher ist.

An jeder teilnehmenden Stelle gibt es den *Passeport des Sites du Pays Cathare*. Dieser gewährt freien Eintritt für ein Kind und 1 € Ermäßigung für jeden Erwachsenen in 19 Burgen, Schlössern, Abteien und Museen im Land der Katharer.

Weitere wichtige Katharerstätten sind die Chateaux de Montségur (S. 217), Lastours (S. 205) und de Termes (S. 137) sowie das Dorf Villerouge-Termenès (S. 136).

Für eine Autostrecke zwischen Carcassonne und Perpignan mit allen wichtigen Stätten der Katharer s. S. 197.

Die Website www.payscathare.org bietet (auch auf Deutsch) gute praktische und historische Informationen zu allen bedeutenden Katharerstätten.

CHÂTEAU DE PUILAURENS

Es ist ein harter Anstieg die 697 m hoch zu den Überresten von **Puilaurens** (☎ 04 68 20 65 26; Erw./Kind 3,50/1,50 €; ⏲ Juli & Aug. 9–20 Uhr, April–Juni, Feb–Juni & Sept.–Mitte Nov. 10–17 oder 18 Uhr), das von seinen vier übrig gebliebenen Türmen eingegrenzt wird. Zur Zeit des Albigenser-Kreuzzuges gehörte Puilaurens der Familie Saissac, die sich als Beschützer der Katharer erwies, von denen zahlreiche hier Zuflucht fanden. Später verlor die Burg genau wie ihre Schwester an der ehemaligen Grenze zu Aragon und Spanien jegliche strategische Bedeutung durch die Unterzeichnung des Pyrenäenfriedens 1659. Damals wurde Frankreichs Grenze zu seinem südlichen Nachbarn an die Kammlinie der Pyrenäen selbst verschoben. Nachdem sie kurzzeitig als Gefängnis gedient hatte, wurde die Burg dem Wetter und der Zeit überlassen und verfiel zusehends. Der Tourismus rettete sie – und auch die anderen Festungen – vor diesem Niedergang.

CHÂTEAU DE PEYREPERTUSE

An allen Seiten des **Schlosses** (☎ 04 68 45 40 55; www.chateau-peyrepertuse.com, auf Französisch; Erw./6–15 J. 5/3 €, mit Falknervorführung 7,50/4 €; ⏲ Juli–Aug. 9–20.30 Uhr, Juni bis 20 Uhr, Sept.–Dez. & Feb.–Mai 10–18 oder 19 Uhr) geht's mehrere Hundert Meter in die Tiefe. Es ist das größte und beeindruckendste dieser ehemaligen Grenzschlösser. Auf einer Höhe von 800 m und mit Blick auf den heutigen Weiler Duilhac war die Burg einst ein wesentliches Element bei der Verteidigung des Königreiches gegen die regelmäßigen Plünderungen von Aragon. Vom Zeitpunkt der Unterzeichnung des Vertrages von Corbeil 1258 an markierte das Schloss, wie auch die Nachbarschlösser, vier Jahrhunderte lang die Grenze zu Spanien. Auch an einem bewölkten Tag ist das Schloss von Quéribus, 5 km Luftlinie südöstlich, von den Festungsmauern aus zu sehen. Falknervorführungen und Mittelalterkämpfe sind Teil der Feste im Sommer.

CHÂTEAU DE QUÉRIBUS

Quéribus (☎ 04 68 45 03 69; Erw./Kind 5/3 €, Audioguide 2 €; ⏲ Juli & Aug. 9–20 Uhr, April–Juni & Sept. 9.30–19 Uhr, Okt.–März 10–17 oder 18.30 Uhr) liegt auf einem Felsgipfel in 728 m Höhe. Nach dem Fall von Montségur 1244 bäumten sich die Katharer innerhalb des gedrungenen Burgfrieds, der nach einer lähmenden, dreiwöchigen Belagerung 1255 eingenommen wurde, zum letzten Mal auf. An einem klaren Tag sind am Horizont sowohl das Mittelmeer als auch die Pyrenäen zu sehen.

CHÂTEAU D'AGUILAR

Das kleinste der vier Schlösser, **Aguilar** (☎ 04 68 45 51 00; Erw./Kind 3,50/1,50 €; ⏲ Mitte Juni–Sept. 10–19 Uhr, April–Mitte Juni 10.30–17.30 Uhr, Okt.–Mitte Nov. 11–17 Uhr), braucht dringend Zuwendung und Aufmerksamkeit. Es ist am zugänglichsten, liegt nur 96 m über dem Meeresspiegel und überblickt das Weingut von Haut-Fitou. 1246 wurde es wie seine besser erhaltenen Schwesternschlösser als Folge des Albigenser-Kreuzzuges der französischen Krone übertragen.

SENTIER CATHARE

Das Land der Katharer ist nur auf dem *Sentier Cathare* wirklich zu erkunden. Dieser harte, aber erfüllende, 200 km lange, ausgeschilderte Wanderweg führt vom Mittelmeer bis nach Foix (S. 218) in den Vor-Pyrenäen. Er ist zwar in zwölf empfohlene Stufen unterteilt und führt zu den wichtigsten Schlössern, aber es bleibt jedem selbst überlassen, wie er ihn begeht. Weitere Informationen gibt *Le Sentier cathare* auf Französisch mit detaillierten Karten von Rando Éditions. Außerdem gibt's einen englischen Führer, der die Strecke sehr genau beschreibt: *The Cathar Way – A Walker's Guidebook* von Alan Mattingly.

PAYS DE SAULT

Das Pays de Sault, wo das Languedoc auf die Region Midi-Pyrénées trifft, ist ein wildes, unterbevölkertes, wenig besuchtes Hochland. Dieses verlassene Plateau wird im Osten von der Aude begrenzt und fällt im Westen zur Ariège hin ab. Es liegt durchschnittlich 1000 m über dem Meeresspiegel und ist die Heimat vieler Vögel und wilder Tiere. Die Chancen stehen gut, dass sich hier Rehe und Wildschweine blicken lassen, und sogar noch besser für Steinadler und Schmutzgeier hoch oben in der Luft. In dieser Abgeschiedenheit wächst auch eine immense Vielfalt an Pflanzen, darunter allein über 50 Orchideenarten. Die weite Fläche an natürlichem Wald, wovon 90 % Buchen und Tannen sind, eignet sich auch hervorragend zum Wandern – vorausgesetzt man hält sich an die offeneren Gebiete. Das tut auch größtenteils der Sentier Cathare (S. 216), ein Weg, der sich vom Ausgangspunkt in Foix hier durchschlängelt.

PUIVERT

400 Ew.

Puivert, 16 km von Quillan entfernt, ist ein hübsches, kleines Dorf auf einer sanften, fruchtbaren Ebene – eine wahre Oase, wenn man den ganzen Tag gewandert ist.

Das **Musée du Quercorb** (☎ 04 68 20 80 98; www.quercorb.com/musee, auf Französisch; 16 rue Barry du Lion; Erw./6–15 J./unter 6 J. 4/1,60 €/frei; 🕑 Mitte Juli–Aug. 10–19 Uhr, April–Mitte Juli & Sept. 10–12.30 & 14–18 Uhr, Okt. 14–17 Uhr, Nov.–März geschl.) ist ein Schmuckstück von einem Museum. Es stellt das traditionelle Leben in einer Reihe getreu nachgebildeter Szenen dar: die Küche mit dem Klang gackernder Hühner im Hintergrund, eine nachgebaute Schmiede, in der die Blasebälge aufheulen und Kuhglocken scheppern, Szenen, die die Arbeit des Fassbinders, des Wollkämmers und des Düsenschnitzers nachstellen, und für diejenigen, die das Original nicht sehen werden, eine Nachbildung der Musikantengalerie, Höhepunkt des Schlosses im Ort. Nach Broschüren in deutscher oder englischer Sprache fragen.

Nur wenig ist übrig geblieben vom ursprünglichen Gebäude des **Château de Puivert** (☎ 04 68 20 81 52; www.chateau-de-puivert.com, auf Französisch; Erw./5–12 J./unter 5 J. 5/3 €/frei; 🕑 Mai–Mitte Nov. 9–19 Uhr, Mitte Dez.–April 10–17 Uhr, Mitte Nov.–Mitte Dez. geschl.). Hier kapitulierten 1210 die belagerten Katharer vor dem Oberleutnant von Simon de Montfort. Was heute noch zu sehen ist, stammt aus der ersten Hälfte des 14. Jhs. Das war eine Zeit des Übergangs, als Schlösser zu Orten der Ruhe und der Behaglichkeit wurden und ihren Stil dem kultivierteren Ethos der Renaissance anpassten und nicht mehr länger kahle, mittelalterliche Stätten der letzten Verteidigung waren. Aus der Zeit des Mittelalters blieb dem Château de Puivert der Ruf als einladender Platz für Dichter und Troubadoure. Der höchste Punkt des Schlosses ist in jeder Hinsicht die **Salle des Musiciens**, der Musikersaal, in der obersten Etage (vierten Stock) des Burgfrieds. Hier stehen Skulpturen von Musikern aus damaliger Zeit in lebhaftem Detail: Sie spielen Laute, Flöte, Handtrommel, Tamburin, Drehleier und andere historische Instrumente.

Weniger als 500 m vom Dorf entfernt eignet sich der künstlich angelegte See zum Schwimmen oder für ein Picknick im Schatten von Bäumen. Hier bietet auch **Camping de Puivert** (☎ 04 68 20 00 58, 06 22 45 15 74; pro Pers./Stellplatz 3/6 €; 🕑 Mai–Sept.) herrliche Ausblicke auf das Schloss und seinen Burgfried. Die Plätze sind durch ausgewachsene Hecken voneinander getrennt.

CHÂTEAU DE MONTSÉGUR

Die Ruinen des **Katharerschlosses** (☎ Info 05 61 03 03 03; www.montsegur.fr, auf Französisch; Erw./Kind inkl. Museum 4/2,10 €; 🕑 Mai–Okt. 9.30–18 oder 19.30 Uhr, Feb.–April, Nov. & Dez. Kernöffnungszeiten 10.30–18 Uhr, Jan. geschl.) liegen in 1208 m Höhe auf einem *pog*, dem entzückenden okzitanischen Wort für Felsvorsprung. Verwaltungstechnisch gesehen liegt das Schloss zwar im Departement Ariège, aber aus kulturellen und geografischen Gründen gehört es zum Land der Katharer und zum Pays de Sault.

Früher lag ein Dorf – Heimat von etwa 500 Katharern, die von der massiven Steinburg darüber beschützt wurden – auf den steilen Terrassen, die rund um den Fuß dieses Zuckerhutberges angelegt waren. 1243 belagerten königliche Truppen das Schloss, in das sich die Katharer aus dem Dorf zurückgezogen hatten, und brachten Ballisten hier hinauf – riesige Wurfgeschütze, die geformte, runde Steinbrocken schleuderten, von denen jeder um die 40 kg wog (einige, darunter auch der größte mit 96 kg, sind im Museum ausgestellt). Nach fast einem Jahr der Belagerung gaben die Katharer auf. Am 16. März 1244 wurden mehr als 200 von ihnen – diejenigen, die sich weigerten, den orthodox-katholischen Glauben anzunehmen – auf einem Scheiterhaufen am Fuß des Berges verbrannt. Heute erinnert ein kleines Denkmal zu Beginn des Aufstiegs im **Prat dels Cremats**, dem Feld der Verbrannten, an ihr Martyrium.

Es ist ein steiler Anstieg bis zum Gipfel (an der Gedenktafel für den einheimischen Dichter Maurice Magre hat man drei Viertel des Weges hinter sich), aber er ist fast überall mit Stufen versehen. Von dem Schloss ist nur noch die Außenmauer übrig. Und auch die hölzernen Behausungen gibt es nicht mehr. Aber schon wegen der herrlichen Panoramaaussicht lohnt sich die Mühe. Man sollte 1–1¼ Stunden einplanen, einschließlich der Zeit zum Umschauen auf dem Gipfel.

Unten im Tal, etwa 2 km hinter dem Parkplatz des Schlosses, liegt der Weiler Montségur mit einem kleinen **Katharermuseum** (☎ Info 05 61 01 10 27; Eintritt frei bei Besuch des Schlosses; ⏲ Kernöffnungszeiten Mai–Aug. 10.30–12.30 & 14–19 Uhr, Sept.–Dez. & Feb.–April 14–16.15 oder 18 Uhr), das Funde aus archäologischen Ausgrabungen der letzten 50 Jahre zeigt, die hauptsächlich der Zeit der Katharer zuzuordnensind. Am verblüffendsten sind die Skelette eines Paares, das in der Nähe des Schlosses begraben war und wahrscheinlich dem Massaker zum Opfer fiel, da in jedem Skelett eine Pfeilspitze gefunden wurde.

Schlafen & Essen

Hôtel-Restaurant Costes (☎ 05 61 01 10 24; www.chez-costes.com, auf Französisch; Zi. mit Dusche 29 €, mit Bad 44–55 €; ⏲ Feb.–Dez.; ⊠) WLAN verfügbar. Drei Dorfhäuser sind zu diesem freundlichen Hotel mit Restaurant und Café umgebaut worden, das mittlerweile die dritte Generation Besitzer miterlebt. Die 13 Zimmer sind groß und komfortabel und die meisten verfügen über hübsche Eichenböden. Wer sich ganz und gar dem Genuss hingeben möchte, der mietet eines der vier Superior-Doppelzimmer, in denen die Whirlpools sowohl beruhigende Aromatherapie- als auch Farbtherapiebehandlungen anbieten.

Es gibt ein Café und ein erstklassiges Restaurant (Mittagsmenüs 14,50 €, 2-/3-Gänge-Abendessen 26/31 €, Hauptgerichte 19–21 €), in dem das Essen und sogar der Wein 100 % biologisch sind und wo das Brot noch vor Ort gebacken wird. Die Gäste essen entweder in dem hübschen Restaurant aus hiesigem Stein und Holz oder draußen auf der geräumigen Terrasse. Im Hotel gibt's außerdem einen guten, kleinen Buchladen über die Katharer mit einigen internationalen Titeln.

VALLÉE DE L'ARIÈGE

Die oberen Lagen der Vallée de l'Ariège führen in die Pyrenäen. Es ist nicht nur die Pracht der über diesem eiszeitlichen Tal aufragenden Gebirgskette, die einem den Atem raubt. Auch unter der Erde befindet sich ein Ort der Superlative mit Europas größter Höhle und dem längsten unterirdischen Fluss.

Das Tal und seine Ausläufer eignen sich hervorragend zum Wandern, Höhlenforschen und Kanufahren kurz vor den Pyrenäen. Die dahinter aufragenden Kalksteinhügel sind von Höhlen und Gruben durchzogen, von denen mehrere für die Öffentlichkeit zugänglich sind. Die Broschüre *Game for Anything* ist bei jeder Touristeninformation erhältlich. In Verbindung mit *Amateur de Découverte*, einer kostenlosen Karte der Gegend, liefert sie unendlich viele Ideen für Orte, die man unbedingt besuchen muss, und für Outdoor-Aktivitäten.

FOIX

9700 Ew.

Foix, Kreisstadt des Departement Ariège, liegt an der Krümmung des Zusammenflusses der Flüsse Ariège und Arget. Seine Kirche aus dem 11. Jh. und die von mittelalterlichen Fachwerkhäusern gesäumten Straßen werden vom eindrucksvollen Château des Comtes de Foix bewacht.

Der Komponist Gabriel Fauré (1845–1924) wuchs in Foix auf, wo sein Vater am örtlichen Gymnasium Lehrer war. Die Schule trägt heute den Namen seines Sohnes. Auf dem breiten Hauptboulevard, der ebenfalls nach ihm benannt wurde, steht eine Statue zu Ehren von Fauré.

Obwohl es fast oder gar keine Beweise mehr dafür gibt, brachte das Gestein, das in der Erde rund um Foix gefunden wurde, einigen Bewohnern Wohlstand und sehr wenigen großen Wohlstand. Vom Mittelalter bis ins späte 19. Jh. suchten Goldwäscher in der Ariège flussabwärts von Foix nach Goldkörnchen, die der Fluss weggespült hatte. Auch die Geschichte und Förderung von Eisenerz sind dem sehr ähnlich. Die Dorf

CARCASSONNE & PYRENÄEN-VORLAND

bewohner holten ihre Tageserzeugnisse hervor (das tägliche Höchstpensum wurde von einer Bergarbeitergenossenschaft kontrolliert) und verkauften sie an Ort und Stelle für bares Geld an Maultiertreiber. Diese wiederum transportierten die Ladung nach Vicdessos abseits vom Tal, wo sie den Gießereiverwaltern weiterverkauft wurde.

Geschichte

Im Mittelalter hatten die Comtes de Foix – damals genauso wichtig wie die Grafen von Carcassonne und Toulouse – große politische Macht. Da sie die Katharer unterstützten, verloren sie diese Macht nur kurzfristig während der allgemeinen Kapitulation des Languedoc, die das Ende des Kreuzzuges gegen die Katharer markierte. Ende des 13. Jhs. wurden die Grafen Mitherrscher über Andorra in den Pyrenäen, dann erbten sie die Region Béarn direkt westlich ihrer traditionellen Ländereien. Der berühmteste einer langen Abstammungslinie war Gaston III. (1331–91), besser bekannt unter dem Namen Gaston Fébus, „Gaston, der der Sonne gleicht", den er sich selbst gab. Dieser überragende Poet, der Troubadoure und Dichter an seinen Hof lud, war auch ein leidenschaftlicher Jäger und ein gerissener, selbstherrlicher Politiker mit unbarmherzigem Charakter. So tötete er z. B. seinen Sohn und Erben und fädelte den Mord an seinem Bruder ein. Trotz seiner Fehler wird er bis heute im Tal als starker Herrscher verehrt, der für seine Interessen und die seiner Leute kämpfte.

Fébus und seine Nachfolger verbrachten die meiste Zeit in den frisch erworbenen Ländereien von Béarn. Damals begann der langsame Niedergang von Foix, der im 17. Jh. seinen Höhepunkt erreichte, als die Diözese hier aufgelöst und an Pamiers im Norden gespendet wurde. Die Wiedererweckung begann nach der Revolution, als Foix zur Hauptstadt des Departements Ariège ernannt wurde.

Praktische Informationen

Cyberland (13 rue des Marchands; 3 €/Std.; Mo, Di & Do 9.30–12 & 14–19, Fr 9.30–19, Sa 11–13 & 14.30–18 Uhr) Internetzugang.

Laverie la Lavandière (Ecke Rue de la Faurie & Rue Noël Peyrevidal; 8–20.30 Uhr) Selbstbedienungswaschsalon.

Taxiphone (4 av. Général de Gaulle, 2 €/Std.; Mo–Sa 9.30–12 & 13–20, So 14–20 Uhr) Neben der Post; bietet Internetzugang und billige internationale Anrufe.

Touristeninformation (05 61 65 12 12; www.ot-foix.fr, auf Französisch; Juli & Aug. 9–19 Uhr, Sept.–Juni Mo–Sa 9–12 & 14–18 Uhr) Neben der Markthalle am Cours Gabriel-Fauré.

Sehenswertes

CHÂTEAU DES COMTES DE FOIX

Foixs eindrucksvolles **Schloss** (05 34 09 83 83; www.sesta.fr, auf Französisch; Erw./unter 13 J./13–18 J. 4,30/2,20/3,10 €; Juli & Aug. 9.45–18.30 Uhr, Juni & Sept. 9.45–12 & 14–18 Uhr, Okt.–Mai Mi–Mo 10.30–12 & 14–17.30 Uhr; geführte Besichtigungen auf Englisch Juli & Aug. tgl. 13 Uhr) mit seinen drei der Schwerkraft trotzenden Zinnentürmen wacht über die Stadt. Über die Jahrhunderte hinweg hat es sein Aussehen regelmäßig verändert – am krassesten im 19. Jh., als es einer aufwendigen, gründlichen Veränderung unterzogen wurde, die von Paul Boeswildand beaufsichtigt wurde, dem Schwiegersohn von Viollet-le-Duc, der wiederum den Wiederaufbau von Carcassonne plante.

Zu Zeiten dieser Verjüngung war das Schloss in sehr viel besserem Zustand als viele seiner verlassenen Kumpanen in ganz Frankreich, denn das Schloss von Foix war immer besetzt. Als die Grafen von Foix im 14. Jh. nach Béarn zogen, wurde es zu einer Kaserne und diente später als örtliches Gefängnis (Ausschau halten nach den Inschriften, die von den unglückseligen, anonymen Insassen in die Steine des runden Turms geritzt wurde) bis die Restauratoren im 19. Jh. hier Einzug hielten.

Die Hauptattraktion ist die herrliche Aussicht über das Ariège-Tal, die Pyrenäen und die lachsfarbenen Ziegeldächer von Foix von der Spitze des Rundturms aus. Diese Belohnung hat man sich mehr als verdient, wenn man die steilen Kopfsteinpflasterstraßen zum Schloss hinaufgelaufen ist und dann noch die 134 Stufen des Turms erklommen hat.

Im eckigen Hauptturm steht das prächtige Himmelbett, in dem angeblich Heinrich IV. geschlafen hat. Er begann sein Leben als Heinrich III. von Navarra und war der letzte der Comtes de Foix. Seine anderen Titel trat er ab, als er 1489 den Thron von Frankreich übernahm. Das **Schlossmuseum**, wortreich und eher langweilig (in jedem Ausstellungsraum gibt's eine Informationstafel auf Englisch), ist eine Enttäuschung.

ÉGLISE ST-VOLUSIEN

Ursprünglich gehörte diese **Kirche** (place St-Volusien) zu der historisch bedeutsamen Abtei von Foix (die Abtei wurde nach der Revolution aufgelöst und ihre Gebäude bilden heute einen Teil des Präfekturgebäudes nebenan). Das heutige Bauwerk wurde im 17. Jh. fast komplett neu gebaut, da die Kirche, die das ursprünglich romanische Gebäude ersetzte, 1580 während des Heiligen Kriegs so gut wie völlig zerstört wurde. Dann stahl protestantischer Pöbel die Knochen des namengebenden örtlichen Heiligen Saint Volusien und schleuderte sie von den Schlossmauern. Es ist eine Höhle von einer Kirche, eine riesige, 55 m lange Halle. Ihr Highlight, abgesehen von der bloßen Größe, ist die Gruppe gebildhauerter Chorstühle und Miserikordien, die ursprünglich 1670 für die Kirche von St-Sernin in Toulouse gefertigt wurden und den sonst eher ungeschmückten Chor zieren.

JANICOL

Janicol (☎ 05 61 65 25 63; www.janicol.com, auf Französisch; 8bis rue de l'Espinet; ⌚ Juli–Sept. tgl. 9–19 Uhr, Okt.–Juni Fr & Sa) ist eine Braustube, die kürzlich von dem Ehepaar Jean und Nicole gegründet wurde. Hier verkaufen sie ihre Biere und wenn gerade nicht viel Arbeit ist, kann die Brauerei besichtigt werden. Ihre Produkte (besonders empfehlenswert ist das Bison Noir) gibt es in speziellen Läden und auf Märkten in der Region.

Aktivitäten

Mit **Pyrénévasion** (☎ 05 61 65 01 10; www.pyrenevasion.com, auch auf Englisch) in Cadirac außerhalb der Stadt geht's zum Canyonklettern, Kanufahren, Mountainbiken oder Wandern.

Für Wanderer verkauft die Touristeninformation *Le Pays de Foix à Pied* (7,80 €), einen ausgezeichneten Führer mit 23 kurzen und anspruchsvolleren Wanderungen in der Gegend, die zwischen zwei und sieben Stunden dauern.

Schlafen

Camping du Lac (☎ 05 61 65 11 58; www.campingdulac.com, auch auf Englisch; 2 Pers. & Auto 13,50–20 €, 4-Pers.-Wohnwagen 47–86 €; ⌚ ganzjährig;) Dieser hübsche Campingplatz neben der RN20, 2,5 km nördlich von Foix, verfügt über eine Snackbar, die von Juni bis September geöffnet ist. Trotz seines Namens gibt es hier keinen *lac* (See) aber einen ganz passablen Swimmingpool und auch ein kleiner Teich liegt nur einen kurzen Fußmarsch entfernt.

Ferme de Caussou (☎ 05 61 65 34 42; caussou@voila.fr; Cos; Zi. mit/ohne Kochnische 55/50 €;) Das renovierte Bauernhaus hat sechs komfortable Zimmer, die meisten mit Blick über die Ebene bis zum Schloss von Foix. Auf dem bewirtschafteten Bauernhof gibt's ein üppiges 4-Gänge-Abendessen (17 €) mit Lamm, Kaninchen, Ente, Wurst oder frisch gepflücktem Gemüse. Der Bauernhof ist 3 km von der Touristeninformation entfernt ausgeschildert, neben der D117 Richtung St-Girons.

Hôtel Restaurant Lons (☎ 05 34 09 28 00; www.hotel-lons-foix.com, auch auf Englisch; 6 place Dutilh; DZ 52–71 €;) Das gut geführte Hotel war ursprünglich ein Kutschengasthaus und ist heute eine 3-Sterne-Logis-de-France-Unterkunft mit hübschen, preiswerten Zimmern, zehn davon mit Blick auf den Fluss. Das Hotel-Restaurant (Mittags-/Abendmenüs ab 11/14 €; Sept.–Mitte Juli Sa mittags geschl.) bietet durch die Panoramafenster eine ähnliche Aussicht auf den Fluss.

Hôtel du Lac (☎ 05 61 65 17 17; www.hoteldulac-foix.fr, auch auf Englisch; route de Toulouse; Zi. 60–75 €;) Kostenloser WLAN-Zugang. Die 26 geräumigen Zimmer verfügen über Flachbildfernseher und besonders bequeme Matratzen. Jedes Zimmer ist individuell eingerichtet. Nach einem der sechs Zimmer auf der Rückseite fragen, die (ohne Aufpreis) Blick auf den See bieten. Rund um den Swimmingpool stehen zehn Chalets zu ähnlichen Preisen (15 € extra mit Kochmöglichkeiten). Die Badezimmer sind recht klein, aber die großen Spiegel vermitteln mehr Platz. Es gibt eine gemütliche Bar aus jeder Menge Holz. Das Hotel liegt von der N20 zurückgesetzt, direkt hinter Camping du Lac, und betreibt ein gutes Restaurant am See: La Table du Lac (2-/3-Gänge-Menü 31/38 €).

Essen

Saveurs d'Ailleurs (☎ 05 61 02 98 50; 41 rue des Chapeliers, 2-Gänge-Menü veg./normal 8,50/10 €, Hauptgerichte 5–8,50 €; ⌚ Mo–Fr 11.30–15 Uhr) Das Mittagsrestaurant „Aromen aus der Ferne" wurde von fünf Einwanderinnen gegründet, die sich zum ersten Mal in einem Literaturkurs trafen. Hier gibt's exotische Gerichte aus der arabischen Welt und dem Orient zum Mitnehmen oder hier Essen.

Le Jeu de l'Oie (☎ 05 61 02 69 39; 17 rue de la Forie gemischte Platten 10–14,50 €, Hauptgerichte 6–12,50 €

(Juli–Sep Mo–Sa, Okt.–Juni Di–Sa) Das Schild mit einer Gans weist den Weg in dieses freundliche Lokal, in dem sich der Koch von den Gästen über die Schulter gucken lässt. Das Restaurant hat sich v. a. auf Fleischgerichte wie *rognons de veau sauce au Cognac* (Kalbsnieren in Brandysauce) und *fricassé de canard à l'Hypocras* (Ente in Hypocras geköchelt, dem Getränk aus Tarascon im oberen Tal – s. rechts) spezialisiert. Im Sommer gibt's auch nette Tische an der Straße.

Boutique à Croustade Martine Crespo (05 34 09 34 27; 21 rue des Marchands; Mo 9–16, Di–Sa bis 18 oder 19 Uhr) In diesem hübschen, kleinen Restaurant mit Terrasse neben einer ruhigen Fußgängerzone muss man unbedingt die *croustades* probieren. Dieses Blätterteiggebäck, das typisch ist für das Couserans im Osten, gibt's sowohl herzhaft als auch süß mit einer riesigen Auswahl an Füllungen. Zur *formule croustade* (16 €) gehören eine Vorspeise sowie eine herzhafte und eine süße Krustade. Ebenfalls auf der Speisekarte stehen hausgemachte Limonade und köstliche Apfel- und Blaubeersäfte aus einheimischen Früchten. Für Englisch sprechende Leser gibt es eine Überraschung, die nicht unbedingt leicht zu entdecken ist …

Le Sainte Marthe (05 61 02 87 87; place Lazéma; Menüs 23–42 €; Juli & Aug. tgl. mittags & abends, Sept.–Juni Do–Mo & abends Di mittags & abends) Toulouse und Castelnaudary mögen sich um den Titel „Erfinder des Cassoulet" streiten, aber nirgendwo anders wird man ein vollmundigeres, herzhafteres Cassoulet finden als in diesem reichlich verzierten Restaurant. Das Hausrezept mit all seinen Zutaten und unendlichen Würzmitteln wird lyrisch auf einer halben Textseite der Speisekarte beschrieben. Und die weißen Bohnen *(lingots d'Ariège)*, die dem Cassoulet seine Vollmundigkeit verleihen, kommen aus dem Tal.

SELBSTVERSORGER

Im Ort warten zwei verlockende Delikatessenläden auf Selbstversorger.

Aux Saveurs et Délices (05 61 03 18 48; 37 rue Labistour) In einem bezaubernden Fachwerkhaus gibt's eine große Auswahl an Säften in der Flasche, eingelegtem Gemüse und Pasteten, Marmelade, Wurst, Wein und Cidre – fast alles aus dem Departement Ariège.

Les Terroirs du Plantaurel (05 61 65 05 00; 3 rue de la Préfecture; Di–Sa) Neben der Kirche liegt das ähnliche, wenn auch kleinere Les Terroirs mit einer guten Käseauswahl.

An- & Weiterreise

Zwischen Toulouse und Foix verkehren regelmäßig Züge (12.30 €, 1¼ Std.). Sie fahren viel öfter als die sporadischen Busse zwischen den zwei Orten.

RUND UM FOIX

Labouiche

Unterhalb von Labouiche, 6 km nordwestlich von Foix an der D1, fließt Europas längster befahrbarer, unterirdischer Fluss (die Öffentlichkeit bezeichnet die Stadt mehr als übertrieben als „Venedig von Ariège"). Der Fluss bietet sich für eine spektakuläre 1500 m lange und 75-minütige **Bootsfahrt** (05 61 65 04 11; Erw./Kind 8,50/6,50 €; Juli & Aug. 9.30–17.15 Uhr, April–Juni & Sept. 10–11.15 & 14–17.15 Uhr, Okt.–Mitte Nov. Sa & So 10–11.15 & 14–16.30 Uhr) an. Im Hochsommer, wenn mehr als 1000 Besucher täglich auf dem Fluss fahren wollen, kann die Wartezeit schon mal bis zu einer Stunde betragen. Am besten früh morgens herkommen und sich warm anziehen – egal in welchem Monat. 60 m unter der Erde, wo die Boote fahren, beträgt die Temperatur konstant 13 °C.

Les Forges de Pyrène

In Montgailhard, 4,5 km südlich von Foix, erstrecken sich **Les Forges de Pyrène** (05 34 09 30 60; www.sesta.fr, auf Französisch; Erw./5–11 J./12–18 J./unter 5 J. 7,50/4/6 €/frei; Juli & Aug. 10–19 Uhr, Juni & Sept. 10–12 & 13.30–18 Uhr, sonst verkürzte Öffnungszeiten) auf einer Fläche von über 5 ha. Die Hauptausstellung zeigt 125 Gewerbe, darunter zahlreiche verloren gegangene oder aussterbende Techniken wie Glasblasen, Gerben, Reetdachdecken und Nagelherstellung. Im Sommer verwandelt sich die Stätte in ein lebendiges Museum volkstümlicher Traditionen des Departement Ariège, wenn Schauspieler in die Kostüme und Rollen der Handwerker – Schmied, Bäcker, Schuster und Korbflechter – schlüpfen.

Tarascon

3500 Ew.

In den Kalksteinhügeln rund um Tarascon befindet sich eine von Europas größten Höhlenansammlungen im großen Stil. Der Ort selbst hat nur wenig zu bieten, von der winzigen Schnapsbrennerei, die einen belebenden Likör aus dem Mittelalter herstellt, mal abgesehen.

Ein kleiner Hügel unterbricht das flache Dorf am Fluss. Darauf liegt die Tour de Castella mit einer großen, runden Uhr an einer

HÖHLENMENSCH

Die Entdeckung und Erforschung vieler Höhlenkomplexe im und rund um die Vallée de l'Ariège – wie die Grotte de Niaux und die Grotte de Bédeilhac – ist dem Abt Breuil (1877–1961) zu verdanken. Vater Breuil, oder um ihn bei seinem vollen Namen zu nennen, Henri Édouard Prosper Breuil, war ein tief religiöser Mann mit einem ausgezeichneten Verstand und war außerdem ein talentierter Bauzeichner. Viele der ältesten Reproduktionen von prähistorischen Höhlenzeichnungen stammen aus seiner Feder.

Als ordinierter Priester und Universitätsprofessor verfasste er eine erstaunliche Anzahl an Büchern und Artikeln. Er studierte in der Dordogne Höhlenkunst und stieß die Welt auf deren Hauptstätte: die Höhle von Lascaux. Er erforschte auch die ebenso bedeutende Stätte von Altamira in Nordspanien.

Daneben war er ein begeisterter Reisender und seine Forschungen brachten ihn an so exotische Orte wie China, Somalia, Äthiopien und Südafrika. Dort machte er am Ende seiner Karriere mit seinen bahnbrechenden Untersuchungen weiter und hatte einen Lehrstuhl an der Universität von Witwatersrand inne.

Seite. Der Turm ist alles, was vom Schloss von Tarascon übrig geblieben ist, das vor langer Zeit zerstört wurde.

Hypocras (☎ 05 61 05 60 38; www.hypocras.com, auf Französisch; 1 rue de la Croix de Quie; Eintritt frei; ⌚ Di–Sa 15–19 Uhr) ist die erste Wahl, wenn es um Getränke im Tal geht. Der Legende nach wurde dieses Getränk von den Kreuzrittern nach Frankreich gebracht und Koryphäen wie Gaston Fébus (S. 219), der berühmteste der Comtes de Foix, genossen es damals. Das Rezept soll aber im 18. Jh. in Vergessenheit geraten und erst im 20. Jh. soll wieder eine Kopie aufgetaucht sein. So dubios die Herkunft dieses Getränks auch sein mag, es schmeckt sehr gut und wurde ursprünglich als Stärkungsmittel oder Medizin gebraucht. Heute wird es meist als Aperitif oder Dessertwein getrunken. Im Vorführraum der Brennerei, nahe der Touristeninformation, erklärt der überschwängliche Jean-François Séguélas aus dritter Generation der alteingesessenen Winzer von Tarascon mit Leidenschaft das Familienerzeugnis.

Man erwartet eigentlich nicht, in einem kleinen Ort am Anfang der Pyrenäen die Nachbildung eines amerikanischen Diners aus den 50er-Jahren zu sehen. Aber in der Hauptstraße gibt's tatsächlich **La Bécane** (☎ 05 61 03 61 72; 28ter av. de Sabart; Gerichte um die 12 €; ⌚ Do–Di) – umgangssprachlich für Motorrad – mit ein paar alten Modellen, die innen aufgebaut sind, Biker-Utensilien überall, hohen, verchromten Barhockern, kahlen Fliesen und Buddy Holly, der auf einen herabschaut. Das Essen ist nicht gerade raffiniert, aber der *hamburger maison* schlägt jeden anderen Fast-Food-Hamburger und ist, wie die Speisekarte behauptet, *fait avec amour* (mit Liebe zubereitet).

Grotte de Lombrives

In der Nähe des Dorfes Ussat-les-Bains gleich südlich von Tarascon befindet sich Europas größte unterirdische **Höhle** (☎ 05 61 05 98 40; ⌚ Mai–Sept. & Schulferien tgl.). Besucher haben die Wahl zwischen verschiedenen Touren: eine 1½-stündige Untergrund-Tour (Erw./Kind 7,50/4,50 €); eine 5-stündige „Reise zum Mittelpunkt der Erde" (36/25 €; in dieser Gegend neigen die Höhlenbesitzer zur Übertreibung); und eine noch längere 7-stündige Erkundung (44/30 €), die seit 2008 angeboten wird.

Grotte de Niaux

Dieser bemerkenswerte **Höhlenkomplex** (☎ 05 61 05 10 10; www.sesta.fr, auf Französisch; Erw./13–18 J./5–12 J./unter 5 J. 9,40/7/5,80 €/frei; ⌚ ganzjährig) schlängelt sich 100 m über der Vallée du Vicdessos am Hügel entlang. Hier gibt's Felsenmalereien, die so alt und gut erhalten sind, dass sie mit denen bei Lascaux im Departement Dordogne und bei Altamira in Nordspanien verglichen werden können. Anders als bei diesen zwei berühmten Stätten kann man hier noch die echten Höhlen besichtigen, auch wenn es einiger Planung im Voraus bedarf. Da die Menschen eine Bedrohung darstellen (allein der menschliche Atem kann die natürlichen Pigmente zerstören), ist die Anzahl der Besucher auf Gruppen von 20 Personen beschränkt. Reservierungen sind nötig und können nur per Telefon getätigt werden (es gibt auch Englisch sprechende Mitarbeiter am anderen Ende der Leitung). Zwischen April und Dezember gibt's drei bis elf geführte Touren täglich, zwei davon auch auf Englisch.

Die breite Öffnung der Eingangshöhle – 55 m hoch – verschmälert sich abrupt zu einem engen Durchgang, der nur noch 1,80 m hoch und 1,45 m breit ist. Hier müssen sich die mit einer Taschenlampe ausgestatteten Besucher durchzwängen. Allein die Größe dieser Stätte (nur ein Teil eines komplexen Netzwerks, das sich durch den Berg zieht) beeindruckt schon, wenn man 800 m tief zum Salon Noir (schwarzer Salon) vordringt. Die Felsmalereien stellen Pferde, Bisons, Hirsche und Steinböcke dar, die alle in Farben aus natürlichen Mineralien und Tierfett gemalt wurden. Hatten sie mit der erfolgreichen Jagd zu tun oder mit Schamanismus? Oder sollten sie Glück bringen? Es gibt unzählige Theorien darüber, aber niemand weiß es genau. Schon sicherer ist dank der Kohlenstoffmethode, dass die Bilder über eine relative kurze Zeitspanne gemalt wurden – zwischen 13 900 v. Chr. und 12 900 v. Chr.

Das moderne Eingangsgebäude gleicht einem riesigen, rostigen Insekt, das aus der Öffnung der Höhle hervorragt. Drinnen befinden sich einige Informationstafeln auf Französisch

Der Eingang zur Höhle liegt 5,25 km westlich der N20 an der Ausfahrt nach Tarascon.

Wem es zeitlich nicht möglich ist, eine Besichtigung einzuplanen, der bekommt bei einem Besuch des Parc de la Préhistoire (s. rechts) einen guten Eindruck von dem, was sich in der Höhle befindet.

Musée Pyrenéen de Niaux

Auf halber Strecke zwischen der N20 und der Grotte de Niaux liegt dieses herrliche, private **Volksmuseum** (☎ 05 61 05 88 36; www.musee-pyreneen-de-niaux.com, auf Französisch; Erw./Kind 3/5 €; 🕑 Juli & Aug. 9–20 Uhr, Sept.–Mai 10–12 & 14–18 Uhr), das einen Zwischenstopp mehr als lohnend macht. Über 25 Jahre lang hat der Schriftsteller und Fotograf Max Déjean (s. S. 224) Werkzeuge, Artefakte und Gegenstände aus dem ländlichen Departement Ariège gehamstert – Dinge wie Messer, die zum Schlachten von Schweinen verwendet wurden, bevor das Schlachthaus zur Norm wurde, ein ganzes Dorfklassenzimmer, Wägen, Kleidung, ein paar Vogelscheuchen, einen massiven Destillierapparat, der einst von Bauernhof zu Bauernhof gekarrt wurde, um überschüssigen Wein zu destillieren, uralte Motorräder, die aus verlassenen Garagen gerettet wurden, und weiteren wundersamen Krimskrams.

Parc de la Préhistoire

Dieser **prähistorischer Park** (☎ 05 61 05 10 10; www.sesta.fr, auf Französisch; Erw./5–12 J./13–18 J./unter 5 J. 9,40/5,80/7 €/frei; 🕑 Juli & Aug. 10–20 Uhr, April–Juni, Sept. & Okt. Mo–Fr bis 18, Sa & So bis 19 Uhr) vermittelt einen bewussten und einfühlsamen Eindruck davon, wie unsere frühen Vorfahren gelebt haben. Er ist besonders kinderfreundlich und vom Kreisverkehr an der N20, nördlich von Tarascon, ausgeschildert.

Zuerst läuft man an der Zeitachse entlang, die einen in die Zeit zurückbringt, als die Grotte de Niaux zum ersten Mal besiedelt war. Mit Hilfe zahlreicher Hightech-Apparate präsentiert das Grand Atelier die Kunst der frühen Menschen, darunter auch getreue Nachbildungen der Gemälde aus der Hauptkammer der Grotte de Niaux. Draußen gibt es ein „Sound-Labyrinth", eine Demonstration zur Formung von Feuerstein, einen Jagdbereich, Zelte und einfache Unterkünfte, in die man reinkrabbeln kann, und viele weitere Aktivitäten für Kinder. Alles ist sehr anschaulich gestaltet und eine Broschüre (auf Englisch) erklärt bei Bedarf alle wichtigen Informationstafeln.

Weitere Höhlen

Wer sich immer noch nicht als Höhlenbewohner sieht oder einfach nur den Menschenmassen entkommen möchte, die sich im Hochsommer an diesen bedeutenden Stätten tummeln, für den gibt's noch zwei Höhlen. Überall sonst in Frankreich wäre jede für sich schon eine SRiesenattraktion, aber nicht im Ariège-Tal, wo die Konkurrenz so groß ist.

Die klaffende Öffnung der **Grotte de Bédeilhac** (☎ 05 61 05 95 06; www.grotte-de-bedeilhac.org, auf Französisch; Erw./Kind 9/5 €; 🕑 90-minütige Besichtigungen Juli & Aug. 10.30–17.30 Uhr, April–Juni, Sept. & Schulferien 14.30 & 16.30 Uhr, sonst So 15 Uhr) ist 35 m breit und 20 m hoch und führt in eine riesige, 1 km lange Kammer, in der es jede Menge paläolithische Gemälde und Schnitzereien gibt, hauptsächlich aus dem Magdalénien vor rund 15 000 Jahren. Die Höhle liegt 5 km von Tarascon entfernt an der D618.

Die **Grotte de la Vache** (☎ 05 61 05 88 21; www.grotte-de-la-vache.org, auf Französisch; Erw./Kind 9/5 €; 🕑 90-minütige Besichtigungen Juli & Aug. 10–17.30 Uhr,

MAX DÉJEAN

Max Déjean lebt in einer gepflegten Villa direkt neben seinem Musée Pyrenéen de Niaux. Es könnte auch nicht anders sein, da das Museum so einen großen Teil seiner Zeit und Leidenschaft in Anspruch nimmt. Seine Liebe zu der Gegend ist offensichtlich und er ist sehr, sehr tief verwurzelt mit ihr. „Wir wissen, dass unsere Familie seit dem 16. Jh. in dieser Gegend lebt. Vielleicht sogar länger", sagt er und fügt mit einem Zwinkern hinzu: „Stellen Sie sich vor, mein Urgroßvater lebte zehn Jahre in Kalifornien. Wenn seine Frau ihn nicht überzeugt hätte, zurück in die Berge zu ziehen, wäre ich vielleicht Amerikaner!"

Sein Museum ist mittlerweile über 25 Jahre alt und begann mit weniger als 500 Stücken. Heute beherbergt es mehr als 4000. „Bevor wir eröffnet haben, verbrachten meine Frau und ich fünf Jahre damit, das anzusammeln, was wir als eine Art Grundbestand ansahen: natürlich die Gegenstände selbst, aber auch viele Fotos und kistenweise Aufnahmen mit den Stimmen der alten Bevölkerung."

Heute wird er von seiner Mutter Odette und seiner Tochter Anne-Claire unterstützt und kauft die neuen Gegenstände entweder zu horrenden Preisen oder sie werden gespendet. „In den ersten Jahren sammelten wir Dinge, für die alten Leute keine Verwendung mehr fanden. Heute sind dieselben Gegenstände wieder schick und kosten bei einer Auktion ein Vermögen", sagt er reumütig. „Natürlich gab es sie damals auch nicht umsonst. Viele von den Dingen, die wir fanden, schon, ja. Aber wir sind auch von Tür zu Tür durch die Dörfer gezogen. Wenn die Bewohner mitbekamen, dass man an einem Stück interessiert war, setzte sich die alte bäuerliche Mentalität durch und die Verhandlungen wurden richtig hart!"

„Wir haben mit dem Sammeln und Dokumentieren gerade noch rechtzeitig angefangen", sinniert er, als er uns herumführt. „Genau dann, als eine ländliche Welt, die seit Jahrhunderten existierte, für immer verschwand. Und das so schnell …"

Es gibt Geschichten zu so vielen Gegenständen. Während seine Hand über einen grob gehauenen, runden Küchenschrank aus dem Stamm einer dicken, jahrhundertealten Kiefer streicht, sagt er: „Ein Mann namens Gaston hat ihn für seine Berghütte geschnitzt. Jeder nannte ihn Sansou (mittellos), weil er immer pleite war. Ich lernte ihn nie kennen; er starb 1940, weit vor meiner Zeit. Aber hier ist ein Foto von ihm. Ich habe es von seiner Familie bekommen, die mir auch den Küchenschrank gegeben hat."

Er ist auch stolz auf die tragbare Schäferhütte, die im Sommer benutzt wurde, wenn die Herden zu den höher gelegenen Weiden getrieben wurden. „Überall sonst in Frankreich gibt es viele davon, aber in dieser Gegend sind sie sehr selten." Und auf ein paar Melkschemel. „Jeder hat Melkschemel", spottet er, „aber keine sind wie diese. Man beachte nur die runde Form, das Design, die Art, wie der Melker rittlings darauf sitzt. Das ist sehr Ariège!" Dann führt er uns zu zwei Maulkörben für Bären, einer für das Muttertier, einer für das Junge. „Die hab ich bei einem Lagerverkauf eines Sammlers aus Paris bekommen. Dazu gab es alle Unterlagen. Sie stammen sicher aus der Gegend hier."

„Und", sagt er stolz mit einer weiten Handbewegung, als er uns zur Tür führt, „ich habe all das ohne einen einzigen Cent aus öffentlichen Geldern geschafft."

April–Juni, Sept. & Schulferien 14.30 & 16 Uhr) ist zwar die kleinste Höhle in der Gegend, hat aber bei weitem die meisten archäologischen Überreste zutage gefördert. Die Salle Monique, in der eine Bande von prähistorischen Jägern ihr Lager aufgeschlagen hatte, brachte einen üppigen Schatz an geschnitzten Knochen und Geweihstangen sowie an Werkzeugen und Waffen aus Feuerstein zum Vorschein, von dem nur ein Teil ausgestellt ist. Von Tarascon kommend, biegt man der Ausschilderung folgend kurz vor der Grotte de Niaux links ab.

Auf dem Fluss

Der Fluss Ariège bietet einige der schönsten Stellen Frankreichs zum Kanufahren. Zwei bewährte Anbieter haben ihren Sitz 4 km südlich von Tarascon am Flussufer.

Ariège Évasion (☎ 05 61 05 11 11; www.ariege-evasion.com, auf Französisch; Ussat-les-Bains; ⌚ April–Okt.), ein etabliertes Kanu- und Kajakunternehmen 750 m von der N20 entfernt, organisiert 3, 6, 12 und 15 km lange Kanufahrten (11, 15, 20 und 25 €) sowie Canyonabfahrten. Im Winter wechselt das Team die Schuhe und führ

Schneeschuhwanderungen an. Es betreibt auch einen gepflegten **Campingplatz** (Pers./Stellplatz 5/5 €; ganzjährig) am Fluss, der pro Tag und Stellplatz eine halbe Stunde Kanu- oder Kajakfahren umsonst anbietet – sehr verlockend.

Der Name ist zwar unangebracht, aber **Water Ploof** (06 31 72 86 58, 06 84 53 29 49; www.waterploof.com, auf Französisch; Ussat-les-Bains; April–Sept.) hat sowohl sportliche als auch lustige Aktivitäten im Angebot. Weniger als 1 km flussaufwärts von Ariège Évasion veranstaltet der Anbieter ähnliche Kanu- oder Kajaktouren von 6 oder 12 km Länge, außerdem werden Raftingtrips angeboten (halber/ganzer Tag 25/50 €).

Les Aigles du Château de Lordat

Fährt man bei Luzenac von der N20 ab, geht's steile 5 km bergauf zu den romantischen, 955 m hohen Ruinen des Château de Lordat, das hauptsächlich aus dem 14. Jh. stammt. Die Seilbahn und die beweglichen Schaufeln, unter denen man durchfährt, sehen zwar für jedermann wie besonders unbequeme Luftpolsterlifte aus, bringen aber tatsächlich Talk aus den Steinbrüchen (s. unten) hinunter, der in der Fabrik im Tal weiterverarbeitet wird. Auf diesem Felsvorsprung findet die Raubvogelshow **Les Aigles du Château de Lordat** (05 61 01 34 22; Erw./Kind 6,50/5 €; Flüge Juli & Aug. tgl. 11.30, 15 & 16.30 Uhr, Ostern–Juni, Sept. & Okt. Mi–Mo 15 Uhr) statt. Sie umfasst rund 30 Bussarde, Falken, Eulen und andere Raubvögel (allerdings nicht den ehrwürdigen Schmutzgeier, der 2008 an Arthritis starb), die am Himmel gleiten und während eines 45-minütigen Spektakels ihre Tricks vorführen.

La Carrière de Talc de Trimouns

In dem langen, unscheinbaren Fabrikgebäude am Fluss im Dorf **Luzenac**, 9 km nordwestlich von Ax, werden etwa 10 % des weltweiten Talkumpuders verarbeitet. Im Sommer gibt's einstündige geführte Touren zu den **Talksteinbrüchen** (Erw./Kind 7,60/2,70 €; Juli & Aug. 5-mal tgl., Mai, Juni & Sept.–Mitte Okt. 16 Uhr). Hoch oben auf 1800 m und 15 km von Luzenac entfernt krallen sich riesige Maschinen in den Hang und extrahieren den weichsten Stein des Planeten. Für die Fahrt von Luzenac sollte man 20 Minuten einplanen und sich am Parkplatz des Steinbruchs zu der Gruppe gesellen. Nach der Besichtigung hat man wahrscheinlich für den restlichen Urlaub genug Talkumpuder zwischen den Zehen.

Ax-les-Thermes

1500 Ew.

Mit über 60 natürlichen Heißwasserquellen entstand der Kurort Ax-les-Thermes (720 m hoch). Heutzutage ist es auch ein kleiner Skiort im Winter und ein Ausgangspunkt für Wanderungen im Sommer. Der Ort liegt am Zusammenfluss dreier Flüsse: Ariège, Oriège (Achtung, nicht verwechseln) und Lauze.

Der Name des Dorfes stammt von dem lateinischen Wort *aqua* (Wasser) und wurde erst zu Aqs und dann zu Ax. Les Thermes steht für die Thermalquellen oder das Heilbad. Das Wasser hier (sobald man sich den zahlreichen Ausläufen nähert, riecht es stark nach Schwefel) sprudelt bei brühend heißen 78 °C aus dem Berg und ist das heißeste in den Pyrenäen. Es wird seit Jahrhunderten für medizinische Zwecke verwendet.

PRAKTISCHE INFORMATIONEN

Die **Touristeninformation** (05 61 64 60 60; www.vallees-ax.com, auf Französisch; Mitte Juni–Mitte Sept. 9–13 & 14–19 Uhr, sonst 9–12 & 14–18 Uhr) liegt in der Avenue Delcassé. Sie verkauft drei Wanderkarten (jeweils 5 €) – *D'un Village à l'Autre: 23 Balades au Départ de 15 Villages, Lacs et Torrents: 20 Randonneés* und *Crêtes et Sommets* –, die 17 Wanderungen in der Gegend beschreiben.

SEHENSWERTES & AKTIVITÄTEN

Das Ortszentrum bildet die Place du Breilh, auf deren einen Seite sich der **Bassin de Ladres** befindet. Dieses seichte Becken wurde im 13. Jh. gebaut, um die Wunden der in den Kreuzzügen verwundeten Tempelritter und die Geschwüre der Leprakolonie des Ortes zu lindern. Also raus aus den Socken, dem Beispiel der Ritter folgen und die Füße ins warme Wasser halten.

Vom alten Ax, das über die Jahre hinweg von mehreren verheerenden Bränden zerstört wurde, ist nur wenig übrig geblieben. Es gibt allerdings noch ein paar interessante, enge Straßen mit überhängenden Gebäuden zwischen der Place du Breilh und der Place Roussel.

Die alteingesessenen **Thermes du Teich** (05 61 65 86 60; März–Mitte Nov.) neben dem Fluss Oriège verfügen über einen Pool, eine Sauna, einen Hamam und ein Aquagym (12,80 € pro Sitzung); für jeden Reisenden geöffnet.

Das zweifellos zeitgenössische Fitnesscenter **Le Grand Tétras** (05 61 65 86 00; www.

eurothermes.com, auf Französisch; av. Delcassé) hat ebenfalls Pool, Sauna, Whirlpool, Hamam und Mini-Fitnessstudio (13 € pro Sitzung); für alle geöffnet.

Das brandneue Gebäude neben dem Kasino auf der Place du Breilh – bei unserem letzten Besuch noch im Bau – ist das modernste Gebäude von allen und wird vorläufig **Centre Thermoludique du Couloubret** genannt. Dieser Vergnügungskomplex für die Gesunden und Munteren verspricht ein Ort zu werden, an dem alle zum puren Vergnügen im warmen Wasser planschen, schwimmen und entspannen können.

Im Parc du Casino gibt's eine **patinoire** (Skatebahn; ☎ 06 13 55 92 12; 5 €/Std. inkl. Roll-/Schlittschuhverleih; 🕒 Jan.–April & Schulferien tgl. 13–22.30 Uhr, sonst Mi, Sa & So). Im Winter kann man hier Eislaufen.

SCHLAFEN & ESSEN

Le Chalet (☎ 05 61 64 24 31; www.le-chalet.fr, auch auf Englisch; 4 av. Turrel; Zi. 50–56 €; 🕒 Dez.–Okt.; ☒) In diesem hübschen Hotel mit Restaurant wiegt der sanft fließende Fluss Lauze unterhalb der Zimmer die Gäste in den Schlaf. Die Logis-de-France-Unterkunft überblickt die Thermes du Teich. Auch wer hier nicht übernachtet, sollte sich ein Essen in dem ausgezeichneten Restaurant nicht entgehen lassen (Menüs 26–45 €, Hauptgerichte um die 19 €; Di–So mittags & Schulferien die ganze Woche abends geöffnet; sonst Di–Sa mittags & abends, So mittags geöffnet).

LP Tipp **La Petite Fringale** (☎ 05 61 01 36 40; rue Piétonne; Menüs 15–30 €, Hauptgerichte 14–20 €; 🕒 Okt. und Mi außerhalb der Schulferien geschl.) Klein, vielleicht sogar gequetscht, mit einer Küche, die größer ist als der Essbereich, aber gesellig, freundlich, ein bisschen hippie-artig und international. Die Wände sind voll mit exotischen Souvenirs aus fernen Ländern. Im Gegensatz dazu könnte die Küche nicht französischer sein. Zu den Spezialitäten gehören Schwein in unzähligen Variationen, Gerichte aus dem Departement Ariège und Fondues. Die Portionen sind riesig und die Gäste ziehen zufrieden wieder ab. Das bezeugen auch die begeisterten Schmierereien auf den Toiletten. Es liegt nahe dem Bassin de Ladres, eine kleine Fußgängergasse hinunter, und hat auch über eine kleine Sommerterrasse.

La Pizzatière (☎ 05 61 64 33 95; 2 rue Rigal; Pizzas um die 8 €) Ein paar Eingänge von La Petite Fringale entfernt hebt sich dieses Lokal von den ungefähr Dutzend Pizzerien von Ax durch die große Auswahl an Pizzas zum Mitnehmen ab. Die Riesenpizza mit 55 cm Durchmesser ist für besonders Ausgehungerte.

AN- & WEITERREISE

Die meisten Busse und Züge nach Foix (s. S. 221) fahren weiter bis Ax.

Vallée d'Orlu

An der Spitze der kurzen Vallée d'Orlu können Besucher getrost einen ganzen Tag mit Erkundungen verbringen und die drei Aktivitäten genießen, die hier angeboten werden. Von der N20 aus ist es eine hübsche, 7,5 km lange Fahrt entlang der D22, die dem Fluss Oriège bis zum Ende der Straße folgt, wo einst eine alte Schmiede stand.

Ein Besuch der **Maison des Loups** (☎ 05 61 64 02 66; www.maisondesloups.com, auf Französisch; Erw./4–12 J./unter 4 J. 6,50/4,20 €/frei; 🕒 April–Juni 10–17.30 Uhr, Juli & Aug. bis 19 Uhr, Sept. & Okt. 11–17 Uhr) beginnt mit einer DVD-Vorführung, die sehr anschaulich und nicht zu sehr an die Sprache gebunden ist. Darin geht's um Wölfe auf der ganzen Welt und um die Tiere und Pflanzen in den Pyrenäen. Danach geht's den 1 km langen Beobachtungspfad entlang (die kürzere Variante ist nur 500 m lang) mit insgesamt sieben Aussichtstürmen. Am besten macht man diesen Spaziergang während den Fütterungszeiten (Juli & Aug. 12, 15 und 17 Uhr; sonst nur 15.30 Uhr). Entlang des *sentier traces* können Kinder erraten, von welchen Tieren und Vögeln aus den Pyrenäen die 15 Fußspuren stammen. Danach hört man im *auditorium* die dazugehörigen Tiergeräusche.

Das sehr empfehlenswerte **Observatoire de la Montagne** (☎ 05 61 03 06 06; www.observatoiremontagne.com, auf Französisch; Erw./6–11 J./12–18 J./unter 11 J. 6,80/4,20/5,20 €/frei; 🕒 Juli & Aug. 10–19 Uhr, April–Juni, Sept. & Okt. Di–So oder Mi–So 10 oder 11–18 Uhr) gleich neben der Maison des Loups wurde auf die Initiative des örtlichen Bürgermeisters hin gegründet und ist eine wunderbare Einführung in das natürliche Leben in den Pyrenäen. Jede der kleinen Galerien stellt eine der fünf Zonen dar: vom Ackerland im Tal über Laubwald, immergrüne Pflanzen und höher gelegene Grasebenen bis zu den spärlich bewachsenen Gipfeln. Und in jeder Zone wird der Einfluss der fünf „Hauptakteure" erforscht: Mineralien, Klima, Wasser, Vegetation und Menschen. Es gibt jede Menge Griffe und Knöpfe, die kurze Videoclips zum Laufen bringen, und viele Dinge zum Anfassen und Riechen. Die natürlichen Materialien – Querschnitte von Bäumen, getrocknete Gräser und Anordnungen von Steinen und Kieseln – sind ebenfalls schön anzusehen. Das Ganze ist ganz nebenbei lehrreich mit einer starken ökologischen Message und macht sehr viel Spaß. Zum Leidwesen der nicht Französisch sprechenden Besucher ist alles ausschließlich auf Französisch.

Etwas lebhafter geht's auf dem Abenteuerspielplatz und -parcours in den Wäldern bei **Akro Branch d'Orlu** (☎ 05 61 05 97 33; www.acrobranche-ariege.com, auf Französisch; je nach Alter 10–20 €; 🕑 Juli & Aug. 10–19 Uhr, Mai, Sept. & Okt. Sa & So 10–18 oder 13–18 Uhr, Juni Mo–Fr 13–18, Sa & So 10–18 Uhr) zu. Der dreistündige Aufenthalt ist etwas für jede Altersklasse.

COUSERANS & UMGEBUNG

Die D117 läuft in westlich Richtung und verbindet Foix mit St-Girons und St-Lizier, die eigentlichen und ehemaligen Hauptstädte der wilden Region Couserans. Das Couserans ist die leere Ecke eines unterbevölkerten Departements, das sich in südliche Richtung in die Pyrenäen erstreckt. Das Land ist rau und doch wunderschön. Tiefe Täler teilen die Berge, an deren Hängen die unzähligen Nebenarme der zwei Hauptflüsse Salat und Lez hinunterstürzen.

ST-LIZIER

1500 Ew.

St-Lizier war zu seiner Zeit eine Macht, mit der man rechnen musste. Heute ist es ein verschlafener, kleiner Ort auf einem Hügelchen, wo sogar das Geräusch eines Autos stört. Wer vom Tal unten hier heraufschaut, der versteht schnell, warum das so ist. Über allem wacht der massive Palais des Évêques, der Bischofspalast. Seine bloße Präsenz macht allen klar, wo hier einst die Macht saß. Vom 5. Jh. bis zu seiner Unterdrückung nach der Französischen Revolution war St-Lizier der Sitz der Diözese des Couserans. Der zweite Bischof, ein Liceius, wurde von Rom heilig gesprochen und vermachte der Stadt seinen Namen.

Die **Touristeninformation** (☎ 05 61 96 77 77; www.ariege.com/st-lizier/, auch auf Englisch; 🕑 Mitte Juli–Mitte Aug. tgl. 10–19 Uhr, sonst Mo–Sa 10–12 & 14–18 Uhr) liegt auf der Place de l'Église gegenüber der Kirche. Im Sommer organisiert sie geführte Touren durch die Kirche, ihre Schatzkammer und den Kreuzgang sowie durch eine authentische Apotheke aus dem 18. Jh.

Zur Zeit der Recherchen war der **Palais des Évêques** aus dem 17. Jh., in dem sich Teile der ursprünglichen Kathedrale und das **Musée Départemental de l'Ariège** befinden, wegen Renovierungsarbeiten geschlossen.

Die **Kirche**, von ihrem ehemaligen Status als Kathedrale runtergestuft, ist ein sonderbares, kleines Ding. Von außen sieht sie mit ihrem achteckigen Turm aus Ziegeln und Steinen und dem unverzierten Hauptportal aus Ziegeln sehr gewöhnlich aus. Aber innen bemerkt man, wie das Querschiff und die Apsis mit der Ausrichtung des Mittelschiffes entschieden aus dem Gleichgewicht gebracht wurden. Über den Fresken aus dem 12. Jh. in der Apsis blickt eine entschlossen mürrische Majestas Domini aus dem 14. Jh. hinab. In dem zweistöckigen Verbindungskreuzgang sind die Kapitelle in besonders kunstvollen geometrischen Formen geschnitzt.

Innerhalb der ursprünglichen Stadtmauern (ein Großteil der Überreste wurde in spätere Gebäude eingebaut, statt einfach abgerissen zu werden) lohnen die die von Fachwerkhäusern gesäumten Pflasterstraßen und Gassen einen kurzen Spaziergang.

ST-GIRONS

6600 Ew.

St-Girons hat zwar weniger Charme als St-Lizier, dafür aber zwei erstklassige Hotels mit guten Restaurants. Auch wer hier nicht die Nacht verbringt, sollte zum Essen bleiben.

Hier können Gäste Cleopatra nacheifern, die in einer Wanne voller Eselsmilch badete – wenn auch bescheidener und ökologischer. Im Ladengeschäft von **Asinus** (☎ 05 61 04 65 91; www.asinus.fr, auch auf Englisch; 30 av. René Plaisant; 🕑 Mo–Fr 9–12 & 14–17 Uhr) gibt's Eselsmilchseife zu kaufen. Die Tiere lassen sich allerdings nicht blicken: Im Sommer weiden sie in den höheren Lagen der Pyrenäen und im übrigen Jahr knabbern sie Gras auf den Feldern in der Nähe des Dorfes Castelnau-Durban.

Im Juli und August bietet **Horizon Vertical** (☎ 05 61 04 71 42; www.horizonvertical.net, auch auf Englisch) vom ehemaligen Bahnhof von St-Girons aus zahlreiche Outdoor-Aktivitäten wie Höhlentouren, Canyonabfahrten und Klettern an.

Schlafen & Essen

Allein schon zum Schlafen lohnt es sich, nach St-Girons zu kommen. Man hat die Wahl zwischen zwei ausgezeichneten benachbarten Hotels, beide mit Gourmetrestaurant, die nicht unterschiedlicher sein könnten. Oder man übernachtet in einem superfreundlichen *chambre d'hôtes* tief in der nahe gelegenen Landschaft.

LP Tipp **Château de Beauregard** (☎ 05 61 66 66 64; www.chateaubeauregard.net, auch auf Englisch; av. de la Résistance; Zi. 60–100 €;) Kostenloser WLAN-Zugang. Jedes der zehn Zimmer in dem ehemaligen Herrenhaus eines wohlhabenden Viehzüchters ist nach einem französischen Autor benannt. Das Haus wurde 1820 erbaut und vom Besitzer Paul Fontvielle mit Flair und Einfühlungsvermögen umgewandelt. Er hat absichtlich Elemente wie die ursprünglichen Fensterläden und knarrenden Dielenbretter erhalten. Das Hotel strahlt eine so herzliche Atmosphäre aus wie ein *chambre d'hôtes* (z. B. die drei großen, geselligen Tische im Frühstücksraum, dessen Veranda den weiten Garten überblickt), bietet aber den Service, Stil und Komfort eines Spitzenklassehotels. Der Wellnessbereich im ehemaligen Pferdestall verfügt über alle üblichen Ausstattungen und Accessoires, ist aber bei weitem nicht so klinisch eingerichtet wie normalerweise. Er ist riesig, wird von einem offenen Holzkamin beheizt und hat noch die originalen Pflastersteine. Der 2,5 ha große, belaubte und blühende Garten eignet sich hervorragend für einen Spaziergang. Oder man entspannt sich im duftenden Kräutergarten, aus dem der Koch jeden Tag frische Zutaten holt. Puren Luxus bieten die zwei *suites prestiges* (180–200 €) – man würde nie erraten, dass sie in einer umgebauten Scheune untergebracht sind –, die über Klimaanlage und Bäder so groß wie ein Wohnzimmer verfügen.

Essen gibt's im Hotel-Restaurant l'Auberge d'Antan (5-Gänge-Menü 33 €; Di–So abends, Sa & So mittags geöffnet) unter einem riesigen Kronleuchter mit ebenso großen Kerzen. Das Hotel ist für jedermann geöffnet. Die Fleischgerichte, wie das Spanferkel, das sich jeden Abend am Spieß dreht, werden über offenem Feuer gekocht und das Biogemüse stammt aus dem Küchengarten des Hotels oder wurde in der Gegend geerntet.

Hotel Restaurant La Clairière (☎ 05 61 66 66 66; www.hotel-clairiere.com, auch auf Englisch; av. de la Résistance; EZ 58–68 €, DZ 73–83 €;) Kostenloser WLAN-Zugang. Der Familienbetrieb La Clairière mit einem hübschen Schindeldach, einem großen Garten und eindrucksvoller Aussicht ist sehr zeitgenössisch. Die 19 Zimmer sind bequem, geräumig und sehr hell, die meisten mit Blick auf den Park, und in elf Zimmern stehen Kinderbetten, die gemütlich in einer Wandnische versteckt sind. Das Restaurant (2-/3-/4-Gänge-Menü 23/29/42 €; Mi–So mittags & abends, Di mittags geöffnet) mit Klimaanlage und großen Fenstern auf drei Seiten ist ebenso zeitgemäß. Die Küche ist modern und das Essen – lecker zubereitet – ist auf dem Teller fast genauso schön anzusehen, wie es im Gaumen mundet.

Chambre d'Hôte Jean-Pol Andrin (☎ 05 61 04 86 39; andrindury@orange.fr; Lescure; Zi. mit Frühstück 45 €;) Eine wunderbar einladende, preiswerte Unterkunft auf dem Land, die von Jean-Paul und seiner Frau Muriel betrieben wird. Die Pariser verließen 2007 die Hauptstadt, um hier ein neues Leben zu beginnen. Zwei der drei Zimmer verfügen über ein eigenes Bad und eines hat eine Dusche. Kinder können mit den zwei Jungs der Besitzer spielen, sich auf dem kleinen Spielplatz beschäftigen oder im Pool planschen, während Mama und Papa sich zurücklehnen und die Panoramaaussicht über die Pyrenäen genießen oder sich mit Wanderern unterhalten, die hier während ihrer mehrtägigen Wanderungen auf dem Chemin de St-Jacques und dem GR78 in der Nähe eine Nacht verbringen. Etwa 50 m von der D119 entfernt biegt man nach Le Mas d'Azil in Lescure ab und folgt etwa 2 km einer schmalen Straße, an der Chambre d'Hôte ausgeschildert ist.

MAS D'AZIL

Die D119 führt direkt durch die Hauptkammer der Grotte du Mas d'Azil, parallel zum sanft fließenden Fluss Arize. Es ist schwer vorstellbar, aber der Fluss lief einst über und füllte diesen nachhallenden Raum bis zur Decke mit Wasser. Auf dem Überhang über dem Fluss wurden Beweise dafür gefunden, dass hier schon 30 000 v. Chr. Menschen lebten.

Im rechten Winkel dazu befindet sich ein ebenso großer **Höhlenkomplex** (☎ 05 61 69 97 71; www.sesta.fr, auf Französisch; Erw./Kind inkl. Musée de la Préhistoire 6,10/3,10 €; ⌚ Juli & Aug. 10–18 Uhr, Juni & Sept. 10–12 & 14–18 Uhr, April & Mai Mo–Sa 14–18, So 10–12 & 14–18 Uhr, Mitte Feb.–März, Okt. & Nov. nur So 14–18 Uhr)

ns Innere wurden vor langer Zeit zahlreiche ͏ierknochen, unter anderem von Bären und ⁄lammuts, von Überschwemmungen hinun-ergespült. Die schiere Größe der Tempel-ıöhle ist schon sehr beeindruckend. Sie wurde m 3. Jh. von frühen Christen, im Mittelalter ͏on den Katharern und 1625 von einheimi-chen Protestanten, die sich vor der Rache ler königlichen Truppen schützen wollten, ls Zufluchtsort genutzt.

Man kann unbeaufsichtigt durch den ͏omplex laufen, aber die Höhlen sind leider chlecht mit Informationen bestückt und die 5-minütigen Führungen mit einer sieben-ninütigen DVD-Projektion an der Höhlen-vand ausschließlich auf Französisch. Nach em Besuch der Höhlen kommt nach 1 km as Dorf Le Mas d'Azil mit einem kleinen **luseum**, in dem noch mehr Funde aus den Iöhlen ausgestellt sind.

Um zu den Höhlen zu gelangen, verlässt nan die D117 beim Dorf Lescure und nimmt ie D119 in Richtung Norden für 13,5 km.)raußen parken und Vorsicht auf dem engen, chlecht beleuchteten Fußweg, der neben der traße verläuft.

Ist man erst einmal an der Südseite der Iöhle angelangt, kann man denselben Weg urück nehmen, um schneller wieder auf ie D117 zu treffen. Ein anderer, schönerer ückweg zur D117 führt links über die D49, 00 m hinter der Höhle. Allières ist ange-hrieben. Diese Strecke ist schmal, land-haftlich schön und verkehrsarm. Dadurch ietet sie den Bonus eines plötzlichen, atem-eraubenden Panoramas über die Pyrenäen, ͏enn man kurz vor der Ansammlung von Iäusern, aus denen Allières besteht, um die urve kommt.

ERME DES REPTILES

s ist seltsam, inmitten einer friedlichen, ndschaftlichen Gegend, wo sonst nur Schafe nd Kühe weiden, eine **Reptilienfarm** (☎ 05 61 82 13; www.lafermedesreptiles.fr, auf Französisch; w./5–12 J./unter 5 J. 7/5 €/frei; ⌚ Mitte Juni–Mitte pt. 10–12 & 14–19 Uhr, Feb.–Mitte Juni & Mitte Sept.–tte Nov. So & Schulferien 14–18 Uhr) vorzufinden. ber genau hier krümmen und winden sich ythons, Boas, Anakondas und Ähnliches ıd Wasser- und Landschildkröten bewegen ch in ihrer eigenen Geschwindigkeit fort. ie Farm liegt neben der D49, 1 km von der reuzung mit der D117 entfernt, im Weiler rouzenac.

MIREPOIX

3050 Ew.

Mirepoix, fast gleichweit von Foix, Carcassonne und Montségur entfernt, ist eine typische, kleine *bastide*-Siedlung. Sie liegt am Zusammenfluss der Flüsse Hers und Countirou und zählt damit sicherlich zu den hübschesten Dörfern im Departement Ariège sein. Über die Jahrhunderte hinweg durchlebte das Dorf schwere Zeiten. Die ehemalige Katharerhochburg mit 600 Einwohnern wurde 1209 von Simon de Montforts Streitkräften überwältigt. Dann, genau 90 Jahre später, brach der Hers über die Ufer und überschwemmte das Dorf vollständig.

Das neue Mirepoix wurde im klassischen Gitternetz einer *bastide* errichtet: mit einem Hauptplatz, überdachten Gängen und einer befestigten Stadtmauer. Diese Festungswälle waren jedoch nicht stark genug, um die Räuberbanden abzuwehren, die im 14. Jh. übers Land zogen und die 1362 die Südhälfte des Dorfes abfackelten.

Von da an meinte es das Schicksal aber besser mit Mirepoix. Alles, was es zu sehen gibt, liegt schön kompakt auf dem oder um den Hauptplatz oder einen kurzen Fußweg davon entfernt.

Mirepoixs freundliche **Touristeninformation** (☎ 05 61 68 83 76; www.tourisme-mirepoix.com, auf Französisch; place Maréchal Leclerc; ⌚ Mo–Fr 9.15–12.15 & 14–18, Sa 10–12 & 14–18 Uhr) liegt an der Südseite des Hauptplatzes neben dem Rathaus.

SEHENSWERTES

Überall um die stimmige Place Maréchal Leclerc, auch bekannt als Place aux Couverts (Platz mit den Bögen) und Place Principale, stehen bunte Fachwerkhäuser mit klassischen Holzfensterläden. Unter ihnen säumen schattenspendende *couverts*, überdachte Arkaden – 6,5 m tief und damit die breitesten in Frankreich – den Platz. Sie wurden so errichtet, dass Wagen unter ihnen durchfahren konnten.

Unter den Dachvorsprüngen und Überhängen der **Maison des Consuls** kann man schön bummeln. In der nordöstlichen Ecke des Platzes liegt das heute sehr angesehene Hotel. Wenn man den Kopf nach oben streckt, sieht man, dass hier der ganzen Länge nach rund 100 Menschen- und Tierköpfe in Holz geschnitzt sind, phantastisch, grotesk und anzüglich grinsend. Alle von ihnen wurden zu ihrer Zeit in bunten Farben angemalt.

Einen kurzen Fußmarsch westlich von der Place Maréchal Leclerc ist die solide **Porte d'Aval**, ein befestigtes Tor, das letzte Überbleibsel der Mauern, die einst das Dorf umgaben.

Geht man vom Platz aus in nordöstliche Richtung an der Avenue du Pont entlang, kommt man an einer ehrwürdigen **Eiche** vorbei, die über 800 Jahre alt ist. Sie wurde zu Recht und offiziell zum historischen Denkmal ernannt. Danach gelangt man zu einer hübschen, 206 m langen **Brücke aus dem 18. Jh.** über den Hers.

Neben dem Platz an der Südseite befindet sich die **Cathédrale St-Maurice** (⌚ 9–19 Uhr), der Ursprung der zweiten Superlative von Mirepoix: Das höhlenartige Mittelschiff ist das breiteste in Frankreich. Mit dem Bau wurde 1298 begonnen und er wurde vom Hundertjährigen Krieg (1355–1411) unterbrochen. Was heute noch zu sehen ist – das breite Mittelschiff, das Hauptportal und der Glockenturm mit seiner 63 m hohen Spitze –, stammt aus dem frühen 16. Jh. Die eindrucksvolle Höhe des trommelartigen Mittelschiffs wird allerdings durch ein Gewölbe aus dem 19. Jh. erreicht, das die frühere Holzdecke ersetzt.

SCHLAFEN & ESSEN

Hôtel Maison des Consuls (☎ 05 61 68 81 81; www.maisondesconsuls.com, auch auf Englisch; 6 place Maréchal Leclerc; Zi. 75–155 €) Jedes der acht Zimmer in diesem historischen Gebäude ist nach einer berühmten Persönlichkeit aus Mirepoix' Vergangenheit benannt und jedes ist in einem anderen historischen Stil eingerichtet. Also nach einem der vier Zimmer mit Blick auf den Platz fragen. Es ist eine gemütliche, klassische und ruhige Unterkunft mit antiken Möbeln, niedrigen Deckenbalken und Holzarbeit – alles aufeinander abgestimmt.

Saveur des Couverts (☎ 05 61 68 13 65; 20 place Maréchal Leclerc; Salate 7–8 €, Sandwiches 3–5 €, Hauptgerichte 9–12,50 €) Diese herrliche Institution ist gleichzeitig Café und Teestube, Patisserie (nicht einmal hinsehen, man wird den klebrigen Kuchen nicht widerstehen können) und Bäckerei, in der zahlreiche krosse, knusprige Brotlaibe hergestellt werden. Die Gäste können ihren Kaffee entweder auf der Terrasse unter den Bögen oder im Innern unter den hohen Decken genießen. Alles wird vor Ort hergestellt.

Le Comptoir Gourmand (☎ 05 61 68 19 19; www.lecomptoirgourmand.com, auch auf Englisch; cours Maréchal de Mirepoix; Menüs 18–35 €, Hauptgerichte um die 20 €; ⌚ Mo, Di & Do–Sa mittags & abends, So mittags) Das bescheidene Gebäude erscheint von außen wie eine Werkstatt oder eine Lagerhalle. Dem Innern verleihen nur die ocker- und rostfarbenen Tischdecken eine provenzalische Note. Aber man ist ja auch zum Essen hier und das ist in der Tat sehr gut. Sowohl die *pâté de foie gras* als auch die *magret* (Entenbrust) sind hausgemacht und die Saucen sind einfach himmlisch. Der *civet de chevrueil aux airelles* wird in einem Topf aus Gusseisen serviert, wobei das Wildfleisch in einer würzigen Wein- und Heidelbeersauce köchelt.

SHOPPEN

Gamm Vert (rue Victor Hugo) ist ein Supermarkt, der zu einer landwirtschaftlichen Kooperative gehört, die in verschiedenen Orten des Departements Ariège Niederlassungen hat. Zwischen den Gummistiefeln, Harken, Samen und Säcken mit Dünger bietet Les Sens du Terroir eine herrliche Auswahl an Käse, Wein, Säften und vielem mehr an. Das meiste davon ist biologisch und stammt aus der Gegend.

Jeden Montag findet auf dem Platz vor der Kathedrale ein besonders großer, ziemlich vornehmer Markt statt. Er zieht Händler aus der ganzen Gegend an und bietet die üblichen Stände mit Klamotten – neu und gebraucht – sowie eine große Auswahl an einheimischen Nahrungsmitteln. Er eignet sich auch zum Stöbern nach Büchern, Handwerks- und Kunstgegenständen.

Roussillon

Roussillon wird oft Französisch-Katalonien genannt und liegt an der Ostseite der Pyrenäen an der Schwelle zu Spanien. Der Tramontana, ein kräftiger Wind, der von den Bergen hinabweht, ist im Winter eisig kalt und im Sommer stark genug, um ein Wohnmobil umzukippen. Die Einheimischen erzählen, dass er immer nur drei Tage lang bleibt.

In der Tat gibt es in diesem leidenschaftlichen, sonnenverbrannten Land, das jahrhundertelang zu Katalonien gehörte endlos viele Geschichten. Auf dem Papier ist Roussillon zwar französisch, aber die Seele der Provinz bleibt katalanisch: Von Sangria beflügelte Fiestas und überladene *corridas* (Stierkämpfe) gibt's in diesem bodenständigen Land wie Sand am Meer. Der höchste Berggipfel, der Canigou (2784 m), wird von Katalanen auf beiden Seiten der Grenze wie ein König verehrt. Die Volkstänze *Sardanes* und die katalanische Sprache florieren nirgendwo mehr als in Perpignan, der einzigen Stadt der Region und Hauptstadt des Departement Pyrénées-Orientale, wo man an der Universität auch Katalanisch studieren kann.

Durch die Nähe von Roussillon zu Spanien ist die Provinz leicht zu erreichen. Reisende können mit Billigfliegern zum spanischen Flughafen von Girona, 95 km südlich, fliegen oder nach Perpignan, Nîmes und Béziers Agde. Erst einmal vor Ort ist die Vielfalt einfach überwältigend: die Entdeckung der romanischen Kapellenkunst in den Tälern des Tech (Vallespir), der Grafschaft Conflent (Têt) und des Agly, die sich von den Pyrenäen bis zum Mittelmeer erstrecken; Weinproben in den Weinbergen entlang der malerischen Côte Vermeille; Wanderungen in den Norden zu den Ruinen einer Katharer-Burg aus dem 12. Jh.; im Parc Naturel Régional des Pyrénées Catalanes eins werden mit der Natur; oder in den Badeorten östlich von Perpignan einfach nur faulenzen – diese Region hat alles zu bieten.

HIGHLIGHTS

- In der Nähe von **Prats-de-Mollo** (S. 251) in einem Baumhaus zum Gesang der Vögel und dem Ruf der Wildnis aufwachen
- Erst durch Kastanien- und Buchenwälder zur romanischen **Abbaye St-Martin-du-Canigou** (S. 257) laufen und dann in **Casteil** (S. 257) auf dem Rasen zu Mittag essen
- Von Bord des kanariengelben **Train Jaune** (S. 256) in der Vallée du Conflent die atemberaubende Landschaft vorbeirauschen sehen
- In **Font Romeu** (S. 259) und **Mont Louis** (S. 258) dabei zusehen, wie die Sonne Feuer macht, und alles über Solarenergie lernen
- Von den Weinbergen in Banyuls hoch oben geht's runter nach Collioure, um an der **Côte Vermeille** (S. 243) in die Fußstapfen der Fauvisten zu treten
- In einem Fischer-*mas* auf dem **Cap Leucate** (S. 242) leckere Krustentiere genießen

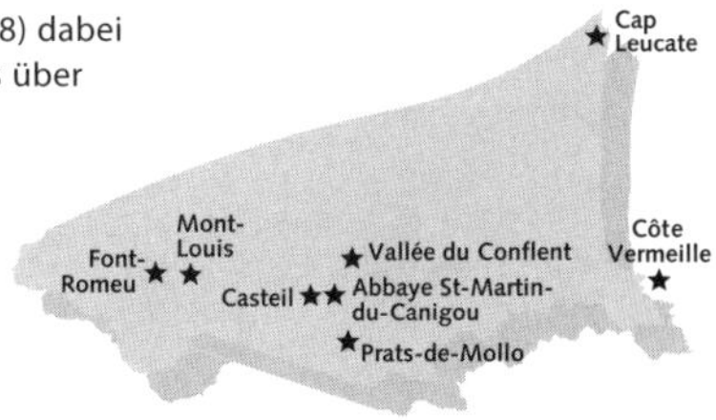

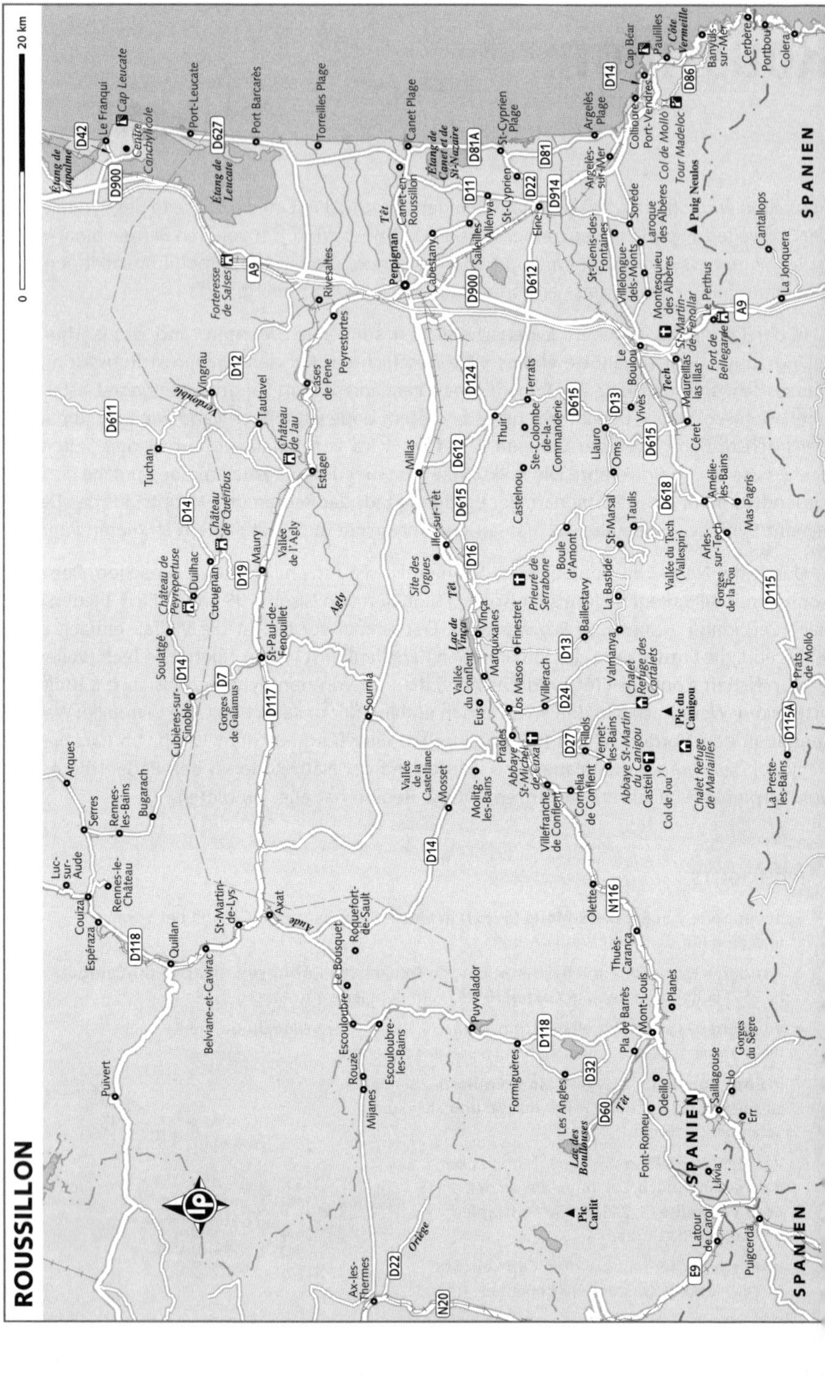
ROUSSILLON
0
20 km
Étang de Lapalme
D42
Le Franqui
Cap Leucate
Centre Conchylicole
D900
Port-Leucate
D627
Étang de Leucate
Port Barcarès
Torreilles Plage
Canet Plage
Canet-en-Roussillon
Étang de Canet et de St-Nazaire
D81A
St-Cyprien Plage
St-Cyprien
D22
D81
D914
Argelès-sur-Mer
Argelès Plage
D14
Cap Béar
Collioure
Port-Vendres
Paulilles
Côte Vermeille
Banyuls-sur-Mer
Cerbère
Portbou
Colera
D86
Tour Madeloc
Col de Molló
Puig Neulos
SPANIEN
Cantallops
La Jonquera
A9
Le Perthus
Fort de Bellegarde
St-Martin-de-Fenollar
Maureillas-las Illas
Tech
Céret
Vivès
Le Boulou
Montesquieu des Albères
Villelongue-dels-Monts
Laroque des Albères
Sorède
St-Genis-des-Fontaines
Elne
D612
D900
Perpignan
Cabestany
Saleilles
Alénya
D11
Têt
Rivesaltes
Forteresse de Salses
Peyrestortes
Cases de Pene
D12
Vingrau
Verdouble
Tautavel
D611
Tuchan
Château de Jau
Estagel
D124
Terrats
Thuir
D615
Ste-Colombe-de-la-Commanderie
Castelnou
Millas
Llauro
Oms
D13
D618
Amélie-les-Bains
Mas Pagris
Taulis
St-Marsal
Boule d'Amont
Ille-sur-Têt
D16
Site des Orgues
Prieuré de Serrabone
Vallée du Tech (Vallespir)
Arles-sur-Tech
Gorges de la Fou
D115
La Bastide
Baillestavy
Finestret
Vinça
Lac de Vinça
Marquixanes
Maury
Vallée de l'Agly
Agly
D19
Château de Quéribus
Cucugnan
Duilhac
Château de Peyrepertuse
Soulatgé
Cubières-sur-Cinoble
Gorges de Galamus
D7
St-Paul-de-Fenouillet
D117
Sournia
Vallée du Conflent
Eus
Los Masos
Villerach
D24
Valmanya
Chalet Refuge des Cortalets
Pic du Canigou
Prats de Molló
D115A
Prades
Abbaye St-Michel de Cuxa
D27
Fillols
Vernet-les-Bains
Abbaye St-Martin du Canigou
Casteil
Chalet Refuge de Mariailles
Col de Jou
La Preste-les-Bains
Vallée de la Castellane
Mosset
Molitg-les-Bains
Cornelia de Conflent
Villefranche de Conflent
Arques
Serres
Rennes-les-Bains
Bugarach
Luc-sur-Aude
Rennes-le-Château
Couiza
Espéraza
D118
Quillan
St-Martin-de-Lys
Belviane-et-Cavirac
Axat
Aude
Roquefort-de-Sault
Olette
N116
Thuès-Carança
Le Bousquet
Escouloubre
Escouloubre-les-Bains
Puyvalador
Formiguères
Mont-Louis
Pla de Barrès
Planès
Gorges du Sègre
Puivert
Rouze
Mijanes
Les Angles
D32
D60
Odeillo
Saillagouse
Llo
Err
Lac des Bouillouses
Font-Romeu
Llívia
Pic Carlit
Latour de Carol
Puigcerdà
E9
Ax-les-Thermes
D22
Oriège
N20

PERPIGNAN & UMGEBUNG

Im 18. Jh. beschrieb der Reisende Henry Swinburne die Hauptstadt des Roussillon – eine Fläche von 4116 km², auf der heute 422 000 Einwohner leben – als eine „schurkische, hässliche Stadt". Wer aber durch das lebhafte Straßenlabyrinth der Altstadt spaziert, der kann sich eine andere Meinung bilden. Hier leben die Seelen der Silberschmiede, Seifenhersteller, Tuchhändler und der unzähligen traditionellen, mittelalterlichen Handwerkskünste weiter, die mit jedem Straßenschild, das man sieht, heraufbeschworen werden.

Rund um die Stadt gibt's jede Menge zu erleben: massenhaft Weinberge (Westen), eine fein gehauene romanische Kathedrale in Elne (Süden) und Richtung Osten zum Meer hin einen Naturpfad um einen See herum. Oder man fährt nach Norden vorbei an herrlichen Festungen und Austernbänken zum Cap Leucate (S. 242).

Der Maître de Cabestany (S. 44), dessen talentierte Hände viele der schönsten romanischen Werke des Languedoc geschaffen haben, stammt ursprünglich aus **Cabestany**, 5 km südöstlich von Perpignan. Näheres gibt's im lehrreichen **Centre de Sculpture Romane** (☎ 04 68 08 51 31; Parc Guilhem; Erw./12–18 J. 3/1 €; 🕓 Mai–Sept. Di–So 10–12.30 & 13.30–18.30 Uhr, Okt.–April bis 18 Uhr) zu erfahren – ein Highlight für Liebhaber der Bildhauerkunst.

PERPIGNAN

115 000 Ew.

Perpignan – Perpinyà auf Katalanisch – ist genauso katalanisch wie französisch und eine lebhafte Stadt mit jeder Menge Charakter. Fiestas liegen der Stadt im Blut und die Bevölkerung ist sehr gemischt: In den Nachkommen Tausender Flüchtlinge, die am Ende des Spanischen Bürgerkriegs über die Berge hierher flohen, fließt iberisches Blut. Viele andere Familien, Araber und vertriebene französische Siedler gleichermaßen, haben ihre Wurzeln in Algerien.

Ab 2009 fährt der TGV nach Perpignan, wodurch die Stadt nur noch eine 45-minütige Zugfahrt von Barcelona entfernt ist. 2011 soll sich der Vorhang von Jean Nouvels Théâtre de l'Archipel öffnen, einem innovativen Stück städtischer Architektur, das von Granatsteinen aus dem 17. Jh. inspiriert wurde, die in den nahe gelegenen Pyrenäen ausgegraben und von Juwelieren aus Perpignan auf Gold befestigt wurden. Salopp formuliert: eine bernsteinfarbene und rote Blase, die aus einem Betonblock herausragt.

Geschichte

Perpignans relativ junge Geschichte war lange Zeit mit Ereignissen verknüpft, die sich in den Pyrenäen im heutigen Spanien zutrugen. 1172 geriet die Stadt unter die Kontrolle des Gebiets Katalonien-Aragon. Nachdem es als Hauptstadt des Königreiches Mallorca – die Streitmacht aus dem Mittelmeer erstreckte sich Richtung Norden bis nach Montpellier und schloss die Balearen ein – von 1278 bis 1344 selbst florierte, fiel Perpignan für den Großteil des späten Mittelalters wieder unter fremde aragonesische Herrschaft.

1640 lehnten sich die Katalanen auf beiden Seiten der Pyrenäen gegen die kastilischen Könige im fernen Madrid auf, die Aragon eingenommen hatten. Perpignan hielt einer zweijährigen Belagerung stand, die nur durch die Unterstützung der Franzosen im Norden erleichtert wurde. Mit dem Pyrenäenfrieden von 1659 kehrte schließlich Ruhe ein. Die Grenze zwischen Spanien und Frankreich wurde ein für allemal festgelegt und Roussillon (bis dahin der nördliche Teil von Katalonien) wurde sehr zur Entrüstung der Einheimischen an Frankreich abgegeben.

Orientierung

Durch Perpignan fließen zwei Flüsse: der Têt und sein Nebenfluss, die dunkle Basse, deren Ufer gepflegte Gärten säumen. Die Place de la Loge und die Place de la République sind gesäumt von Cafés und liegen im Herzen der nur für Fußgänger zugänglichen Altstadt.

Praktische Informationen

Comité Départemental du Tourisme (☎ 04 68 51 52 53; www.cdt-66.com, auch auf Englisch; 16 av. des Palmiers; 🕓 Mo–Fr 9–12.30 & 13.30–18 Uhr) Touristeninformation des Departements Pyrénées-Orientales.

Espace Palmarium (☎ 04 68 86 08 51; place Arago; 🕓 Mitte Juni–Mitte Sept. Mo–Sa 10–19 Uhr, Mitte Sept.–Mitte Juni Mo–Sa bis 18 Uhr) Touristeninformationsschalter und *billetterie* (Kartenschalter); während Les Jeudis d'Été (s. Kasten S. 237) im Juli und August donnerstags bis 22 Uhr geöffnet.

Laverie Foch (23 rue du Maréchal Foch; 🕓 7–20.30 Uhr) Waschsalon.

PERPIGNAN

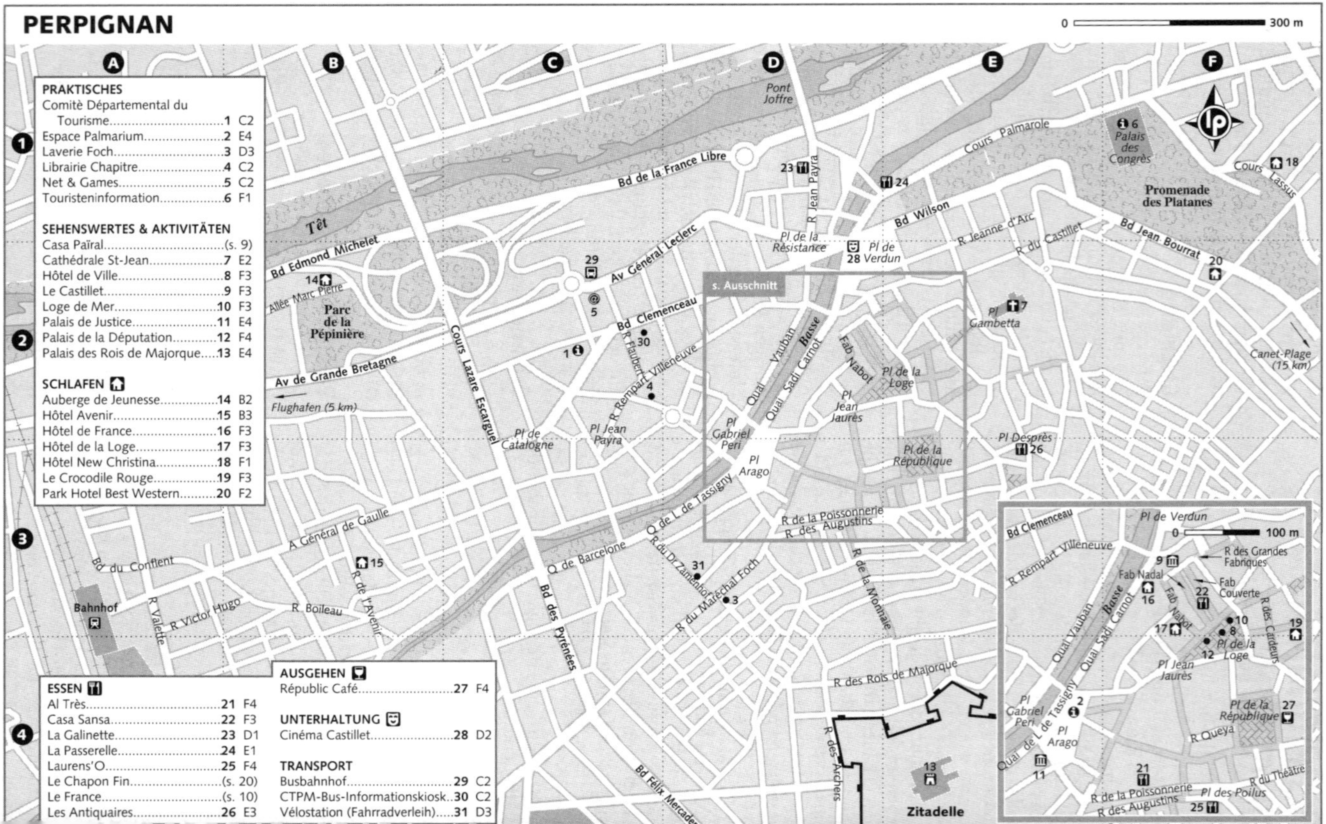

PRAKTISCHES

Comitè Départemental du Tourisme	1	C2
Espace Palmarium	2	E4
Laverie Foch	3	D3
Librairie Chapitre	4	C2
Net & Games	5	C2
Touristeninformation	6	F1

SEHENSWERTES & AKTIVITÄTEN

Casa Païral	(s. 9)	
Cathédrale St-Jean	7	E2
Hôtel de Ville	8	F3
Le Castillet	9	F3
Loge de Mer	10	F3
Palais de Justice	11	E4
Palais de la Députation	12	F4
Palais des Rois de Majorque	13	E4

SCHLAFEN

Auberge de Jeunesse	14	B2
Hôtel Avenir	15	B3
Hôtel de France	16	F3
Hôtel de la Loge	17	F3
Hôtel New Christina	18	F1
Le Crocodile Rouge	19	F3
Park Hotel Best Western	20	F2

ESSEN

Al Très	21	F4
Casa Sansa	22	F3
La Galinette	23	D1
La Passerelle	24	E1
Laurens'O	25	F4
Le Chapon Fin	(s. 20)	
Le France	(s. 10)	
Les Antiquaires	26	E3

AUSGEHEN

Républic Café	27	F4

UNTERHALTUNG

Cinéma Castillet	28	D2

TRANSPORT

Busbahnhof	29	C2
CTPM-Bus-Informationskiosk	30	C2
Vélostation (Fahrradverleih)	31	D3

Librairie Chapitre (☎ 04 68 51 74 58; 10–12 rue du Docteur Pous) Buchladen mit Karten, Wander- und Radführern.

Net & Games (☎ 04 68 35 14 93; 45bis av. du Général Leclerc; 3 €/Std.; ⌚ Juli & Aug. Mo–Sa 13–1, So bis 20 Uhr, Sept.–Mai Mo–Fr 8–1, Sa 13–1, So 13–20 Uhr) Internetzugang.

Touristeninformation (☎ 04 68 66 30 30; www.perpignantourisme.com, auch auf Englisch; place Armand Lanoux; ⌚ Mitte Juni–Mitte Sept. Mo–Sa 9–19, So 10–16 Uhr; Mitte Sept.–Mitte Juni Mo–Sa 9–18, So 10–13 Uhr) Im Palais des Congrès, abseits der Promenade des Platanes.

Sehenswertes

PLACE DE LA LOGE

Dieser Platz in der Altstadt voller Caféterrassen hat drei wertvolle Steingebäude zu bieten: Die **Loge de Mer** aus dem 14. Jh., die während der Renaissance wieder aufgebaut wurde, war die Börse von Perpignan und später das Seefahrergericht. Zwischen ihr und dem **Palais de la Députation**, dem ehemaligen Parlamentssitz, liegt das **Hôtel de Ville** (Rathaus) mit seiner typischen roten Fassade aus Ziegelsteinen und weichen Kieseln. Drei bronzene Arme, die aus der oberen Fassade herausragen, stellen die Wählerklassen der mittelalterlichen Gesellschaft Perpignans dar – die Bürger und Händler; die Kaufmänner, Tuchhändler, Ärzte und Anwälte; und die Gärtner und Künstler. Und dann gab es natürlich noch den kläglichen Rest, die Armen ohne jede Stimme.

LE CASTILLET

Das aus dem 14. Jh. stammende Stadttor aus roten Ziegelsteinen war einst ein Gefängnis und ist heute das einzige Überbleibsel der befestigten Stadtmauer des Militäringenieurs Vauban. Hier weht immer die gelb-rot gestreifte Flagge von Roussillon. Unterhalb des Bogens steht ein Modell der Stadt von 1686 und an der gegenüberliegenden Mauer erinnert eine Gedenktafel an die Protestanten aus dem Languedoc, die während des Aufstands der Kamisarden (S. 104) zwischen 1703 und 1712 ins katholische Perpignan abgeschoben wurden.

Innen befindet sich die **Casa Païral** (☎ 04 68 35 42 05; place de Verdun; Erw./unter 18 J. 4 €/frei; ⌚ Mai–Sept. Mi–Mo 11–18.30 Uhr, Okt.–April Mi–Mo 10.30–17.30 Uhr), ein Volkskundemuseum, in dem jeglicher katalanische Krimskrams ausgestellt ist: traditionelle Mützen, Spitzenmantillen und sogar eine ganze Küche aus dem 17. Jh. …

PALAIS DES ROIS DE MAJORQUE

Der **Palais des Rois de Majorque** (Palast der Könige von Mallorca; ☎ 04 68 34 48 29; Eingang in der Rue des Archers; Erw./Stud./Kind 4/2/2 €; ⌚ Juni–Sept. 10–18 Uhr, Okt.–Mai 9–17 Uhr) auf einem kleinen Hügel ist ein Symbol der mittelalterlichen Pracht von Perpignan. Der Palast wurde 1276 für die Herrscher des neu gegründeten Königreiches erbaut und war einst umgeben von ausgedehnten Feigen- und Olivenhainen sowie von einem Jagdreservat (beides ging verloren, als Vaubans eindrucksvolle Zitadellenmauern den Palast einschlossen).

CATHÉDRALE ST-JEAN

Mit dem Bau der **Cathédrale St-Jean** (place Gambetta; Eintritt frei; ⌚ Di–So 7.30–19, Mo 7.30–12 & 15–19 Uhr), die von einem schmiedeeisernen Glockenkäfig gekrönt wird, wurde 1324 begonnen und 1509 war sie fertig. Die Fassade besteht aus roten Ziegeln und weichen, im Zickzack angelegten Flusssteinen. Der höhlenartige, einschiffige Kirchenraum ist von den feinen Schnitzereien und der relativen Nüchternheit des katalanischen Altarbilds geprägt (bis 2010 wegen Renovierung geschlossen). Seit Jahrhunderten schon verehren die Gläubigen von Perpignan die bezaubernd naive Statue der Jungfrau mit Kind in der nördlichen Kapelle der Nostra Senyora dels Correchs.

Schlafen

Auberge de Jeunesse (☎ 04 68 34 63 32; perpignan@fuaj.org; allée Marc Pierre; B&B 14,50 €; ⌚ März–Mitte Nov.) Perpignans HI-Hostel nördlich des Parc de la Pépinière ist ein einladender Ort mit Küche für Selbstversorger.

Hôtel Avenir (☎ 04 68 34 20 30; 11 rue de l'Avenir; EZ/DZ mit Gemeinschaftsbad ab 18/20,50 €, DZ mit Dusche 30 €, mit Toilette & Dusche 35 €) Mehrere Zimmer verfügen über einen kleinen Balkon und jedes ist einzigartig und bezaubernd eingerichtet. Im zweiten Stock gibt's eine hübsche Terrasse.

Hôtel de la Loge (☎ 04 68 34 41 02; www.hoteldelaloge.fr, auch auf Englisch; 1 rue des Fabriques Nabot; EZ 44 €, DZ 48–62 €; ❄) Den schroffen Besitzer einfach ignorieren; die Zimmer sind schon viel angenehmer, auch wenn die Möbel von hübsch und antik bis zu Flohmarktqualität reichen. Von den teureren Zimmern mit Klimaanlage bieten Zimmer 106 und 206 Blick auf die belebte Place de la Loge.

Hôtel de France (☎ 04 68 34 92 81; 26 quai Sadi-Carnot; DZ 55–140 €, Dalí-Suite 200 €) Orson Welles, Edith Piaf, Antoine de St-Éxupéry und der katalanische Maler Salvador Dalí (S. 238) waren Stammgäste in diesem Haus am Fluss von 1833. Die Einrichtung ist eher langweilig (Untertreibung), aber wer denselben grellen erbsengrünen Teppich mit Blumenmuster, dieselben Fliesen im Badezimmer mit Einhörnern usw. wie Dalí entdecken möchte, der fragt einfach nach der Suite Nr. 218.

Le Crocodile Rouge (☎ 06 08 66 44 72, 09 71 29 77 59; lecrocodilerouge@hotmail.com; 14 impasse des Cardeurs; EZ/DZ mit Frühstück 65/75 €) Das B&B mit drei Zimmern am Ende einer Altstadtgasse hat Stil. Einfach die öffentlichen Bereiche, die noch renoviert werden müssen, ignorieren und stattdessen den uralten Bogen aus roten Ziegeln bewundern, der im zeitgenössischen Garten im japanischen Stil erhalten ist. Oder den kitschigen, roten Krokodilteppich aus Plastik, der auf der steilen, schmalen Treppe liegt.

Park Hôtel Best Western (☎ 04 68 35 14 14; www.parkhotel-fr.com, auch auf Englisch; 18 bd Jean Bourrat; DZ ab 80 €;) Jedes der hübschen Hotelzimmer ist zauberhaft eingerichtet, die größten liegen gegenüber von einem Park. Der bekannte Koch Alexander Klimenko bereitet im Hotel-Restaurant Le Chap' (auch bekannt als Le Chapon Fin – Der feine Kapaun) wahre Wunder zu.

Hôtel New Christina (☎ 04 68 35 12 21; www.hotel-newchristina.com, auf Französisch; 51 cours Lassus; DZ 103 €;) Die Zimmer sind in Blau und Beige gehalten und die Badezimmer haben Badewanne und separate Toiletten. Die auf der Vorderseite bieten Blick auf einen öffentlichen Park und der Swimmingpool im Freien auf dem Dach verfügt angeblich über Perpignans einzigen Whirlpool. Die Preise außerhalb der Saison sind ein besonderes Schnäppchen.

Essen

In der Altstadt gibt's jede Menge Restaurants: spazieren gehen, sich verlaufen und immer der Nase nach.

FESTIVALS & EVENTS – ROUSSILLON

Februar

- **Fête de l'Ours** (http://feteours.free.fr, auf Französisch) Das jahrhundertealte Fest des Bären (s. S. 61) findet um den 2. Februar in Prats-de-Mollo, Arles-sur-Tech und anderen Orten im Tech-Tal statt.

März & April

- **Procession de la Sanch** Am Karfreitag ziehen barfüßige Büßer mit *caperutxa* (traditionelle Umhänge mit Hauben) bekleidet leise durch die Altstadt von Perpignan.

Mai

- **Fête de la Cerise und Céret de Bandas** Eine 200 Mann starke Blaskapelle eröffnet Ende Mai das berühmte Kirschenfest von Céret.

Juni

- **Fête de la St-Jean** Traditionelle Volkstänze und Belustigung gibt's zur Sommersonnenwende am 23. Juni überall in der Region. In Perpignan werden Lagerfeuer gemacht und vom Pic du Canigou wird eine „heilige" Flamme hinuntergetragen.
- **Festival Nature** Umweltaktivitäten in Hülle und Fülle, darunter Themenwanderungen (Raubvögel, Bergflora etc.), Ausflüge zum Insektenentdecken für Kinder, Workshops zum Vögelbeobachten und vieles mehr in den vielen Naturschutzgebieten der Region (www.catalanes.reserves-naturelles.org, auf Französisch); Juni bis September.

Juli

- **Les Querencias** Zweitägiges Musikfestival mit viel Flamenco und katalanischen Klängen Anfang Juli in Céret.
- **Elne Piano Fortissimo** (www.elne-piano-fortissimo.fr, auf Französisch) Dreitägiges Fest mit einigen der besten jungen Pianisten der Welt in der Kathedrale von Elne.

Laurens'O (☎ 04 68 34 66 66; 5 place des Poilus; Hauptgerichte 16–20 €; ⏰ Di–Sa mittags & abends) Das moderne Lokal mit gestreiften Tischdecken und orangefarbener und schwarzer Einrichtung bietet einfallsreiche mediterrane Küche. Die entschieden italienische Richtung wird mit einem kreativen französischen Einfluss und etwas Thai-Küche verfeinert.

Casa Sansa (☎ 04 68 34 21 84; http://casa-sansa.fr, auf Französisch; Eingänge 2 rue Fabrique Nadal & rue Fabrique Couverte; Menüs 19–29 €, Hauptgerichte 16–23 €; ⏰ mittags & abends) Ein weiteres sehr beliebtes Lokal – oder eher zwei zusammengefügte. Schöner ist das ältere, südlichere Lokal: Die Wände von 1816 sind unter den Fotos der Berühmtheiten, die hier schon die leckere katalanische Küche genossen haben, kaum noch zu erkennen.

Le France (☎ 04 68 51 61 71; 1 place de la Loge; Pizzas 10–15 €, Pasta 17 €, Vorspeisen/Hauptgerichte 10/25 €; ⏰ 10–23 Uhr) Das u. a. von Familien und Paare gut besuchte Lokal fügt das Ultramoderne harmonisch in die historische Kulisse der alten Börse von Perpignan ein. Tapas und Pizzas führen die kulinarische Bandbreite an.

Les Antiquaires (☎ 04 68 34 06 58; place Desprès; Menüs 24–43 €, Hauptgerichte 16–25 €; ⏰ Di–Sa mittags & abends, So mittags) Die Küche ist genauso traditionell, bewährt und ausgereift wie die Kundschaft und die herrliche Reihe an alten Flaschen über dem Kamin. Die Portionen – von der 50g-Packung Butter, die vor einem platziert wird, bis hin zu den drei riesigen

BIOLOGISCH SHOPPEN, TRINKEN, ESSEN, SCHLAFEN

Biologische Landwirtschaft wird im umweltfreundlichen Roussillon immer beliebter. Mithilfe von **Bio 66** (www.bio66.com, auf Französisch) lassen sich Bio-Wein und Bio-Käsehersteller, organische Obst- und Gemüsefarmen, Olivenöle, Restaurants, Läden und sogar B&Bs ausfindig machen.

- **Festival de Sardanes** Cérets viertägiges *Sardane*-Festival ist die Chance, katalanische Volkstänze zu sehen und zu traditioneller Volksmusik zu tanzen.
- **Féria Céret de Toros** (www.feriadeceret.com, auf Französisch) Ein Stierwettlauf ist der Auftakt zu vier Tagen *corridas* (Stierkämpfe) und *novilladas*, Volksmusik, Tanz und Feuerwerk in Céret.

Juli & August

- **Festival International des Arts** Während dieses Sommerfestes finden im alten Dorf St-Cyprien jede Menge Klassikkonzerte statt.
- **Festival International de Musiques et des Arts de la Rue** Kostenloses Theater, Tanz, Musik und andere Straßenunterhaltung jeden Donnerstagabend in Perpignan (auch bekannt als Les Jeudis d'Été oder die Donnerstage des Sommers).
- **Le Babau de Rivesaltes** Am 1. August zieht eine karnevalähnliche Parade, angeführt von einem wilden Monster mit Reißzähnen (halb Drache, halb Leguan), durch die Straßen von Rivesaltes.

September

- **Fête de la Figue** Feigenfestival Mitte September in Banyuls-sur-Mer.
- **Marché Médiéval** Für den Mittelaltermarkt der Stadt kleidet sich ganz Perpignan in Strumpfhosen und Kopftücher.
- **Musique en Catalogne Romane** (www.musiquecatalogneromane.fr, auf Französisch) Das einmonatige Konzertfestival bringt Kammermusik nach Perpignan und Umgebung.

Oktober

- **Fête du Vin** Bei diesem Weinfest am dritten Wochenende im Monat wird ein Fass des neuen Weines des Jahres zur Cathédrale St-Jean in Perpignan getragen, um dort gesegnet zu werden.

Klecksen Schokomousse zum Nachtisch – sind sehr üppig.

La Passerelle (☎ 04 68 51 30 65; 1 cours Palmarole; Menüs 30–60 €, Hauptgerichte 19–24 €; ⏲ Di–Sa mittags & abends, Mo abends) Die hübsche Marine-Einrichtung weist auf die Reichtümer in der Küche hin: La Passerelle ist *das* Restaurant in Perpignan für Fisch aus dem Mittelmeer, alles frisch, nichts deutet hier auf Gefriertruhe oder Fischzucht hin.

Al Très (☎ 04 68 34 88 39; 3 rue de la Poissonnerie; 2-Gänge-Mittagsmenü 13 €, Hauptgerichte 20–26 €; ⏲ Di–So mittags & abends) In dem eleganten Restaurant mit rau verputzten, blutroten Wänden und einer riesigen, geschnitzten Holzbar wissen die Gäste die Frische der Zutaten und die innovative Küche zu schätzen.

La Galinette (☎ 04 68 35 00 90; 23 rue Jean Payra; Mittagsmenü 17 €, Hauptgerichte 28–30 €; ⏲ Di–Sa mittags & abends) Das Restaurant La Galinette serviert in einem eleganten Umfeld köstlich zubereitete Desserts und eine große Auswahl an regionalen Weinen. Wer sich überraschen lassen möchte, der sollte das Fischmenü *menu confiance* (50 €) probieren und den Koch das Beste aussuchen, was das Meer an dem Tag zu bieten hat.

SELBSTVERSORGER

Am Vormittag findet auf der Place de la République ein **Obst- und Gemüsemarkt** (⏲ Di–So) statt; Samstag ist Bio-Tag.

Die kurze Rue Paratilla wird wegen ihrer Läden, die getrocknete Früchte, Kräuter, Marmeladen, Schinken, Käse und mehr verkaufen, auch Rue des Épices (Gewürzstraße) genannt. Die **Epicerie Sala** (⏲ Di–Sa & So morgens) bei Hausnummer 1 wird seit 1913 von derselben Familie betrieben und ist sehr bekannt.

Ausgehen

Die meisten Cafés sind für ihre Dämmerschoppen und Cocktails bei Einbruch der Dunkelheit genauso beliebt wie für ihr Frühstück oder ihren Morgenkaffee. Die auf der Place Arago sind besonders voll.

Républic Café (☎ 04 68 51 11 64; 2 place de la République; Di–Sa 8–2, So 8–14 Uhr) Die Terrasse auf der Place de la République füllt sich zuerst. Aber es ist die exzentrische, von Gaudí inspirierte Inneneinrichtung mit gewundenen Formen und weißen Keramikfragmenten, die wirklich begeistert. Die Bar aus den typischen roten Ziegelsteinen ist leicht auszumachen: Ihre sonnengebleichten, hölzernen Fensterläden sind in einem himmlisch kitschigen Lila gestrichen.

Unterhaltung

Die Touristeninformation veröffentlicht monatlich den kostenlosen Ausstellungs- und Kulturführer *L'Agenda*. Das monatliche Magazin *So Aware* und *Le Bizz*, das alle zwei Monate erscheint, informieren über die Club

DALÍS GEDANKENGANG

Vielleicht mag man Salvador Dalís zweifellos mithilfe chemischer Substanzen hervorgerufener Behauptung widersprechen, dass der **Bahnhof von Perpignan** (S. 239) – ein Gebäude, das der katalanische surrealistische Maler (1904–89) auf der Leinwand verewigte – der Mittelpunkt des Universums ist. Dalí besuchte die Hauptstadt von Französisch-Katalonien 1965 und hatte dort angeblich eine Erscheinung. „Plötzlich erschien vor mir alles so klar wie ein Blitzschlag", schrieb er. „Ich fand mich selbst im Mittelpunkt des Universums wieder." Dalí beschrieb diesen unbestimmten Ort weiter als *„la source d'illuminations"* und *„la cathédrale d'intuitions"* – das brachte zweifellos ein Grinsen auf die Gesichter der einheimischen Tourismusbehörde und die der meisten Bewohner von Perpignan.

Zwischen 1950 und 1972 besuchte Dalí Perpignan regelmäßig. Sein bevorzugter Aufenthaltsort war das **Hôtel de France** (S. 235). Der Besitzer erzählt stolz, dass er immer voll beladen mit unsignierten Gemälden aus Spanien hierher kam. Im Schutz des Zeichenraums des Hotels, abgeschirmt von den gierigen, steuereintreibenden Blicken der Zollbehörden, signierte er seine Gemälde, bevor er sie mit der SNCF weiterschickte. Schwarz-Weiß-Fotos in der Hotellobby zeigen den exzentrischen Künstler mit dem charakteristischen Zwirbelbart in dem braunen Ledersessel, in dem er immer saß und der hier noch heute steht. Er übernachtete in Suite 218.

Ergebene Dalí-Fans aufgepasst: Das **Dalí-Theater-Museum** (Teatra-Museu Dalí; www.salvador-dali.org) und die Schmuckgalerie (Dalí Joies) im spanischen Figueras liegen nur 60 km mit dem Auto von Perpignan entfernt.

szene und das Nachtleben – in der Stadt eher langweilig, aber an der Küste im angesagten Torreilles (S. 241) richtig heiß.

Cinéma Castillet (☎ 08 92 68 01 29; 1 bd Wilson) Dieses wunderschöne Kino (erbaut 1911) mit seiner üppigen neobarocken Fassade und den Jugendstil-Buntglasfenstern und Keramikskulpturen an den Seitenwänden ist schon an sich eine Sehenswürdigkeit.

An- & Weiterreise

AUTO & MOTORRAD

Autovermietungen am Flughafen:

Avis (☎ 04 68 61 58 97)

Budget (☎ 04 68 56 95 95)

BUS

Vom **Busbahnhof** (☎ 04 68 35 29 02; av. du Général Leclerc) fahren von Montag bis Samstag mindestens sieben Busse (drei am Sonntag) von **Les Courriers Catalans** (☎ 04 68 55 68 00) über Elne (20 Min.) und Argelès-sur-Mer (35–40 Min.) an die Côte Vermeille von/nach Collioure (50 Min.), Port-Vendres (1 Std.), Banyuls-sur-Mer (1¼ Std.) und Cerbère (1¾ Std.). Aktuelle Fahrpläne und Preise gibt's unter www.cg66.fr (auf Französisch); einfach den Links „*transports*" folgen.

Von den acht täglichen Bussen durch das Têt-Tal nach Prades (1 Std.) und Villefranche (1¼ Std.) fahren vier weiter nach Vernet-les-Bains (1½ Std.).

Busse fahren regelmäßig durch das Tech-Tal nach Céret (50 Min.).

FLUGZEUG

Der **Aéroport International Perpignan Rivesaltes** (☎ 04 68 52 60 70) liegt 5 km nordwestlich der Stadt in Rivesaltes.

ZUG

Von Perpignans **Bahnhof** (bd du Conflent) fahren Züge durch die Pyrenäen nach Barcelona (34 € direkt, 2-mal tgl.; 18 € mit Umsteigen in Cerbère, mind. 3-mal tgl.). Es gibt auch regelmäßige Züge nach Montpellier (21,60 €, 1¾ Std.) über Narbonne (9,90 €, 45 Min.) und Béziers (13,10 €, 1 Std.). Nach Carcassonne (17,20 €, 1½ Std.) muss man in Narbonne umsteigen. Täglich fahren bis zu neun TGVs nach Paris/Gare de Lyon (105 €, 5 Std.).

Schon näher liegt da Cerbère (7,20 €, 40 Min., etwa 15-mal tgl.), das über Collioure (5 €), Port-Vendres (5,50 €) und Banyuls (6,30 €) zu erreichen ist.

Unterwegs vor Ort

BUS

Bei **CTPM** (☎ 04 68 61 01 13; 27 bd Clemenceau; 🕐 Mo–Fr 7.30–12.30 & 13.30–18.30, Sa 9–12 & 14.30–17 Uhr) gibt's Fahrpläne und Tickets (einfache Fahrt/hin & zurück 1,10/2 €, Tagespass/Zehnerkarte 4,10/7,80 €) für Stadtbusse.

Le P'tit Bus mit einem fröhlichen Punktemuster ist ein kostenloser Hop-on-Hop-Off-Minibus, der in einem Kreis durch die Stadt fährt; Busse 1 und 2 fahren zum Bahnhof.

FAHRRAD

Bei **Vélostation** (☎ 04 68 35 45 82; rue du Docteur Zamenhof; 1,50/3 € pro halben/ganzen Tag; 🕐 24 Std.) im ersten Untergeschoss von Parking Arago gibt's Räder zu leihen; Ausweis mitnehmen.

Schickt man eine SMS an ☎ 41230 oder loggt sich unter http://wap.bip-perpignan.fr (auf Französisch) ein, bekommt man sofort einen Benutzercode für die Selbstbedienungsfahrradverleihe der Stadt von **BIP!** (☎ 0800 200 307; www.bip-perpignan.fr, auf Französisch; formule liberté erste Stunde 1 €, dann 2 €/Std.), der sieben Tage gilt. An 15 Punkten in der Stadt stehen etwa 150 Fahrräder.

VOM/ZUM FLUGHAFEN

Navettes Aéroport (Airportshuttle; ☎ 04 68 55 68 00; Erw./Stud. 4,50/3 €) verkehrt zwischen Flughafen und der Innenstadt und hält am Bahnhof, an der Place Catalogne und am Busbahnhof. Die Fahrpläne stimmen mit den Ankünften/Abflügen der Flieger überein; die Fahrt dauert 15 Minuten.

TAXI

Taxiruf: **Accueil Perpignan Taxis** (☎ 04 68 35 15 15).

ÉTANG DE CANET ET DE ST-NAZAIRE

10 km östlich von Perpignan liegt dieser **See**, dessen zahlreiche Vögel auf einem 2 km langen Wanderweg begutachtet werden können, der an nachgebauten Fischerhütten im **Village des Pecheurs** (☎ 04 68 52 36 78; Eintritt frei; 🕐 Juni–Sept. tgl. 9.30–12.30 & 14.30–17.30 Uhr) vorbeiführt. In der ersten Hütte kann man Ferngläser ausleihen und Karten für zweistündige **geführte Touren** (Erw./unter 7 J. 3 €/frei; 🕐 Di & Do 10 Uhr) kaufen. In den anderen Hütten lagern die Fangnetze der Fischer.

Am wunderschönen Sandstrand gegenüber auf der anderen Seite der D81A ist kein einziger Touristenstand in Sicht – nur jede Menge Drachen, die am Himmel ihre Runden drehen.

Dünen und ein Radweg schirmen den Strand von der Straße ab und an den meisten Tagen weht hier ein heftiger Wind, der den Strand zu einem Mekka für einheimische Kite- und Windsurfer macht. **Camping Mar Estang** (☎ 04 68 80 35 53; www.marestang.com, auch auf Englisch; route de St-Cyprien; 2 Erw., Zelt & Auto Neben-/Hauptsaison 16/32 €; ⏰ April–Mitte Sept.) eignet sich gut, um hier sein Zelt aufzuschlagen.

Wer keine Betonblöcke oder Eis in giftigen Farben mag, der sollte **Canet Plage**, den nächsten Badeort zu Perpignan am Nordufer des Sees, meiden. Das einzig Gute an diesem aufdringlichen, lauten Badeort mit Süßigkeitenkiosken, Läden mit unechten Designerklamotten und Fast-Food-Restaurants ist der lange, breite Sandstrand und ein Aquarium für die Jüngeren. In der **Touristeninformation** (☎ 04 68 86 72 00; www.ot-canet.fr, auch auf Deutsch; place Méditerranée; ⏰ Juni–Sept. tgl. 9–19 Uhr, Okt.–Mai Mo–Sa 9–12 & 14–18, So 10–12 & 15–17 Uhr) direkt an der belebten Uferpromenade gibt's den üblichen Papierkram.

Im Landesinnern döst **Canet-en-Roussillon** vor sich hin, ein Dorf mit eingezäunten Schlossruinen und einer Kirche aus roten Ziegelsteinen mit einem Glockenturm und einem friedlichen Garten. Das **Restaurant Vigatane** (☎ 04 68 73 16 30; 2 rue des Remparts; Vorspeisen/Hauptgerichte 13/25 €; ⏰ Mo–Sa abends, So mittags & abends) neben den Ruinen ist mit seiner überdachten Terrasse, dem mit Knoblauch behangenen Innenraum und der leckeren katalanischen Küche ganzjährig gut besucht. (Eine *vigatane* ist eine katalanische Espadrille.)

ST-CYPRIEN

Dieses Dorf im Landesinnern liegt 20 km südöstlich von Perpignan und ist sehr friedlich. Auf der blumenbewachsenen Place de la République sind sonnengebleichte Fensterläden aus Holz in allen Farben des Regenbogens und das **Centre d'Art Moderne** (☎ 04 68 21 06 96; www.collectionsdesaintcyprien.com, auf Französisch; place de la République; Erw./12–18 J./unter 18 J. 6/4 €/frei, Audioguide 2 €; ⏰ Juli & Aug. tgl. 10–12 & 15–19 Uhr) unter einer Pergola mit Fliederblüten in einer Ecke zu finden. Danach geht's zur **Église de St-Cyprien** (place de l'Église), einem überwältigenden Gebäude aus roten Ziegeln und goldenen Steinen mit Zwillingsglockentürmchen und schwermütigen Klassikkonzerten (S. 237).

St-Cyprien-Plage (der hell gestrichene Wasserturm leuchtet nachts neonfarben!), 3 km östlich, ist mit seinen Trampolinen und Jahrmarktvergnügungen im und rund um den Sand ein richtiger Ferienort für Familien. Im Yachthafen dümpeln Boote und an den Kais am Hafen, wo Fischer um 8 Uhr morgens ihren Fang verkaufen, stehen Ferienhäuser. Die **Compagne Maritime Roussillon Croisières** (☎ 04 68 21 44 91; quai Arthur Rimbaud) veranstaltet Bootsfahrten entlang der Küste bis zur Côte Vermeille (S. 243), aber die Hauptattraktion sind die **Bootpartys** (15–50 €/Pers.; ⏰ Juli–Mitte Sept. Sa 19–5 Uhr), auf denen DJs auflegen.

Die **Touristeninformation** (☎ 04 68 21 01 33; www.tourisme-saint-cyprien.com, auf Französisch; quai Arthur Rimbaud; ⏰ Juli & Aug. tgl. 9–20 Uhr, Okt.–April Mo–Sa 9–12 & 14–18, So 10.30–12 & 15–17 Uhr, Juni & Sept. tgl. 9–12 & 14–18 Uhr) liegt am Hafenende der Promenade.

Der Quai Arthur Rimbaud ist gesäumt von Lokalen, darunter auch das zeitgenössische **Bonafice Coquillage** (☎ 04 68 82 57 62; quai Arthur Rimbaud; ⏰ tgl. mittags & abends), das Platten mit Meeresfrüchten aus der Region serviert, die es zum Essen vor Ort auf Barhockern oder zum Mitnehmen gibt.

In St-Cyprien ist das Dorf **La Cabana** (☎ 04 68 37 01 14; www.lacabana.fr, auch auf Englisch; 37 av. du Roussillon; Vorspeisen 8–10 €, Hauptgerichte 13–18 €; ⏰ tgl abends) in der Nähe des Kunstmuseums der Ort, um gegrillten Fisch zu essen, Sangria zu schlürfen, Tapas zu mampfen und zu Livebands abzugehen.

ELNE

3 km westlich des Dorfes St-Cyprien liegt diese Diözese aus dem 7. Jh., Roussillons Hauptstadt von 568 bis 1602, als die Kirchengewalt nach Perpignan verlegt wurde. Die einst befestigten Mauern aus dem 12. Jh. wurden 1672 unter Ludwig XIV. abgerissen, was das Dorf zu dem harmonischen und ruhigen Ort machte, der es heute ist. Im Juli und August werden auf den Plätzen *sardanes* (S. 43) getanzt.

Drei Routen führen die Besucher an den mittelalterlichen Mauern entlang, vorbei an Aristide Maillols beweglicher Skulptur der Pomona (der römischen Göttin der Früchte) am **Monument aux Morts** bis zur **Cathédrale Ste-Eulalie et Ste-Julie** (place de la Cathédrale), die 1069 geweiht wurde. Ihr mit blauen Venen durchzogener **cloître** (Kreuzgang; ☎ 04 68 22 70 90; Erw./12–18 J. 5/2 €; ⏰ Juni–Sept. 9.30–18.45 Uhr, Nov.–März 9.30–12 & 14–16.45 Uhr, April–Mai & Okt. 9.30–17.45 Uhr) aus Marmor aus dem 12. bis 14. Jh. gehört zu den schönsten Beispielen romanischer und gotischer Bildhauerei des Roussillon. In

INSIDER-INFORMATIONEN

Wer die angesagtesten Plätze zum Essen, Trinken und Feiern kennenlernen möchte, der sollte sich schnurstracks auf den Weg machen zu den goldenen Sandstränden von Torreilles Plage, der heißesten Adresse von Perpignan, 20 km östlich der Stadt. Am angesagtesten ist der **Zaza Club** (☎ 04 68 59 21 45; Vorspeisen/Hauptgerichte 8–12/11–22 €; 🕑 Mitte Juni–Mitte Sept. 11–2 Uhr) an der Plage Sud. Mit seiner Beleuchtung im Retro-Stil der 50er-Jahre und den Sofas am Strand wie in St-Tropez ist der Club der Ort, um mit der einheimischen High Society und dem Bürgertum zu essen und zu trinken. Am Wochenende ist eine Reservierung nötig und es werden keine Kreditkarten akzeptiert. Am Eingang zu Torreilles Plage geht es über den Kreisverkehr und anschließend fast sofort nach rechts beim Minigolfplatz. Dann folgt man der Straße – 700 m geteert, 1,3 km Schotterstraße durch das Naturschutzgebiet La Ribère – zum Strand.

Einen kleinen Spaziergang Richtung Norden an der Plage Centrale liegt **La Baraquette** (☎ 04 68 28 25 27; Vorspeisen/Hauptgerichte 8–12/25 €), ein angesagtes Lokal aus Treibholz, in dem gekühlter Wein in stylischen „Plastiktüten"-Kühlern und fabelhafte Meeresfrüchte mit reichlich kreativem Einschlag serviert werden. Sehr zu empfehlen ist die *Parillade royale* (eine Platte mit verschiedenen gegrillten Fischen). Auch hier gilt: keine Kreditkarten.

Wer in der Nähe übernachten will, der sollte sich für einen Wohnwagen oder einen Zeltplatz auf einem der vielen Campingplätze in Torreilles Plage entscheiden, darunter auch **Cap-sur-les-Dunes** (☎ 04 68 28 38 29; www.lesdunes.net, auch auf Deutsch; 2 Erw., Zelt & Auto 14,50–29 €; P ♿) am Strand. Oder man verprasst sein Geld im **La Vieille Demeure** (☎ 04 68 28 45 71; www.la-vieille-demeure.com, auch auf Englisch; 4 rue de Llobet; DZ 75–180 €; 🕑 Ostern–Okt.), einem himmlischen B&B im Dorf von Torreilles mit einem Zitrusgarten im Innenhof, dessen Gerüche ziemlich berauschend sind.

Eintrittspreis enthalten ist auch das Kunstmuseum direkt gegenüber, das **Musée Terrus** (3 rue Porte Balaguer; Erw./12–18 J. 2,50/1,20 €; 🕑 Juni–Sept. 9.30–19 Uhr, Nov.–März 9.30–12 & 14–17 Uhr, April–Mai & Okt. bis 18 Uhr), in dem Werke des einheimischen Malers Étienne Terrus (1857–1922) und seiner fauvistischen Zeitgenossen hängen.

In der **Touristeninformation** (☎ 04 68 22 05 07; www.ot-elne.fr, auch auf Deutsch; place St-Jordi; 🕑 Juli & Aug. Mo–Fr 9–19, Sa & So 9–12 & 14–18 Uhr, Sept.–Mai Mo–Fr 9.30–12 & 14–17 Uhr, Juni & Sept. auch Sa 9.30–12 Uhr) gibt's Infos über geführte Touren und das Klavierfestival im Sommer (S. 236), während dem die Kathedrale aus allen Nähten platzt.

Schlafen & Essen

Au Remp'Arts (☎ 04 68 22 31 95; www.remparts.fr, auch auf Deutsch; 3-5 place Colonel Roger; DZ 60/75 €) Kostenloser WLAN-Zugang. Diese *chambre d'hôtes,* eine von mehreren in Elne, ist genauso bekannt für ihre *table d'hôtes* (Menüs 18–29 €) – eher Restaurant als jemandes Zuhause – wie für ihre komfortablen Zimmer mit Blick auf den ruhigen Platz. Französisch sprechende Gäste werden dem Drang nicht widerstehen können, als Aperitif *un pipi d'ange* (das wird nicht übersetzt!) zu bestellen.

Hôtel Cara-Sol (☎ 04 68 22 10 42; www.hotelcarasol.com, auf Englisch; 10 bd Illibéris; DZ 85–100 €; ✳) Kostenloser WLAN-Zugang. Das einzige Hotel in Elne gehört zur qualitätsgarantierenden Logis-de-France-Organisation und ist eine malerische *maison de village* mit weitem Panoramablick aus einigen Zimmern und einer stimmungsvollen Terrasse auf der anderen Seite der ruhigen Straße.

ASPRES

Landeinwärts von Perpignan markieren Kork- und Obstbäume, struppige *garrigue* und Weinreben die unteren Lagen des Massif du Canigou, auch bekannt als die Aspres. **Thuir** (7430 Ew.), die Hauptstadt der Region, ist bekannt für Byrrh, eine Mischung aus süßem Rotwein und Tonic Water, die ursprünglich als medizinisches Getränk gedacht war und heute als Aperitif dient.

Die Kellertouren der **Caves Byrrh** (☎ 04 68 53 05 42; www.byrrh.com, auf Französisch; 6 bd Violet; Erw./unter 18 J. 2 €/frei; 🕑 Juli & Aug. 10–11.45 & 14–18.45 Uhr, April–Juni, Sept. & Okt. 9–11.45 & 14.30–17.45 Uhr, Nov.–März Di–So 10.45–15.30 Uhr), gegenüber der **Touristeninformation** (☎ 04 68 53 45 86; bd Violet; 🕑 Mo–Sa 10–12 & 15–19, So 15–18 Uhr), werden durch eine Kostprobe abgerundet. Im belebten Bistro **La Casa DaLie** (☎ 04 68 53 03 92; www.casa-dalie.fr, auch auf Englisch; 21 bd de la République; Menüs 21–43 €; 🕑 Do–Di mittags & abends) gibt's lokalen Wein zu sehr guter Küche.

ÜBERFLIEGER JOHN PENDRY

Mit zwei Weltmeisterschaftstiteln in der Tasche und einer wachsenden Familie unter seinen Fittichen hat John Pendry 1999 aufgehört, wettkampfmäßig zu fliegen – wie fest seine Füße seitdem mit dem Boden verankert sind, ist eine ganz andere Sache. Als leidenschaftlicher, außergewöhnlich talentierter Gleitschirmflieger und Kitesurfer, der nur einen Katzensprung von einem der windigsten Flecken der Welt entfernt lebt, könnte er – wenn er wollte – an den meisten Tagen im Jahr bis in den Himmel hochfliegen.

„In La Franqui gibt es 250 Tage im Jahr mit mindestens Windstärke 4 – dem Minimum zum Windsurfen. Und zum Kitesurfen kann man schon bei Windstärke 2 oder 3 ins Wasser gehen ...", erklärt der britische Ex-Champion, der mit seiner französischen Frau Dominique die Adreneline-Kitesurf- und Windsurf-Schule in La Franqui leitet. Als sie sich kennenlernten, war er Weltmeister im Drachenfliegen (1985) und im Gleitschirmfliegen (1997) und sie die Physiotherapeutin des französischen Drachenfliegerteams.

John wuchs in der Nähe von Brighton auf, lebte später auf der Isle of Wight und ist seit 1994 an diesem windigen Flecken des Roussillon zu Hause. Zufällig kommt Dominique aus der Gegend, aber ausschlaggebend für das dynamische Paar, sich hier niederzulassen, war der **Mondial du Vent** (www.mondial-du-vent.com, auch auf Englisch).

„Es ist ein riesiges Ereignis, das um die 120 000 Menschen anzieht und den Ort wirklich bekannt macht", sagte John über Frankreichs größten Kitesurfing-Wettbewerb. Der angesehene Wettkampf findet an neun Tagen im April statt und sprenkelt den Himmel von La Franqui mit windgepeitschten Drachen, die von den weltbesten Surfern meisterhaft unter Kontrolle gehalten werden. Er ist einer der wenigen Wettbewerbe, bei denen Kite- und Windsurfen kombiniert werden.

Und was ist sonst noch so toll an La Franqui und welcher Wind ist der beste? „Es ist ein Dorf mit einem riesigen Strand, relativ unbebaut und mit mehr Wind als überall sonst auf der Welt. Der Marin ist sanfter und der Tramontana stürmischer – zu stürmisch für viele Leute. Aber wer hier lebt, gewöhnt sich schnell daran", sagt La Franquis Überflieger mit einem verschmitzten Lächeln.

Nur 2 km weiter südlich gibt's das volle Programm in **Ste-Colombe-de-la-Commanderie** (550 Ew.), einem hübschen Dorf aus goldenen Steinen, umgeben von Weinreben. Im kleinen **Öko-Museum** (place de la Majorque; Eintritt frei; ⌚ Mai–Okt. 9–13 & 15–18 Uhr, Okt.–April 10–12 & 14–17 Uhr) der **Domaine des Trois Colombes** können Besucher sich eingehend mit der Weinbautradition befassen, die hier schon seit vier Winzergenerationen praktiziert wird. Im Dorf **Peu del Causse** (☎ 04 68 53 42 47; 6 Carrer del Canigo; EZ/DZ/3BZ/4BZ mit Frühstück 58/68/83/98 €; ⌚ Feb.–Okt.) gibt's eine schöne *chambre d'hôtes* mit fünf Zimmern und einem idyllischen, geheimen Garten, der hinter Steinmauern schlummert.

Noch mehr Weinberge liegen malerisch rund um **Castelnou** (330 Ew.), einer Ansammlung goldener Steinhäuser, gekrönt von einem Schloss, mit Blumen durchsetzten Verandas, Kopfsteinpflasterstraßen und Handwerksmärkten im Sommer, 6 km westlich von Thuir. Empfehlenswert sind außerdem: ein Besuch beim Honighersteller **Les Delices à la Ruche** (☎ 04 68 54 43 81; place au Village), wo man würzige Lebkuchen frisch aus dem Ofen mampfen kann; das mittelalterliche **Chateau** (☎ 04 68 53 22 91; Erw./10–18 J. 4,50/3,20 €; ⌚ Juli & Aug. 10–19 Uhr, sonst 11–17 oder 18 Uhr) besichtigen; im **L'Hostal** (☎ 04 68 53 45 42; www.restaurant-roussillon.com, auf Französisch; 13 Carrer Na Patora; Menüs 23–49,50 €; ⌚ April–Aug Di–So mittags & abends, Sept.–März nach Reservierung) bei einer unvergleichlichen Aussicht gegrillte Schnecken essen; im *chambre d'hôtes* **Le Figuera** (☎ 04 68 53 18 42; www.la-figuera.com, auf Französisch 3 Carrer de la Font d'Avall; EZ/DZ/3BZ mit Frühstück 70/80/105 €) unter einem Feigenbaum schlafen.

RICHTUNG NORDEN ZUM CAP LEUCATE

Ist man erst einmal dem Labyrinth an Schnellstraßen und Autobahnen entkommen, das sich um den Flughafen nördlich von Perpignan windet, bekommt man vielleicht schon einen Weinberg zu sehen ... oder ein Schild das zum nahen Gedenkmuseum (Eröffnung 2010) des angesagten französischen Architekten Rudy Ricciotti beim **Camp de Rivesaltes** nordwestlich der Ausfahrt 41 an der A9, weist. Zwischen 1939 und 1970 saßen insgesam

80 000 Menschen in dem Internierungslager – spanische Flüchtlinge, die 1940 vor der Diktatur Francos flohen, Juden auf dem Weg nach Auschwitz während des Zweiten Weltkriegs, deutsche Soldaten und andere Kriegsgefangene im Jahr 1945 und Tausende Algerier, die Ende der 60er-Jahre vor ihrem vom Krieg zerrütteten Land Schutz suchten. Letztere blieben bis in die 70er-Jahre. Und tasächlich ist ein Teil des Camps leider noch immer ein Internierungslager – heute für illegale Einwanderer.

5 km weiter im Norden ragt die beeindruckende **Forteresse de Salses** (☎ 04 68 38 60 13; Erw./unter 18 J. 6,50 €/frei; ⏲ Juni–Sept. 9.30–19 Uhr, Okt.–Mai 10–12.15 & 14–17 Uhr) aus dem 15. Jh. Empor, wo zeitgenössische Kunstinstallationen den Krieg darstellen.

Wesentlich süßer ist dagegen schon der Sirup Muscat, der aus den Weinbergen rund um **Rivesaltes** (8500 Ew.) 10 km nördlich von Perpignan kommt. Eine Vielzahl an Weinkellern in der Avenue Ledru Rollin in der Nähe der **Touristeninformation** (☎ 04 68 64 04 04; ⏲ Mo–Sa 10–12 & 15–19 Uhr) bietet Weinproben an und bei **Domaine Cazes** (☎ 04 68 64 08 26; 4 rue Francisco Ferrer; www.cazes-rivesaltes.com, auch auf Englisch; ⏲ Weinkeller Mo–Sa 8–12 & 14–18.30 Uhr, Juli & Aug. mittags) können die Besucher bei einem Mittagsteller mit Tapas (25–38 € inkl. Wein) Biowein kosten. Als Aperitif empfiehlt sich der bernsteinfarbene AOC Rivesaltes Ambré.

Danach geht's an den einzigen Streifen mit natürlichem Strand von **Torreilles Plage** (S. 241), 15 km östlich im Herzen des Naturschutzgebiets **La Ribère**.

Bei Einbruch der Dämmerung strotzt der hibbeligste Ort an der Küste nur so vor Geschäftigkeit: Am Nordufer des **Étang de Leucate** bildet eine Lagune zwischen Roussillon und der benachbarten Aude im Languedoc das **Centre Conchylicole**, eine Hüttensiedlung mit 40 *mas* (Fischerhütten mit Wellblechdächern), wo Erzeuger von Schalentieren ihre Ware frisch vom **Cap Leucate** verkaufen – unzählige Austern, Muscheln, Seeigel, perlrosa *tellines* und andere Schalentiere genießen in den blubbernden Meerwasserbänken ihre letzten Momente. Die Hütten an der *Rive gauche* bieten Plastiktische in der Abendsonne; die am rechten Ufer haben auch drinnen Sitzgelegenheiten. Ein Glas/eine Flasche des einheimischen trockenen Muscat kostet um die 0,80/4,60 €, sechs Austern 2,50 € und eine gemischte Platte (serviert auf einem Styroporteller) mit 36 Zutaten kostet 13,20 €. Die meisten Hütten haben täglich von 8.30 bis 13 Uhr und von 16 bis 20 Uhr geöffnet.

Um an einen der windigsten Orte an der Küste Frankreichs zu gelangen, geht's für ein paar Kilometer weiter auf der D627 Richtung Norden und dann Richtung Osten auf der D42 nach **La Franqui**: ein unberührter Weiler mit einem breiten Sandstrand, einer hohen Klippe und jeder Menge Platz zum Segeln und Surfen. Die **Strandsegelschule** (http://cercledevoile.free.fr, auf Französisch) für *char à voile* (Strandsegler) liegt neben **Camping des Coussoules** (☎ 04 68 45 74 93; chemin des Coussoules; 2 Erw., Zelt & Auto 8,30–15,50 €; ⏲ Mitte Mai–Mitte Sept. 8–21 Uhr) direkt am Meer und **Adreneline** (☎ 04 68 45 74 60; www.adrenaline-kitesurf.com, auch auf Englisch; 19 av. de la Méditerranée; pro 3/6/18 Std. mit Ausrüstung 140/250/590 €) gehört zu den besten Kitesurfschulen des Landes. Die **Touristeninformation** (☎ 04 68 40 91 31) an der Promenade gibt Auskünfte über einige wilde Wanderungen entlang dem windgepeitschten Kap und seinen Lagunen.

CÔTE VERMEILLE

Verglichen mit anderen Hot Spots am Mittelmeer ist die überwältigend malerische und halbwegs ruhige Côte Vermeille ein richtiges Schmuckstück. Sie erstreckt sich von Collioure nach Cerbère an der spanischen Grenze und schlängelt sich gefährlich rund um felsige Buchten und kleine Häfen vor der Kulisse der erbsengrünen Weinberge und den Vorbergen der Pyrenäen, die ins Meer eintauchen.

Ein Spaziergang an einem sonnigen Tag entlang dem Küstenweg ist richtig aufbauend: Der Abschnitt vom Leuchtturm von Cap Béar bis nach Paulilles, wo Frauen im 19. Jh. Dynamit herstellten, ist überwältigend. Für Rad- oder Motorradfahrer empfiehlt sich die Küstenstraße (D914) oder die nervenzerreißende Hochstraße (S. 247), die sich gnadenlos zur mittelalterlichen Tour Madeloc (652 m) hinaufzieht. Der Turm ist einer von vielen Warntürmen, die im 13. Jh. in den Hügeln von Katalonien erbaut wurden. Wer es wagt, seinen Blick von der Straße zu nehmen, wird mit einer atemberaubenden Aussicht belohnt.

Busse von /nach Perpignan (S. 233) fahren an der ganzen Küste entlang und Züge halten in Banyuls-sur-Mer und Cerbère, dem Umsteigebahnhof für Züge nach Spanien.

AUF DEN SPUREN DES FAUVISMUS

„Kein Himmel in ganz Frankreich ist so blau wie der in Collioure. Ich muss nur die Fensterläden vor meinem Zimmer öffnen und schon sehe ich alle Farben des Mittelmeeres vor mir." So äußerte sich Henri Matisse (1869–1954), Wortführer der *Fauves* (die wilden Tiere), die mit reinen Farben arbeiteten und ihre Leinwände mit harten Linien und Streifen, Rechtecken und hellen Sprenkeln füllten.

Der **Chemin du Fauvisme** (Fauvismus-Pfad) ist ein Wanderweg rund um Collioure, der einen an 20 Nachbildungen von Werken vorbeiführt, die Matisse und sein jüngerer Kollege André Derain 1905 malten; im August desselben Jahres ging Derain fort, aber Matisse blieb für weitere 12 Jahre in Collioure. Entweder man geht den Weg auf eigene Faust, man kauft den französischen Führer dazu bei der Touristeninformation (5,50 €), oder man nimmt an einer 1½-stündigen geführten Tour von **Espace Fauve** (☎ 04 68 98 07 16; www.collioure.net, auf Französisch; quai de l'Amirauté; Erw./Kind 6/5 €) teil.

COLLIOURE

2750 Ew.

Collioure ist im Sommer überfüllt und im Winter wie ausgestorben. Schon vor Jahren hat es sein traditionelles Dorfleben verloren, aber dennoch nichts von seinem natürlichen Charme eingebüßt. Mit der rosa Kuppel des Kirchenturms ist das alte Fischerdorf, wo Boote vor Häuschen in sanften Pastelltönen auf und ab hüpfen, das St-Tropez des Languedoc-Roussillon. Das Dorf wurde Anfang des 20. Jhs. bekannt, als die fauvistischen Künstler Henri Matisse und André Derain und später auch Picasso und Braque hierher kamen. Sie wurden von der verführerischen Landschaft und dem unnachahmlichen Licht angezogen.

Eine Art von künstlerischem Ruf ist geblieben: Im alten Fischerviertel, dem Vieux quartier du Mouré, drängen sich über 30 Galerien und Werkstätten und unzählige Straßenkünstler malen auf den Kais Porträts von den Touristen. Die Restaurants sind ziemlich touristisch – jede Menge Würstchen und Pommes Frites –, aber die uralten kulinarischen Produkte aus Collioure wie Wein und Anchovis (S. 245) bleiben an erster Stelle. Nach dem Mittagessen lockt ein Küstenpfad (S. 245), der einen weit weg von allem bringt.

Praktische Informationen

Touristeninformation (☎ 04 68 82 15 47; place du 18 Juin; www.collioure.com, auch auf Englisch; ⏲ Juli & Aug. Mo–Sa 9–20, So 10–18 Uhr, April–Juni & Sept. Mo–Sa 9–12 & 14–19 Uhr, Okt.–März Mo–Sa 9–12 & 14–18 Uhr)

Sehenswertes & Aktivitäten

Zwischen dem Port d'Avall und dem Port d'Amont liegt das **Château Royal** (☎ 04 68 82 06 43; Erw./Kind 4/2 €; ⏲ Juni–Sept. 10–17.15 Uhr, Okt.–Mai 9–16.15 Uhr), eine Uferfestung, die zwischen 1276 und 1344 als Sommerresidenz für die Könige von Mallorca errichtet wurde. Im 17. Jh. fügte Vauban die aufragenden Verteidigungswälle hinzu und baute das **Fort Miradou** (geschlossen) aus dem 14. Jh. wieder auf.

Am nördlichen Ende des Hafens diente der mittelalterliche Glockenturm der **Église Notre-Dame-des-Anges** (⏲ 9–12 & 14–18 Uhr) einst gleichzeitig als Leuchtturm – auch wenn die rosa Kuppel erst 1810 dazukam. Diese Kuppel ist das charakteristische Merkmal der Skyline von Collioure (sie ist von sechs goldenen Bilderrahmen rund um die Bucht aus zu bewundern). Ein steinerner Fußweg verbindet die Kirche mit der winzigen **Chapelle St-Vincent** (1701), die dem Schutzheiligen des Ortes gewidmet ist, der jedes Jahr am 17. August gefeiert wird.

Abseits der belebten Uferpromenade kann man bei **Le Dominicain** (☎ 04 68 82 05 63; www dominicain.com, auch auf Englisch; place Orphila; ⏲ Mo–Fr 8–12 & 13.30–19, Sa 9–12 & 15–19, So 10–12 & 15–19 Uhr außerhalb der Saison Mo–Sa verkürzte Öffnungszeiten) in den Weinbau eintauchen. Das ist genau der richtige Ort, um Wein von 160 einheimischen *vignerons* zu kosten und zu kaufen. Zweimal wöchentlich vermitteln geführte Touren (1 €) einen Einblick in die Geschichte des Gebäudes – die Kirche eines Dominikanerklosters aus dem 13. Jh. bis zur Revolution und dann ein Artilleriedepot.

Auf dem Hügel zeigt das **Musée d'Art Moderne** (☎ 04 68 82 10 19; route de Port-Vendres; Erw./12–18 J. 2/1,50 €; ⏲ Juni–Sept. 10–12 & 14–18 Uhr, Okt.–Mai Di geschl.) eine kleine Sammlung an Gemälden aus dem 20. und 21. Jh., darunter auch einige Szenen aus Collioure von Jean Peske

(1870–1949), dem postimpressionistischen ukrainischen Maler, der 1934 das Dorf davon überzeugte, das Museum zu errichten. Der Garten eignet sich perfekt für ein Picknick ebenso wie der Olivenhain, der sich dahinter hügelaufwärts bis zum **Moulin de la Cortina** (Eintritt frei; ⌚ April–Sept. Mi & So 10–12.30 Uhr) erstreckt. In der restaurierten Windmühle aus dem 14. Jh. werden im Dezember einige der schwarzen Oliven gepresst, die von den 1500 Olivenbäumen des Dorfes geerntet wurden. Für 1 l Öl sind 8 kg nötig.

In beide Richtungen ziehen sich Pfade an der Küste entlang. Der Richtung Westen war 2008 geschlossen. Gelbe Markierungen kennzeichnen den **Sentier de la Mauresque** Richtung Osten, der sich vorbei an felsigen Buchten bis nach Port-Vendres (2,5 km) schlängelt. Am besten stößt man 500 m östlich vom Dorf auf ihn, an der D14 neben der Bushaltestelle Centre Air Mer Soleil.

Collioures malerische Strände habe etwas für jeden Geschmack zu bieten: der Sandstrand **Plage du Boutigue** mit dem kinderfreundlichen seichten Wasser in der Bucht; der Kieselstrand **Plage Boromar** mit vielen Cafés gegenüber der Altstadt; und der Geröllstrand **Plage St-Vincent** zwischen der Église Notre-Dame-des-Anges und der Chapelle St-Vincent.

CIP Collioure (☎ 04 68 82 07 16; www.cip-collioure.com, auch auf Englisch; rue de la Tour d'Auvergne), gegenüber der Plage du Boutigue, organisiert Schnorchel- und Tauchausflüge.

Schlafen

Die Unterkünfte sind saisonabhängig; die meisten haben von April bis November geöffnet.

Ermitage Notre Dame de Consolation (☎ 04 68 82 17 66; http://ermitage.consolation.free.fr, auch auf Deutsch; route de Tour de Madeloc; DZ mit Gemeinschafts-/eigenem Bad 45/55 €; ⌚ April–Okt.) Außerhalb des Ortes an der Hochstraße (S. 247) gelegen ist dieses grüne Steingrundstück mit jahrhundertealter Geschichte und einer Kapelle aus dem 13. Jh. ein wahres Schmuckstück. Die zehn Zimmer sind leicht klösterlich, aber bequem. Es gibt jede Menge Wege durch Wein- und Olivenhaine und jeder kann im kühlen, schattigen Innenhof der Einsiedelei picknicken (1 €/Pers.) oder in dem Café im Freien ein leichtes Mittagessen zu sich nehmen. Die Open-Air-Musikkonzerte, die im Sommer jeden Donnerstag hier stattfinden, sind fabelhaft. Die Unterkunft liegt inmitten von Bäumen, 2,5 km von Collioure entfernt; die letzen 800 m von der D86 sind Schotterstraße.

Hôtel Les Caranques (☎ 04 68 82 06 68; www.les-caranques.com, auch auf Englisch; route de Port-Vendres; DZ mit Waschbecken 45 €, mit Bad 71–80 €; ⌚ April–Mitte Okt.) Das Hotel mit 20 Zimmern liegt einen 600 m langen Aufstieg vom Dorf entfernt. Die perfekte Lage gegenüber der Bucht bietet herrliche Aussichten auf das Schloss. Jedes Zimmer verfügt über einen Balkon mit Meerblick, die Möbel sind einfach, aber elegant und es gibt jede Menge schattige Plätzchen, um

ETWAS FISCHIGES

Kein katalanischer Küchenschrank ist komplett ohne ein Glas mit Anchovis aus Collioure. Ob in der Dose, im Glas, frisch, eingelegt, in Sahne, gesalzen oder in Öl mariniert – diese winzigen blauen Fische sind etwas ganz Besonderes. Ihr Fleisch ist so zart, dass sie nicht mechanisch verarbeitet werden können. So werden Anchovis heute noch immer von Frauen geschickt per Hand verarbeitet. Zuerst rubbeln diese *anchoieuses* die Anchovis mit Salz ab, um ihren Glanz zu erhalten. Wenn die Fische ausgenommen sind, ordnen sie sie Schicht für Schicht wie Fahrradspeichen in Plastikfässern an und streuen noch mehr Salz darüber. Die Fässer werden dann mit einem schweren Stein geschlossen, damit die Fische buchstäblich „bluten" (*font le sang)*, d. h. viel von ihrer Flüssigkeit verlieren. Nach drei Monaten wird jedes Filet abgespült, auf saugfähigem Papier getrocknet und dann in Öl eingelegt. Nach einem weiteren kurzen Salzbad werden sie schließlich in Dosen oder Gläser abgepackt.

Es gibt nur noch zwei von etwa 30 Pökelanlagen. Im *atelier* (Werkstatt) von **Anchois Desclaux** (☎ 04 68 82 05 25; www.anchoisdesclaux.com, auf Französisch; 3 route d'Argelès; ⌚ 9–12 & 14–19 Uhr), das in ein Öko-Museum umgewandelt wurde, können die Besucher die Fische probieren und kaufen, ein 15-minütiges Video anschauen und den *anchoieuses* bei der Arbeit zusehen. Das nahe gelegene **Anchois Roque** (☎ 04 68 82 04 99; www.anchois-roque.com, auf Französisch; 17 route d'Argelès; ⌚ 8–12 & 14–18.30 Uhr) lädt Interessierte zum Zuschauen, Kosten und Kaufen ein: Alphonse Roque begann 1870 vor fünf Generationen in Collioure als ein *tonnelier-saleur* (Küfer und Einsalzer).

die atemberaubende Aussicht zu genießen. Leider geht das Paar, das Les Caranques seit 1960 betrieben hat, in Rente. Veränderung liegt also in der Luft.

Le Relais des Trois Mas (☎ 04 68 82 05 07; www.relaisdestroismas.com, auch auf Englisch; route de Port-Vendres; DZ 160–290 €; Feb.–Nov.; P) Die 4-Sterne-Unterkunft bietet den gleichen traumhaften Ausblick wie ihre preisgünstigere Nachbarin. Eine Reihe traditionell gestrichener Hütten liegen verteilt zwischen Steinen und einem Terrassengarten – der schottische Architekt und Designer Charles Rennie Mackintosh hat wie viele andere diesen Ort auf Bildern festgehalten. Menüs im Hotel-Restaurant kosten 38 und 85 €.

Weitere Empfehlungen:

Hôtel Boramar (☎ 04 68 82 07 06; 19 rue Jean Bart; DZ 57–76 €, 4BZ 72 €; April–Nov.) Am Strand in der Bucht mit Aussicht aufs Schloss und die Kirche.

Hôtel Triton (☎ 04 68 98 39 39; 21 rue Jean Bart; DZ €55–90, 3BZ/4BZ 90/95 €;) Der Ufernachbar des Boramar hat ganzjährig geöffnet.

Essen

Im Straßenlabyrinth der Altstadt und entlang dem Boulevard du Boramar reiht sich ein Restaurant ans nächste. Hier kostet ein Mittagsmenü mit Fisch zwischen 15 und 20 €. Mittwoch- und sonntagmorgens ist Markt auf den Kais und **La Cuisine** (rue de la Tour d'Auvergne; vorbereitete Gerichte 12–28 €/kg) am Ende der Gasse gegenüber dem runden Steinturm in der Bucht bereitet phantastische, hausgemachte Gerichte zum Mitnehmen zu – alles von frischem Tintenfisch bis hin zu Lamm-Tajine. Luxuriöses Picknickfutter!

La Voile de Neptune (☎ 04 68 82 02 27; www.leneptune-collioure.com, auf Französisch; route de Port-Vendres; Vorspeisen/Hauptgerichte 10/25 €; Feb.–Nov.) „Neptuns Segel" ist die günstigere Filiale von Chefkoch Jean-Claude Mourlanes angrenzendem Restaurant mit Michelin-Stern, Le Neptune (Menüs 38 und 54 €). Hier gibt's leckere Salate (13 €) und eine herrliche Aussicht auf das Schloss. Ausschau halten nach den Segeln, die in der Bucht flattern.

Unterwegs vor Ort

Von April bis November tuckert ein **elektrischer Touristenzug** (☎ 06 15 15 66 04; Erw./unter 12 J. 6,50/4,50 €) zwischen Collioure und Port-Vendres entlang und **Shuttleboote** (☎ 06 84 37 47 44; Erw./Kind 8/5 €) fahren von/nach Argelès-sur-Mer.

Trem Bike (☎ 04 68 82 59 77; 5 rue de la Tour d'Auvergne; 8.30–12.30 & 13.30–18 oder 19 Uhr) verleiht Fahrräder (18 €/Tag).

PORT-VENDRES

5900 Ew.

Roussillons einziger natürlicher und Tiefwasserhafen wird genutzt, seit griechische Seefahrer sich an der felsigen Küste herumtrieben. Bis zur Unabhängigkeit von Frankreichs nordafrikanischen Territorien in den 60er-Jahren war er ein wichtiger Hafen, der diese mit dem Festland verband, und auch heute noch ist er ein bedeutender Fracht- und Fischerhafen. Von den Fischern, die auf dem Fischmarkt **criée aux poissons** ihre Sardinen verkaufen, bis zu den himmelhohen Kränen, die Container mit frischem Obst – 220 000 t im Jahr 2006 – von den Frachtdampfern in das Kühllager des hochmodernen Obstterminals hieven, das zum Teil von Solarenergie betrieben wird, ist Port-Vendres ein geschäftiger Ort. Seit 2009 bietet ein neuer Kai, der groß für 155 m lange Schiffe ist, noch mehr Platz zum Stapeln von Frachten in diesem Hafen.

Zu den verschiedenen Künstlern, die hier malten, gehörte auch der schottische Architekt und Wasserfarbenkünstler Charles Rennie Mackintosh (1868–1928) – am bekanntesten für sein Stuhldesign –, der 1925 und 1926 hier den Winter verbrachte. In der **Touristeninformation** (☎ 04 68 82 07 54; 1 quai François Joly; www.port-vendres.com, auf Französisch; Juli & Aug. 9–19.30 Uhr, Sept.–Juni Mo–Sa 9–12.30 & 14–17.30 oder 18.30 Uhr) gibt's eine Broschüre mit einem Rundweg durch die Stadt, vorbei an 16 Reproduktionen seiner Wasserfarben und zum **Musée Charles Rennie Mackintosh** (☎ 04 68 82 22 26; Jardin du Dôme; Eintritt frei; Mo–Fr 16–18 Uhr).

Von Port-Vendres schlängelt sich ein **Küstenpfad** 4 km in östliche Richtung vorbei am Handelshafen und La Môle mit dem Metallleuchtturm (1848) bis zum **Cap Béar**, das von einem Leuchtturm aus Ziegelsteinen (1905) gekrönt wird. Von hier geht's weitere 4 km Richtung Süden nach Paulilles (s. unten).

PAULILLES

Strahlende, zinnoberrote Steine, Weinterrassen und der 35 m hohe Schornstein aus roten Ziegeln einer Dynamitfabrik aus dem 19. Jh wachen über die **Baie de Paulilles**, eine traumhafte, schmale Bucht mit Kieselstränden 4 km nördlich von Banyuls. Trotz der offensichtlichen Gefahren, die das Arbeiten mit hoch-

DIE HOCHSTRASSE

Eine der dramatischsten Straßen des Languedoc-Roussillon, die D86, verbindet Collioure und Port Vendres mit Banyuls-sur-Mer (18 km bzw. 16 km). Die Strecke ist von jeder Richtung kommend unvergesslich – die Straßen von Collioure und Port Vendres treffen am Col de Molló (231 m), gleich östlich der mittelalterlichen Tour Madeloc (652 m), aufeinander – und wird immer besser, während die Straße, die nicht viel mehr als eine einspurige Fahrbahn mit den seltsamen Ausbuchtungen zum Ausweichen ist, über Weinberge, durch Mandel- und Feigenhaine, Gebüsch und vorbei an kahlen Schiefervorsprüngen zu einer Weltklasse-Lage hoch über der Küste führt. Um die der Schwerkraft trotzenden Trockenmauern der viel bejubelten Weinberge von Banyuls aus der Vogelperspektive zu sehen, folgt man am besten dieser Straße.

Die D86 ist gut angeschrieben und vom Südende von Collioure aus leicht zu erreichen. In Port Vendres fährt man an der D914 500 m Richtung Süden aus dem Dorf hinaus und biegt gleich nach dem Weinstand von Cave Tambour – mit der meterhohen grünen Weinflasche nicht zu übersehen (nicht anhalten, man braucht noch alle seine Sinne!) – an einer scharfen Kurve rechts ab auf die einspurige D86, die einfach mit Madeloc und Circuit du Vignoble beschildert ist. In Banyuls-sur-Mer geht es am Kreisverkehr vor dem Hôtel de Ville an der Uferpromenade entlang der Avenue du Général de Gaulle ins Landesinnere, immer den Schildern zur Tour de Madeloc folgend.

explosiven Materialien barg, war die Arbeit in der von Alfred Nobel entworfenen Fabrik – von 1870 bis 1984 in Betrieb – das Paradies auf Erden (mit einem Preis). Die rund 800 Arbeiter bekamen kostenlose Unterkünfte, durften ihre Kinder umsonst zur Schule schicken usw. Im alten Haus des Fabrikdirektors an der **Site de Paulilles** (☎ 04 68 95 23 40; Eintritt frei; ⌚ Juni–Sept. 9–20 Uhr, sonst verkürzte Öffnungszeiten, kostenlose 1½-stündige, geführte Touren Di–Do, Sa & So 11 & 14 Uhr) erfahren die Besucher auf faszinierenden Schwarz-Weiß-Bildern mit detaillierten Bildunterschriften (auf Englisch) mehr über das gefährliche Leben der Arbeiter und die 30 Explosionen, die im Laufe eines Jahrhunderts 50 Menschenleben kosteten. Ein Spaziergang zwischen Kiefern, Bananenbäumen und industriellen Überresten vom 32,5 ha großen, sorgsam durchdachten Grundstück bis zur **Plage de l'Usine** ist eine gefühlsgeladene Erfahrung.

Genauso unvergesslich ist das Festmahl an einheimischen Produkten, Chili-Chutney, Auberginenkaviar und Schokoladen-Ingwer-Mousse, das unter freiem Himmel bei **Les Clos de Paulilles** (☎ 04 68 98 07 58; www.clos-de-paulilles.com, auf Französisch; Menü inkl. Wein & Kaffee 39 €; ⌚ Ende Mai–Sept. Mo–Sa abends, So mittags & abends) serviert wird. Das absolut traumhafte Weingut überblickt die Baie de Paulilles. Zu dem einen festen Menü des Weinguts gehören Kaffee und der eigene Wein, den man täglich ab 10 Uhr kosten und kaufen kann. Von Port-Vendres kommend fährt man unter den Schienen durch und dann liegt das Weingut auf der linken Seite.

In der *chambre d'hôtes* **Domaine de Valcros** (☎ 04 68 82 04 27, 06 85 87 14 23; www.domainedevalcros.com, auf Französisch; DZ mit Frühstück 80–85 €) auf demselben Grundstück wie Les Clos de Paulilles fallen die Gäste aus den Betten direkt auf den Strand und glauben, sie sind im Paradies.

BANYULS-SUR-MER

5000 Ew.

Der Kieselstrand von Banyuls, 6 km südlich von Paulilles, ist gleichbedeutend mit Wein, besonders dem Dessertwein aus den Trauben, die gestützt von Trockenmauern in den Terrassenweinbergen wachsen. Mehrere Winzer im Ort bieten Weinproben *(dégustation)* an, aber die meisten liegen etwas vom Meer entfernt.

Domaine Cave Berta Maillol (☎ 04 68 88 36 96; www.bertamaillol.com, auch auf Englisch; 17 av. de la République) in einer bezaubernden alten Villa gegenüber der **Touristeninformation** (☎ 04 68 88 31 58; www.banyuls-sur-mer.com, auf Französisch; av. de la République; ⌚ Juli & Aug. 8.30–20 Uhr, Sept.–Juni Mo–Sa 9–12 & 14–18 Uhr) ist ein Weinkeller am Ufer. Der Wein von der nahe gelegenen **Domaine Le Casot des Mailloles** (☎ 04 68 88 52 52; 17 av. du Puig del Mas) ist 100 % biologisch. Der viel beworbene **Cellier des Templiers** (☎ 04 68 98 36 92; www.banyuls.com, auch auf Englisch; route du Mas Reig), 1,75 km im Landesinnern, veranstaltet nach einem 15-minütigen Video Kellertouren (allerdings ist der posierende Chef nicht auszustehen).

Am südlichen Ende des Ufers am Freizeithafen liegt die ozeanografische Forschungseinrichtung der Pariser Université Pierre et Marie Curie **Laboratoire Arago** (☎ 04 68 88 73 39; Erw./6–12 J. 4,60/2,30 €; ⏲ Juli & Aug. 10.30–13 & 14–21 Uhr, Sept.–Juni 10–12 & 14–18.30 Uhr) mit einem Aquarium, in dem hiesige Meereslebewesen gezeigt werden. Hier gibt's auch die ersten Unterwasserfotografien zu sehen, die 1894 vom französischen Botaniker Louis Bouton in Banyuls gemacht wurden.

Ganz in der Nähe räkelt sich **La Jeune Fille Allongées** (Das junge, liegende Mädchen; 1921) in Bronze zwischen Blüten. Die Skulptur ist das Werk des aus Banyuls stammenden Bildhauers Aristide Maillol (S. 45), dessen Familienhaus 4 km im Landesinnern das bezaubernde **Musée Maillol** (☎ 04 68 88 57 11; route des Mas; Erw./7–14 J. 3,50/2,50 €; ⏲ Mai–Sept. 10–12 & 14–19 Uhr, Okt.–April bis 17 Uhr) beherbergt.

Wassersportfanatiker können mit der Tauchschule **Aqua Blue Plongée** (☎ 04 68 88 17 35; 5 quai Georges Petit) die Tiefen des Meeres ergründen. Bei den Schnorchel- (13–28 €) und Tauchausflügen geht's auch in die herrliche **Réserve Marine de Cerbère-Banyuls**, ein nahe gelegenes Wasserschutzgebiet, in dem die Flora und Fauna des Wassers bewundert werden kann. Am Ufer, gegenüber von Kai E am Freizeithafen, bietet der **Point Information** (☎ 04 68 88 56 87; ⏲ Juli & Aug. 10.30–12.30 & 16.30–18.30 Uhr) in einer 25-minütigen Dokumentation jede Menge Infos. Sein Nachbar, **Aleoutes Kayak Mer** (☎ 04 68 88 34 25; www.kayakmer.net, auf Französisch), gegenüber von Kai C organisiert Kajakfahrten aufs offene Meer – darunter auch Sonnenuntergangsfahrten und Campen über Nacht –, bei denen man die zauberhaften Buchten und Verstecke an der felsigen Küste erkunden kann.

Schlafen & Essen

Einfaches Essen *à la catalane* gibt's in der Fußgängerzone Rue St-Pierre, der Hauptstraße der Altstadt. Beim örtlichen Fischhändler **Poissonnerie Côte Vermeille** bei Hausnummer 6 gibt's sechs Austern, eine Krabbe oder Anchovis und ein Glas Weißwein (10–12 €), und Tapas gibt's bei **Casa Miguel** (☎ 04 68 88 31 06; 3 rue St-Pierre; Menüs 22 €; ⏲ tgl. mittags & abends).

El Llagut (☎ 04 68 88 03 12; av. du Fontaulé; DZ 62–72 €; ✖) Das Hotel am Meer mit einer lachsfarbenen Fassade bietet einen Platz zum Essen (Al Fanal; Mittagsmenü 18–21 €, Abendmenü 28 €; April–Mitte Okt. mittags & abends, Mitte Okt.–März Fr–Di mittags & abends) und nautisches Ambiente. Und das schon seit den 50er-Jahren, was die Schwarz-Weiß-Fotografie draußen beweist. Die Küche ist ausschließlich regional.

CERBÈRE

Im Süden Richtung Spanien liegt dieses kleine Küstendorf 4 km von der Grenze entfernt ebenfalls in einer grandiosen Landschaft aus felsigen Buchten und wild wucherndem Wein. Obwohl es von den unproportional großen Bögen der Eisenbahnlinie und der Gare Internationale dominiert wird, die hoch über dem Ufer aufragen, ist Cerbère mit seinen pastellfarbenen Häusern rund um eine kleine Bucht mit Kieselsteinen trotzdem ein hübscher Ort.

2,5 km weiter in Richtung Norden geht's von der D914 ab zum **Sentier de Sous Marin** (Eintritt frei; ⏲ Juli & Aug. 12–18 Uhr), einem 500 m langen Unterwasserweg, der Schnorchler zu fünf Bojen bringt mit Unterwasser-Informationstafeln über die Flora und Fauna des Meeres in der **Réserve Marine de Cerbère-Banyuls**

DER LETZTE ANLAUFHAFEN

Spaniens Portbou, 1 km von der spanisch-französischen Grenze entfernt und 5 km südlich von Cerbère, war der letzte Anlaufhafen für den deutsch-jüdischen Philosophen Walter Benjamin (1892–1940). Nach seiner Flucht aus dem von den Deutschen besetzten Paris, wo er seit 1933 im Exil gelebt hatte, starb er hier 1940 an einer Überdosis Morphium. Sein Leichnam wurde auf einem katholischen Friedhof auf einer Klippe begraben. Heute ist das Grab mit der **Passage** (1990–94) markiert – ein Denkmal für den Philosophen des 20. Jhs. in Form einer mit Bronze bedeckten Treppe, die zum Meer hinunterführt. Der aus Tel Aviv stammende Bildhauer Dani Karavan ist der Künstler.

Von der Uferpromenade El Passeig de la Sardana geht's rechts die Avinguda de Barcelona entlang, dann dem Schild mit der Aufschrift „Memorial W Benjamin" folgen. Am Ende der Straße steigt man die Stufen hinauf, biegt oben nach links ab und folgt der weißen Mauer bergaufwärts entlang der Pujada del Mirador zum Friedhof und zur Gedenkstätte.

Der Kiosk am Kieselstrand **Plage de Peyfrefite** verleiht Schnorchel, Maske und Flossen (bis 17 Uhr) für 5 € (7 € mit Hightech-FM-Unterwasserkommentar!). Wär das was? Einen eintägigen Tauchausflug mit Mittagspicknick gibt's bei **Plongée Cap Cerbère** (☎ 06 80 13 83 77; www.capcerbere.com), einer Tauchschule am gleichen Strand.

Bei **La Dorade** (☎ 04 68 88 41 93; www.hotel-ladorade.com; Front de Mer; DZ 49–59 €; 🕑 April–Sept.) in Cerbère gibt's einfache Zimmer und großartigen Fisch, Schnecken, mit Kabeljau gefüllte Paprika und weitere katalanische Gerichte (Menüs 19,50–23 €) in einer Reihe von Häusern mit Terrasse am Wasser.

MASSIF DES ALBÈRES

Direkt an der spanischen Grenze liegt dieses Gebirgsmassiv, eine geschützte Gegend, in der eine von Frankreichs seltensten und bedrohtesten Tierarten in dichten Korkeichenwäldern ums Überleben kämpft: die Griechische Landschildkröte. Einen Ausblick aus der Adlerperspektive über den grünen Lebensraum der Schildkröten bietet die Festung **Fort de Bellegarde** (☎ 04 68 83 60 15; Erw./6–12 J. 3/2 €; 🕑 Juni–Sept. 10.30–18.30 Uhr), deren schiere Größe die Menschen wie Zwerge erscheinen lässt. Das ursprüngliche Chateau auf dem Hügel wurde im 14. Jh. am Südrand von **Le Perthus** (620 Ew.) errichtet. Es stößt fast an die französisch-spanische Grenze (die heute durch die Pyramide des katalanischen Architekten Ricardo Bofill markiert ist, auf der die zwei Katalonien abgebildet sind) und wurde 1679 von Vauban wieder aufgebaut. Die kostenlosen Open-Air-Jazzkonzerte, die im Sommer im Fort stattfinden, und die mächtige Panoramaaussicht über die spanischen Ebenen, das Massif du Canigou und die zum Meer hin abfallenden Albères sind gleichermaßen bemerkenswert.

Im **Musée du Liège** (☎ 04 68 83 15 41; av. Maréchal Joffre; Eintritt frei; 🕑 Mitte Juni–Mitte Sept. 10.30–12 & 15.30–19 Uhr, sonst 14–17 Uhr) in **Maureillas la Illas** (2280 Ew.) 8 km nordwestlich erfahren die Besucher, was mit der Rinde der Korkeiche passiert, die alle 15 Jahre geerntet wird. Oder man besichtigt die Korkeichen in ihrer natürlichen Umgebung: entweder entlang markierter Wanderpfade im Dorf **Vivès** (130 Ew.), wo auch das **Institut Méditérranéen du Liège** (Mediterranes Korkinstitut; ☎ 04 68 83 39 83; www.institutduliege.com, auf Französisch; 23 route du Liège) zu Hause ist, oder auf einer Mandelfarm in **Laroque des Albères** (1940 Ew.). Die **Maison de l'Amande** (☎ 04 68 89 11 53; av. des Mas Catalans; 🕑 Mai–Sept. 10–12 & 15–19 Uhr) ist die ganze Leidenschaft von Christine Llense, deren Vater 1982 21 ha mit Mandelbäumen bepflanzte. Hier lohnt sich ein Besuch das ganze Jahr über. Ende Februar oder Anfang März blühen die Bäume in zarten Rosa- und Weißtönen, im Juli hängen frische, grüne Mandeln daran und Ende August oder Anfang September können die trockenen Mandeln geerntet werden. Im Shop der Mandelfarm können Besucher sich aussuchen, was sie möchten, und Mandelöl, Mandelmehl und andere hier hergestellte Erzeugnisse kaufen.

Malerische Kapellen liegen auf den bewaldeten Hängen des Massivs verteilt, darunter auch die **Église St-Martin-de-Fenollar** (☎ 04 68 87 73 82; Erw./8–15 J. 3/1 €; 🕑 Mitte Juni–Mitte Sept. 10–12 & 15–19 Uhr, sonst Mi–Mo 14–17 Uhr) südwestlich von Le Boulou, die 300 m abseits der D900 angeschrieben ist und deren Fresken aus dem 12. Jh. von Picasso und Braque 1910 sehr bewundert wurden. Weitere Kapellen in **St-Genis-des-Fontaines** (www.ville-saintgenisdesfontaines.fr, auf Französisch), **St-André** (www.saint-andre66.fr, auf Französisch) und der mit Fresken geschmückten **Prieuré Santa Maria del Vilar** (http://prieuresantamaria.free.fr/) in der Nähe von Villelongue-dels-Monts führen den *art-roman*-Pfad (S. 43) weiter.

Der sehr belebte Badeort **Argelès Plage** liegt am nordöstlichen Rand des Massif des Albères und an allen Straßen, die hier herführen, sind Campingplätze zu finden.

SCHLAFEN & ESSEN

Les Palmiers (☎ 04 68 89 73 61; 33 rue Louis et Michel Solar, Laroque des Albères; DZ mit Frühstück 95 €) Gegenüber von Laroques malerischem Dorfplatz bietet dieses Gourmetrestaurant eine phantastische Auswahl an Menüs mit Zutaten frisch vom Markt (22–75 €; Mai–Sept. Di–Fr, So mittags & abends, Mai–Sept. Sa abends, Okt.–April Mo–Fr mittags & abends, Sa abends, So mittags), eine sehr gute Weinkarte und elegante Zimmer im Dachgeschoss.

L'Hostalet de Vivès (☎ 04 68 83 05 52; www.hostalet-vives.com, auch auf Englisch; Menüs 21,50 & 33 €; 🕑 Mitte Juni–Mitte Sept. Do–Di mittags & abends, sonst Do–Mo mittags & abends) Das altmodische Gasthaus in einem Steinhaus aus dem 12. Jh. in Vivès ist eine lokale Institution, die am Wochenende immer voll ist. Hier wird 100 % katalanische Küche zubereitet. Berühmt sind die *boles de picolat* (würzige Fleischbällchen) und die *crème catalane*, die in einer halben Melone serviert wird. Achtung: Die Portionen sind riesig – daher vielleicht auch die B&B-Zimmer (DZ Neben-/Hauptsaison 60/75 €) im Dorf!

VALLÉE DU TECH

Frankreichs südlichstes Tal wird auch **Vallespir** genannt und erstreckt sich Richtung Mittelmeer am Lauf des Flusses Tech entlang, zwischen dem parallel verlaufenden Têt (Norden) und der Grenze zu Spanien (Luftlinie ca. 15 km südlich). Irgendwie erstrahlen die Dächer in diesem dunstigen katalanischen Tal röter als anderswo, und die Bewohner brauchen keine Entschuldigung, um spontan eine *Sardana* zu tanzen. Im Februar, wenn die Bären aus ihrem Winterschlaf erwachen, werden während der **Fête de l'Ours** (S. 236) Tierpelze herausgeholt und die Gesichter schwarz angemalt.

Bis zu zwölf Busse am Tag fahren durch das Tal von/nach Perpignan.

CÉRET

7600 Ew.

Céret ist bekannt für seine saftigen Kirschen (die erste Ernte der Saison gebührt dem französischen Präsidenten) und sehr katalanisch – hier fühlt man sich nicht mehr wie in Frankreich. Der Ort liegt in den Vorbergen der Pyrenäen und die karamell- und ockerfarbenen Steinhäuser saugen die Sonne auf, während die Einwohner bei Sangria und Tapas über Stierkämpfe diskutieren. Am Ostrand der Siedlung führt die vom Teufel gebaute mittelalterliche Brücke **Pont du Diable** in einem todesverachtenden Bogen über den Tech – als die Brücke 1341 erbaut wurde, war das der größte Bogen der Welt.

Mal abgesehen von den vielen *Férias* mit *Corridas* (S. 236) ist es das herausragende **Musée d'Art Moderne** (☎ 04 68 87 27 76; www.musee-ceret.com, auf Französisch; 8 bd Maréchal Joffre; Erw./12–18 J. 8/6 €; 🕑 Mai–Sept. 10–19 Uhr, Okt.–April Mi–Mo bis 18 Uhr), das die Besucher anzieht. Es ist erstklassig ausgestattet und die innovative Architektur zeigt eine Sammlung, die Picasso, Braque, Chagall, Matisse, Miró, Dalí und anderen Künstlern, die das Museum besuchten, viel verdankt. Jeder von ihnen spendete das eine oder andere Werk: Zwischen 1910 und 1911 mietete Picasso zusammen mit Braque das Haus Nr. 1 in der Rue des Évadés de France in Céret und spendete schon allein 53 Werke.

Von der Galerie in der Mitte der von Cafés gesäumten Hauptstraße, die im Sommer von einem grünen Schirm aus Platanengewächsen bedeckt ist, geht's Richtung Osten und dann am Ende nach rechts am Boulevard Jean Jaurès entlang. Durch die **Stadtmauer** (place Picasso) hindurch kommt man zur **Maison du Patrimoine** (☎ 04 68 87 31 59; www.maisondupatrimoine-ceret.fr, auf Französisch; place Picasso; Erw./12–18 J. 2,50/1,50 €; 🕑 Juli & Aug. Mo–Sa 10–13 & 15–19 Uhr, Sept.–Juni Mo–Fr 10–12 & 14–17 Uhr), die Einblicke in die einheimische Kultur vermittelt. **Cellier des Arcades** (3 rue Danton) nebenan ist ein Weinladen voll mit Wein zum Kosten und Kaufen.

Ein perfekter Tag endet mit *un verre* (einem Drink) unter Platanengewächsen in der Altstadt auf der **Place des 9 Jets**, einem zauberhaften Platz, wo einheimische Studenten musizieren und die **Fontaine des 9 Jets** sprudelt, wie sie es schon seit 1313 tut.

Praktische Informationen

Touristeninformation (☎ 04 68 87 00 53; www.ot-ceret.fr; 1 av. Clemenceau; 🕑 Juli & Aug. Mo–Sa 9–13 & 14–19, So 10–13 Uhr, Sept.–Juni Mo–Fr 10–12 & 14–17, Sa 9–12.30 Uhr) Gleich um die Ecke von der Hauptstraße Boulevard Maréchal Joffre; am östlichen Ende nach links.

Schlafen & Essen

Auf dem Boulevard Maréchal Joffre, dem Boulevard Jean Jaurès und der eleganten Place des 9 Jets gibt's jede Menge Restaurants und Lokale. Wer ausschließlich Bioprodukte vom Bauernhof verzehren möchte, der geht am besten zum Frühstück oder Mittagessen zu **La Praline** (☎ 04 68 87 71 21; 4 rue Pierre Rameil) an der Place Picasso. Dort gibt's Käse, kalte Wurst- und Fleischplatten und Salate.

LP Tipp **Hôtel Vidal** (☎ 04 68 87 00 85; 6 place Soutaine; DZ 40 €) Gleich um die Ecke vom Boulevard Jean Jaurès – *quelle surprise!* Dieser Bischofspalast mit Palmen aus dem 19. Jh., schmiedeeisernen Werken aus dem 18. Jh., einer mit Wein bewachsenen Terrasse und einer alten Steinbalustrade ist einfach traumhaft. Das Restaurant Del Bibe (Vorspeisen/Hauptgerichte 16/19 €; Do–Mo mittags & abends) ist die beste Adresse in der Stadt.

Hôtel des Arcades (☎ 04 68 87 12 30; www.hotel-arcades-ceret.com, auch auf Englisch; DZ 42–57 €; P ✻) Das Hotel mit 30 Zimmern wird mit Stil von einem Geschwisterpaar betrieben und überblickt die

Place Picasso. Das Hotel ist selbst schon eine Galerie. Fast jeder Zentimeter der Wände ist voll mit Postern, Fotos und Drucken.

ARLES-SUR-TECH

2700 Ew.

Dieser kleine Provinzort liegt 4 km westlich des Kurorts **Amélie-les-Bains**, wo ältere *curistes* sich in rosa Morgenmänteln und altmodischen Badekappen räkeln. Arles entstand rund um die Karolingerabtei **Abbaye Ste-Marie** (☎ 04 68 83 90 66; Erw./12–18 J. 3,50/2,50 €; ⌚ Juli & Aug. 9–19 Uhr, Sept. & Juni 9–12 & 14–18 Uhr, Okt.–Mai Mo–Sa 9–12 & 14–18, So 14–17 Uhr), eine befestigte Kirche aus dem 10. Jh. mit einem wunderschönen romanischen Kreuzgang. Im Hof in der Nähe des Kircheneingangs befindet sich **Sainte Tombe**, ein Sarkophag aus dem 4. Jh., in dem auf wundersame Weise Wasser aufsteigt, seit die Überreste der Schutzheiligen Abdon und Sennen hier begraben liegen. Jedes Jahr am 30. Juli wird das heilige Wasser während einer Messe aus dem Grab ausgeleert und unter den Pilgern aufgeteilt.

Arles ist das Sprungbrett für Ausflüge in die **Gorges de la Fou** (☎ 04 68 39 16 21; Erw./5–12 J. 6/3 €; ⌚ April–Nov. 10–18 Uhr), die 1,5 km westlich an der D115 ausgeschildert sind. Trotz der grellen Parade an aufblasbaren Schlössern und Souvenirkiosken am Eingang lohnt sich der 3 km lange Hin- und Rückweg auf einem Schotterweg zu *la fou* (katalanisch für „Klippe“). Der Felscanyon wurde 1928 entdeckt und diente in den 1830er- und 40er-Jahren als Versteck für katalanische Banditen.

Bei der **Touristeninformation** (☎ 04 68 39 11 99; www.tourisme-haut-vallespir.com, auch auf Englisch; 2 La Place; ⌚ Mo 15–18, Di–Fr 10–12 & 15–18, Sa 10–12 Uhr) gibt's Infos über Feste im Sommer, darunter auch die traditionellen **Chants Catalans**, die den Platz jeden Mittwochabend im Juli und August mit Volksmusik füllen.

Um dem ganzen Rummel zu entfliehen, sollte man sein Lager auf der von Holländern betriebenen **Mas de la Fargassa** (☎ 04 68 39 01 15; www.fargassa.com, auch auf Deutsch) aufschlagen, einer biologischen Obstplantage mit Hühnern, Eseln, Pferden und einem Fluss, in dem die Kinder herumtollen können. Die Farm liegt in Mas Pagris, etwa 8 km südlich von Amélie-les-Bains an der sehr kurvigen D55.

Les Glycines (☎ 04 68 39 10 09; hotellesglycines@orange.fr; rue du Jeu de Paume; DZ 52 €; ⌚ Mitte Feb.–Mitte Nov.) gehört zum Logis de France-Netzwerk und ist ein rostrotes Haus mit 15 Zimmern in Arles. Es verfügt über ein Restaurant (2-/3-Gänge-Menü 13 €/16–27 €) mit einer großen, schattigen Terrasse, in deren Mitte der Stamm einer riesigen Kiefer steht.

In der **Boucherie La Place** (La Place) gibt's *pieds cuits vinaigrette* (Schweinsfuß in Vinaigrette), *fouet au Roquefort* (getrocknete Wurst mit Roquefort), würzige Chorizo und weitere Picknickköstlichkeiten.

Die stimmungsvollste Adresse für einen Abend mit gegrillten Sardinen, Tintenfisch, würzig-scharfer Chorizo und Sangria-Cocktails ist die **Cave Les Voûtes** (☎ 04 68 87 80 71; 2 place de la République; 5 Tapas 10 €), ein Weinkeller und eine Tapasbar auf einem winzigen Platz in der Altstadt abseits der Hauptstraße in Amélie-les-Bains. Die Bio-Obstsäfte (Kiwi, Birne, Erdbeere, Kirsche …) hier schmeckend aufregend.

PRATS-DE-MOLLO

1080 Ew.

Dieses zauberhafte Bergdorf 20 km westlich von Arles ist das letzte Dorf im Tech-Tal, bevor es sich über drei *cols* (Bergpässe) in 1000 m Höhe nach Spanien erstreckt. Cafés aalen sich im Schatten hinter den mittelalterlichen Stadtmauern und Orgelkonzerte bringen Leben in die prachtvolle **Église Stes-Juste-et-Ruffine** (Eintritt frei; ⌚ Juli & Aug. Mo–Sa 11–13 & 14–19, So 14–19 Uhr) innerhalb der Festungswälle.

Aber das Beste von allem ist das **Fort Lagarde** (Erw./12–18 J./unter 12 J. 3,50/2,50 €/frei; ⌚ Juli & Aug. tgl. 11–19 Uhr, April, Juni & Sept.–Mitte Nov. 14–18 Uhr), das im 17. Jh. über dem befestigten Dorf errichtet wurde, um Frankreichs neu gewonnene Grenze zu Spanien zu verteidigen. Die ursprüngliche **Tour de la Guardia** (Signal- oder Warnturm) wurde 1307 von aragonesischen Herrschern erbaut und dazu benutzt, mit anderen in der Region anhand von Rauchsignalen am Tag und Feuer in der Nacht zu kommunizieren – eine landschaftlich schöne Strecke in Richtung Westen jenseits dieser drei *cols* (die D115) bringt ein paar dieser Türme zum Vorschein. Später kamen Gefangene in dem Kerker ums Leben, den Vauban zusammen mit dem Rest der Festung von 1677 an errichten ließ. Wenn man durch die 40 Waffenkammern, Pulverlager, Küchen, Wachhäuser und Baracken für 100 Soldaten läuft, ist es schwer vorstellbar, dass Vauban diese sternförmige Festung eigentlich doppelt so groß haben wollte. Bei Nacht ist sie beleuchtet und gibt ein eindrucksvolles Bild ab.

Um zum Fort zu gelangen, braucht es Durchhaltevermögen. Wer hinaufwandert, sollte sich für den steilen, überdachten Korridor (gekennzeichnet mit *chemin couvert*) von 1851 mit seinen 142 rutschige Stufen und jeder Menge Schießscharten entscheiden. Auf dem Abstieg folgt man einfach dem *sentier* (Pfad) zwischen den Bäumen. Im Juli und August beinhalten wöchentliche geführte Touren (4 €) einen Shuttlebus-Service, genau wie das aufwendige **Visite-Spectacle** (Erw./6–12 J./unter 6 J. 9,50/6,50 €/frei; Mitte Juli–Ende Aug. So–Fr 16 Uhr), eine spektakuläre, 1½-stündige Vorstellung von Rittern in glänzenden Rüstungen und Kavalieren auf Pferden. Infos zu beiden Veranstaltungen gibt's in der Touristeninformation. Während **La Relève de la Garde** (Der Wachwechsel; Mitte Juli–Aug. Mo, Mi & Fr 11–12) im Dorf kann man dieselben jungen Schauspieler in Aktion sehen, nur ohne die Kanonen.

Die Höhepunkte von **Monto Z'Arbres** (☎ 04 68 22 43 55; www.montozarbres.com, auf Französisch; Erw./3–18 J. 22,50/7–20,50 €; Juli–Aug. 10.30–19.30 Uhr, Mai, Juni, Sept. & Okt. 14–19.30 Uhr), 1,5 km westlich von Prats-de-Mollo an der D115, sind Felsenklettern, *via ferrata* (Felsenklettern entlang einem festen Kurs mithilfe von Kabeln, Klettergurten usw.), Bäumeklettern, wie Tarzan 45 m über dem Boden an einer 400 m langen Leine durch die Bäume sausen oder einfach nur inmitten verschiedener Baumarten spazieren gehen und im **Arboretum** wilde Erdbeeren pflücken. Alle Aktivitäten müssen im Voraus gebucht werden. Hier gibt's auch Übernachtungsmöglichkeiten; s. unten.

Richtung Nordwesten entlang der landschaftlich schönen D115A liegt **La Preste-les-Bains** (www.laprestelesbains.com), ein Bergkurort, der seit dem 14. Jh. bekannt ist für sein Heilwasser. Der Name wurde 1959 ein offizieller Zusatz zu Prats-de-Mollo.

Praktische Informationen

Touristeninformation (☎ 04 68 39 70 83; www.pratsdemollolapreste.com, auf Französisch; place le Foiral; Mo–Sa 9–12 & 14–18 oder 19, So ab 10 Uhr) Außerhalb der Mauern mit Blick auf den großen Kiesmarktplatz, wo einheimische Pratéens (nein, die Bewohner von Prats werden nicht „Prats" genannt) Boules spielen. Nach den geführten Naturwanderungen fragen (15 €).

Schlafen & Essen

LP Tipp **Monto Z'Arbres** (☎ 04 68 22 43 55; www.montozarbres.com, auf Französisch; La Galliné, route d'Espagne; Hängematte mit Frühstück 16 €, Baumhaus EZ/DZ/3BZ/4BZ 41/70/100/130 €; Juli–Aug. tgl., Mai, Juni, Sept. & Okt. Wochenende) Mitten in der Natur in dem dichten Fôret du Haut Vallespir steht ein anspruchsvolles Baumkletterzentrum, das jede Menge Aktivitäten, Pfade für Kinder und – sehr romantisch – ein Baumhaus zu bieten hat. Die kleine Holzhütte verfügt hoch oben über eine Terrasse mit Tischen und ist innen mit nicht viel mehr als einem Doppelbett mit weißen Baumwolllaken, zwei Kojen, und einem Spiegel ausgestattet (kein Strom). Die Gäste bekommen eine Taschenlampe, um die fünf Minuten bergab zur Toilette und zu den Duschen im Basiscamp zu laufen, wo auch das Frühstück serviert wird. Wer es sich lieber mit seinen Freunden in einer Hängematte gemütlich macht (einige mit Moskitonetz), sollte in den Bäumen am Fluss schlafen. Hier gibt's Abendessen am Lagerfeuer und eine Toilette, aber keine Dusche. Monto Z'Arbres liegt 1,5 km westlich von Prats und ist an der D115 Richtung Spanien ausgeschildert.

Hôtel Le Bellevue (☎ 04 68 39 72 48; www.hotel-le-bellevue.fr, auch auf Englisch; place El Firal; EZ/DZ 53/64 €;) Das Hotel mit 18 Zimmern nimmt auf dem Hauptplatz von Prats außerhalb der Mauern einen Ehrenplatz ein. Von den Zimmern mit Balkon haben die Gäste Aussicht auf Platanengewächse und Boules-Spieler. Das Gourmetrestaurant (Menüs 21, 36 und 42 €; tgl. mittags & abends geöffnet) hat einen sehr guten Ruf und die erschwinglichen Salate werden auf der Restaurantterrasse serviert.

Ferme Auberge La Costa de Dalt (☎ 04 68 39 74 40; route du Col d'Ares; Menü inkl. Wein 33 €; April–Sept. So mittags) Der abgelegene Bauernhof im Familienbetrieb, auf dem rund 80 Kühe zum Schlachten gezüchtet werden, ist der ideale Ort, um sonntags (oder mit etwas Glück auch an einem anderen Wochentag; vorher anrufen) zu Mittag zu essen. Alles, was serviert wird, kommt aus eigener Herstellung, seien es die Tapas, *charcuterie* (kaltes Fleisch), frische Kräuterwürste oder Lamm oder Kalb als Hauptspeise. Der Käse kommt aus dem Tal und zum Nachtisch gibt's einen saftigen Obstkuchen mit frischen Zutaten aus dem Obstgarten des Bauernhofs. Wer sich in den herrlichen Bergblick von diesem isolierten Bauernhof aus verliebt, kann auch *gîtes* für Selbstversorger mieten. Der Hof liegt 10 km westlich von Prats und 5 km von der spanischen Grenze entfernt an der D115.

LP Tipp **L'Unique** (rue de la Porte de France; Menüs 17,50 €, Hauptgerichte 25–35 €; Di–So mittags & abends)

Der einzigartige Koch des L'Unique war nach 15 Jahren in einem Restaurant am Cap d'Agde auf dem Weg nach Portugal, als diese Küche ihn lockte. In einer Großraumküche bereitet er nur Fisch zu – überwiegend *à la plancha* (auf einer Stein-, Schiefer- oder Holzplatte) – und lädt die Besucher ein, jede seiner Bewegungen mitzuverfolgen. Dazu gehört auch eine spektakuläre Anordnung der Teller und das alles mit echtem Jazz aus den 50er-Jahren im Hintergrund. Sein *mousse au turrone*, eine geheime Variation von spanischem Nougat, ist sensationell.

VALLÉE DU CONFLENT

Westlich von Perpignan bedecken Obstplantagen, Weinberge und mittelalterliche Dörfer die sanften unteren Lagen des Conflent-Tals (oder **Têt-Tals**, wie es genauso oft genannt wird), wo sich der Fluss dem Ende seiner 120 km langen Reise vom Lac des Bouillouses (2017 m) zum Mittelmeer nähert. Das Tal liegt auf der Schwelle zum spanischen Katalonien und zu Andorra. Das Gebiet gleich südlich des Tals ist als Les Aspres bekannt; s. S. 241.

Als größtes Tal des Roussillons ist es für das Conflent-Tal nur angemessen, das Symbol Kataloniens im Herzen zu tragen: den heiligen Gipfel des **Pic du Canigou** (2784 m), wo zur Sommersonnenwende Lagerfeuer brennen und Zauberkräuter gesammelt werden. Der Berg bietet unbegrenzte Möglichkeiten zum Wandern, Radfahren und Wildwasser-Raften.

Wer nicht zu Fuß laufen möchte, fährt mit einem Zug (s. Kasten S. 256), der durch ein gutes Stück des Tals tuckert. Auf seiner Reise in das alte katalanische Land von **Cerdagne**, das seit dem 17. Jh. zwischen Frankreich und Spanien aufgeteilt ist, hält er u. a. bei den spektakulären **Gorges de Carança**, nur einer von vielen Zwischenstopps in den Bergen.

PRADES

5600 Ew.

Die Hauptstadt Prades, 44 km westlich von Perpignan, ist ein hübscher Ort mit Häusern aus Flusssteinen und Ziegeln, die reichlich mit rosa Marmor aus den nahe gelegenen Steinbrüchen verziert sind. Der Ort ist international bekannt für sein klassisches Musikfestival (S. 236) und außerdem der Ausgangspunkt für Ausflüge ins Massif du Canigou und zum Parc Naturel Régional des Pyrénées Catalanes (S. 259), ein Nationalpark, der sich in westliche Richtung am Tal entlang zur spanischen Grenze erstreckt.

Praktische Informationen

Laverie (138 av. du Général de Gaulle; ⌚ 8–20 Uhr) Waschsalon.

Maison de la Presse (155 av. du Général de Gaulle) Wanderkarten und -führer.

Touristeninformation (☎ 04 68 05 41 02; www.prades-tourisme.com, auch auf Englisch; 4 rue des Marchands; ⌚ Juli & Aug. Mo–Sa 9–12 & 14–18, So 10–12 Uhr, Sept.–Juni Mo–Fr 9–12 & 14–18 Uhr) Direkt neben der Place de la République.

Sehenswertes & Aktivitäten

Hoch über der zentralen Place de la République thront die **Église St-Pierre**, deren Glockenturm das einzige Überbleibsel der ursprünglichen romanischen Kirche ist, die im 17. Jh. wieder aufgebaut wurde. Im schwach beleuchteten Innenraum ist die wunderbar ausdrucksstarke *Grablegung Christi* aus dem 17. Jh. vom katalanischen Bildhauer Josep Sunyer ein Meisterwerk des katalanischen Barock. Das kreative Talent ist auch für das üppige Hauptaltarbild verantwortlich. Der Beleuchtungsschalterfür das Bild befindet sich links vom Altar.

Von der Kirche aus folgt ein Touristenpfad den Spuren des spanischen Cellisten Pablo Casals, der sich 1939 in Prades niederließ, nachdem er aus Francos Spanien geflohen war. Das **Musée Pablo Casals** (☎ 04 68 96 28 55; 33 rue de l'Hospice; Eintritt frei; ⌚ Juli & Aug. Di–Fr 9–12 & 14–17, Sa 9–13 Uhr, Sept.–Juni Di & Mi 10–13 & 16–19, Fr 15–19, Sa 10–13 Uhr) gedenkt seinem Leben und seinen musikalischen Errungenschaften, die während des **Festival Pablo Casals** (☎ 04 68 96 33 07; www.prades-festival-casals.com, auch auf Englisch) Ende Juli oder Anfang August zwei Wochen lang mit Begeisterung gefeiert werden.

Cycles Flament (☎ 04 68 96 07 62; 8 rue Arago; halber/ganzer Tag 10/13 €; ⌚ Di–Sa) neben dem Hauptplatz verleiht Fahrräder. Die Broschüre *VTT en Conflent* (auf Französisch) der Touristeninformation beschreibt neun Mountainbike-Routen (von einfach bis schwer).

Schlafen & Essen

Camping Municipal La Plaine St-Martin (☎ 04 68 96 29 83; www.leconflent.net/camping, auch auf Englisch; Erw./Zelt/Auto 2,50/2,85/2 €; ⌚ ganzjährig) Der kleine, gut geführte Campingplatz die Straße vom

RAUF AUF DEN PIC

Jeder ist scharf darauf, den heiligen Berg zu erklimmen. Man könnte es fast schon als eine obligatorische Wallfahrt bezeichnen, wenn man im Roussillon ist.

Die meisten ziehen ihre Wanderstiefel im **Chalet Refuge des Cortalets** (☎ 04 68 96 36 19, 04 68 05 63 57; B 16 €, Frühstück 5,50 €; ⌚ Juni–Okt.) an, einem Hostel und einer Berghütte, von wo aus es eine eineinhalb- bis zweistündige Wanderung zum steilen Gipfel (2784 m) hinauf ist. Abhängig von Auto (die Bergstraße ist ungeteert und löchrig) und Wetter (bei Nässe vermeiden) ist es möglich, bis nach Cortalets zu fahren. Von Prades aus der N116 für 2 km Richtung Osten nach Los Masos folgen, dann rechts abbiegen und die D24 für 4,5 km durch den Weiler Villerach und weiter Richtung Süden nehmen, bis die Straße eine Schotterstraße wird – von hier aus sind es noch 22 harte km über Straßenlöcher hinweg bei einer Geschwindigkeit von nicht mehr als 30 km/h zum Chalet Refuge des Cortalets.

Oder man fährt mit einem Geländewagen nach Cortalets (Prades ☎ 04 68 05 27 08; Villefranche de Conflent ☎ 04 68 05 99 89; Cornelia de Conflent ☎ 04 68 05 64 61); in Vernet-les-Bains Garage Villaceque (S. 257) kontaktieren. Die Fahrt kostet hin und zurück normalerweise 25/12 € pro Erw./Kind 4–10 J. und muss im Voraus gebucht werden. Die meisten Geländewagen kommen über einen Waldweg (für private Fahrzeuge gesperrt) von **Fillols**, direkt östlich von Cornelia de Conflent, nach Cortalets.

Für Mountainbiker und Wanderer ist Vernet-les-Bains (S. 257) ein guter Ausgangspunkt für den Pic; von dem Kurort führen Pfade direkt hinauf. Viele Wanderer gehen den Aufstieg auch von Fillols (6 Std.) oder vom **Chalet Refuge de Mariailles** (☎ 04 68 05 57 99, 04 68 96 22 90; B 13 €, HP 29 €; ⌚ ganzjährig) an, einem Steinchalet in 1730 m Höhe. Diese Unterkunft kann nur mit Geländewagen über einen Waldweg oder zu Fuß über einen Wanderweg (3 Std.) vom **Col de Jou**, gleich hinter Casteil (S. 257), aus erreicht werden. Der Aufstieg von der Berghütte (4 Std.) über den GR10 kreuzt die Cheminée-Felswand und ist schwieriger.

Die Touristeninformationen in Prades (S. 253) und Vernet (S. 257) haben umfassende Informationen über Wandern und Radfahren im Massif du Canigou und verkaufen Karten und Führer. Die gelb gekennzeichneten Wege sind normalerweise von Juni bis Oktober zugänglich.

örtlichen Schwimmbad runter verfügt über schattige Stellplätze und ungefähr ein Dutzend Holz-Chalets mit Platz für sechs Personen (Neben-/Hauptsaison 30/52,85 € pro Nacht oder 210/370 € pro Woche).

Castell Rose (☎ 04 68 96 07 57; www.castellrose-prades.com, auch auf Deutsch; chemin de la Litera; mit Frühstück DZ 79–105 €, 4BZ 109–129 €; P) Kein Wunder: Dieses Haus in Familienbetrieb mit einem riesigen Grundstück, einem Pool, Tennisplätzen und einer alten Zapfsäule ist sehr gefragt. Um eines der fünf Zimmer oder einen *gîte* für Selbstversorger zu ergattern, sollte man schon früh buchen. Abendessen kostet 25/12 € pro Erw./Kind.

Casa Nostra (☎ 04 68 05 62 66; 2 rue des Marchands; Salat mit 5/8 Zutaten 7,50/11,50 €, Mittags-/Abendmenü 13/18 €; ⌚ tgl. mittags & abends) Das einfache, aber charaktervolle katalanische Bistro serviert auf 18 verschiedene Arten (in Whisky, Pastis, Noilly Prat etc.) flambierte *gambas* (Garnelen) und anregende Salate, deren Zutaten die Gäste selbst aussuchen können. Die Produkte sind aus der Gegend und ausnahmslos biologisch. Sehr zu empfehlen ist die *anchoïade catalane* (Anchovis-Dip), gefolgt von in karamellisiertem Banyuls-Essig gerösteten Garnelen.

Dienstagmorgens füllt ein großer, allgemeiner Markt die Place de la République und am Samstag ist Bauernmarkt.

Weitere Empfehlungen:

El Zocalo (☎ 04 68 96 19 85; www.elzocalo-prades.com, auch auf Englisch; 13 rue des Oliviers; EZ/DZ mit Frühstück 75/89–119 €; P) Das hübsche B&B ist kunstvoll in gewagten Farbtönen gestaltet und serviert abends mexikanische Küche (Abendessen 23 €).

Villa Lafabrègue (☎ 04 68 96 29 90; www.villafrench.com, auch auf Deutsch; 15 av. Louis Prat; DZ mit Frühstück 65–90 €; P) Eine von Engländern betriebene *chambre d'hôtes* mit Bergblick im Stil einer florentinischen Villa, die 1873 für eine reiche Bankerfamilie gebaut wurde.

RUND UM PRADES

Zwei Juwelen romanischer Kunst in den Pyrenäen und herrliche Wandermöglichkeiten rund um Bergdörfer machen diese Gegend zu einem absoluten Muss.

Abbaye St-Michel-de-Cuxa

Diese wunderschöne romanische **Abtei** (☎ 04 68 96 15 35; www.cuxa.org, auf Französisch; Erw./12–18 J. 4/2,50 €; Mai–Sept. Di–Sa 9.30–11.50 & 14–18 Uhr, Okt.–April bis 17 Uhr), die 878 gegründet wurde, liegt inmitten eleganter Gärten und Weinberge wenige Kilometer südlich von Prades an der D27 in Richtung Fillols. Der Altarstein im Innern von Frankreichs größter vor-romanischer Kirche, die 974 geweiht wurde, ist noch original. Der zauberhafte Kreuzgang aus dem 12. Jh. (1130) rief jede Menge Kreativität in den bekannten Marmorwerkstätten des Roussillon hervor, aber was man heute sieht, ist eine Nachbildung des Originals aus den 50er-Jahren. Heute leben in der Abtei fünf Mönche, die zwischen ihren Gebeten Marmelade und Töpfe herstellen und verkaufen.

Eus

Auf einem kleinen Hügel zwischen Felsen und krebsartigen Kakteen 5 km östlich von Prades liegt Eus. Das Dorf muss von mittelalterlichen Arbeitern für Wanderer aus dem dritten Jahrtausend spezialangefertigt worden sein, damit diese vor oder nach einem Sprung in den **Lac de Vinça**, 8 km weiter östlich, die Landschaft genießen konnten. Auf geht's zur Kirche an der Spitze des Hügels, vorbei an der abgelegenen Künstlerwerkstatt, wo man in der weitläufigen Aussicht auf den Pic du Canigou und das darunter liegende Tal schwelgen kann. Der weiße Fleck mit Gewächshäusern ist **Pepinière Bachès** (☎ 04 68 96 42 91; www.lesagrumesdumonde.fr, auf Französisch; traverse Los Masos), eine außergewöhnliche Gärtnerei für Zitrusfrüchte. Busse von/nach Eus halten unterhalb des Dorfes an der N116.

Prieuré de Serrabone & Umgebung

15 km östlich von Prades an der N116 ausgeschildert schlängelt sich die D618 unermüdlich durch Wälder mit Eichen oder Korkeichen und ziegelsteinrot und dunkelbraun gestreiften Baumstämmen bis zur **Prieuré de Serrabone** (☎ 04 68 84 09 30; Erw./12–18 J. 3/2 €; tgl. 10–18 Uhr). Die Abtei aus dem 11. Jh. mit ihrem 18 m hohen Glockenturm und dem Kreuzgang mit einer einzigen Galerie verfügt über Kataloniens bedeutendste Beispiele für romanische Bildhauerei. 1151 wurde die Kirche vergrößert und der Altar durch eine Gewölbegalerie, die mit Löwen, Adlern, Affen und anderen Tierbildern im lokalen rosa Marmor herrlich verziert ist, von der Gemeinde getrennt. Auf dem Gelände wachsen **Weinstöcke** und ein **Botanikpfad** schlängelt sich, vorbei an *garrigue* mit wildem Thymian, Ginster, Wacholder und Farn, zu einem **Obstgarten** mit Mandeln, Äpfeln, Flieder und Mimosen.

Auf einem Tagesausflug kann auch noch das kleine Bergdorf **Boule d'Amont** (75 Ew.) an der D618 weiter in südliche Richtung besichtigt werden. In der **Auberge du Val d'Amont** (☎ 04 68 53 29 70; www.aubergebouledamont.com, auf Französisch; Menüs 20 €) köcheln *boules de picoulats* (würzige Fleischbällchen in Tomaten-, Oliven- und Pilzsauce), Lamm mit Estragongeschmack und weitere regionale Spezialitäten in den Töpfen. Hier kann man auch Zimmer mieten (EZ/DZ 20/35 €).

Eine Alternative zum Übernachten ist die **Domaine Les Aspres** (☎ 04 68 39 42 28; www.chambresdhotes-gites.fr, auf Französisch; EZ/DZ/3BZ mit Frühstück ab 45/50/100 €), ein Bauernhaus (Abendessen 25 €) neben der D13 in La Bastide ohne Nachbarn außer den Pyrenäengipfeln; oder die **Auberge de St-Marsal** (☎ 04 68 39 42 68; www.saintmarsal.net, auch auf Englisch; DZ 35–47 €, HP 35 €/Pers.), ein Gasthaus aus Stein mit zwölf Zimmern und einer unvergleichlichen Aussicht in Richtung Süden auf den Col Xatard in St-Marsal – kein Wunder, dass hier auch Malkurse angeboten werden! Fährt man weiter Richtung Süden auf der D618, kommt man nach mehreren Dutzend Haarnadelkurven schließlich in die Vallée du Tech (S. 250).

Vallée de la Castellane

Nördlich von Prades steigt das Castellane-Tal kontinuierlich aufwärts und reicht über den **Col de Jau** (1506 m) bis ins Languedoc. Die gesamte Tallänge im Roussillon wird von der landschaftlich schönen D14 durchzogen. Der erste Halt ist **Molitg-les-Bains** (250 Ew., 1314 m), ein Bergkurort 8 km weiter nördlich, der trotz der rosa Bademäntel nicht annähernd so gesetzt ist wie andere – dank zweier berühmter Adressen: das **Grand Hôtel** (☎ 04 68 05 00 50; www.chainethermale.fr, auf Französisch; DZ 125–195 €; P) in den Kuranalgen und das **Château de Riell** (☎ 04 68 05 04 40; www.chateauderiell.com, auch auf Englisch; DZ Neben-/Hauptsaison ab 340/380 €; P), ein Märchenschloss mit einem guten Restaurant (Vorspeisen/Hauptgerichte 25/35 €) zwischen Felsen und Bergen.

Das Dorf **Mosset** (295 Ew., 715 m) liegt 4 km weiter nördlich und ist von einem Chateau gekrönt. **La Tour des Parfums** (Erw./12–18 J.

3/2,50 €; Mitte Juli–Mitte Sept. 10–12 & 15–19 Uhr) in der **Touristeninformation** (04 68 05 38 32; www.mosset.fr, auf Französisch) ist eine interaktive Reise zu mittelalterlichen Gerüchen und Gärten, inspiriert von typischen wilden Bergblumen, die im Garten wachsen.

Der einheimische Bauernhof **Mas Lluganas** (04 68 05 00 37; www.maslluganas.com, auf Französisch; DZ/3BZ mit Frühstück 50/60 €, DZ mit Gemeinschaftsdusche 33 €) 2 km südlich an der D14 vermietet B&B-Zimmer und serviert herzhafte Gerichte aus eigenen Produkten – Kalb, Ente, Gänseleberpastete usw. (Menüs 14 und 20 €).

Dreimal täglich fahren Busse (04 68 35 29 02) von Prades nach Molitg (35 Min.) und Mosset.

Ille-sur-Têt

Dieser kleine Ort, 19 km östlich von Prades, ist nur einen kurzen Zwischenstopp wert. In dem verwahrlosten und beschwerlichen Labyrinth an staubigen mittelalterlichen Straßen und Seitengässchen ziehen alte Leute ihre Stühle hervor und ratschen stundenlang. Im 13. Jh. gründeten Johanniterritter das Hospici d'Illà, heute ein **Centre d'Art Sacré** (04 68 84 83 96; rue de l'Hôpital; Erw./13–18 J. 3,20/2,40 €; Mitte Juni–Sept. Mo–Fr 10–12 & 14–19, Sa 14–19 Uhr, Okt.–Mitte Juni Mi–Mo 14–18 Uhr).

Beeindruckender ist da schon die **Site des Orgues** (04 68 84 13 14; Erw./10–13 J. 3,50/2 €; Juli & Aug. 9.30–20 Uhr, April–Juni & Sept. 10–18.30 Uhr, Okt. 10–12.30 & 14–18 Uhr, Nov.–Jan. 14–17 Uhr, Feb. & März 10–12.30 & 14–17 Uhr), eine Reihe von natürlichen Felsformationen, die wie Pfeifen einer Kirchenorgel hoch in den Himmel ragen. Sie liegen etwa 2 km nördlich von Ille-sur-Têt an der D2. Vorm Verlassen des Ortes bei der **Touristeninformation** (04 68 84 02 64; square de la Poste) nach Wanderwegen rund um die Felsen fragen.

VILLEFRANCHE-DE-CONFLENT

225 Ew.

Klein, aber trotzdem sehr bedeutend. Villefranche ist von hohen Klippen eingeschlossen und liegt strategisch günstig am Zusammenfluss der Flüsse Têt, Cady und Rotja – daher auch die dicke Verteidigungsfestung, komplett mit Schießscharten, trockenem Burggraben und begehbaren Festungswällen. Die Festung wurde im 17. Jh. von Vauban errichtet, um die ursprüngliche Verteidigungsmauer aus dem 11. Jh. zu erweitern, und das befestigte Dorf wurde 2008 zum Weltkulturerbe erklärt.

Hoch über dem Dorf ragt das **Château-Fort Liberia** (04 68 96 34 01; www.fort-liberia.com, auf Französisch; Erw./Kind 6/2,80 €; Juni–Sept. 9–20 Uhr, Okt.–Mai 10–18 Uhr) empor, eine zweite riesige Festung von Vauban, die 1681 entstand und unter Napoleon III. verstärkt wurde. Es gibt drei Möglichkeiten, zum Chateau zu gelangen (die Aussicht von oben ist spektakulär): Entweder man steigt die 734 Stufen aus den 1850er-

DER KANARIENVOGEL

Auf seiner 63 km langen Strecke am Conflent entlang zwischen Villefranche (427 m) und Latour de Carol (1231 m; Erw./Kind 4–11 J. 18,10/9,05 €, 3 Std.) transportiert **Le Train Jaune** (Der Gelbe Zug; 04 68 96 63 62; Juni–Sept. 4-mal tgl., Okt.–Mai 2-mal tgl.) in den drei Hochsommermonaten fast eine halbe Million Menschen. Der Zug mit dem Spitznamen „Der Kanarienvogel" fährt seit seiner grandiosen Einführung 1910 durch die spektakuläre Landschaft der Pyrenäen – durch 17 Tunnel, über zahlreiche Brücken, wie den herrlichen 156 m langen und 80 m hohen **Pont Gisclard** (1905–08), und um 390 Kurven. Seine Höchstgeschwindigkeit beträgt 55 km/h, obwohl 30 km/h eher die Norm sind. Im Juli und August sind einige der Waggons geöffnet und an 14 der 22 winzigen Stopps in den Bergen müssen die Passagiere den Zug mit Fahnen anhalten oder dem Lokführer mitteilen, dass sie aussteigen möchten. Das verleiht der Reise ein richtig altmodisches und nostalgisches Flair.

Ein schöner Tagesausflug mit dem Zug ist die Fahrt von Villefranche de Conflent nach **Thuès-Carença** (Erw./Kind 4–11 J. 6,80/3,40 €, 40 Min.), von wo aus es zu Fuß nur noch fünf Minuten bergab zum Parkplatz der **Gorges de Carança** sind. „Todesmutig" ist die richtige Beschreibung für die unglaublichen Fußwege, (1½–3 Std.), die sich über Metallstiege, Gebirgskämme und neben gefährlichen Klippenrändern entlangschlängeln, von wo aus es steile 400 m in die Tiefe geht. Die Zitadelle **Mont Louis** (S. 258) liegt einen weiteren schönen Tagesausflug von Villefranche (Erw./Kind 4–11 J. 8,90/4,45 €, 1½ Std.) entfernt; vom Bahnhof aus 1 km zu Fuß bergauf.

Jahren hinauf (eine eindrucksvolle Erfahrung), oder man wandert den längeren, aber weniger aufregend *sentier* (Fußweg) entlang, oder man fährt mit einem Geländewagen hinauf (Erw./Kind 5–11 J. 3/2 €). Beim Überqueren der Schienen, die das Dorf vom Berg trennen, sollte man sich vor dem sehr gefährlichen, freiliegenden dritten Gleis in Acht nehmen. Karten für die Festung gibt's im Dorf beim **Musée Plan en Relief de Villefranche** (☎ 04 68 05 74 29; 17 rue St-Jacques; Erw./Kind 2,30/1,30 €; ⌚ Juni–Sept. 9–20 Uhr, Okt.–Mai 10–18 Uhr).

Die **Touristeninformation** (☎ 04 68 96 22 96; www.villefranchedeconflent.fr, auch auf Englisch; 32bis rue St-Jacques; ⌚ April–Sept. 9–12 & 14–17 oder 18 Uhr, Sept.–März Mo–Sa 9–12 Uhr) neben der westlichen Porte d'Espagne liegt direkt am Eingang zu Villefranches spektakulären **Festungswällen** (Erw./Kind 4/1,50 €, Audioguide 3 €; ⌚ Juli & Aug. 10–20 Uhr, Juni & Sept. bis 19 Uhr, Okt.–Dez. & Feb.–Mai wechselnde Öffnungszeiten).

Schlafen & Essen

Jede Menge durchschnittliche Lokale für Touristen, die in Scharen in das Dorf kommen, säumen die Rue St-Jean, die Souvenirstraße parallel zur Rue St-Jacques.

Le Vauban (☎ 04 68 96 18 03; www.residence-le-vauban.com, auch auf Deutsch; 5 place de l'Église; DZ mit Kochnische erste/jede weitere Nacht 60/50 €; ⌚ Mitte April–Mitte Okt.) Wer es einfach und ohne Schnickschnack mag, für den ist das Vauban über der Dorfbar Le Nation genau das Richtige. Eine dritte Person in den zweckmäßigen Studios kostet pro Nacht weitere 5 €.

Auberge St-Paul (☎ 04 68 96 30 95; 7 place de l'Église; Menüs 19–100 €; ⌚ Di–Sa mittags & abends, So mittags) In dem Gourmetgasthaus mit einer Kiesterrasse im Schatten der Bäume und der Église St-Jacques gibt's für jeden Geldbeutel etwas. Ein kulinarisches Highlight ist die in der Pfanne gebratene Gänseleberpastete, serviert mit Melone und roten Früchten in einer karamellisierten Sojasauce.

VERNET-LES-BAINS

1450 Ew.

Der charmante Kurort 9 km südlich von Villefranche ist im Sommer sehr belebt und im Winter wie ausgestorben. Ende des 19. Jhs. kamen hier viele britische Adlige her: Der englische Schriftsteller Anthony Trollope ließ seine Kurzgeschichte *La Mère Bauche* hier spielen, nachdem er 1859 zu Besuch gekommen war. Vernets umweltfreundlicher Status als *village arboretum* bringt die 300 Baumarten, die auf den Hängen wachsen, und von denen viele als Samen von Besuchern aus Übersee hier hergebracht wurden, zur Geltung.

Sich im Schatten auf einer Caféterrasse aalen, samstagmorgens über den Markt auf der Place de la République streifen, die Blüten im Sommer bewundern oder zur Kirche hinauflaufen – all das kann einen schönen Vormittag ausmachen. Oder man geht nach **Casteil**, 2,5 km weiter südlich, mit seiner überwältigenden Abtei und dem Wanderweg hinauf zum Pic du Canigou (s. Kasten S. 254).

In der **Touristeninformation** (☎ 04 68 05 55 35; www.ot-vernet-les-bains.fr, auch auf Englisch; place de la République; ⌚ Mai–Sept. Mo–Fr 9–12.30 & 14–18.30, Sa 9–12 & 15–18, So 10–12.30 Uhr, Okt.–April Sa & So geschl.) gibt's Infos über Wandern und Radfahren. Die **Maison de la Presse** (5 place de la République) verkauft Karten und **Garage Villaceque** (☎ 04 68 05 51 14; rues du Conflent & Colonel Nou) verleiht Mountainbikes (10/15/61 € pro halben/ganzen Tag/Woche).

Abbaye St-Martin-du-Canigou

Diese spektakuläre Abtei liegt wie ein Adlerhorst versteckt zwischen Buchen und Kastanienbäumen auf einem Felsvorsprung in herrlicher Isolation. Sie wurde 1008 vom Grafen von Cerdagne-Conflent gegründet, 1428 von einem Erdbeben erschüttert und 1786 geschlossen. Danach wurden die kunstvollen, aus Marmor gehauenen Kapitelle, die den zauberhaften Kreuzgang stützten, sowie seltene Steinsäulen in der Krypta und Teile lombardischen Glockenturms geplündert. Die ehemalige **Benediktinerabtei** (☎ 04 68 05 50 03; www.stmartinducanigou.org, auch auf Deutsch; Erw./12–18 J./unter 12 J. 5/3/2 €; ⌚ stündl. geführte Touren Mo–Sa 10–17, So 10 & 12.30 Uhr, Okt.–Dez. & Feb.–Mai Di–So bis 16 Uhr) wurde zwischen 1902 und 1932 sorgfältig restauriert. Seit 1988 kümmern sich seliggepriesene Nonnen und Mönche um das wunderschöne Beispiel für romanische Architektur – heute leben hier 15 von ihnen.

Die Abtei ist nur im Rahmen einer geführten Tour zugänglich und liegt einen 40-minütigen Aufstieg durch Wälder von Casteil entfernt. Der Fußweg befindet sich neben der Kirche (im Juni und Juli unterwegs anhalten, um Kirschen und selbst gemachten Apfelsaft zu kaufen!). Alternativ fahren auch Geländewägen von Garage Villaceque (s. oben) hierher (einfache Fahrt/hin & zurück 8/11 €).

Schlafen & Essen

Wanderer können im Refuge de Montagne, einer Steinhütte mit sieben Kojen, Strom und Toiletten- und Duschanlage, aber ohne Trinkwasser auf dem Grundstück der Abtei übernachten. In Casteil ist **Camping Domaine St-Martin** (☎ 04 68 05 52 09; www.domainestmartin.com, auch auf Deutsch; 6 bd de la Cascade; 2 Erw., Zelt & Auto Neben-/Mittel-/Hauptsaison 8/12/18 €; ⌚ März–Nov.; 🏊) sehr gut ausgestattet und verfügt über einen Swimmingpool.

Relais St-Martin (☎ 04 68 05 56 76; 1 chemin de St-Martin-de-Canigou, Casteil; DZ mit Gemeinschaftsbad 20 €, DZ/3BZ 35/38 €) Salate und leichte Grillgerichte (2-/3-Gänge-Mittagsmenü 12/14,50 €) sind die Hauptstützen dieses Berggasthauses am Anfang des Fußwegs hinauf zur Abtei. Die Aussicht ist grün und zauberhaft.

Hôtel-Restaurant Le Molière (☎ 04 68 05 50 97; www.lemoliere.com, auch auf Englisch, Casteil; DZ 43–49 €; ⌚ April–Okt.) Wenn man in den Weiler kommt, liegt dieses Hotel von Casteil auf der linken Seite. Dank der kreativen, leichten Mittagsgerichte (Kuchen und Salate 10–12 €), die im englischen Stil auf dem grünen Rasen serviert werden, ist es eine Institution im Dorf.

Les Deux Lions (☎ 04 68 05 55 42; www.les2lions.fr, auch auf Englisch; 18 bd Clémenceau, Vernet-les-Bains; DZ mit Frühstück ab 60 €; ⌚ Mitte April–Mitte Okt.; Ⓟ) Salbeigrüne Fensterläden schützen das senfgelbe Haus dieser freundlichen *chambre d'hôtes* mit fünf Zimmern am Fuße des Dorfes vor der Sonne. Zum richtig Relaxen eignet sich ein Zimmer mit hübscher Terrasse und einem Leinenstuhl mit Blick auf den Garten.

Le Mas Fleuri (☎ 04 68 05 51 94; www.hotellemasfleuri.fr, auf Französisch; 25 bd Clémenceau, Vernet-les-Bains; DZ/3BZ/4BZ ab 85/130/209 €; ⌚ Mitte April–Mitte Okt.; Ⓟ) Im Ersten Weltkrieg kam ein südamerikanischer Arzt nach Vernet und ließ dieses wunderbare Haus mit einem Park voller Bäume errichten – der Duft der Lindenblüten Anfang Juli ist berauschend. Leider ist der Salon der einzige Raum, der noch genutzt wird. Außer dem Frühstück spielt sich der Rest im zweckmäßig errichteten Block aus den 70er-Jahren gegenüber ab. Die Preise in der Nebensaison sind deutlich niedriger.

MONT LOUIS

270 Ew.

Dieser stimmungsvolle, ummauerte Ort ist eine weitere von der Unesco geschützte Kreation von Vauban und liegt auf 1600 m Höhe immer in einer Wolke. Der Ort wurde zwischen 1669 und 1672 an der Stelle eines verlassenen Dorfes aus dem 10. Jh. errichtet und seine klobigen Mauern verteidigten das

EIN SCHÖNER RÜCKZUG VON ALLEM

Folgt man der südlicheren der zwei Straßen von Mont Louis nach Spanien, führt die N116 über landschaftlich schöne 12 km Richtung Westen nach **Saillagouse** (820 Ew.). In der Metzgerei **Bonzom et Fils** (14 av. des Comtes de Cerdagne) an der Hauptstraße gibt's regionalen Käse und *charcuterie* zu kaufen, dann geht's 2 km in südliche Richtung auf der D33 hinunter in den winzigen Bergkurort **Llo** (1400 m). Auf dem Parkplatz parken und dem Weg für fünf Minuten nach **Les Bains de Llo** (☎ 04 68 04 74 55; www.lesbainsdello.com, auf Französisch; route des Gorges; Erw./3–11 J./Familie 9/7,50/29 €; ⌚ Juni–April 10–19.30 Uhr) folgen. In diesen Freibädern kann man im warmen, natürlichen Wasser alles andere vergessen – besonders schön, wenn der Boden mit Schnee bedeckt ist. Oder man schwingt sich an der **Via Ferrata Les Escaldilles** (☎ 06 85 02 23 84; www.viaferrata-de-llo.com; mit Anleitung 39–45 €, ohne Anleitung 19–25 €; ⌚ Juli & Aug. 9–16 Uhr, Sept.–Mai Sa & So 10–15 Uhr) wie Tarzan durch die Bäume, direkt neben den Bädern in Llo. Und dann gibt's da noch den kinderfreundlichen Fußweg zu den wunderschönen **Gorges du Sègre**.

Um wirklich allem zu entfliehen, sollte man im Dorf übernachten. Das **Cal Miquel** (☎ 04 68 04 13 68; www.calmiquel.com, auf Französisch; DZ mit Frühstück 52 €, HP 44 €/Pers.), dessen Name auf Katalanisch „Chez Michel" bedeutet, ist die Ruine eines Bauernhauses aus dem 18. Jh., das elegant restauriert und in eine rustikale *maison d'hôtes* (Abendessen 17 €) umgewandelt wurde. Mit dem Terrassengarten und der atemberaubenden Aussicht ist es einfach unwiderstehlich. Doch genau das ist auch sein Nachbar, das Boutiquehotel mit zwölf Zimmern, die **Auberge Atalaya** (☎ 04 68 04 70 04; www.atalaya66.com, auch auf Englisch; DZ 98–160 €; ⌚ Ostern–Mitte Okt.; 🏊), eine elegante Ode an die schönen Seiten des Lebens mit einem großen Klavier im Speisesaal (Menü 34 €) und dem außergewöhnlichen Stil der Grande Dame Mme Ghîlaine Toussaint im Herzen.

obere Conflent-Tal und seine Kreuzung mit der Aude (im Norden) und dem Massif du Carlit (im Westen). Heute übt in der **Zitadelle** eine Spezialeinheit der französischen Kommandotruppen; eine alte Kirche, ein Brunnen und ein Waschhaus bringen etwas Leben in die alte Stadt.

Am bemerkenswertesten ist der **Four Solaire** (☎ 04 68 04 14 89; www.four-solaire.fr, auch auf Englisch; Erw./7–17 J./unter 7 J. 6/4,50 €/frei; ⌚ geführte Touren halbstündig Juli & Aug. 10–18 Uhr, stündl. Sept.–Nov. & März–Juni 10–17 Uhr), der erste solarbetriebene Ofen der Welt, der 1947 hergestellt wurde und als Vorbild für 15 weitere solcher Öfen auf der ganzen Welt diente. Seine Temperatur erreicht maximal 3000 °C und heute wird er dazu genutzt, um Keramiktöpfe – die man kaufen kann – zu brennen und Zugpfeifen für Le Train Jaune (S. 256) herzustellen. Zu der informativen, 45-minütigen Besichtigung gehört auch eine Demonstration, wie die Sonne ein Stück Holz in Brand setzt, und eine geführte Tour durch den 141 m² großen Heliostat, der aus 567 Spiegeln besteht, die automatisch der Laufbahn der Sonne folgen.

Die **Touristeninformation** (☎ 04 68 04 21 97; ⌚ 10–12 & 14–18 Uhr) innerhalb der Stadtmauern veranstaltet geführte Touren durch die militärische Zitadelle (Erw./Kind 4,50/1,50 €) und hat jede Menge Infos über Sommer- und Wintersportarten auf dem **Plateau de Capcir** direkt nördlich des Mont Louis an der D118. **Les Angles** (1650 m; www.lesangles.com, auch auf Englisch), **Formiguères** (1570 m; www.formigueres.net, auf Französisch) und **Puyvalador** (1700 m; www.puyvalador.com, auf Französisch) sind die Hauptskigebiete und bieten begrenzte, aber schöne Möglichkeiten zum Skifahren. Les Angles ist bei Mountainbikern sehr beliebt.

Mont-Louis ist auch der Ausgangspunkt für Ausflüge ins Grüne in den **Parc Naturel Régional des Pyrénées Catalanes**, ein Nationalpark, der das obere Conflent-Tal von Prades bis zur spanischen Grenze schützt. Alle Fakten über botanische Wege, Workshops zu seltenen Blumen und vieles mehr gibt's im **Parkbüro** (☎ 04 68 04 97 60; www.parc-pyrenees-catalanes.fr, auf Französisch; 1 rue Dagobert).

Wasserblaue Fensterläden, Blumenkästen und eine alte Steinfassade innerhalb der Mauern machen das B&B **La Volute** (☎ 04 68 04 27 21; http://lavolute.monsite.wanadoo.fr, auf Französisch; place d'Armes; DZ mit Frühstück 65 €) zu einer zauberhaften Übernachtungsmöglichkeit in Mont-Louis.

EINE SPANISCHE INSEL IN FRANKREICH ...

... ist genau das, was der kleine Ort **Llívia** (1400 Ew.), 11 km südwestlich von Font Romeu und etwa 4 km östlich von spanischem Boden, darstellt. Die spanische Enklave wurde 1659 durch den Pyrenäenfrieden geschaffen, der den Dreißigjährigen Krieg zwischen Frankreich und Spanien beendete. Dabei wurden Roussillon und der Norden des alten katalanischen Landes von Cerdagne in den östlichen Pyrenäen an Frankreich übergeben. Dank dem Status als „Stadt", den Llívia seit der Antike innehat, wurde die alte Hauptstadt des Landes nicht wie insgesamt 33 andere Dörfer aus Cerdagne der französischen Krone übergeben.

Oder man wandert 5 km weiter nach Süden zur Öko-Lodge **L'Orri de Planès** (☎ 04 68 04 29 47, 06 22 32 25 32; www.orrideplanes.com, auch auf Englisch; B 15 €, DZ mit Frühstück 60 €; 🚭), ein ökologisch betriebenes Bauernhaus und *refuge* auf dem Weg, das in 1550 m Höhe am GR10 in Planès gebaut wurde. Es ist zu Fuß gut von der dreieckigen romanischen Dorfkirche aus zu erreichen und ein Ort, an dem man die Natur genießen kann.

LAC DES BOUILLOUSES & FONT ROMEU

Dieses Naturschutzgebiet liegt im Herzen des rauen **Massif du Carlit** am Fuße des höchsten Granitgipfels, dem **Pic Carlit** (2912 m), wo der längste Fluss der Region entspringt. Fast augenblicklich wird der Fluss Conflent (oder Têt) vom **Lac des Bouillouses** (2017 m) gezähmt, dem größten See des Reservates, der zwischen 1903 und 1909 aufgestaut wurde, um die ersten Züge durch das Tal anzutreiben. Im Juli und August ist hier alles voller Menschen, die um den See herumwandern oder auf einem der anderen schönen Wanderwege ins Massiv gehen.

Der Hauptausgangspunkt ist **Font Romeu** (2000 Ew.), ein Skigebiet mit einer Snowkiting-Schule und einer Basis zum Wandern und Mountainbiken im Sommer, 19 km westlich von Mont Louis. Die **Touristeninformation** (☎ 04 68 30 68 30; www.font-romeu.fr, auch auf Englisch; 82 av. Emmanuel Brousse) neben der Seilbahnstation an der Hauptstraße hat Karten und Informationen zu den zwei Sesselliften und der Seilbahn (Erw./Kind 6–16 J./Familie hin & zurück 12,50/8,50/31 €), die nötig ist, um zum See zu gelangen. Auch Shuttlebusse (Erw./Kind 6–16 J. hin & zurück 5/2 €) transportieren Fußgänger vom Parkplatz Pla da Barrès (1660 m), ein paar Kilometer nördlich von Mont-Louis an der D60, zum See. Die kurvenreiche Straße führt den ganzen Weg bis zum See, ist aber zwischen 7 und 19 Uhr für normale Autos geschlossen.

Von den Outdoor-Aktivitäten einmal abgesehen ist Fort Romeus größte Attraktion **Le Grand Four Solaire d'Odeillo** (☎ 04 68 30 77 86; www.promes.cnrs.fr; 7 rue du Four Solaire; ⌚ 10–12 & 14–18 Uhr), ein riesiger, 1000-kW-Solarofen aus den 70er-Jahren und ein wissenschaftliches Forschungszentrum in Odeillo, 1 km südlich. Hier kann man alles über Solarenergie lernen. Weitere Vorführungen in **Thémis** (☎ 04 68 04 14 25; ⌚ Juli–Mitte Sept. 9.30–12.30 & 14–19 Uhr), einem solarbetriebenen Turm aus den 80er-Jahren 5 km weiter westlich, vervollständigen den Unterricht in erneuerbarer Energie. Weitere Infos im Kasten auf S. 43 und S. 64.

Der Bahnhof von Mont-Louis liegt 1 km unterhalb der Zitadelle.

VALLÉE DE L'AGLY

Das Agly-Tal ist das nördlichste der drei Täler, die das Roussillon von Osten nach Westen durchziehen. Es umspielt die sonnenverbrannten Weinberge und die trockenen Kalksteinberge von **Le Fenouillèdes**. Die Weinregion bringt nicht nur große Namen wie **Rivesaltes** und **Maury** hervor, sie liegt auch nur einen Katzensprung vom Land der Katharer entfernt. In diesem wilden Land liegen Burgen aus dem 11. bis 13. Jh. auf hohen Klippen verstreut – so hoch, dass ihre bloße Existenz wie ein kleines Wunder erscheint; s. S. 215.

Im Sommer tuckert ein jahrhundertealter Schmalspur-Touristenzug, der **Train du Pays Cathare et du Fenouillèdes** (☎ 04 68 59 99 02; www.tpcf.fr, teilweise auch auf Deutsch; Erw./5–12 J. hin & zurück 18/12 €; ⌚ Juli & Aug. tgl., Mai, Juni, Sept. & Okt. 3- oder 4-mal pro Woche), durch das Tal von Rivesaltes nach Axat, 60 km weiter westlich.

TAUTAVEL

Das **Musée de la Préhistoire** (Prähistorisches Museum; ☎ 04 68 29 07 76; www.tautavel.com, auch auf Englisch; av. Léon-Jean Grégory; Erw./7–14 J. 7/3,50 €; ⌚ Juli & Aug. 10–19 Uhr, Sept.–Juni 10–12.30 & 14–17 oder 18 Uhr) liegt

EIN TAG VOLLER WEINPROBEN

Eine ausgiebige und geruhsame Weinprobe ist die perfekte Art, einen Vormittag in Rivesaltes (S. 243) zu beenden, das bekannt ist für seinen süßen Dessertwein, und zwar beim Mittagessen im **Château de Jau** (☎ 04 68 38 90 10; Mittags-/Abendmenü inkl. Wein & Kaffee 29/39 €; ⌚ Mitte Juni–Sept. mittags & abends). Jedes Jahr kommen wieder unzählige Besucher an diesen schöpferischen Ort, 15 km weiter westlich, um das gleiche Menü zu essen, das seit 1978 auf der Terrasse des im toskanischen Stil erbauten Chateau aus dem 18. Jh. serviert wird. Das Schloss versteckt sich hinter weitläufigen Feldern von Weinstöcken, die im 12. Jh. von Zisterziensermönchen angepflanzt wurden. Jeder Gang wird ausnahmslos aus einheimischen Produkten zubereitet und von zwei verschiedenen Weinen des Anwesens begleitet. Detaillierte Beschreibungen zur Verköstigung (zusammen mit Warnungen an den Fahrer, nüchtern zu bleiben) tragen zum Spaß bei und der Blick auf den Fischteich ist einfach idyllisch. César, Tapiès und Ben (seine unverkennbar schnörkelige Handschrift ziert das Logo des Hausweins Le Jaja de Jau; *jaja* ist Umgangssprache für einen einfachen Weinkrug) gehören zu den Künstlern, deren Werke im **Espace d'Art Contemporain** ausgestellt sind. In diesem zeitgenössischen Kunsttempel sind saisonale Ausstellungen zu sehen, die die Gäste des Weinguts umsonst besuchen können.

Nach dem Mittagessen geht's Richtung Westen nach **Maury** (900 Ew.), wo im **Cellier des Vignerons de Maury** (☎ 04 68 59 00 95; www.vigneronsdemaury.com, auf Französisch; 128 av. Jean Jaurès) die Vorräte für den Weinkeller mit *vin doux naturel* wieder aufgefüllt werden können. Abendessen gibt's auf der anderen Straßenseite bei **Le Pichenouille** (☎ 04 68 59 02 18; www.restocave.com, auf Französisch; 33 av. Jean Jaurès; Vorspeisen/Hauptgerichte 7/12 €; ⌚ Do–Mo mittags & abends, Nov.–März So abends & Mo–Mi ganztags geschl.), ein anregendes Bistro mit Weinkeller, wo es Essen und Wein zu günstigen Herstellerpreisen gibt.

27 km nordwestlich von Perpignan über dem Dorf Tautavel. Es ist das absolute Highlight, Archäologen (mit der Kamera) in Echtzeit dabei zuzusehen, wie sie die gleiche Höhle ausgraben, in der ein menschlicher Schädel, der 450 000 Jahre alt sein soll, 1971 entdeckt wurde. Zusätzlich zu dieser saisonabhängigen Live-Vorführung mit dem Caune de l'Arago bietet das Museum eine Nachbildung eines Teils der Höhle in Originalgröße, Hologramme, Dioramen, versteinerte Knochen usw. Im Eintritt enthalten ist auch das nahe gelegene **Musée des Premiers Habitants d'Europe** (Museum der ersten Bewohner Europas; rue Anatole France; Erw./7–14 J. 3,20/1,60 €; Sept.–Juni 11.30–13.30 & 14.30–17.30 Uhr, Juli & Aug. 11.30–19.30 Uhr), das nur einen 300 m langen, ausgeschilderten Weg entfernt liegt.

ST-PAUL-DE-FENOUILLET

Die verschlafene, alte Hauptstadt Le Fenouillèdes aus dem Mittelalter ist der Ausgangspunkt für spektakuläre Ausflüge in die 500 m tiefen **Gorges de Galamus** mit ihren smaragdgrünen Gewässern und zur spirituellen **Ermitage de St-Antoine de Galamus** (April–Okt. 10–18 oder 19 Uhr), wo Einsiedler aus dem 18. Jh. ein abgeschiedenes, Gott geweihtes Leben führten. Vom Parkplatz am Südende der Schluchten an der D7 führt ein zehnminütiger, steiniger Fußweg zu der Einsiedelei. In der Hauptsaison regeln Ampeln zwischen 13 und 19 Uhr den Verkehr auf der schrecklich kurvenreichen, einspurigen D7, die unter Felsvorsprüngen hindurchführt. Zu anderen Zeiten sollte man die Daumen drücken und beten, dass einem auf der 1,4 km langen Strecke kein Fahrzeug entgegenkommt.

Die **Touristeninformation** (04 68 59 07 57; www.st-paul66.com, auch auf Englisch; 26 bd de l'Agly; Mo–Sa 10–12 & 15–19 Uhr, Sept.–Juni verkürzte Öffnungszeiten) hat jede Menge Informationen über Wandern in den Schluchten und Canyoning – dabei wird richtig Adrenalin freigesetzt! Im ersten Stock befindet sich das Büro des **Train du Pays Cathare et du Fenouillèdes** (04 68 59 99 02; www.tpcf.fr, teilweise auch auf Deutsch), der durch St-Paul-de-Fenouillet fährt.

Camping des Randonneurs (04 68 59 05 50; www.campingdesrandonneurs.com, auf Französisch; 2 Erw. & Zelt/Auto 9,50/2 €, 4-/6-Pers.-Tipi 79/95 €, 2-/4-Pers.-Wohnwagen 69/89 €; Mitte April–Mitte Okt.) liegt 15 km westlich in Fenouillet und sorgt mit seinen Igluzelten, Tipis und *roulottes* (Zigeunerwohnwagen) zwischen Bäumen für eine romantische Atmosphäre.

Toulouse & Umgebung

Toulouse war lange das traditionelle Zentrum des Languedoc, bis die regionalen Grenzen vor fast einem halben Jahrhundert neu gezogen wurden und die Stadt ausgegliedert wurde. Seitdem befindet sie sich sozusagen in der geografischen Schwebe und dient als Sprungbrett ins eigentliche Languedoc im Westen. An der Strecke liegen einige faszinierende historische Sehenswürdigkeiten und sonnenverwöhnte *bastides* (befestigte mittelalterliche Dörfer), die mehr als nur ein Mittagessen oder einen Zwischenstopp über Nacht wert sind.

In Toulouse, einer dynamischen und schnell wachsenden Metropole am erbsengrünen Canal du Midi, gibt's jede Menge Spaß, und obwohl die Stadt nicht ganz so temperamentvoll ist und nicht so eine Mittelmeeratmosphäre ausstrahlt wie Montpellier (es gibt z. B. keine Palmen), kann man in den lebendigen Bars, Cafés und Clubs mit den Studenten bis zum Morgengrauen feiern. Und wie jeder weiß, ist Spanien nicht weit weg: Seit Jahrhunderten folgen Pilger des Jakobsweges der Straße Chemin d'Arles in Richtung Westen nach Santiago de Compostela und kommen hier vorbei. Einfach eintauchen in die ruhigeren Gassen und engen Seitenstraßen von Toulouse und Ausschau halten nach dem Rucksack, der gelegentlich aus einem Fenster im ersten Stock hängt – ein sicheres Zeichen dafür, dass Wanderer auf der Suche nach einem Bett für die Nacht hier herzlich willkommen sind.

Nur einen Katzensprung entfernt erstrecken sich die Pyrenäen zackig und schneebedeckt am Horizont. Toulouse-Lautrec wurde im aus roten Ziegelsteinen errichteten Albi geboren, einer historischen Stadt 75 km weiter nordöstlich mit einem Schmuckstück von einer Kathedrale und der weltweit schönsten Sammlung von Werken des Künstlers, die vom Pariser Kabarett beeinflusst wurden (S. 45). Ganz in der Nähe liegt Gaillac, ein gastronomischer Name, den jeder Weinliebhaber von dem Etikett auf der Flasche kennt, und nicht weit davon entfernt die wunderschöne *bastide* Cordes-sur-Ciel ganz und gar nicht ladylike an einem Hang.

HIGHLIGHTS

- Auf der **Place St-Pierre** (S. 271) einen *apéro* schlürfen, sich eine einheimische Band anhören und im lebendigen **Nachtleben** (S. 271) von Toulouse mit lauter Studenten bis zum Morgengrauen feiern
- In der interaktiven **Cité de l'Espace** (S. 267) von Toulouse Astronaut spielen
- Mit dem Fahrrad (S. 272) am **Canal du Midi** entlangfahren und im schwimmenden **Buddha Boat Spa** (S. 267) relaxen
- In Albis **Musée Toulouse-Lautrec** (S. 273) in das Leben und die Arbeit eines großen Künstlers eintauchen
- Einen der besten Weine der Region in und rund um **Gaillac** (S. 277) riechen, im Mund spülen, nippen und ausspucken (oder schlucken)

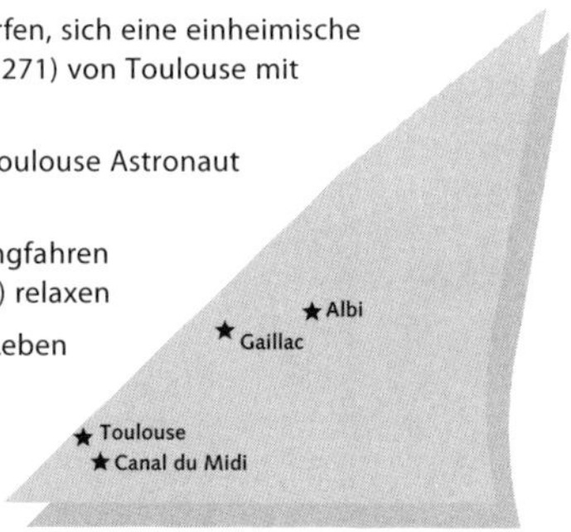

RUND UM TOULOUSE

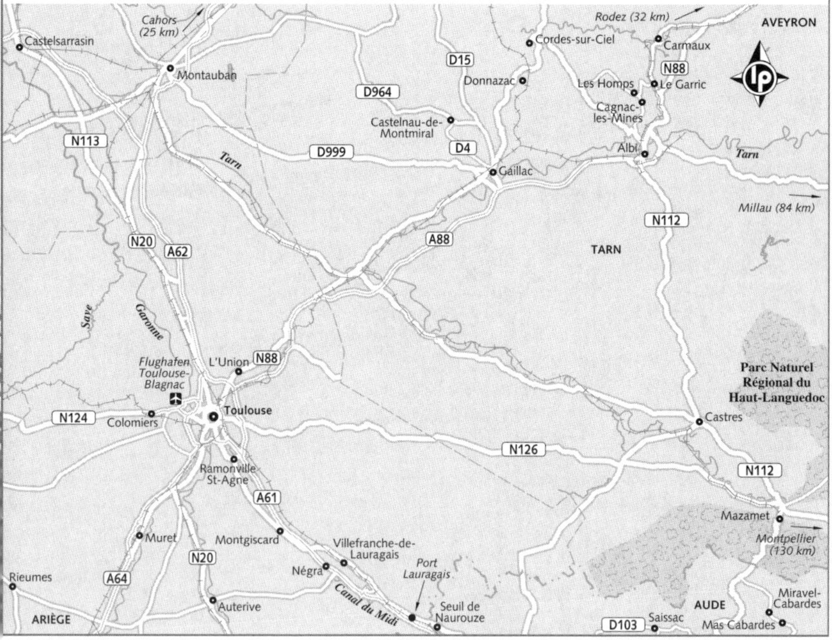

TOULOUSE

437 100 Ew.

Von der zeitgenössischen Kunst in der geschmeidigen Metro mit zwei Linien bis hin zur boomenden Luft- und Raumfahrtindustrie – diese dynamische Stadt verzaubert jeden. Das Bild der rosaroten Ziegelsteingebäude lässt die Stadt tagsüber pink erscheinen und taucht sie nachts in ein strahlendes Licht. Kein Wunder also, dass *la ville rose* (die rosa Stadt), die vom grünen Canal du Midi und dem dreckig braunen Fluss Garonne in drei Bereiche geteilt wird, tatsächlich Frankreichs viertgrößte Stadt ist.

Das alte Toulouse mit seinen schiefen mittelalterlichen Straßen und jeder Menge Kirchen strotzt nur so von turbulenter Geschichte (S. 28). Eine beachtliche Anzahl von Studenten verleiht der Stadt einen besonderen Kick und impft den Bars, Musikläden und Clubs eine lebhafte Energie ein. An den grünen Ufern der Wasserläufe jedoch ist es zu jeder Tageszeit friedlich und romantisch.

PFENNIGFUCHSER

Mit der Jahreskarte Toulouse en Liberté gibt es Ermäßigungen auf Sehenswürdigkeiten, Unterkünfte, Einkäufe, geführte Touren usw. Kaufen kann man sie in der Touristeninformation und in teilnehmenden Hotels für 10/5 € pro Erw./Kind.

Wer viele Museen in Angriff nehmen möchte, sollte sich den **Passeport 3 Musées** (6 €) oder den **Passeport 6 Musées** (9 €) kaufen, der den Eintritt in drei bzw. sechs Museen der Stadt gewährt. Viele Museen sind am 1. Sonntag im Monat kostenlos.

Orientierung

Das Herz von Toulouse wird von der Garonne (im Westen), dem Boulevard de Strasbourg und seiner Verlängerung, dem Boulevard Lazare Carnot (im Osten) eingegrenzt. Die zwei Hauptplätze sind die Place du Capitole und die Place Wilson, 200 m weiter östlich.

INNENSTADT TOULOUSE

PRAKTISCHES
- Laverie des Lois 1 A2
- Le Ch@t de la Voisine 2 C2
- Ombres Blanches 3 A3
- Post 4 B2
- The Bookshop 5 A2
- Touristeninformation 6 B2

SEHENSWERTES & AKTIVITÄTEN
- Basilique St-Sernin 7 A1
- Capitole 8 B2
- Cathédrale St-Étienne 9 C4
- Fondation Bemberg 10 A4
- Hôtel d'Assézat .... (s. 10)
- Les Jacobins 11 A2
- Musée des Augustins 12 B3
- Musée Paul Dupuy 13 B5
- Musée St-Raymond 14 A1
- Théâtre du Capitole .... (s. 8)
- Église des Jacobins 15 A3
- Église Notre-Dame-du-Taur 16 A2

SCHLAFEN
- Hôtel Albert 1er 17 B2
- Hôtel Castellane 18 C2
- Hôtel des Arts 19 B3
- Hôtel des Beaux Arts 20 A4
- Hôtel La Chartreuse 21 D1
- Hôtel St-Sernin 22 A1
- Les Bains Douches 23 D4
- Les Loges de St-Sernin 24 B1

ESSEN
- British Frogs 25 C2
- Chez Navarre 26 B5
- El Borriquito Loco 27 A4
- Emile 28 B3
- La Faim des Haricots 29 B3
- La Panetière aux Saveurs d'Antan 30 B1
- La Réserve 31 A3
- Le Bon Vivre 32 B2
- Les Halles Victor Hugo 33 B2
- Marché des Carmes 34 B4
- Michel, Marcel, Pierre et les Autres 35 B2

AUSGEHEN
- Au Père Louis 36 B3
- Bodega Bodega 37 C2
- Café des Artistes 38 A3
- La Maison 39 C2

UNTERHALTUNG
- Cinéma ABC 40 B1
- Cinéma Utopia 41 B3
- Cinémathèque de Toulouse 42 A2
- Fnac 43 C2
- Halle aux Graines 44 D4
- Les Coulisses 45 B2
- Opus Café 46 C2
- Shanghai Club 47 B3

TRANSPORT
- Bushaltestelle Flughafen-Shuttle 48 C2
- Bushaltestelle Flughafen-Shuttle 49 B1
- SNCF-Boutique 50 B3
- Tisséo-Kiosk .... (s. 49)
- Vélo-Station Capitole 51 B2

Praktische Informationen

The Bookshop (☎ 05 61 22 99 92; bookshop.tlse@wanadoo.fr; 17 rue Lakanal) Buchladen mit englischer Literatur.
Bulle de Savon (56 rue des Blanchers; 🕑 8–22 Uhr) Waschsalon.
Laverie des Lois (☎ 05 61 23 71 45; 19 rue des Lois; http://laveriedeslois.spaces.live.com; 4 €/Std.; 🕑 Cybercafe Di–Sa 11–21 Uhr, Waschsalon tgl. 8–21 Uhr) Im Internet surfen, während die Wäsche gewaschen wird.
Le Ch@t de la Voisine (☎ 05 61 57 36 18; 25 rue des 7 Troubadours; 2 €/Std.; 🕑 10–24 Uhr) Internetzugang.
Ombres Blanches (☎ 05 34 45 53 33; www.ombres-blanches.fr, auf Französisch; 48-50 rue Gambetta) Karten und Reiseführer.
Post (9 rue la Fayette)
Touristeninformation (☎ 05 61 11 02 22; www.toulouse-tourisme.com, auch auf Deutsch; square Charles de Gaulle; 🕑 Juni–Sept. Mo–Sa 9–19, So 10–13 & 14–18.15 Uhr, Okt.–Mai Mo–Fr 9–18, Sa 9–12.30 & 14–18, So 10–12.30 & 14–17 Uhr) In einem Turm aus dem 16. Jh.

Sehenswertes

RUND UM DIE PLACE DU CAPITOLE

An der Decke der Arkaden auf der Westseite der belebten **Place du Capitole** sind 29 lebhafte Illustrationen der Stadtgeschichte des zeitgenössischen Künstlers Raymond Moretti abgebildet: von der *Venus von Lespugue* (eine prähistorische Darstellung einer Frau) bis zur Darstellung der Stadt als Zentrum der aeronautischen Industrie. An der Ostseite des Platzes befindet sich die 128 m lange Fassade des **Capitole**, des Rathauses von Toulouse, das in den 1750er-Jahren gebaut wurde. Darin befinden sich das **Théâtre du Capitole**, eines von Frankreichs angesehensten Opernhäusern, und die aufwändige **Salle des Illustres** (Prunksaal) vom Ende des 19. Jhs..

Direkt südlich davon erstreckt sich das **Vieux Quartier** von Toulouse aus dem 18. Jh. in einem winzigen Netz aus engen Gassen und Plätzen unterhalb der **Église Notre-Dame-du-Taur** (12 rue du Taur; 🕑 Mo–Sa 14–19, Sa & So 9–13 Uhr) aus dem 14. Jh. Die Kirche wurde zu Ehren des hl. Sernin errichtet, der angeblich an genau dieser Stelle den Märtyrertod fand.

PLACE ST-SERNIN

Die **Basilique St-Sernin** (☎ 05 61 21 80 45; place St-Sernin; 🕑 Juli–Sept. Mo–Sa 8.30–18.15, So bis 19.30 Uhr, Okt.–Juni Mo–Sa 8.30–11.45 & 14–17.45, So 8.30–12.30 & 14–19.30 Uhr) war einst ein wichtiger Halt auf der Pilgerroute des Jakobsweges und zieht immer noch Wanderer und Pilger an. Sie ist Frankreichs größtes und vollständigstes romanisches Gebäude, gekrönt von einem herrlichen achtseitigen Turm aus dem 13. Jh. und einer Turmspitze aus dem 15. Jh.

Nebenan zeigt das **Musée St-Raymond** (☎ 05 61 22 31 44; place St-Sernin; Erw./Kind 3/1,50 €, Temporäre Ausstellungen 2/1,50 €, erster So im Monat frei; 🕑 Juni–Aug. 10–19 Uhr, Sept.–Mai bis 18 Uhr) außergewöhnliche romanische Skulpturen, frühe christliche Sarkophage und eine Schatzkammer mit goldenen gallischen Halsringen.

FESTIVALS & EVENTS – TOULOUSE & UMGEBUNG

Februar & März

- **Festival de la Violette** Toulouse feiert seine lila Lieblingsblume.
- **Carnaval** In Albi wird der Anfang der Fastenzeit mit besonderem Vergnügen und jeder Menge Konfetti gefeiert

Mai

- **Voix-là** (verstanden?!) Albis Ode an die Vokalmusik in all ihrer Fülle.

Juli & August

- **Toulouse d'Été** Jazz, klassische und andere Musik füllen die Straßen von Toulouse.

September

- **Piano aux Jacobins** (www.pianojacobins.com, auch auf Englisch) Gefühlvolle Klavierabende in der Église des Jacobins in Toulouse.

Oktober

- **Jazz sur Son 31** Internationales Jazzfestival in Toulouse.

MUSÉE DES AUGUSTINS

Dieses wunderschöne **Museum** (☎ 05 61 22 21 82; 21 rue de Metz; Erw./unter 18 J. 3 €/frei, Temporäre Ausstellungen 6 €/frei, erster So im Monat frei; 🕑 Do–Di 10–18, Mi bis 21 Uhr) beherbergt eine erstklassige Kunstsammlung, die von romanischen Steinartefakten bis zu Gemälden von Rubens, Delacroix und Toulouse-Lautrec reicht. Es ist in einem

EIN GEHEIMTIPP

Schatten spendende Bäume, zwitschernde Vögel und ein herrlicher Blick auf die Basilika: Der hübsche, kleine Garten vor dem Musée St-Raymond (nach den Toren rechts halten) ist der perfekte Ort für ein Picknick oder ein Lesestündchen im Schatten. Versteckt im Laubwerk gibt es einen Getränkeverkauf, frische Blumen schmücken die hölzernen Tische, und der freundliche Herr im besten Alter, der den Kiosk betreibt, kennt jeden – denn den Weg hierher finden vor allem Einheimische.

Das perfekt für ein Picknick geeignete Pendant auf der linken Flussseite ist der gepflegte Garten vor dem hufeisenförmigen Krankenhaus von Toulouse aus dem 12. Jh., dem **Hôtel Dieu St-Jacques** (place Lange). Bei Sonnenuntergang relaxen Studenten mit einem *apéro* im Schatten der überwältigenden Kupferkuppel des **Hôpital de la Grave** (place Lange), im 15. Jh. ein Krankenhaus für Pestopfer.

ehemaligen Augustinerkloster untergebracht und die zwei Klostergärten aus dem 14. Jh. sind einfach bildhübsch.

ENSEMBLE CONVENTUEL DES JACOBINS

Die Kirche ist der Mittelpunkt dieses herrlichen Ensembles. In der Tat trotzt das außergewöhnliche gotische Bauwerk der **Église des Jacobins** (Parvis des Jacobins; 🕒 9–19 Uhr), die tagsüber durch das natürliche Licht durch die riesigen Buntglasfenster in alle möglichen Farben getaucht wird, der Schwerkraft. Durch die Mitte des Hauptschiffes verläuft eine Reihe von sieben 22 m hohen Säulen, die sich oben parlmenartig zu Gewölben entfalten.

Genauso umwerfend ist ein Spaziergang durch den **Cloître des Jacobins** (Eintritt 3 €, erster So im Monat frei). Kunstausstellungen füllen das Refektorium **Les Jacobins** (☎ 05 61 22 23 82; 69 rue Pargaminières; Eintritt frei; 🕒 9–19 Uhr) aus dem 14. Jh.

CATHÉDRALE ST-ÉTIENNE

Die **Kathedrale** (place St-Étienne; 🕒 Mo–Sa 8–19, So 9–19 Uhr) ist ein Mischmasch aus unterschiedlichen Stilen. Das riesige Mittelschiff aus dem 12. Jh. Steht im Kontrast zu dem ebenso imposanten Chor vom Ende des 13. Jhs., der entworfen wurde, um die Kathedrale entlang einer anderen Achse neu auszurichten. Die prächtige Fensterrose auf der Westseite stammt von 1230.

HÔTEL DÍASSÉZAT

Toulouse rühmt sich mit etwa 50 *hôtels particuliers* (Herrenhäuser), darunter auch das **Hôtel d'Assézat**, das 1555 für einen Färberwaidhändler erbaut wurde und heute die **Fondation Bemberg** (☎ 05 61 12 06 89; www.fondation-bemberg.fr, auch auf Englisch; place d'Assézat; Erw./8–18 J. 4,60/2,75 €, geführte Touren 7,35/5,50 €; 🕒 Di–So 10–12.30 & 13.30–18, Do bis 21 Uhr) beherbergt. Geführte Touren durch die zauberhafte Sammlung an Gemälden, Bronzefiguren und andere Kunstgegenständen von der Renaissance bis ins 20. Jh. beginnen täglich um 15.30 Uhr. Die Stiftung veranstaltet auch Workshops zur Kunstgeschichte (8/5,50 €).

MUSÉE PAUL DUPUY

Dieses **Museum** (☎ 05 61 14 65 50; 13 rue de la Pléau, Erw./Kind 3 €/frei, erster So im Monat frei; 🕒 Juni–Sept Mi–Mo 10–18 Uhr, Okt.–Mai bis 17 Uhr) zeigt Glasarbeiten, religiöse Kunst, Porzellan, Waffen, seltene Uhren, Armbanduhren und weitere dekorative Kunstgegenstände vom Mittelalter bis zum Zweiten Weltkrieg. Die **Kammermusikkonzerte** (Eintritt frei; 🕒 letzter So im Monat 15 Uhr) passen perfekt zur Kulisse des Hôtel de Besson aus dem 18. Jh.

ESPACE EDF BAZACLE

Für ein bisschen industrielle Archäologie bietet sich ein Besuch von **Le Bazacle** (☎ 05 62 30 16 00; 11 quai St-Pierre; Eintritt frei; 🕒 Di–Fr 14–19 Uhr, während Ausstellungen Di–So 14–19 Uhr) an, ein Denkmal für die Wasserkraft mit einem über 100 Jahre alten Wasserkraftwerk und den Überresten einer Mühle aus dem 12. Jh. Hier kann man den Fischen dabei zusehen, wie sie sich einen Weg durch ihre spezielle Umleitung bahnen, und in innovativen Kunstausstellungen im Innern des Gebäudes am Wasser schwelgen.

RIVE GAUCHE

Am anderen Ufer der Garonne liegt **Le Château d'Eau** (☎ 05 61 77 09 40; www.galeriechateaudeau.org, auch auf Englisch; 1 place Laganne; Erw./Kind 2,50 €/frei; 🕒 Di–So 13–19 Uhr), ein Wasserturm aus dem 19. Jh., der zum Ausstellungsort für einige der besten Fotografen der Welt umgewandelt wurde.

CANAL DU MIDI

Wer an der östlichen Ecke des bescheidenen Beckens von Toulouses Port de l'Embouchure steht, befindet sich an einer der ehemals bedeutendsten Handelszonen der Welt. Paddelt man in östliche Richtung für 240 km am Canal du Midi entlang, kommt man ins Le Bassin de Thau und zum Mittelmeer. Richtung Norden entlang dem Canal Latéral à la Garonne taucht man als sanftere Alternative zur unberechenbaren Garonne in die Mitte des 19. Jhs. ein und endet in Bordeaux an der Atlantikküste. Auch heute noch nehmen über 1000 Schiffe diese seitliche Überfahrt in Angriff und vermeiden somit einen 3000 km langen Umweg um Spanien herum. Dabei treffen sie auf private Wasserfahrzeuge und um die 450 Mietboote, die regelmäßig auf den schönsten Abschnitten verkehren.

Das **Buddha Boat Spa** (☎ 05 61 55 54 87; www.buddhaboat-spa.com, auf Französisch; bd Montplaisir; 2 Std. inkl. Hammam, Sauna, CD-Bibliothek & Sonnendeck 35 €; Mo–Fr 11–20, Sa 10–20, So 12–18 Uhr) in Toulouse, ein hochmodernes Wellness-Center an Bord eines zeitgenössischen, hölzernen Frachtkahns, ist ein traumhafter Boxenstopp.

Die ersten 50 km Richtung Osten bis nach Port Lauragais besteht die Strecke aus einem asphaltierten, ebenen Weg, weich wie ein Seidenband und ideal für Radfahrer und Inline-Skater (weiter im Osten können einem Radfahrer begegnen, die leise die holprigere Strecke verfluchen). Hat man die Vororte der Stadt hinter sich gelassen, verläuft der Weg mehr oder weniger parallel zur Hers und trifft auf die wiegenden Weizenfelder des Lauragais. Von Zeit zu Zeit kommt ein weniger erfreulicher Zeitgenosse, die jaulende und brummende Autobahn A61, unangenehm nahe.

An der Schleuse in **Montgiscard** lohnt sich ein Blick auf das überdachte Waschhaus am Kanal, das noch genauso intakt ist wie am Tag seiner Erbauung, mal abgesehen von dem Gras, das durchs Ziegeldach wächst. Es ist eines der wenigen überlebenden solcher Bauwerke, die einst häufig gebaut worden sind; die meisten waren nach oben hin offen. Seltsamerweise war es für Reisende verboten, ihre Klamotten im Kanal zu waschen (warum solche Skrupel, fragt man sich). Ein Spaziergang durch diesen Weiler lohnt sich allein schon für den Besuch der Pfarrkirche aus dem 13. Jh.

Wie fast überall entlang dem Kanal kommen die Radfahrer unter Platanengewächsen oder – seltener – unter Zypressen hindurch. Über 45 000 von ihnen wurden gepflanzt, um die Ufer zu stabilisieren, Verdunstung zu reduzieren und willkommenen Schatten zu erzeugen.

Neben der Schleuse in **Négra** stehen ein paar verfallene Gebäude und eine kleine Kapelle, in der die Radfahrer sich für eine bisher unkomplizierte Reise bedanken können. Hier hält auch die *barque de poste,* das schnelle, Passagiere befördernde Postschiff, auf ihrer viertägigen Fahrt von Toulouse nach Agde zum Mittagessen – die Zwischenstopps über Nacht sind Castelnaudary (S. 202), Trèbes (S. 193) und Le Somail (S. 135). Eine rote Ziegelsteinbrücke mit drei Bögen führt hier auch den Kanal über die Négra-Schleuse oder den Thésauque-Wasserlauf.

Etwas östlich von Avignonet-Lauragais direkt neben dem Kanal markiert der moderne Yachthafen für Freizeitboote, der **Port Lauragais**, das Ende der garantiert sanften Radstrecke – auch wenn noch einige gemütliche Abschnitte vor einem liegen. Am Autobahnrastplatz (*aire*) direkt am Kanal erzählt ein Museum vom Bau des Kanals und seiner folgenden Geschichte.

Nur wenige Kilometer Richtung Osten, über die Grenze ins benachbarte Departement Aude, kennzeichnet **Seuil de Naurouze** (S. 203) den höchsten Punkt des Kanalwegs und die Wasserscheide zwischen dem Atlantik und dem Mittelmeer.

Navicanal (☎ 06 75 28 60 83; www.navicanal.com, auch auf Deutsch; Toulouse) oder **Locaboat** (☎ 05 61 81 36 40; www.locaboat.com, auch auf Deutsch; Négra, in der Nähe von Montesquieu-Lauragais) verleihen Boote.

Mehr Infos zum Canal du Midi s. S. 33.

Einen kurzen Fußmarsch entfernt bildet ein Schlachthaus aus den 1830er-Jahren die aufgearbeitete Kulisse für das wegbereitende **Musée d'Art Moderne et Contemporain** (☎ 05 62 48 58 00; www.lesabattoirs.org, auch auf Deutsch; 76 allées Charles de Fitte; Eintritt je nach Ausstellung 5–10 €, erster So im Monat frei; Di–So 11–19 Uhr) von Toulouse.

CITÉ DE L'ESPACE

In der **Cité de l'Espace** (Weltraumstadt; ☎ 08 20 37 72 23; www.cite-espace.com; av. Jean Gonord; Erw./5–15 J./Stud. Juli & Aug. 22/14,50/19,50 €, Sept.–Juni 19,50/13/16 €, geführte Besichtigungen 4,90 €; Mitte Juli–Aug. 9.30–19 Uhr, Sept.–Dez. & Feb.–Juni 9.30–17 oder 18 Uhr, Jan. geschl.) am östlichen Stadtrand von Toulouse können Besucher ihr eigenes Raumschiff koppeln, die Mir besichtigen und einen Satelliten losschicken. Die anregenden interaktiven Ausstellungen, die Grundwissen über physikalische Gesetze und verschiedene Raumfahrttechnologien vermitteln, machen das Museum zu einem absoluten Muss für Kinder. Bus Nr. 15 fährt von der Haltestelle Allées Jean Jaurès ab; an der Endhaltestelle aussteigen und 600 m in Richtung der 53 m hohen Raumfahrtrakete laufen.

AIRBUS

Das Raumfahrtunternehmen Airbus, 10 km westlich in Colomiers, veranstaltet eineinhalbstündige geführte Touren durch seine riesige **Clément Ader-Fabrik** (Erw./6–18 J./unter 6 J. 9,50/8 €/frei) mit der Airbus-Fertigungsstraße und durch die **Jean-Luc-Lagardère-Fabrik** (14/11 €/frei), in der die ersten Modelle des A380, des größten Flugzeugs der Welt, zusammengeschraubt werden.

In den französischen Schulferien kann zusätzlich zu beiden dieser Standardführungen eine einstündige Entdeckungstour der **Concorde Serie Nr. 1** (Erw./6–18 J./unter 6 J. 4,50/3 €/frei) oder eine eineinhalbstündige Tour der **Concorde Nr. 1 und der „Fox Charlie" der Concorde Nr. 9 von Air France** (11/9,50 €/frei) gebucht werden.

Die Führungen finden von Montag bis Samstag zwei- bis sechsmal pro Woche statt und müssen mindestens zwei Wochen im Voraus über **Taxiway** (☎ Reservierungen 05 34 39 42 00; www.taxiway.fr, auch auf Englisch; 🕒 Mo–Sa 9–12.30 & 14–18 Uhr) gebucht werden. Kameras sind verboten und man braucht irgendein Ausweisdokument.

Geführte Touren

Die Touristeninformation veranstaltet zweistündige thematische **Stadtspaziergänge** (Erw./Kind 10–16 J. 9/6 €). Die Bootsfahrten auf dem Canal du Midi und der Garonne von **Toulouse Croisières** (☎ 05 61 25 72 57; www.toulouse-croisieres.com, auf Französisch) und **Les Bateaux Toulousains** (☎ 05 61 80 22 26; www.bateaux-toulousains.com, auch auf Englisch) beginnen am Quai de la Daurade.

Schlafen

Die Hotels von Toulouse richten sich hauptsächlich an Geschäftsleute, das bedeutet günstigere Preise am Wochenende und im Juli und August.

BUDGETUNTERKÜNFTE

Résidence Jolimont (☎ 05 34 30 42 80; foyerjoliment@wanadoo.fr; 2 av. Yves Brunard; B mit Frühstück 17,30 €) In diesem modernen, lachsfarbenen Gebäude mit einer hell gestrichenen Bar bekommen Backpacker in Toulouse immer ein Bett für die Nacht: Die Rezeption und das Hostel haben 24 Stunden am Tag und 365 Tage im Jahr geöffnet. Mit der Metro oder dem Bus 39 zur Haltestelle Jolimont.

LP Tipp **La Chartreuse Hôtel** (☎ 05 61 62 93 39; www.chartreusehotel.com, auch auf Englisch; 4bis bd de Bonrepos; DZ/3BZ 37/48 €) *Bon repos* (eine gute Nachtruhe) ist das, was dieses außergewöhnlich preiswerte und saubere Hotel inmitten mehrerer heruntergekommener Unterkünfte gegenüber vom Bahnhof zu bieten hat. Für Radfahrer, die am Kanal entlangfahren, gibt's eine kostenlose, sichere Unterstellmöglichkeit für ihre Räder.

Hôtel des Arts (☎ 05 61 23 36 21; couleurs.suds@club-internet.fr; 1bis rue Cantegril; DZ mit Gemeinschafts-/eigener Dusche 42/54 €) In dieser bescheidenen Unterkunft, wo sich alle Zimmer eine Toilette teilen, ist der Preis vorrangig. In den Zimmern mit Dusche kann es feucht werden, da nur ein Plastikvorhang die Duschkabine vom Raum selbst trennt.

EIN ANKERPLATZ AM KANAL

Péniche Soléïado (☎ 05 62 19 07 71, 06 86 27 83 19; www.peniche-soleiado.com, auf Französisch; Pont Mange Pommes, rue Riquet, Ramonville St-Agne; EZ/DZ mit Frühstück 60/80 €) ist ein Kanalboot mit drei Zimmern und zwei winzig kleinen Kabinen zum Schlafen, das 8 km südlich in Ramonville St-Agne vor Anker liegt. Es ist salbeigrün mit vielen Blumentöpfen und einem Sonnendeck zum Abendessen (Abendessen 30/15 € pro Erw./Kind unter 12 J.) und treibt unter einer Brücke, deren Name den sorgenfreien, *Mange-pommes*-Lebensstil (Äpfel essenden Lebensstil) heraufbeschwört, den das Boot verkörpert. An Bord gibt's auch Räder, mit denen die Gäste den schönen, nahe gelegenen Hafen erkunden oder die einfache, 30-minütige Strecke nach Toulouse radeln können. Abendessen an Bord ist ein absolutes Muss, genau wie eine Tagesfahrt mit Mittagessen (Erw./Kind 115/80 €), die Marie und Pascal, das kreative Paar hinter dem nautischen Unternehmen, zweimal im Monat veranstalten.

EIN ZUHAUSE À LA TOULOUSAINE

In diesen eleganten *maisons d'hôtes* (B&Bs) kriegen die Gäste einheimische Kultur und eine gewisse Privatsphäre mit:

- **Les Loges de Saint Sernin** (☎ 05 61 24 44 44; 12 rue St-Bernard; DZ mit Frühstück Mo–Fr/Wochenende 120/105 €) Die vierfache Mutter Sylviane Tatin steckt hinter diesem B&B im zweiten Stock eines Stadthauses aus dem 18. Jh. Die vier Zimmer verbinden Alt und Neu und spiegeln ihre natürliche Umgebung wider: St-Sernin ist in romantischen ziegelsteinroten Farben gehalten, Capitole ist orange, Garonne ist leicht beige und Canal du Midi ist lebhaft grün. Im Sommer gibt's das Frühstück auf einem Balkon mit Blick auf den Golfplatz im Hof von Sylvianes Ehemann.
- **Anjali Maison d'Hôtes** (☎ 09 54 22 42 93, 06 84 29 78 09; www.anjali.fr, auch auf Englisch; 86 Grande Rue St-Michel; EZ/DZ/3BZ mit Frühstück ab 75/85/125 €;) In dem Haus aus dem 19. Jh. mit Fensterläden aus Holz und einem geheimen, ummauerten Garten hat Delphine ihrer Kreativität beim Einreichten der vier Zimmer freien Lauf gelassen: Hampi ist genauso gelassen wie die Reisen nach Südindien, die als Inspiration dienten; Brédoury ist familienfreundlich mit einem Kinderzimmer, ausgestattet mit Schiffskojen; Tolosa ist mit seiner herrlichen, freiliegenden Wand aus roten Ziegeln typisch für Toulouse und behindertengerecht; und das schwarzweiße Cinema Paradiso verfügt über seinen eigenen Projektor neben dem Bett, um an der gegenüberliegenden Wand Filme abzuspielen.

MITTELKLASSEHOTELS

LP Tipp Hôtel St-Sernin (☎ 05 61 21 73 08; 2 rue St-Bernard; EZ/DZ ab 58/63 €) Kostenloser WLAN-Anschluss. In dem Boutiquehotel mit erstklassigem Ausblick auf die Basilique St-Sernin – für die Zimmer 4, 9, 15 und 20 könnte man sterben – ist eine aufregende Veränderung im Gange: Das Pariser Paar Julien und Auroe kaufte das Gebäude 2008 als Hotel ihrer Träume und renoviert jetzt Stockwerk für Stockwerk.

Hôtel Castellane (☎ 05 61 62 18 82; www.castellanehotel.com, auch auf Englisch; 17 rue Castellane; DZ/3BZ 2/84 €;) An dem einfachen 2-Sterne-Hotel mit vielen Familienzimmern und – *quelle surprise!* – mit einem sonnenbeschienenen Innenhof gibt's kaum etwas auszusetzen: Der Preis ist unschlagbar, die Lage ist brillant und in Sachen Freundlichkeit rangiert es ganz oben. Kinder unter zwölf Jahren frühstücken umsonst.

Hôtel Albert 1er (☎ 05 61 21 17 91; www.hotel-albert1.com, auch auf Deutsch; 8 rue Rivals; DZ Wochenende/unter der Woche ab 69/84 €;) Das jahrhundertealte „Albert der Erste" wurde 1956 von den Eltern von Anne-Marie Hilaire etabliert, die dieses perfekt geführte Hotel mit ihren zwei erwachsenen Söhnen betreibt. Nicht auf den Shopping-, Restaurant- und Ausgehführer verzichten, den das Hotel für seine Gäste zusammenstellt.

SPITZENKLASSEHOTELS

Hôtel des Beaux Arts (☎ 05 34 45 42 42; www.hoteldesbeauxarts.com, auch auf Englisch; 1 place du Pont Neuf; DZ ohne/mit Blick auf den Fluss 108/128–220 €;) Kostenloser WLAN-Anschluss. Die romantische Fassade aus dem 18. Jh. dieses kunstvollen Gebäudes verspricht Großes. Weiche, sanfte karamellfarbene Ziegel umrahmen neun Fenster, die mit grünen Markisen und schmiedeeisernen Balkonen verziert sind. Und auch das Innere, das eher wie ein Landhaus als wie ein Hotel eingerichtet ist, enttäuscht keinesfalls.

LP Tipp Les Bains Douches (☎ 05 62 72 52 52; www.hotel-bainsdouches.com, auf Französisch; 4 & 4bis rue du Pont Guilheméry; EZ/DZ ab 140/160 €;) Das Hotel ist die städtische Kreation eines Innenarchitekten und Motorraddesigners und strotzt vor New Yorker Großtuerei. Gewachste Betonböden, Edelstahloberflächen und feines Neonlicht ebnen den Weg zu 19 Zimmern und drei Suiten im ehemaligen Badehaus der Stadt.

Essen

Der Boulevard de Strasbourg, die Place St-Georges und die Westseite der Place du Capitole sind eine einzige Aneinanderreihung von Caféterrassen. Billige Studentenkneipen drängen sich auf der Rue des Blanchers (gleich westlich des Vieux Quartier) und die Rue Pargaminières ist die Straße für Kebab, Burger und Fast Food spät nachts.

FÜR VEGETARIER

Es ist schwer zu glauben, aber in diesem Land von Gänseleberpastete und Ente gibt es tatsächlich komplett vegetarische Restaurants. Eine vollständige Liste gibt's sonntagmorgens am Markt von St-Sernin am Stand der **Association Végétarienne et Végétalienne** (http://avis.free.fr, auf Französisch; So 11–13 Uhr) aus Toulouse, an der Ecke Rue St-Bernard und Place St-Sernin.

La Faim des Haricots (05 61 22 49 25; www.lafaimdesharicots.fr, auch auf Englisch; 3 rue du Puits Vert; Menüs 10–13 €; Mo–Mi mittags, Do–Sa, mittags & abends; V) serviert jeden Tag ein anderes Tagesgericht, begleitet von einer guten Auswahl an hausgemachten Salaten, leckeren Kuchen und Suppen, die nach Belieben zusammengestellt werden können, und zwar *à volonté*, also so viel man möchte. Zu den Nachspeisen, ebenfalls *à volonté*, gehören schlichte Klassiker wie Brotpudding, Karottenkuchen, Schokoladentorte und Vanilleflan.

Michel, Marcel, Pierre et les Autres (05 61 22 47 05; www.michelmarcelpierre.com; 35 rue de Rémusat; Vorspeisen/Hauptgerichte/Nachtisch 7/13/7 €, 2-/3-Gänge-Menü 17/23 €; Di–Sa mittags & abends) Das klassische Bistro mit seinen Eigenarten ist der Ort für leckeres Bistroessen (Makrelenfilets, in Teig gebackener Käse, *rillettes de canard* etc.). Der Werbeslogan „Kein Restaurant, sondern ein Ort des Lebens und der guten Laune" ist sehr treffend. Leider war es zur Zeit unserer Recherche geschlossen.

LP Tipp **Les Halles Victor Hugo** (Menüs 10–20 €; Di–So mittags) Die kleinen, spartanischen Restaurants über den appetitanregenden Essensständen der belebten Markthalle von Toulouse haben nur mittags geöffnet, sind schnell, überfüllt und effektiv. Sie richten sich gleichermaßen an die Marktverkäufer und Einkäufer und servieren üppige, leckere Menüs mit herzhaftem Essen.

El Borriquito Loco (05 61 25 34 54; www.restaurant-borriquito.com, auf Französisch; 25 rue des Paradoux; Tagesgericht 10 €, Mittagsmenüs 10–26 €; Mo–Sa mittags & abends) Die spanische Tapasbar ist mit dem Durcheinander an Masken, altmodischen Klamotten, roten Keilschuhen etc., die von dem schmiedeeisernen Balkonen hängen, schon ein bisschen verrückt. Aber sie ist spottbillig (12,50 € für ein 3-Gänge-Mittagsmenü inkl. Wein und Kaffee) und verwandelt sich abends in einen Club mit DJ und Tanzfläche.

La Réserve (05 61 21 84 00; 8 rue Jean Suau; Mittagsmenü 12,50 €, Hauptgerichte 10–15 €; mittags & abends) Wer eine Pause von Entenfleisch braucht, der kommt in dieses elegante Restaurant mit industrieller Inneneinrichtung und jeder Menge Sitzgelegenheiten auf dem Gehweg. Auf der Speisekarte steht so ziemlich alles – Salate, Pizza und Pasta und natürlich auch das für die Stadt charakteristische Confit. Am Wochenende hat die Küche den ganzen Tag über geöffnet.

Emile (05 61 21 05 56; www.restaurant-emile.com, auch auf Englisch; place St-Georges; Menüs mittags 20 & 30 €, abends 36 & 41 €; Di–Sa mittags & abends) Diese Topadresse, die es seit den 40er-Jahren gibt, ist der ideale Ort für das angeblich perfekte Cassoulet (S. 47) im Toulouser Stil auf einem der schönsten Plätze der Stadt.

LP Tipp **Chez Navarre** (05 62 26 43 06; 49 Grande Rue Nazareth; Mittags-/Abendmenü 12,50/20 €; Di–F mittags & abends, Sa abends) Genug vom Essen in Restaurants? Die fabelhafte *table d'hôte* aus dem 16. Jh. mit roten Ziegelwänden, einer alten Holzbar, Deckenbalken und Gemeinschaftstischen mit Kerzenlicht ist einfach perfekt. Die bäuerlich französische Küche mit einfachen Terrinen, Suppen und einem festen Menü gibt einem das Gefühl, zu Hause zu sein.

Au Coin de la Rue (05 61 21 99 45; 2 rue Pargaminières; 2-/3-Gänge-Menü 19/22 €, Salate 14 €; tgl. mittags & abends) Ein typisches französisches Bistro mi hölzernen Fensterläden und einer betagten Flasche mit Armagnac, die fest auf der Bar fixiert ist. Das zeitgenössische Lokal biete eine Handvoll Tische in der Sonne und meh rere im Schatten. Ein Kronleuchter aus Gla bringt ein bisschen Funk ins Innere. WLAN Hotspot; bei Studenten sehr angesagt.

Le Bon Vivre (05 61 23 07 17; www.lebonvivre.com, auch auf Englisch; 15bis place Wilson; Menüs 25–36 €; tgl. mittags & abends) Altertümliche, regionale Küche könnte nicht fleischhaltiger sein als in diesem bei Einheimischen beliebten Lokal: *ris de veau à l'ancienne* (Kalbsbries auf herkömmliche Art), *cassoulette de lentils* gewürzt mit *museaux* (Schweineschnauze) und Schweinsohren oder ein bescheidener Teller mit gepökeltem Schinken *(noir de Bigorre)* freundlicherweise zur Verfügung gestellt vo dem wertvollen schwarzen Schwein aus der Bigorre Gascogne.

Michel Sarran (☎ 05 61 12 32 32; 21 bd Armand Duportal; Mittags-/Abendmenüs 48/98 €; ⌚ Mo–Fr mittags & abends) Wie bei vielen Gourmetrestaurants, die mit zwei Michelin-Sternen ausgezeichnet sind, ist auch das Mittagessen in Michel Sarrans hübschem Stadthaus in einer von Bäumen gesäumten Allee sehr preiswert. Das Menü umfasst Wein und Kaffee.

SELBSTVERSORGER

Frische Produkte (und/oder Wein für 1,20 € pro Liter!) gibt's in den Markthallen **Les Halles Victor Hugo** (place Victor Hugo; ⌚ Di–So 7–13 Uhr) oder auf der **Marché des Carmes** (Place des Carmes; ⌚ Di–So 7–13 Uhr).

Ausgefallene Brotsorten (mit Kastanie, Nuss, Chorizo, Zwiebeln, Feigen etc.) und Baguettesandwiches (Camembert und Walnuss) machen die Bäckerei **La Panetière aux Saveurs d'Antan** (39 bd de Strasbourg; ⌚ Mi–Mo 7–20.30 Uhr) zu einem lohnenswerten Picknickstopp.

Bei **British Frogs** (☎ 05 61 62 69 78; 13 rue de la Colombette; ⌚ Di–Sa 10–19, So bis 13 Uhr) gibt's Ingwerkuchen, leckere Hot Dogs, Baked Beans und andere englische Produkte.

Ausgehen

Im Vieux Quartier gibt's jede Menge Kneipen, genau wie in der Rue Castellane, der Rue Gabriel Péri und rund um die Place St-Pierre in der Nähe des Flusses.

Au Père Louis (☎ 05 61 21 33 45; 45 rue des Tourneurs; ⌚ Mo–Sa 8.30–15 & 17–22.30 Uhr) Die älteste Bar von Toulouse von 1889 steht ganz oben auf der Liste, wenn es um altmodischen Charme geht. In dieser Mischung aus Retro-Bar, Café und Mittagslokal sollte man sich wenigstens einen Drink genehmigen.

La Maison (☎ 05 61 62 87 22; 9 rue Gabriel Péri; ⌚ So–Fr 17–2, Sa bis 5 Uhr) In dem abbröckelnden alten Haus mit einer altmodischen Stuhlsammlung, einer Weinkarte, die mit Kreide über den (dekorativen) Kamin geschrieben ist, und mit den Tauben, die gelegentlich zu Besuch kommen, fühlen sich die Gäste wie zu Hause. Das Lokal ist mehr als angesagt: Studenten lassen sich auf die Sofas plumpsen und trinken erst einen Tee, um dann zu späterer Stunde zu Cocktails zu greifen.

Bodega Bodega (☎ 05 61 63 03 63; 1 rue Gabriel Péri; Menü 19,50 €, Tapas 4,50–9 €; ⌚ Mo–Fr 17–2, Sa bis 6, So 20–2 Uhr) In diesem riesigen Partytempel in einem historischen Gebäude, in dem einst die Steuerbehörde untergebracht war, gibt's jede Menge Spaß wie bei einer *féria* und am Wochenende außerdem Livemusik und eine ungebändigte Meute an Tapas mampfenden Menschen.

La Tireuse (☎ 05 61 12 28 29; 24 rue Pargaminières; ⌚ Mo–Sa 17–2, So 18–2 Uhr) Die bei Studenten sehr beliebte Bierbar hat 20 Biere *en pression* (vom Fass) und ist ein schöner Ort, um sich durch die Nacht zu trinken.

In der Nähe des Flusses gibt's auf der Place St-Pierre jede Menge Bars mit Terrassen:

Café des Artistes (☎ 05 61 12 06 00; 13 place de la Daurade; ⌚ Mo–Sa 8–2, So 12–21 Uhr) Sehr romantisch bei Sonnenuntergang mit Blick auf den Fluss und einer weichen, aprikosenfarbenen Holzfassade.

Le Bar Basque (☎ 05 61 21 55 64; 7 place St-Pierre; ⌚ Mo–Fr 11–2, Sa 13–5, So 13–2 Uhr) Sportbar mit Bänken in einem gewaltigen Innenhof und einem spektakulären Rugbyfeld im Hintergrund.

Le Saint des Seins (☎ 06 07 81 90 52; www.myspace.com/lesaintdesseins; 5 place St-Pierre; ⌚ Mi–Fr 17–2, Sa bis 4 Uhr) Jamsessions und Rockkonzerte.

Le St-Pierre (☎ 05 61 21 74 13; 10 place St-Pierre; ⌚ Mo–Fr 9–2, Sa 12–5, So 12–2 Uhr) Durchschnittspub.

SCHWULE & LESBEN IN TOULOUSE

Die Stadt wird nicht umsonst *la ville rose* genannt; alles über die Schwulenszene gibt's unter www.gaytoulouse.net, auf Französisch. Zu den Schwulenclubs gehören der **Shanghaï Club** (12 rue de la Pomme; www.shanghai-leclub.com, auf Französisch; ⌚ 00.30–10, So bis 11 Uhr), ein Schwulenclub mit Disko seit 1970, und **Les Coulisses** (5 bd de Strasbourg; Tapas 8–12 €; ⌚ Mo–Fr 18–2, Sa bis 5 Uhr), eine gemischte, schwulenfreundliche Champagnerbar mit glitzernden, silbernen, bodenlangen Vorhängen, einer mit Hecken eingezäunten, schwarz gestrichenen Terrasse und dem Toulouser DJ Luke Skywalker, der freitags auflegt.

Unterhaltung

Am Kartenschalter der **FNAC** (☎ 08 92 68 36 22; 16 allées du Président Franklin Roosevelt) gibt's kostenlose Veranstaltungsprogramme; oder online unter http://toulouse.sortir.eu (auf Französisch).

KINOS

Ausländische Filme in Originalsprache gibt's im **Cinéma Utopia** (☎ 05 61 23 66 20; 24 rue Montardy), im **Cinéma ABC** (☎ 05 61 29 81 00; 13 rue St-Bernard) und im Programmkino **Cinémathèque de Toulouse** (☎ 05 62 30 30 10; www.lacinemathequedetoulouse.com, auf Französisch; 69 rue du Taur) zu sehen.

LIVEMUSIK

Halle aux Graines (☎ 05 61 63 13 13; www.onct.mairie-toulouse.fr, auch auf Englisch; place Dupuy) Klassische Musik und Theater gibt's in der eleganten Markthalle der Stadt aus den 1860er-Jahren, die heute eine Konzerthalle und das Zuhause des Orchestre National du Capitole von Toulouse ist.

Le Bijou (☎ 05 61 42 95 07; www.le-bijou.net, auf Französisch; 123 av. de Muret; Eintritt frei–15 €; Ⓜ République) An diesem experimentierfreudigen Veranstaltungsort hinter einem Nachbarschaftsbistro gibt's vorwiegend Weltmusik und aufstrebende Künstler zu hören und zu sehen. Konzerte beginnen um 21.30 Uhr.

Havana Café (☎ 05 62 88 34 94; www.havana-cafe.fr/home.php, auf Französisch; 2 av. des Crêtes, Ramonville St-Agne; Eintritt frei–20 €; Ⓜ Ramonville) Jegliche Art von Musik – u. a. Reggae, Rock, Blues, Heavy Metal und Gospel – machen diesen beliebten Ort am Ende der Metrolinie B, 8 km südlich der Stadt, zum größten und besten Veranstaltungsort von Toulouse für Livemusik.

Le Bikini (☎ 05 62 24 09 50; www.lebikini.com, auf Französisch; rue Hermès, Ramonville St-Agne; Eintritt 5–20 €; Ⓜ Ramonville) Der Stoff aus dem die Legenden von Toulouse sind; seit etwa 25 Jahren am Ende der Linie B.

Le Zénith (☎ 05 62 74 49 49; 11 av. Raymond Badiou; Ⓜ Arènes oder Patte d'Oie) Die erste Wahl für Konzerte im internationalen Bereich.

CLUBS

Mehrere Bars, wie die Konzertveranstaltungsorte Havana Café (s. oben) und Le Bikini (s. oben), dienen gleichzeitig als Clubs.

Opus Café (☎ 05 61 62 37 46; 24 rue Bachelier; Eintritt frei; ⏲ Mo–Mi 24–5, Do–Sa 23–6 Uhr) Hier können bewährte Clubber, die erst spät unterwegs sind und noch Lust auf das typische *l'after* haben, bis in die frühen Morgenstunden tanzen.

Café Rex (☎ 05 61 12 16 39; 15 av. Honoré Serres; Eintritt 10 €; ⏲ Di–Fr 20–2, Sa 20–5 Uhr; Ⓜ Campons Cottarelli) Eine Mischung aus Bar und Club mit jungem Publikum, vielen Veranstaltungen und einer australischen Seele.

An- & Weiterreise

BUS

Regionale Busse vom/zum **Busbahnhof** (☎ 05 61 61 67 67; bd Pierre Sémard) von Toulouse:

Fahrziel	einfache Fahrt Preis (€)	Fahrzeit (Std.)	Häufigkeit pro Tag
Albi	12,90	1½	3
Castres	10,90	1½	6
Millau	26,50	4	1
Montpellier	29,90	3	4

FLUGZEUG

Der **Aéroport Toulouse-Blagnac** (☎ 08 25 38 00 00; www.toulouse.aeroport.fr, auch auf Englisch) liegt 8 km nordwestlich vom Stadtzentrum.

ZUG

Tickets gibt's beim **SNCF Informations- und Kartenschalter** (5 rue Peyras) oder am Bahnhof **Gare Matabiau** (bd Pierre Sémard). Zu den Fahrzielen gehören:

Fahrziel	einfache Fahrt Preis (€)	Fahrzeit (Std.)
Agde	25,10	2½
Albi	11,40	1¼
Carcassonne	13,30	1
Castres	12,70	1¼
Narbonne	20,60	1¼
Nîmes	34,70	3¼
Paris	89,80	5½
Sète	27,30	2¾

Unterwegs vor Ort

BUS & METRO

Die örtlichen Busse und die zwei Metrolinien werden von **Tisséo** (☎ 05 61 41 70 70; www.tisseo.fr auf Französisch) betrieben. Eine Einzelfahrkarte hin & zurück kostet 1,40/2,50 €, eine Zehnerkarte gibt's für 11,70 € und ein Ein-/Zweitagespass kostet 4,20/7 €.

Die meisten Buslinien fahren täglich bis mindestens 20 Uhr („Nachtbusse" fahren von 22 Uhr bis Mitternacht).

FAHRRAD

Rauf auf die Straßen mit den Rädern von **Vélô Toulouse** (www.velo.toulouse.fr, auf Französisch; 1-/7-Tagesticket inkl. 20/30 Min. kostenloser Verleih 1/5 € plus 150 € Kreditkartenpfand, 0,50/1,50/2 € 1./2./jede weitere Stunde ⏲ Abholung 5.30–2 Uhr, Abgabe 24 Std.). Kurzzeitabonnenten brauchen eine Kreditkarte mit Chip und PIN.

Vélo-Station Capitole (☎ 05 34 30 03 00; pro halben ganzen Tag 1/2 €, plus 260 € Kreditkartenpfand; ⏲ Mo–F 8–19, Sa & So 10–19 Uhr) verleiht Räder.

VOM/ZUM FLUGHAFEN

Die **Navette Aéroport** (Airportshuttle; ☎ 05 34 60 64 00 www.navette-tisseo-aeroport.com, auch auf Englisch) ver bindet den Flughafen mit der Innenstadt. Der Shuttlebus hält vor dem Busbahnhof, außerhalb der Metrostation Jean Jaurès oder an der Place Jeanne d'Arc. Die Fahrkarten kosten 4/6 € einfach/hin & zurück und die Fahrt dauert 20 Minuten. Die Busse fahren alle 20 Minuten zwischen 5 und 20.20 Uhr in der Stadt; vom Flughafen zwischen 7.25 und 24 Uhr.

Ein Taxi in die/aus der Stadt kostet 25 €.

ALBI

48 600 Ew.

Die festungsartige gotische Kathedrale, die den Rest der Stadt in den Schatten stellt, erinnert an Albis brutale, religiöse Vergangenheit. Im 12. und 13. Jh. befand sich die Stadt inmitten der Albigenser-Ketzerei und des blutigen Kreuzzuges, der die Katharer vernichtete (S. 215). Fast alles im Zentrum von Albi, einschließlich der Kathedrale, ist aus Ziegeln aus dem rötlichen Lehm gebaut, der aus dem durch die Stadt fließenden Fluss Tarn kommt.

Zwei Dinge machen einen Ausflug hierher lohnenswert: diese außergewöhnliche Kathedrale und das ausgezeichnete Museum, das dem aus Albi stammenden Künstler Henri de Toulouse-Lautrec (S. 45) gewidmet ist.

Praktische Informationen

Post (place du Vigan)

Touristeninformation (☎ 05 63 49 48 80; www.albi-tourisme.fr, auch auf Englisch; place Ste-Cécile; 🕑 Juli & Aug. Mo–Sa 9–19, So 10–12.30 & 14.30–18.30 Uhr, Okt.–Juni Mo–Sa 9–12.30 & 14–18, So 10–12.30 & 14.30–17 Uhr)

Sehenswertes & Aktivitäten

CATHÉDRALE STE-CÉCILE

Mit dem Bau der mächtigen **Cathédrale Ste-Cécile** (place Ste-Cécile; 🕑 Juni–Sept. 9–18.30 Uhr, Okt.–Mai 9–12 & 14–18.30 Uhr), die genauso sehr Festung wie Kirche ist, wurde 1282 kurz nach dem Zusammenbruch der Katharerbewegung begonnen. Sie wurde errichtet, um zu beeindrucken und zu unterdrücken, und es dauerte über 100 Jahre bis zu ihrer Fertigstellung. Hübsch ist nicht das richtige Wort –am überwältigendsten ist die schiere Größe der Kathedrale, die sich wie ein dunkler Turm eines Lords von Tolkien über der Stadt erhebt statt wie ein Ort der christlichen Gottesverehrung.

Erst einmal im Innern ist der Kontrast zu diesem brutalen Äußeren jedoch gewaltig. Kein Stückchen Oberfläche ist von den italienischen Künstlern unberührt geblieben, die sich Anfang des 16. Jhs. Kapelle um Kapelle ihren Weg an der ganzen Länge des riesigen Mittelschiffes entlangmalten.

Eine aufwendig geschnitzte, filigrane Kreuzigungsszene umgibt den Altarraum, allerdings wurden viele Statuen während der Revolution zerstört. Die Buntglasfenster in der Apsis und im Chor stammen aus dem 14. bis 16. Jh.

Unter keinen Umständen den **grand chœur** (großer Chor; Erw./unter 12 J. 2 €/frei, Erw. Jul & Aug 1,50 €) mit seinen Fresken, Kapellen und 30 biblischen, mehrfarbigen, in Stein gehauenen Figuren verpassen.

Am Westende hinter dem heutigen Hauptaltar hängt *Le Jugement Dernier* (Das Letzte Gericht; 1490), eine besonders lebhafte Horrowshow der Verdammten, die in Öl verbrennen und von Dämonen und Monstern geköpft oder gefoltert werden.

Gelegentliche Orgelkonzerte werden im Juli und August zu einer regelmäßigen Veranstaltung (Mi 17 Uhr, So 16 Uhr).

MUSÉE TOULOUSE-LAUTREC

Dieses **Museum** (☎ 05 63 49 48 70; www.musee-toulouse-lautrec.com; place Ste-Cécile; Erw./Stud./unter 14 J.

ALBI PASS

Diese Karte (6,50 €), die in der Touristeninformation verkauft wird, berechtigt zum freien Eintritt ins Musée Toulouse-Lautrec, zum Chor der Kathedrale und bietet weitere Ermäßigungen in der ganzen Stadt.

UMWELTFREUNDLICH: À PIED

Das Auto abstellen und sich stattdessen *à pied* (zu Fuß) auf Entdeckungsreise begeben: Albis **Espace Randos et Paysages** (☎ 05 63 47 33 70; www.ffrandonnee-tarn.org, auf Französisch; 6 rue St-Clair; 🕑 Di–Fr 10–12 & 15–18, Sa bis 19 Uhr) vom Comité Régional de la Randonnée Pédestre verkauft gute Wanderkarten und topografische Führer – viele beschreiben kurze Wanderungen für Familien. Außerdem gibt's hier Berge an Broschüren mit Wanderungen rund um Albi. *L'Echappe Verte d'Albi* beschreibt drei 1 km lange „Naturwanderungen" in der Stadt selbst.

EINEN ABSTECHER WERT

Von der trostlosen Aneinanderreihung einheitlicher Reihenhäusern (die in den 1920er-Jahren für Polen, Spanier und andere ausländische Bergarbeiter in Les Homps errichtet wurden) bis hin zum alpinen Sessellift in Le Garric, der Wasserskifahrer runter zum See am Boden einer 230 m tiefen Grube bringt: **Cap' Découverte** (☎ 08 25 08 12 34; www.capdecouverte.net, auf Französisch; Le Garric; Erw./unter 1,35 m 20/16 €; ⌚ Mitte Juni–Mitte Sept. 10–20 Uhr, Mai–Mitte Juni, Sept. & Frühlingsferien Fr–So 11–18.30 Uhr), 12 km nördlich von Albi, ist für die industriell Interessierten (oder für genervte Eltern, die das Gezanke auf dem Rücksitz nicht mehr länger ertragen) auf jeden Fall einen Abstecher wert.

Ein einheimischer Unternehmer verwandelte das, was bis 1997 noch eine weitläufige Übertage-Kohlemine war, in einen riesigen Erlebnispark mit einer künstlichen Skipiste, einem See zum Schwimmen, Boot- und Wasserskifahren, einer Rodelbahn, einer riesigen Zip-Line, einem Skaterpark, 35 km an Mountainbike-Wegen, Minigolf, Gokarts usw. Sechs Jahre und 61,4 Mio. € später ist es ein atemberaubendes Beispiel für industrielle Regeneration, die neues Leben in die plötzlich eingeschlafene einheimische Wirtschaft bringen soll. Die 150 t schweren Bagger, Schaufelradbagger und anderen riesigen Maschinen, die einst Kohle abbauten, rosten nun still und leise an den Hängen vor sich hin – eine Attraktion für sich.

2 km die Straße runter in Cagnac-les-Mines zeigt das **Musée de la Mine** (☎ 05 63 53 91 70; Cagnac-les-Mines; Erw./5–18 J. 7/4 €; ⌚ Juli & Aug. 10–19 Uhr, Mai, Juni, Sept. & Okt. 10–12 & 14–18 Uhr, Nov.–April Di–So 10–12 & 14–17 oder 18 Uhr) das Leben in einer unterirdischen Kohlemine, die von 1886 bis 1979 in Betrieb war. An die clever gemachte und Furcht einflößende, fünfminütige Fahrt runter zum Kohleschacht schließt sich eine Führung durch 350 m lange Tunnel an, für deren Bau überzählige Bergarbeiter ein Jahrzehnt brauchten. Extra-Pullis kann man vergessen; es ist nicht kalt.

5/2,50 €/frei; ⌚ Juli & Aug. 9–18 Uhr, Juni & Sept. 9–12 & 14–18 Uhr, Okt.–Mai 10–12 & 14–17 oder 18 Uhr, Okt.–März Di geschl.) befindet sich im **Palais de la Berbie**, dem riesigen, festungsartigen Palast des Erzbischofs aus dem 13. bis 15. Jh. gleich neben der Touristeninformation.

Das Museum rühmt sich mit über 500 Arbeiten des Künstlers – alles von einfachen Bleistiftskizzen über rohe Pastellentwürfe bis hin zu den endgültigen Werken, wie seine gefeierten Pariser Bordellszenen. Dabei nimmt der *Salon de la rue des Moulins* einen Ehrenplatz ein. Im Obergeschoss sind Arbeiten von Degas, Matisse und Rodin ausgestellt. Der Palasthof und die dekorativen **Gärten** (Eintritt frei; ⌚ April–Sept. 8–19 Uhr, Okt.–März bis 18 Uhr) sind einen Spaziergang wert.

Einen kurzen Fußmarsch entfernt markiert eine Gedenktafel an der Mauer der sich im Privatbesitz befindenden **Maison Natale de Toulouse-Lautrec** (14 rue Henri de Toulouse-Lautrec) das Haus, in dem der Künstler geboren wurde.

BOOTSFAHRTEN

Von Mitte Juni bis Mitte September veranstaltet **Albi Croisières** (☎ 05 63 43 59 63; www.albi-croisieres.com, auf Französisch) halbstündige **Bootsfahrten** (Erw./3–12 J. 6/3 €; ⌚ 11, 11.45 Uhr & alle 40 Min. von 14–18 Uhr) auf einer *gabarre*, einem Segelkahn mit flachem Boden von der Art, wie sie verwendet wurden, um Waren die Garonne runter nach Bordeaux zu verschiffen. Die Boote legen am Bootssteg Berges du Tarn ab, gleich nördlich des Palais de la Berbie.

Schlafen

Hôtel Saint-Clair (☎ 05 63 54 25 66; http://andrieu.michele.free.fr, auch auf Englisch; 8 rue St-Clair; DZ 42–65 €; P ⌘) Kostenloser WLAN-Anschluss; Parken 8 €. In dem 2-Sterne-Hotel in einer Fußgängerstraße der Altstadt fühlt man sich wie zu Hause. Verführerische Duftschwaden von hausgemachtem Essen ziehen durch den kleinen, mit Blumen bepflanzten Innenhof, eine altmodische, hölzerne Bar verleiht der Rezeption eine gemütliche Atmosphäre und einige Zimmer verfügen über einen kleinen Balkon.

Hôtel George V (☎ 05 63 54 24 16; www.hotelgeorgev.com, auch auf Englisch; 29 av. Maréchal Joffre; EZ/DZ/3BZ 45/50/55 €) Kostenloser WLAN-Anschluss. Das freundliche, einladende Hotel im Familienbetrieb mit roten Ziegeln, blauen Fensterläden und neun Zimmern ist absolut preiswert. Die Zimmer sind geräumig und Frühstück wird auf einer kleinen Terrasse serviert.

Le Vieil Alby (☎ 05 63 54 14 69; http://pagesperso-orange.fr/le-vieil-alby, auf Französisch; 25 rue Henri de

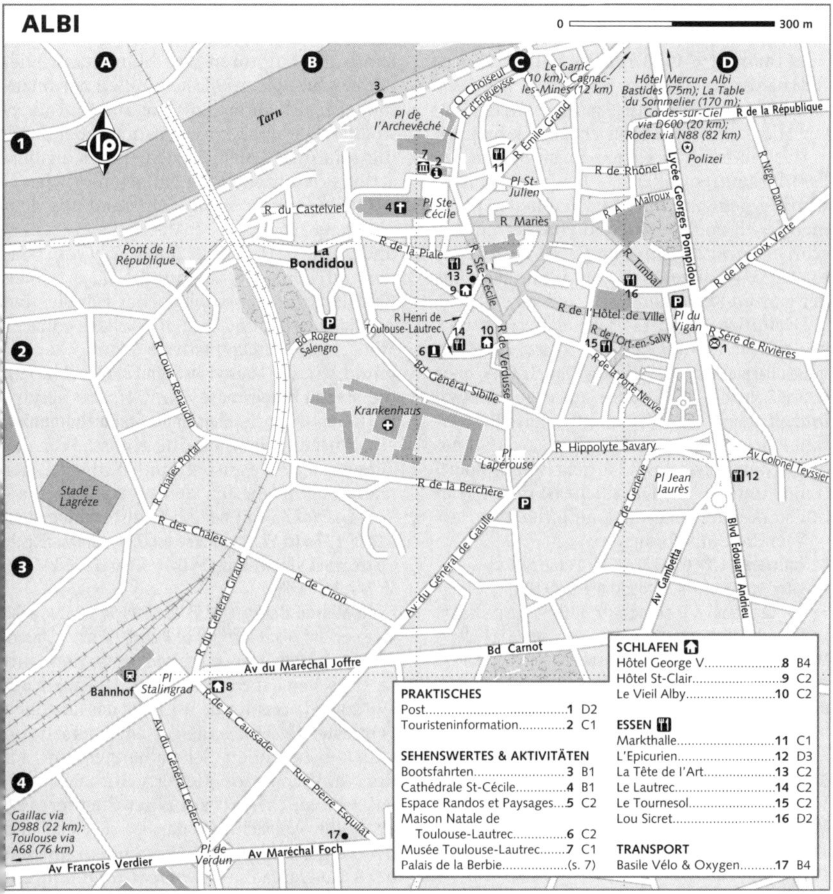

TOULOUSE & UMGEBUNG

Toulouse-Lautrec; EZ/DZ 44/53 €; ⏲ Jan. geschl.) Das winzige, in der Altstadt versteckte Hotel gehört zur Logis-de-France-Gruppe – und es liegt über einem Restaurant mit regionaler Küche.

Mercure Albi Bastides (☎ 05 63 47 66 66; www.accorhotels.com, auch auf Deutsch; 41 rue Porta; DZ 82–97 €; P ⊠ ⁘) WLAN-Anschluss und Parken kostenlos. Das Hotel auf der anderen Seite des Wassers liegt direkt am Fluss und ist in einem hübschen Ziegelgebäude aus dem 18. Jh. untergebracht, das einst als Mühle und später als Nudelfabrik diente. Die 58 Zimmer sind schön eingerichtet, und von der Restaurantterrasse aus bietet sich eine erstklassige Aussicht auf die roten Ziegelsteingebäude von Albi.

Essen

Lou Sicret (☎ 05 63 38 26 40; 1 rue Timbal; Hauptgerichte 15 €, Vorspeisen/Tagesgericht 4/7,90 €; ⏲ Di–Sa mittags & abends) Das freundliche, sehr okzitanische und künstlerisch aufgemachte Restaurant versteckt sich am Ende einer Gasse voller Läden. Es serviert köstliche regionale *cuisine d'oc* auf einer abgeschiedenen Terrasse mit vielen Bäumen.

La Table du Sommelier (☎ 05 63 46 20 10; 20 rue Porta; Menüs mittags/abends 13–16/25 €; ⏲ Di–Sa mittags & abends) Auf der anderen Seite des aus dem 11. Jh. stammenden Pont Vieux aus roten Ziegeln liegt dieses Bistro, wo die besten Weine (der Besitzer ist ein anerkannter Sommelier) zusammen mit gutem Essen serviert werden – sei es nur ein Snack oder ein 7-Gänge-Menü.

Die Menüs (32 €) mit Weißwein, Rosé oder Gaillac-Weinen sind besonders köstlich.

Le Lautrec (05 63 54 86 55; 13-15 rue Henri de Toulouse-Lautrec; 2-/3-Gänge-Menü frisch vom Markt 15/17 €, Abendmenü 30 €; Di–Sa mittags & abends, So mittags) Hier können die Gäste auf einer schattigen Terrasse oder in den ehemaligen Ställen der Familie Lautrec dinieren – Toulouse-Lautrec wurde gegenüber geboren. Die Zutaten kommen frisch vom Markt und eine verführerische *promenade gourmande* (18/26/32/38 € für 1/2/3/4 Gänge) lockt Restaurantgäste aus der ganzen Region an.

L'Epicurien (05 63 53 10 70; www.restaurantlepicurien.com, auf Französisch; 42 place Jean Jaurès; Vorspeisen/Hauptgerichte 15/25 €, Menüs 28 & 37 €; Di–Sa mittags & abends) Die Fassade aus grauem Stahl und Glas sagt alles: Dieses engagierte Restaurant vom schwedischen Koch Rikard und der belgischen Servicekraft Patricia ist hip, smart, trendy und kreativ. Die Küche ist mediterran mit starken internationalen Einflüssen.

Weitere Empfehlungen:

Le Tournesol (05 63 38 38 14; 11 rue de l'Orten-Salvy; Vorspeisen/Hauptgerichte 6,90/9,50 €; Di–Sa mittags & Fr abends; V) 100 % vegetarisch.

La Tête de l'Art (05 63 38 44 75; 7 rue de la Piale; Menüs 15–30 €; Mai–Juli & Sept. mittags & abends, Aug. & Okt.–April Do–Mo) Gerichte für Experimentierfreudige – Kutteln und entbeinte Schweinehaxen sowie traditionellere, einheimische Angebote.

SELBSTVERSORGER

In der architektonisch überwältigenden **Markthalle** (place St-Julien; Di–Do 8–14, Fr 8–14 & 17–20, Sa 7–14 & 17–20, So 8–14 Uhr) gibt's frische Produkte.

An- & Weiterreise

Vom **Bahnhof** (place Stalingrad) fahren Züge nach Rodez (12,60 €, 1¼ Std., 7-mal tgl.), Millau (20,90 €, 2¾ Std., 2-mal tgl.) und Toulouse (11,90 €, 1¼ Std., mindestens stündl.).

Unterwegs vor Ort

Basile Vélo & Oxygen (05 63 38 43 09; http://chrisbas.ifrance.com, auf Französisch; 28 av. Maréchal Foch; pro Tag/Woche 15/75 €; Mo 13.30–18.30, Di–Sa 9–12 & 13.30–19 Uhr) verleiht Stadträder.

CORDES-SUR-CIEL

996 Ew.

Dieses mittelalterliche Dorf voller Touristen liegt an einem Hang und steht ganz oben auf Frankreichs Liste der *plus beaux villages* (der schönsten Dörfer). Man sollte sich Zeit nehmen: Auf den Festungswällen und den mit Sandsteinskulpturen und blühendem Flieder geschmückten Pflasterstraßen herumzulungern, sich in einem Café auf dem überwölbten Marktplatz zu entspannen oder durch die schönen Kunstgalerien und Künstlerateliers zu bummeln, ist einfach herrlich.

Diese robuste *bastide* entstand aus dem blutigen Kreuzzug gegen die Katharer (S. 215) und wurde zwischen 1222 und 1229 vom Grafen von Toulouse, Raimund VII., errichtet. Bald darauf kamen wohlhabende Händler und Adelige hierher und bauten herrliche gotische Häuser auf der Hauptstraße Grand Rue Raimond VII: die **Maison du Grand Ecuyer** (Nr. 79); die **Maison Fonpeyrouse** (Nr. 34), das heutige Rathaus; und die **Maison du Grand Fauconnier**, ein Museum für moderne Kunst. Wer das alles auf eigene Faust erkunden möchte, der kauft sich am besten den 48-seitigen *Walking Guide* (3,50 €) bei der **Touristeninformation** (05 63 56 00 52; www.cordesurciel.eu, auf Französisch; 8 place Jeannes Ramel-Cals; Di–Fr 10.30–12.30 & 14–18, Mo & Sa 14–18 Uhr).

La Maison Bakéa (05 63 56 29 54; http://maisonbakea.eu, auf Französisch; 28 Le Planol; DZ mit Frühstück 56–78 €; Mitte April–Anfang Nov.) muss man einfach gesehen haben – vor allem das Innere des Cordois-Hauses aus dem 13. Jh., das um einen gepflasterten Hof angelegt ist, übersät von Glück bringenden Schwalbennestern. An der Straßenfassade klettern Rosen empor, das Frühstück wird auf einer Steinterrasse mit toller Aussicht auf das Tal serviert, und der Sänger Philippe, der zusammen mit seiner Frau Nadia die *chambre d'hôtes* mit fünf Zimmern betreibt, versammelt musikalische Abendgesellschaften rund um sein Klavier. Diese Unterkunft ist voller unbezahlbarer Gegenstände. Aber die Highlights sind das steinerne Schachbrett in einer ehemaligen Bar (gehört heute zu einem privaten Badezimmer) und die gewaltige cremefarbene Wendeltreppe aus Stein, die über drei Stockwerke reicht.

Ein weiterer traumhafter, französischer Rückzugsort, **Les Vents Bleus** (Die blauen Winde; 05 63 56 86 11; www.lesventsbleus.com, auch auf Englisch; Le Bourg, route de Caussade, Donnazac; mit Frühstück DZ 80–150 €, 3BZ 130–150 €; Mitte April–Anfang Nov.), liegt 7 km südlich von Cordes-sur-Ciel an der D922 in Donnazac. Das Bauernhaus aus Stein verfügt über einen Garten mit Pool, einen Essbereich mit Kerzenschein (Abendessen Juli & Aug. 25 €) im Freien unter uralter

CHÂTEAU DE MAYRAGUES: EINE HARMONISCHE WELT

Beim Château de Mayragues scheint die Zeit still zu stehen: In dieser harmonischen Welt wird Wein noch immer angebaut wie vor 400 Jahren – ohne jegliche Pestizide oder andere chemische Substanzen in der Luft. Zwei Esel grasen zufrieden auf den Grasfeldern vor der 13 ha großen Fläche mit Weinreben, zwei Schaukeln, die am vierfüßigen Taubenschlag befestigt sind, versprechen vielen einen sorgenfreien Moment und ein schwarzer Labrador schmiegt sich an jeden, der das Glück hatte, dieses grüne Paradies zu entdecken, wo im 16. Jh. noch Taubenkot als Dünger für die Weintrauben genommen wurde.

„Es geht um das Zusammenarbeiten mit der Natur und nicht darum, sie zu beherrschen", erklärt der leidenschaftliche Winzer Alan Geddes, gebürtiger Schotte, dessen AOC-Weine seit 1999 als biologisch-dynamisch anerkannt sind. „Ich arbeite mit einem biologisch-dynamischen Kalender, der mir sagt, an welchen Tagen ich welche Arbeit an den Weinreben verrichten soll, welche Tage ganz vermieden werden sollten usw."

„Zum Düngen verwenden wir bio-dynamische Präparate, die rhythmisch umgerührt werden, bevor sie auf die Weinreben gesprüht werden", erklärt er und fügt hinzu: „Klar, es gibt viele Skeptiker und in der Tat ist biologisch-dynamischer Weinanbau schwer zu erklären: Es ist eine Frage der Energie und nicht der Materie, die Bio-Dynamik befasst sich mit dem Nicht-Greifbaren, man kann sie weder sehen noch fühlen."

Im bio-dynamischen Weinanbau sind kosmische Einflüsse und astrologische Sternbilder genauso entscheidend für den Erfolg eines Weinguts wie die wilden, natürlichen „homöopathischen" Präparate, die verwendet werden: Dazu gehört alles von Kuhfladen, Brennnesseln, Eierschalen und Baumrinde bis hin zu weniger bekömmlichen Mitteln wie die Blase eines Hirschs, gefüllt mit bestimmten Blumen, oder in Wasser getränkter Schachtelhalm.

Kurz gesagt, die Natur ist König: Das musste dieses Gaillac-Weingut am eigenen Leib erfahren, als 2007 ein Hagelsturm den gesamten Traubenbestand nur wenige Tage vor der Ernte zerstörte. Wie von der Gaillac-AOC vorgeschrieben, muss die Ernte ausschließlich per Hand erfolgen und findet über acht Wochen von Mitte September bis irgendwann Mitte November statt. Dann werden die Trauben für den süßen Dessertwein von Château de Mayragues gepflückt.

Alan Geddes lebt seit 1980 im **Château de Mayragues** (☎ 05 63 33 94 08, 06 86 43 14 34; www.chateau-de-mayragues.com, auch auf Deutsch; Castelnau de Montmiral; DZ mit Frühstück 85 €; 🕒 Feb.–Ende Dez.), 12 km nördlich von Gaillac (an der D15 angeschrieben). Damals kauften er und seine Frau das verfallene Schloss und restaurierten es Stück für Stück. Dabei ließen sie nie die ursprüngliche Architektur aus dem 13. bis 16. Jh. außer Acht. Der Höhepunkt ist ein hervorstehender, überdachter Fußgängerweg aus wunderschönem cremefarbenen Stein, auf dem die Gäste der zwei stimmungsvollen *chambres d'hôtes* entlanglaufen.

„Hier gibt es schon immer Wein", sagt der bio-dynamische Winzer und fügt hinzu: „Als wir neu bepflanzten, fanden wir Teile alter römischer Krüge – Gaillac-Weine wurden schon von den Römern angebaut –, ich kann das also wirklich mit Recht behaupten."

Balken und fünf elegante Zimmer in den ehemaligen *chais* (ebenerdige Weinkeller). Die Pariserin Valérie, ihr italienischer Ehemann Filippo und deren drei Kinder sorgen dafür, dass sich die Gäste hier sofort wie zu Hause fühlen.

GAILLAC

12 100 Ew.

Es ist unmöglich, in diesem Tal, wo überall Wein wächst, zu essen, ohne über Gaillac zu stolpern. Der Name bezeichnet eines der bekanntesten und angesehensten Rotwein-Anbaugebiete Südfrankreichs. Oder man verbindet einen AOC Gaillac Fraîcheur Perlé (leicht perlender Weißwein) mit Meeresfrüchten und ist sofort im Aperitif-Paradies.

Der Ort Gaillac entstand im 10. Jh. rund um die Benediktinerabtei **Abbaye St-Michel** (place St-Michel) an den Ufern des Tarn. Mit seinen verbrannten, bernsteinfarbenen Gebäuden, den Bögen und den Terrakottadächern weist der Ort eine unheimliche Ähnlichkeit mit der Toskana auf. Das **Musée de l'Abbaye** (Erw./unter 12 J. 2,50 €/frei; 🕒 Mo–Fr 10–12 & 14–17, Sa & So bis 18 Uhr) deckt die einheimische Weinbaugeschichte ab und die **Touristeninformation** (☎ 05 63 57 14 65; 🕒 10–12 & 14–17, 18 oder 19 Uhr) hat genauere

Informationen über die Route du Vin, auf der Motorrad- oder Fahrradfahrer fahren können. Außerdem organisiert sie geführte Spaziergänge bei Mondschein durch die Weinberge. Die **Maison des Vins** (☎ 05 63 57 15 40; www.vins-gaillac.com, auch auf Deutsch; ⌚ 10–12 & 14–17, 18 oder 19 Uhr) beschwichtigt Weinliebhaber mit den Rosés, Rot- und Weißweinen von 145 hiesigen *vignerons* (Winzer), die sie kosten und kaufen können (2,35–10,15 €/Flasche): Château Chaumet-Lagrange, Domaine d'Escausses, Domaine Rotier und Château de Terride gehören zu den bekanntesten.

Ein von Wein geprägtes Essen in einem aus roten Ziegeln gebauten *chai* aus dem 14. bis 15. Jh. ist der Anreiz von **Les Sarments** (☎ 05 63 57 62 61; www.restaurantlessarments.com, auch auf Englisch; Vorspeisen/Hauptgerichte 14/17 €, 5-Gänge-Menü 46 €; ⌚ Di & Do–Sa mittags & abends, Mi & So mittags). Das unwiderstehlich stimmungsvolle Restaurant liegt hinter der Abtei in La Portanelle, dem ältesten Viertel von Gaillac, das nur darum bettelt, dass man sich darin verirrt.

3 km nördlich des Ortes, entlang der landschaftlich reizvollen, weinbewachsenen D4, liegt der **Mas de Sudre** (☎ 05 63 41 01 32; www.masdesudre.com, auch auf Englisch; EZ/DZ mit Frühstück 50/70 €; 🏊), eine *chambre d'hôtes* in einem romantischen Bauernhaus, das seit ungefähr 15 Jahren von Mr. und Mrs. Richmond Brown (Pippa und George sind Engländer) betrieben wird. Naturliebhaber werden begeistert sein.

Etwas weiter nördlich in **Castelnau de Montmiral** (895 Ew.), einem weiteren *plus beau village* mit einem verführerischen Dorfplatz mit Arkaden, befindet sich das zauberhafte **Hôtel des Consuls** (☎ 05 63 33 17 44; www.hoteldesconsuls.com, auch auf Englisch; place des Arcades; DZ 58–78 €).

Allgemeine Informationen

INHALT

ALLEINREISENDE

Abgesehen davon, dass die meisten französischen Hotels keine Einzelzimmer vermieten oder dafür so viel verlangen wie für ein Doppelzimmer, ist es für Männer wie Frauen problemlos möglich, das Land allein zu bereisen. Es ist hier durchaus üblich, ohne Begleitung im Restaurant oder Café zu sitzen, wobei Frauen – v. a. in belebteren Ferienorten an der Küste – schon mal mit ungebetenen Annäherungsversuchen rechnen müssen.

BOTSCHAFTEN & KONSULATE

Französische Botschaften & Konsulate

Frankreichs diplomatische und konsularische Auslandsvertretungen sind auf folgenden Websites aufgeführt:

Deutschland Französische Botschaft in Berlin (☎ 030-590039000; www.botschaft-frankreich.de; Pariser Platz 5, 10117 Berlin, Besuchereingang in der Wilhelmstr. 69); Konsulat in München (☎ 089-4194110; Heimeranstr. 31, 3. Stock, 80339 München)

Österreich Wien (☎ 01-50 27 50; www.ambafrance-at.org; Technikerstr. 2, 1040 Wien)

Schweiz Bern (☎ 031-359 2111; www.ambafrance-ch.org; Schlosshaldenstr. 46, 3006 Bern)

ERMÄSSIGUNGEN

Billets Jumelés

Viele Museen verkaufen *billets jumelés* (Kombitickets), die zum Besuch mehrerer Sehenswürdigkeiten berechtigen und beachtliche Einsparungen bringen. In manchen Städten sind zusätzliche Ersparnisse durch Museumspässe möglich.

Camping Card International

Diese **Karte** (www.campingcardinternational.com) ist eine Art Ausweis, der anstatt eines regulären Ausweises oder Passes beim Einchecken auf einem Campingplatz benutzt wird und eine Haftpflichtversicherung beinhaltet. Viele Campingplätze gewähren damit 5 bis 20 % Rabatt. Erhältlich ist die Karte beim ADAC, bei Campingverbänden und manchmal auf dem Campingplatz.

Hostel Card

Für den Aufenthalt in einem offiziellen Hostel wird ein Hostelling International (HI) Ausweis benötigt, wobei es z. T. auch Stempel für eine Nacht (3,10 €) gibt. Die Ausweise kosten 11/16 € für unter/über 26-Jährige und sind in HI-Hostels und von den nationalen **Youth Hostelling Associations** (YHA; www.iyhf.org) erhältlich.

Seniorenkarten

Senioren über 60 oder 65 Jahre erhalten in Frankreich Ermäßigungen für öffentliche Verkehrsmittel, Museen usw. Details zu Bahnreisen siehe S. 295.

ESSEN

Infos zur regionalen Gastronomie s. S. 46.

In diesem Buch sind Menüpreise angegeben (zwei oder drei Gänge zum Festpreis); à la carte zu bestellen ist meist teurer.

FÜR SPARSAME

- **Pass inter-sites: Réseau Culturel/Terre Catalan** (www.reseauculturel.fr, auch auf Deutsch) Kostenloser Jahrespass (genau genommen ein kleines gelbes Büchlein), der ein bis zwei Erwachsenen ab dem zweiten Besuch Vergünstigungen bei 44 Kulturstätten gewährt.
- **Passeport des Sites du Pays Cathare** (3 €; www.payscathare.org, auch auf Deutsch) Der Passinhaber bezahlt für den Eintritt zu den Katharerschlössern, -klöstern und -museen im Languedoc-Roussillon je 1 € weniger und ein Kind zwischen 6 und 15 begleitet ihn kostenlos.
- **Tourist Pass – Pays Catalan per Bus** Touristen erhalten einen acht Tage gültigen Freifahrschein für alle öffentlichen Verkehrsmittel im Departement Pyrénées-Orientales; erhältlich ist er in allen Touristeninformationen im Roussillon.
- **Ville Pass'ion** (www.villepassion.fr, auf Französisch) Zwei Nächte Aufenthalt in ausgewählten Hotels in Carcassonne zum Preis einer Freitag- oder Samstagnacht.

Die als preiswert klassifizierten Restaurants servieren in der Regel einfache Standardgerichte für rund 10 €. Die Mittelklasse bietet mehr Atmosphäre und saisonale Spezialitäten mit Menüs für 15 bis 30 € (mittags weniger). Gehobenen Service, kreative Küche und ungewöhnlich stilvolles Dekor zeichnen die Spitzenrestaurants aus. Den Menüpreisen ab 30 € sind hier nach oben hin keine Grenzen gesetzt.

FEIERTAGE & FERIEN

Feiertage in Frankreich

Museen und Geschäfte (nicht aber Kinos, Restaurants oder Bäckereien) und die meisten Firmen haben an den folgenden *jours fériés* (Feiertagen) geschlossen. Fällt ein Feiertag auf einen Donnerstag, nehmen viele einen *pont* (Brückentag) und bleiben auch freitags geschlossen.

Neujahr *(Jour de l'An)* 1. Januar
Ostersonntag & -montag *(Pâques & lundi de Pâques)* Ende März oder April
Tag der Arbeit *(Fête du Travail)* 1. Mai
Victoire 1945 8. Mai – Deutsche Kapitulation, die den Zweiten Weltkrieg in Europa beendete.
Christi Himmelfahrt *(L'Ascension)* Mai – 40. Tag nach Ostern
Pfingstsonntag & -montag *(Pentecôte & lundi de Pentecôte)* Mitte Mai bis Mitte Juni – am siebten Sonntag nach Ostern
Nationalfeiertag/14 juillet *(Fête Nationale)* 14. Juli
Mariä Himmelfahrt *(L'Assomption)* 15. August
Allerheiligen *(Toussaint)* 1. November
Armistice de 1918 *(L'onze Novembre)* 11. November – Waffenstillstand des Ersten Weltkriegs
Weihnachten *(Noël)* 25. Dezember

FRAUEN UNTERWEGS

Französische Männer machen sich offensichtlich keinen Kopf über *harcèlement sexuel* (sexuelle Belästigung). Die meisten glauben immer noch, es sei ein schmeichelndes Kompliment, vorbeigehende Frauen grinsend anzustarren. Tätlichkeiten auf offener Straße oder in Bars hingegen sind selten. Meist bleibt es beim Grinsen.
Probleme bereiten aber weniger die französischen Männer, sondern andere Ausländer. Während alleinreisende Frauen in ländlichen Gegenden kaum unerwünschte Aufmerksamkeit erregen, sieht es am Strand ganz anders aus. In der Hauptsaison wimmelt es hier von Männern und Frauen *aller* Nationalitäten, die Kontakt suchen. Es ist dringend ratsam, sich an die allgemein bekannten „Urlaubsregeln für Frauen" zu halten, um dem Getümmel unbeschadet zu entgehen, also darauf zu achten, wo man sich bewegt, Bars und Nachtclubs nie alleine zu besuchen und potenziell gefährliche Situationen – wie einsame Straßen oder Strände und dunkle Ecken auf großen Bahnhöfen – zu meiden. Vorsicht ist auch in Nachtbussen geboten.

Oben-ohne-Sonnenbaden ist an den hiesigen Stränden immer weniger *la mode* (in Mode), gilt aber nicht als provokativ.

GELD

Der Euro (€) ist auch in Frankreich Landeswährung. Cents werden oft als *centimes* bezeichnet und zeigen auf der landesspezifischen Rückseite die Marianne (1-, 2- und 5-Cent-Münze) bzw. die *semeuse* (Säerin; 10-, 20- und 50-Cent-Münze). Auf den 1- und 2-Euro-Münzen ist ein stilisierter Baum m

PRAKTISCH & KONKRET

- Videos funktionieren mit dem PAL-System.
- Stecker haben zwei Pole, ein Adapter ist also nicht notwendig. Neuere französische Steckdosen haben einen zusätzlichen Steckstift für den Nullleiter und dafür keine seitlichen Schlitze für die bei uns gängigen Kontakte. Mit Flachsteckern und neuen Rundsteckern gibt's kein Problem; ältere Rundstecker passen nicht. Der Strom hat 220 V bei 50 Hz.
- Französische Nachrichten bieten die führenden Tageszeitungen *Le Monde* (www.lemonde.fr), *Le Figaro* (www.lefigaro.fr) und *Libération* (www.liberation.fr), Letztere publiziert auch die Online-Ausgabe für Toulouse *LibéToulouse* (www.libetoulouse.fr). Regionale und lokale Meldungen, Vorankündigungen und Kulturereignisse enthalten die renommierten Blätter wie *Midi Libre* (www.midilibre.com) und *L'Indépendant* (www.lindependant.com).
- Viele Nachrichten und Informationen verbreiten der französischsprachige Sender Radio France Info (105,5 MHz) und der mehrsprachige RFI (738 kHz). Die beste Musik gibt's auf NRJ (www.nrj.fr, auf Französisch), Skyrock (www.skyrock.fm, auf Französisch) und Nostalgie (www.nostalgie.fr, auf Französisch).
- Für Infos zu Blogs s. S. 38.

em Schriftzug „Lieberté Égalité Fraternité" u sehen. Die Rückseiten der länderunspezischen Scheine werden jeweils von einer fikven Brücke geziert (die des 5-Euro-Scheins hnelt auffallend dem Pont du Gard).

Der Wechselkurs für Schweizer Franken t auf der vorderen Umschlaginnenseite dies Buches zu finden; eine Kostenübersicht uf S. 17.

eldautomaten

eldautomaten *(distributeurs d'argent)* sind ie billigste und bequemste Art an Bargeld u kommen. Sie sind in der Region in großer ahl zu finden und bieten über Visa oder lasterCard meist einen guten Wechselkurs. iele sind auch mit dem internationalen Netzerk von Cirrus und Maestro verbunden.

reditkarten

reditkarten sind der günstigste Weg für ahlungen oder Barabhebungen. Am verbreitsten ist die Visa (Carte Bleue), gefolgt von er MasterCard (Access oder Eurocard). Die merican-Express-Karte akzeptieren lediglich nige der vornehmeren Etablissements, sie ann jedoch nützlich sein, um in Amex-Büros nd an bestimmten Geldautomaten Bargeld u bekommen.

24-Stunden-Nummern bei Kartenverlust:

nex (☎ 01 47 77 72 00)
ners Club (☎ 08 10 31 41 59)
asterCard (☎ 08 00 90 13 87)
sa (Carte Bleue; ☎ 08 00 90 11 79)

Trinkgeld

Eine Servicegebühr (gewöhnlich 10 oder 15 %) ist auf französischen Restaurant-, Café und Hotelrechnungen gesetzlich vorgeschrieben und im Preis enthalten. Ein zusätzliches Trinkgeld ist daher weder notwenig, noch wird es erwartet. Allerdings geben die meisten Gäste trotzdem etwas.

INTERNETZUGANG

WLAN-Anschluss gibt es auf Flughäfen und in manchen Bahnhöfen der Region, aber auch in vielen Hotels und Cafés in den größeren Städten. In den Hügeln oder entlegeneren Tälern des Roussillon ist es hingegen praktisch unmöglich, sich irgendwo einzuloggen. Dasselbe gilt für Internetcafés (nähere Infos in den Regionalkapiteln): Für 4 € die Stunde kann man in den Städten an jeder Ecke nach Herzenslust surfen – auf dem Land aber nirgends.

DIE BEDEUTUNG DES COMPUTER-SYMBOLS

In diesem Buch sind nur Unterkünfte, die tatsächlich einen internetfähigen Computer haben, der auch für Gäste zugänglich ist, mit dem folgenden Symbol ausgezeichnet: (💻). Unterkünfte, die zwar WLAN, aber kein Terminal haben, bekommen das Symbol nicht.

Um Zugang über ISP zu bekommen, wird für das Notebook ein Telefonsteckeradapter benötigt, der in größeren Supermärkten erhältlich ist. Hilfreiche Internetseiten siehe auf S. 19.

KARTEN & STADTPLÄNE

Gute Karten der Region sind auch außerhalb Frankreichs erhältlich. **Michelin** (www.viamichelin.com) und **IGN** (www.ign.fr, auf Französisch) vertreiben ihre Karten in Onlineshops. Die Michelin-Karte *Languedoc-Roussillon* Nr. 526 zeigt das hier beschriebene Gebiet im Maßstab 1:300 000.

Vor Ort gibt's Stadtpläne in *maisons de la presse* (Zeitschriftenhandlungen), *papeteries* (Schreibwarengeschäfte), Touristeninformationen, Reisebuchhandlungen und vielen größeren Buchläden. Die wichtigsten Herausgeber sind Kümmerly + Frey mit der orange gebundenen Serie *Blay-Foldex Plans-Guides* und Éditions Grafocarte mit dem blau gebundenen *Plan Guide Bleu & Orange*. Ein Stadtplan kostet um die 4 €. Die kostenlosen Straßenkarten (*plans*), die von den Touristeninformationen ausgegeben werden, reichen von hervorragend bis nutzlos.

Zu Fahrradkarten s. S. 71.

KINDER

Für rund 30 € sind bei den meisten Autovermietungen auch Kindersitze zu bekommen; in Taxis sind sie hingegen überhaupt nicht üblich.

Viele Hotels bieten Kinderbetten (kostenlos) oder eine Zusatzliege (15 bis 40 €). Für Familien mit kleineren Kindern sind jedoch *chambres d'hôtes* die bessere Wahl. Manche servieren auch Abendessen, sodass die erschöpften Eltern in Ruhe speisen können, während die Kids im Zimmer friedlich schlummern (Babyfon nicht vergessen!).

Gepflasterte Straßen, schmale Gehsteige in den Innenstädten und Stoßstange an Stoßstange geparkte Autos machen einen Spaziergang mit Kinderwagen zum Hindernislauf. Supermärkte und Apotheken verkaufen Einwegwindeln und Sonnencreme mit hohem Lichtschutzfaktor. Touristeninformationen führen Listen von Babysittern und *crèches* (Kinderkrippen).

Besichtigung eines Talksteinbruchs (S. 225), Wandeln auf Dinosaurierpfaden (S. 160), Mittagessen im Moulin de Trèbes mit Blick auf die Schleusen und Kanalboote (S. 206) oder Sandburgen bauen am Strand (S. 66) – Languedoc-Roussillon hat Kindern allerhan zu bieten. Konkrete Ideen stehen auf S. 22.

KLIMATABELLEN

Außer wenn die Tramontana bläst (S. 64) herrscht in der Region ein gemäßigtes Klim mit milden Wintern. Reisezeiten s. S. 17.

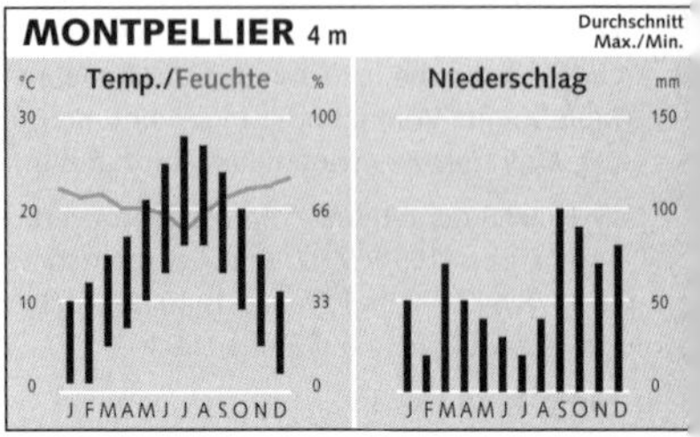

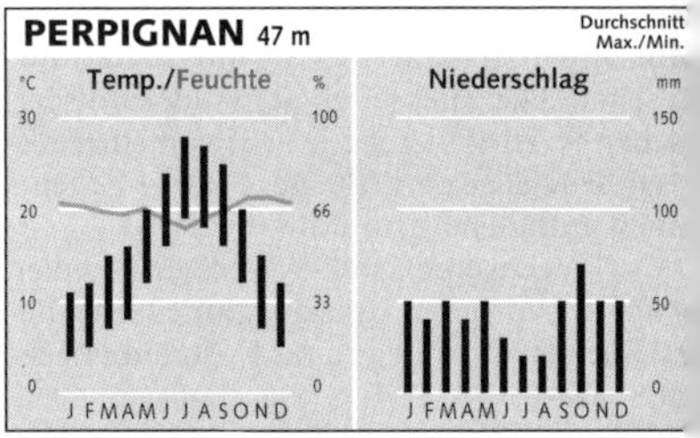

ÖFFNUNGSZEITEN

In dieser traditionsbewussten, vorwiegen ländlichen Region haben nur *boulangeri* (Bäckereien) sonntags geöffnet. An alle anderen Wochentagen machen die meiste Geschäfte (einschließlich der Bäckereien) zw schen eine zweistündige Mittagspause, je nac Region und Hitze zwischen 12 und 16 Uhr.

Manche Museen und Unterkünfte öffne nur *Pâques à la Toussaint* – von Ostern b Allerheiligen (1. November) sprich: von Mä oder April bis irgendwann im Oktober od November.

Standard-Öffnungszeiten für Banken, Pos ämter, Geschäfte und Restaurants stehen a der Umschlaginnenseite unter der Rubri „Auf einen Blick". Alles, was davon abweich ist separat genannt.

POST

Die französische Post ist schnell (Inland briefe werden meist innerhalb von 24 St zugestellt), zuverlässig und teuer. Postämt sind mit **La Poste** (www.laposte.fr, auf Französisch) gekennzeichnet. Wer seinen Brief oder seine Postkarte statt mit einem langweiligen blauen Aufkleber *(une vignette)* aus den Münzautomaten mit einer schönen Briefmarke *(un timbre)* versehen möchte, wendet sich an einen der Postschalter mit Aufschrift *toutes opérations* (alle Dienste), einen Tabakhändler oder einen Laden, der auch Postkarten führt.

Inlandsbriefe bis zu 20 g kosten 0,56 €. Internationale Postkarten oder Brief/Pakete unter 20 g/2 kg kosten in Zone 1 (EU und Schweiz) 0,70/12,40 € und in Zone 2 (weltweit) 0,85/16,65 €. Weltweite Expresszustellungen mit der sogenannten **Chronopost** (☎ 08 10 82 18 21; www.fr.chronopost.com) kosten ein Vermögen und erfüllen nicht immer die Erwartungen bezüglich ihrer Schnelligkeit.

RECHTSFRAGEN

Drogen & Alkohol

Die französische Gesetzgebung unterscheidet nicht zwischen „harten" und „weichen" Drogen. Jedweder persönlicher Gebrauch von *stupéfiants* (einschließlich Cannabis, Amphetaminen, Ecstasy, Heroin usw.) kann ein Jahr Gefängnis und eine Geldstrafe von bis zu 3750 € bedeuten. Je nach Umständen kann man aber auch mit einer Verwarnung oder der Anordnung eines zwangsweisen Entzugsprogramms davonkommen.

Einfuhr, Besitz, Verkauf oder Ankauf von Drogen kann mit bis zu zehn Jahren Gefängnis und Geldstrafen bis zu 500 000 € geahndet werden. Die Polizei durchsucht schon mal Reisebusse, Autos und Zugfahrgäste nach Drogen, nur weil sie aus Amsterdam kommen.

Trunkenheit *(ivresse)* in der Öffentlichkeit kann mit 150 € geahndet werden.

Polizei

Die französische Polizei hat umfassende Befugnisse zu Durchsuchungen und Festnahmen und kann jederzeit einen Ausweis verlangen – auch ohne triftigen Grund. Ausländer müssen jederzeit die Rechtmäßigkeit ihres Aufenthalts nachweisen können (Pass für EU-Angehörige, sonst Visum oder Aufenthaltserlaubnis).

Einen Polizeibeamten zu beschimpfen oder gar tätlich anzugreifen kann hohe Geld- oder sogar Gefängnisstrafen nach sich ziehen. Die Unterzeichnung einer polizeilichen Aussage darf verweigert werden, auch hat man das Recht auf eine Kopie. Verdächtige gelten bis zum Beweis ihrer Schuld als unschuldig, können jedoch bis zur Verhandlung in Untersuchungshaft genommen werden.

Aufgrund der allgegenwärtigen Terrorismusbedrohung ist die französische Polizei in Sachen Sicherheit sehr streng. So sollte man Gepäck – vor allem auf Flughäfen und Bahnhöfen – niemals unbeaufsichtigt lassen. Verdächtige Objekte werden kurzerhand gesprengt.

ALTERSGRENZEN

- Führerschein: 18
- Alkoholkauf: 16
- Volljährigkeit: 18
- Sexuelle Mündigkeit für beide Geschlechter: 15
- Minderjährig im Sinne der Gesetze zur Kinderpornografie und -prostitution: 18
- Wahlberechtigung: 18

REGIONALVERWALTUNG

Languedoc-Roussillon ist eine von 22 französischen *régions* (Regierungsbezirke). Es hat einen gewählten *conseil régional* (Regierungsrat) mit Sitz in Montpellier.

Die Region ist in fünf *départements* unterteilt: Aude (11), Gard (30), Hérault (34), Lozère (48) und Pyrénées Orientales (66). Dieser Reiseführer behandelt auch Toulouse, das Tor zur Region, zwischen den Departements Ariège (09) und Tarn (81) in der angrenzenden Region Midi-Pyrénées.

Jedes Departement hat einen zweistelligen Code (oben aufgeführt), der auch Bestandteil der Postleitzahl ist. Verwaltet wird es von einem *préfet* (Präfekt) mit Sitz in der *préfecture* (Präfektur), die die Nationalregierung vertritt, und einem regional gewählten *conseil général* (Generalrat). Präfekturen gibt es in Carcassonne (11), Nîmes (30), Montpellier (34), Mende (48) und Perpignan (66).

REISEN MIT BEHINDERUNG

Die Region ist für *handicapés* (Behinderte) nicht gerade gut gerüstet. Abgeschrägte Bordsteine sind selten, ältere öffentliche Einrichtungen und Budgethotels haben meist keinen Aufzug und mit dem *fauteuil roulant* (Rollstuhl) über die typischen Pflasterstraßen der Bergdörfer zu rumpeln ist ein Alptraum.

Aber nicht alles ist hoffnungslos. Fast jedes neu eröffnete Hotel und *chambre d'hôtes* hat mindestens ein Zimmer für Rollstuhlfahrer und an den Stränden gibt es für Gehbehinderte die Möglichkeit, mit speziellen Strandbuggys bis ans Meer zu gelangen.

Im *Guide Rouge* von Michelin sind Hotels mit Aufzug und behindertengerechter Einrichtung hervorgehoben und Gîtes de France (s. S. 288) bietet eine Liste rollstuhlgerechter Unterkünfte.

Internationale Flughäfen unterstützen Reisende mit Behinderung und der TGV sowie alle regulären Züge sind rollstuhlgerecht eingerichtet; weitere Infos gibt's bei **SNCF Accessibilité Service** (☎ 08 00 15 47 53).

SCHWULE & LESBEN

Die Schwulen- und Lesbenszene im ländlichen Languedoc-Roussillon ist eher verhalten. Größere Clubs und Veranstaltungen gibt es v. a. in Montpellier, wo die führende Schwulenorganisation **Lesbian & Gay Pride** (Karte S. 112; ☎ 04 67 57 36 83; www.montpelliergay.com, auf Französisch; 9 rue de la Friperie; Mo–Fr 14–18 Uhr) tätig ist. Sie sorgt das ganze Jahr über für Abwechslung, aber der Höhepunkt ist ganz klar die Straßenparade Gay & Lesbian Pride. Im Landesinneren treffen sich homosexuelle Lozériens unter der **Association Lozérienne Gays & Lesbiennes** (☎ 06 75 24 14 40; www.algl.net, auf Französisch; 15 place Charles de Gaulle) in der Bar Le K'fé in Mende.

SHOPPEN

In dieser sehr ländlichen Region sind es v. a. Lebensmittel, die auf den Einkaufslisten stehen.

SICHERHEIT & ÄRGERNISSE

Giftpilze

Das Sammeln wilder Pilze ist in Frankreich eine beliebte Freizeitbeschäftigung. Sammeln können auch Touris, essen sollten sie ihre Funde jedoch erst, nachdem sie von einem Apotheker als unbedenklich eingestuft wurden. Die meisten Apotheken der Region bieten einen solchen Bestimmungsservice an.

Rauchen

Rauchen ist in allen öffentlichen Gebäuden – so auch in Restaurants, Cafés und Bars – untersagt.

Strände

An den größeren Stränden stehen *postes de secours* (Wachttürme), die im Sommer von Rettungsschwimmern besetzt sind. Bevor's ins kühle Nass geht, sollte man nachsehen, welche Farbe die gehisste Fahne hat: Grün

EINKAUFSLISTE

Was man aus der Region mitbringen kann:

- Eine handgefertigte *cassole* von der Poterie NOT Frères nahe Castelnaudary (S. 203)
- Eine Fotografie des Katharerlandes aus Gérard Sioens Galerie in Carcassonne (S. 201)
- Samtweiche Handschuhe von Causse Gantier in Millau (S. 181) oder aus dem Atelier du Gantier (S. 181)
- Secondhand- und antiquarische Bücher aus Le Someils nostalgischer Librairie Ancienne (S. 135)
- Galeriebilder (und Anchovis) aus Collioure (S. 244)
- Korkschnitzereien und Mandelöl aus der Maison de l'Amande, Massif des Albères (S. 249)
- Eine Keramikschale, die im Solarofen von Mont Louis gebrannt wurde (S. 258), oder eine der unzähligen Schalen aus St-Quentin-la-Poterie (S. 99)
- Foie gras von Gänsen oder Enten, *confit de canard* und Cassoulet im Glas der Maison Escourrou (S. 203) in Castelnaudary
- Trüffel (S. 99)
- Süße Esskastanien aus den Cevennen in jeder erdenklichen Form (S. 164)
- Pézenas' *berlingots* (zum Lutschen auf der Heimreise; S. 146)

bedeutet sicheres Schwimmen, Gelb ein Risiko, Rot Schwimmverbot und Lila Wasserverschmutzung.

Waldbrände

Im Juli und August, wenn die Sonne auf das ausgetrocknete Land herunterbrennt, ist die Waldbrandgefahr allgegenwärtig. Die Feuer breiten sich rasend schnell aus – 20 bis 30 m pro Minute. Aus Sicherheitsgründen sperren die Forstbehörden zwischen dem 1. Juli und dem zweiten Sonntag im September viele Risikogebiete. Diese Sperrzonen keinesfalls ignorieren! Ob ein Wanderweg geschlossen ist, weiß die Touristeninformationen. Wer ein Feuer entdeckt, sollte umgehend die **Feuerwehr** (☎ 18) rufen.

Die Wälder sind mit Straßen durchzogen, auf denen Feuerwehrleute schnell zum Einsatzort gelangen. Sie sind mit DFCI *(défense forestière contre l'incendie)* markiert und für Privatfahrzeuge nicht zugelassen. Wanderer können ihnen jedoch bequem folgen.

Lagerfeuer sind verboten und selbst auf Privatgrund darf in vielen Gegenden im Juli und August nicht gegrillt werden.

Unwetter

Der milde Juni und die schwülen Tage im Juli und August lassen es kaum vermuten, aber wenn die Tramontana weht, kann es hier eisig kalt werden.

Im Gebirge kommt es immer wieder zu heftigen Gewittern. Also vor Wanderungen unbedingt den Wetterbericht beachten – und stets auf einen plötzlichen Wetterumschwung vorbereitet sein. Im August und September sind Stürme nicht ungewöhnlich.

TELEFON

Französische Telefonnummern sind immer zehnstellig und es gibt keine Ortsvorwahl; fangen sie mit 06 an, handelt es sich um Handynummern. Aus dem Ausland wählt man nach der 0033 (Landesvorwahl) die zehnstellige Rufnummer ohne einleitende Null. Ein Telefonat von Frankreich ins Ausland funktioniert entsprechend: internationale Vorwahl (z. B. 0049 für Deutschland) wählen und bei der Ortsvorwahl – sofern vorhanden – die einleitende Null weglassen.

Die Inlandsauskunft *(service des renseignements)* erreicht man unter ☎ 11 80 08 (1,24 € pro Anruf aus dem Festnetz). die Auslandsauskunft unter ☎ 11 87 00 (3 €). Ein Gespräch mit Voranmeldung *(avec préavis)* oder ein R-Gespräch *(en PCV)* ist über ☎ 31 23 möglich.

Handys

Französische Handynummern haben zehn Ziffern und fangen immer mit 06 an.

Wie ganz Europa nutzt auch Frankreich das GSM-Netz 900/1800.

In der Regel ist eine inländische SIM-Karte die billigste Option und die französische Rufnummer steigert zudem die Chancen auf einen Anruf einheimischer Urlaubsbekanntschaften. Wer ein kompatibles Mobilfunkgerät hat, legt nur noch die SIM-Karte (ca. 15 €) ein und lädt das Prepaid-Guthaben auf. Ist dieses aufgebraucht – bei Minutenpreisen von etwa 0,50 € schnell passiert – kann es bei den meisten *tabacs* und Zeitungshändlern wieder aufgeladen werden.

SIM-Karten sind von den drei großen französischen Mobilfunkanbietern erhältlich: von **Bouygues** (☎ 08 10 63 01 00; www.bouyguestelecom.fr, auf Französisch), dem zu France Telecom gehörenden **Orange** (www.orange.fr, auf Französisch) und **SFR** (☎ 08 11 70 70 73; www.sfr.com, auf Französisch).

TOURISTENINFORMATIONEN

Alle Städte und viele der kleineren Dörfer haben ein *office du tourisme*, das Kartenmaterial sowie Infos zu lokalen Unterkünften, Sehenswürdigkeiten, Aktivitäten, Transportmitteln usw. bereitstellt.

Regionale Touristeninformationen unterstehen dem **Comité Régionale du Tourisme Languedoc Roussillon** (☎ 04 67 22 80 00; www.sunfrance.com, auch auf Deustch; 201 av. de la Pompignane) in Montpellier und dessen **Maisons de la Région** (Carcassonne ☎ 04 68 11 17 35; 26 rue Antoine Marty; Nîmes ☎ 04 66 36 36 64; 3 place des Arènes; Mendes ☎ 04 66 42 85 09; 98 bd Théophile Roussel; Perpignan ☎ 04 68 34 32 34; 34 av. du Général de Gaulle).

Jedes Departement hat sein eigenes *comité départemental du tourisme* (Touristeninformation des Departments):

Aude (☎ 04 68 11 66 00; www.cg11.fr, www.audetourisme.com; F-11855 Carcassonne) Katharerland.

Gard (☎ 04 66 36 96 30; www.tourismegard.com, auch auf Deutsch; 3 rue Cité Foulc, BP 122, F-30010 Nîmes)

Hérault (☎ 04 67 67 71 77; www.herault-tourisme.com, auch auf Deutsch; av. des Moulins, F-34184 Montpellier)

Lozère (☎ 04 66 65 60 00; www.lozere-tourisme.com; 14 bd Henri Bourrillon, F-48000 Mende)

Pyrénées-Orientales (☎ 04 68 34 90 07; www.tourismedeterroir.fr; 19 av. de Grande-Bretagne, BP 649, F-66006 Perpignan)

Außerhalb der Landesgrenzen gibt es fünf Maisons de la Région Languedoc-Roussillon (www.maisondelaregionlanguedocroussillon.com): in Brüssel, London, Mailand, New York und Shanghai.

UNTERKUNFT

Eine Nacht im Doppelzimmer mit Dusche und WC kostet in den Unterkünften, die in diesem Führer als „Budgetunterkünfte" aufgeführt sind, 40 bis 60 €, in den als „Mittelklassehotels" gelisteten Häusern 60 bis 90 € und in den Spitzenklassehotels" 90 bis 150 €. Frühstück ist außer bei *chambres d'hôtes* und *maisons d'hôtes* nur dann im Übernachtungspreis enthalten, wenn es ausdrücklich angegeben wird. Ansonsten berechnen Budget-/Mittelklasse-/Spitzenklassehotels für ein Frühstück rund 5/8/12 €.

Touristeninformationen informieren über freie Zimmer, können sie jedoch nicht reservieren. Viele Mittelklassehotels verlangen für Reservierungen eine Kreditkartennummer und in Budgetunterkünften muss teils schon beim Einchecken bezahlt werden.

Die Kommunen erheben eine *taxe de séjour* (Kurtaxe), die in der Hauptsaison (Ostern bis September) von jedem Besucher zu entrichten ist. In dieser Zeit liegen die Preise pro Person um 0,20 bis 1,50 € höher als angegeben.

Campingplätze & Wohnmobilstellplätze

Die Region bietet jede Menge Campingplätze, die meist von April bis Oktober geöffnet sind. Die größeren Plätze in Küstennähe markieren ihre Besucher für die Dauer des Aufenthalts mit Armbändern, um sicherzustellen, dass Pools und Anlagen nur von Gästen benutzt werden.

> **UNTERKÜNFTE ONLINE BUCHEN**
>
> Die Internetseite www.lonelyplanet.com bietet noch mehr Tipps zu Unterkünften und Empfehlungen unserer Autoren. Hier gibt es nicht nur echte Insiderinfos, ausführliche Besprechungen und unabhängige Beurteilungen, sondern auch die Möglichkeit, sofort online zu buchen.

Die Anzahl der Sterne spiegelt die Aus stattung wider. Es gibt separate Preise pr Person, Zelt/Wohnwagen und Fahrzeug, di meisten Campingplätze haben jedoch *forfait* (Pauschalangebote) für zwei Personen mi Zelt und Auto.

Gîtes de France (S. 288) koordiniert *Camping à la ferme* (Campen auf Bauernhöfen) Viele Bauern und Winzer sind **France Passio** (www.france-passion.com, auch auf Deutsch) angeschlossen, einer Organisation zur Vermittlun kostenloser Wohnmobilstellplätze auf Privatgelände. Dazu muss man lediglich ein Jahreskarte (28 €) erwerben, die online erhältlich ist.

Wildes Campen *(camping sauvage)* ist nich erlaubt.

Chambres & Maisons d'Hôtes

Die beste Art, die Region Languedoc-Roussillon zu erleben! *Chambres d'hôtes* sind m B&Bs gleichzusetzen. Die gehobene Versio nennt sich *maison d'hôtes*. Im Preis inbegriffen ist ein ausgiebiges Frühstück. Für 20 bi 30 € servieren viele Gastgeber außerdem ei phantastisches, mehrgängiges Abendmen mit Wein und Aperitif, das man an der *tabl d'hôte* gemeinsam genießt. Viele befinden sic in historischen Chateaux, eleganten *hôtel particuliers* (Villen), alten aus Naturstein er bauten *mas* (Bauernhäusern) oder – auf de Canal du Midi – an Bord von Kanalschiffer

In Nationalparks und Naturschutzgebiete kommen die Gäste in umweltfreundliche B&Bs unter (S. 64). Der Parc Naturel Région de la Narbonnaise en Méditerranée hat sein eigene „Nature & Heritage"-Auszeichnun für Unterkünfte, die bemüht sind, Strom un Wasser zu sparen, sich für den Naturschut engagieren und die ihre Gäste dazu animiere die Umgebung auf umweltschonende Weis zu erkunden.

Zahlreiche B&Bs sind in diesem Reiseführer und auf den Listen der zuständigen Touristeninformationen aufgeführt. Auskünft erteilen auch die Selbstversorgerspezialiste Gîtes de France und CléVacances (S. 28 sowie folgende Stellen:

Bienvenue à la Ferme
(www.bienvenue-a-la-ferme.com, auch auf Deutsch) Bezahlbare B&Bs und Selbstversorgerunterkünfte bei Obst- oder Milchbauern, Winzern usw.

Chambres d'Hôtes Hérault
(www.chambres-d-hotes-herault.com, auf Französisch) B&Bs in und um Montpellier.

Chez l'Habitant (www.chez-l-habitant.com, auf Französisch) Empfehlenswerte Seite für B&Bs der Budget- und Mittelklasse.

Fleurs de Soleil (www.fleursdesoleil.fr, auch auf Englisch) Ausgezeichnete, vorwiegend familienbetriebene *chambres d'hôtes;* nationaler Onlineführer.

Guides de Charme (www.guidesdecharme.com, auch auf Englisch) Ein Führer (Print und online) für *maisons d'hôtes de charme* – mit wirklich haufenweise Charme – des französischen Verlages Éditions Payot et Rivages.

Likhom (www.likhom.com, auch auf Deutsch) Eine weitere originelle Informationsquelle für ganz besondere B&Bs und Selbstversorgerunterkünfte.

Maisons d'Hôtes de Charme Sud-Ouest (www.maisons-hotes-charme.com, auch auf Englisch) Tolle B&Bs mit viel Charme.

Samedi Midi (www.samedimidi.com, auch auf Englisch) Ein französischer Verlag, der sich auf die charmantesten B&Bs des Landes spezialisiert hat und allerhand Online-Einblicke gewährt.

Hostels

Hostels gibt es in Carcassonne, Quillan, Toulouse, Montpellier, Sète, Nîmes und Perpignan. Ein Dormbett mit Laken (Schlafsäcke sind aus hygienischen Gründen – sprich wegen der Ungeziefergefahr – nicht mehr erlaubt) kostet inkl. Frühstück 13,80 bis 16,50 € pro Nacht und ohne Frühstück 10,30 bis 12,10 €. Frühstück/Abendessen kosten 3,60/9,80 €. Nicht alle Hostels haben eine Kochmöglichkeit und manche öffnen nur zur Saison (März bis November). Die wenigsten akzeptieren telefonische Reservierungen.

In Häusern, die der **Fédération Unie des Auberges de Jeunesse** (FUAJ; www.fuaj.org, auf Französisch) oder der **Ligue Française pour les Auberges de Jeunesse** (LFAJ; www.auberges-de-jeunesse.com, auch auf Englisch) angeschlossen sind, wird ein HI-Ausweis verlangt (S. 279).

Hotels

Die Hotels sind mit einem bis vier Sternen ausgezeichnet. Zimmer mit Badewanne sind teurer als solche mit Dusche und auf den Betten liegen meist wurstförmige Nackenpolster anstatt normaler Kissen *(oreillers)*, die häufig in einer Schrankecke versteckt sind.

Echte Einzelzimmer gibt es vielerorts gar nicht; stattdessen werden Doppelzimmer als Einzelzimmer vermietet. Im Januar oder Februar haben die meisten Hotels ein oder zwei Wochen *congé annuel* (Jahresurlaub).

TOP-PICKS: ONLINE-ZIMMERRESERVIERUNG

Hilfreiche Links zur Internetsuche des Traum-Urlaubsdomizils:

Websites auf Deutsch:

- www.ferienwohnung.dk
- www.ferienhausnetz.eu/de
- www.weltweit-urlaub.de
- www.ferienhaus-online.ch
- www.fewo-direkt.de
- www.e-domizil.de
- www.ferienhaus-im-languedoc.com

Die Skihotels im Roussillon sind außer zur Wintersaison auch im Juli und August noch einmal geöffnet, um sich das Geschäft mit den Wanderern nicht entgehen zu lassen.

Budgetunterkünfte haben das ganze Jahr über einheitliche Preise, während Mittel- und Spitzenklassehotels von Oktober bis Mai Neben- und von Juni bis September Hauptsaisonpreise berechnen. Empfehlenswerte Mittelklassehotels sind diejenigen, die der Organisation **Logis de France** (www.logisdefrance.com, auch auf Deutsch) angeschlossen sind und für gehobene Ansprüche sind **Châteaux & Hotels de France** (www.chateauxhotels.com, auch auf Deutsch) oder **Relais & Châteaux** (www.relaischateaux.fr, auch auf Deutsch) eine gute Wahl.

Refuges & Gîtes d'Étapes

Die bei Wanderern beliebten *gîtes d'étapes* sind v. a. in Bergdörfern und Nationalparks anzutreffen, während die abgeschiedenen *refuges* (Berghütten oder -herbergen) mitten in der Natur liegen und meist nur zu Fuß erreichbar sind. Beide sind spartanisch ausgestattet und bieten Schlafkojen mit Matratzen und Decken, aber ohne Laken. Manche nehmen auch Gäste mit Eseln oder Pferden auf. Die Übernachtung kostet ab 10 € pro Person. Zum Teil sind auch warme Mahlzeiten zu bekommen.

Listen der *refuges* und *gîtes d'étapes* sind bei den jeweiligen Nationalparkverwaltungen erhältlich und das **Comité Régional de la Fédération Française Randonnée Pédestre** (Karte S. 112; ☎ 04 67 82 16 73; http://lr.ffrandonnee.fr; 1025 av. Henri Becquerel, F-34000 Montpellier) kann auch weiterhelfen.

Ferienwohnungen

Ob in einer Hängematte zwischen den Klippen, um am Fuß schneebedeckter Pyrenäengipfel einzuschlafen oder mit Blick auf den heiligsten katalonischen Berg aufzuwachen – nirgends genießt man die friedvolle Atmosphäre dieser ländlichen Region besser als in einem gemieteten Landhaus, *mas* (Bauernhaus) oder einer mittelalterlichen *maison de village* in einem der Bergdörfer.

Die Touristeninformationen führen Listen über Selbstversorgerwohnungen, Appartments und Ferienhäuser, die kurzzeitig (für eine Woche) oder länger (mehrere Monate) vermietet werden. Zwei Dachverbände organisieren ausgezeichnete *gîtes ruraux* (Selbstversorgerunterkünfte), z. B. in einem jahrhundertealten *mas* mitten im Olivenhain oder in umgebauten Ställe umgeben vom ganzen Getier eines Bauernhofs: **CléVacances** (www.clevacances.com, auch auf Englisch) und **Gîtes de France** (http://pagesperso-orange.fr/gites-de-france-languedoc, auf Französisch).

Die Ausstattung reicht von einfachen Waschgelegenheiten und Kochnischen (Ofen, Kochplatte und Kühlschrank) bis hin zum kompletten Bad, voll ausgestatteter Küche, Waschmaschine, TV, Telefon, Garten und Pool. Bettwäsche kann ausgeliehen werden. Buchungen für beide sind online oder über die regionalen Büros möglich. Adressen stehen auf den Internetseiten. Gîtes de France unterhält zudem eine Lastminute-Hotline **Allo Chambres d'Hôtes** (☎ 08 91 16 22 22), die Kurzentschlossenen noch für die nächste Nacht eine Unterkunft besorgen kann.

VERSICHERUNG

Siehe S. 296 für Kranken- und S. 293 für Autoversicherung.

Eine Reiseversicherung gegen Diebstahl, Verlust und Krankheit ist immer sinnvoll. Einige Versicherungen schließen gefährliche Aktivitäten wie Motorrad- oder Skifahren und sogar Trekking ausdrücklich aus – also unbedingt das Kleingedruckte lesen! Die Police sollte Krankwagentransporte und Heimflüge im Notfall abdecken.

Globale Reiseversicherungen gibt's unter www.lonelyplanet.com/travel_services.

VISA

EU-Bürger und Schweizer brauchen zur Einreise nach Frankreich kein Visum, sondern nur einen gültigen Personalausweis oder Reisepass. Eine Einschränkung der Aufenthaltsdauer gibt es nicht. Für Bürger der zwölf neuen Mitgliedsstaaten (seit 2004 bzw. 2007) gelten jedoch andere Auflagen für Leben und Arbeiten in Frankreich als für Bürger der ursprünglichen EU-Länder.

ZEIT

In Frankreich gilt wie bei uns die mitteleuropäische Zeit (MEZ). Und wie bei uns werden die Uhren am letzten Sonntag im März auf Sommerzeit umgestellt und am letzten Sonntag im Oktober wieder auf Winterzeit.

Zeitangaben stehen grundsätzlich im 24-Stunden-System und werden so geschrieben: 15.30 Uhr.

ZOLL

Die Ein- und Ausfuhr von Waren innerhalb der EU ist zollfrei, sofern diese im Herkunftsland versteuert sind und lediglich zum persönlichen Bedarf mitgeführt werden. Für Waren aus Nicht-EU-Ländern gelten folgende Mengenbegrenzungen (für Erwachsene): 200 Zigaretten, 50 Zigarren, 1 l Schnaps, 3 l Wein, 50 ml Parfüm oder 250 ml Eau de Toilette und weitere Waren im Gesamtwert von maximal 175 € (90 € für Kinder unter 15). Alles, was darüber hinausgeht, muss angegeben und verzollt werden; Infos unter www.douane.gouv.fr, z. T. auch auf Deutsch.

Verkehrsmittel & -wege

INHALT

AN- & WEITERREISE

Flüge, Rundreisen und Zugtickets für eine bevorstehende Reise nach Frankreich und weiter in die Region Languedoc-Roussillon können über www.lonelyplanet.com/travel_services (auf Englisch) gebucht werden.

EINREISE

An den Grenzen Frankreichs zu anderen EU-Ländern gibt es weder Pass- noch Zollkontrollen. Wer aus einem Nicht-EU-Land einreist, muss seinen Reisepass vorlegen, für EU-Bürger reicht der Personalausweis. Auch wer mit dem Auto über Portbou oder den Col d'Ares (Vallée du Conflent) im benachbarten Spanien ins Roussillon fährt, sollte am spanischen Grenzübergang seinen Ausweis bereithalten.

FLUGZEUG

Flughäfen & Fluglinien

Es gibt mehrere Flughäfen mit Verbindungen ins Languedoc-Roussillon, größere Airlines fliegen allerdings nur Toulouse an, während die anderen von Billigfliegern aus/nach Großbritannien und Kontinentaleuropa bedient werden. Um in die Region zu gelangen, bietet sich der Flughafen Girona Barcelona im benachbarten Spanien an. Von dort aus sind es eine Stunde mit dem Zug oder eineinhalb Stunden mit dem **Frogbus** (www.frogbus.com) aus Perpignan. Wichtige Regionalflughäfen werden in den einzelnen Kapiteln aufgeführt.

Flughäfen:

Béziers Agde (BZR; ☎ 04 67 80 99 09; www.beziers.aeroport.fr)
Carcassonne (CCF; ☎ 04 68 71 96 46; www.carcassonne.aeroport.fr)
Girona Barcelona (GRO; ☎ 97 21 86 60 0; www.girona-airport.net)
Montpellier (MPL; ☎ 04 67 20 85 00; www.montpellier.aeroport.fr)
Nîmes (FNI; ☎ 04 66 70 49 49; www.nimes-aeroport.fr)
Perpignan Rivesaltes (PGF; ☎ 04 68 52 60 70)
Toulouse (TLS; ☎ 08 25 38 00 00; www.toulouse.aeroport.fr)

IN DER REGION VERKEHRENDE FLUGLINIEN

Einige Billigfluglinien:

easyJet (U2; ☎ 08 99 65 00 11; www.easyjet.com)
Germanwings (4U; ☎ 08 26 10 98 88; www.germanwings.com)
Ryanair (FR; ☎ 08 92 68 20 73; www.ryanair.com)

Andere:

Air Berlin (AB; ☎ 08 11 02 51 02; www.airberlin.com)
Air France (AF; ☎ 08 20 32 08 20; www.airfrance.com)
Airlinair (A5; ☎ 08 10 47 84 78; www.airlinair.com)
Alitalia (AZ; ☎ 0820 31 53 15; www.alitalia.com)

DIE DINGE ÄNDERN SICH …

Die Informationen in diesem Kapitel unterliegen besonders schnellen Veränderungen, gerade in Anbetracht des sprunghaften Ölpreises, deshalb vor der Frankreich-Tour unbedingt bei Transportgesellschaften oder einem Reisebüro über aktuelle Preise, Konditionen und Sicherheitsbestimmungen informieren. Die Detailinfos in diesem Kapitel sind Richtwerte und können eigene, aktuelle Recherchen nicht ersetzen.

British Airways (BA; ☎ 08 25 82 54 00; www.britishairways.com)
KLM (KL; ☎ 08 90 71 07 10; www.klm.com)
Lufthansa (LH; ☎ 08 26 10 33 34; www.lufthansa.com)
OLT (OL; ☎ in Deutschland 01 80 56 58 65 9; www.olt.de)

Tickets

EIN- & AUSREISE

Normalerweise bieten die Billigfluglinien die günstigsten Tarife. Mit Ausnahme von Toulouse fliegt Ryanair alle Flughäfen in der Region Languedoc-Roussillon und Girona in Spanien (siehe gegenüber) von verschiedenen Flughäfen in Deutschland und Österreich aus an; easyJet fliegt von/nach Toulouse und Montpellier; Germanwings bedient ebenfalls Toulouse.

Empfehlenswerte Buchungsstellen:

Flightbookers (☎ 08 70 81 44 00 1; www.ebookers.com)
STA Travel (☎ 0870 160 0599; www.statravel.de, www.statravel.at, www.statravel.ch) Für Reisende unter 26 Jahren.

Weitere Online-Agenturen mit günstigen Flugangeboten:

Airline-direct (www.airline-direct.de)
Airlinetickets (www.airlinetickets.de)
Anyway(www.anyway.com)
Billiger Reisen (www.billiger-reisen.de)
Last Minute (www.lastminute.com)
Mac flight (www.mcflight.de)
Travelpedia (www.travelpedia.de)
Traveltopia (www.traveltopia.de)

INNERHALB FRANKREICHS

Die umweltfreundlichere Alternative ist natürlich der Zug, aber wo ein Flug unumgänglich ist, können folgende Verbindungen genutzt werden: Air France verbindet Toulouse und Montpellier mit Paris und diversen anderen Regionalflughäfen sowie Perpignan mit Paris. EasyJet verkehrt auf der Strecke Paris–Toulouse und Airlinair verbindet Béziers Agde mit Paris Orly und Bastia in Korsika.

Empfehlenswerte Online-Buchungsstellen:

Anyway (☎ 08 92 89 38 92; www.anyway.fr)
Lastminute (☎ 08 92 70 50 00; www.lastminute.fr)

KLIMAWANDEL & REISEN

Der Klimawandel stellt eine ernste Bedrohung für unsere Ökosysteme dar. Zu diesem Problem tragen Flugreisen immer stärker bei. Lonely Planet sieht im Reisen grundsätzlich einen Gewinn, ist sich aber der Tatsache bewusst, dass jeder seinen Teil dazu beitragen muss, um die globale Erwärmung zu verringern.

Fliegen & Klimawandel

Fast jede Art der motorisierten Fortbewegung erzeugt CO_2 (die Hauptursache für die globale Erwärmung), doch Flugzeuge sind mit Abstand die schlimmsten Klimakiller – nicht nur wegen der großen Entfernungen und der entsprechend großen CO_2-Mengen, sondern auch weil sie diese Treibhausgase direkt in hohen Schichten der Atmosphäre freisetzen. Die Zahlen sind erschreckend: Zwei Personen, die von Europa in die USA und wieder zurück fliegen, erhöhen den Treibhauseffekt in demselben Maße wie ein durchschnittlicher Haushalt in einem ganzen Jahr.

Emissionsausgleich

Die englische Website www.climatecare.org und die deutsche Internetseite www.atmosfair.de bieten sogenannte CO_2-Rechner. Damit kann jeder ermitteln, wie viel Treibhausgase seine Reise produziert. Das Programm errechnet den zum Ausgleich erforderlichen Betrag, mit dem der Reisende nachhaltige Projekte zur Reduzierung der globalen Erwärmung unterstützen kann, beispielsweise Projekte in Indien, Honduras, Kasachstan und Uganda.

Lonely Planet unterstützt gemeinsam mit Rough Guides und anderen Partnern aus der Reisebranche das CO_2-Ausgleichs-Programm von climatecare.org. Alle Reisen von Mitarbeitern und Autoren von Lonely Planet werden ausgeglichen.

Weitere Informationen gibt's auf www.lonelyplanet.com.

ERMÄSSIGTE SNCF-TICKETS

Die tollsten Schnäppchen gibt's unter www.sncf.com, auch auf Deutsch; viele Last-Minute- und Frühbucher-Angebote (Prems) im Voraus online buchbar.

Auch von SNCF-Bahnhöfen und den SNCF-Niederlassungen in Montpellier, Nîmes und Toulouse (zu finden in den jeweiligen Städtekapiteln unter An- & Weiterreise) sind verbilligte Fahrscheine zu bekommen. Kinder bis vier Jahre reisen kostenlos, zwischen vier und elf Jahren zum halben Preis. Abhängig von den Verbindungen und Buchungskonditionen sind weitere Rabatte bis 25 % möglich – und zwar für folgende Personengruppen: Jugendliche zwischen zwölf und 25 Jahren, Senioren ab 60, eine bis vier Begleitpersonen eines vier- bis elfjährigen Kindes, zwei Personen, die Hin- & Rückfahrt gemeinsam antreten, und Alleinreisende oder Gruppen auf einer Hin- & Rückfahrt von mindestens 200 km Länge, die eine Samstagnacht am Zielort verbringen.

Folgende Rabattkarten bringen Nachlässe von 25 bis 50 %:

Carte 12-25 (www.12-25-sncf.com, auf Französisch; 49 €) Für Passagiere zwischen zwölf und 25 Jahren.

Carte Enfant Plus (www.enfantplus-sncf.com, auf Französisch; 70 €) Für Kinder zwischen vier und elf Jahren mit einer bis vier erwachsenen Begleitpersonen.

Carte Sénior (www.senior-sncf.com, auf Französisch; 56 €) Für Reisende über 60 Jahre.

Carte Escapades (www.escapades-sncf.com, auf Französich; 85 €) Für alle zwischen 26 und 59. Rabatte für Hin- und Rückfahrten ab 200 km Länge und einer Übernachtung am Samstag.

Der Interrailpass Frankreich berechtigt Ausländer für drei bis acht Tage innerhalb eines Monats zu landesweit uneingeschränkten Reisen mit SNCF-Zügen. In der 2. Klasse kosten drei/vier/sechs/acht Tage 189/209/269/299 €. Entsprechende Pässe für Jugendliche bis 26 kosten 125/139/175/194 €. Nähere Infos unter http://deutsch.interrailnet.com/ende/.

ouvelles Frontières (☎ 08 25 00 07 47; ww.nouvelles-frontieres.fr)
oyageurs du Monde (☎ 01 40 15 11 15; ww.vdm.com)

UF DEM LANDWEG

uto & Motorrad

llgemeine Infos für Autofahrer auf französischen Straßen s. S. 292.

ie Einreise mit dem Auto ist problemlos öglich. Aus Norddeutschland ist die Streke über Aachen und Belgien die schnellste erbindung ins Land. Alternativ geht's über rier und Luxemburg auf die A31 Richtung üden. Aus Süddeutschland und Österreich ihrt der Weg auf die A4 über Straßburg, us der Schweiz über Bourg-en-Bresse oder ole auf die A7 (Autoroute du Soleil), der an bis Orange folgt, wo auf die A9 Richtung Iontpellier/Barcelona gewechselt wird. Französische Autobahnen sind kostenpflichtig und n den Grenzübergängen werden zum Teil ass oder Ausweis verlangt. Besonders bei er Einreise aus Belgien sind Durchsuchunen nicht ungewöhnlich, da Drogen aus den iederlanden über diese Route geschmuggelt erden.

Bus

Eurolines (☎ 08 92 89 90 91; www.eurolines.com; Montpellier ☎ 04 67 58 57 59; Nîmes ☎ 04 66 29 49 02; Toulouse ☎ 05 61 26 40 04) verbindet Toulouse, Montpellier, Nîmes und Perpignan mit Städten in ganz West- und Zentraleuropa, Skandinavien und Marokko. Der **Eurolines Pass** (www.eurolines-pass.eu; 15/30 Tage in der Hauptsaison 329/439 €) berechtigt zum uneingeschränkten Reisen mit der Bahn zwischen 40 europäischen Städten.

Linebùs (www.linebus.com; Nîmes ☎ 04 66 29 50 62; Barcelona ☎ 932 65 07 00) verbindet Montpellier, Nîmes und Toulouse mit Barcelona (einfache Fahrt 35/38/40 €) und anderen spanischen Städten.

Zug

Frankreich hat Bahnverbindungen in alle anderen europäischen Länder. Informationen zu Verbindungen innerhalb der Region s. S. 295. Infos und Tickets gibt's außerhalb Frankreichs z. B bei **TGV Europe** (www.tgv-europe.de; ☎ Verkaufsbüro Köln 0180 5 00 90 73) sowie im Reiseland bei der **SNCF** (3635, aus dem Ausland 08 92 35 35 35; www.sncf.com), die telefonische und Online-Reservierungen entgegennimmt, die Tickets allerdings nicht ins Ausland verschickt. Fahrpläne gibt's außerdem bei der **Deutschen Bahn** (☎ 0800 1 50 70 90; www.bahn.de), den Österreichischen Bundesbahnen (☎ 01-93 00 00; www.oebb.at) und den Schweizerischen Bundesbahnen (☎ 0900 300 300; www.sbb.ch).

Infos zu ermäßigten SNCF-Tickets stehen auf S. 291.

Digitale Reiseplaner:

The Man in Seat 61 (www.seat61.com)
Rail Passenger (www.railpassenger.info)
TGV Europe (www.tgv-europe.com)

INNERHALB FRANKREICHS

Die staatliche Eisenbahngesellschaft Frankreichs ist die **SNCF** (☎ 3635; www.sncf.com) und ihr größter Stolz der weltberühmte **TGV** (www.tgv.com), der eine Geschwindigkeit von 320 km/h erreicht. Der TGV Midi-Méditerranée verbindet den Pariser Bahnhof Gare de Lyon mit Montpellier und 2010 soll die Hochgeschwindigkeitstrasse auch Perpignan erreichen. Weniger schnell, aber ähnlich komfortabel sind die **Téoz**-Züge (www.corailteoz.com) von der Pariser Gare d'Austerlitz nach Toulouse, Montpellier und Perpignan. Reiseinformationen und Preisauskünfte stehen in den Regionenkapiteln unter An- & Weiterreise.

Alle Bahnhöfe haben zumindest eine *billeterie automatique* (Fahrkartenautomat), die sowohl Bargeld als auch Kreditkarten mit Computerchip (nicht Magnetstreifen) akzeptiert. Per Kreditkarte können auch telefonisch oder online (www.voyages-sncf.com) Tickets erstanden werden, die dann entweder per Post zugeschickt werden (nur an Adressen in Frankreich) oder am SNCF-Schalter bereit liegen.

Vor dem Einsteigen sind die Fahrscheine unbedingt an einem gelben Stempelautomaten *(composteur)* am Zugang zu den Bahnsteigen zu entwerten, da ansonsten eine Geldbuße droht.

PER SCHIFF

Ab Sète unterhält die **SNCM** (☎ 3260, 04 67 46 68 00; www.sncm.fr) ganzjährige Fährverbindungen nach Tanger in Marokko.

UNTERWEGS VOR ORT

AUTO & MOTORRAD

Ein eigenes Fahrzeug bedeutet optimale Flexibilität bei der Erkundung der Region und erschließt auch abgelegene Winkel, die

ENTFERNUNGSTABELLE (KM)

	Carcassonne	Montpellier	Nîmes	Perpignan	Toulouse
Carcassonne	---				
Montpellier	150	---			
Nîmes	200	55	---		
Perpignan	115	155	200	---	
Toulouse	95	240	290	205	---

mit öffentlichen Verkehrsmitteln unerreichbar wären. Andererseits kann die Parkplatzsuche in größeren Städten ganz schön an den Nerven zehren und in der Urlaubszeit – v. a. Juli und August – sowie an langen Wochenenden sind *bouchons* (Staus) auf den Küstenstraßen nicht selten.

Es gibt vier Kategorien außerstädtischer Straßen:

Autoroutes Mehrspurige Schnellstraßen (Autobahnen) wie die A8 mit Mautpflicht *(péages)*.
Routes Nationales (N, RN) Nationalstraßen.
Routes Départementales (D) Landstraßen.
Routes Communales (C, V) Kleinere Land- und Nebenstraßen.

Die Autobahnen im Languedoc-Roussillon unterstehen **Autoroutes du Sud de la France** (www.asf.fr, auch auf Englisch), deren Internetseite die Reiseplanung – mit Auskünften zu Mautgebühren, örtlichem Wetter, aktuellen Straßenverhältnissen usw. – ungemein erleichtert. Unter www.autoroutes.fr (auch auf Englisch) gibt's noch mehr verkehrsbezogene Infos.

Mit dem eigenen Fahrzeug

Alle Fahrzeuge müssen mit einem internationalen Kennzeichen des Herkunftslandes versehen sein und Warndreieck und Sicherheitsweste mitführen. In der kalten Jahreszeit sind Winter- oder Allwetterreifen angebracht.

Führerschein & Papiere

Fahrzeugführer müssen jederzeit folgende Papiere parat haben: Pass oder Personalau weis, einen gültigen Führerschein *(permis de conduire)*, Fahrzeugschein *(carte grise)* sowie den Nachweis einer Kfz-Haftpflichtversicherung (z. B. Grüne Karte).

Treibstoff

Üblicherweise haben Tankstellen samstagnachmittags und sonntags geschlossen und die 24-Stunden-Zapfsäulen – meist auf Supermarkt-Parkplätzen am Stadtrand – akzeptieren nur Kreditkarten mit PIN-Chip (statt des bei uns üblichen Magnetstreifens).

Essence (Benzin), auch *carburant* (Treibstoff) genannt, ist auf Autobahnraststätten am teuersten und an den Supermarkt-Tankstellen am günstigsten.

Mietwagen

Die Adressen von Autovermietungen sind im Buch unter der jeweiligen Stadt zu finden. Hier die wichtigsten Agenturen im Überblick:

ADA (☎ 08 25 16 91 69; www.ada.fr, auf Französisch)
Avis (☎ 08 20 05 05 05; www.avis.com, auch auf Englisch)
Budget (☎ 08 25 00 35 64; www.budget.com, auf Englisch; www.budget.fr, auf Französisch)
Easycar (☎ 44 20 30 59 56 84; www.easycar.com, auch auf Deutsch)
Europcar (☎ 08 25 35 83 58; www.europcar.com, auf Deutsch)
Hertz (☎ 01 39 38 38 38; www.hertz.com, auf Deutsch)
National-Citer (www.nationalcar.com, auf Englisch; www.citer.fr, auf Französisch)
Renault Rent (☎ 08 10 40 50 60; www.renault-rent.com, auf Französisch)
Sixt (☎ 08 20 00 74 98; www.sixt.fr, auf Französisch)

Versicherung

Eine Kfz-Haftpflichtversicherung ist in Frankreich für alle – auch für im Ausland zugelassene – Fahrzeuge vorgeschrieben. Bei kleineren Unfällen ohne Verletzte ist es zur schnellen Schadensregulierung am besten, wenn jeder beteiligte Fahrer einen Constat Amimable d'Accident Automobile (Europäischen Unfallbericht) ausfüllt, der alle wesentlichen Details festhält. Bei Mietwagen befindet sich der Vordruck meist zusammen mit anderen Dokumenten im Handschuhfach. Im Zweifelsfall lieber die **Polizei** rufen (☎ 17).

Verkehrsaufkommen

Wer zwischen Juli und August die Küste entlangfährt, braucht unter Umständen – v. a. samstags – Stunden, um ein paar Kilometer zurückzulegen. Englischsprachige Verkehrsinfos gibt's auf 107.7MHz FM; im Sommer alle 30 Minuten.

Verkehrsvorschriften

Für alle Fahrzeuginsassen (auf den Vorder- und Rücksitzen) besteht Gurtpflicht. Für Kinder bis 10 kg Körpergewicht sind Kindersitze mit dem Rücken in Fahrtrichtung vorgeschrieben; Kinder bis zu 36 kg müssen auf dem Rücksitz und ebenfalls im Kindersitz reisen. Der Beifahrersitz ist unter zehn Jahren – selbst mit Kindersitz – tabu.

An allen Kreuzungen, Einmündungen und Kreisverkehren gilt die *priorité à droite* (rechts vor links), sofern sie nicht mit *vous n'avez pas la priorité* (Sie haben keine Vorfahrt) oder *cédez le passage* (Vorfahrt beachten) gekennzeichnet sind. Die *priorité à droite* gilt zudem nicht auf Vorfahrtsstraßen, die mit dem üblichen Verkehrszeichen (auf der Ecke stehendes Quadrat mit weißem Rand und gelber Mitte) beschildert sind.

Mobiltelefone dürfen auch in Frankreich nur mit Freisprechanlage benutzt werden und Radarmelder sind komplett untersagt.

Helmpflicht gilt für alle motorisierten Zweiräder außer Fahrrädern mit Hilfsmotor. Zweiräder unter 50 cm^3 sind führerscheinfrei. Deshalb gibt's oft Motorroller mit 49,9 cm^3 zu mieten.

Durch Waldgebiete verlaufen ungeteerte, mit DFCI *(défense forestière contre l'incendie)* markierte Straßen, die für Feuerwehreinsätze vorgesehen und für Privatfahrzeuge gesperrt sind.

GESCHWINDIGKEITSBEGRENZUNGEN

- **Geschlossene Ortschaften** (Städte, Dörfer usw.) – 50 km/h
- **Autobahnen** *(autoroutes)* – 130 km/h (bei Nässe 110 km/h, bei überfrierender Nässe 60km/h)
- **Zweispurige Schnellstraßen** – 110 km/h (bei Nässe 100 km/h)
- **Einspurige Land- und Bundesstraßen** – 90 km/h (bei Nässe 80 km/h)

ALKOHOL
Mit einer Blutalkoholkonzentration von über 0,05 % (0,5 g auf 1 l Blut) – sprich: etwa zwei Gläsern Wein – darf man in Frankreich nicht mehr hinters Steuer.

BUS
Busse werden vor allem im Nahverkehr innerhalb der Departements viel eingesetzt, fahren jedoch nicht sehr häufig und sind relativ langsam. Für Streckeninfos siehe Unterwegs vor Ort in den Regionenkapiteln.

Aktuelle Fahrpläne gibt's online:

Raum Montpellier (www.herault.fr/herault-transport, auf Französisch) Busverbindungen innerhalb des Departements Hérault.

Roussillon (www.cg66.com, auf Französisch) Vollständige Fahrpläne unter dem Link „Routes & Transports".

FAHRRAD
Auch wenn es scheint, als gäbe es hier viel zu viele Hügel und *cols* (Bergpässe), so lässt sich die Region dank ruhiger Nebensträßchen, wenig Verkehr und Dutzenden von städtischen sowie ländlichen *pistes cyclables* (Radwege) doch wunderbar mit dem Fahrrad erkunden. Viele dieser Wege erstrecken sich entlang der Küste, absolut unschlagbar ist jedoch der Pfad entlang dem Canal du Midi.

In Frankreich braucht ein Fahrrad laut Vorschrift zwei funktionierende Bremsen, eine Klingel, einen roten Reflektor hinten und gelbe Reflektoren an den Pedalen. Nach Sonnenuntergang und bei schlechter Sicht müssen Radfahrer vorne durch ein weißes und hinten durch ein rotes Licht erkennbar sein.

Alle interregionalen TER-Züge gestatten die kostenlose Mitnahme von Fahrrädern. Mehr Infos zum Thema Radfahren auf S. 70.

Mieten
City- (VTC; *vélos tout chemins)* oder Mountainbikes (VTT; *vélos tout terrains)* können für 15/60 € pro Tag/Woche in jeder größeren Stadt an mindestens einer Stelle gemietet werden. Details enthalten die Städtekapitel „Unterwegs vor Ort". Meist wird eine Kaution (Kreditkarte) verlangt, die bei Beschädigungen oder Diebstahl des Radse einbehalten wird, und manchmal auch ein Ausweis. Die wenigsten Anbieter verleihen auch Sturzhelme – also am besten mitbringen, wenn man Wert darauf legt.

Montpellier, Toulouse und Perpignan bieten computerisierte Verleihsysteme nach dem Pariser Vorbild. Gewöhnlich bedarf die kurz- oder längerfristige Nutzung der Voranmeldung und der Angabe einer Kreditkartennummer.

SCHIFF
Informationen zum Fährservice entlang der Küste enthalten die Städtekapitel.

Fahrten auf den Kanälen
Fortbewegung und Entspannung schließen sich meist gegenseitig aus – es sei denn, man mietet ein Hausboot und kreuzt damit auf dem Canal du Midi (S. 33). Dann kann man anhalten wo man will, um einzukaufen, in gemütlichen Restaurants zu essen, mit dem Rad zur Weinprobe auf ein Chateau zu fahren oder durch eine der zahlreichen *écluses* (Schleusen) zu navigieren. Auch der weiter südlich verlaufende Canal de la Robine bei Narbonne sowie diverse Kanäle in der Camargue sind befahrbar.

Die Schiffe bieten meist Platz für zwei bis zwölf Passagiere und sind komplett mit Bettzeug und Kochgeschirr ausgestattet. Jeder, der mindestens 18 Jahre alt ist, darf ein solche Flussschiff steuern. Anfänger erhalten jedoch eine kurze Einweisung, um sich für eine *carte de plaisance* (temporärer Bootsführerschein) zu qualifizieren. Die Höchstgeschwindigkeit beträgt 6km/h auf Kanälen und 8km/h auf Flüssen.

In den jeweiligen Kapiteln dieses Reiseführers sind Dutzende Bootsvermietungen aufgelistet; s. S. 267, S. 151 und S. 206. Beliebte Ablegehäfen am Canal du Midi sind u. a. Moissac westlich von Toulouse, Le Somail und Homps westlich von Narbonne, Le Capestang östlich von Narbonne und Carnon bei Montpellier. Für die Hin- und Rückreise Carcassonne–Agde sollte eine Woche einkalkuliert werden, für die klassische Route Carcassonne–Castelnaudary und zurück sind es etwa zwei Wochen bei dreieinhalb bis fünf Stunden Fahrt und bis zu zehn Schleusen täglich.

Online-Vermieter:

Camargue Plaisance (☎ 03 85 53 76 74; www.plaisance.camargue.fr, auch auf Englisch)

Canal Boat Holidays (www.canalboatholidays.com, auf Englisch)

Crown Blue Line (www.crownblueline.com, auch auf Deutsch;

Castelnaudary (☎ 04 68 94 52 94;
Port Cassafières (☎ 04 67 90 91 70;
St-Gilles (☎ 04 66 87 22 66)
France Afloat (☎ 03 86 81 67 87;
www.franceafloat.com, auf Englisch)
H2olidays Barging in France
(www.wasserwege.com, auf Deutsch)
Locaboat Holidays (☎ 03 86 91 72 72;
www.locaboat.com, auch auf Deutsch)
Minervois Cruisers
(www.minervoiscruisers.com, auf Englisch)
Rive de France (☎ 04 67 37 14 60;
www.rive-de-france.tm.fr, auch auf Deutsch)

ZUG

Languedoc-Roussillons regionales Schienennetz, betrieben von **TER Languedoc Roussillon** (☎ 0891 700 900; www.ter-sncf.com/languedoc, auch auf Englisch), umfasst mehrere Strecken: Eine verläuft etwas landeinwärts entlang der gesamten Küste von Nîmes über Montpellier, Béziers und Narbonne bis Perpignan und weiter bis Spanien; eine weitere schlängelt sich nordwärts durch's Haut-Languedoc bis Millau und darüber hinaus und eine dritte zieht sich Richtung Westen von Narbonne nach Carcassonne, Castelnaudary und Toulouse. Im Roussillon erstrecken sich die Gleise von Perpignan auf ganzer Länge durch die Vallée du Conflent.

Zusätzlich verkehren ein Schmalspur-Touristenzug (S. 261) von Rivesaltes, nördlich von Perpignan, 60 km entlang der Vallée de l'Agly bis Axat im angrenzenden Languedoc und der legendäre Canary (S. 256) entlang der Vallée du Conflent. Beide fahren im Sommer mit offenen Waggons durch malerische Berglandschaften.

DER DIGITALE BAHNHOF

Abfahrt und Ankunft in Echtzeit erfahren, den nächstgelegenen WLAN-Zugang finden und sich über öffentliche Verkehrsmittel, Taxirufnummern, die Lage der Bahnhofstoiletten und Serviceleistungen für Reisende mit Behinderung informieren, all das und vieles mehr ist kein Problem mehr mit **Gares en Mouvement** (www.gares-en-mouvement.com, auch auf Deutsch), einem genialen Onlinekonzept mit umfassenden Details zu jedem einzelnen Bahnhof des Landes.

Ermäßigte SNCF-Tickets

Landesweite Bahnrabatte sind auf S. 291 zusammengefasst.

Inhaber der Carte Via Liberté (25 €) reisen ein Jahr lang wochentags (Montag bis Freitag) 25 % günstiger durch die Region. Am Wochenende, an Feiertagen und während der Schulferien gibt's für Inhaber und maximal drei Reisebegleiter sogar 50 %.

Reservierungen

Die meisten Regionalzüge bedürfen keiner vorherigen Reservierung, während es bei Direktverbindungen v. a. im Sommer etwas anders aussieht.

Vor dem Einsteigen sind die Fahrscheine an einem gelben Stempelautomaten *(composteur)* am Zugang zu den Bahnseteigen zu entwerten, da ansonsten eine Geldbuße droht.

Gesundheit

INHALT

Frankreich ist ein gesundes Pflaster. Die Hauptgesundheitsrisiken sind wahrscheinlich Sonnenbrand, Blasen an den Füßen, Insektenstiche und leichte Magenbeschwerden von zu viel Essen und Trinken.

VOR DER REISE

Vorsorge ist der Schlüssel zur Gesundheit. Eine gute Reisevorbereitung, insbesondere bei bereits bestehender Krankheit, erspart später viel Ärger. Vor einer längeren Reise noch mal die Zähne untersuchen lassen. Ersatzkontaktlinsen und -brille sowie Brillenpass einpacken. Medikamente in ihrer Originalverpackung samt Beipackzettel mitnehmen. Hilfreich ist auch ein unterschriebener, datierter Brief des Hausarztes, aus dem Gesundheitszustand und benötigte Medikamente hervorgehen. Am besten inklusive Angabe des Wirkstoffs, den der Name des Medikaments kann von dem im Heimatland abweichen.

Wer Spritzen oder Nadeln mitnehmen muss, sollte auf jeden Fall einen Brief des Hausarztes dabeihaben, der die medizinische Notwendigkeit belegt.

VERSICHERUNG

Mit der Europäischen Krankenversicherungskarte (EHIC: European Health Insurance Card) besteht für Bürger der EU, der Schweiz, Islands, Norwegens und Liechtensteins kostenloser oder kostenreduzierter staatlicher Krankenversicherungsschutz, falls während des Frankreichaufenthalts eine ärztliche Behandlung notwendig wird. Die EHIC hat 2006 den Auslandskrankenschein E111 abgelöst. Jedes Familienmitglied braucht eine eigene Karte.

Darüber hinaus kann eine private Auslandsreise-Krankenversicherung sinnvoll sein. Auch in Ländern mit Sozialversicherungsabkommen sind für bestimmte Leistungen zum Teil erhebliche Eigenanteile zu zahlen. Hinzu kommt, dass die Kosten für einen krankheits- oder unfallbedingten Rücktransport nach Deutschland nur durch eine private Auslandsreise-Krankenversicherung abgedeckt werden. Von der gesetzlichen Krankenversicherung werden Rückführungskosten nicht erstattet.

IN FRANKREICH

MEDIZINISCHE VERSORGUNG & KOSTEN

Die medizinische Versorgung in Frankreich ist hervorragend. Ausländische Besucher können sich in einer Ambulanz *(salle des urgences)*, einem Krankenhaus *(hôpital)* oder in einer Arztpraxis *(cabinet médical)* behandeln lassen. Bei leichten Krankheiten helfen Apotheker mit wertvollem Rat und Medikamenten weiter. Bei Bedarf können sie auch Fachärzte empfehlen. Auch die zahnärztliche Versorgung ist gut, trotzdem ist vor einer längeren Reise eine Zahnuntersuchung angeraten.

DURCHFALLERKRANKUNGEN

Bei Durchfall sollte viel getrunken werden, vorzugsweise eine Elektrolytlösung. Wenn der Durchfall mit Fieber, Frösteln, Schüttelfrost oder starken Bauchschmerzen einhergeht, schleimig oder blutig ist oder länger als drei Tage andauert, ist unbedingt ein Arzt aufzusuchen.

GESUNDHEITSRISIKEN

Höhenkrankheit

Der Sauerstoffmangel in großen Höhen (über 2500 m) macht den meisten Menschen mehr oder weniger stark zu schaffen. Symptome der Höhen- oder Bergkrankheit treten meist in den ersten 24 Stunden eines Höhenaufenthalts auf, können sich aber auch mit einer Verzögerung von bis zu drei Wochen einstellen. Leichte Symptome sind Kopfschmerz, Lethargie, Schwindel, Schlaf- und Appetitlosigkeit. Ernstere Symptome sind Atemnot, ein trockener Reizhusten (begleitet von blutigem, schaumigem Auswurf), starker Kopfschmerz, Koordinations- und Gleichgewichtsstörungen, Verwirrtheit, Erbrechen, irrationales Verhalten, Benommenheit und Bewusstlosigkeit. Es gibt keine Regel, ab welcher Höhe es gefährlich wird: Die sogenannte Akute Höhenkrankheit kann bei 3000 m tödlich sein, gewöhnlich liegt die Schwelle aber bei 3500 m bis 4500 m.

Bei leichten Symptomen hilft ein Pausieren auf derselben Höhe, bis die Beschwerden nachlassen, gewöhnlich nach ein bis zwei Tagen. Gegen den Kopfschmerz helfen Paracetamol oder Aspirin. Sollten die Symptome anhalten oder sich verschlimmern, ist jedoch der sofortige Abstieg notwendig; oft genügen schon 500 m. Medikamente sollten niemals dazu eingesetzt werden, den Abstieg zu vermeiden oder den weiteren Aufstieg zu ermöglichen. Azetazolamid verringert den Kopfschmerz und hilft dem Körper, sich an den Sauerstoffmangel zu gewöhnen. Es ist verschreibungspflichtig.

Um einer Erkrankung vorzubeugen, sollte man einige Regeln beachten:

- Langsam aufsteigen – häufige Ruhetage einplanen, zwei bis drei Übernachtungen nach je 1000 m Aufstieg. So kann sich der Körper allmählich akklimatisieren.
- Die Schlafhöhe sollte stets unter der erreichten Tageshöhe liegen. Ab 3000 m nie mehr als 300 Höhenmeter pro Tag aufsteigen.
- Ausreichend trinken (vier bis sechs Liter pro Tag). Der Urin sollte klar und reichlich sein.
- Für die Energiezufuhr leichte, kohlenhydrathaltige Kost zu sich nehmen.
- Alkohol, Beruhigungsmittel und Tabak vermeiden.

Hitzeerschöpfung

Übermäßiger Flüssigkeitsverlust bei gleichzeitiger mangelhafter Flüssigkeits- und Salzzufuhr kann zu Hitzeerschöpfung führen. Zu den Symptomen zählen Kopfschmerz, Schwindel und Müdigkeit. Die Dehydrierung ist bereits im Gange, wenn Durst auftritt – also immer ausreichend trinken, sodass der Urin hell und verdünnt ist. Um die Hitzeerschöpfung zu behandeln, den Flüssigkeitsverlust durch Trinken von viel Wasser und/oder Fruchtsaft ausgleichen und den Körper mit kaltem Wasser und Luftfächeln kühlen.

Unterkühlung

Selbst an einem heißen Tag kann das Wetter in den Bergen schnell umschlagen; deshalb immer wasserfeste und warme Kleidung mitnehmen und andere Personen über die geplante Route informieren. Akute Unterkühlung tritt infolge eines kurzfristigen Abfalls der Körpertemperatur, z. B. durch plötzliche Kälteeinwirkung, auf. Chronische Unterkühlung wird durch allmählichen Wärmeverlust über Stunden verursacht. Unterkühlung beginnt mit Kältezittern, Verlust des Urteilsvermögens, Gangunsicherheit und Unbeholfenheit. Wenn keine Aufwärmung stattfindet, kann es zu Apathie, Verwirrtheit und Bewusstlosigkeit kommen. Weitere Wärmeverluste sind durch Aufsuchen eines wettergeschützten Ortes, warme, trockene Kleidung, heiße gesüßte Getränke und gegenseitiges Wärmen zu verhindern.

SEX & GESUNDHEIT

Die „Pille danach" ist in Frankreich auf Rezept erhältlich. Kondome *(les préservatifs)* sind jederzeit leicht zu bekommen. Kondome an einem kühlen, trockenen Ort aufbewahren, sonst können sie reißen.

Schätzungsweise 0,4 % der französischen Bevölkerung im Alter zwischen 15 und 49 Jahren sind mit HIV/Aids infiziert (frz. *VIH/SIDA)*.

MIT KINDERN REISEN

Reisende mit Kindern sollten wissen, wie sie kleinere Unpässlichkeiten selbst behandeln und wann sie ärztlichen Rat einholen müssen. Grundsätzlich sollten alle Standardimpfungen aufgefrischt sein.

Wenn Durchfall oder Erbrechen auftreten, müssen die verlorenen Flüssigkeiten und Salze ersetzt werden. Es kann nützlich sein, ein Elektrolytpulver dabeizuhaben, das bei Bedarf in abgekochtem Wasser aufgelöst wird.

FRAUEN & GESUNDHEIT

Psychische Belastung und Erschöpfung können den Menstruationszyklus durcheinanderbringen. Frauen, die die Pille nehmen, sollten daran denken, dass einige Antibiotika, Durchfall und Erbrechen die Wirksamkeit beeinträchtigen können und damit das Risiko einer Schwangerschaft gegeben ist – für alle Fälle Kondome einpacken. Magen-Darm-Erkrankungen und Antibiotika haben keinen Einfluss auf gespritzte Verhütungsmittel wie die 3-Monats-Spritze.

Reisen während der Schwangerschaft ist normalerweise kein Problem, aber zur Sicherheit sollte vorher immer ärztlicher Rat eingeholt werden.

Am riskantesten ist Reisen während der ersten 12 Schwangerschaftswochen und nach der 30. Woche.

Sprache

INHALT

Das moderne Französisch hat sich aus der *langue d'oïl* entwickelt, einer Gruppe von Dialekten, die nördlich der Loire gesprochen wurden und aus dem Volkslatein der gallorömischen Epoche hervorgegangen waren. Die *langue d'oïl* – insbesondere der in der Île de France gesprochene fränkische Dialekt – verdrängte schließlich die *langue d'oc*, die im Süden des Landes gesprochenen Dialekte, denen die Mittelmeerregion Languedoc ihren Namen verdankt.
Die Begriffe *langue d'oïl* und *langue d'oc* spiegeln die sprachlichen Unterschiede wider, mit denen die verschiedenen Arten dieser nördlichen und südlichen Dialekte das Wort „ja" darstellen: *oïl* (oder *oui* im heutigen Französisch) bzw. *òc*.
Im Languedoc-Roussillon wird zwar Standardfranzösisch gesprochen, aber Okzitanisch (s. Kasten S. 300) und Katalanisch (s. Kasten S. 301) sind ebenfalls weit verbreitet und kulturell von hoher Bedeutung.

Informationen zu Speisen und Essen, s. S. 56.

AUSSPRACHE

Die Angabe der Aussprache hinter den französischen Wörtern und Sätzen soll dazu beitragen, dass die Botschaft auch richtig beim Empfänger ankommt. Im Anschluss sei noch auf ein paar Spezialitäten hingewiesen:

c spricht sich vor **e** und **i** als scharfes „s" wie in „Surfen" (wiedergegeben als **ß**, das stimmhafte „s" wie in „Sonne" dagegen als „s"); vor **a**, **o** und **u** wird es wie „k" ausgesprochen. Wenn es mit einem Cedille versehen ist (**ç**), spricht es sich immer als scharfes „s".

é langes „e" wie in „Ehre.

è ähnlich dem deutschen „ä", Beispiel „Ärmel".

j wiedergegeben als **ž**; spricht sich wie das stimmhafte „j" in Journal.

n, m endet eine Silbe auf ein einfaches **n** oder **m**, werden diese Buchstaben nicht gesprochen, sondern der Vokal davor wird nasal ausgesprochen, z.B. „Karton" oder „Parfum".

u „ü", wie in „früh".

z weiches „s" wie in „See".

Als Anhaltspunkt kann man sich merken, dass die Betonung bei Wörtern und Sätzen in der Regel am Ende liegt.

IMMER HÖFLICH SEIN!

Die Franzosen wissen sie jeden Versuch eines Ausländers, sich auf Französisch zu verständigen, sehr zu schätzen.

Was oft als Arroganz aufgefasst wird, ist nicht selten ein subtiles Auflehnen gegen die Annahme auch vieler deutscher Reisender, sie könnten überall und jederzeit mit Englisch durchkommen. Dieses Problem ist leicht zu umgehen, indem Reisende die Einheimischen auf Französisch ansprechen. Selbst wenn sie nur den Satz *Pardon, madame/monsieur, parlez-vous anglais/allemand?* (Entschuldigen Sie, meine Dame/mein Herr, sprechen Sie Englisch/Deutsch?) sagen können, wird ihnen herzlicher begegnet werden, als wenn sie stur Englisch oder gar Deutsch reden.

OKZITANISCH

Okzitanisch oder *langue d'oc* bezieht sich auf die Dialekte, die in einem großen Gebiet in Südfrankreich gesprochen werden. Diese Sprache ist eng verwandt mit dem Katalanischen (s. Kasten S. 301) mit Einflüssen aus dem Französischen. Neueren Schätzungen sprechen etwa 8 Mio. Menschen diese Sprache, 2 Mio. davon täglich. Die Dialekte Provençal, Languedocien und Auvergnat werden im Languedoc-Roussillon gesprochen.

Als Sprache der Troubadoure genoss Okzitanisch im Mittelalter den Ruf einer literarischen Sprache. Der wirtschaftliche und religiöse Imperialismus aus dem Norden führte jedoch dazu, dass der Pariser Dialekt als Verwaltungssprache eingeführt wurde.

Guten Morgen.	*Bonjorn.*
Guten Tag.	*Bon vèspre.*
Guten Abend.	*Bon ser.*
Hallo./ Auf Wiedersehen.	*Adieu. (sg. & Inf.)* *Adieussiatz. (pl./Pol.)*
Wie geht es Ihnen?	*Coma va?*
Gut.	*Va plan.*
Entschuldigung.	*Perdon.*
Bitte.	*Te prègui. (sg. & Inf.)* *Vos prègui. (pl./Pol.)*
Danke.	*Mercés.*
Ja.	*Òc.*
Nein.	*Non.*

GRAMMATISCHES GESCHLECHT

Alle französischen Substantive sind entweder männlichen oder weiblichen Geschlechts, und die Adjektive spiegeln das Geschlecht des Substantivs wider, das sie näher bestimmen. Die weibliche Form wird bei vielen Substantiven und Adjektiven durch das Anhängen eines (oft stummen) **e** an die männliche Form gebildet, wie in *ami* und *amie* (Freund bzw. Freundin).

Bei den folgenden Wörtern und Sätzen ist, wenn notwendig, sowohl die männliche als auch die weibliche Form angegeben. Dabei wird die männliche Form zuerst genannt und von der weiblichen durch einen Querstrich getrennt. Das Geschlecht eines Substantivs wird oft durch einen vorangestellten Artikel angezeigt: „der/ein/einige", *le/un/du* (m), *la/une/de la* (f); oder durch ein Possessivpronomen: „mein/dein/sein/ihr", *mon/ton/son* (m), *ma/ta/sa* (f). Anders als im Deutschen stimmt im Französischen das Possessivpronomen in Zahl und Geschlecht mit der Sache überein, die „besessen" wird: „seine/ihre Mutter", *sa mère*, egal ob es die Mutter eines Jungen oder eines Mädchens ist.

UNTERKUNFT

Ich suche ...	*Je cherche ...*	že schersch ...
einen Campingplatz	*un camping*	öng kom·ping
eine Pension	*une pension (de famille)*	ün pong·sjong (de fa·mije)
ein Hotel	*un hôtel*	ön o·tell
eine Jugendherberge	*une auberge de jeunesse*	ün o·berž de žö·neß

Wo finde ich ein billiges Hotel?
Où est-ce qu'on peut trouver un hôtel pas cher?
u es·kong pö tru·wee ön o·tell pa schär

Wie lautet die Adresse?
Quelle est l'adresse?
kell e la·dreß

Können Sie die Adresse bitte aufschreiben?
Est-ce que vous pourriez écrire l'adresse, s'il vous plaît?
es·ke vu pu·rijee e·krir la·dreß ßil wu plä

Haben Sie freie Zimmer?
Est-ce que vous avez des chambres libres?
es·ke wu sa·wee dee schom·bre li·bre

Ich möchte ...	*Je voudrais ...*	že wu·drä ...
ein Einzelzimmer	*une chambre à un lit*	ün schom·bre a öng li
ein Zimmer mit Doppelbett	*une chambre avec un grand lit*	ün schom·bre a·weck öng grong li

EINE UNTERKUNFT RESERVIEREN

(für telefonische oder schriftliche Anfragen)

An ...	*À l'attention de ...*
Von ...	*De la part de ...*
Datum	*Date*
Ich möchte reservieren ...	*Je voudrais réserver ...*
auf den Namen ...	*au nom de ...*
vom ... (Datum) **bis ...**	*du ... au ...*
Kreditkarte	*carte de crédit*
Nummer	*numéro*
Gültigkeit	*date d'expiration*
Bitte bestätigen Sie Verfügbarkeit und Preis.	*Veuillez confirmer la disponibilité et le prix.*

SPRACHE

ein Zimmer mit zwei Einzelbetten	*une chambre avec des lits jumeaux*	ün schom·bre a·weck dee li žü·mo
ein Zimmer mit Bad	*une chambre avec une salle de bains*	ün schom·bre a·weck ün ßall de bäng
in einem Schlafsaal schlafen	*coucher dans un dortoir*	ku·schee don söng dor·toar

Was kostet es ...?	*Quel est le prix ...?*	kell e le pri ...
pro Nacht	*par nuit*	par nüi
pro Person	*par personne*	par per·ßonn

Kann ich das Zimmer ansehen?
Est-ce que je peux voir la chambre? eß·ke že pö woar la schom·bre

Wo ist das Bad?
Où est la salle de bains? u e la ßall de bäng
Wo ist die Toilette?
Où sont les toilettes? u song lee toa·lett
Ich reise heute ab.
Je pars aujourd'hui. že par o·žur·düi
Wir reisen heute ab.
Nous partons aujourd'hui. nu par·tong o·žur·düi

KONVERSATION & NÜTZLICHES

Guten Tag.	*Bonjour.*	bong·žur
Auf Wiedersehen.	*Au revoir.*	o re·voar
Ja.	*Oui.*	ui
Nein.	*Non.*	nong
Bitte.	*S'il vous plaît.*	ßil wu plä
Danke.	*Merci.*	mer·ßi

Gern geschehen.
Je vous en prie. že wu·song pri
De rien. (informell) de ri·jeng
Entschuldigen Sie bitte.
(z. B. als Einleitung zu einer Frage)
Excusez-moi. äks·kü·see moa
Entschuldigung.
Pardon. par·dong

Wie heißen Sie?
Comment vous appelez-vous? ko·mong wu·sa·pe·lee·wu
Wie heißt du?
Comment tu t'appelles? ko·mong tü ta·pell
Ich heiße ...
Je m'appelle ... že ma·pell ...

Woher kommen Sie?
De quel pays êtes-vous? de kell pä·i ät·wu

KATALANISCH

Katalanisch ist eine romanische Sprache, die eng mit dem Okzitanischen verwandt ist (s. Kasten S. 300). Sie wird heute im Roussillon und im nordöstlichen Zipfel von Spanien gesprochen.
Viele Künstler und Schriftsteller haben Katalanisch gesprochen: Maler wie Dalí, Miró und Picasso, Architekten wie Gaudí und Schriftsteller wie Mercé Rodoreda.

Hallo!	*Hola!*	o·la
Guten Morgen.	*Bon dia.*	bon di a
Guten Tag.	*Bona tarda.*	bo·na tar·da
Guten Abend.	*Bon vespre.*	bon bes·pre
Auf Wiedersehen.	*Adéu.*	a·de·u
Wie geht es Ihnen?	*Com estàs?*	kom es·tas
(Sehr) Gut.	*(Molt) Bé.*	(mol) be
Entschuldigen Sie.	*Perdoni.*	per·do·ni
Entschuldigung.	*Ho sento.*	oo sen·to
Bitte.	*Sisplau.*	sis·pla·u
Danke.	*Gràcies.*	gra·si·es
Ja/Nein.	*Sí/No.*	si/no

Woher kommst du?
De quel pays es-tu? de kell pä·i e·tü

Ich bin aus ...	*Je viens de ...*	že wjeng de ...
Ich mag ...	*J'aime ...*	žäm ...
Ich mag nicht ...	*Je n'aime pas ...*	že näm pa ...
Einen Moment.	*Une minute.*	ün mi·nüt

WEGWEISER

Wo ist ...?
Où est ...? u ee ...
Gehen Sie immer geradeaus.
Continuez tout droit. kon·ti·nüee tu droa
Biegen Sie links ab.
Tournez à gauche. tur·nee a goosch
Biegen Sie rechts ab.
Tournez à droite. tur·nee a droat
an der Ecke/an der Ampel
au coin/aux feux o koäng/o fö

hinter	*derrière*	dä·ri·jär
vor	*devant*	de·vong
weit weg (von)	*loin (de)*	loäng (de)
in der Nähe (von)	*près (de)*	prä (de)
gegenüber	*en face de*	ong faß de
Strand	*la plage*	la plaž
Brücke	*le pont*	le pong
Schloss	*le château*	le scha·too
Kathedrale	*la cathédrale*	la ka·tee·drall

SCHILDER

Entrée	Eingang
Sortie	Ausgang
Renseignements	Auskunft/Information
Ouvert	Offen
Fermé	Geschlossen
Interdit	Verboten
Chambres Libres	Zimmer frei
Complet	Belegt
(Commissariat de) Police	Polizei
Toilettes/WC	Toiletten
Hommes	Herren
Femmes	Damen

Kirche	*l'église*	lee·glis
Insel	*l'île*	lil
See	*le lac*	le lack
Hauptplatz	*la place centrale*	la plaß ßon·trall
Museum	*le musée*	le mü·see
Altstadt	*la vieille ville*	la wjeij wil
Palast	*le palais*	le pa·lä
Kai	*le quai*	le kä
Flussufer	*la rive*	la riw
Ruinen	*les ruines*	lee rüin
Meer	*la mer*	la mär
Platz	*la place*	la plaß
Touristen-information	*l'office de tourisme*	lo·fieß de tu·ris·me
Turm	*la tour*	la tur

GESUNDHEIT

Ich bin krank.	*Je suis malade.*	že ßüi ma·lad
Hier tut es weh.	*J'ai une douleur ici.*	žä ün du·lör i·ßi
Ich bin ...	*Je suis ...*	že ßüi ...
Asthmatiker/in	*asthmatique*	(s)ast·ma·tik
Diabetiker/in	*diabétique*	di·a·bee·tik
Epileptiker/in	*épileptique*	(s)ee·pi·lep·tik

Ich bin allergisch ...	*Je suis allergique ...*	že ßüi sa·lär·žik ...
gegen ...		
Antibiotika	*aux antibiotiques*	o son·ti·bjo·tik
Bienenstiche	*aux abeilles*	o sa·bäij
Walnüsse	*aux noix*	o noah
Erdnüsse	*aux cacahuètes*	o ka·ka·üett
Penizillin	*à la pénicilline*	a la pee·ni·ßi·lin

Antiseptikum	*l'antiseptique*	lon·ti·sep·tik
Aspirin	*l'aspirine*	las·pi·rin
Kondome	*des préservatifs*	dee pree·ser·va·tif
Verhütungs-mittel	*le contraceptif*	le kon·tra·ßep·tif
Durchfall	*la diarrhée*	la dia·re
Medikament	*le médicament*	le mee·di·ka·mong
Übelkeit	*la nausée*	la no·see
Sonnencreme	*la crème solaire*	la kräm ßo·lär
Tampons	*des tampons hygiéniques*	dee tam·pong i·žije·nik

NOTFÄLLE

Hilfe!
Au secours! o skur

Es hat einen Unfall gegeben
Il y a eu un accident! il ja ü ön ak·ßie·dong

Ich habe mich verlaufen.
Je me suis égaré/e. (m/f) že me ßui e·ga·ree

Lassen Sie mich in Ruhe!
Fichez-moi la paix! fi·schee·moa la pä

Rufen Sie ...!	*Appelez ...!*	a·pelee ...
einen Arzt	*un médecin*	öng med·ßäng
die Polizei	*la police*	la po·ließ

VERSTÄNDIGUNG

Sprechen Sie Deutsch?
Parlez-vous allemand?
par·lee·wu all·mong

Spricht jemand hier Deutsch?
Y a-t-il quelqu'un qui parle allemand?
ja·til kell·köng ki par lall·mong

Wie heißt ... auf Französisch?
Comment est-ce qu'on dit ... en français?
ko·mong es·kong di ... on frong·ßä

Was bedeutet ...?
Que veut dire ...?
ke wö dir ...

Ich verstehe nicht.
Je ne comprends pas.
že ne kom·prong pa

Können Sie das bitte aufschreiben?
Est-ce que vous pourriez l'écrire, s'il vous plaît?
eß·ke wu pu·rijee lee·krir ßil wu plä

Können Sie mir zeigen (auf der Karte)?
Pouvez-vous m'indiquer (sur la carte)?
pu·wee·wu meng·di·kee (ßür la kart)

ZAHLEN

0	*zero*	see·ro
1	*un*	öng
2	*deux*	dö
3	*trois*	troa
4	*quatre*	ka·tre

5	*cinq*	ßänk
6	*six*	ßiß
7	*sept*	ßett
8	*huit*	wüit
9	*neuf*	nöff
10	*dix*	diß
11	*onze*	ons
12	*douze*	duus
13	*treize*	trääs
14	*quatorze*	ka·tors
15	*quinze*	kängs
16	*seize*	ßääs
17	*dix-sept*	di·ßett
18	*dix-huit*	di·swüit
19	*dix-neuf*	dis·nöff
20	*vingt*	väng
21	*vingt et un*	vän tee öng
22	*vingt-deux*	väng·döö
30	*trente*	trongt
40	*quarante*	ka·rongt
50	*cinquante*	ßäng·kongt
60	*soixante*	ßoa·ßongt
70	*soixante-dix*	ßoa·ßong·diß
80	*quatre-vingts*	ka·tre·väng
90	*quatre-vingt-dix*	ka·tre·väng·diß
100	*cent*	ßong
1000	*mille*	mil

PAPIERKRAM

Name	*nom*	nom
Nationalität	*nationalité*	na·ßjo·na·li·tee
Geburtsdatum/-ort	*date/lieu de naissance*	dat/ljö de nä·ßongß
Geschlecht	*sexe*	ßeks
Pass	*passeport*	paß·por
Visum	*visa*	vi·saa

FRAGEWÖRTER

Wer?	*Qui?*	ki
Was?	*Quoi?*	koa
Was ist das?	*Qu'est-ce que c'est?*	keß·ke ßä
Wann?	*Quand?*	kong
Wo?	*Où?*	u
Welche/r?	*Quel/Quelle?*	kell
Warum?	*Pourquoi?*	pur·koa
Wie?	*Comment?*	ko·mong

SHOPPEN & SERVICE

Ich möchte ... kaufen
Je voudrais acheter ... že wu·drä asch·tee ...
Wie viel kostet das?
C'est combien? ßee kom·bjeng
Das gefällt mir nicht.
Cela ne me plaît pas. ße·la ne me plä pa
Darf ich das mal sehen?
Est-ce que je peux le voir? eß·ke že pö le woar
Ich sehe mich nur um.
Je regarde. že re·gard
Das ist nicht teuer.
Ce n'est pas cher. ße nä pa schär
Das ist zu teuer.
C'est trop cher. ßä troo schär
Ich nehme es.
Je le prends. že le prong

Kann ich mit ... zahlen?
Est-ce que je peux payer avec ...? eß·ke že pö pee·jee a·weck ...

Kreditkarte	*ma carte de crédit*	ma kart de kree·di
Traveller-cheques	*des chèques de voyage*	dee scheck de woa·jaž

mehr	*plus*	plü
weniger	*moins*	moäng
kleiner	*plus petit*	plü pe·ti
größer	*plus grand*	plü grong

Ich suche ...	*Je cherche ...*	že schersch ...
eine Bank	*une banque*	ün bonk
die ... Botschaft	*l'ambassade de ...*	lam·ba·ßaad de ...
das Krankenhaus	*l'hôpital*	lo·pi·tall
ein Internetcafé	*un cybercafé du coin*	un ßi·bär·ka·fee dü koeng
den Markt	*le marché*	le mar·schee
die Polizei	*la police*	la po·liß
die Post	*le bureau de poste*	le bü·ro de post
eine Telefonzelle	*une cabine téléphonique*	ün ka·bin tee·lee·fo·nik
eine Toilette	*les toilettes*	lee toa·lett

UHRZEIT & DATUM

Wie viel Uhr ist es?
Quelle heure est-il? kee lör ä·til

Es ist (8) Uhr.	*Il est (huit) heures.*	il e (wüit) ör
Es ist halb ...	*Il est ... heures et demie.*	il e ... ör ee de·mi
morgens	*du matin*	dü ma·teng
nachmittags	*de l'après-midi*	de la·pree·mi·di
abends	*du soir*	dü ßoar
heute	*aujourd'hui*	oo·žur·düi
morgen	*demain*	de·mäng
gestern	*hier*	iär

SPRACHE

Montag	*lundi*	löng·di
Dienstag	*mardi*	mar·di
Mittwoch	*mercredi*	mär·kre·di
Donnerstag	*jeudi*	žö·di
Freitag	*vendredi*	wong·dre·di
Samstag	*samedi*	ßam·di
Sonntag	*dimanche*	di·mongsch

Januar	*janvier*	žong·wjee
Februar	*février*	fee·wri·jee
März	*mars*	marß
April	*avril*	a·wril
Mai	*mai*	mä
Juni	*juin*	žüäng
Juli	*juillet*	žüi·jee
August	*août*	uut
September	*septembre*	sep·tom·bre
Oktober	*octobre*	ok·to·bre
November	*novembre*	no·vom·bre
Dezember	*décembre*	dee·ßom·bre

VERKEHRSMITTEL & -WEGE

Öffentliche Verkehrsmittel

Um wie viel Uhr fährt/kommt ...?	*À quelle heure part/arrive ...?*	a kell ör par/a·riw ...
das Schiff	*le bateau*	le ba·too
der Bus	*le bus*	le büß
das Flugzeug	*l'avion*	la·wjong
der Zug	*le train*	le träng

Ich möchte eine Fahrkarte ...

	Je voudrais ... un billet	že wu·drä öng bi·jee ...
für eine einfache Fahrt	*simple*	säm·ple
für Hin- und Rückfahrt	*aller et retour*	a·lee e re·tur
1. Klasse	*de première classe*	de prem·jär klaß
2. Klasse	*de deuxième classe*	de dö·sjem klaß

VERKEHRSSCHILDER

Cédez la Priorité	Vorfahrt achteny
Danger	Gefahr
Défense de Stationner	Parken verboten
Entrée	Eingang/Einfahrt
Interdiction de Doubler	Überholen verboten
Péage	Mautstelle
Ralentissez	Langsam fahren
Sens Interdit	Einfahrt verboten
Sens Unique	Einbahnstraße
Sortie	Ausfahrt

Ich möchte nach ... fahren.
Je voudrais aller à ... že wu·drä a·lee a ...
Der Zug hat Verspätung.
Le train est en retard. le träng ät ong re·taar
Der Zug fällt aus.
Le train a été annulé. le träng a ee·tee a·nü·lee

der/die erste	*le premier* (m)	le pre·mjee
	la première (f)	la pre·mjär
der/die letzte	*le dernier* (m)	le där·njee
	la dernière (f)	la där·njär

Gleisnummer	*le numéro de quai*	le nü·mee·roo de kä
Fahrkarten-schalter	*le guichet*	le gi·schee
Fahrplan	*l'horaire*	lo·rär
Bahnhof	*la gare*	la gaar

Private Verkehrsmittel

Ich möchte ... mieten
Je voudrais louer ... že wu·drä lu·ee ...

ein Auto	*une voiture*	ün woa·tür
einen 4WD	*un quatre-quatre*	öng katr·katr
ein Motorrad	*une moto*	ün mo·too
ein Fahrrad	*un vélo*	öng wee·loo

Ist das die Straße nach ...?
C'est la route pour ...?
ßee la rut pur ...
Wo ist eine Tankstelle?
Où est-ce qu'il y a une station-service?
uu eß·kil ja ün sta·ßjong·ßer·wiß
Volltanken, bitte.
Le plein, s'il vous plaît.
le pläng ßil wu plä
Ich möchte ... Liter.
Je voudrais ... litres.
že wu·drä ... li·tr

Benzin	*essence*	ä·ßongß
Diesel	*diesel*	djee·säll

(Wie lange) Kann ich hier parken?
(Combien de temps) Est-ce que je peux stationner ici?
(kom·bjeng de tong) eß·ke že pö sta·ßjo·nee i·ßi?
Wo kann ich zahlen?
Où est-ce que je paie?
uu eß·ke že pä?
Ich brauche einen Mechaniker.
J'ai besoin d'un mécanicien.
žä be·soäng döng mee·ka·ni·ßjäng
Das Auto/Motorrad ist (in ...) liegen geblieben.
La voiture/moto est tombée en panne (à ...)
la woa·tür/mo·too ä tom·bee ong pann (a ...)

Das Auto/Motorrad springt nicht an.
La voiture/moto ne veut pas démarrer.
la woa·tür/mo·too ne vö pa dee·ma·ree
Ich habe einen Platten.
Mon pneu est à plat.
mong pnö ä ta pla
Ich habe kein Benzin mehr.
Je suis en panne d'essence.
že ßüi song pann dä·ßongß
Ich hatte einen Unfall.
J'ai eu un accident.
žä ü ön ak·si·dong

MIT KINDERN REISEN

Gibt es ...?	*Y a-t-il ...?*	ja til ...
Ich brauche ...	*J'ai besoin ...*	žä be·soäng ...
einen Wickelplatz	*d'un endroit pour changer le bébé*	dön ong·droa pur schong·žee le bee·bee
einen Kindersitz	*d'un siège-enfant*	döng ßjäž·ong·fong
ein Kindermenü	*d'un menu pour enfant*	döng me·nü pur ong·fong
Windeln	*de couches-culottes*	de kuusch·kü·lott
Babymilch	*de lait maternisé*	de lä ma·ter·ni·see
Babysitter (Deutsch sprechenden)	*d'une baby-sitter (qui parle allemand)*	dün bä·bi·si·tör (ki parl all·mong)
Kinderhochstuhl	*d'une chaise haute*	dün schä soot
Töpfchen	*d'un pot de bébé*	döng poo de bee·bee

Stört es Sie, wenn ich hier stille?
Cela vous dérange si j'allaite mon bébé ici?
ße·la vu dee·rongž ßi ža·lät mong bee·bee i·ßi
Sind Kinder erlaubt/zugelassen?
Les enfants sont permis?
lee song·fong ßong per·mi

Glossar

Eine Liste von Wörtern zum Thema Speisen und Getränke s. S. 56.

(m) Maskulinum
(f) Femininum
(pl) Plural

abbaye (f) – Kloster
abrivado (f) – Stiertreiben zur Arena
ancienne demeure (f) – historisches Wohnhaus, Villa
anse (f) – Bucht
AOC – *appellation d'origine contrôlée;* Kontrollierte Herkunftsbezeichnung für bestimmte Lebensmittel, z. B. für Weintrauben und Oliven, die strengen Regierungsauflagen bezüglich Anbauort und -bedingungen entsprechen und die nach bestimmten Methoden zu Wein oder Olivenöl verarbeitet und abgefüllt werden
arène (f) – Amphitheater
atelier (m) – Werkstatt oder Atelier
auberge (f) – Gasthaus
auberge de jeunesse (f) – Jugendherberge
autoroute (f) – Autobahn

baie (f) – Bucht
bandido (f) – Bullenrücktrieb von der Arena auf die Ranch
bastide (f) – befestigtes Bergdorf; Landhaus
billetterie (f) – Ticketschalter
boulangerie (f) – Bäckerei

calanque (f) – Felsbucht
cap (m) – Kap, Vorgebirge
carnet (m) – ein Heftchen mit fünf oder zehn ermäßigten Tickets für Bus, U- oder S-Bahn
cascade (f) – Wasserfall
cassole (f) – traditionelle Steingutkasserole, in der cassoulet zubereitet und serviert wird
causse (m) – hohes Kalksteinplateau
cave (f) – Käse- oder Weinkeller
chambre díhôtes (f) – Unterkunft mit Frühstück in einem Privathaus (B&B)
charcuterie (f) – Metzgerei oder auch Fleisch- und Wurstwaren
château (m) – Schloss oder stattliches Wohnhaus
chèvre (m) – Ziege
cigale (f) – Zikade
col (m) – Bergpass
comité départemental du tourisme (m) – Touristeninformation des Departements
commissariat de police (m) – Polizeiwache
conseil général (m) – Regionalverwaltung
corniche (f) – Küstenstraße
corrida (f) – Stierkampf bis zum Tod des Bullen
cour (f) – Hof
cour díhonneur (f) – Ehrenhof
course camarguaise (f) – humaner Stierkampf im Camargue-Stil (ohne tote Stiere)
cueillette des olives (f) – Olivenernte

dégustation (f) – Verkostung von Wein, Käse, Olivenöl oder Meeresfrüchten
département (m) – Verwaltungsbezirk (Departement)
DFCI – *défense forestière contre l'incendie;* Feuerwehrstraße (nicht öffentlich befahrbar)
domaine (m) – Weingut

eau potable (f) – Trinkwasser
écluse (f) – Schleuse (im Kanal)
église (f) – Kirche
épicerie (f) – Lebensmittelgeschäft
étang (m) – See oder Lagune

faïence (f) – Steingut
farandole (f) – mittelalterlicher Volkstanz
féria (f) – Stierkampf-Festival
ferme auberge (f) – familienbetriebenes Gasthaus auf einem Hof oder einem Chateau; Landgasthof
ferme conchylicole (f) – Muschelzucht
fête (f) – Fest oder Festival
formule (f) – Menü mit festem Hauptgericht, aber frei wählbarer Vor- oder Nachspeise
fromagerie (f) – Käsegeschäft

gardian (m) – Camargue-Reiter
gare (f) – Bahnhof
gare maritime (m) – Fährhafen
gare routière (m) – Busbahnhof
garrigue (f) – immergrüne Strauchheide aus aromatischen Pflanzen; s. auch *maquis*
gitan (m) – Roma; Zigeuner
gîte díétape (m) – Unterkunft für Wanderer, meist in Berg- oder ländlichen Regionen
gîte rural (m) – Selbstversorgerunterkunft auf dem Lande
golfe (m) – Golf
grand cru (m) – edler Wein; wörtlich Ñgroßartiger Wuchsì
grotte (f) – Höhle

halles (f, pl) – Markthalle; zentraler Lebensmittelmarkt
hôtel de ville (m) – Rathaus
hôtel particulier (m) – herrschaftliches Stadthaus
Huguenot – Hugenotte

jardin (botanique) (m) – (Botanischer) Garten
joutes nautiques (f) – Wettkampf zu Wasser ähnlich dem Fischerstechen
lavoir (m) – öffentliches Waschhaus

mairie (f) – Rathaus
maison de la presse (f) – Zeitschriftenhandlung
maison de village (f) – altes Steinhaus in einem Dorf
maison díhôtes (f) – gehobenes B&B
manade (f) – Bullenfarm, -herde
maquis (m) – duftendes Buschwerk, s. auch *garrigue;* die Bezeichnung wurde auf die französische Résistance und ihre *maquisards* (Kämpfer) übertragen
marais (m) – Moor oder Sumpf
marais salant (m) – Salzsumpf
marché paysan (m) – Bauernmarkt
mas (m) – Bauernhaus
menu (m) – Festpreismenü mit zwei oder mehr Gängen
môle (m) – Pier, Hafenmole
monastère (m) – Kloster
moulin à huile (m) – Ölmühle
musée (m) – Museum

navette (f) – Pendelbus, -zug oder -boot
novillada (f) – Kampf zwischen Jungstieren von maximal vier Jahren

office du tourisme, office de tourisme (m) – Touristeninformation
ONF – Office National des Forêts; Nationale Forstverwaltung

papeterie (f) – Schreibwarenhandlung
parapente (f) – Paragliding
parc national (m) – Nationalpark
parc naturel régional (m) – Regionalpark
péniche (f) – Kanalboot
pétanque (f) – Kugelsport auf Sandplätzen; auch boules
phare (m) – Leuchtturm
pic (m) – Berggipfel
place (f) – Platz
plage (f) – Strand
plan (m) – Stadtplan
plat du jour (m) – Tagesgericht
plongée (f) – Tauchen
pont (m) – Brücke
port de plaisance (m) – Yacht-/Segelhafen
porte (f) – Tür oder Tor, Stadttor
préfecture (f) – Hauptstadt eines Departements
préfet (m) – Präfekt; regionaler Regierungsvertreter mit Sitz in der *préfecture*
presquíîle (f) – Halbinsel
prieuré (m) – Priorat
produits du terroir (m) – Lebensmittel aus der Region

quai (m) – Kai oder Bahnsteig

rade (f) – Golf oder Hafen
refuge (m) – Schutzhütte für Wanderer (Berghütte)
région (m) – Verwaltungseinheit
réserve naturel (m) – Naturschutzgebiet
rond-point (m) – Kreisverkehr

salin (m) – Salzwiese
sardane (f) – katalonischer Volkstanz
sentier (m) – Pfad, Fußweg
sentier de grande randonnée (m) – Langstreckenwanderweg mit einer Bezeichnung aus der Abkürzung GR plus Nummer
sentier littoral (m) – Küstenweg
sentier sous-marin (m) – Unterwasserweg
SNCF – Société Nationale des Chemins de Fer; staatliche Eisenbahngesellschaft
SRV – *sur rendez-vous; nur* nach Absprache
stade (m) – Stadion
syndicat díinitiative (m) – Touristeninformation

tabac (m) –Tabakhändler (verkauft auch Zeitungen, Busfahrkarten usw.)
taureau (m) – Stier
terroir (m) – Boden, Gegend
TGV – *train à grande vitesse;* Hochgeschwindigkeitszug
trottinette (f) – Roller

vendange (f) – Weinlese
vieille ville (f) – Altstadt
vieux port (m) – alter Hafen
vigneron (m) – Winzer, Weinbauer
vignobles (pl) – Weinberg
vin de garde (m) – Wein, der vor Genuss mehrere Jahre lagern sollte
vin de pays (m) – Tafelwein
VTT (m) – *vélo tout terrain;* Mountainbike

Die Autoren

NICOLA WILLIAMS

Hauptautorin, Montpellier & Umgebung, Roussillon, Toulouse & Umgebung

Die gebürtige Britin lebt an der (französischen) Südseite des Genfer Sees, auf den sie – genau wie auf das Jura-Gebirge – besten Ausblick genießt. Nicola ist ziemlich verwöhnt; isst nur in Restaurants, in denen der Fisch tatsächlich aus dem See stammt (größtenteils wird er aus Osteuropa importiert) und fährt nur Ski, wenn die Sonne lacht. Die Berufsjournalistin und passionierte Feinschmeckerin schreibt in Zeitschriften über Land und Gastronomie ihrer Wahlheimat und hat bereits zahlreiche Titel für Lonely Planet verfasst; darunter ein Komplettband über Frankreich sowie die englischen Bände *Provence & Côte d'Azur* und *Loire*.

Von Nicola sind die Kapitel Highlights, Reiseziel Languedoc-Roussillon, Bevor es losgeht, Reiserouten, Geschichte, Kultur, Essen & Trinken, Natur & Umwelt, Allgemeine Informationen und Verkehrsmittel & -wege.

MILES RODDIS

Languedoc-Roussillon Outdoor-Aktivitäten, Nîmes & Gard, Zentral-Languedoc, Haut-Languedoc, Carcassonne & südlich der Pyrenäen

Miles studierte Französisch an der Universität im idyllischen Neuville-sur-Saône, einer Stadt, die übrigens (zu Recht) von allen Reiseführern – inklusive dem vorliegenden – ignoriert wird. Miles lebt jenseits der Pyrenäen im spanischen Valencia, fährt aber mit seiner Frau Ingrid mindestens einmal im Jahr nach Frankreich – beruflich oder auch just for fun. Bereits sieben Mal hat er für Lonely Planet das Languedoc auf ganzer Länge durchquert und meistens auch das Roussillon. Danach war er jedes Mal um etliche Pfunde und einen Karton besten Rotwein schwerer.

Er hat über 30 Lonely-Planet-Reiseführer geschrieben oder daran mitgearbeitet. Darunter die englischen Titel *France, Brittany, Normandy* und vor allem *Walking in France*.

DIE AUTOREN VON LONELY PLANET

Warum unsere Reiseführer die besten der Welt sind? Ganz einfach: Unsere Autoren sind unabhängige und leidenschaftliche Globetrotter. Sie recherchieren nicht einfach nur übers Internet oder Telefon und sie lassen sich nicht mit Werbegeschenken für positive Berichterstattung schmieren. Sie reisen weit – zu touristischen Highlights und entlegenen Orten. Sie schauen sich Tausende von Hotels, Restaurants, Cafés, Bars, Galerien, Schlössern und Museen höchstpersönlich an und beschreiben alles genau so, wie sie es vorfinden. Weitere Infos über die Arbeit der Autoren gibt's auf **www.lonelyplanet.com**.

Hinter den Kulissen

ÜBER DIESES BUCH

Dies ist die 1. deutsche Auflage von *Languedoc-Roussillon*, basierend auf der englischen Originalausgabe, für die Nicola Williams, als Hauptautorin, von Miles Roddis unterstützt wurde. Das Kapitel Gesundheit beruht auf unserem Gesamtband *Frankreich* und wurde von Dr. Caroline Evans durchgesehen und mitverfasst. Dieser Reiseführer wurde vom Londoner Büro von Lonely Planet verantwortet und von den folgenden Personen produziert:

Verantwortliche Redakteurin Caroline Sieg
Leitende Redakteure Sarah Bailey, Carolyn Bain
Leitende Kartografinnen Joanne Luke, Anita Banh
Leitende Layoutdesignerin Jacqui Saunders
Redaktion Katie Lynch, Helen Christinis
Kartografie Shahara Ahmed, Mark Griffiths
Layout Celia Wood
Kartografieassistenz Valeska Cañas, Tom Webster, Simon Goslin, Andras Bogdanovits, Csanad Csutoros, Anthony Phelan, James Regan, Andy Rojas, Barbara Benson
Layout-Assistenz Jim Hsu
Umschlagdesignerin Kate Slattery
Projektmanager Glenn van der Knijff, Rachel Imeson
Redaktion Sprachführer Quentin Frayne

Dank an Eoin Dunlevy, Ryan Evans, Jennifer Garrett, James Hardy, Debra Herrmann, Laura Jane, Beth King, Robyn Loughnane, Wayne Murphy, Trent Paton, Piers Pickard, Martine Power, Fabrice Rocher, Lyahna Spencer

DANK DER AUTOREN

NICOLA WILLIAMS

Dank der geborenen Traveller Niko (6) und Mischa (4), die einen Großteil ihres Sommers im Roussillon verbracht haben, war es dieses Mal eine besondere Freude, diese Region von oben bis unten zu erkunden. Meinem Mann Matthias gilt ganz herzlichen Dank und Anerkennung für seine detaillierten Notizen; genauso Christa Lüfkens, die Dutzende Strandparadiese getestet hat.

Außerdem *un grand merci* auch an Madame Steigel (Narbonne), Françoise und Hans-Christophe Jammers (Nîmes), Philippe Ascola vom Camping

DIE LONELY PLANET STORY

Am Küchentisch fing alles an – nachdem Tony und Maureen Wheeler 1972 eine lange, abenteuerliche Reise durch Europa, Asien und Australien unternommen hatten, trugen sie all ihre Informationen und Notizen zusammen. So entstand der erste Lonely Planet Reiseführer *Across Asia on the Cheap*.

Der Reiseführer wurde von Travellern geradezu verschlungen. Ermutigt durch ihren Erfolg, veröffentlichten die Wheelers weitere Bücher über Südostasien, Indien und andere Länder. Die Nachfrage war so ungeheuerlich groß, dass die Wheelers ihr Unternehmen erweiterten. Über die Jahre deckten sie mit ihrer Reiseliteratur den ganzen Globus ab und sie dehnten ihre Berichterstattung auf die virtuelle Welt von lonelyplanet.com und das Lonely Planet Messageboard Thorn Tree aus.

Lonely Planet wurde ein immer beliebterer Reisebuchverlag und Tony und Maureen konnten sich vor Aufträgen kaum mehr retten. Doch erst 2007 fanden sie einen verlässlichen Partner, bei dem sie sich sicher sein konnten, dass er dem Prinzip abenteuerlustiger, aber umweltbewusster Reisen treu blieb. Im Oktober dieses Jahres erwarb BBC Worldwide 75 % der Anteile von Lonely Planet, mit dem Versprechen, die Grundsätze unabhängiges Reisen, vertrauenswürdige Auskünfte und redaktionelle Unabhängigkeit aufrechtzuerhalten.

Heute hat Lonely Planet Büros in Melbourne (Australien), London und Oakland (USA) mit über 500 Mitarbeitern und 300 Autoren. Tony und Maureen engagieren sich immer noch aktiv bei Lonely Planet. Sie reisen mehr als je zuvor und in ihrer Freizeit widmen sie sich wohltätigen Projekten. Das Unternehmen wird nach wie vor von der Philosophie von *Across Asia on the Cheap* getragen: „Wichtig ist, dass du dich entscheidest zu gehen, dann hast du den härtesten Teil geschafft. Also, los geht's!"

Municipal La Plaine St-Martin in Prades, Christine von der Touristeninformation Palavas-les-Flots, Christine und Jean-Louis Vignaud von La Vieille Demeure in Torreilles, an den toulouser Studenten Thomas Salacroup, den Kitesurfer John Pendry und seinen kanadischen Kollegen in La Franqui, Alan Geddes vom Château de Mayragues bei Gaillac und Gartenguru Louisa Jones. Ein Dankeschön außerdem nach Wales, wo mich meine Eltern Ann und Paul Williams auf der Zielgeraden zur Fertigstellung dieses Buches so wunderbar begleitet haben.

MILES RODDIS

Wie immer und in jedem Buch ein Riesendankeschön an Ingrid. John und Buffy Rodenbeck waren überaus großzügig mit ihrer Gastfreundschaft und haben ihr Wissen und ihre Begeisterung für die Montagne Noire mit mir geteilt. Vielen Dank an Communiqué und v. a. an Leire für die Unterstützung beim Einscannen und Kopieren. Meine Hochachtung für den Enthusiasmus, den Einsatz und die anhaltend gute Laune, mit der Nicola und Sarah hier enorme Leistungen vollbracht haben. Noch einmal herzlichen Dank an die Mitarbeiter der Touristeninformationen: Lucie (Narbonne), Amy (Béziers), Ludovic Guinot (Lagrasse), Nadine (Roquebrun), Jean-Luc Aldié (Lamalou-les-Bains), Laure (Pézenas), Diane Massenat (Maison du Malpas), Yannick (Ax-les-Thermes), Sylvette und Séverine (Foix), Mme Périlhou (Mirepoix), Hélène (Limoux), Mme Harribey (Quillan), Sylvie (Gruissan), Tiffany (Le Cap díAgde), Béatrice (Aigues-Mortes), Gabriele Salom (Sommières), Sarah Seguy (Carcassonne), Dominique (Nîmes), Julie (St-Gilles), Frédéric (Alès), Alain (Meyrueis), Myriam (Millau), Delphine Atché (Roquefort), Monique Rocher (Florac), Mme Argilier (Parc National des Cévennes, Florac), Juliette und Ricardo (Mende) sowie Cécile Nouet (Marvejols).

QUELLENNACHWEIS

Dank an die folgenden Personen für die Nutzungsgenehmigung:

Globus auf der Titelseite ©Mountain High Maps 1993 Digital Wisdom, Inc.

WIR FREUEN UNS ÜBER EIN FEEDBACK

Post von Travellern zu bekommen ist für uns ungemein hilfreich – Kritik und Anregungen halten uns auf dem Laufenden und helfen, unsere Bücher zu verbessern. Unser reiseerfahrenes Team liest alle Zuschriften genau durch, um zu erfahren, was an unseren Reiseführern gut und was schlecht ist. Wir können solche Post zwar nicht individuell beantworten, aber jedes Feedback wird garantiert schnurstracks an die jeweiligen Autoren weitergeleitet, rechtzeitig vor der nächsten Nachauflage.

Wer uns schreiben will, erreicht uns über www.lonelyplanet.de/kontakt.

Hinweis: Da wir Beiträge möglicherweise in Lonely Planet Produkten (Reiseführer, Websites, digitale Medien) veröffentlichen, ggf. auch in gekürzter Form, bitten wir um Mitteilung, falls ein Kommentar nicht veröffentlicht oder ein Name nicht genannt werden soll. Wer Näheres über unsere Datenschutzpolitik wissen will, erfährt das unter www.lonelyplanet.com/privacy.

Ausgangsdaten für Mende-Karte zur Verfügung gestellt von Actual und für Uzès-Karte von Studio Bcréation.

Fotos im Innenteil S. 165 Mark Zylber/Alamy; S. 166 (Nr. 2) Vittorio Sciosia/Alamy; S. 167 (Nr. 3) Ben Ramos/Alamy; S. 169 (Nr. 2) tbkmedia.de/Alamy; S. 169 (Nr. 3) ImagesEurope/Alamy; S. 170 (Nr. 1) Rainer Raffalski/Alamy; S. 170 (Nr. 2) Ben Ramos/Alamy. Alle übrigen Fotos stammen von Lonely Planet Images und von Philip Game S. 166 (Nr. 1), S. 172; John Elk III S. 168; Glenn Beanland S. 171 (Nr. 3).

Register

REGISTER

000 Verweise auf Karten
000 Verweise auf Fotos

REGISTER

N

O

P

R

REGISTER

000 Verweise auf Karten
000 Verweise auf Fotos

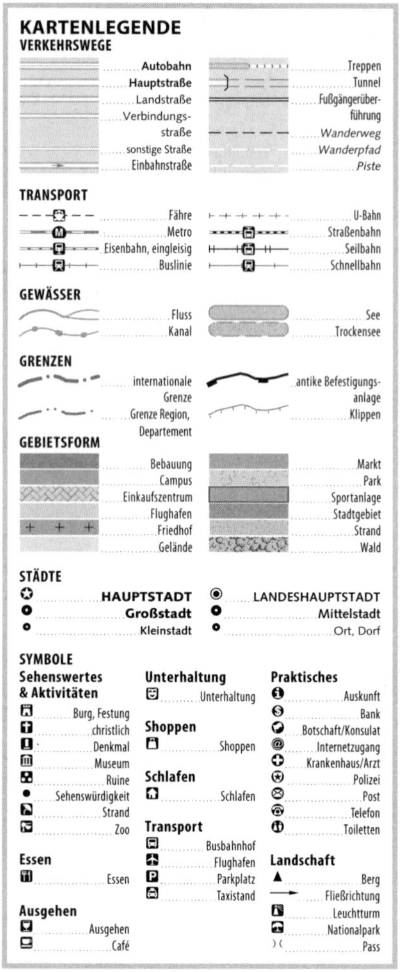

Lonely Planet Publications, Locked Bag 1, Footscray, Melbourne, Victoria 3011, Australia

Verlag der deutschen Ausgabe:
MAIRDUMONT, Marco-Polo-Str. 1, 73760 Ostfildern, www.mairdumont.com, lonelyplanet@mairdumont.com

Chefredakteurin deutsche Ausgabe: Birgit Borowski

Redaktion: Bintang Buchservice GmbH, www.bintang-berlin.de
Übersetzung: Rainer Höh, Silvana Höh, Christina Kagerer, Dagmar Klotz, Inga-Brita Thiele
Lektorat: Kirsten Gleinig
Satz: Anja Linda Dicke
Technischer Support: Typomedia, Ostfildern/Scharnhausen

Languedoc-Roussillon
1. deutsche Auflage September 2009,
übersetzt von *Languedoc-Roussillon 1st edition*
März 2009 Lonely Planet Publications Pty